FONO
Açık Öğretim Kurumu

Teil Eins
DEUTSCH – TURKISCH

Bölüm Bir
ALMANCA – TÜRKÇE

FONO Yayınları Sözlük Dizisi

Deutsch Studentenwörterbuch /
Almanca Öğrenci Sözlüğü

Hazırlayanlar

Zafer ULUSOY
Ali BAYRAM Siegfried NENTWIG

ISBN 975-471-027-9

KAHRAMAN OFSET LTD. ŞTİ.
Tesislerinde basılıp ciltlenmiştir.
Mas-Sit - İstanbul
Tel: (0212) 629 00 01

İSTANBUL - 2004

ÖNSÖZ

Bu sözlükte, Almanca'da en çok kullanılan yaklaşık 35,000 sözcüğün en çok kullanılan anlamlarına gelişen ve özleşen Türkçe'nin sözvarlığı göz önünde tutularak, kısa ve özlü karşılıklar verilmiştir. Sözlük, günlük dilde kullanılan binlerce sözcük ve deyimin yanı sıra, çeşitli bilim dallarına ait terimleri de içermektedir.

Bir sözcüğe birden çok karşılık gelmesi halinde eşanlamlı ve/veya yakın anlamlı karşılıklar virgül ile değişik anlamları yansıtanlar ise noktalı virgül ile ayrılmıştır. Temel girişleri izleyen / / içindeki okunuşları, okura kolaylık sağlamak amacıyla Türk harfleri ile gösterilmiştir. Türkçe'de olmayan sesler, koyu bir harfle verilmiş, bunların tanımı ve nasıl çıkarılacağı "sözlüğün kullanımı" bölümünde açıklanmıştır.

Almanca'da en çok kullanılan düzensiz eylemler ve ülkeler-insanlar-diller bir liste halinde sözlüğün sonuna eklenmiştir.

Orta ve lise öğrencilerinin olduğu gibi Almanca ile ilgili hemen herkesin orta boy bir Almanca – Türkçe sözlüğe duyacakları gereksinimler göz önüne alınarak hazırlanan bu sözlüğün güvenilir ve yararlı bir kılavuz olacağı inancındayız.

FONO

SÖZLÜĞÜN KULLANIMI:

Yineleme imi **[-]**: Madde başı sözcük türev niteliğindeki yan girişlerde aynı biçimde geçiyorsa, bu sözcük tekrar yazılmamış, yineleme imi **[-]** kullanılmıştır.

Nation /natsyo:n/ **e** ulus
-alität e uyruk
neu /noy/ Yeni
-lich /noylih/ geçenlerde

İlk örnekteki **-lität, Nationalität**; ikinci örnekteki **-lich, neulich** şeklinde olacaktır.
Eğer sözcüğün ilk harfi türevde değişiyorsa (büyük iken küçük, küçük iken büyük oluyorsa) bu durum ilk harfin verilmesiyle belirtilmiştir.

Belang /bılang/ **r** önem
b-los önemsiz

Yukarıdaki örnekte B,b olarak (**belanglos:** önemsiz) değişmiştir.

Adlar (Tanımlıklar, Çoğullar): Almanca'da adların aldıkları **der, die, das** tanımlıkları (artikeleri) okunuşlardan hemen sonra sırasıyla **r,e,s** harfleri ile verilmiştir. Sözcük birden çok tanımlık alıyorsa bu durum ilgili tanımlıkların kısaltmalarının bir arada verilmesiyle belirtilmiştir.

Abgeordnete(r) /'apgıordnıtı(r)/ **r,e** Milletvekili

İsmin çoğul yapısı da ismin yazılışını hemen takiben virgül ile ayrıldıktan sonra sadece ismin sonuna alacağı ek verilmek suretiyle ifade edilmiştir.

Frau, en /frau/ **e** kadın

Burada virgülden sonraki **en** takısı o ismin çoğulda **Frauen** biçimini alacağını göstermektedir. Bir diğer çoğul ifadesi de şöyledir.

Mann, ..er /man/ **r** adam

Buradaki **..er** şeklindeki ifadeden bu ismin çoğulda **Männer** olduğu anlaşılır. Burada verilen .. sessiz harfin üzerine gelecek olan inceltme olan Umlaut'u gösterir.
Çoğullarında değişikliğe uğramayan isimler de hiç bir sonek almadığından ilgili bölüme hiç birşey yazılmamıştır.

Lehrer /le:rır/ **r** öğretmen

Tanımlıklardan sonra yer alan (ç.) biçimindeki kısaltma. o sözcüğün Almanca'da yalnızca çoğul olarak kullanıldığını ya da sağındaki karşılığın çoğulda verdiği anlamı belirtir.
Eylemler (Fiiller): Almanca'daki en önemli düzensiz eylemlerin bir listesi sözlüğün sonunda verilmiştir.
Bir eylemin dönüşlü olarak kullanımı de. kısaltmasıyla verilmiş. sözcüğün dönüşsüz anlamlarının yanı sıra dönüşlü kullanımı da varsa bu tür kullanım her zaman dönüşsüz kullanımdan sonra verilmiştir. Bu gibi durumlarda de. kısaltmasından sonra gelen bütün karşılıklar. dönüşlü kullanıma ilişkin karşılıklar anlamındadır.

orientieren /oriınti:rın/ *de.* bilgi almak; yönünü belirlemek
rasieren /razi:rın/ tıraş etmek; *de.* tıraş olmak

İlk örnekteki **orientieren** eylemi dönüşlü olarak kullanılmakta **(sich orientieren)** ve bilgi almak; yönünü belirlemek anlamlarını vermektedir. İkinci örnekte tıraş olmak anlamını **sich rasieren** dönüşlü eylemi vermektedir.
— in Soneki: Almanca'da dişilik gösteren **-in** soneki sözcüğün hemen sonuna eklenmiştir. Sözcüğün **-in** ile biten biçimi kullanılacaksa tanımlığı **die,** çoğulu ise **-nen** olur.

Schüler (in e) /'şü:lır(in)/ **r (-)** öğrenci
Yukarıdaki örneği şu şekilde açabiliriz:
Schüler /'şü:lır/ **r (-)** erkek öğrenci
Schülerin /'şü:lırin/ **e (nen)** kız öğrenci

Ancak Türkçe adlarda da Almanca'dakine benzer bir erillik-dişillik ayrımına gidilmişse **-in** eki sözcüğün hemen sonuna eklenmeyip ayrıca gösterilmiştir:

Tänzer /'tentsir/ **r (-)** dansör
-in e dansöz

OKUNUŞ BİLGİLERİ

Okunuşlarda koyu bir tonla verilen **ı,r,h** ve **e** harfleri, Türkçe'de olduğundan farklı okunur. Bu seslerin nasıl çıkarılacağı konusunda bilgiler aşağıda verilmiştir:

/ı/: Türkçedeki /a/ ile /ı/ ya da /e/ ile /ı/ arasında bir ses olan bu sesi çıkarmak için ağız, normal /ı/ sesini vermek için olduğundan biraz daha fazla açılır (Genellikle **re** ile başlayan ya da **en, er** ile biten sözcüklerde bu hecelerdeki **e**'ler /ı/ sesini verir).

/e/: Türkçedeki /e/ ile /i/ arasında olan bu ses, dudaklar az açıkken söylenen /e/ sesine yakındır. Bu ses, 'merdiven', 'terlik', 'vergi' sözcüklerindeki /e/'ler gibi değil, 'kedi', 'kemik', 'temiz' sözcüklerindeki /e/'ler gibi okunmalıdır.

jedoch /yedoh/
dem /de:m/

gehen /'ge:ın/
Lehrer /'le:rır/

/h/: Bu harf, iki farklı şekilde okunur.

a) Dil ve damak /k/ sesini çıkarmak üzere birleştirilip arada çok az bir boşluk bırakılarak /h/ sesi çıkarılırsa bu ses elde edilmiş olur. Bu sesi a, o, u ünlüleri ve au ikiz ünlüsünden sonra gelen **ch** grubu verir.

auch /auh/
Buch /bu:h/

suchen /'zu:hın/
kuchen /'ku:hın/

b- Dil ucunu alt dişlerin dişetleriyle birleştiği yere doğru kuvvetlice bastırarak /ş/ sesi çıkarmaya çalışılırsa bu ses elde edilmiş olur. Bu /h/ sesi 'hindi', 'hikmet', 'hile' sözcüklerindeki /h/'ler gibidir ve yukarıda belirtilen a, o, u, au harflerinin dışında kalan harflerden sonra gelen **ch** grubunda bulunur.

ich /ih/
reich /rayh/

manche /'manhı/
Mädchen /'me:thın/

/r/: Bu sesin bulunduğu yerlerde /r/ sesi çıkarılmamalı ancak ondan önce gelen ünlü (sesli harf) /r/ sesi gerektiği zaman kadar uzatılmalıdır.

aber /'a:bır/
Vater /'fa:tır/

vergessen /fer'gesın/
erklären /er'kle:rın/

SÖZLÜKTE KULLANILAN KISALTMALAR

ask.	askerlik	**Militär (wesen)**
bkz.	bakınız	**siehe**
ç.	çoğul	**Plural**
de.	dönüşlü eylem	**reflexives Verb**
dilb.	dilbilgisi	**Grammatik**
elek.	elektrik	**Elektrizität**
fiz.	fizik	**Physik**
hek.	hekimlik	**Medizin**
huk.	hukuk	**Rechtswesen**
kd.	konuşma dili	**umgangssprachlich**
kim.	kimya	**Chemie**
mat.	matematik	**Mathematik**
mot.	motor	**Motor**
müz.	müzik	**Musik**
oto.	otomotiv	**Kraftfahrzeuge**
sp.	spor	**Sport**
tek.	teknik	**Technisch**
tic.	ticaret	**Handel**
tiy.	tiyatro	**Theater**
ye.	yardımcı eylem	**Hilfsverb**

r der
e die
s das

jdm. birisine
jdn. birisini
jds. birisinin

A

Aal, e /a:l/ r yılanbalığı
Aas, e /a:s/ s leş
ab /ap/ -den, dan, (uzak, itibaren)
ab und zu arada sırada, bazen
abändern /'ap-endırn/ değiştirmek, tadil etmek
Abart, en /'ap-a:rt/ e (biy.) çeşit, tür
Abbau /'apbau/ r azaltma, indirme; sökme
abbauen /'apbi:gın/ azaltmak; tasfiye etmek; (makine) sökmek; (maden) işletmek
abbeißen /'apbaysın/ ısırarak koparmak (bir parçasını)
abberufen /'apbıru:fın/ geri çağırmak
abbiegen /'apbi:gın/ bükmek; yolunu değiştirmek, sapmak
Abbild, er /'apbilt/ s kopya, suret, örnek, numune
abbilden /'apbildın/ kopyasını çıkarmak; portresini yapmak
Abbildung, en /'apbildung/ e resim, şekil
abblenden /'apblendın/ oto. (far) kısaları yakmak
abbrechen /'apbrehın/ kırmak, koparmak; yıkmak; (ilişki vs.) kesmek; (oyun vs.) yarıda bırakmak
abbrennen /'apbrenın/ tümüyle yanmak, kül olmak; yakmak, kül haline getirmek
abbringen /'apbringın/ vazgeçirmek, caydırmak
Abbruch /'apbruh/ r yıkılma, kesilme, durma
abdanken /'apdankın/ istifa etmek, çekilmek, ayrılmak
abdecken /'apdekın/ üstünü açmak; sofrayı kaldırmak
abdrehen /'apdre:ın/ (musluk) kapamak; (ışık) söndürmek
Abdruck, e /'apdruk/ r baskı, basım
abdrucken /'apdrukın/ basmak
Abend, e /a:bınt/ r akşam
Abendbrot /a:bıntbro:t/ s akşam yemeği
Abendessen /'a:bıntesın/ s akşam yemeği
Abendland /'a:bıntlant/ s batı âlemi, batı dünyası, batı Avrupa
Abendzeitung, en /'a:bınttsaytung/ e akşam gazetesi
Abenteuer, - /'a:bıntoyır/ s serüven, macera
aber /'a:bır/ ama, fakat, ancak
Aberglaube /'abırglaubı/ r batıl itikat, boş inanç
abermals /'a:bırma:ls/ tekrar, gene
abfahren /'apfa:rın/ (taşıt) kalkmak, hareket etmek
Abfahrt, /'apfa:rt/ e (taşıt) hareket, kalkış
Abfall, ..e /'apfal/ r çöp

abfalleimer - /'apfal-aymır/ **r** çöp tenekesi
abfallen /'apfalın/ düşmek, dökülmek
abfertigen /'ap-fertigin/ yollamak; hizmet etmek
abfinden /'apfindın/ memnun etmek, tatmin etmek; tazminat vermek, de. anlaşmak, uzlaşmak
abíliegen /'apfli:gın/ (uçak) kalkmak, havalanmak
abfließen /'ap-fli:sın/ akmak, sızmak
Abflug, ..e /'apflu:k/ **r** kalkış (uçak)
Abfluß ..sse /'apflus/ **r** (dışarı) akma
abfragen /'apfra:gın/ soruşturmak; (bir dersi) anlattırmak
Abfuhr en /'ap-fu:r/ **r** ret, tersleme
abführen /'ap-fü:rın/ götürmek, ödemek
Abführmittel, - /'apfü:rmitıl/ **s** müshil
Abgabe, n /'apga:bı/ **e** teslim, vergi
Abgang /'apgang/ **r** hareket, kalkış; ayrılma, çıkma
Abgas /'apga:s/ **s** çürük gaz
abgeben /'apge:bın/ vermek, teslim etmek; bırakmak, terk etmek
abgehen /'apge:ın/ kalkmak, hareket etmek; (mektup, vb.) gönderilmek, yollanmak; (yol) ayrılmak; (düğme, vb.) kopmak, çıkmak
Abgeordnete, n /'apgı-ordnıtı/ **r** milletvekili
abgenutzt /'apgınutst/ eskimiş, yıpranmış
abgesehen /'apgıze:ın/ - von -den başka
abgestanden /apgıştandın/ bayat
abgetragen /'apgıtra:gın/ eskimiş, eski püskü
abgestorben /''apgıştorbın/ ölmüş; (bitki) kurumuş; duygusuz
abgetragen /'apgıtra:gın/ eskimiş, eski püskü
abgewöhnen /'apgıvö:nın/ huyundan vazgeçirmek
abgrenzen /'apgrentsın/ sınırlamak
Abgrund,..e /'apgrunt/ **r** uçurum

abhalten /'aphaltın/ uzak tutmak; engel olmak; düzenlemek
Abhandlung, en /'aphandlung/ **e** araştırma, inceleme, yazı
Abhang /'aphang/ **r** yamaç, bayır, yokuş
abhängen /'aphengın/ (asılı bir şeyi) yerinden indirmek; bağlı olmak (von, -e)
abhängig /'aphengih/ **bağımlı (von, -e)**
Abhängigkeit, en /'aphengihkayt/ **e** bağımlılık
abhärten /'aphertın/ alıştırmak, dayanıklı yapmak
abhauen /aphauın/ kesmek; kd. tüymek, sıvışmak
abholen /'apho:lın/ gidip getirmek, almaya gelmek
abhören /'aphörın/ (öğrenciye ders) anlattırmak; bir konuşmayı (gizlice) dinlemek
Abitur, e /abi'tu:r/ **s** olgunluk sınavı, lise bitirme sınavı
abkanzeln /'apkantsıln/ kd. azarlamak, fırça atmak
abknöpfen /'apknöpfın/ düğmelerini çözmek
abkommen /'apkomın/ uzaklaşmak, ayrılmak; konudan ayrılmak
Abkommen, - /'apkomın/ **s** uzmanlaşma, anlaşma
abkratzen /'apkratsın/ kazımak; kd. ölmek, gebermek
abkühlen /'apkü:lın/ soğutmak, serinletmek; de. soğumak, serinleşmek
Abkunft /'apkunft/ **e** soy
abkürzen /'apkürtsın/ kısaltmak
Abkürzung, en /'apkürtşung/ **e** kısaltma; kestirme (yol)
ablassen /'aplasın/ (su, vb.) akıtmak, çıkarmak; vazgeçmek, bırakmak
abladen /'apla:dın/ yükünü boşaltmak
Ablage, n /'apla:gı/ **e** vestiyer
Ablauf, ..e /'aplauf/ **r** akış, akma; (zaman) geçme
ablaufen /'aplaufın/ akmak; (olay) olmak,

geçmek; günü dolmak, bitmek,
ablegen /'aple:gın/ çıkarmak, bırakmak; (sınav) vermek
ablehnen /aple:nın/ reddetmek, kabul etmemek
Ablehnung, en /aple:nung/ e ret
ableiten /'aplaytın/ çevirmek, döndürmek; sonuç çıkarmak
Ableitung, en /'aplaytung/ e türetme; türev
ablenken /'aplenkın/ yolundan çevirmek, saptırmak; dikkatini başka yöne çevirmek
Ablenkung, en /'aplenkung/ e eğlenme, oyalanma
abliefern /'apli:fırn/ teslim etmek, vermek
Ablieferung, en /'apli:fırung/ e teslim
ablösen /'aplözın/ ayırmak, çözmek; ask. nöbet değiştirmek
abmachen /'apmahın/ çözmek, koyuvermek, çıkarmak; kararlaştırmak
Abmachung, en /'apmahung/ e anlaşma, uzlaşma
abmagern /'apma:gırn/ zayıflamak, sıskalaşmak
abmelden /'apmeldın/ (okulu, işi vs.) bırakacağını bildirmek
abmessen /'apmesın/ ölçmek, tartmak
Abmessung, en /'apmesung/ e ölçü
abmontieren /'apmonti:rın/ sökmek, demonte etmek
Abnahme, n /'apna:mı/ e kaldırma, çıkarma, azaltma; satın almak
abnehmen /'apne:mın/ almak, çıkarmak, kaldırmak; azalmak; zayıflamak
Abnehmer, - /'apne:mır/ r müşteri
Abneigung, en /'apnaygung/ e antipati, isteksizlik, tiksinti
abnorm /ap'norm/ anormal
abnutzen /'apnutsın/ aşındırmak, yıpratmak, eskitmek
Abnutzung, en /'apnutsung/ e aşınma, eskime

Abonnement, s /abon'ımet/ s abonman
Abonnent, en /abo'nent/ r abone
abonnieren /abo'ni:rın/ abone olmak
Abort, e /'ap-ort/ r helâ, tuvalet
abraten /'apra:tın/ yapmamasını öğütlemek, vazgeçirmeye çalışmak
abräumen /'aproymın/ kaldırmak
abrechnen /'aprehnın/ hesaptan düşmek, hesaplaşmak
Abreise, n /'aprayzı/ e yolculuğa çıkış
abreisen /'aprayzın/ yolculuğa çıkmak, hareket etmek
abreißen /'apraysın/ yırtmak, koparmak; kopmak, yırtılmak
Abriß ..sse /'apris/ r özet
abrüsten /'aprüstın/ silâhsızlanmak
Abrüstung, en /'aprüstung/ e silâhsızlanma
Absage, n /'apza:ge/ e ret, olumsuz cevap
absagen /'apza:gın/ reddetmek; iptal etmek
Absatz, ..e /'apzats/ r ara; satırbaşı; ökçe
abschaffen /'apşafın/ kaldırmak, iptal etmek, feshetmek
Abschaffung, en /'ap-şafung/ e yürürlükten kaldırma
abschalten /'ap-şaltın/ kesmek, söndürmek, kapamak
abschätzen /'apşetsın/ tahmin etmek
Abscheu /'apşoy/ e nefret, tiksinti, korku
abscheulich /'apşoylih/ iğrenç, çirkin, kötü, tiksindirici
abschicken /'ap-şikın/ göndermek, yollamak
Abschied, e /'apşi:t/ r veda, ayrılış - nehmen vedalaşmak (von, ile)
abschlagen /'ap-şla:gın/ püskürtmek, geri atmak; reddetmek
Abschiedsfeier, n /'apşi:tsfayır/ e veda partisi
abschleppen /'apşlepın/ oto. yedeğe almak (taşıt)

abschließen /'apşli:sın/ kilitlemek; bitirmek; (biriyle) anlaşmak, sözleşmek
Abschluß, ..**sse** /'apşlus/ r bitiş, kapanış, son; bilanço
abschneiden /'ap-şnaydın/ kesip koparmak
Abschnitt, e /'apşnit/ r kesim, bölge; parça, bölüm
abschrauben /'apşraubın/ vidaları sökmek, çıkarmak
abschrecken /'apşrekın/ korkutmak, yıldırmak
abschreckend /'apşrekınt/ korkutucu
abschreiben /'apşraybın/ suretini çıkarmak; kopya çekmek
Abschrift, en /'apşrift/ e kopya, suret
abschwächen /'apşvehın/ kuvvetten düşürmek, zayıflatmak
abschwören /'apşvö:rın/ tövbe etmek, vazgeçmek
absehen /'apze:ın/ sonunu görmek, kestirmek
abseits /'apzayts/ uzakta; sp. ofsayt
absenden /'apzendın/ göndermek, yollamak
Absender, - /'apzendır/ r gönderen
absetzen /'apzetsın/ yere indirmek; (şapka) çıkarmak; görevinden almak; ara vermek, durmak; tic. (piyasaya) sürmek, satmak
Absicht, en /'apziht/ e amaç, erek
absichtlich /'apzihtlih/ kasti; kasten
absolut /apzo'lu:t/ mutlak, salt
absolvieren /apzol'vi:rın/ bitirmek, tamamlamak
absondern /'apzondırn/ ayırmak, uzaklaştırmak, yalıtmak, hek. salgılamak
Absonderung, en /'apzondırung/ e ayırma, uzaklaştırma; salgı
absorbieren / apzor'bi:rın/ emmek
absperren /'apşperın/ kapamak, tıkamak; kilitlemek; (gaz, akım vs.) kesmek
abspielen /'ap-şpi:lın/ sp. pas vermek; de. olmak, vuku bulmak
abspringen /'ap-şpringın/ atlamak
abspülen /'ap-şpü:lın/ yıkamak, çalkalamak
abstammen /'ap-ştamın/ soyundan gelmek
Abstammung, en /'ap-ştamung/ e nesil, soy
Abstand, ..**e** /'apştant/ r aralık, açıklık
abstatten /'ap-ştatın/ ziyaret etmek; teşekkür etmek
abstauben /'ap-ştaubın/ tozunu almak
absteigen /'ap-ştaygın/ inmek
abstechen /'apştehın/ tutturmak
abstellen /'apştelın/ indirmek; (motor vs.) durdurmak; (radyo, lamba vs.) kapatmak; oto. park yapmak
abstimmen /'apştimın/ ayarlamak, akort etmek; oya koymak
Abstimmung, en /'apştimung/ e akort, ayar; oy
Abstinenz /apşti'nents/ e sakınma, perhiz; içki içmeme
Abstinenzler, - /apşti'nentslır/ r içki içmeyen, yeşilaycı
abstoßen /'apşto:sın/ itmek; kötü etki bırakmak, tiksinti vermek
abstoßend /'apşto:sınt/ iğrenç
abstrakt /ap'strakt/ soyut
abstreiten /'apştraytın/ yadsımak, inkâr etmek
Absturz, ..**e** /'apşturts/ r düşme, düşüş
abstürzen /'apştürtsın/ düşmek, düşerek parçalanmak (uçak)
absurd /ap'zurt/ saçma, anlamsız
Abszeß, **sse** / aps'tses/ r apse
Abt, ..**e** /apt/ r başrahip
Abtei, en /ap'tay/ e manastır
Abteil, e /'aptayl/ s kompartıman
abteilen /ap'taylın/ ayırmak, bölmek
Abteilung, en /'aptaylung/ e şube, kısım; bölüm, reyon
abtragen /'aptra:gın/ sofra kaldırmak; eskitmek; (yavaş yavaş) ödemek
abtreiben /'aptraybın/ sürükleyerek gö-

türmek; kürtaj yaptırmak
Abtreibung en /'aptraybung/ **e** kürtaj
abtrennen /'aptrenın/ ayırmak; söküp çıkarmak
abtreten /'aptre:tın/ aşındırmak; devir ve temlik etmek; ayrılmak, istifa etmek
Abtreter, - /'aptre:tır/ **r** paspas
abtrocknen /'aptroknın/ kurutmak; kurumak
abtrünnig /'aptrünih/ asi; vefasız
abtun /'aptu:n/ çıkartmak, bırakmak; başından savmak, önemsiz göstermek
abwandeln /'apvandıln/ değiştirmek
abwarten /'apvartın/ sonunu beklemek
abwärts /'abve:rts/ aşağı(ya)
abwaschen /'apvaşın/ yıkamak
abwaschend /'apvaşınd/ sırayla, nöbetleşe
Abwasser /'apvasır/ **s** pis su
avwechseln /'apveksıln/ değişmek, değiştirmek
abwechselnd /'apveksılnt/ sırayla, değişerek, nöbetleşe
Abwechslung, en /'apvekslung/ **e** değişme, değişim
abwehr /'apve:r/ **e** savunma
abwehren /'apve:rın/ defetmek, savuşturmak
abweichen /'apvayhın/ ayrılmak, uzaklaşmak; sapmak
Abweichung, en /'apvayhung/ **e** farklılık, başkalık, ayrılık
abweisen /'apvayzın/ reddetmek, geri çevirmek
abwenden /'apvendın/ çevirmek; engel olmak
abwerfen /'apverfın/ yere atmak
abwerten /'apvertın/ devalüe etmek, değerini düşürmek
Abwertung, en /'apvertung/ **e** devalüasyon
abwesend /'apve:zınt/ bulunmayan, yok
Abwesenheit, en /'apve:zınhayt/ **e** bulunmayış, yokluk

abwischen /'apvişın/ silmek, tozunu almak, kurulamak, temizlemek
abzahlen /'aptsa:lın/ taksitle ödemek
abzählen /'aptse:lın/ saymak
Abzeichen,- /'aptsayhın/ **s** nişan, rozet, madalya
abziehen /'aptsi:ın/ çıkarmak; indirim yapmak; kopya çıkarmak
Abzug,..e /'aptsu:k/ **r** ayrılış; mat. çıkarma; tic. indirim; kopya, tab
abzweigen /'aptsvaygın/ ayırmak
Abzweigung, en /'aptsvaygung/ **e** yol ayrımı, kol; ayrılma
ach /ah/ ah! Vah vah
ash so! aha! ha anlıyorum! öyle mi?
Achse, n /'aksı/ **e** eksen; tek. dingil, mil
Achsel, n /aksıl/ **e** omuz
Acht /aht/ **e** dikkat, özen
acht /aht/ sekiz
achten /ahtın/ saygı göstermek
achtens /ahtıns/ sekizinci (olarak)
achtgeben /'ahtge:bın/ dikkat etmek
achtlos /'ahtlo:s/ dikkatsizlik
achtsam /'ahtza:m/ dikkatli
Achtung /'ahtung/ **e** dikkat; saygı
achtzehn /'ahtse:n/ onsekiz
achtzig /'ahtsih/ **seksen**
ächzen /'ehtsın/ inlemek
Acker, .. /'akır/ **r** tarla
Ackerbau /'akırbau/ **r** tarım
Adel /'adıl/ **r** soyluluk
adelig /'adılih/ soylu
Ader, n /'a:dır/ **e** damar
Adjektiv, e /'atyekti:f/ **s** dilb. sıfat
Adler, - /'a:dlır/ **r** kartal
adlig /'a:dlih/ soylu
Admiral, e /atmi'ra:l/ **r** amiral
adoptieren /adop'tirın/ evlât edinmek
Adoptivkind, er /adoptiv'kint/ **s** evlâtlık
Adresse, n /ad'resı/ **e** adres
Adverb /at'verp/ **s** dilb. belirteç, zarf
Advokat, en /atvo'ka:t/ **r** avukat
Affäre, n /a'fe:rı/ **e** olay, sorun
Affe, n /'afı/ **r** maymun

Affektiert /afek'ti:rt/ yapmacık
Afrika /'a:frika/ Afrika
After /'aftır/ r anüs
Agent, en /a'gent/ r ajan; vekil
Agentur, en /agen'tu:r/ e acenta
Ägypten /e'güptın/ Mısır
Ahn, en /a:n/ r dede, ata, cet
ähneln /'e:nıln/ benzemek
ahnen /'a:nın/ sezmek, içine doğmak
ähnlich /'e:nlih/ benzer
Ähnlichkeit, en /'e:nlihkayt/ e benzerlik
Ahnung, en /a:nung/ e düşünce, görüş; sezgi, his
ahnungslos /'a:nungslo:s/ habersiz, bilgisiz
Ahorn,e /'a:horn/ r akçaağaç
Ähre,n /'e:rı/ e başak
Akademie, n /akade'mi:/ e akademi
Akademiker, - /aka'de:mikır/ r üniversite mezunu
akademisch /aka'de:miş/ akademik
Akazie, n /a'ka:tsii/ e akasya
Akkord, e /a'kort/ r akort
Akkordarbeit /a'kortarbayt/ e götürü iş
Akku, s /'aku/ r akü
Akkumulator, en /akkumu'la:tor/ r akümülatör
Akkusativ, e/'akuzati:f/ r dilb. -i hali, belirtme durumu
Akt, e /akt/ r hareket, fiil; tiy. perde
Akte, n /'aktı/ e dosya; belge
Akten /'aktın/ (ç.) evrak
Aktentasche, n /'aktıntaşı/ e evrak çantası
Aktie, n /'aktsiı/ e hisse senedi
Aktiengesellschaft, en /'aktsiıngızelşaft/ e anonim şirket
Aktion, en /akts'yo:n/ e iş, eylem
Aktionär, e /aktsio'ne:r/ r hissedar
aktiv /ak'ti:f/ etkin, aktif, faal
aktuell /ak'tuel/ güncel, şimdiki, aktüel
Akustik /a'kustik/ e akustik
akustisch /a'kustiş/ akustik
Akzent, e /ak'tsent/ r vurgu; şive, aksan

akzeptieren /aktsep'ti:rın/ kabul etmek
Alarm /a'larm/ r alarm
alarmieren /alar'mi:rın/ tehlike işareti vermek; heyecanlandırmak
Albaner, - /al'ba:nır/ r Arnavut
Albanese,n /alba'ne:zı/ r Arnavut
Albanien /al'ba:niın/ Arnavutluk
albern /'albırn/ aptal, akılsız
Album, -ben /al'bum/ s albüm
Alge, n /'algı/ e su yosunu
Algebra /al'ge:pra/ e cebir
Algerien /al'ge:riın/ Cezayir
Alkohol, e /'alkohol/ r alkol
alkoholfrei /alkoholfray/ alkolsüz
Alkoholiker, - /alko'ho:likır/ r alkolik
alkoholisch /alko'ho:liş/ alkollü
all /al/ bütün her
All /al/ s dünya, evren; bütün
Allee, n /a'le:/ e bulvar
allein /a'layn/ yalnız, tek başına
alleine /'alaynı/ tek başına, yapayalnız
alleinstehend /a'laynşte:ınt/ kimsesiz, yoksul; bekâr
allemal /'alıma:l/ her zaman
allenfalls /'alınfals/ gerekirse; olsa olsa, ancak
allerbest /'alırbest/ en iyisi
allerdings /alır'dings/ aslında, kuşkusuz
Allergie /aler'gi:/ e alerji
allergisch /a'lergiş/ alerjik
allerhand /'alırhant/ çeşitli, türlü türlü
allerhöchstens /'alırhö:hstıns/ olsa olsa
allerlei /'alırlay/ çeşit çeşit
allgemein /'algımayn/ genel **im** - genellikle
Alliierte(r) /ali'i:rti(r)/ r müttefik
alljährlich /al'ye:rlih/ yıllık
allmählich /al'me:lih/ yavaş yavaş
allseitig /'alzaytih/ her yanda
Alltag, e /'alta:k/ r günlük hayat
alltäglich /al'te:klih/ günlük, günden güne, her gün(kü)
allzu /'altsu:/ çok (fazla), pek çok
Almosen - /al'mo:zın/ s sadaka

Alpen /'alpın/ (ç.) Alp dağları
Alphabet, e /alfa'be:t/ s alfabe
alphabetisch /alfa'be:tiş/ alfabetik, abecesel
Alptraum, ..e /'alptraum/ r kâbus
als /als/ olarak, gibi; -dığı zaman, iken; -den, -dan (daha)
also /'alzo:/ böylece; yani; demek ki; o halde
als ob /als op/ sanki, güya
als wenn /als ven/ sanki, güya
alt /alt/ eski; yaşlı;
Alt, e /alt/ r *müz.* alto
Alter, - /altır/ s yaş
altern /altırn/ yaşlanmak
Altertum /'altırtu:m/ s Yunanlılar ve Romalılar zamanı (İÖ 700 - İS 480)
Altertümer /'altırtü:mır/ (ç.) antik parçalar, antik yapıtlar
altertümlich /'altırtü:mlih/ modası geçmiş, eskiden kalma
altmodisch /'altmo:diş/ modası geçmiş köhne
Aluminium /alu'mi:nyum/ s alüminyum
am /am/ 'an dem' in kısaltılmışı
Amateur, en /ama'tö:r/ r amatör
Amboβ, -sse /'ambos/ r örs
Ambulanz, en /ambu'lants/ e cankurtaran arabası, ambülans
Ameise,n /'a:mayzı/ e karınca
Amerika /a'me:rika/ Amerika; ABD
Amerikaner, - /ameri'ka:nır/ r Amerikalı
Amme, n /'ami/ e süt anası, dadı
Amnestie, n /amnes'ti:/ e genel af
Ampel, n /'ampıl/ e trafik ışığı
Amputation, en /amputat'syo:n/ e *hek.* bir organın kesilmesi
amputieren /ampu'ti:rın/ bir organı (ameliyatla) kesmek
Amsel,n /'amzıl/ e karatavuk
Amt, ..er /amt/ s ofis, büro; görev, memuriyet; telefon santralı
amtlich /'amtlih/ resmi
Amtsgericht, e /'amtsgıriht/ s sulh mahkemesi
amüsant /amü'zant/ eğlendirici, neşeli
amüsieren /amü'zi:rın/ eğlendirmek; de. eğlenmek
an /an/ -de, -da, yanında, kenarında; -e, -a, yanına, kenarına
analog /ana'lo:k/ benzer
Analogie, n /analo'gi:/ e benzerlik, benzeşim, andırma; örnekseme
Analphabet, en /'analfabe:t/ r okuryazar olmayan
Analyse, n /ana'lü:zı/ e çözümleme, tahlil, analiz
analysieren /analü'zi:rın/ analiz etmek, çözümlemek
Ananas, - /'ananas/ e ananas
Anarchie, n /anar'hi/ e anarşi
Anatolien /ana'to:liin/ Anadolu
Anatomie, n /anato'mi:/ e anatomi
anbändeln /'anbendıln/ *kd.* flört etmek
Anbau /'anbau/ r yetiştirme; ek bina
anbauen /'anbauın/ ekip biçmek, yetiştirmek
anbehalten /'anbıhaltın/ çıkarmamak (giysi)
anbelangen /'anbılangın/ ilgilendirmek
was mich anbelangst bana kalırsa
anbeten /'anbe:tın/ tapmak
Anbetracht /'anbıtraht/ r düşünüp taşınma, ikircim
anbieten /'anbi:tın/ sunmak, önermek
Anblick, e /'anblik/ r görüş, bakış; görünüş, görüntü, görünüm
anblicken /'anblikın/ bakmak
anbrechen /'anbrehın/ açmak; gün doğmak, sabah olmak; karanlık basmak, gece olmak
anbrennen /'anbrenın/ yakmak; yanmak
anbringen /'anbringın/ getirmek; takmak, yerleştirmek
Anbruch /'anbruh/ r başlangıç
Andacht, en /'andaht/ e ibadet, tapınma
Andenken, - /'andenkın/ s hatırlama, hatır, anı; küçük armağan

andere /'andırı/ başka, diğer
anderenteils /'andırıntayls/ öte yandan
andermal /'andırma:l/ başka sefer
ändern /'endırn/ değiştirmek; de. değişmek
andernfalls /'andırnfals/ aksi takdirde, yoksa
anders /'andırs/ başka türlü
anderseits /'andırzayts/ öte yandan
anderswo /'andırsvo:/ başka yerde
anderswohin /'andırsvohin/ başka yere
anderthalb /'andırthalp/ bir buçuk
Änderung, en /'endırung/ e değişiklik
andeuten /'andoytın/ işaretle anlatmak, göstermek; ima etmek, sezdirmek
Andeutung, en /'andoytung/ e ima; gösterme, işaret
andrehen /'andre:ın/ açmak, yakmak
aneignen /'an-aygnın/ de. benimsemek; edinmek
aneinander /anay'nandır/ yan yana
Anekdote, n /anek'do:tı/ e fıkra
anerkennen /'an-erkenın/ tanımak, onaylamak
Anerkennung, en /'anerkenung/ e tanıma, onay
anfahren /'anfa:rın/ harekete geçmek; çarpmak
Anfall, .. /'anfal/ r hek. nöbet, kriz
anfallen /'anfalın/ saldırmak
anfällig /'anfelih/ kolay hastalanan
Anfang, ..e /'anfang/ r başlangıç
anfangen /'anfangın/ başlamak
Anfänger, - /'anfengır/ r acemi, yeni başlayan
anfangs /'anfangs/ başlangıçta, ilkin
anfassen /'anfasın/ el sürmek
anfertigen /'anfertigın/ yapmak, imal etmek
anfassen /'anfasın/ dokunmak, ellemek; tutmak
anfechten /'anfehtın/ reddetmek, karşı çıkmak; rahatsız etmek, ayartmak, baştan çıkarmak

anfeuern /'anfoyırn/ sp. teşvik etmek, cesaret vermek
anflehen /'anfle:ın/ yalvarmak
anfordern /'anfordırn/ istemek, talep etmek
Anforderung, en /'anfordırung/ e istek, talep; gerek, icap
Anfrage, n /'anfra:gı/ e soru
anfreunden /'anfroyndın/ de. dostluk kurmak
anfühlen /'anfü:lın/ dokunmak, elle yoklamak; de. (dokunulunca) .... hissini vermek
anführen /'anfü:rın/ kumanda etmek, başında bulunmak; aldatmak, alıntı yapmak, alıntılamak
Anführer,- /'anfü:rır/ r önder
Anführung, en /'anfürung/ e önderlik; alıntı
Anführungszeichen, - /'anfü:rungstsayhın/ (ç.) tırnak işareti
Angabe, n /'anga:bı/ e beyan, ifade; fiyaka, palavra
angeben /'ange:bın/ söylemek, bildirmek; ihbar etmek, gammazlamak; böbürlenmek, hava atmak
Angeber, /'ange:bır/ r palavracı
angeblich /'ange:plih/ sözde, güya
angeboren /'angıbo:rın/ doğuştan, anadan doğma
Angebot, e /'angıbo:t/ s öneri; arz, sunu
angebracht /'angıbraht/ yerinde, uygun
angehen /'ange:ın/ başlamak; ilgisi olmak, ilişkili bulunmak
angehören /'angıhö:rın/ ait olmak
Angehörige, n /'angıhö:rigı/ r,e akraba
Angeklagte, n /'angıkla:ktı/ r,e sanık
Angel, n /angıl/ e olta
Angelegenheit, en /'angıle:gınhayt/ e iş, sorun, mesele
angeln /'angıln/ balık avlamak
angemessen /'angımesın/ uygun, elverişli
angenehm /'angıne:m/ hoş, sempatik

angenommen /'angınomın/ tutalım ki, diyelim ki...
angesehen /'angıze:ın/ saygın
angesichts /'angızihts/ uyarınca, göre, dolayısıyla
Angestellte, n /'angışteltı/ r,e memur, işçi, çalışan
angewandt /'angıvant/ uygulanmış
angewiesen /'angıvi:zın/ bağlı, bağımlı; muhtaç
angewöhnen /'angıvö:nın/ alıştırmak; de. alışmak
Angewohnheit, en /'angıvo:nhayt/ e alışkanlık
angreifen /'angrayfın/ saldırmak; dokunmak
Angreifer, - /'angrayfır/ r saldırgan
Angriff, e /'angrif/ r saldırı
Angst, ..e /angst/ r korku
ängstlich /'engstlih/ korkak; titiz
anhaben /'anha:bın/ (giysi) üzerinde olmak
Anhalt /'anhalt/ r destek
anhalten /'anhaltın/ durdurmak; durmak ara vermek; devam etmek
Anhalter, - /'anhaltır/ r otostopçu
Anhang, ..e /'anhang/ r ek (kitapta); maiyet
anhängen /'anhengın/ asmak, takmak; eklemek, katmak
Anhänger, - /'anhengır/ r taraftar, yandaş; römork
anhänglich /'anhenglih/ sadık, bağlı
anhäufen /'anhoyfın/ yığmak
anheften /'anheftın/ tutturmak, raptetmek, teyellemek
Anhöhe /'anhö:ı/ e tepe, tümsek
anhören /'anhö:rın/ dinlemek
Ankauf /'ankauf/ r satın alma
ankaufen /'ankaufın/ satın almak
Anker, - /'ankır/ r çapa, demir
Anklage, n /'ankla:gı/ e suçlama
anklagen /'ankla:gın/ suçlamak
Ankläger /'ankle:gır/ r davacı

ankleben /'ankle:bın/ yapıştırmak
ankleiden /'anklaydın/ giydirmek; de. giyinmek
anklopfen /'anklopfın/ kapıyı çalmak
anknüpfen /'anknüpfın/ bağlamak; başlamak
ankommen /'ankomın/ varmak, ulaşmak; bağlı olmak
Ankömmling, e /'ankömling/ r yeni gelen
ankündigen /'ankündigın/ bildirmek, duyurmak
Ankunft, ..e /'ankunft/ e varış
Anlage, n /'anla:gı/ e tesisat; taslak, plân; yatırım; fabrika; yetenek
anlangen /'anlangın/ varmak, ulaşmak
Anlaß, ..sse /'anlas/ r vesile, fırsat; neden
anläßlich /'anleslih/ vesilesiyle, dolayısıyla, aracılığıyla; nedeniyle
anlassen /'anlasın/ (giysi) çıkarmak; (ışık, vb.) açık bırakmak; (motor) çalıştırmak
Anlasser, - /'anlasır/ r marş motoru
Anlauf, ..e /'anlauf/ r hamle, koşu
anlaufen /'anlaufın/ hız almak; (motor vs.) çalışmak; buğulanmak; (limana) uğramak
anlegen /'anle:gın/ tesis etmek, kurmak; (para) yatırmak; (giysi) giymek; iskeleye yanaşmak
anlehnen /anle:nın/ dayamak; de. dayanmak
Anleitung, en /'anlaytung/ e talimat, yönerge
Anliegen, - /'anli:gın/ s rica, istek
anliegend /'anli:gınt/ bitişik, komşu
anmachen /'anmahın/ bağlamak, saptamak; (ışık, ateş vs.) yakmak
anmelden /'anmeldın/ bildirmek; de. randevu almak; yazılmak, kaydolmak
Anmeldung, en /'anmeldung/ e bildiri, duyuru; başvuru, müracaat; kayıt, yazdırma

anmerken /'anmerkın/ işaret etmek; anlamak, sezmek
Anmerkung, en /'anmerkung/ e not, dipnot
Anmut /'anmu:t/ e zerafet, alımlılık
annähernd /'anne:ırnt/ yaklaşık, aşağı yukarı
Annäherung /'anne:ırung/ e yaklaşım
Annahme, n /'anna:mı/ e kabul; varsayım
annehmen /'anne:mın/ kabul etmek; varsaymak
anonym /ano'nü:m/ anonim
anordnen /'an-ordnın/ sıralamak, düzenlemek
Anordnung, en /'an-ordnung/ e düzenleme; emir, talimat
anpassen /'anpasın/ uydurmak; de. uymak
anpassungsfähig /'anpasungsfe:ih/ kolay ve çabuk intibak edebilen
Anrede, n /'anre:dı/ e hitap
anreden /'anre:dın/ hitap etmek
anregen /'anre:gın/ uyarmak, harekete geçirmek; özendirmek, teşvik etmek
anregend /'anre:gınt/ uyarıcı; özendirici
Anregung, en /'anre:gung/ e coşku, heyecan; öneri
Anreiz, e /'anrayts/ r tahrik, teşvik
anrichten /'anrihtın/ (yemek) hazırlamak; neden olmak
Anruf, e /'anru:f/ r seslenme; telefon (etme)
anrufen /'anru:fın/ seslenmek; telefon etmek
anrühren /'anrü:rın/ dokunmak, ellemek; karıştırmak
ans /ans/ an das'ın kısaltılmışı
Ansage, n /'anza:gı/ e bildiri, duyuru, anons
ansagen /'anza:gın/ bildirmek, duyurmak, anons etmek
Ansager, - /'anza:gır/ r spiker
ansammeln /'anzamıln/ toplamak, biriktirmek; de. toplanmak
Ansatz, ..e /'anzats/ r başlangıç; eklenti, ek
anschaffen /'anşafın/ satın almak
anschalten /'anşaltın/ açmak, yakmak
anschauen /'anşauın/ bakmak, seyretmek
anschaulich /'anşaulih/ açık, anlaşılır
Anschauung, en /'anşau:ng/ e seyir; görüş, fikir
Anschein /'anşayn/ r görünüş
anscheinend /'anşaynınt/ görünüşe göre, anlaşılan
Anschlag, ..e /'anşla:k/ r afiş, ilan; suikast
anschlagen /'anşla:gın/ çarpmak, vurmak; afiş yapıştırmak; nişan almak; (köpek) havlaması
anschließen /'anşli:sın/ bağlamak, birleştirmek
anschließend /'anşli:sınt/ bundan sonra, bunu takiben
Anschluß, ..sse /'anşlus/ r bağlantı; eklenti
Anschrift, en /'anşrift/ e adres
anschwellen /'anşvelın/ şişmek
ansehen /'anze:ın/ bakmak; incelemek, gözden geçirmek; sanmak, ..yerine koymak, ..olarak görmek
Ansehen /'anze:ın/ s nüfuz, itibar, saygınlık; (dış) görünüş
ansetzen /'anzetsın/ saptamak, kararlaştırmak; eklemek
Ansicht, en /'anziht/ e görüş, fikir düşünce; görünüm
Ansichtskarte, n /'anzihtskartı/ e resimli kartpostal
Anspiel /'anşpi:l/ s sp. servis; başlama vuruşu
anspielen /'anşpi:lın/ oyuna başlamak
Anspielung, en /'anşpi:lung/ e ima, anıştırma
anspornen /'anşpornın/ teşvik etmek, canlandırmak, kamçılamak

ansprechen /'anşprehın/ söz söylemek, hitap etmek
Anspruch, ..e /'anşpruh/ r istek, talep; yetki, hak
anspruchsvoll /anşpruhsfol/ iddialı
Anstalt, en /'anştalt/ e kurum, kuruluş
Anstand /'anştant/ r terbiye, görgü
anständig /'anştendih/ uygun; namuslu; terbiyeli
anstarren /'anştarın/ dik dik bakmak
anstatt /an'ştat/ ..yerine
anstecken /'anştekın/ yakmak, tutuşturmak; (hastalık) bulaştırmak
ansteckend /'anştekınt/ bulaşıcı
Ansteckung, en /'anştekung/ e hek. enfeksiyon
anstellen /'anştelın/ yapmak; işe almak; (motor) çalıştırmak; (radyo) açmak
Anstellung, en /'anştelung/ e görev, memuriyet
Anstieg, e /'anşti:k/ r yokuş, bayır; artış
anstiften /'anştiftın/ neden olmak, yol açmak
Anstoβ, ..e /'anşto:s/ *sp.* r başlama vuruşu; neden
anstoβen /'anşto:sın/ çarpmak, iteklemek; kadeh tokuşturmak
anstrengen /'anştrengın/ yormak; de. çabalamak, uğraşmak
Anstrengung, en /'anştrengung/ e uğraşma, gayret; yorgunluk
Anteil, n /'antayl/ r pay; hisse
Antenne, n /an'tenı/ e anten
Antibiotikum, -ka /antibi'o:tikum/ s antibiyotik
antik /an'ti:k/ antika, eski
Antiquariat, e /antikvar'ya:t/ s eski kitaplar satan dükkan, sahaf
Antiquität, en /antikvi'te:t/ e antika
Antiquitätenhändler, - /antikvi'te:tınhentlır/ r antikacı
Antlitz, e /'antlits/ e yüz, surat
**Antrag, ../'antra:k/ r öneri; önerge
antreffen /'antrefın/ rastlamak, karşılaşmak
antreiben /'antraybın/ işletmek, çalıştırmak
antreten /'antre:tın/ sıraya girmek, dizilmek; (göreve) başlamak; seyahate çıkmak
Antrieb /'antri:p/ r tahrik, teşvik
Antritt, e /'antrit/ r başlangıç
antun /'antu:n/ giymek
Antwort, en/'antvort/ e cevap, yanıt, karşılık
antworten /'antvortın/ cevap vermek, yanıtlamak, karşılık vermek
anvertrauen /'anfertrauın/ emanet bırakmak; inanmak, güvenmek
Anwalt, ..e /'anvalt/ r avukat
anweisen /'anvayzın/ göstermek; emir vermek; havale etmek
Anweisung, en /'anvayzung/ e direktif, emir; tic. havale
anwenden /'anvendın/ kullanmak; uygulamak, tatbik etmek
Anwendung, en /'anvendung/ e uygulama; kullanma
anwesend /'anve:zınt/ var, hazır, mevcut
Anwesenheit, en /'anve:zınhayt/ e varlık, mevcudiyet, devam
Anzahl, en /'antsa:l/ e sayı, adet
Anzahlung, en /'antsa:lung/ e kaparo
Anzeichen /'antsayhın/ s işaret, belirti, iz
Anzeige, n /'antsaygı/ e ilân; ihbar; duyuru
anzeigen /'antsaygın/ ilân etmek, duyurmak; ihbar etmek; bildirmek; (gazetede) ilan etmek; beyan etmek
anziehen /'antsiın/ giymek; çekmek; de giyinmek
anziehend /'antsi:ınt/ çekici, alımlı
Anziehung, en /'antsi:ung/ e çekim, cazibe
Anziehungskraft, e/'antsi:ungskraft/ e çekim kuvveti
Anzug,..e /'antsu:k/ r kostüm, elbise
anzünden /'antsündın/ yakmak, tutuş-

turmak
Apfel, ..e /'apfıl/ r elma
Apfelsaft, en /'apfılzaft/ r elma suyu
Apfelsine, n /apfıl'zi:nı/ e portakal
Apostel, - /a'postıl/ r havari
Apostroph, e /apo'stro:f/ r apostrof, kesme imi
Apotheke, n /apo'te:kı/ e eczane
Apotheker, - /apo'te:kır/ r eczacı
Apparat, e /apa'ra:t/ r aygıt, alet; fotoğraf makinesi; telefon
Appetit /ape'ti:t/ r iştah
applaudieren /aplau'di:rın/ alkışlamak
Applaus /ap'laus/ r alkış
Aprikose, n /apri'ko:zı/ e kayısı
April /ap'ril/ r nisan
Aquädukt, e /akve'dukt/ r su kemeri
Aquarium, -en /a'kva:rium/ s akvaryum
Äquator /ek'va:tor/ r ekvator
Araber, - /a'ra:bır/ r Arap
Arabien /a'rabiın/ Arabistan
Arabisch /a'ra:biş/ s Arapça
Arbeit, en /'arbayt/ e iş, çalışma, görev
arbeiten /'arbaytın/ çalışmak
Arbeiter, -/'arbaytır/ r işçi
Arbeitgeber, - /'arbaytgebır/ r işveren
Arbeitklasse, n /'arbaytklası/ e işçi sınıfı
Arbeitnehmer, - /'arbaytne:mır/ r işçi çalışan
arbeitsam /'arbaytza:m/ çalışkan
Arbeitsamts,..e /'arb-aytsamt/ s iş ve işçi bulma kurumu
arbeitsfähig /'arbaytsfe:ih/ eli ayağı tutar, iş görebilir
arbeitslos /'arbaytslo:s/ işsiz
Arbeitslosigkeit /'arbaytlo:zihkayt/ e işsizlik
Arbeitsplatz, .. e /arbaytsplats/ işyeri
Arbeitstag, e /'arbaytsta:k/ r iş günü
Arbeitszeit /'arbaytstsayt/ e çalışma saatleri, mesai saatleri
Arbeitszimmer, -/'arbaytsimır/ s çalışma odası
Archälogie /arheo'lo:gi:/ e arkeoloji
Archäologe /arheo'lo:gı/ r arkeolog
Architekt, en /arhi'tekt/ r mimar
Architektur, en /arhitek'tu:r/ e mimari, mimarlık
Archiv, e /ar'hi:f/ s arşiv
arg /ark/ kötü; ciddi, ağır
Ärger /'ergır/ r kızgınlık, öfke
ärgerlich /'ergırlih/ kızgın, dargın; (şey) can sıkıcı, sinir bozucu
ärgern /'ergırn/ kızdırmak; de. kızmak
Argument, e /argu'ment/ s neden, kanıt, sav
Argwohn /arkvo:n/ r kuşku, kuruntu
argwöhnisch /'arkvö:niş/ kuşkulu, evhamlı
Arie, n /'a:riı/ e *müz.* arya
Aristokrat, en /aristo'krait/ r aristokrat, soylu
Aristokratie /aristokra:'ti:/ e aristokrasi, soylu, erki
arm /arm/ yoksul; zavallı
Arm, e /arm/ r kol; dal, şube
Armband, ..er /'armbant/ s bilezik
Armbanduhr, en /'armbant:ur/ e kol saati
Armee, n /ar'me:/ e ordu
Ärmel, - /'ermıl/ r elbise kolu, yen
ärmlich /'ermlih/ yoksul
armselig /'armze:lih/ sefil, perişan
Armstuhl, ..e /'armştu:l/ r koltuk
Armut /'armu:t/ e yoksulluk
Arrest, e /a'rest/ r tutuklama
Arsch, ...e /arş/ r göt, kıç
Art, en /a:rt/ e şekil, usul, tarz; tür, çeşit
artig /'artih/ uslu, terbiyeli
Artikel, - /ar'tikıl/ r *dilb.* tanımlık, artikel; makale, yazı; madde, fıkra; mal, çeşit
Artischocke, n /arti'şokı/e enginar
Arznei, en /'artsnay/ e ilâç
Arzt,..e /a:rtst/ doktor, hekim
Arztin, nen /'e:rtstin/ e kadın doktor
ärztlich /'e:rtslih/ tıbbi
As, se /as/ s as
Asche, n /'aşı/ e kül

Aschenbecher /'aşınbehır/ r kül tablası
Asien /'a:ziın/ Asya
Aspekt, e /as'pekt/ r görünüş
Asphalt /as'falt/ r asfalt
Assistent, en /asis'tent/ r asistan, yardımcı
Ast, ..e /ast/ r dal
Asthma /'astma/ s hek. astım
Astronaut, en /astro'naut/ r astronot
Astronom, en /astro'nom/ r gökbilimci, astronom
Astronomie /astrono'mi:/ e gökbilim, astronomi
Asyl, e /a'zü:l/ s barınak, sığınak
Atelier, s /atel'ye:/ s atölye
Atem, - /'a:tım/ r nefes, soluk
atemlos /'a:tımlo:s/ nefessiz
Atheismus /ate'ismus/ r tanrı tanımazlık, dinsizlik
Atheist, en /ate'ist/ r tanrıtanımaz, ateist
Äther, - /'e:tır/ r eter
Äthiopien /eti'o:piın/ Etiyopya
Athlet, en /at'le:t/ r atlet
Athletik /at'le:tik/ e atletizm
Atlantik /at'lantik/ r Atlantik
Atlas, Atlanten /'atlas/ r atlas
Atlas, se /'atlas/ r saten
atmen /'a:tmın/ soluk almak
Atmosphäre /atmos'fe:rı/ e atmosfer
Atmung, en /'a:tmung/ e solunum
Atom, e /a'to:m/ s atom
Atombombe, n /a'to:mbombı/ e atom bombası
Atomkraft, ...e /a'to:mkraft/ e nükleer kuvvet
Atomkraftwerk, e /ato:m'kraftverk/ e nükleer santral
Attentat, e /aten'ta:t/ s suikast
Attentäter /aten'te:tır/ r suikastçı
ätzen /'etsın/ aşındırmak, yemek; yakmak, dağlamak
Aubergine, n /ober'ji:nı/ e patlıcan
auch /auh/ de, da; bile, hatta
Aufbau, e /'aufbau/ r yapı; tesis; teşekkül, kuruluş
aufbauen /'aufbauın/ tesis etmek kurmak, yapmak
aufbessern /'aufbesırn/ artırmak
aufbewahren /'aufbıva:rın/ saklamak, korumak
aufblasen /'aufbla:zın/ şişirmek
aufblicken /'aufblikın/ başını kaldırıp, bakmak; saygı duymak
aufbrauchen /'aufbrauhın/ kullanarak tüketmek
aufbrechen /'aufbrehın/ yola koyulmak; kırıp açmak; açılmak
aufbringen /'aufbringın/ yetiştirmek, büyütmek; kızdırmak; temin etmek, sağlamak
Aufbruch /'aufbruh/ r kalkış, hareket
aufdecken /'aufdekın/ ortaya çıkarmak; örtüsünü kaldırmak
aufdringlich /'aufdringlih/ sırnaşık, sulu, yavşak
aufeinanderfolgen /aufay'nandırfolgın/ birbirini izlemek
aufeinander folgend /aufay'nandırfolgınt/ ardışık, birbirini izleyen
aufeinander folgend /aufaai'nandırfolgınt/ ardışık, birbirini izleyen
Aufenthalt, e /'aufenthalt/ r durma, dinlenme; gecikme
Aufenthaltsgenehmigung, en /'aufenthaltsgıne:migung/ e oturma izni
auferlegen /'auferle:gın/ yüklemek, koymak
Auferstehung, en /'auferste:ung/ e dirilme
auffahren /'auffa:rın/ yükselmek; yerinden fırlamak, sıçramak
Auffahrt /'auffa:rt/ e yükseliş; araba yolu
auffallen /'auffalın/ göze batmak, göze çarpmak
auffallend /'auffalınt/ göze çarpan, göze batan
auffassen /'auffasın/ kavramak, anlamak

Auffassung, en /'auffasung/ **e** görüş; anlayış, kavrayış
auffordern /'auffordırn/ davet etmek, çağırmak
Aufforderung, en /'auffordırung/ **e** davet, çağrı
auffrischen /'auffrişın/ tazelemek, yenilemek; serinletmek
aufführen /'auffü:rın/ sahneye koymak, oynamak, göstermek; inşa etmek
Aufführung, en /'auffü:rung/ **e** temsil, gösteri
Aufgabe, n /'aufga:bı/ **e** ödev; problem, sorun; ev ödevi; bırakma, vazgeçme
Aufgang /'aufgang/ **r** yükseliş, çıkış
aufgeben /'aufge:bın/ bırakmak, vazgeçmek; (paket) göndermek, yollamak
aufgehen /'aufge:ın/ açılmak; (güneş) doğmak
aufgeklärt /'aufgıkle:rt/ aydın
aufgeregt /'aufgıre:kt/ heyecanlı
aufgeschlossen /'aufgışlosın/ aydın, açık fikirli
aufhalten /'aufhaltın/ açık tutmak; durdurmak; de. kalmak, konaklamak; oturmak, yaşamak
aufhängen /'aufhengın/ asmak
aufheben /'aufhe:bın/ kaldırmak; saklamak
aufheitern /'aufhaytırn/ neşelendirmek; de. (hava) açılmak
aufhören /'aufhörın/ sona ermek, bitmek
aufklären /'aufkle:rın/ bilgi vermek, aydınlatmak
Aufklärung, en /'aufkle:rung/ **e** aydınlatma, açıklama
aufkleben /'aufkle:bın/ üzerine yapıştırmak
aufknöpfen /'aufknöpfın/ düğmelerini çözmek
aufkommen /'aufkomın/ çıkmak, doğmak
aufladen /'aufla:dın/ yüklemek
Auflage, n /'aufla:gı/ **e** baskı

Auflauf /'auflauf/ **r** kalabalık; sufle
auflegen /'aufle:gın/ üzerine koymak; basmak, yayımlamak; telefonu kapamak
auflösen /'auflö:zın/ çözmek; açmak, ayırmak; de. çözümlemek
Auflösung, en /'auflö:zung/ **e** çözüm; çözülme
aufmachen /'aufmahın/ açmak
aufmerksam /'aufmerkza:m/ dikkatli
Aufmerksamkeit, en /'aufmerkza:mkayt/ **e** dikkat
aufmuntern /'aufmuntırn/ canlandırmak; şenlendirmek; teşvik etmek
Aufnahme, n /'aufna:mı/ **e** kabul; resim, fotoğraf; ses kaydı
Aufnahmeprüfung, en /'aufna:mıprü:fung/ **e** giriş sınavı
aufnehmen /'aufne:mın/ (bir yere) kabul etmek, almak; resim çekmek; (ses) kaydetmek
aufpassen /'aufpasın/ dikkat etmek
Aufprall, e /'aufpral/ **r** çarpma
aufprallen /'aufpralın/ çarpmak
aufräumen /'aufroymın/ (oda) toparlamak, düzeltmek
aufrecht /auf'reht/ dik, kalkık; dürüst
aufregen /'aufre:gın/ heyecanlandırmak; de. heyecanlanmak
aufregend /'aufre:gınt/ heyecanlı, heyecan verici
Aufregung, en /'aufre:gung/ **e** heyecan
aufrichten /'aufrihtın/ dikmek, inşa etmek; de. kalkmak, doğrulmak
aufrichtig /'aufrihtih/ dürüst; içten samimi
Aufrichtigkeit, en /'aufrihtihkayt/ **e** dürüstlük, içtenlik, samimiyet
Aufruf /'aufru:f/ **r** davet, çağrı
aufrufen /'aufru:fın/ çağırmak, davet etmek; adını söylemek
Aufruhr, e /'aufru:r/ **r** kargaşalık, karışıklık; ayaklanma
Aufrüstung, en /'aufrüstung/ **e** (yeniden)

silahlanma
aufs /aufs/ auf das'ın kısaltılmışı
Aufsatz,..e /'aufzats/ r yazı, makale; kompozisyon (ödevi)
aufsaugen /'aufzaugın/ emmek
aufschieben /'aufşi:bın/ iterek açmak; geciktirmek, ertelemek
Aufschlag, ..e /'aufşla:k/ r (fiyat) artış; (pantalon) paça; (tenis) servis
aufschlagen /'aufşla:gın/ açmak; kurmak; vurmak, çarpmak; pahalılaşmak
aufschließen /'aufşli:sın/ (anahtarla) açmak
Aufschluß /'aufşlus/ r açıklama, bilgi
aufschneiden /'aufşnaydın/ keserek açmak, yarmak
Aufschnitt /'aufşnit/ r (dilimlenmiş) soğuk et
aufschrecken /'aufşrekın/ korkutmak, ürkütmek
Aufschrei,e /'aufşray/ r feryat, haykırış
aufschreiben /'aufşraybın/ yazmak, not etmek
Aufschrift /'aufşrift/ e adres; etiket; yazıt
Aufschub, ..e /'aufşu:p/ r tehir, gecikme
Aufschwung, en /'aufşvung/ r kalkınma, gelişme
aufsehen /'aufze:ın/ yukarı bakmak; saygı duymak
Aufseher, -/'aufze:ır/ r gözcü, nöbetçi
Aufsicht, en /'aufziht/ e denetim, kontrol
aufspringen /'aufşpringın/ sıçramak, fırlamak; çatlamak
Aufstand, ..e /'aufştant/ r ayaklanma, başkaldırı
aufstehen /'aufşte:ın/ kalkmak; (kapı) açık olmak
aufsteigen /'aufştaygın/ yükselmek, tırmanmak; binmek
aufstellen /'aufştelın/ koymak; yerleştirmek, sıralamak; adaylığını koymak
Aufstieg /'aufşti:k/ r yükselme, çıkış
aufsuchen /'aufzuhın/ aramak, görmeğe gitmek, ziyaret etmek
auftauchen /'auftauhın/ sökün etmek, ortaya çıkmak, suyun yüzüne çıkmak
aufteilen /'auftaylın/ bölmek, bölüştürmek; parçalamak
Auftrag, ..e /'auftra:k/ r ödev; sipariş
auftragen /'auftragın/ sofraya koymak, servis yapmak; (boya) sürmek
auftreiben /'auftraybın/ arayıp bulmak; (toz) kaldırmak
auftreten /'auftre:tın/ basmak, çiğnemek; ortaya çıkmak, görünmek
Auftrieb, e /'auftri:p/ r fiz. kaldırma kuvveti
Auftritt, e /'auftrit/ r sahne
auftun /'auftu:n/ açmak
aufwachen /'aufvahın/ uyanmak
aufwachsen /'aufvaksın/ büyümek, yetişmek, gelişmek
Aufwand, ..e /'aufvant/ r masraf; lüks
aufwärmen /'aufvermın/ sp. ısınmak; yeniden açmak, eşelemek, kurcalamak
aufwärts /'aufve:rts/ yukarı doğru
aufwecken /'aufvekın/ uyandırmak
aufwenden /'aufvendın/ harcamak
aufwerfen /'aufverfın/ ortaya atmak
aufwerten /'aufve:rtın/ değerini yükseltmek
aufwickeln /'aufvikıln/ sarmak, dolamak
aufwischen /'aufvişın/ silmek, temizlemek
aufzählen /'auftse:lın/ (birer birer) saymak
aufzeichnen /'auftsayhnın/ çizmek; not etmek, kaydetmek
Aufzeichnung, en /'auftsayhnung/ e not; kayıt
aufziehen /'auftsi:ın/ yukarı çekmek; yetiştirmek; açmak, kaldırmak; takılmak; gırgır geçmek
Aufzug /'auftsuk/ r asansör; tören alayı; tiy. perde
Augapfel, .. /'aug-apfıl/ r gözyuvarı; gözbebeği
Auge, n /'augı/ s göz

hazırlamak
Augenarzt, ..e /'augın-a:rtst/ r göz hekimi
Augenblick, e /'augınblik/ r an
Augenbraue, n /'aungınbrauı/ e kaş
Augenlid, er /'augınli:t/ s gözkapağı
Augenwimper, - /'augınvimpır/ e kirpik
Augenzeuge, n /'augıntsoygı/ r görgü tanığı
August /au'gust/ r ağustos
Aula, -len /'aula/ e (okullarda) toplantı salonu, konferans salonu
aus /aus/ -den, -dan, içinden; -den dolayı; -den yapılmış; tamam, bitti
ausarbeiten /'aus-arbaytın/ hazırlanmak, geliştirmek
ausarten /'aus-a:rtın/ yozlaşmak
ausatmen /'aus-a:tmın/ nefes vermek
Ausbau, ten /'ausbau/ r genişletme, büyütme; bitirme
ausbauen /'ausbauın/ genişletmek, büyütmek
ausbessern /'ausbesırn/ onarmak
Ausbesserung, en /'ausbesırung/ e onarım
Ausbeute, n /'ausboytı/ e ürün; kazanç
ausbeuten /'ausboytın/ işlemek (maden) işletmek; sömürmek
Ausbeutung, en /'ausboytung/ e sömürü; (maden) işletme
ausbilden /'ausbildın/ yetiştirmek, eğitmek; geliştirmek
Ausbildung, en /'ausbildung/ e öğrenim; eğitim
ausbleiben /'ausblaybın/ gelmemek, görünmemek
Ausblick, e /'ausblik/ r manzara, görünüm; umut, beklenti
ausbrechen /ausbrehın/ koparmak; kaçmak; çıkmak
ausbreiten /'ausbraytın/ yaymak, sermek; genişletmek büyütmek
Ausbruch /'ausbruh/ r çıkma, baş gösterme; kaçma

Ausbruch, ..e /'ausbruh/ r (ansızın) çıkma, baş gösterme; kaçış
Ausdauer /'ausdauır/ e dayanma, tahammül
ausdauernd /'ausdauırnt/ sabırlı, sebatlı
ausdehnen /'ausde:nın/ uzatmak, genişletmek
Ausdehnung, en /'ausde:nung/ e uzama, genleşme, genişleme
ausdenken /'ausdenkın/ uydurmak, çıkarmak; tasavvur etmek, imgelemek
ausdrehen /'ausdre:ın/ söndürmek, kapamak
Ausdruck, e /'ausdruk/ r ifade, deyiş; terim
ausdrücken /'ausdrükın/ ifade etmek, dile getirmek; (sigara) söndürmek; (limon) sıkmak
ausdrücklich /'ausdrüklih/ kesin, apaçık
ausdruckslos /'ausdrukslo:s/ anlamsız, boş
audrucksvoll /'ausdruksfol/ anlamlı, etkili, dokunaklı
auseinandernehmen /ausay'nandırne:mın/ parçalara ayırmak, sökmek
auseinandersetzen* /ausay'nandırzetsın/ açıklamak; ayrı yerlere koymak
Auseinandersetzung, en /ausay'nandırzetsung/ e tartışma, kavga
auserlesen /'aus-erle:zın/ seçkin
ausfahren /'ausfa:rın/ (arabayla) gezmeye gitmek; gezmeye götürmek
Ausfahrt, en /'ausfa:rt/ e çıkış; gezinti
Ausfall /'ausfall/ r kayıp, zarar; açık, eksiklik; sonuç
ausfallen /'ausfalın/ (saç vs.) dökülmek; (toplantı vs.) yapılmamak, olmamak; kesilmek (elektrik)
ausfertigen /'ausfertigın/ tanzim etmek, düzenlemek
ausfindig machen /'ausfindih mahın/ bulup çıkarmak
ausfliegen /'ausfli:gın/ uçup gitmek
Ausflug, ..e/'ausflu:k/ r gezi

Ausfuhr, en /'ausfu:r/ e ihracat, dışsatım
ausführbar /'ausfü:rba;r/ yapılabilir, gerçekleştirilebilir
ausführen /'ausfürın/ yapmak, gerçekleştirmek, yerine getirmek; ihraç etmek, dışsatım yapmak; ayrıntılarıyla açıklamak
ausführlich /'ausfürlih/ ayrıntılı (olarak)
Ausführlichkeit, en /'ausfü:rlihkayt/ e ayrıntı
Ausführung, en /'ausfü:rung/ e yerine getirme, uygulama, gerçekleştirme
ausfüllen /'ausfülın/ (form vs.) doldurmak
Ausgabe, n /'ausga:bı/ e harcama; dağıtım; baskı
Ausgang, ..e /'ausgang/ r çıkış; sonuç
Ausgangspunkt, e /'ausgangspunkt] r çıkış noktası, hareket noktası
ausgeben /"ausge:bın] harcamak; dağıtmak
ausgehen /'ausge:ın] (sokağa) çıkmak; tükenmek, bitmek
ausgenommen /'ausgınomın/ -den başka, dışında
ausgerechnet /'ausgırehnıt/ tam da..., aksilik bu ya...; tam sırasıymış gibi
ausgeschlossen /'ausgışlosın/ asla, olanaksız
ausgesucht /'ausgızu:ht/ seçkin
ausgezeichnet /'ausgıtsayhnıt/ mükemmel, olağanüstü
ausgiebig /'ausgi:bih/ bol bol, gerektiğinden de fazla.
Ausgleich, e /'ausglayh/ uzlaşma, uyuşma; dengeleme, denkleştirme
ausgleichen /'ausglayhın] eşitlemek; dengelemek
ausgraben /'ausgra:bın] kazarak çıkarmak
Ausguβ /'ausgus/ r evye, lavabo; (kap) ağız
aushaben /'ausha:bın] *kd.* (giysi) üstünden çıkarmış olmak; (kitap) okuyup bitirmek
Ausgrabung, en /'ausgra:bung/ e kazı
aushalten /'aushaltın/ dayanmak, tahammül etmek
Aushang, ..e /'aushang/ r pano, ilân, afiş
aushängen /'aushengın/ askıya çıkarmak, asmak, sergilemek
Aushängeschild /'aushengışilt/ s tabela
ausheben /'aushe:bın/ çıkarmak; askere almak
aushelfen /'aushelfın/ yardım etmek
Aushilfe /'aushilfı/ e yardım
auskennen /'auskenın/ de. iyi bilmek, anlamak
auskleiden /'ausklaydın/ *tek.* kaplamak, astarlamak; de. soyunmak
auskommen /'auskomın/ geçinmek
Auskunft, ..e /'auskunft/ e bilgi; danışma
auslachen /'auslahın/ alay etmek, alaya almak
ausladen /"ausla:dın/ boşaltmak, tahliye etmek; *kd.* bir daveti iptal etmek
Auslagen /'ausla:gın/ *(ç.)* masraflar
Ausland /'auslant/ s dış ülke
Ausländer, - /'auslendır/ r yabancı
ausländisch /'auslendiş/ yabancı
auslassen /'auslasın/ unutmak, atlamak, görmemek; dışarı çıkarmak; salıvermek
Auslauf /'auslauf/ r akma, dökülme
auslaufen /'auslaufın/ akmak, sızmak; (gemi) denize açılmak
ausleeren /'ausle:rın/ boşaltmak
auslegen /'ausle:gın/ sermek, döşemek; (para) ödünç vermek; açıklamak, yorumlamak
ausleihen /'auslayın/ ödünç vermek
Auslese, n /'ausle:zı/ e seçme, ayıklama
auslesen /'ausle:zın/ *kd.* okuyup bitirmek
ausliefern /'auslifırn/ teslim etmek
auslöschen /'auslöşın/ söndürmek, sil-

mek
auslosen /'auslo:zın/ kura çekmek
auslösen /'auslö:zın/ kurtarmak; neden olmak, doğurmak
Auslöser, - /'auslö:zır/ r deklanşör
ausmachen /'ausmahın/ (ışık) söndürmek; anlaşmak, sözleşmek; tutmak, etmek
ausmalen /'ausma:lın/ boyamak; betimlemek, tasvir etmek
Ausmaß /'ausma:s/ s boyut; ölçü
ausmessen /'ausmesın/ ölçmek
Ausnahme, -n /'ausna:mı/ e ayrılık, istisna
Ausnahmezustand, ..e /'ausna:mıtsu:ştant/ r sıkıyönetim
ausnahmslos /'ausna:mslo:s/ istisnasız
ausnahmsweise /'ausna:msvayzı/ istisnai olarak, bir kerelik
ausnehmen /'ausne:mın/ çıkarmak; ayrı tutmak, ayırmak
ausnützen /'ausnütsın/ yararlanmak, fırsat bilmek; sömürmek
auspacken /'auspakın/ açmak, boşaltmak, çıkarmak
ausprobieren /'auspobi:rın/ denemek
Auspuff, e /'auspuf/ r egzos
Auspuffrohr /'auspufro:r/ s egzos borusu
Auspufftopf /'auspuftopf/ r susturucu
ausradieren /'ausradi:rın/ silmek, kazımak
ausräumen /'ausroymın/ boşaltmak, çıkarmak
ausrechnen /'ausrehnın/ hesaplamak
Ausrede, n /'ausre:dı/ e bahane, mazeret
ausreichen /'ausrayhın/ yeterli olmak, yetmek
ausreichend /'ausrayhınt/ yeterli
Ausreise /'ausrayzı/ e çıkış, gidiş, hareket
ausreisen /'ausrayzın/ yurtdışına çıkmak
ausreißen /'ausraysın/ söküp koparmak, sökmek
Ausreiserlaubnis, se /'ausrayzırlaupnis/ e çıkış vizesi
ausrichten /'ausrihtın/ doğrultmak, düzeltmek; yapmak, yerine getirmek
ausrotten /'ausrotın/ kökünü kazımak, yok etmek
Ausruf, e /'ausru:f/ r ünlem; haykırış, bağırış
Ausrufezeichen, - /'ausru:fıtsayhın/ s ünlem işareti
ausruhen, /'ausru:ın/ de. dinlenmek
ausrüsten /'ausrüstın/ teçhiz etmek, donatmak
Ausrüstung, en /'ausrüstung/ e teçhizat, donatı
Aussage, n /'ausza:gı/ e ifade, demeç
aussagen /'ausza:gın/ ifade etmek, belirtmek
ausschalten /'ausşaltın/ söndürmek, kapamak
Ausschank, ..e /'ausşank/ r içki satış yetkisi; meyhane
ausscheiden /'ausşaydın/ ayırmak; ayrılmak, çekilmek; *hek.* salgılamak
Ausscheidung, en /'ausşaydung/ e salgı; eliminasyon
ausschimpfen /'ausşimpfın/ azarlamak, fırça atmak
ausschlafen /'ausşlaf:ın/ uykusunu almak
Ausschlag, ..e /'ausşla:k/ r *hek.* döküntü; *fiz.* salınım; sapma
ausschlaggebend /'ausşla:kge:bınt/ kesin, kati
ausschließen /'ausşli:sın/ içeri almamak, kapıyı üstüne kapamak; dışlamak
ausschließlich /'ausşli:slih/ yalnızca, sadece; dışında, haricinde (kalmak üzere)
Ausschnitt, e /'ausşnit/ r küpür, kesik; dekolte; parça
ausschreiben /'ausşraybın/ yazmak; (form) doldurmak; ilan etmek

Ausschuβ, üsse /'ausşus/ **r** kurul, komite, komisyon; ıskarta mal, hurda
ausschütten /'ausşütın/ boşaltmak, dökmek
aussehen /'ausze:ın/ benzemek, ...gibi görünmek
aussein /'aussayn/ kd. dışarıya; sokağa çıkmış olmak; bitmek, sona ermek
auβen /'ausın/ dışarıda
Auβenhandel /'ausınhandıl/ **r** dış ticaret
Auβenminister, - /'ausınministır/ Dişişleri Bakanı
Auβenministerium, - /'ausınministe:ryum/ **s** Dışişleri Bakanlığı
auβenpolitik /'ausınpoliti:k/ **e** dış siyaset
Auβenseiter, - /'ausınzaytır/ **r** yalnız başına yaşayan, münzevi
auβer /ausır/ dışında; -den başka
auβerdem /'ausırde:m/ bundan başka
äuβere /'oysırı/ dış, harici
Äuβere, n /'oysırı/ **s** dış görünüş
auβergewöhnlich /'ausırgıvö:nlih/ olağandışı, fevkalade
äuβern, /'oysırn/ ifade etmek, söylemek
auβerordentlich /'ausır-ordıntlih/ fevkalade, olağanüstü
äuβerst /'oysırst/. son derece, gayet
auβerstande sein /'ausırştandızayn/ yapamamak, elinden gelmemek
Äuβerung, en /'oysırung/ **e** ifade, beyan, söz
aussetzen /'auszetsın/ bırakmak, terk etmek; ertelemek
Aussicht, en /'ausziht/ **e** manzara; umut, şans
aussichtslos /'auszihtslo:s/ çaresiz, umutsuz
aussöhnen /'auszö:nın/ barıştırmak; de. barışmak
aussortieren /'auszorti:rın/ seçip ayırmak
ausspannen /'ausşpanın/ dinlenmek, başını dinlemek
Aussprache, n /'ausşpra:hı/ **e** telaffuz, söyleniş; konuşma, görüşme
aussprechen /'ausşprehın/ telaffuz etmek, okumak; ifade etmek; sözünü bitirmek
Ausspruch /'ausspruh/ **r** söz, ifade
ausspülen /'ausşpü:lın/ çalkalamak, yıkayarak temizlemek
Ausstattung, en /'ausştatung/ **e** teçhizat, donatı
Ausstand /'ausştant/ **r** grev
ausstatten /'ausştatın/ donatmak, döşemek
ausstehen /'ausşte:ın/ katlanmak, dayanmak; ödenmemiş olmak
aussteigen /'ausştaygın/ inmek
ausstellen /'ausştelın/ sergilemek; tanzim etmek, düzenlemek
Ausstellung, en /'ausştelung/ **e** sergi; tanzim, düzenleme
aussterben /'ausşterbın/ ortadan kalkmak, soyu tükenmek
Aussteuer, n /'ausştoyır/ **e** çeyiz
ausstoβen /'ausşto:sın/ (duman, vb.) çıkarmak; atmak, kovmak
ausstrahlen /'ausştra:lın/ ışın salmak, ışımak
ausstrecken /'ausştrekın/ uzatmak, germek
ausstreichen /'ausştrayhın/ çizmek, karalamak, silmek
ausströmen /'ausştrö:mın/ akmak, fiş kırmak; kaçmak, uçmak
aussuchen /'auszu:hın/ seçmek
Austausch, e /'austauş/ **r** değişme, değiş tokuş
austauschen /'austauşın/ değiştirmek, değiş tokuş etmek
austeilen /'austaylın/ dağıtmak, bölüştürmek
Auster, n /'austır/ **e** istiridye
austragen /'austra:gın/ (mektup) dağıtmak; (yarışma) düzenlemek, yapmak
Australien /aus'tralin/ Avustralya
austreiben /'austraybın/ kovmak, çı-

karmak
austreten /'austre:tın/ eskitmek — **aus** ayrılmak, çıkmak
austrinken /'austrinkın/ içip bitirmek
austrocknen /'austroknın/ kurumak; kurutmak
ausüben /'aus-ü:bın/ pratik yapmak; alıştırma yapmak; uygulamak; yapmak
Ausübung, en /'ausü:bung/ **e** uygulama
Ausverkauf /'ausferkauf/ satış, tasfiye satışı
ausverkauft /'ausferkauft/ satılmış, kalmamış
Auswahl, en /'ausva:l/ **e** seçme, tercih
auswählen /'ausve:lın/ seçmek
Auswanderer /'ausvandırır/ **r** göçmen
auswandern /'ausvandırn/ göç etmek
Auswanderung, en /'ausvandırung/ **e** göç
auswärtig /ausve:rtih/ yabancı
auswärts /'ausverts/ dışarıya; dışarıda
Auswärtsspiel, e /'ausvertsşpi:l/ **s** deplasman maçı
auswechseln /'ausveksıln/ değiştirmek
Ausweg, e /'ausve:k/ **r** çıkış; çare, çıkar yol
ausweichen /'ausvayhın/ yol açmak, yol vermek; kaçınmak, kaçamaklı sözler söylemek
ausweichend /'ausvayhınt/ kaçamaklı
Ausweis, e /'ausvays/ **e** kimlik; pasaport
ausweisen /'ausvayzın/ kovmak, sınır dışı etmek
Ausweisung, en /'ausvayzung/ **e** kovma, sınır dışı etme
auswendig /'ausvendih/ ezbere
auswendiglernen /'ausvendihlernın/ ezberlemek
auswirken, /'ausvirkın/ de. etkilemek, etkisini göstermek
auswischen /'ausvişın/ silmek
auszahlen /'austsa:lın/ ödemek
auszählen /'austse:lın/ saymak
Auszahlung, en /'austsa:lung/ **e** ödeme
auszeichnen /'austsayhnın/ etiketlemek; taltif etmek, nişan vermek
Auszeichnung, en /'austsayhnung/ **e** taltif, nişan; ödül; etiketleme, fiyat koyma
ausziehen /'austsi:hın/ (giysi) çıkarmak; taşınmak; de. soyunmak
Auto,s /auto/ **s** otomobil
Autobahn, en /'autoba:n/ **e** otoyol
Autobus, se /autobus/ **r** otobüs
Autofahrer, - /'autofarır/ **r** otomobil sürücüsü
Automat, en /'auto'ma:t/ **r** otomatik satış makinesi
automatisch /auto'ma:tiş/ otomatik
autonom /'auto'no:m/ özerk
Autopsie, n /auto'psi:/ **e** otopsi
Autor, en /au'to:r/ **r** yazar
autoritär /autori'te:r/ otoriter
Autorität /'autori'te:t/ **e** otorite, yetki
Autounfall /'auto'unfal/ **r** trafik kazası
Autoverleih /'autofer'layh/ **r** araba kiralama
Axt, ..e /akst/ **e** balta

B

Baby, s /'beybi/ s bebek
Bach, ..e /'bah/ r dere, çay
Backe, n /'bakı/ e yanak
backen /'bakın/ pişirmek, kızartmak ; pişmek, kızarmak
Backenknochen /'bakınknohın/ r elmacık kemiği
Backenzahn, ..e /'bakıntsa:n/ e azıdişi
Bäcker, - /'bekır/ r fırıncı
Bäckerei, en /bekı'ray/ e fırın
Backobst /'bako:pst/ s meyve kurusu
Backofen, .. /'bak-o:fın/ r fırın
Backpulver, - /'bakpulvır/ s kabartma tozu
Backstein, e /'bakştayn/ r tuğla
Bad. ..er /ba:t/ s banyo; hamam; kaplıca, ılıca
Badeanstalt, ..e /'ba:dı-anştalt/ e yüzme yeri
Badeanzug, ..e /'ba:dı-anstsug/ r kadın mayosu
Badehaube, n /'badıhaubı/ e bone
Badehose, n /'ba:dıho:zı/ erkek mayosu
Badekappe, n /'ba:dıkapı/ e bone
baden /ba:dın/ banyo yapmak; denize girmek
Badeort, e /'ba:dıort/ r kaplıca, ılıca
Badewanne, n /'ba:dıvanı/ e küvet
Badezimmer, - /'ba:dıtsimır/ s banyo (odası)
baffsein /'bafzayn/ kd. şaşakalmak, hayretten donakalmak
Bagger, - /bagır/ r ekskavatör
Bahn, en /ba:n/ e yol, hat; bulvar; yörünge
Bahnfahrt, en /'ba:nfa:rt/ e tren yolculuğu
Bahnhof, ..e/'ba:nho:f/ r istasyon
Bahnsteig, e /'ba:nştayk/ r peron
Bahre, n /'ba:rı/ e sedye; tabut, sedye
Bajonett, e /'bayo'net/ s süngü
Bakterie, n /bak'te:rii/ e bakteri, mikrop
Balance, n /'ba'lan:sı/ e denge
bald /balt/ yakında; az daha
Balken, - /'balkın/ r kiriş, direk
Balkon, e /bal'kon/ r balkon
Ball, ..e /bal/ r top; balo
Ballen, - /'ballın/ r denk, balya
Ballet, e /ba'let/ s bale
Ballon, e /ba'lon/ r balon
Bambus, se /'bambus/ r bambu
banal /ba'na:l/ bayağı, banal
Banane, n /ba'na:nı/ e muz
Band, ..er /bant/ s bant, şerit
Band, ..e /bant/ r cilt
Bandage, n /ban'da:jı/ e sargı
Bande, n /'bandı/ e çete; takım
bändigen /'bendigın/ zaptetmek, gem vurmak; (hayvan) terbiye etmek

Bandit, en /ban'di:t/ r haydut
Bandwurm, ..**er** /'bantvurm/ r tenya, şerit
bang (e) /'bangı/ çekingen, korkak
Bank, ..**e** /bank/ e bank, sıra
Bank, en /bank/ e banka
Bank(e)rott, e /bank(ı)'rot/ r iflas
Bankier, e /ban'ki:r/ r banker
Bankkonto, s /bank'konto/ r banka hesabı
Banknote, n 'bankno:tı/ e banknot
Bankraub /'bank'raup/ r banka soygunu
bar /ba:r/ çıplak, yalın; peşin
Bar, s /ba:r/ e bar
Bär, en /ber/ r ayı
Baracke, n /ba'rakı/ e baraka
barbarisch /bar'ba:riş/ barbar, kaba, acımasız
barfuβ /'ba:rfu:s/ yalın ayak
Bargeld /'ba:rgelt/ s nakit para
Barkeeper,- /'ba:rki:pır/ r barmen
barmherzig /'barmhertsih/ merhametli, müşfik, sevecen
Barmherzigkeit, en /barm'hertsihkayt/ e sevecenlik, merhamet
Barometer, - /baro'me:tır/ s barometre
Baron, e /ba'ro:n/ r baron
Barren, - /'barın/ r külçe (altın); *sp.* bar paralel
Barrikade, n /bari'ka:dı/ e barikat
Bart, ..**e** /ba:rt/ r sakal
bärtig /'be:rtih/ sakallı
Barzahlung, en /'ba:rtsa:lung/ e peşin ödeme
Basar, e /ba'za:r/ pazar, çarşı
Base, n /'ba:zı/ e *kim.* baz; kuzin
Basis, -sen /'bazis/ e temel; taban; *ask.* üs
Basketball /'ba:skıtbal/ r basketbol
basteln /bastıln/ (amatörce) el işleri yapmak
Bataillon, e /batal'yo:n/ s *ask.* tabur
Batterie, n /bate'ri:/ e akü; *ask.* batarya

Bau, ten /bau/ r yapı; bina
Bauarbeiter, - /bau'arbaytır/ r inşaat işçisi
Bauch, ..**e** /bauh/ e karın
Bauchweh, s /bauhve:/ s karın ağrısı, mide ağrısı
bauen /'bauın/ yapmak, kurmak
Bauer, - /'bauır/ r çiftçi, köylü
Bauernhaus, ..**er** /'bouırnhaus/ s çiftlik evi
Bauernhof, ..**e** /'bauırnho:f/ r çiftlik
baufällig /'baufe:lih/ harap, viran, yıkık
Baugelände,- /baugı'lendı/ e arsa, parsel
Bauingenieur, e /bauinjen'yö:r/ r inşaat mühendisi
Baum, ..**e** /baum/ r ağaç
Baumwolle, n /'baumvolı/ e pamuk
Bauplan, .. e /'baupla:n/ r inşaat planı
Bauplatz, .. e /'bauplatz/ r şantiye
Bauwerk, e /'bauverk/ s bina
beabsichtigen /bı-'apzihtıgın/ niyetinde olmak, amaçlamak
beachten /bı-'ahtın/ dikkat etmek; uymak, riayet etmek
Beamte, n /bı-'amtı/ r memur
beängstigend /bı-'engstigınt/ korkunç, kaygı verici
beanspruchen /bı-'anşpruhın/ hak talep etmek, iddia etmek, öne sürmek;
beanstanden /bı-'anştandın/ kusurlu bulmak, kuşkuyla karşılamak
beantragen /bı-'antra:gın/ istemek, başvurmak
beantworten /bı-antvortın/ yanıtlamak, cevaplandırmak
Beantwortung, en /bı'antvortung/ e yanıt, karşılık
bearbeiten /bı-'arbaytın/ üzerinde çalışmak, işlemek, biçim vermek; gözden geçirmek; uyarlamak, düzenlemek
Beatmung, en /bı'a:tmung/ e solunum
beaufsichtigen /bı-'aufzihtıgın/ gözetmek, bakmak; denetlemek

beauftragen /bı-'auftra:gın/ görevlendirmek
bebauen /bı'bauın/ toprağı sürmek, işlemek
beben /'be:bın/ titremek
Becher, - /'behır/ r kap, tas; kupa
Becken, - /'bekın/ s kurna; leğen
bedächtig /bı'dehtih/ dikkatli, ihtiyatlı
bedanken /bı'dankın/ de. teşekkür etmek
Bedarf /bı'darf/ r ihtiyaç, gereksinme
bedauern /bı'dauırn/ üzülmek; acımak
bedecken /bı'dekın/ örtmek; kapamak
bedeckt /bı'dekt/ bulutlu, kapalı
bedenken /bı'denkın/ (bir şeyi) düşünmek; göz önüne almak
Bedenken, - /bı'denkın/ s kuşku, tasa, kaygı; düşünce, kararsızlık
bedenklich /bı'denklih/ kuşkulu, şüpheli; tehlikeli
bedeuten /bı'doytın/ anlamına gelmek, demek; önemli olmak
bedeutend /bı'doytınt/ önemli
Bedeutung, en /bı'doytung/ e anlam
bedeutungslos /bı'doytungslo:s/ önemsiz; anlamsız
bedienen /bı'di:nın/ hizmet etmek; servis yapmak
Bedienung, en /bı'di:nung/ e servis
bedingt /bı'dingt/ koşullu, şartlı
Bedingung, en /bıdingung/ e koşul
bedingungslos /bı'dingungslo:s/ koşulsuz, şartsız
bedrängen /bı'drengın/ sıkıştırmak; sıkıntı vermek, rahatsız etmek
Bedrängung, en /bı'drengung/ e sıkıntı
bedrohen /bıdro:ın/ gözdağı vermek, yıldırmak, korkutmak
Bedrohung, en /bı'dro:ung/ e tehdit
bedürfen /bı'dürfın/ s ihtiyacı olmak, gereksinim duymak; gerekmek
bedürftig /bı'dürftih/ muhtaç, yoksul
Beefsteak, s /'bi:fsteyk/ s biftek
beehren /bı'e:rın/ onurlandırmak, şeref vermek
beeilen, /bı-'aylın/ de. acele etmek
beeindrucken /bı-'ayndrukın/ etkilemek, izlenim bırakmak
beeinträchtigen /bı'-ayntrehtigın/ zarar vermek, dokunmak, etkilemek
beenden /bı-'endın/ bitirmek
beerdigen /bı-'e:rdigın/ toprağa vermek, gömmek
Beerdigung, en /bı-'e:rdigung/ e defin, gömme
Beere, n /'be:rı/ e üzüm, çilek vs. gibi meyvelerin genel adı
Beet, e /be:t/ s tarh, yatak
befähigt /bı'fa:higt/ yetenekli, elinden gelmek
Befähigung, en /bı'fe:higung/ e yetenek, yeterlilik
befahren /bı'fa:rın/ (taşıtla) üzerinden geçmek
befangen /bı'fangın/ sıkılgan, utangaç
befassen, /bı'fasın/ de. uğraşmak, ilgilenmek
Befehl, e /bı'fe:l/ r emir, direktif
befehlen /bı'fe:lın/ emir vermek
Befehlsform, en /bı'fe:lsform/ e *dilb.* buyrum kipi, emir kipi
Befehlshaber, - /bı'fe:lshha:bır/ r komutan
befestigen /bı'festigın/ tutturmak, saptamak, bağlamak, raptetmek
Befestigung, en /bı'festigung/ e bağlama; *ask.* tahkim, berkitme
befinden, /bı'fındın/ de. bulunmak
Befinden /bı'fındın/ s sağlık durumu
befolgen /bı'folgın/ uymak, riayet etmek
befördern /bı'fördırn/ göndermek, yollamak; terfi ettirmek
Beförderung, en /bı'fördırung/ e nakil; terfi
befragen /bı'fra:gın/ sormak
befreien /bı'frayın/ kurtarmak; serbest bırakmak
befreunden /bı'froyndın/ de. dost olmak,

dostluk kurmak
befriedigen /bı'fri:dıgın/ doyurmak, tatmin etmek
befriedigend /bıfri:dıgınt/ doyurucu, tatminkar
Befriedigung, en /bı'fri:digung/ e doyum, tatmin
befruchten /bı'fruhtın/ döllemek; verimlileştirmek
Befugnis, se /bı'fu:knis/ e yetki
befugt /bıfu:kt/ yetkili
befürchten /bı'fürhtın/ endişe etmek, korkmak, tasalanmak
Befürchtung, en /bı'fürhtung/ e korku
befürworten /bı'fü:rvortın/ desteklemek, lehinde olmak
begabt /bı'ga:pt/ yetenekli
Begabung, en /bı'ga:bunģ/ e yetenek
begeben, /bı'ge:bın/ de. gitmek; başlamak; vazgeçmek
begegnen /bı'ge:gnın/ karşılaşmak
Begegnung, en /bı'ge:gnung/ e karşılaşma
begehen /bıge:ın/ yapmak; kutlamak
begehren /'bı'ge:rın/ arzulamak, şiddetle istemek
begehrenswert /bı'ge:rınsve:rt/ şiddetli istek uyandırıcı
begeistern /bı'gaystırn/ heyecanlandırmak, coşturmak
begeistert /bı'**gaystırt**/ istekli, coşkun, ateşli
Begeisterung, en /bı'gaystırung/ e şevk, istek, coşku
Begierde, n /bı'gi:rdı/ e arzu, tutku
begierig /bı'gi:rih/ hırslı, istekli
Begieβen /bı'gi:sın/ sulamak
Beginn, e /bı'gın/ r başlangıç
beginnen /bı'gınin/ başlamak
beglaubigen /bı'glaubigın/ onaylamak, tasdik etmek
Beglaubigung, en /bı'glaubigung/ e onay, tasdik
begleiten /bı'glaytın/ eşlik etmek

Begleitunɉ, en /bıglaytung/ e eşlik; maiyet
beglücken /bı'glükın/ sevindirmek
beglückwünschen /bıglükvünşın/ kutlamak
begnadigen /bı'gna:dıgın/ kusurunu bağışlamak, affetmek
Begnadigung, en /bı'bıgna:digung/ e af
begnügen / bı'gnü:gın/ yetinmek
begraben /bı'gra:bın/ gömmek
Begräbnis, se /bı'gre:pnis/ e cenaze töreni
begreifen /bı'grayfın/ kavramak, anlamak
begreiflich /bı'grayflih/ anlaşılır, anlaşılabilir
begrenzen /bı'grentsın/ sınırlamak
Begriff, e /bı'grif/ r kavram
begründen /bı'gründın/ neden göstermek; tesis etmek, kurmak
Begründung, en /bı'gründung/ e gerekçe; kanıt, ispat
begrüβen /bı'grü:sın/ selâmlamak
begünstigen /bı'günstigın/ korumak; yardım etmek, desteklemek
begütert /bı'gü:tırt/ varlıklı, zengin
behaart /bı'ha:rt/ kıllı, tüylü
behagen /bı'ha:gın/ hoşlanmak, beğenmek
Behagen, - /bı'ha:gın/ s rahat, huzur
behaglich /bı'haklıh/ hoş; rahat, konforlu
behalten /bı'haltın/ akılda tutmak; korumak, saklamak, alıkoymak
Behälter, - /bı'heltır/ r kap, mahfaza, bidon, hazne, depo
behandeln /bı'handıln/ ele almak, işlemek; tedavi etmek
Behandlung, en /bı'handlung/ e ele alma, işleme; tedavi
beharren /bı'harın/ sebat etmek; üstelemek
behaupten /bı'hauptın/ iddia etmek, ileri sürmek
Behauptung, en /bı'hauptung/ e iddia,

sav
beherbergen /bı'herbergın/ misafir etmek, barındırmak
beherrschen /bı'herşın/ egemen olmak; hükmetmek; de. kendini tutmak, duygularına kapılmamak
behindern /bı'hindırn/ engel olmak
Behinderung, en /bı'hindırung/ e engel
Behörde, n /bı'hö:rdı/ e makam
behüten /bı'hü:tın/ korumak
behutsam /bı'hu:tza:m/ dikkatli, sakıngan, tedbirli
bei /bay/ -de, -da; yakınında, yanında; sırasında, iken
beibehalten /'baybıhaltın/ alıkoymak, korumak
beibringen /'baybringın/ öğretmek
Beichte, n /'bayhtı/ e günah çıkarma; itiraf
beichten /'bayhtın/ günah çıkarmak
beide /'baydı/ her ikisi
beiderseitig /'baydırzaytih/ karşılıklı
beiderseits /'baydırzayts/ her iki yandan; karşılıklı olarak
Beifall /'bayfal/ r onay; alkış
beieinander /'bay'aynandır/ birlikte
Beifall /'bayfal/ r alkış; onay
beifügen /'bayfü:gın/ eklemek, iliştirmek
Beigeschmack /'baygeşmak/ r tat
Beihilfe /'bayhilfı/ e yardım
Beil, e /bayl/ s balta, keser
Beilage, n /'bayla:gı/ e ek, ilâve; katık; garnitür
beilegen /'bayle:gın/ eklemek, iliştirmek
Beileid /'baylayt/ s başsağlığı
beiliegen /'bayli:gın/ ilişik olmak, ekli olmak
beiliegend /'bayli:gınt/ ilişikteki, ek olarak
Bein, e /bayn/ s bacak; ayak; kemik
beinahe /'bayna:ı/ az daha, hemen hemen, neredeyse
Beirat /'bayra:t/ r danışman; danışma kurulu
beisammen /bay'zamın/ birlikte, toplu olarak, bir arada
Beischlaf /'bayşla:f/ r cinsel birleşme
beiseite /bay'zaytı/ bir yana
Beispiel, e /'bayşpi:l/ s örnek
beispielsweise /'bayşpi:lsvayzı/ örneğin, sözgelişi
beispiellos /'bayşpi:lslo:s/ eşsiz
beiβen /'baysın/ ısırmak
beiβend /'baysınt/ yakıcı, keskin
Beistand, ..e /'bayştant/ r yardım
beistehen /'bayşte:ın/ yardım etmek, yardımcı olmak
beistimmen /'bayştimın/ razı olmak; uyuşmak, anlaşmak
Beitrag..e /'baytra:k/ r pay; katılma, katılım; ödenti, aidat
beitragen /'baytra:gın/ katılmak; yardım, etmek
beitreten /'baytre:tın/ katılmak
Beitritt /'baytrit/ r katılma, üyelik
Beiwort /'bayvort/ s dilb. sıfat
beizeiten /bay'tsaytın/ zamanında
bejahen /bı'ya:ın/ onaylamak, "evet" demek
bejahrt /bı'ya:rt/ yaşlı, ihtiyar
bekämpfen /bı'kempfın/ savaşmak
bekannt /bı'kant/ tanınmış, ünlü
Bekannte, n /bı'kantı/ tanıdık, tanış
Bekanntgabe, n /bıkant'ga:bı/ e duyuru, ilan
bekanntmachen /bı'kantmahın/ duyurmak, bildirmek
Bekanntmachung, en /bı'kantmahung/ e bildiri, duyuru
Bekanntschaft, en /bı'kantşaft/ e aşinalık, bilgi; tanıdıklar; tanışıklık
bekennen /bıkenın/ itiraf etmek, kabul etmek
beklagen /bı'kla:gın/ üzülmek, acımak
bekleiden /bı'klaydın/ giydirmek; örtmek, kaplamak
Bekleidung, en /bı'klaydung/ e giyim, giysi

bekommen /bı'komın/ almak, elde etmek
bekömmlich /bıkömlih/ yararlı, şifalı
bekräftigen /bı'kreftigın/ güçlendirmek, kuvvetlendirmek; doğrulamak
beladen /bı'la:dın/ yüklemek
belagern /bı'la:gırn/ kuşatmak
Belagerung, en /bı'la:gırung/ e kuşatma
Belang /bı'lang/ r önem
belanglos /bı'langlo:s/ önemsiz
belasten /bı'lastın/ yüklemek; sıkıntı vermek; zimmetine geçirmek
belästigen /bı'lestigın/ rahatsız etmek, canını sıkmak
Belastung, en /bı'lastung/ e yük
belaufen /bı'laufın/ etmek, varmak, tutmak
belebt /bıle:pt/ canlı, hareketli
Beleg, e /bı'le:k/ r tic. makbuz alındı; belge, kanıt; örnek
belegen /bı'le:gın/ örtmek; kanıtlamak; işgal etmek
Belegschaft, en /bı'le:gşaft/ e personel
belehren /bı'le:rın/ öğretmek, anlatmak
beleidigen /bı'laydigın/ hakaret etmek, aşağılamak; kırmak, gücendirmek
Beleidigung, en /bı'laydigung/ e hakaret, aşağılama
beleuchten /bı'loyhtın/ ışıklandırmak, aydınlatmak
Beleuchtung, en /bı'loyhtung/ e aydınlatma
beliebig /bı'li:bih/ gelişigüzel, rasgele
beliebt /bı'li:pt/ sevilen, popüler
bellen /'belın/ havlamak
belohnen /bı'lo:nın/ ödüllendirmek
Belohnung, en /bı'lo:nung/ e ödül
belügen /bı'lü:gın/ yalan söylemek, kandırmak
belustigen /bı'lustigın/ eğlendirmek
bemächtigen /bı'mehtigın/ de. ele geçirmek, zaptetmek
bemerken /bı'merkın/ farkına varmak; belirtmek, söylemek
Bemerkung, en /bı'merkung/ e söz
bemühen /bı'mü:ın/ rahatsız etmek, zahmete sokmak; de. zahmet etmek
Bemühung, en /bı'mü:ung/ e çaba, gayret
benachbart /bı'nahba:rt/ komşu, bitişik yan yana
benachrichtigen /bı'na:hrihtigın/ haberdar etmek
Benachrichtigung, en /bı'na:hrihtigung/ e haber, bilgi
Benehmen /bı'ne:mın/ s davranış
benehmen /bı'ne:mın/ davranmak, davranışta bulunmak
beneiden /bı'naydın/ kıskanmak, çekememek, gıpta etmek
beneidenswert /bı'naydınsve:rt/ imrenilecek, şanslı, mutlu
benennen /bı'nenın/ adlandırmak, ad vermek
Bengel, - /'bengıl/ r afacan, yumurcak
benötigen /bınö:tigın/ ihtiyacı olmak, gereksinmek
benutzen /bı'nutsın/ kullanmak
Benutzung, en /bı'nutsung/ e kullanma
Benzin, e /ben'tsi:n/ s benzin
beobachten /bı-'o:bahtın/ gözlemek, gözetlemek
Beobachter, - /bı'o:bahtır/ r gözlemci
Beobachtung, en /bı-'o:bahtung/ e gözlem
bequem /bıkve:m/ rahat, konforlu
beraten /bı'ra:tın/ tavsiyede bulunmak, öğüt vermek
Berater, - /bı'ra:tır/ r danışman
Beratung, en /bı'ra:tung/ e görüşme
berauben /bı'raubın/ soymak, çalmak
berechnen /bı'rehnın/ hesaplamak
berechnend /bı'rehnınt/ çıkarcı
Berechnung, en /bı'rehnung/ e hesap; tahmin
berechtigen /bı'rehtigın/ yetki vermek
Berechtigung, en /bı'rehtigung/ e yetki, hak

Bereich, e /bı'rayh/ bölge, alan; çevre
bereichern /bı'rayhırn/ zenginleştirmek; de. zenginleşmek
bereit /bı'rayt/ hazır
bereiten /bı'raytın/ hazırlanmak; (sevinç, vb.) vermek
bereits /bı'rayts/ önceden; henüz; (daha) şimdiden
Bereitschaft, en /bı'raytşaft/ **e** hazırlık, uyanık bulunma
bereitstehen /bırayt'şte:ın/ hazır olmak
bereitstellen /bırayt'ştelın/ hazırlanmak
bereitwillig /bırayt'vilih/ hazır, istekli
bereuen /bı'royın/ pişman olmak
Berg, e /berk/ **r** dağ, tepe
bergab /berk-ap/ yokuş aşağı
Bergarbeiter, - /'berk-'arbaytır/ **r** maden işçisi
bergauf /berk-'auf/ yokuş yukarı
Bergbau /'berkbau/ **r** madencilik
bergen /'bergın/ kurtarmak
bergig /'bergih/ dağlık
Bergkette, n /'berkketı/ **e** sıradağ
Bergmann, -leute /'berkman/ **r** maden işçisi
Bergrutsch /'bergruç/ **r** toprak kayması, heyelan
Bergsteiger, - /'berkştaygır/ **r** dağcı
Bergung, en /'bergung/ **e** kurtarma
Bergwerk, e /'berkverk/ **s** maden ocağı
Bericht, e /bı'riht/ haber; rapor; bülten
berichten /bı'rihtın/ haber vermek; anlatmak
Berichterstatter, - /bı'riht-erştatır/ **r** gazete muhabiri
berichtigen /bı'rihtigın/ düzeltmek
Berichtigung, en /bı'rihtigung/ **e** düzeltme
bersten /'berstın/ patlamak
berüchtigt /bı'rühtiht/ kötü tanınmış, adı çıkmış
berücksichtigen /bı'rükzihtigın/ göz önüne almak; hesaba katmak
Beruf, e /bı'ru:f/ **r** meslek, iş

berufen /bı'ru:fın/ atamak, tayin etmek
beruflich /bı'ru:flih/ mesleki
Berufsschule, ın /bıru:fs'şu:lı/ **e** sanat okulu
berufstätig /bı'ru:fşte:tih/ çalışan
Berufung, en /bı'ru:fung/ **e** tayin, atama
beruhen /bı'ru:ın/ dayanmak; (-den) ileri gelmek
beruhigen /bı'ru:igın/ yatıştırmak, sakinleştirmek
Beruhigung, en /bı'ru:igung/ **e** yatıştırma
Beruhigungsmittel, - /bı'ru:igungsmitıl/ **s** yatıştırıcı, müsekkin
berühmt /bı'rü:mt/ tanınmış, ünlü
berühren /bı'rü:rın/ değmek, dokunmak; değinmek
Berührung, en /bı'rü:rung/ **e** değme, temas, kontak
Besatzung, en /bı'zatsung/ **e** mürettebat; *ask.* garnizon
beschaffen /bı'şafın/ sağlamak, elde etmek, bulmak, tedarik etmek
beschäftigen /bı'şeftigın/ meşgul etmek, uğraştırmak; çalıştırmak; de. uğraşmak, meşgul olmak
Beschäftigung, en /bı'şeftigung/ **e** uğraş, meşguliyet, iş
beschämen /bı'şe:mın/ utandırmak, bozmak
Bescheid, e /bı'şayt/ **r** cevap, karşılık; bilgi
bescheiden /bı'şaydın/ alçakgönüllü; uslu, terbiyeli; sade
Bescheidenheit, en /bı'şnaydınhayt/ **e** alçakgönüllülük
Bescheinigung, en /bı'şaynigung/ **e** belge; alındı, makbuz
bescheißen /bı'şaysın/ *kd.* kandırmak, aldatmak
beschenken /bı'şenkın/ hediye vermek
bescheren /bışe:rın/ hediye olarak vermek
beschimpfen /bı'şimpfın/ sövmek, haka-

ret etmek
Beschlag, .. /bɪʃlaːk/ r maden teçhizatı
beschlagen /bɪˈʃlagɪn/ nallamak; buğulanmak
Beschlagnahme /bɪˈʃlaːknaːmɪ/ e el koyma, haciz, müsadere
beschleunigen /bɪˈʃloynigɪn/ çabuklaştırmak, hızlandırmak
beschleunigung /bɪˈʃloynigung/ e *fiz.* ivme; hızlanma
beschließen /bɪˈʃliːsɪn/ karar vermek; bitirmek, son vermek
Beschluß /bɪˈʃluːs/ r karar
beschmutzen /bɪˈʃmutsɪn/ kirletmek
beschneiden /bɪˈʃnaydɪn/ kesmek, keserek düzeltmek; sünnet etmek
beschränken /bɪˈʃrɛnkɪn/ sınırlandırmak
beschränkt /bɪˈʃrɛnkt/ geri zekâlı; sınırlı
Beschränkung, en /bɪˈʃrɛnkung/ e sınırlama
beschreiben /bɪˈʃraybɪn/ betimlemek tasvir etmek
Beschreibung, en /bɪˈʃraybung/ e tasvir, betimleme
beschuldigen /bɪˈʃuldigɪn/ suçlamak
Beschuldigung, en /bɪˈʃuldigung/ e suçlama
beschummeln /bɪʃumɪln/ *kd.* aldatmak, kandırmak
beschützen /bɪˈʃütsɪn/ korumak
Beschwerde, n /bɪˈʃveːrdɪ/ e şikâyet; sıkıntı, zahmet; ağrı
beschweren /bɪˈʃveːrɪn/ de. şikayet etmek, yakınmak
beschwerlich /bɪʃveːrlih/ zahmetli, sıkıcı, yorucu
beschwichtigen /bɪˈʃvihtigɪn/ yatıştırmak; avutmak
beschwipst /bɪˈʃvipst/ çakırkeyif, kafası kıyak
beseitigen /bɪˈzaytigɪn/ engel olmak, önüne geçmek, bertaraf etmek, ortadan kaldırmak; gidermek
Besen - /ˈbeːzɪn/ r süpürge
besetzen /bɪˈzetsɪn/ işgal etmek
besetzt /bɪˈzetst/ dolu; (telefon) meşgul
Besetzung, en /bɪˈzetsung/ e işgal; *tiy.* oynayanlar
besichtigen /bɪˈzihtigɪn/ ziyaret etmek, gezmek, bakmak
Besichtigung, en /bɪˈzihtigung/ e ziyaret, gezme
besiegen /bɪˈziːgɪn/ yenmek
besinnen /bɪˈzinɪn/ hatırlamak, anımsamak
Besinnung, en /bɪˈzinung/ e bilinç
besinnungslos /bɪˈzinungsloːs/ baygın
Besitz, e /bɪˈzits/ r mal, servet
besitzen /bɪˈzitsɪn/ sahip olmak
Besitzer - /bɪˈzitsɪr/ r sahip
besoffen /bɪˈzofɪn/ r *kd.* sarhoş, zom
Besoldung, en /bɪˈzoldung/ e aylık, ücret
besondere r,s /bɪˈzondɪrɪ (r,s)/ özel
Besonderheit, en /bɪˈzondɪrhayt/ e özellik
besonders /bɪˈzondɪrs/ özellikle, hele
besonnen /bɪˈzonɪn/ temkinli, tedbirli
Besonnenheit, en /bɪzonɪnhayt/ e ihtiyat, temkin
besorgen /bɪˈzorgɪn/ sağlamak, temin etmek; endişe etmek
Besorgnis, se /bɪˈzorgnis/ e endişe, korku
besorgt /bɪˈzorkt/ endişeli, huzursuz, tasalı
Besorgung, en /bɪˈzorgung/ e tedarik, edinme, alışveriş
besprechen /bɪˈʃprehɪn/ görüşmek, tartışmak, üzerinde konuşmak
Besprechung, en /bɪˈʃprehung/ e görüşme, tartışma konuşma
besser /ˈbesɪr/ daha iyi
bessern /ˈbesɪrn/ iyileştirmek, düzeltmek; de. iyileşmek
Besserung, en /ˈbesɪrung/ e iyileşme; **gute-!** Geçmiş olsun!
best /best/ en iyi
Bestand, ..e /bɪʃtant/ r devam, süre; *tic.*

stok
beständig /bı'ştendih/ sürekli, sabit; dayanıklı
Bestandteil, e /bı'ştanttayl/ r bileşen, parça
bestärken /bı'şterkın/ güçlendirmek; doğrulamak
bestätigen /bı'şte:tigın/ onaylamak, doğrulamak
Bestätigung, en /bı'şte:tigung/ e doğrulama, onay
bestatten /bı'ştatın/ toprağa vermek, defnetmek, gömmek
Bestattung, en /bı'ştatung/ e defin, gömme; cenaze (töreni)
bestechen /bı'ştehın/ rüşvet vermek
bestechlich /bı'ştehlih/ yiyici, rüşvetçi
Bestechung, en /bı'ştehung/ e rüşvet
Besteck, e /bı'ştek/ s çatal, bıçak ve kaşık
bestehen /bışte:ın/ var olmak, mevcut olmak; devam etmek, sürmek; (sınav) başarmak; geçmek -**auf** -de ısrar etmek -**aus** -den oluşmak
besteigen /bı'ştaygın/ tırmanmak, çıkmak; (at) binmek
bestellen /bı'ştelın/ ısmarlamak, sipariş etmek; (oda) ayırtmak; ekip biçmek, işlemek
Bestellung, en /bı'ştelung/ e sipariş; yer ayırtma; ekip biçme, işleme
bestenfalls /'bestınfals/ olsa olsa
besteuern /bı'ştoyırn/ vergilendirmek
Bestie, n /bes'ti:/ e vahşi hayvan; canavar
bestimmen /bı'ştimın/ belirlemek, kararlaştırmak
bestimmt /bı'ştimt/ kesin, kati, muhakkak; belirli
Bestimmung, en /bı'ştimung/ e tüzük, yönetmelik; amaç; yazgı, kısmet
bestrafen /bı'ştra:fın/ cezalandırmak
Bestrafung, en /bı'ştra:fung/ e cezalandırma

Bestrahlung, en /bı'ştra:lung/ e hek. radyoterapi
bestreben /bı'ştre:bın/ çaba, gayret
bestreiten /bı'ştraytın/ itiraz etmek, aksini iddia etmek
bestreuen /bı'ştroyın/ serpmek
bestürzt /bı'ştürtst/ şaşkın, telaşlı
Besuch, e /bı'zu:h/ r ziyaret
besuchen /bı'zu:hın/ ziyaret etmek
Besucher, - /bı'zu:hır/ r ziyaretçi, konuk
betätigen /bı'te:tigın/ de. çalışmak
betäuben /bı'toybın/ uyuşturmak, hissiz hale getirmek
Betäubungsmittel, - /bı'toybungsmitıl/ s hek. uyuşturucu, anestetik
beteiligen /bı'tayligın/ de. katılmak
Beteiligung, en /bı'tayligung/ e katılma
beten /'be:tın/ dua etmek
Beton, s /'be'to:n/ r beton
betonen /be:'to:nın/ vurgulamak
Betonung, en /bı'to:nung/ e vurgu
betrachten /bı'trahtın/ bakmak; gözüyle bakmak, olarak görmek
beträchtlich /bı'trehtlih/ önemli, hatırı sayılır, dikkate değer
Betrachtung, en /bı'trahtung/ e inceleme; düşünüp, taşınma
Betrag, ..e /bı'tra:k/ r tutar, toplam, miktar
betragen /bı'ra:gın/ tutmak, etmek, varmak; de. davranmak
Betragen /bı'tra:gın/ s davranış
betreffen /bı'trefın/ ilgilendirmek
betreffend /bı'trefınt/ sözkonusu; ilgili, ilişkin
betreffs /bı'trefs/ hakkında, ilişkin
betreten /bı'tre:tın/ ayak basmak; girmek
Betrieb, e /bı'tri:p/ r işletme, iş yeri, firma
Betriebsunfall, ..e /bı'tri:ps-unfal/ r iş kazası
betrinken /bı'trinkın/ de. sarhoş olmak
betroffen /bıtrofın/ şaşkın
betrüben /bı'trü:bın/ üzmek

betrübt /bı'trü:pt/ üzgün
Betrug /bı'tru:k/ r hile, aldatma
betrügen /bı'trü:gın/ aldatmak, hile yapmak
Betrüger, - /bı'trü:gır/ r dolandırıcı, üçkâğıtçı
betrügerisch /bı'trü:gırişı/ aldatıcı, hileli
betrunken /bı'trunkın/ sarhoş
Bett, en /bet/ s yatak
Bettbezug ..e /'betbıtsu:k/ r yatak örtüsü
Bettdecke, n /'betdekı/ e battaniye; yorgan
betteln /'betıln/ dilenmek
Bettler, - /betlır/ r dilenci
Bettuch, ..er /'bettu:h/ s çarşaf
Bettwäsche, n /'betveşı/ e yatak takımı
beugen /'boygın/ eğmek, bükmek
Beule, n /'boylı/ e çıkıntı, kambur, yumruluk; şiş, şişkinlik
beunruhigen /bı'-unru:ıgın/ rahatsız etmek, huzurunu kaçırmak; korku uyandırmak
Beunruhigung, en /bı'unru:ıgung/ e kaygı, endişe
beurkunden /bı'u:rkundın/ belgelemek
beurlauben /bı'-u:rlaubın/ izin vermek
beurteilen /bı'-urtaylın/ yargı vermek
Beurteilung, en /bı'u:rtaylung/ e hüküm yargı
Beute, n /'boytı/ e ganimet
Beutel, - /'boytıl/ r kese, küçük torba; para kesesi
Bevölkerung, en /bı'fölkırung/ e halk; nüfus
bevollmächtigen /bı'folmehtigın/ yetki vermek
bevor /bı'for/ ...-den önce
bevormunden /bı'fo:rmundın/ vasilik etmek
bevorstehen /bıfo:r'şte:ın/ gerçekleşmesi yakın olmak, eli kulağında olmak
bevorzugen /bı'fo:rtsu:gın/ yeğ tutmak, tercih etmek
bewachen /bı'vahın/ gözetmek, bekçilik yapmak
bewaffnen /bıvafnın/ silâhlandırmak
Bewaffnung, en /bı'vafnung/ e silahlanma
bewahren /bı'va:rın/ korumak, saklamak, muhafaza etmek
bewältigen /bı'veltigın/ üstesinden gelmek, başarmak
bewässern /bı'vesırn/ sulamak
bewässerung, en /bı'vesırung/ e sulama
bewegen /bı've:gın/ devindirmek, hareket ettirmek, kımıldatmak; etkilemek, duygulandırmak; neden olmak; de. devinmek, hareket etmek, kımıldamak
beweglich /bı've:klih/ hareketli, oynak
Bewegung, en /bı've:gung/ e devinim, hareket
Beweis, e /bı'vays/ r kanıt, ispat
beweisen /bı'vayzın/ kanıtlamak, ispat etmek
bewerben /bı'verbın/ de. için başvurmak, adaylığını koymak
Bewerber, - /bı'verbır/ r istekli, aday, başvuru sahibi
Bewerbung, en /bı'verbung/ e istek; başvuru, adaylık
bewerten /bı've:rtın/ değerlendirmek
bewirken /bı'virkın/ neden olmak
bewirten /bı'virtın/ ağırlamak, yedirip içirmek
bewirtschaften /bı'virtşaftın/ yönetmek, işletmek
Bewirtung, en /bı'virtung/ e ikram, yedirip içirme
Bewohner, - /bı'vo:nır/ r ikamet eden, oturan, sakin
bewölken /bı'völkın/ de. bulutlanmak, kapanmak
bewölkt /bı'völkt/ bulutlu, kapalı
Bewunderer, - /bı'vundırır/ r hayran
bewundern /bı'vundırn/ hayran olmak
Bewunderung, en /bı'vundırung/ e hayranlık

bewußt /bɪ'vust/ bilinçli
bewußtlos /bɪ'vustlo:s/ baygın
Bewußtlosigkeit, en /bɪ'vustlo:zihkayt/ e baygınlık
Bewußtsein /bɪ'vustazyn/ s bilinç
bezahlen /bɪ'tsa:lın/ ödemek
bezaubernd /bɪ'tsaubırnt/ büyüleyici
bezeichnen /bɪ'tsayhnın/ işaretlemek; göstermek; adlandırmak
bezeichnend /bɪ'tsayhnınt/ karakteristik, tipik
Bezeichnung, en /bɪ'tsayhnung/ e işaret; ad, isim
beziehen /bɪ'tsi:ın/ örtmek; (ev) taşınmak; abone olmak; almak
Beziehung, en /bɪ'tsi:ung/ e ilişki, ilgi
beziehungsweise /bɪtsi:ung'vayzı/ veya, ya da; daha doğrusu
Bezirk, e /bɪ'tsirk/ r bölge, alan
Bezug, ..e /bɪ'tsu:k/ r kılıf, örtü, yüz; gelir
bezüglich /bɪ'tsü:klih/ ilişkin, hakkında
bezweifeln /bɪ'tsvayfıln/ kuşkulanmak, şüphe etmek
Bibel, n /'bi:bıl/ e İncil ve Tevrat
Biber, - /'bi:bır/ r kunduz
Bibliographie, n /bibliogra'fi:/ e kaynakça
Bibliothek, en /biblio'te:k/ e kütüphane
Bibliotheker, e /bibliote'ker/ r kütüphaneci
bieder /'bi:dır/ dürüst, namuslu
biegen /'bi:gın/ eğmek, bükmek
biegsam /'bi:gza:m/ bükülebilir, esnek
Biegung, en /'bi:gung/ e dönemeç
Biene, n /'bi:nı/ e arı
Bienenhonig /bi:nın'ho:nih/ r bal
Bienenkorb, ..e /'bi:nınkorp/ r arı kovanı
Bienenzucht /'bi:nıntsuht/ e arıcılık
Bier, e /bi:r/ s bira
bieten /'bi:tın/ sunmak
Bikini, s /bi'ki:ni/ s bikini
Bilanz, en /bi'lants/ e bilanço
Bild, er /'bild/ s resim
bilden /'bildın/ oluşturmak

Bilderbuch, ..er /'bildırbu:h/ s resimli kitap
Bilderrahmen, - /bildır'ra:mın/ r resim çerçevesi
Bildfläche, n /bilt'flehı/ e ekran
Bildhauer, / /'bilthauır/ r heykeltıraş, yontucu
Bildhaurei, en /bilthauı'ray/ e heykeltıraşlık
bildlich /'biltlih/ mecazi
Bildnis, se /'biltnis/ s portre
Bildschirm, e /'biltşirm/ r **(TV)** ekran
Bildung, en /'bildung/ e teşkil, oluşum; kültür
Billard, e /'bilyart/ s bilardo
billig /'bilih/ ucuz
billigen /'biligın/ kabul etmek, onaylamak, razı olmak
Billigung, en /'biligung/ e rıza, onay
Billion, en /bili'o:n/ e trilyon
Binde, n /'bindı/ e bant, sargı, bağ
binden /'bindın/ bağlamak, sarmak; ciltlemek
Bindestrich, e /'bindıştrih/ r tire, kısa çizgi
Bindewort, ..er /'bindıvort/ s *dilb.* bağlaç
Bindfaden,.. /'bintfa:dın/ r sicim
Bindung, en /'bindung/ e bağlılık
binnen /'binın/ içinde, zarfında
Biographie, n /biogra'fi:/ e özgeçmiş
Biologe, n /bio'logı/ r biyolog
Biologie /biolo'gi:/ e biyoloji
biologisch /bio'lo:giş/ biyolojik
Birke, n /'birkı/ e kayın ağacı
Birne, n /'birnı/ e armut; ampul
bis /bis/ kadar, dek, değin
Bischof, ..e /'bişof/ r piskopos
bisher /bis'her/ şimdiye dek
Biß, -sse /'bis/ r ısırık; ısırma
Bißchen, ein- /ayn 'bishın/ biraz, bir parça
bisweilen /bis'vaylın/ ara sıra, zaman zaman, bazen
Bitte, n /'bitı/ e rica; dilek

bitte! /'bıtı/ rica ederim.
bitten /'bitın/ rica etmek
bitter /'bitir/ acı; keskin
Bittschrift, en /'bitşrift/ e dilekçe
blamabel /bla'ma:bıl/ utandırıcı, ayıp
Blamage, n /bla'ma:jı/ e ayıp, rezalet
blamieren /bla'mi:rın/ rezil etmek, maskara etmek; de. rezil olmak
blank /blank/ parlak; temiz; yalın, çıplak
Blase, n /'bla:zı/ e kabarcık
blasen /'bla:zın/ üflemek; esmek
Blasinstrument, e /'bla:s-instrument/ s nefesli çalgı
blaß /blas/ solgun, donuk, mat
Blässe, n /'blesı/ e solukluk
Blatt, ..er /blat/ s yaprak; gazete; (kesici) ağız
blättern /'bletırn/ sayfa çevirmek
blau /blau/ mavi; *kd.* sarhoş
bläulich /'bloylih/ mavimsi
Blech, e /bleh/ s metal levha, sac
Blechbüchse, n /'bleh'büksı/ e teneke kutu
blechen /'blehın/ *kd.* ödemek
Blei, e /blay/ s kurşun
bleiben /'blaybın/ kalmak, durmak
bleich /blayh/ solgun
bleichen /'blayhın/ ağartmak, beyazlatmak
bleiern /'blayırn/ kurşun
Bleistift, e /'blayştift/ r kurşunkalem
Bleistiftspitzer /'blayştiftşpitsır/ r kalemtraş
Blende, n /'blendı/ e diyafram
blenden /'blendın/ kör etmek, gözlerini kamaştırmak
Blick, e /blik/ r bakış; manzara
blicken /'blikın/ bakmak
blind /blint/ kör
Blinddarm /'blintdarm/ r apandis, ek bağırsak, körbağırsak
Blindheit, en /blint'hayt/ e körlük
blindlings /'blintlings/ körükörüne
blinken /'blinkın/ parıldamak

Blinklicht, er /'blinkliht/ s (oto) sinyal
Blitz, e /blits/ r şimşek; yıldırım
Blitzableiter, - /'blits-aplaytır/ r paratoner, yıldırımsavar
Blitzlicht /'blitsliht/ s flaş
blitzschnell /'blitssneI/ çok çabuk, yıldırım gibi
Block, ..e /blok/ r bloknot
Blockade, n /blo'ka:dı/ e abluka, kuşatma
blockieren /blo'ki:rın/ kuşatmak
Blockschrift, en /'blokşrift/ e büyük harfler
blöd /blö:t/ ahmak; enayi, gerzek
Blödheit, en /'blö:thayt/ e aptallık, enayilik, gerzeklik
Blödsinn /'bli:tzin/ r saçmalık
blond /blont/ sarışın
bloß /blo:s/ çıplak, açık; yalnız, sadece
Blöße, n /'blo:sı/ e çıplaklık / mahrem yer
blühen /'blü:ın/ (çiçek) açmak
Blume, n /'blu:mı/ e çiçek
Blumenkohl, e /'blu:mınko:l/ r karnıbahar
Blumenstrauß, ..e /'blu:mınştraus/ r çiçek buketi
Blumentopf, ..e /'blu:mıntopf/ r saksı
Bluse, n /'blu:zı/ e bluz
Blut, - /'blu:t/ s kan
Blutarmut /'blu:t-armu:t/ e kansızlık, anemi
Blutdruck /'blu:tdruk/ r tansiyon, kan basıncı
Blüte, n /'blü:tı/ e çiçek
Blutegel,- /'blu:tegıl/ r sülük
bluten /'blu:tın/ kanamak
Blutgruppe, n /blu:t'grupı/ e kan grubu
blutig /'blu:tih/ kanlı
Blutkörperchen, - /'blu:tkörpırhın/ s kan küreciği **weißer** — akyuvar, **roter** — alyuvar
Blutkreislauf /'blu:tkrayslauf/ r kan dolaşımı
Blutübertragung, en /blu:tü:bır'-

tra:gung/ e kan nakli
Blutung, en /'blu:tung/ e kanama
Blutvergiftung, en /'blu:tfergiftung/ e kan zehirlenmesi
Bö, en /bö:/ e şiddetli rüzgar
Bock,..e /bok/ r erkek hayvan (koç vb.)
Boden, .. /'bo:dın/ r yer, zemin
bodenlos /'bo:dınlo:s/ dipsiz; *kd.* inanılmaz
Bodenreform, en /'bo:dınreform/ e toprak reformu
Bodenschätze /'bo:dınşetsı/ e *(ç.)* yeraltı servetleri
Bogen, .. /'bo:gın/ r yay
Bohle, n /'bo:lı/ e kalas, tahta
Bohne, n /'bo:nı/ fasulye
bohren /'bo:rın/ delmek, oymak
Bohrer, - /'bo:rır/ r matkap burgu
Bohrmaschine, n /'bo:rmaşi:nı/ e elektirikli matkap
Boje, n /'bo:yı/ e şamandıra, duba
Bolzen, - /'boltsın/ r cıvata
bombardieren /bombar'di:rın/ bombardıman etmek, bombalamak
Bombe, n /'bombı/ e bomba
Bonbon, s /bon'bo:n/ s bonbon, şeker
Boot, e /bo:t/ s kayık, sandal
Bord, e /bort/ r borda, küpeşte
Bordell, e /bor'del/ s genelev
borgen /'borgın/ ödünç almak; ödünç vermek
Börse, n /'börzı/ e borsa; para çantası
Borste, n /'borstı/ e kıl
bösartig /'bö:s-a:rtih/ huysuz, kötü niyetli; *hek.* habis, kötücül
Böschung, en /'böşung/ e eğim, iniş
bös /bö:s/ kötü, fena, kızgın
bösartig /'bö:za:rtih/ kötücül, habis
böse /'bö:zı/ fena, kötü; kızgın
boshaft /'bo:shaft/ kötü, yaramaz, muzip
Bosheit, en /'boshayt/ e kötülük, yaramazlık, muziplik
Bosporus /'bosporus/ r Boğaziçi
böswillig /'bö:svilih/ kötülükçü, kötü niyetli

Botanik /bo'ta:nik/ e botanik, bitkibilim
Bote, n /'bo:tı/ r haberci, ulak
Botschaft, en /'bot:tşaft/ e haber; büyükelçilik
Botschafter, - /'bo:tşaftır/ r büyükelçi
Bottich, e /'botih/ r tekne
Boutique, n /bu'ti:k/ s butik
Bouillon, s /bu'lyo:n/ e etsuyu
Bowle, s /'bo:lı/ e punç
boxen /'boksın/ boks yapmak
Boxer, - /'boksır/ r boksör
Boxkampf, ..e /'bokskampf/ r boks maçı
Boykott, e /boy'kot/ r boykot
boykottieren /boyko'ti:rın/ boykot etmek
Branche, n /'bra:nşı/ e branş, şube, dal
Brand, ..e /brant/ r yangın; *hek.* kangren
branden /'brandın/ kıyıya ya da kayalıklara çarparak kırılmak
brandmarken /'brant'markın/ dağlamak, damgalamak
Brandstifter, - /'brantştiftır/r kundakçı
Brandstiftung, en /brantştiftung/ e kundakçılık
Brandung, en /'brandung/ e kıyıya ya da kayalıklara çarparak kırılma
Brandwunde, n /'brant'vundı/ e yanık
Branntwein, e /'brantvayn/ r sert içki; viski, cin
braten /'bra:tın/ kızartmak
Braten, - /'bra:tın/ r kızartma
Brathuhn /'bra:thu:n/ s tavuk kızartması
Bratkartoffeln /'bra:tkartofıln/ e *(ç.)* patates kızartması
Bratpfanne, n /bra:t'pfanı/ e tava
Bratrost /'bra:trost/ r ızgara
Bratsche, n /'bra:çı/ e müz. viyola
Brauch, ..e /brauh/ r gelenek, görenek
brauchbar /'brauhba:r/ kullanılabilir, işe yarar
brauchen /'brauhın/ kullanmak, yararlanmak; ihtiyacı olmak, gereksinmek
Braue, n /'brauı/ e kaş
brauen /'brauın/ bira yapmak

Brauerei, en /braui'ray/ **e** bira fabrikası
braun /braun/ kahverengi; güneşten yanmış
Brause, n /'brauzı/ **e** duş; gazoz
brausen /'brauzın/ gürlemek; duş almak
Braut, ..e /braut/ **e** gelin; nişanlı kız
Bräutigam, e /'broytigam/ **r** damat; nişanlı erkek
Brautkleid, er /'brautklayt/ **s** gelinlik
brav /bra:f/ uslu, terbiyeli; namuslu
brechen /'brehın/ kırmak; bozmak, ihlal etmek; kırılmak
Brechreiz, e /'brehrayts/ **r** mide bulantısı
Brei, e /bray/ **r** bulamaç, lapa
breit /brayt/ geniş
Breite, n /'braytı/ **e** genişlik, en; enlem
Bremse, n /'bremzı/ **e** fren
bremsen /'bremzın/ fren yapmak, frenlemek
Bremslicht, er /'bremzliht/ **s** fren lambası
Bremspedal, e /bremzpeda:l/ **s** fren pedalı
brennbar /'brenba:r/ yanıcı
brennen /'brenın/ yanmak; yakmak
Brennessel, n /'brennesıl/ **e** ısırgan otu
Brennpunkt, e /'brenpunkt/ **r** odak
Brennstoff, e /'brenştof/ **r** yakıt
Brett, er /bret/ **s** tahta; kalas
Brezel, n /'bre:tsıl/ **e** simit
Brief, e /bri:f/ **r** mektup
Briefbogen,.. /'bri:fbo:gın/ **r** mektup kâğıdı
Briefkasten, /'bri:fkastın/ **r** posta kutusu
brieflich /'bri:flih/ mektupla, yazılı
Briefmarke, n /'bri:fmarkı/ **e** pul
Briefpapier, e /bri:fpa'pi:r/ **s** mektup kâğıdı
Brieftasche, n /'bri:ftaşı/ **e** cüzdan
Brieftaube, n /'bri:ftaubı/ **e** posta güvercini
Briefträger, - /'bri:ftre:gır/ **r** postacı
Briefumschlag, ..e /'bri:f-umşla:k/ **r** mektup zarfı
Briefwechsel, - /'bri:fveksıl/ **r** mektuplaşma, yazışma
Brillant, en /bril'yant/ **r** pırlanta
brillant /bril'yant/ çok iyi, mükemmel, yetkin, parlak
Brille, n /'brilı/ **e** gözlük
bringen /'bringın/ getirmek; götürmek
Brise, n /'bri:zı/ **e** meltem, esinti
bröckeln /'brökıln/ ufalamak, parçalamak; ufalanmak, parçalanmak
Brocken, - /'brokın/ **r** kırıntı, kırpıntı
Brombeere, n /'brombe:rı/ **e** böğürtlen
Bronchitis /bron'hi:tis/ **e** bronşit
Bronze, n /'bro:nsı/ **e** bronz
Brosche, n /'broşı/ **e** broş
Broschure, n /bro'şü:rı/ **e** broşür
Brot, e /bro:t/ **s** ekmek
Brötchen, - /'brö:thın/ **s** küçük ekmek
Bruch, ..e /bruh/ **r** kırma, kırılma kırık; mat. kesir
brüchig /'brühih/ gevrek, kırılgan
Bruchteil, e /'bruhtayl/ **r** bölüm, kısım
Brücke, n /'brükı/ **e** köprü; kilim
Bruder, .. /'bru:dır/ **r** erkek kardeş
brüderlich /'brüdırlih/ kardeşçe
Brüderschaft, en /'brü:dırşaft/ **e** kardeşlik
Brühe, n /'brü:ı/ **e** et suyu, tavuk suyu
brüllen /'brülın/ bağırıp çağırmak, köpürmek; kükremek; böğürmek
brummen /'brumın/ homurdanmak; vızıldamak
brünett /brü'net/ esmer
Brunnen, - /'brunın/ **r** çeşme; kaynak, pınar
Brust, ..e /brust/ **e** göğüs; meme
Brustkorb, ..e /'brustkorp/ **r** göğüs kafesi
Brustschwimmen /'brustşvimın/ **s** kurbağalama (yüzme)
Brustwarze, n /'brustvartsı/ **e** meme başı
Brut, en /bru:t/ **e** kuluçka
brutal /bru'ta:l/ vahşi, zorba

brüten /'brü:tın/ kuluçkaya yatmak
brutto /'bruto/ brüt, gayrisafi
Bub, en /bu:p/ r erkek çocuk, oğlan
Bube, n /'bu:bı/ r vale, bacak, oğlan
Buch, ..er /bu:h/ s kitap
Buchbinder, - /'bu:hbindır/ r ciltçi
buchen /'bu:hın/ hesaba geçirmek, kaydetmek; (yer) ayırtmak
Bücherei, en /bü:hı'ray/ e kütüphane
Bücherschrank, ..e /'bü:hırşrank/ r kitaplık
Buchfink, e /'bu:hfink/ r ispinoz
Buchführer, - /'bu:hfü:rır/ r muhasebeci
Buchführung, en /'bu:hfü:rung/ e muhasebe
Buchhalter, - /'bu:hhaltır/ r muhasebeci
Buchhaltung, en /'bu:hhaltung/ e muhasebe
Buchhändler, - /'bu:hhendlır/ r kitapçı
Buchhandlung, en /'bu:hhandlung/ e kitabevi
Büchse, n /'büksı/ e teneke kutu; tüfek
Buchstabe, n /'bu:hşta:bı/ r harf
Büchsenöffner /'büksınöfnır/ r konserve açacağı
buchstabieren /bu:hşta'bi:rın/ bir sözcüğü harf harf söylemek
Bucht, en /buht/ e körfez, koy
Buchung, en /'bu:hung/ e yer ayırtma, rezervasyon
Buckel, - /'bukıl/ r kambur
bucklig /'buklih/ kambur
bücken (S.) /zih 'bükın/ de. eğilmek
Bude, n /'bu:dı/ e baraka
Budget, s /bö'dje:/ s bütçe
Büfett, s /bü'fe/ s büfe
Büffel, - /'büfıl/ r manda, camız
Bügel, - /'bügıl/ r askı; kulp, sap
Bügelbrett, er /'bü:gılbret/ s ütü sehpası
Bügeleisen /'bü:gıl-ayzın/ s ütü
bügeln /'bü:gıln/ ütülemek
Bühne, n /'bü:nı/ e sahne
Bühnenbild, er /'bü:nınbilt/ s dekor
Bulette, n /bu'letı/ e köfte

Bulldogge /'buldo:gı/ e buldok
Bulldozer, - /'buldo:zır/ r buldozer
Bulle, n /'bulı/ e boğa
Bummel, - /'bumıl/ r gezinti
bummeln /'bumıln/ gezinmek
Bund, ..e /bunt/ r birlik, dernek
Bund, ..e /bunt/ e deste, demet
Bündel, - /'bündıl/ s deste, demet
Bundesbahn, en /'bundısba:n/ e Federal Almanya Demiryolları
Bundeskanzler, - /'bundıskantslır/ r Batı Almanya Başbakanı
Bundespräsident, en /'bundısprezident/ e Batı Almanya Cumhurbaşkanı
Bundesregierung, en /'bundısregi:rung/ e Batı Almanya Hükümeti
Bundesrepublik /'bundısrepubli:k/ e Batı Almanya Cumhuriyeti
Bundesstaat, en /'bundısşta:t/ r federal devlet
Bundestag /'bundısta:k/ r Batı Almanya
Bundeswehr, en /'bundısve:r/ e Batı Almanya Silahlı Kuvvetleri
Bündnis, se /'büntnis/ s ittifak, birleşme
bunt /bunt/ çok renkli, karışık
Burg, en /burk/ e kale, hisar
Bürge, n /'bürgı/ r kefil
bürgen /'bürgın/ kefil olmak
Bürger, - /'bürgır/ r yurttaş, uyruk; şehirli, kentli
Bürgerkrieg, e /'bürgırkri:k/ r iç savaş
Bürgermeister, - /'bürgırmaystır/ r belediye başkanı
Bürgerrolle /bürgırrollı/ e nüfus kütüğü
Bürgersteig, e /'bürgırştayk/ r yaya kaldırımı
Büro, s /bü'ro/ s büro
Büroangestellte, n /bü'ro:-angıştelti/ r büro memuru
Büroklammer, n /büro'klamır/ ataş
Bürokrat, en /büro'kra:t/ r bürokrat
Bürokratie, n /bürokra'ti:/ e bürokrası
bürokratisch /büro'kra:tiş/ bürokratik
Bursche, n /'burşı/ r oğlan, genç; herif

Bürste, n /'bürstı/ e fırça
bürsten /'bürstın/ fırçalamak
Bus, se /bus/ r otobüs
Busch, ..e /buş/ r çalılık; çalı
Büschel, - /'büşıl/ s demet; (saç) tutam, perçem
Busen, - /'bu:zın/ r göğüs
Bushaltestelle, n /'bushaltıştelı/ e oto— büs durağı
Buβe, n /'bu:sı/ e pişmanlık; tövbe; para cezası
büβen /'bü:sın/ cezasını çekmek
Büste, n /'büstı/ e büst
Büstenhalter, - /'büstınhaltır/ r sutyen
Butter /'butır/ e tereyağı

C

Café, s /ka'fe/ **s** kahve(hane), pastane
Callgirl s /'ko:lgörl/ **s** tele kız
Campen /'kempın/ kamp yapmak
Camping /'kemping/ **s** kamping, kamp yapma
Campingplatz, ...e /'kempingplatz/ **r** kamp yeri
Cello, s /'çelo/ **s** viyolonsel
Chance, n /'şa:nsı/ **e** fırsat, şans, olanak
Chaos /'ka:os/ **s** karışıklık, kaos
chaotisch /ka'o:tiş/ karmakarışık
Charakter, e /ka'raktır/ **r** karakter, huy tabiyat; özellik
charakterisieren /karakteri'zi:rın/ karakterize etmek
charakteristisch /karakte'ristiş/ karakteristik, tipik
Charmant /şar'mant/ sevimli
Charterflug, ..e /'şartırflu:k/ **s** çartır uçuş
Chassis, - /şa'si:/ **s** şasi
Chauffeur, e /şo'fö:r/ **r** şoför, sürücü
Chef, s /şef/ **r** şef, başkan; *kd.* patron
Chemie /he'mi:/ **e** kimya
Chemiker, - /'hemikır/ **r** kimyager
chemisch /he:miş/ kimyasal
Chile /'çi:le/ Şili
China /'hina/ Çin
Chinese, n /'hi:'ne:zı/ **r** Çinli
Chinessisch /hi'ne:ziş/ **s** Çince
Chinin /hi'ni:n/ **s** kinin
Chips /çips/ *(ç.)* cips
Chirurg, n /hi'rurk/ **r** operatör, cerrah
Chlor /klo:r/ **s** klor
Cholera /'ko:lıra/ **e** kolera
Chor, ..e /ko:r/ **r** koro
Christ, en /krist/ **r** Hıristiyan
Christbaum, ...e /'kristbaum/ **r** Noel ağacı
Christentum /'kristıntu:m/ **s** Hıristiyanlık
christlich /'kristlih/ hıristiyan
Christus /'kristus/ Hz. İsa
Chrom /kro:m/ **s** krom
chronisch /'kro:niş/ kronik, süreğen
circa /'tsirka/ yaklaşık, aşağı yukarı
Clown, s /klaun/ **r** soytarı, palyaço
Computer, - /kom'pyu:tır/ **r** bilgisayar
Couch, es /kauç/ **e** kanepe, divan
Coupon, s /ku:'po:n/ **r** kupon
Cousin, s /ku'ze:n/ **r** kuzen
Cousine, n /ku'zi:nı/ **e** kuzin
Creme, s /kre:m/ **e** krem; krema; pasta
cremefarben /kre:m'farbın/ krem rengi

D

da /da/ burada, orada; o zaman; çünkü
dabei /'da:bay/ yanında; /da'bay/ bunun dışında, ayrıca
dableiben /'da:blaybın/ kalmak (bir yerde)
Dach, ..er /dah/ s dam, çatı
Dachboden, .. /'dahbo:dın/ r tavan arası
Dachfenster, - /'dah'fenstır/ s tepe penceresi, aydınlık
Dachgeschoβ, -sse /'dahgışos/ s çatı katı, tavan arası
Dachs, e /daks/ r porsuk
Dachziegel, - /'dah'tsi:gıl/ r kiremit
dadurch /'da:durh/ arasında, içinden, ortasından; /da'durh/ bu nedenle, böylelikle
dafür /'da:fü:r/ bunun (onun) yerine, buna karşılık; /da'fü:r/ bunun için
dagegen /da'ge:gın/ karşı, aleyhte; buna karşılık; öte yandan
dagegen sein /da'ge:gınzayn/ karşı çıkmak, aleyhinde olmak
daheim /da'haym/ evde
daher /'da:he:r/ oradan, o yandan; /da'he:r/ bu nedenle, ondan
dahin /'da:hin/ oraya, o yana
dahinten /da'hintın/ hemen arkasında, şurada arkada
dahinter /da'hintır/ arkasında
damalig /'da:ma:lih/ o zamanki, eski

damals /'da:ma:ls/ o zaman
Dame, n /'da:mı/ e bayan, hanım(efendi); vezir (satranç); kız, dam (iskambil); dama
Damenbinde, n /'da:mınbindı/ e kadın bağı
Damenfriseur, e /'da:mınfrizö:r/ r kadın berberi, kuaför
Damespiel, e /'da:mışpi:l/ s dama
damit /'da:mit/ ...ile, bununla; /da'mit/ bununla birlikte /-sun diye...
dämlich /'de:mlih/ kd. aptal, ahmak; büyük, ulu
Damm, ..e /dam/ r set, bent; baraj
dämmern /'demırn/ şafak sökmek, gün ağarmak; ortalık kararmak
Dämmerung, en /'demırung/ e şafak, tan; alacakaranlık
Dämon, en /de'mo:n/ r şeytan, cin
Dampf, ..e /dampf/ r buhar, buğu
dampfen /'dampfın/ buhar çıkmak
dämpfen /'dempfın/ zayıflatmak, azaltmak, kısmak; buğulamak
Dampfer, - /'dampfır/ r vapur
Dampfkessel, - /'dampfkesıl/ r buhar kazanı
Dampfkochtopf /'dampfkohtopf/ r düdüklü tencere
Dampfmaschine, n /dampfmaşi:nı/ e buhar makinesi

danach /'da:na:h/ bundan sonra; /da'-na:h/ buna göre
daneben /da'ne:bın/ yanında; bundan başka
danebengehen /da'ne:bınge:ın/ başarılı olmamak; isabet etmemek
Däne, n /'de:nı/ **r** Danimarkalı
Dänemark /'de:nıma:rk/ Danimarka
dank /dank/ sayesinde
Dank /dank/ **r** teşekkür
dankbar /'dankba:r/ müteşekkir, minnettar; iyilikbilir
Dankbarkeit /'dankba:rkayt/ **e** şükran, minnettarlık
danke! /'dankı/ sağol(un), teşekkürler
danken /'dankın/ teşekkür etmek
dann /dan/ sonra, ondan sonra; o zaman, o halde; bundan başka, bunun yanısıra, ayrıca
dann und wann /'danuntvan/ arasıra
daran /'da:ran/ yanında, yanıbaşında
darauf /'da:rauf/ üzerine, üzerinde; /da'-rauf/ bunun üzerine, bundan sonra
daraufhin /'da:raufhin, darauf'hin/ bunun üzerine
daraus /da'raus/ bundan, ondan
darbieten /'da:rbi:tın/ sunmak, göstermek
Darbietung, en /'da:rbi:tung/ **e** oyun, gösteri
Dardanellen /darda'nelın/ *(ç.)* Çanakkale Boğazı
darin /da:rin/ içinde
darlegen /'da:rle:gın/ sergilemek, sunmak; açıklamak, anlatmak
Darlegung, en /'da:rle:gung/ **e** açımlama
Darleh(e)n, - /'da:rle:(ı)n/ **s** ödünç
Darm, ..e /darm/ **r** bağırsak
darstellen /'da:rştelın/ göstermek, betimlemek; oluşturmak; canlandırmak, oynamak
Darsteller,- /'da:rştelır/ **r** sanatçı, oyuncu, canlandıran

Darstellung, en /'da:rştelung/ **e** temsil, tasvir, sunuş
darüber /'da:rü:bır/ üzerine, üzerinde; /da'rü:bır/ hakkında - **hinaus** bundan başka
darum /da'rum/ bunun için, bu yüzden; /'da:rum/ çevresine, çevresinde
darunter /da'runtır/ arasında, arasına /'da:runtır/ altına, altında
das /das/ Almanca'da cins isimlerin önlerine gelen üç **Artikel**'den biri; bu, şu bunlar, şunlar
dasein /'da:zayn/ hazır bulunmak, var olmak, orada olmak
Dasein /'da:zayn/ **s** varlık, mevcudiyet; hayat, yaşam
daβ /das/ ki, -dığı, -diği
dasselbe /'das'zelbı/ aynı, eşi
Daten /'da:tın/ *(ç.)* veri, veriler
Datenverarbeitung, en /'da:tınferarbaytung/ **e** bilgi işlem
Dativ, e /'da:tif/ **r** *dilb.* e-hali, yönelme durumu
Dattel, n /'datıl/ **e** hurma
Datum, -ten /'da:tum/ **s** günün tarihi
Dauer /'dauır/ **e** süre, müddet; dayanıklılık
dauerhaft /'dauırhaft/ sağlam, dayanıklı
dauern /'dauırn/ sürmek, devam etmek
dauernd /'dauırnt/ sürekli, devamlı
Dauerwelle, n /'dauırvelı/ **e** perma, permenant
Daumen, - /'daumın/ **r** başparmak
Daunendecke, n /'daunındekı/ **e** kuştüyü yorgan
davon /'da:fon, da'fon/ bundan, ondan; onun hakkında
davonkommen /da'fonkomın/ paçayı sıyırmak, yakasını kurtarmak
davor /'da:fo:r/ önüne, önünde; daha önce
dazu /da'tsu:/ bu amaçla, bunun için; /'da:tsu:/ ek olarak
dazugehören /da'tsu:gıhö:rın/ ait olmak,

dahil olmak
dazwischen /da'tsvişın/ arasına, arasında, aralarında, aralarına
dazwischenkommnen /da'tsvişınkomın/ karışmak, araya girmek
Debatte, n /de'batı/ e tartışma
debattieren /deba'ti:rın/ tartışmak, görüşmek
Deck, e /dek/ s güverte
Decke, n /'dekı/ e örtü; tavan; yorgan
Deckel, - /'dekıl/ r kapak; kap
decken /'dekın/ örtmek; (masa) kurmak; (ihtiyaç) karşılamak
Deckname, n /'dekna:mı/ r takma ad, lâkap
Deckung, en /'dekung/ e örtü; *sp.* savunma
defekt /de'fekt/ bozuk, kusurlu
Defekt, e /de'fekt/ r bozukluk, arıza, aksama, kusur, defo
definieren /defi'ni:rın/ tanımlamak
Definition, en /definits'yo:n/ e tanım
definitiv /defini'ti:f/ kesinti
Defizit /defit'si:t/ s açık, fire
Degen,- /'de:gın/ r kılıç, epe
Degeneration, en /degenerats'yo:n/ e yozlaşma, soysuzlaşma
degenerieren /degene'ri:rın/ yozlaşmak
dehnbar /'de:nba:r/ uzayabilen, esnek
dehnen /'de:nın/ uzatmak, germek, genişletmek; de. genişlemek, uzamak
Dehnung, en /'de:nung/ e uzama; genişleme
Deich, e /dayh/ r set, bent
dein /dayn/ senin
deinerseits /'daynırzayts/ senin tarafından
deinetwegen /'daynıtve:gın/ senin yüzünden; senin için
Dekan, e /de'ka:n/ r dekan
Deklination, en /deklinats'yo:n/ e *dilb.* ad çekimi, çekim
deklinieren /dekli'ni:rın/ *dilb.* çekmek, çekimlemek

Dekolleté, s /dekol'te:/ s dekolte
Dekoration /dekoratsi'o:n/ e dekorasyon
dekorativ /'dekora'ti:f/ dekoratif
dekorieren /deko'ri:rın/ süslemek, dekore etmek
Delagation, en /delagats'yo:n/ e yetkililer kurulu, delegasyon
Delegierte, n /dele'gi:rtı/ r yetkili, delege
delikat /deli'ka:t/ nazik, narin, ince; lezzetli
Delikatesse, n /delika'tesı/ e lezzetli yiyecek, meze
Delikatessengeschäft, en /delika'tesıngişeft/ s şarküteri
Delie, n /'delı/ e hafif çukurluk; alçak vadi
Delphin, e /del'fi:n/ r yunus (balığı)
dem /de:m/ *der* tanımlığının -e hali
dementieren /demen'ti:rın/ yalanmak
dementsprechend /'de:mentşprehınt/ buna göre, bunun uyarınca
demnach /'de:mna:h/ buna göre, o halde, öyleyse
demnächst /dem'ne:hst/ pek yakında
Demokrat, en /demo'kra:t/ r demokrat
Demokratie, n /demokra'ti:/ e demokrası
demokratisch /demok'ra:tiş/ demokratik
Demonstrant, en /demon'strant/ r gösterici
Demonstration, en /demonstrats'yo:n/ e gösteri
demonstrativ /demonstra'ti:f/ *dilb.* işaret..., gösterme...
Demonstrativpronomen /demonstra'-ti:fprono:mın/ s işaret zamiri, gösterme adılı
demonstrieren /demon'stri:rın/ gösteri yapmak
demoralisieren /demorali'zi:rın/ ahlâkını bozmak
Demut /de:mut/ e alçakgönüllülük
demütig /de:mü:tih/ alçakgönüllü
demütigen /'de:mütigın/ aşağılamak, alçaltmak, utandırmak

demzufolge /de:mtsufolgı/ buna göre, bunun sonucu olarak
den /den/ "**der**" tanımlığının -i hali
denen /'de:nın/ onlara, ki onlara
Denkart, en /'denk-a:rt/ e düşünüş, anlayış, zihniyet
denkbar /denkba:r/ düşünülebilir, düşünülebilen, akla sığan
denken /'denkın/ düşünmek; sanmak
Denker, - /'denkır/ r düşünür
Denkmal, ..er /'denkma:l/ s anıt
denn /den/ çünkü; -den, -dan; ya! yahu!
dennoch /'denoh/ buna rağmen, buna karşın, yine de
Depot /de'po:/ s depo, ambar
Depression, en /depres'yo:n/ e depresyon, çökkünlük, çöküntü
deprimieren /depri'mi:rın/ canını sıkmak, umutsuzluğa düşürmek
der /de:r/ Almanca'da cins isimlerin önlerine gelen üç **Artikel**'den biri; bu, şu; o
derart /'de:r-a:rt/ bu şekilde, bu suretle
derartig /'de-a:rtih/ bu(nlar) gibi, öyle
derb /derp/ patavatsız, kabaca; iriyarı, kaba, sert; pürüzlü
deren /'de:rın/ onun, onların
derer /de:rır/ onların
dergleichen /de:r'glayhın/ böylesi, bunun gibisi, keza
derjenige /'de:rye:nigı/ şu, o
derselbe /de:r'zelbı/ aynı, (bizzat) kendisi, eşi
des /des/ der tanımlığının tamlayan biçimi, -ın, -in
desgleichen /des'glayhın/ böylesi, bunun gibisi, keza
deshalb /'deshalp/ bu nedenle
Desinfektion, en /dezinfekts'yo:n/ dezenfeksiyon
Desinfektionsmittel, - /dezinfektsio:n'mitıl/ s dezenfektan
desinfizieren /dezinfi'tsi:rın/ dezenfekte etmek

Desodorant, s /'deso:dorant/ s deodran
Despot, e /des'po:t/ r despot; zalim, gaddar, kıyıcı (kişi)
dessen /'desın/ ki onun
dessenungeachtet /'desın'ungı-ahtıt/ buna karşın, bununla birlikte
Dessert, s /de'se:rt/ s üstlük (meyve, tatlı vs.), çerez
Destillation, en /destilats'yo:n/ e damıtma
destillieren /desti'li:rın/ e damıtmak
desto /desto/ daha, o derece, o kadar
destruktiv /destruk'ti:f/ yıkıcı
deswegen /desve:gın/ bu nedenle, bu yüzden, bundan dolayı
Detektiv, e /detek'ti:f/ r detektif
deuten /'doytın/ göstermek, işaret etmek; ima etmek; açıklamak, anlam çıkarmak, yorumda bulunmak
deutlich /'doytlih/ açık, anlaşılır
Deutlichkeit, en /'doytlihkayt/ e açıklık, anlaşılırlık
deutsch /doyç/ Alman, Alman halkına ilişkin, Almanya'ya ilişkin
Deutsch /doyç/ s Almanca
Deutsche, n /'doyçı/ r,e Alman
Deutschland /'doyçlant/ Almanya
deutschsprachig /'doyçşpra:hih/ Almanca konuşan; Almanca yazılmış
Deutung, en /'doytung/ e yorum, açıklama, anlam verme, tefsir
Devise, n /de'vi:zı/ e parola
Devisen /de'vi:zın/ (ç.) döviz
Dezember /de'tsembır/ r aralık (ayı)
dezimal /detsi'ma:l/ mat. ondalık
Dia, s /'diya/ s diyapozitif, slayt
Diabetes /diya'be:tes/ r şeker hastalığı
Diabetiker,- /diya'be:tikır/ r şeker hastası
Diagnose, n /diyag'no:zı/ e hek. tanı, teşhis
Diagonal /diyago'na:l/ diyagonal
Diagonale, n /diyago'na:lı/ e köşegen

Dialekt, e /diya'lekt/ r şive, lehçe
Dialog,e /diya'lo:k/ r diyalog
Diamant, en /diya'mant/ r elmas
Diapositiv, e /diyapozi'ti:f/ s diyapozitif, slayt
Diät /di'ye:t/ e perhiz, rejim
dich /dih/ seni
dicht /diht/ sık, sıkı, yoğun; sızdırmaz, (su vs.) geçirmez.
Dichte, n /'dihtı/ e *fiz.* yoğunluk; sıklık
dichten /dihtın/ sıklaştırmak, sıkıştırmak; şiir yazmak
Dichter, - /'dihtır/ r ozan, şair; yazar
Dichtung, en /'dihtung/ e şiir; edebi eser
dick /dik/ kalın; şişman; iri yarı; koyu, ağdalı
Dickdarm, /'dikdarm/ r kalınbağırsak
Dicke, n /'dikı/ e kalınlık, koyuluk
dickflüssig /'dikflüsih/ koyu, ağdalı (sıvı)
Dickicht, e /'dikiht/ s çalılık, fundalık
didaktisch /di'daktiş/ öğretici
die /di:, di/ Almanca'da cins isimlerin önlerine gelen üç **Artikel**den biri; bu, şu, o, bunlar, şunlar, onlar
Dieb, e /di:p/ r hırsız
Diebstahl /'di:pşta:l/ r hırsızlık
diejenige /'diyenıgı/ şu, o
Diele, n /'di:lı/ e giriş, antre, hol; döşeme tahtası; küçük dans lokali; tavan
dienen /'di:nın/ hizmet etmek, yaramak, yararı dokunmak; kullanılmak
Diener, - /'di:nır/ r hizmetçi, hizmetkâr, uşak
Dienst, e /dinst/ r hizmet; iş; görev, memuriyet
Dienstag,e /'di:nsta:k/ r salı
dienstags /'di:nsta:ks/ salı günleri
Dienstbote,n /'di:nstbo:tı/ r uşak, hizmetkâr
Dienstfrau, en /'di:nstfrau/ e hizmetçi kadın
dienstfrei /'di:nstfray/ serbest, izinli
Dienstreise, n /'di:nstrayzı/ e görev gezisi, iş yolculuğu
Dienstwagen, - /'di:nstva:gın/ r makam arabası
dies /di:s/ bu, bunlar
diesbezüglich /di:sbı'tsü:klih/ bu konuda
diese /'di:zı/ bu, bunlar
dieselbe /di'zelbı/ aynı, eşi, (bizzat) kendisi
dieser /'di:zır/ bu
dieses /'di:zıs/ bu
diesjährig /'di:sye:rih/ bu yılki
diesmal /'di:sma:l/ bu kez
diesseitig /'di:szaytih/ beri yandaki
diesseits /'di:szayts/ beride, beri yanda
Dietrich, e /'di:trih/ r maymuncuk
Differentialgetriebe /diferents'ya:lgıtri:bı s *oto.* diferansiyel
Differenz, en /dife'rents/ e fark, ayrım
digital /digi'ta:l/ dijital
Diktat, e /dik'ta:t/ s dikte, yazdırma
Diktator, en /dik'ta:tor/ r diktatör
Diktatur, en /dikta'tu:r/ e diktatörlük
diktieren /dik'ti:rın/ dikte etmek, yazdırmak
Dilemma, s /di'lema/ s ikilem
Dill /dil/ r dereotu
Dimension, en /dimenz'yo:n/ e boyut
Ding, e /ding/ s şey, nesne
Diphterie /difte'ri:/ e difteri
Diplom, e /dip'lo:m/ s diploma
Diplomat, en /dip'lo:ma:t/ r diplomat
Diplomatie /diploma'ti:/ e diplomasi
diplomatisch /dip'lo:matiş/ diplomatik
dir /di:r/ sana
direkt /di'rekt/ doğrudan doğruya
Direktion, en /direk'tsyo:n/ e müdürlük
Direktor, en /di'rektor/ r müdür
Direktorat, en /direkto'ra:t/ s müdürlük
Direktübertragung, en /direktü:bır'tra:gung/ e canlı yayın
Dirigent, en /diri'gent/ r orkestra şefi
dirigieren /diri'gi:rın/ orkestrayı yönetmek; (bir yere) sevketmek

Dirne, n /'dirnı/ e orospu
Diskont, e /dis'kont/ s iskonto
Diskothek, en /disko'te:k/ e disko(tek)
diskret /disk're:t/ gizli; sakıngan
Diskus, se /'diskus/ r disk
Diskussion, en /diskus'yo:n/ e tartışma, görüşme
diskutieren /disku'ti:rın/ tartışmak, görüşmek
Distanz, en /dis'tants/ e uzaklık
Disziplin, en /distsip'li:n/ e disiplin; ders, bilim dalı
Dividende, n /divi'dendı/ e kâr payı
dividieren /divi'di:rın/ mat. bölmek
Division, en /diviz'yo:n/ e mat. bölme; ask. tümen
doch /doh/ (olumsuz bir soruya verilen karşılık olarak) hayır, bilakis; ama; bununla birlikte
Docht, e /doht/ r fitil
Dock, s /dok/ s tersane
Dogma, -men /'dogma/ s dogma
dogmatisch /do'gma:tiş/ dogmatik
Doktor, en /'doktor/ r doktor
Dokument, e /doku'ment/ s belge
Dokumentarfilm, e /doku'mentarfilm/ r belgesel (film)
dokumentarisch /doku'mentariş/ belgesel
dokumentieren /dokumen'ti:rın/ belgelemek
Dolch, e /dolh/ r hançer
Dolmetscher, - /'dolmetcır/ r tercüman
Dom, e /do:m/ r katedral
Donau /'do:nau/ e Tuna nehri
Donner, - /'donır/ r gök gürültüsü
donnern /'donırn/ (gök) gürlemek
Donnerstag, e /'donırsta:k/ r perşembe
Donnerwetter /'donırvetır/ s fırtına; azarlama, fırça, oyma
doof /do:f/ aptal, bön
Doppel, - /'dopıl/ s kopya, suret
Doppelbett, en /'dopılbet/ s çift kişilik yatak

Doppelpunkt /'dopılpunkt/ r iki nokta üst üste
Doppelzentner /'dopıltsentnır/ r 100 kilo
doppelt /'dopılt/ çift, iki katlı
Dorf, ..er /dorf/ s köy
Dorn, e /dorn/ r diken; bız
Dorsch, e /dorş/ r morina balığı
dort /dort/ orada
dorther /'dorthe:r/ oradan
dorthin /'dorthin/ oraya
dortig /'dortih/ oradaki, oranın
Dose, n /'do:zı/e kutu; sahan
Dosenöffner /do:zı'öfnır/ r konserve açacağı
dösen /'dö:zın/ kd. uyuklamak, kestirmek
Dosis,-sen /'do:zis/ e doz
Dotter /'dotır/ r yumurta sarısı
Dozent, en /do'tsent/ r doçent
Drache, e /'drahı/ r ejderha
Drachen, - /'drahın/ r canavar; uçurtma
Draht, ..e /dra:t/ r tel
drahten /'dra:tın/ tel çekmek
drahtlos /'dra:tlo:s/ telsiz
Drahtseil, e /'dra:tzayl/ s çelik halat
Drahtseilbahn, en /dra:t'tsaylba:n/ e teleferik
Drahtzaun, ..e /'dra:ttsaun/ r tel örgü
drall, e /dral/ r etine dolgun
Drama, -men /'dra:ma/ s tiyatro yapıtı, temsil, dram
Dramatiker, - /dra'ma:tikır/ r oyun yazarı
dramatisch /dra'ma:tiş/ dramatik
Drang /drang/ r güdü, dürtü
drängen /'drengın/ sıkıştırmak; itip kakmak; üstelemek
drauf /drauf/ kd, bkz. darauf
drauβ**en** /'drausın/ dışarıda
Dreck /drek/ r pislik; çamur
dreckig /'drekih/ pis; kötü; adi
Drehbank, en /'dre:bank/ e torna tezgâhı
Drehbuch, ..er /'dre:bu:h/ s senaryo
drehen /'dre:ın/ döndürmek; de. dönmek

Dreher,- /'dre:ır/ r tornacı
Drehtür, en /'dre:tü:r/ e döner kapı
Drehung, en /'dre:ung/ e dönme, devir
Drehzahl, en /'dre:tsa:l/ e devir sayısı
drei /dray/ üç
Dreieck, e /'drayek/ s üçgen
dreifach /'drayfah/ üç kat(ı)
dreimal /'drayma:l/ üç kez
dreißig /'draysih/ otuz
dreißigste /'draysihstı/ otuzuncu
dreizehn /'draytse:n/ onüç
dreschen /'dreşın/ harman dövmek
dressieren /dre'si:rın/ eğitmek, terbiye etmek (hayvan)
Drilling, e /'driling/ r üçüz(lerden biri)
drin /drin/ *kd.* bkz. **darin**
dringen /'dringın/ arasından geçmek; (birini) sıkıştırmak; ısrar etmek, üstelemek
dringend /'dringınt/ acil, ivedi
drinnen /'drinın/ içeride, içinde
dritt /drit/ üçüncü
Drittel /'dritıl/ s üçte bir
drittens /'dritıns/ üçüncü (olarak)
Droge, n /'dro:gı/ e uyuşturucu
Drogerie,n /drogı'ri:/ e eczane
Drogist, en /dro'gist/ r eczacı
drohen /'dro:ın/ gözdağı vermek, tehdit etmek, korkutmak
dröhnen /'drö:nın/ gürlemek; çınlamak
Drohung, en /'dro:ung/ e gözdağı
drollig /'drolih/ eğlendirici
Droschke, n /'droşkı/ e taksi
Drossel, n /'drosıl/ e ardıçkuşu
drosseln /'drosıln/ e sıkıştırmak, boğacak gibi sıkmak
drüben /'drü:bın/ ötede, karşıda
drüber /'drü:bır/ *kd.* karşıda, ötede
Druck, e /druk/ r sıkıntı; baskı
Druck, ..e /druk/ r basınç; sıkıntı, zor, müşkül durum; baskı
drucken /'drukın/ basmak (kitap vs.)
Drucker, - /'drukır/ r matbaacı
Drückeberger, -/'drü:kıbergır/ r kaytarıcı, dalgacı
drücken /'drükın/ bastırmak, sıkıştırmak, sıkmak
Drücker, - /'drükır/ r düğme; tetik
Druckerei, en /drukı'ray/ e basımevi, matbaa
Druckfehler, - /'drukfe:lır/ r baskı hatası
Druckknopf, ..e /'drukknopf/ r çıt çıt
Drucksache, n /'drukzahı/ e matbua, basılı kağıt
Drüse,n /'drü:zı/ e bez, gudde
Dschungel, n /'cungıl/ r,e,s çengel
du /du:/ sen
ducken /'dukın/ sindirmek, burnunu kırmak
Duell, e /du'el/ s düello
Duft, ..e /duft/ r hoş koku
duften /'duftın/ hoş kokmak
dulden /'duldın/ katlanmak, dayanmak, çekmek; göz yummak
dumm /dum/ aptal, budala; saçma
Dummheit, en /'dumhayt/ e aptallık
Dummkopf, ..e /'dumkopf/ r salak, aptal, mankafa
dumpf /dumpf/ boğuk, bunaltıcı, boğucu
Düne, n /'dü:nı/ e kumul
Dung /dung/ r gübre
düngen /'düngın/ gübrelemek
Dünger,- /'düngır/ r gübre
dunkel /'dunkıl/ karanlık; koyu
Dunkelheit, en /'dunkılhayt/ e karanlık
dunkeln /'dunkıln/ kararmak
Dünkel /'dünkıl/ r gurur, kibir
dünn /dün/ ince; zayıf; sulu
Dünndarm /'dündarm/ r ince bağırsak
Dunst, ..e /dunst/ r pus, bulanıklık, buğu
dünsten /'dünstın/ buğulamak
durch /durh/ arasından, içinden, ortasından; aracılığıyla; süresince
durcharbeiten /'durh-arbaytın/ baştan başa incelemek, gözden geçirmek
durchaus /durh'aus/ tümüyle; kesinlikle, mutlaka
durchblättern /'durhbletırn/ sayfaları te-

ker teker çevirmek
durchbohren /durh'bo:rın/ delmek
durchbrechen /'durh'brehın/ yarmak, ikiye ayırmak
durchbrennen /'durh'brenın/ (sigorta, ampul) yanmak
durchdenken /'durhdenkın/ her yanıyla düşünmek
durchdringen /'durhdringın/ sızmak, nüfuz etmek (sıvı); fikrini kabul ettirmek, sözünü geçirmek
durcheinander /durhhay'nandır/ karmakarışık; şaşkın
durcheinanderbringen /durhay'nandırbringın/ karıştırmak, aklını karıştırmak
Durchfahrt, en /'durhfa:rt/ e geçit, geçiş
Durchfall /'durhfal/ r ishal
durchfallen /'durhfalın/ başaramamak, başarısızlığa uğramak, sınavı verememek, kalmak
durchfinden /'durh'findın/ yolunu bulmak
durchforschen /durh'forşın/ araştırmak, incelemek
durchführen /'durhfü:rın/ uygulamak, icra etmek
Durchführung, en /durhfü:rung/ e icra, yapma, uygulama
Durchgang, ..e /'durhgang/ r geçit
durchgehen /'durhge:ın/ bir yandan girip öte yandan çıkmak; kaçmak, sıvışmak
durchgehend /'durhge:ınt/ sürekli, kesintisiz; (tren) direkt, aktarmasız
durchlassen /'durhlasın/ yol vermek
durchlesen /'durhle:zın/ baştan başa okumak
durchlöchern /durh'löhırn/ delmek, zımbalamak
durchmachen /durh'mahın/ dayanmak, katlanmak
Durchmesser,- /'durhmesır/ r çap
durchnässen /durh'nesın/ ıslatmak

durchnehmen /'durhne:mın/ (ders) okutmak, işlemek; okumak, işlemek
durchqueren /durh'kve:rın/ arasından geçmek
Durchreise /'durhrayzı/ e geçme, geçiş
durchreisen /'durhrayzın/ transit geçmek
durchs /durhs/ 'durch das'ın kısaltılmışı
Durchsage, n /'durhza:gı/ e duyuru
durchschauen /durh'şauın/ içyüzünü anlamak, gizli amacını sezmek
Durchschlag, ..e /'durhşla:k/ r kopya, suret; tel süzgeç
durchschneiden /'durhşnaydın/ kesmek, ayırmak
Durchschnitt, e /'durhşnit/ r ortalama; profil
durchschnittlich /'durhşnitlih/ ortalama olarak
Durchschrift /durhşrift/ e kopya
durchsehen /'durhze:ın/ incelemek, kontrol etmek
durchsetzen /'durhzetsın/ diş geçirmek; istediğini yaptırmak; de. sözünü geçirmek
Durchsicht, en /'durhziht/ e gözden geçirme, denetleme
durchsichtig /durhzihtih/ saydam
durchsickern /'durhzikırn/ sızmak
durchsprechen /durh'şprehın/ konuşmak, görüşmek
durchstöbern /'durh'ştö:bırn/ araştırmak
durchstreichen /'durhştrayhın/ çizmek, karalamak, silmek
durchsuchen /durh'zu:hın/ arama yapmak
Durchsuchung, en /durh'zu:hung/ e araştırma
durchtrieben /durh'tri:bın/ kurnaz
durchweg /durh'vek/ tümüyle, istisnasız
durchzählen /durh'tse:lın/ saymak
dürfen /'dürfın/ izinli olmak, -ebilmek, abilmek
dürftig /'dürftih/ eksik, az, yetersiz;

yoksul
dürr /dür/ kuru; çorak; cılız
Dürre, n /'dürı/ e kuraklık, susuzluk
Durst /durst/ r susama (duygusu) **-haben** susamak
durstig /'durstih/ susamış
Dusche,n /'duşı/ e duş
duschen /zih 'duşın/ de. duş yapmak
Düse, n /'dü:zı/ e meme, ağız; jet
Düsenflugzeug, e /'dü:zınflu:ktsoyk/ s jet uçağı

düster /'dü:stır/ karanlık; üzüntülü; donuk; umutsuz
Dutzend, e /'dutsınt/ s düzine
duzen /'du:tsın/ "sen" diye hitap etmek, senli-benli konuşmak
Dynamik /dü'na:mik/ e *fiz.* dinamik
dynamisch /dü'na:miş/ dinamik
Dynamit /düna'mit/ s dinamit
Dynamo, s /dü'na:mo/ r dinamo
Dynastie, n /dünas'ti:/ e hanedan
D-zug, ..e /'de:tsu:k/ r ekspres tren

E

Ebbe,n /'ebı/ **e** inme, cezir
eben /e:bın/ düz, yassı; demin, az önce
Ebene, n /e:bını/ **e** düzlem; yüzey; ova
ebenfalls /e:bınfals/ aynen, bilmukabele; keza
ebenso /e:bınzo:/ keza, aynen
ebensoviel /e:bınzo'fi:l/ o kadar, aynı derecede
Eber,- /e:bır/ **r** erkek domuz
ebnen /e:bnın/ düzleştirmek
Echo, s /'eho/ **s** yankı
echt /eht/ gerçek; halis; katışıksız, arı
Eckball, ...e /'ekbal/ **r** korner, köşe vuruşu
Ecke, n /'ekı/ **e** köşe; korner
eckig /'ekih/ köşeli
Eckzahn, ..e /'ektsa:n/ **r** köpekdişi
edel /'e:dıl/ soylu; değerli
Edelgas, e /'edılga:s/ **s** asal gaz, soy gaz
Edelmetall, e /e:dılmetal/ **s** soymetal
Edelstein, e /'edılştayn/ **r** değerli taş, mücevher
Efeu /e:foy/ **r** sarmaşık
Effekt, e /e'fekt/ **r** etki
effektiv /efek'ti:f/ etkin, efektif
egal /e'ga:l/ eşit; aynı, farksız
Egge, n /'egı/ **e** tırmık
eggen /'egın/ tırmıklamak
Egoismus, -men /ego'ismus/ **r** bencillik
Egoist /ego'ist/ **r** bencil
egoistisch /ego'istiş/ bencil
ehe /'e:ı/ ..-dan önce
Ehe, n /'e:ı/ **e** evlilik
Ehebruch, ..e /'e:ıbruh/ **r** zina
Ehefrau, en /'e:ıfrau/ **e** eş, karı; evli kadın
ehemalig /'e:ıma:lih/ önceki, eski
Ehemann, ..er /'e:ıman/ **r** koca, eş; evli erkek
Ehepaar, e /'e:ıpa:r/ **s** karı-koca, çift
eher /'e:ır/ daha önce, daha çok
eheste (r,s) /'e:ıstı(r,z)/ ilk, en erken
ehrbar /'e:rba:r/ namuslu, onurlu
Ehre, n /'e:rı/ **e** şeref, namus
ehren /'e:rın/ şeref vermek; saygı göstermek
ehrenhaft /'e:rınhaft/ şerefli, namuslu onurlu
ehrenrührig /'e:rınrü:rih/ yüz kızartıcı
Ehrensache /'erınzahı/ **e** onur meselesi
Ehrenwort /'e:rınvort/ **s** şeref sözü
ehrerbietig /'e:r-erbi:tih/ saygılı
Ehrfurcht /'e:rfurht/ **e** saygı
ehrfürchtig /'e:rfürhtih/ saygılı
Ehrgeiz /'e:rgayts/ **r** hırs, ihtiras
ehrgeizig /'e:rgaytsih/ hırslı, tutkulu
ehrlich /'e:rlih/ namuslu; dürüst; içten. samimi
Ehrlichkeit, en /'e:rlihkayt/ **e** dürüstlük
ehrlos /'e:rlo:s/ namussuz

ehrwürdig /'e:rvürdih/ saygıdeğer
Ei, er /ay/ **s** yumurta
Eiche, n /'ayhı/ **e** meşe
Eichhörnchen,- /'ayhhörnhın/ **s** sincap
Eid, e /ayt/ **s** yemin, ant
Eidechse, n /'aydeksı/ **e** kertenkele
Eidotter, - /ay'dotır/ **s** yumurta sarısı
Eierbecher - /'ayırbehır/ **s** yumurta kabı
Eierkuchen, - /'ayırkuhın/ **r** omlet
Eierstock, ..e /'ayırştok/ **r** yumurtalık
Eifer /'ayfır/ **r** şevk, heves, çaba
Eifersucht /'ayfırzuht/ **e** kıskançlık
eifersüchtig /'ayfırzühtih/ kıskanç
eifrig /'ayfrih/ hevesli, istekli
Eigelb /'aygelp/ **s** yumurta sarısı
eigen /'aygın/ özel; kendi
eigenartig /'aygın-a:rtih/ kendine özgü, özel; garip, tuhaf
eigenhändig /'aygınhendih/ kendi eliyle
Eigenschaft, en /'aygınşaft/ **e** nitelik, özellik
eigensinnig /'aygınzinih/ inatçı
eigentlich /'aygıntlih/ aslında; gerçek
Eigentum /'aygıntu:m/ **s** mülk
Eigentümer,- /'aygıntü:mır/ **r** mal sahibi
eigentümlich /'aygıntümlih/ özgü; acayip, tuhaf
eignen /'aygnın/ de. uygun olmak, yaramak
Eilbrief, e /'aylbri:f/ **r** ekspres mektup
Eile, n /'aylı/ **e** çabukluk, ivedilik
eilen /'aylın/ acele etmek, ivmek
eilig /'aylih/ acele, ivedili
Eilzug, ..e /'ayltsu:k/ **r** ekspres tren
Eimer,- /'aymır/ **r** kova
ein /ayn/ bir
einander /ay'nandır/ birbiri
einatmen /'ayn-a:tmın/ soluk almak
Einbahnstraße, n /'aynba:nştra:sı/ **e** tek yönlü yol
Einband /'aynbant/ **r** cilt
einbegriffen /'aynbıgrifın/ dahil, içinde
einbilden /'aynbildın/ gözünün önüne getirmek, düşlemek, imgelemek

Einbildung, en /'aynbildung/ **e** imgelem, tasavvur; kuruntu
einbinden /'aynbindın/ ciltlemek
einbrechen /'aynbrehın/ zorla girmek; istila etmek, basmak; ansızın çökmek; hırsızlık için girmek
Einbrecher,- /'aynbrehır/ **r** ev hırsızı
Einbruch, ..e /'aynbruh/ **r** eve girme, hırsızlık
einbüßen /'aynbü:sın/ yitirmek
eindecken /'ayndekın/ de. gerekli tedbiri almak, stok yapmak
eindeutig /'ayndoytih/ açık, belli, anlaşılır
eindringen /'ayndringın/ zorla girmek; ask. istila etmek
eindringlich /'ayndringlih/ etkili, güçlü
Eindruck, ..e /'ayndruk/ **r** izlenim; etki
eindrucksvoll /'ayndruksfol/ etkili, dokunaklı
eineinhalb /aynayn'halp/ bir buçuk
einerlei /'aynırlay/ aynı, aynı türden; tekdüze, monoton
einerseits /'aynırzayts/ bir yandan
einfach /'aynfah/ basit; tek; sade
einfahren /'aynfa:rın/ (taşıt) içeri girmek
Einfahrt, en /'aynfa:rt/ **e** giriş (taşıt için)
Einfall, ..e /'aynfal/ **r** salgın; baskın; buluş, fikir
einfallen /'aynfalın/ çökmek, yıkılmak; baskın yapmak; aklına gelmek
einfältig /'aynfeltih/ geri zekâlı
einfetten /'aynfetın/ yağlamak
Einfluß ..sse /'aynflus/ **r** etki
einflußreich /'aynflusrayh/ sözü geçer, nüfuzlu, etkili
eintörmig /'aynförmih/ tekdüze, monoton
einfrieren /'aynfri:rın/ donmak; dondurmak
einfügen /'aynfü:gın/ eklemek, katmak
Einfuhr, en /'aynfu:r/ **e** ithalat, dışalım
einführen /'aynfü:rın/ ithal etmek, sokmak

Einführung, en /'aynfü.rung/ e giriş, önsöz
Eingabe /'aynga:bı/ e dilekçe; girdi
Eingang, ..e /'ayngang/ r giriş; antre; başlangıç
eingebildet /'ayngıbildıt/ kendini beğenmiş, kurumlu
eingeboren /'ayngıbo:rın/ yerli
Eingeborene, n /'aygıbo:rını/ r, e yerli
eingehen /'aynge:ın/ gelmek, girmek; ölmek, solmak; çekmek, daralmak
eingehend /'aynge:ınt/ ayrıntılı, inceden inceye
eingeschrieben /'ayngışri:bın/ taahhütlü
Eingeständnis, se /'ayngıştentnis/ s itiraf, kabul
eingestehen /'ayngışte:ın/ itiraf etmek
Eingeweide, -/'ayngıvaydı/ s bağırsaklar
eingieβen /'ayngi:sın/ dökmek, boşaltmak
eingreifen /'ayngrayfın/ karışmak, müdahale etmek
Eingriff, e /'ayngrif/ r müdahale, karışma; hek. ameliyat
einhalten /'aynhaltın/ (kural) uymak; durmak
einheimisch /'aynhaymiş/ yerli
Einheit, en /'aynhayt/ e birim; birlik, bütünlük
einheitlich /'aynhaytlih/ aynı, bir kararda, tekdüze
einholen /'aynho:lın/ yetişmek; telâfi etmek
einig /'aynih/ tek, bir; birlikte, birleşik; hemfikir
einige /'aynigı/ birkaç
einigen /'aynigın/ birleştirmek; de. anlaşmak, uzlaşmak; birleşmek
einigermaβen /'aynigırma:sın/ bir dereceye kadar
einiges /'aynigıs/ bir şey
Einigkeit, en /'aynihkayt/ e birlik, uyum
Einigung, en /'aynigung/ e birleşme; uyuşma; anlaşma

einjährig /'aynye:rih/ bir yıllık
einkalkulieren /'aynkalkuli:rın/ göz önünde bulundurmak, hesaba katmak
Einkauf, ..e /'aynkauf/ r satın alma
einkaufen /'aynkaufın/ satın almak; de. alışveriş yapmak
Einkaufspreis e,/'aynkaufsprays/ r alış fiyatı
einklammern /'aynklamırn/ parantez (ayraç) içine almak
Einklang, ..e /'aynklang/ r uyum
Einkommen,- /'aynkomın/ s gelir
Einkünfte /'aynkünftı/ (ç.) gelir
einladen /'aynla:dın/ çağırmak, davet etmek
Einladung, en /'aynla:dung/ e çağrı, davet
Einlaβ, ..sse /'aynlas/ r giriş; açılış
einlassen /'aynlasın/ içeri bırakmak
Einlβkarte, n /'aynlaskartı/ e giriş kartı, bilet
Einlauf /'aynlauf/ r varış, geliş
einlaufen /'aynlaufın/ gelmek, varmak; limana girmek; çekmek, daralmak (kumaş)
einleben /'aynle:bın/ de. alışmak (in, -e)
einlegen /'aynle:gın/ takmak, yerleştirmek; turşusunu kurmak
einleiten /'aynlaytın/ başlamak, açmak
Einleitung, en /'aynlaytung/ e giriş, başlangıç, önsöz
einleuchtend /'aynloyhtınt/ açık; apaçık akla yatkın
einlösen /'aynlö:zın/ rehinden kurtarmak
einmachen /'aynmahın/ konserve yapmak
einmal /'aynma:l/ bir kez; vaktiyle, günün birinde
einmalig /'aynma:lih/ bir defalık; eşsiz, olağanüstü
einmischen /'aynmişın/ karışmak, de. burnunu sokmak
Einnahme, n /'aynna:mı/ e gelir, kazanç; *ask.* fetih

einnehmen /'aynne:mın/ tutmak, doldurmak, kaplamak; yemek
Einöde, n /'aynö:dı/ e çöl, sahra
einordnen /'aynordnın/ düzenlemek, dizmek, sıralamak
einpacken /'aynpakın/ sarmak, paket yapmak, ambalaj yapmak
einparken /'aynparkın/ park etmek
einpflanzen /'aynpflantsın/ dikmek
einprägen /'aynpre:gın/ iz bırakmak; önemle belirtmek, telkin etmek; ezberletmek, kafasına sokmak
einraumen /'aynroymın/ kaldırmak, yerine koymak
einreden /'aynre:dın/ inandırmak; kandırmak
einreiben /'aynraybın/ ovmak
einreichen /'aynrayhın/ sunmak
Einreise, n /'aynrayzı/ e giriş
einreisen /'aynrayzın/ (bir ülkeye) girmek
einreißen /'aynraysın/ yırtmak; yırtılmak
einrichten /'aynrihtın/ döşemek; donatmak; kurmak, tesis etmek; düzenlemek
Einrichtung, en /'aynrihtung/ e donatım; mobilya; kuruluş
eins /ayns/ bir
einsalzen /'aynzaltsın/ tuzlamak
einsam /'aynza:m/ yalnız, tek başına; ıssız
Einsamkeit /'aynza:mkayt/ e yalnızlık
einsammeln /'aynzamıln/ toparlamak
einschalten /'aynşaltın/ eklemek; gerilim vermek; (radyo vs.) açmak; (vites) geçirmek
einschätzen /'aynşetsın/ tahmin etmek, kestirmek
einschenken /'aynşenkın/ (bardağa) boşaltmak, koymak
einschicken /'aynşikın/ gemiye yüklemek, gemiye bindirmek
einschieben /'aynşi:bın/ içine sokmak
einschlafen /'aynşla:fın/ uykuya dalmak

Einschlag, ..e /'aynşla:k/ r vuruş; paket kâğıdı
einschlagen /'aynşlagın/ (çivi) çakmak; (yol) tutmak, izlemek; kırmak; vurmak
Einschlagslaken, - /'aynşla:ksla:kın/ r, ş nevresim, yorgan kılıfı
einschleichen /'aynşlayhın/ de. gizlice sokulmak
einschließen /'aynlşlı:sın/ kilitlemek; kapatmak; içermek, kapsamak
einschließlich /'aynşli:slih/ içinde olmak üzere, içine almak üzere
Einschnitt /'aynşnit/ r kesik, yarık
einschränken /'aynşrenkın/ kısıtlamak, sınırlamak
Einschränkung, en /'aynşrenkung/ e kısıtlama, sınırlama
Einschreibebrief, e /'aynşraybıbri:f/ r taahhütlü mektup
einschreiben /'aynşraybın/ kaydetmek, geçirmek (defter vs.)
Einschreiben, - /'aynşraybın/ s taahhütlü mektup
einschreiten /'aynşraytın/ karışmak
einschüctern /'aynşühtırn/ gözünü korkutmak, yıldırmak
einsehen /'aynze:ın/ kavramak, anlamak; gözden geçirmek
einseitig /'aynzaytih/ tek yanlı, tek yönlü
einsenden /'aynzendın/ göndermek
einsetzen /'aynzetsın/ takmak, yerleştirmek; kurmak
Einsicht, en /'aynziht/ e anlayış, kavrayış
einsichtsvoll /'aynzihtsfol/ anlayışlı
einsilbig /'aynsilbih/ tek heceli; suskun
einsperren /'aynşperın/ kapamak, kilitlemek; hapse atmak
Einspruch, ..e /'aynşpruh/ r itiraz, protesto, karşı çıkma
Einspruchsrecht, e /'aynşpruhsreht/ s veto
einst /aynst/ vaktiyle, eskiden; günün birinde, ileride

einstecken /'aynştekın/ sokmak
einstehen /'aynşte:ın/ garanti etmek
einsteigen /'aynştaygın/ binmek
einstellen /'aynştelın/ işe almak; ayarlamak; durdurmak; bırakmak; bitirmek; bir noktaya yöneltmek
Einstellung en /'aynştelung/ e görüş, düşünüş, anlayış; *tek.* ayar
einstig /'aynştih/ eski, önceki
einstimmig /'aynştimih/ birlikte; *müz.* tek sesli
einstöckig /'aynştökih/ tek katlı
Einstruz, ..e /'aynşturts/ r yıkılma, çökme
einstürzen /'aynştürtsın/ yıkılmak, çökmek
einstweilen /'aynstvaylın/ şimdilik, geçici olarak; bu arada
einstweilig /'aynstvaylih/ geçici
eintägig /'aynte:gih/ bir günlük
einteilen /'ayntaylın/ bölmek, bölüştürmek, dağıtmak, kısımlara ayırmak
eintönig /'ayntö:nih/ yeknesak, tekdüze
Eintracht /'ayntraht/ e barışma, uyuşma, uzlaşma
eintrachten /'ayntrahtın/ yazmak, kaydetmek
Eintrag, ..e /'ayntra:k/ r kayıt; zarar
eintragen /'ayntra:gın/ kaydetmek, geçirmek (deftere)
einträglich /'ayntre:klih/ verimli, kazançlı
Eintragung, en /'ayntra:gung/ e kayıt, tescil, yazma
eintreffen /'ayntrefın/ varmak; olmak, gerçekleşmek
eintreten /'ayntre:tın/ girmek
Eintritt /'ayntrit/ r giriş; başlangıç
Eintrittskarte, n /'ayntritskartı/ e giriş bileti
eintrocknen /'ayntroknın/ kurumak
Einvernehmen, - /'aynferne:mın/ s uyuşma, uzlaşma
einverstanden /'aynferştandın/ kabul, oldu, tamam
Einverständnis, se /'aynferştentnis/ s onama, muvafakat
Einwand, ..e /'aynvant/ r itiraz, karşı çıkma
Einwanderer, - /'aynvandırır/ r göçmen
Einwanderung, en /'aynvandırung/ e göç
einwandfrei /'aynvantfray/ kusursuz, mükemmel
Einwegflasche /'aynve:gfılaşı/ e geri verilmeyen şişe, depozitosuz şişe
einweihen /'aynvayhın/ törenle açmak; (kilise) törenle kutsamak
Einweihung, en /'aynvayhung/ e açılış; kutsama
einwenden /'aynvendın/ itiraz etmek
einwerfen /'aynverfın/ atmak; (pencere) kırmak
einwickeln /'aynvikıln/ sarmak
einwilligen /'aynviligın/ razı olmak
Einwilligung, en /'aynviligung/ e rıza
Einwohner, - /'aynvo:nır/ r sakin, oturan
Einwohnerschaft, en /'aynvo:nırşaft/ e nüfus, halk
Einwurf, ..e /'aynwurf/ r (mektup vs. atmak için) delik; itiraz; *sp.* taç
Einzahl /'ayntsa:l/ e *dilb.* tekil
einzahlen /'ayntsa:lın/ ödemek
Einzahlung, en /'ayntsa:lung/ e ödeme
Einzel, -/'ayntsıl/ s (tenis) tekler maçı
Einzelbett, en /'ayntsılbet/ s tek yatak
Einzelhandel /'ayntsılhandıl/ r parekendecilik
Einzelhandel /'ayntsılhandıl/ r perakendecilik
Einzelheit, en /'ayntsılhayt/ e ayrıntı
einzeln /'ayntsıln/ yalnız, tek başına; özel olarak
Einzelzimmer - /'ayntsıltsimır/ s tek kişilik oda
einziehen /'ayntsi:ın/ içeri çekmek; toplamak: el koymak, müsadere etmek; askere almak; taşınmak
einzig /'ayntsıln/ tek, biricik

Einzug /'ayntsu:k/ r giriş; taşınma
Eis /ays/ s buz
Eisbär, en /'aysbe:r/ r beyaz ayı
Eisberg, e /'aysberk/ r buzdağı
Eisdiele, n /'aysdi:lı/ e dondurma satılan yer
Eisen, - /'ayzın/ s demir
Eisenbahn, en /'ayzınba:n/ e demiryolu; tren
Eisenwaren /'ayzınva:rın/ *(ç.)* hırdavat
Eisenwarenhändler, - /'ayzınva:rınhendlır/ r hırdavatçı
eisern /'ayzırn/ demir, demirden
eiskalt /'ayskalt/ buz gibi
Eiskunstlauf, ..e /'ays'kunstlauf/ r artistik patinaj
Eislaufen /'ayslaufın/ s buz pateni
Eisschrank, ..e /'ayssrank/ r buzdolabı
eitel /'aytıl/ süse düşkün; kurumlu; boş, değersiz; geçici
Eiter, - /'aytır/ r cerahat, irin
Eiweiß, e /'ayvays/ s yumurta akı; protein
Ekel, - /'e:kıl/ r tiksinti, iğrenme
ekelhaft /'e:kılhaft/ tiksindirici, iğrenç
elastisch /e'lastiş/ esnek, elastik
Elastizität /elastitsi'te:t/ e esneklik
Elefant, en /ele'fant/ r fil
elegant /ele'gant/ şık, zarif
Eleganz, e /ele'gants/ e şıklık, zarafet
Elektriker, - /e'lektrikır/ r elektrikçi
elektrisch /e'lektriş/ elektriksel
Elektrizität /elektritsi'te:t/ e elektrik
Elektroherd, e /e'lektrohe:rt/ r elektrikli ocak
Elektroingenieur, e /e'lektro-injenyö:r/ r elektrik mühendisi
Elektrolyse, n /elektro'lü:zı/ e elektroliz
Elektrolyt, en /elektro'lü:t/ r elektrolit
elektrolytisch /elektro'lü:tiş/ elektrolitik
elektromagnetisch /elek'tromag'ne:tiş/ elektromanyetik
Elektron, en /elekt'tro:n/ s elektron
Elektronenrechner /elektronın'rehnır/ r bilgisayar
Elektronenröhre, n /elek'tro:nınrö:rı/ e elektron tübü
Elektronik /elek'tro:nik/ e elektronik (bilimi)
elektronisch /elek'tro:niş/ elektronik
Elektrorasierer, - /elektrora'zi:rır/ r elektrikli tıraş makinesi
Element, e /element/ eleman, öğe; pil
elementar /elemen'ta:r/ elemanter, basit, ilkel
Elementarschule, n /elemen'ta:rşu:lı/ e ilkokul
Elend /'e:lınt/ s yokluk, yoksulluk, sıkıntı, sefalet
elende /e'lentı/ sefil, perişan, yoksul
elf /elf/ on bir
Elf, en /elf/ e *sp.* onbir (kişilik takım)
Elfenbein /'elfınbayn/ s fildişi
Elfmeter /'elfme:tır/ r *sp.* penaltı
elfte /'elftı/ onbirinci
elftens /'elftıns/ on birinci(si)
Ellbogen,- /'elbo:gın/ r dirsek
Ellipse, n /e'lipsı/ e elips
Elster, n /'elstır/ e saksağan
Eltern /'eltırn/ *(ç.)* ana-baba
Emigrant, en /emi'grant/ r göçmen
Emigration, en /emigratsi'o:n/ e göç
emigrieren /emig'ri:rın/ göç etmek
Empfang, ..e /emf'fang/ r kabul, kabul resmi; resepsiyon
empfangen /emp'fangın/ almak; karşılamak; kabul etmek
Empfänger,- /empfengır/ r alıcı
Empfängnis, se /emp'fengnis/ e gebe kalma, döllenme
Empfängnisverhütung, en /emp'fengnisferhü:tung/ e gebeliği önleme
empfehlen /emp'fe:lın/ tavsiye etmek, öğütlemek, salık vermek; de. veda etmek, ayrılıp gitmek
Empfehlung, en /emp'fe:lung/ e tavsiye, salık
Empfehlungsschreiben, - /'em'-

EMPFINDEN   61   **ENTGEGENGEHEN**

pfe:lungssraybın/ s tavsiye mektubu
empfinden /emf'findın/ duymak, hissetmek
empfindlich /emp'fintlih/ duygun, duygulu, duyarlı; alıngan
Empfindlichkeit, en /emp'fintlihkayt/ e duyarlık
Empfindung, en /emf'findung/ e duygu; duyum
empor /em'po:r/ yukarı(ya)
empören /em'pö:rın/ kızdırmak, darıltmak; de. kızmak, darılmak
emporkommen /em'po:rkomın/ yükselmek sivrilmek
Emporkömmling /em'po:rkömling/ r sonradan görme
emporragen /em'po:rra:gın/ yükselmek
Empörung, en /em'pö:rung/ e başkaldırma; sinirlenme, kızma
emsig /'emzih/ çalışkan, gayretli
Ende, n /'endı/ s son; uç
enden /'endın/ bitmek, sona ermek
endgültig /'entgültih/ kesin, kati
endlich /'entlih/ sonunda, nihayet; sonlu
endlos /'entlo:s/ sonsuz, bitmez tükenmez
Endspiel,e /'entspi:l/ s final karşılaşması
Endstation, en /'entştats'yo:n/ e son durak
Endung,en /'endung/ e dilb. ek, çekim eki
Energie, n /ener'gi:/ e enerji
energisch /e'nergiş/ enerjik
eng /eng/ dar; sıkı; yakın, samimi
engagieren /anga'ji:rın/ angaje etmek
Enge, n /'engı/ e darlık; sıkılık; sıkıntı
Engel,- /'engıl/ r melek
England /'englant/ İngiltere
Engländer,- /'englendır/ r İngiliz; İngiliz anahtarı
englisch /'engliş/ İngiliz, İngiltere'ye ilişkin
Englisch /'engliş/ s İngilizce
Engpaß /'engpas/ r dar geçit; dar boğaz

engros /an'gro:s/ toptan
engstirnig /'engştirnih/ dar kafalı
Enkel,- /'enkıl/ r torun
Enkelkind, er /'enkılkind/ s torun
enorm /e'norm/ çok büyük; fevkalade
entarten /ent-a:rtın/ soysuzlaşmak, yozlaşmak
entbehren /ent'be:rın/ yokluğunu çekmek
entbehrlich /ent'be:rlih/ gereksiz, zorunlu olmayan
entbinden /ent'bindın/ serbest bırakmak; (çocuk) doğurmak
Entbindung, en /ent'bindung/ e doğum; kurtarma
Entbindungsanstalt, en /ent'bindungsanştalt/ e doğumevi
entblößen /ent'blö:sın/ çıplak hale getirmek
entblößt /entblö:st/ çıplak
entdecken /ent'dekın/ keşfetmek
Entdecker, - /ent'dekır/ r kaşif
Entdeckung, en /ent'dekung/ e keşif
Ente, n /'entı/ e ördek
entehren /ent'e:rın/ namusunu lekelemek, çamur atmak
enteignen /ent'aygnın/ kamulaştırmak, istimlak etmek
entfallen /ent'falın/ elinden düşmek; hatırından çıkmak
entfernen /ent'fernın/ uzaklaştırmak; çıkarmak; de. uzaklaşmak, çekilmek
entfernt /ent'fernt/ uzak
Entfernung, en /ent'fernung/ e uzaklık, mesafe
entfliehen /ent'fli:ın/ kaçmak
entfremden /ent'fremdın/ yabancılaştırmak
entführen /ent'fü:rın/ kaçırmak
Entführer /ent'fü:rır/ r kaçıran kimse
Entführung, en /ent'fü:rung/ e kaçırma
entgegen /ent'ge:gın/ karşı, aykırı
entgegengehen /ent'ge:gınge:en/ karşılamak, karşılamaya gitmek

entgegengesetzt /ent'ge:gıngızetst/ zıt, ters, aykırı, karşıt
entgegenkommen /ent'ge:gınkomın/ karşılamak, karşılamağa gelmek
entgegennehmen /ent'ge:gınne:mın/ almak, kabul etmek
entgegnen /ent'ge:gnın/ karşılık vermek, karşılıkta bulunmak
entgehen /ent'ge:ın/ kaçmak, kurtulmak
enthaaren /ent'ha:rın/ kıllarını dökmek
enthalten /ent'haltın/ içermek, kapsamak; de. kaçınmak, sakınmak
enthaupten /ent'hauptın/ kafasını kesmek
enthüllen /ent'hülın/ açmak, örtüsünü kaldırmak; açığa çıkarmak
entkleiden /ent'klaydın/ de. soyunmak
entkommen /ent'komın/ kaçmak, kurtulmak; atlatmak (tehlikeyi)
entladen /ent'la:dın/ boşaltmak
entlang /ent'lang/ boyunca
entlarven /ent'larfın/ maskesini düşürmek, foyasını meydana çıkarmak
entlassen /ent'lasın/ salıvermek, yolvermek; işten çıkarmak
Entlassung, en /'ent'lasung/ e kovma, çıkarma
entlasten /ent'lastın/ yükünü hafifletmek; yardım etmek
entleeren /ent'le:rın/ boşaltmak
entlegen /ent'le:gın/ uzak
entmutigen /ent'mu:tigın/ cesaretini kırmak
Entnahme, n /ent'na:mı/ e alma, çıkarma
entnehmen /ent'ne:mın/ almak, çıkarmak; anlamak, öğrenmek
entreißen /ent'raysın/ elinden zorla almak
entrüsten /ent'rüstın/ öfkelendirmek, çileden çıkarmak
entsagen /ent'za:gın/ vazgeçmek
entschädigen /ent'şe:digın/ zararı ödemek, tazmin etmek
Entscheid, e /ent'şayt/ r karar

Entschädigung, en /ent'şe:digung/ e tazminat
entscheiden /ent'şaydın/ karara bağlamak, kararlaştırmak
entscheidend /ent'şaydınt/ kesin, kati, son
Entscheidung, en /ent'şaydung/ e yargı, karar
entschieden /ent'şi:dın/ kesin, kati
entschleiern /ent'şlayırn/ gün ışığına çıkarmak, esrar perdesini kaldırmak
entschließen, /ent'şli:sın/ de. karar vermek
entschlossen /ent'şlosın/ kararlı, azimli
Entschlossenheit /ent'şlosınhayt/ e azim, kararlılık
Entschluß, ..sse /ent'şlus/ r karar
entschuldigen /ent'şuldigın/ affetmek, bağışlamak; de özür dilemek **-sie!** affedersiniz! özür dilerim
entschuldigen /ent'şuldigın/ affetmek, bağışlamak; de özür dilemek **Sie!** affedersiniz! özür dilerim
entsetzen /ent'zetsın/ korkutmak, ürkütmek; de. korkmak, ürkmek
Entsetzen /ent'zetsın/ s korku, dehşet
entsetzlich /ent'zetslih/ korkunç, dehşetli
entsetzt /ent'zetst/ korkmuş, dehşete düşmüş
entsinnen /ent'zinın/ de. anımsamak, hatırlamak
entspannen /ent'şpanın/ e gevşetmek; de. gevşemek, dinlenmek
Entspannung /ent'şpanung/ e dinlenme, istirahat; gevşeme
entsprechen /ent'şprehın/ uymak, karşılaşmak, denk gelmek
entsprechend /ent'şprehınt/ uygun; benzer; ilgili
entspringen /ent'şpringın/ çıkmak; kaçmak
entstehen /ent'şte:ın/ oluşmak, meydana gelmek, doğmak

Entstehung, en /ent'şte:ung/ e köken, temel; oluş, oluşum
enttäuschen /ent'toyşın/ düş kırıklığına uğratmak, umutlarını kırmak
Enttäuschung, en /ent'toyşung/ e düş kırıklığı, hayal kırıklığı
entweder ... oder /'entve:dır 'o:dır/ ya..ya da
entweichen /ent'vayhın/ kaçmak
entwerfen /ent'verfın/ tasarlamak, planlamak
entwickeln /ent'vikıln/ geliştirmek (film) banyo etmek; de. gelişmek
Entwicklung, en /ent'viklung/ e gelişim
entwicklungsland, ..er /ent'viklungslant/ s gelişmekte olan ülke
entwischen /ent'vişın/ kaçmak, sıvışmak
Entwurf, ..e /ent'vurf/ r tasarı
entziehen /ent'tsi:ın/ elinden almak; yoksun bırakmak; de. çekilmek, uzaklaşmak
entziffern /ent'tsifırn/ okuyabilmek sökmek, çıkarmak; deşifre etmek, çözmek
entzücken /ent'tsükın/ hayran bırakmak, büyülemek
Entzücken /ent'tsükın/ s büyük sevinç
entzückend /ent'tsükınt/ çok güzel, büyüleyici, çekici
entzünden /ent'tsündın/ tutuşturmak
Entzündung, en /ent'tsündung/ e yangı, iltihap
entzwei /ent'tsvay/ (kırılıp) ikiye ayrılmış
entzweibrechen /ent'tsvaybrehın/ kırarak ikiye ayırmak, yarmak
entzweigehen /ent'tsvayge:ın/ kırılmak, yarılmak
Enzyklopädie, n /entsüklope'di:/ e ansiklopedi
Epidemie, n /epide'mi:/ e salgın (hastalık)
Epilepsie /epilep'si:/ e *hek.* sara, tutarık
Epoche, n /e'pohı/ e devir, çağ
er /e:r/ o
erbarmen /er'barmın/ acımak

Erbarmen /er'barmın/ s acıma
erbärmlich /er'bermlih/ acınacak
erbauen /er'bauın/ kurmak, yapmak, inşa etmek
Erbauer, - /er'bauır/ r yapan, kurucu
Erbaung, en /er'baung/ e inşa; kuruluş
Erbe /'erbı/ s miras
Erbe, n /'erbı/ r varis
erben /'erbın/ mirasa konmak
erbittern /'er'bitırn/ kızdırmak, öfkelendirmek
erbittert /er'bitırt/ kızgın; şiddetli
erblassen /er'blasın/ sararmak
erblich /'erplih/ kalıtsal
erblicken /er'blikın/ görmek
erblinden /erblindın/ kör olmak
erbrechen /er'brehın/ de. kusmak
Erbschaft, an /'erpşaft/ e miras, kalıt
Erbse, n /'erpsı/ e bezelye
Erdbeben /'e:rtbe:bın/ s deprem
Erdbeere, n /'e:rtbe:rı/ e çilek
Erdboden /'e:rbo:dın/ r yer, toprak, yeryüzü
Erde, n/'e:rdı/ e yeryüzü, dünya; toprak
erden /'e:rdın/ topraklamak
Erdgas, e /'e:rdga:s/ s doğal gaz
Erdgeschoß /'e:rtgışos/ s zemin kat
Erdkugel /'e:rtku:gıl/ e yerküre
Erdkunde /'e:rtkundı/ e coğrafya
Erdnuβ, ..sse /'e:rtnus/ e yerfıstığı
Erdöl /'e:rtö:l/ s petrol
erdrosseln /er'drosıln/ boğmak
erdrücken /er'drükın/ ezmek
Erdrutsch /e:rd'rutşı/ r toprak kayması, heyelan
Erdteil, e /'e:rttayl/ r kıta
erdulden /er'duldın/ katlanmak, tahammül etmek
ereignen /er-'aygnın/ de. olmak, vuku bulmak
Ereignis, se /er-'aygnis/ s olay
erfahren /erfa:rın/ görmek, geçirmek, uğramak; duymak, işitmek, öğrenmek; deneyimli

Erfahrung, en /erfa:rung/ e tecrübe, deney
erfassen /er'fasın/ yakalamak, tutmak; kapsamak
erfinden /er'findın/ icat etmek
Erfinder, - /er'findır/ r mucit
Erfindung, en /erfindung/ e icat
Erfolg, e /er'folk/ r başarı, sonuç
erfolgen /er'folkın/ olmak, çıkmak
erfolglos /er'folklo:s/ başarısız
erfolgreich /erfolkrayh/ başarılı
erforderlich /er'fordırlih/ gerekli
erfordern /er'fordırn/ istemek; gerektirmek
Erfordernis, se /er'fordırnis/ s gerek, icap
erforschen /er'forşın/ araştırmak
Erforscher, - /er'forşır/ r kaşif
Erforschung, en /er'forşung/ e araştırma
erfreuen /er'froyın/ sevindirmek
erfreulich /erfroylih/ sevindirici
erfreut /er'froyt/ sevinçli, hoşnut
erfrieren /er'fri:rın/ donmak, soğuktan ölmek
erfrischen /er'frişın/ serinletmek, canlandırmak
Erfrischung, en /er'frişung/ e serinleme, serinletme; serinletici içecek
erfüllen /er'fülın/ amacına uymak; gerçekleştirmek, yerine getirmek; de. gerçekleşmek
ergänzen /ergentsın/ tamamlamak, bütünlemek
Ergänzung, en / er'gentsung/ e tamamlama; ek
ergeben /er'gebın/ vermek, getirmek; göstermek, kanıtlamak; de. teslim olmak, boyun eğmek
Ergebnis, se /erge:pnis/ s sonuç
ergebnislos /er'ge:pnislo:s/ sonuçsuz, verimsiz
ergiebig /er'gi:bih/ verimli
ergreifen /er'grayfın/ etkilemek, dokunmak; tutmak, yakalamak
erhaben /erha:bın/ çıkıntılı, yüksek; ulu
erhalten /er'haltın/ elde etmek, almak; korumak, saklamak
erheben /er'he:bın/ kaldırmak; (sesini vs.) yükseltmek
erheblich /erhe:plih/ ciddi; önemli; hatırı sayılır
erheitern /erhaytırn/ neşelendirmek
erhellen /er'helın/ aydınlatmak; açıklamak
erhitzen /er'hitsın/ ısıtmak; de. ısınmak
erhöhen /erhö:ın/ yükseltmek
erholen /erho:lın/ yorgunluğunu atmak; iyileşmek
Erholung, en /er'ho:lung/ e iyileşme; dinlenme
erinnern /er-'inırn/ anımsatmak, hatırlatmak; de. anımsamak, hatırlamak
Erinnerung, en /er-'inırung/ e anı, hatıra; bellek
erkalten /er'kaltın/ soğumak
erkälten /er'keltın/ soğutmak; de. soğuk almak
Erkältung, en /er'keltung/ e soğuk algınlığı
erkennen /erkenın/ tanımak, anlamak
Erkenntnis, se /er'kentnis/ e anlayış, kavrayış; bilgi
Erker,- /'erkır/ r cumba, çıkma
erklären /er'kle:rın/ açıklamak
Erklärung, en /er'kle:rung/ e açıklama; ilan, beyan, demeç
erkranken /er'krankın/ hastalanmak
Erkrankung, en /er'krankung/ e hastalık
erkunden /er'kundın/ sorarak öğrenmek, ortaya çıkarmak
erkundigen /er'kundigın/ bilgi edinmek
Erkundigung, en /er'kundigung/ e soruşturma, bilgi edinme
erlangen /er'langın/ elde etmek, edinmek, kazanmak
Erlaβ, ...sse /er'las/ r emir, karar
erlassen /er'lasın/ çıkarmak, yayınlamak; cezasını bağışlamak

erlauben /er'laubın/ izin vermek
Erlaubnis, se /er'laupnis/ **e** izin
erläutern /erloytırn/ açıklamak, aydınlatmak
Erläuterung,en /er'loytırung/ **e** açıklama
erleben /er'le:bın/ görmek, yaşamak, geçirmek
Erlebnis, se /er'le:pnis/ **s** olay, serüven; yaşantı
erledigen /er'le:digın/ tamamlamak, sonuçlandırmak, yerine getirmek
erlegen /er'le:gın/ öldürmek
erleichtern /erlayhtırn/ kolaylaştırmak, hafifletmek
Erleichterung, en /er'layhtırung/ **e** kolaylık
erleiden /er'laydın/ uğramak, başından geçmek; zarar ve ziyan görmek
erlernen /er'lernın/ öğrenmek
erliegen /er'li:gın/ ölmek
Erlös, e /er'lös/ **r** kazanç, ele geçen para
erlöschen /er'löşın/ sönmek; kökü kurumak; sona ermek
erlösen /er'lö:zın/ kurtarmak; elde etmek (bir satıştan)
ermächtigen /ermehtigın/ yetki vermek
ermahnen /er'manın/ uyarmak
Ermahnung, en /er'ma:nung/ **e** uyarı, öğüt
ermäβigen /er'mesigın/ indirmek
Ermäβigung, en /er'me:sigung/ **e** indirim
ermitteln /er'mitıln/ bulmak, ortaya çıkarmak
ermöglichen /err'mö:klihın/ mümkün kılmak, olanak vermek
ermorden /er'mordın/ öldürmek
Ermordung, en /er'mordung/ **e** cinayet
ermüden /er'mü:dın/ yormak; yorulmak
ermuntern /ermuntırn/ canlandırmak; teşvik etmek, özendirmek
ermutigen /ermu:tigın/ cesaretlendirmek, yüreklendirmek; özendirmek, teşvik etmek
ernähren /er'ne:rın/ beslemek

Ernährung, en /er'ne:rung/ **e** besin; beslenme
ernennen /er'nenın/ atamak
Ernennung, e /er'nenung/ **e** atanma, tayin
erneuern /er'noyırn/ yenilemek, onarmak
Erneuerung, en /er'noyırung/ **e** yenileme, onarma
erneut /er'noyt/ yeni, taze; bir daha
erniedrigen /erni:drıgın/ alçaltmak
Ernst /ernst/ **r** ciddiyet; ağırbaşlılık
ernst /ernst/ ciddi, ağırbaşlı
ernsthaft /'ernsthaft/ ciddi
Ernte, n /'erntı/ **e** hasat; ürün
ernten /'erntın/ ürün toplamak, biçmek
Eroberer,- /er-'o:bırır/ **r** fatih
erobern /er-'o:bırn/ fethetmek
Eroberung, en /er-o:bırung/ **e** fetih
eröffnen /er-öfnın/ açmak, açılış yapmak
Eröffnung, en /er-'öfnung/ **e** açılış
erörtern /er-'örtırn/ görüşmek, ele almak
Erörterung, en /er-örtırung/ **e** görüşme, tartışma
Erotik /e'ro:tik/ **e** erotizm
erotisch /e'ro:tiş/ erotik
erpressen /er'presın/ şantaj yapmak
Erpresser, - /er'presır/ **r** şantajcı
Erpressung, en /er'presung/ **e** şantaj
erproben /er'pro:bın/ denemek
erraten /er'ra:tın/ tahmin etmek
erregen /er're:gın/ heyecanlandırmak, tahrik etmek; neden olmak, yol açmak; kızdırmak
Erregung, en /erre:gung/ **e** heyecan, telaş; tahrik (olma)
erreichbar /er'rayhba:r/ erişilebilir
erreichen /er'rayhın/ erişmek, ulaşmak; elde etmek; yetişmek
errichten /er'rihtın/ dikmek; inşa etmek, yapmak; kurmak
Errichtung,en /er'rihtung/ **e** kuruluş, yapı
erröten /er'rö:tın/ (yüzü) kızarmak
Errungenschaft, en /e'rrungınşaft/ **e** ka-

zanılan, elde edilen şey, edinti
Ersatz /er'zats/ r bedel; yedek
Ersatzmann, ..**er** /er'zatsman/ r sp. yedek
Ersatzreifen - /er'zatsrayfın/ r stepne
Ersatzteil, e /er'zatstayl/ e·yedek parça
erschaffen /er'şafın/ yaratmak
erscheinen /er'şaynın/ görünmek
Erscheinung, en /er'şaynung/ e görünüş; olay, fenomen
erschießen /er'şi:sın/ kurşuna dizmek, (vurarak) öldürmek
erschlagen/er'şla:gın/(vurarak)öldürmek
erschließen /er'şli:sın/ açmak
erschöpfen /er'şöpfın/ tüketmek, bitirmek; yormak
erschöpfend /'erşöpfınt/ ayrıntılı
erschöpft /er'şöpft/ yorgun, bitkin
Erschöpfung, en /er'şöpfung/ yorgunluk, bitkinlik
erschrecken /er'şrekın/ korkutmak, ürkütmek; korkmak, ürkmek
erschrocken /er'şrokın/ korkmuş, ürkmüş
erschüttern /erşütırn/ sarsmak
Erschütterung, en /er'şütırung/ e sarsıntı
erschweren /er'şve:rın/ zorlaştırmak, güçleştirmek
ersehen /er'ze:ın/ görmek, anlamak
ersetzen /er'zetsın/ yerine başkasını koymak; değiştirmek; (zarar) ödemek, telafi etmek
ersparen /er'şpa:rın/ biriktirmek; esirgemek, kendine saklamak
Ersparnis, se /er'şpa:rnis/ e tasarruf
erst /e:rst/ birinci; önce, ilk önce; ancak, daha
erstarren /er'ştarın/ donakalmak; duygusuzlaşmak
erstatten /er'ştatın/ geri vermek; tazminat ödemek, karşılamak
Erstaufführung, en /'e:rst-auffü:rung/ e gala, ilk gösteri, ön oynatım
erstaunen /erştaunın/ şaşırmak, hayret etmek; şaşırtmak, hayrete düşürmek
Erstaunen /er'ştaunın/ r şaşkınlık, hayret
erstaunlich /'er'ştaunlih/ şaşırtıcı, hayret verici
erste (r,s) /'erstı(r,z)/ birinci
erstechen /er'ştehın/ bıçaklamak, hançerlemek
erstehen /er'şte:ın/ satın almak
ersteigen /er'ştaygın/ tırmanmak
erstens /'e:rstıns/ ilk (olarak)
ersticken /er'ştikın/ boğmak; boğulmak
erstklassig /'e:rstklasih/ (kalitede) birinci sınıf, çok iyi
erstmalig /e:rstma:lih/ birinci, ilk; ilk olarak
erstrecken /er'ştrekın/ sürmek, uzanmak, yayılmak
ersuchen /er'zu:hın/ rica etmek
Ersuchen,- /er'zu:hın/ s rica
ertappen /er'tapın/ yakalamak
Ertrag,..e /er'tra:k/ r verim, ürün; kazanç, gelir
ertragen /er'tra:gın/ dayanmak, katlanmak, çekmek
erträglich /er'tre:klih/ dayanılır, katlanılabilir, çekilir
ertränken /er'trenkın/ (suda) boğmak
ertrinken /er'trinkın/ (suda) boğulmak
erwachen /er'vahın/ uyanmak
erwachsen /er'vaksın/ yetişkin, büyük
erwägen /er've:gın/ düşünüp taşınmak, duraksamak, karar verememek
erwähnen /er've:nın/ değinmek, anmak
Erwähnung, en /er've:nung/ e adını anma, değinme
erwärmen /er'vermın/ ısıtmak; de. ısınmak
erwarten /er'vartın/ beklemek
Erwartung, en /er'vartung/ e beklenti
erwecken /er'vekın/ uyandırmak
Erweis, e /er'vays/ r kanıt

erweisen /er'vayzın/ göstermek, kanıtlamak; de. ortaya çıkmak, belli olmak (als, olduğu)
erweitern /er'vaytırn/ genişletmek, büyütmek
Erwerb, e /er'verp/ r edinme, kazanma; kazanç
erwerben /er'verbın/ kazanmak, edinmek
erwerbslos /er'verpşlo:s/ işsiz
Erwerbsquelle, n /erverps'kvelı/ e gelir kaynağı
erwerbstätig /er'verpste.tih/ çalışan
erwidern /er'vi:dırn/ cevap vermek, karşılık vermek
Erwiderung, en /er'vi:dırung/ e cevap, yanıt, karşılık
erwischen /er'vişın/ kd. yakalamak
erwünscht /er'vünşt/ istenilen
erwürgen /er'vürgın/ boğmak
Erz, e /e:rts/ s maden filizi
erzählen /er'tse:lın/ anlatmak
Erzähler, - /er'tse:lır/ r anlatan
Erzählung, en /er'tse:lung/ e öykü, anlatı, hikâye
Erzbischof,.. e /'ertsbişof/ r başpiskopos
erzeugen /er'tsoygın/ üretmek, yetiştirmek, imal etmek; yaratmak, meydana getirmek
Erzeugnis, se /er'tsoyknis/ s ürün
Erzeugung, en /er'tsoygung/ e üretim
erziehen /er'tsi:ın/ eğitmek/yetiştirmek
Erzieher,- /er'tsi:ır/ r eğitici
Erziehung, en /er'tsi:ung/ e eğitim
erzielen /er'tsi:lın/ elde etmek, sağlamak
erzwingen /er'tsvingın/ zorlamak, zorla yaptırmak
es /es/ o; onu
Esel,- /'e:zıl/ r eşek
eßbar /'esba:r/ yenilebilir
essen /'esın/ s yemek
ǀessen /'esın/ yemek
Essenzeit, en /'esınstsayt/ e yemek vakti

Essig, e /'esih/ r. sirke
Eßlöffel, - /'eslöfıl/ r çorba kaşığı
Eßtisch, e /'estiş/ r yemek masası
Eßzimmer,- /'estsımır/ s yemek odası
Etage, n /e'ta:jı/ e bina katı
Etagenwohnung, en /e'ta:jınvo:nung/ e daire
Etagenbett, en /e'ta:jınbet/ s ranza
Etappe, n /e'tapı/ e aşama, evre
Etat, s /e'ta:t/ r bütçe
etepetete /e:tıpe'te:tı/ kd. mızmız, titiz, çıtkırıldım
ethisch /'e:tiş/ ahlaki, töresel
Etikett, e /eti'ket/ s etiket
Etikette, n /eti'ketı/ e etiket, görgü kuralı
etliche /'etlihı/ birkaç, bazı
Etui, s /et'vi:/ s kutu, kılıf
etwa /'etva/ aşağı yukarı, yaklaşık; acaba
etwas /'etvas/ birşey; biraz
euch /oyh/ sizi; size
euer /'oyır/ sizin
Eule, n /'oylı/ e baykuş
Europa /oy'ro:pa/ Avrupa
Europäer,- /oyro'pe:ır/ r Avrupalı
evakuieren /evaku'i:rın/ boşaltmak
evangelisch /evan'ge:liş/ Protestan
Evangelium /evan'ge:lium/ s incil
eventuell /eventu'el/ olası, muhtemel; belki (de); gerekirse
ewig /e:vih/ ebedi; sürekli
Ewigkeit, en /'e:vihkayt/ e ebediyet, sonsuzluk
exakt /ek'sakt/ tam, doğru; özenli
Examen, - /e'ksa:mın/ s sınav
Exemplar, e /eksemp'la:r/ s nüsha, suret; örnek, numune
Existenz, en /eksis'tents/ e varoluş; geçim
existieren /eksis'ti:rın/ var olmak
Experiment, e /eksperi'ment/ s deney
experimentel /eksperimen'tel/ deneysel
experimentieren /eksperimen'ti:rın/ deney yapmak
Experte, n /eks'pertı/ r uzman

explodieren eksplo:di:rın/ patlamak
Explosion, en /eksploz'yo:n/ e patlama
explosiv /eksplo'zi:f/ patlayıcı
Export, e /eks'port/ r ihracat, dışsatım
Exporteur /ekspor'tö:r/ r ihracatçı
exportieren /ekspor'ti:rın/ ihraç etmek

extra /'ekstra/ özel, ayrı; ayrıca
Extrakt /eks'trakt/ r hulâsa, ruh
extrem /eks'treem/ aşırı
exzentrisch /eks'tsentriş/ tek. dış-merkezli

F

Fabel, n/'fa:bıl/ e efsane
fabelhaft /'fa:bılhaft/ fevkalade, efsanevi, harikulade
Fabrik, en /fab'ri:k/ e fabrika
Fabrikant, en /fabri'kant/ r fabrikatör
Fabrikat, e /fabri'ka:t/ s mal, ürün
Fabrikation /fabrikatsi'o:n/ e üretim
Fach, ..er /fah/ s göz, çekmece; bilim dalı; raf
Facharbeiter, - /'faharbaytır/ r kalifiye işçi
Facharzt, ...e /'faha:rtst/ r uzman doktor
Fachausdruck, ..e /'fah-auśdruk/ r teknik terim
Fächer,- /'fehır/ s yelpaze
Fachmann, -leute /'fahman/ r uzman
Fachschule, n /'fahşu:lı/ e teknik okul, meslek okulu
Fachwerk, e /'fahverk/ s yapı iskeleti
Fackel, n /'fakıl/ e meşale
fade /'fa:dı/ tatsız; sıkıcı
Faden,.. /'fa:dın/ r iplik
Fadennudeln /'fa:dınnu:dıln/ *(ç.)* tel şehriye
Fagott, e /fa'got/ s *müz.* fagot
fähig /'fe:ih/ yetenekli, becerikli
Fähigkeit, en /'fe:ihkayt/ e yetenek
fahl /fa:l/ solgun, soluk, renksiz
Fähnchen /'fe:nhın/ s yetenek
fahnden /'fa:ndın/ aramak

Fahne, n /'fa:nı/ e bayrak
Fahrbahn /'fa:rba:n/ e araba yolu, taşıt yolu
Fähre, n /'fe:rı/ e feribot
fahren /'fa:rın/ (bir taşıtla) gitmek; (bir taşıtı) sürmek; (taşıt) gitmek
Fahrer,- /'fa:rır/ r sürücü
Fahrgast, ..e /'fa:rgast/ r yolcu
Fahrgeld, er /'fa:rgelt/ s yol parası, bilet parası
Fahrgestell, e /'fa:rgıştel/ s şasi, çatkı
Fahrkarte,n /'fa:rkartı/ e bilet
fahrlässig /'fa:rlesih/ kayıtsız, ihmalci, savsak
Fahrpreis, e /'fa:rprays/ r bilet ücreti
Fahrprüfung, en /'fa:rprüfung/ e şoför ehliyet sınavı
Fahrrad, ..er /'fa:rra:t/ s bisiklet
Fahrschein, e /'fa:rşayn/ r bilet
Fahrschule,n /'fa:rşu:lı/ e şoför okulu, sürücülük okulu
Fahrstuhl, ..e /'fa:rştu:l/ r asansör
Fahrt, en /fa:rt/ e (bir taşıtla) gidiş; yolculuk
Fahrzeug /'fa:rtsoyk/ s taşıt
Faktor, en /'faktor/ r etken, etmen
Faktum, - ten /'faktum/ s olay, olgu
Fakultät en /fakul'te:t/ e fakülte
Falke, n /'falkı/ r doğan

Fall, ..e /fal/ r düşme; olay; dava; *dilb.* hal, durum
Falle, n /'falı/ e tuzak
fallen /'falın/ düşmek; şehit düşmek
fällen /'felın/ (ağaç) kesmek; (yargı) vermek
fällig /'felih/ vadesi gelen
falls /fals/ eğer
Fallschirm, e /'falşirm/ r paraşüt
falsch /fals/ yanlış; sahte
fälschen /'felşın/ sahtekârlık yapmak; aldatmak amacıyla taklit etmek; kalpazanlık yapmak
Fälscher, - /'felşır/ r sahtekâr, kalpazan
fälschlich /'felşlih/ yanlış
fälschlicherweise /'felşlihırvayzı/ yanlışlıkla
Fälschung, en /'felşung/ e sahte şey, taklit
Falte, n /'faltı/ e kıvrım, plise; buruşuk
falten /'faltın/ katlamak
faltig /'faltiıh/ kıvrımlı; kırışık
familiär /famili'e:r/ teklifsiz, senli benli
Familie, n /fa'mi:lii/ e aile
Familienname, n /fa'mi:liınna:mı/ r soyadı
Familienstand, ..e /fa'mi:lınştant/ r medeni hal
Fanatiker, - /fa'na:tikır/ r bağnaz
fanatisch /fa'na:tiş/ bağnaz, tutucu
Fanatismus /fana'tismus/ r bağnazlık
Fang, ..e /fang/ r yakalam; av
fangen /'fangın/ yakalamak, tutmak; de. yakalanmak
Farbaufnahme, n /'farbaufna:mı/ e renkli fotoğraf
Farbband, ..er /'farbant/ r daktilo şeridi
Farbe, n /'farbı/ e renk; boya
färben /'ferbın/ renk vermek; boyamak
farbenblind /'farbınblint/ renkkörü
Farbfernsehen /'farbfernze:ın/ s renkli televizyon
Farbfilm, e /'farpfilm/ r renkli film
farbig /'farbih/ renkli

farblos /'farplo:s/ renksiz
Farbstift, e /'farpştift/ r boya kalemi
Farbstoff, e /'farbştof/ r boya (maddesi)
Färbung, en /'ferbung/ e renklendirme
Farn, e /farn/ r eğreltiotu
Fasan, e /fa'za:n/ r sülün
Fasching, e /'faşing/ r karnaval
Faschismus /fa'şismus/ r faşizm
Faschist /fa'şist/ r faşist
faseln /'fa:zıln/ saçmalamak
Faser, n /'fa:zır/ e lif, tel
faserig /'fa:zırih/ lif, lifli, telli
Fasermalstift, e /'fa:zır-ma:lştift/ r keçeli boya kalemi
Faserchreiber,- /'fa:zırşrabır/ r keçeli kalem
Faβ, ..sser /fas/ s fıçı, varil
Faβbier, e /'fasbi:r/ s fıçı birası
Fassade, n /fa'sa:dı/ e cephe
fassen /'fasın/ tutmak, yakalamak; kavramak, anlamak
Fassung, en /'fasung/ e ılım, itidal; metin; çerçeve; duy; soğukkanlılık, sakinlik
fassungslos /fasungslo:s/ şaşkın
Fassungsvermögen /'fasungsfermö:gın/ s kavrama yeteneği, anlayış
fast /fast/ hemen hemen, az daha
fasten /'fastın/ oruç tutmak, perhiz etmek
Fasten /'fastın/ s oruç; perhiz
fatal /fa'ta:l/ uğursuz; utandırıcı, üzücü
faul /faul/ çürük; tembel
faulen /'faulın/ çürümek
faulenzen /'faulentsın/ haylazlık etmek, tembel tembel oturmak
Faulenzer, - /'faulentsır/ r tembel, aylak
Faulheit /'faulhayt/ e tembellik
Fäulnis /'foylnis/ e çürüme, çürüklük
Faust, ..e /faust/ e yumruk
Fäustel- /'foystıl/ r balyoz
Favorit, en /favo'ri:t/ r favori
Fayence, n /fa'yans/ e çini
Februar /'fe:brua:r/ r şubat

fechten /'fehtın/ eskrim yapmak
Feder, n /'fe:dır/ **e** yay; tüy; yazı kalemi
Federhalter,- /'fe:dırhaltır/ **r** mürekkepli kalem
federleicht /'fe:dırlayht/ tüy gibi (hafif)
Federwage, n /'fe:dırva:gı/ **e** dinamometre
Federung, en /'fe:dırung/ **e** amortisör, süspansiyon
Fee, n /fe:/ **e** peri
fegen /'fegın/ süpürmek
fehl /fe:l/ yanlış, başarısız
fehlen /'fe:lın/ eksik olmak, bulunmamak, olmamak
Fehler, /'fe:lır/ **r** hata, yanlışlık; kusur, defo
fehlerfrei /'fe:lırfray/ hatasız, kusursuz
fehlerhaft /'fe:lırhaft/ hatalı; kusurlu
Fehlgeburt, en /'fe:lgıbu:rt/ **e** çocuk düşürme, düşük
Fehlgriff, e /'fe:lgrif/ **r** falso, gaf
Fehlschlag,.. /'fe:lşla:k/ **r** başarısızlık
fehlschlagen /'fe:lşla:gın/ boşa gitmek, başarısızlıkla sonuçlanmak
Feier, n /'fayır/ **e** tören; kutlama
Feierabend /'fayır-a:bınt/ **r** (iş) paydos
feierlich /'fayırlih/ törenli, resmi; vakur, heybetli
feiern /'fayırn/ kutlamak
Feiertag, e /'fayırta:k/ **r** bayram; tatil günü
feige /'faygı/ korkak
Feige, n /'faygı/ **e** incir
Feigheit, en /'faykhayt/ **e** korkaklık
Feigling, e /'faykling/ **r** korkak
Feile, n /'faylı/ **e** eğe, törpü
feilen /'faylın/ eğelemek, törpülemek
feilschen /'faylşın/ pazarlık etmek
fein /fayn/ kibar; zarif; ince
Feinheit, en /'faynhayt/ **e** incelik
Feind, e /faynt/ **r** düşman
feindlich /'fayntlih/ düşmanca
Feindschaft, en /'fayntşaft/ **e** düşmanlık
feinfühlig /'faynfü:lih/ duyarlı, durgun, hassas

Feingefühl /'fayngıfü:l/ **s** incelik; sezgi gücü
Feinheit, en /'faynhayt/ **e** incelik
Feinkost /'faynkost/ **e** lezzetli yiyecek, meze
Feinschmecker,- /'faynşmekır/ **r** ağzının tadını bilen kimse
feist /fayst/ yağlı, semiz, besili
feixen /'fayksın/ sırıtmak
Feld, ..er /felt/ **s** tarla; alan
Feldherr, en /'felther/ **r** general
Feldmarschall, ..e /'feltmarşal/ **r** mareşal
Feldschlacht, en/'feltşlaht/ **e** alan savaşı
Feldwebel,- /'feltve:bıl/ **r** başçavuş
Feldweg, e /'feltve:k/ **r** patika, keçiyolu
Feldzug, ..e /'feltttsu:k/ **r** kampanya
Felge, n /'felgı/ **e** jant
Fell, e /fel/ **s** deri, post, kürk
Fels(en), en(-) /fels(ın)/ **r** kaya
felsig /'felsih/ kayalık, taşlık
Femininum /'femininum/ **s** *dilb.* dişil (cins)
Fenster,- /'fenstır/ **s** pencere
Fensterrahmen,- /'fenstırra:mın/ **r** (pencere) çerçeve(si)
Fensterscheibe, n /'fenstırşaybı/ **e** pencere camı
Ferien /'fe:riın/ *(ç.)* tatil
Ferkel,- /'ferkıl/ **s** domuz yavrusu
fern /fern/ uzak
Fernamt, ..er /'fernamt/ **s** telefon santralı
Fernbedienung, en /'fernbıdi:nung/ **e** uzaktan kumanda
Ferne, n /'fernı/ **e** uzaklık
ferner /'fernır/ bundan başka, ayrıca
Ferngespräch, e /'ferngışpre:h/ **s** şehirlerarası telefon görüşmesi
Fernglas, ..er /'ferngla:s/ **s** dürbün
Fernhörer,- /'fernhö:rır/ **r** telefon ahizesi
Fernrohr, ..e /'fernro:r/ **s** teleskop
Fernschreiber, - /'fernşraybır/ **r** telex
fernschriftlich /'fernşriftlih/ teleksle
Fernsehen /'fernze:ın/ **s** televizyon

Fernseher,- /'fernze:ır/ r televizyon (cihazı)
Fernsprecher,- /'fernşprehır/ r telefon
Fernsteuerung, en /'fernştoyırung/ e uzaktan kumanda
Fernzelle,n /'ferntseli/ e telefon kulübesi
Ferse, n /'ferzı/ e topuk
fertig /'fertih/ hazır, tamam
Fertigkeit, en /'fertihkayt/ e beceri
fertigmachen /'fertihmahın/ bitirmek; de. hazırlanmak
fertigstellen /'fertihştılın/ tamamlamak, bitirmek
Fessel,n /'fesıl/ zincir, köstek
fesseln /'fesıln/ zincire vurmak; büyülemek, cezbetmek
fest /fest/ sıkı, sağlam; katı; kesin; devamlı
Fest, e /fest/ s şenlik; şölen
festbinden /'festbindın/ bağlamak
Festessen, - /'festesın/ s şölen, ziyafet
festfahren /'festfa:rın/ de. saplanıp kalmak
festhalten /'festhaltın/ sıkı tutmak; de. tutunmak
festigen /'festigın/ sıkılaştırmak
Festland, ..er /'festlant/ s kıta, kara
festlich /'festlih/ şatafatlı
festmachen /'festmahın/ sıkıca bağlamak
Festnahme, n /'festna:mı/ e tutuklama
festnehmen /'festne:mın/ tutuklamak, yakalamak
festsetzen /'festzetsın/ saptamak, belirlemek
Festspiel, e /'festşpi:l/ s festival, şenlik
feststehen /'festştehın/ iğnelemek
feststellen /'festştelın/ saptamak
Feststellung,en /'festştelung/ e saptama
Festung, en /'festung/ e kale, hisar
Fett, e /fet/ s yağ
fett /fet/ yağlı; verimli
fetten /'fetın/ yağlamak

fettig /'fetih/ yağlı
Fetzen,- /'fetsın/ r paçavra
feucht /foyht/ nemli, ıslak, yaş
Feuchtigkeit, en /'foyhtihkayt/ e nem
Feuer,- /'foyır/ s ateş; yangın
Feueralarm /'foyıralarm/ s yangın alarmı
feuerfest /'foyırfest/ ateşe dayanıklı, yanmaz
feuergefährlich /'foyırgıfe:rlih/ yanıcı
Feuerleiter, n /'foyırlaytır/ e yangın merdiveni
Feuerlöscher, - e /'foyırlöşır/ r yangın söndürme aleti
feuern /'foyırn/ ateş etmek
Feuerstein, e /'foyırştayn/ r çakmaktaşı
Feuerwehr /'foyırve:r/ e itfaiye
Feuerzeug, e /'foyırtsoyk/ s çakmak
Fichte, n /'fihtı/ e çam (ağacı)
ficken /'fıkın/ sokmak; kamçılamak; sikmek
Fieber,- /'fi:bır/ s hek. ateş
fies /fi:s/ kd. iğrenç
Figur, en /fi'gu:r/ e biçim; endam
figürlich /fi'gü:rlih/ mecazi
Filet, s /fi'le:/ s bonfile
Filiale, n //fili'a:lı/ e şube
Film, e /film/ r film
filmen /'filmın/ film çevirmek, filme almak; filmde oynamak
Filmkamera, s /'filmkamera/ e sinema makinesi, kamera
Filmtheater,- /'filmtea:tır/ s sinema
Filter,- /'filtır/ r,s filtre, süzgeç
Filterzigarette, n /'filtırsigaretı/ e filtreli sigara
filtrieren /filt'ri:rın/ süzmek
Filz, e /filts/ r keçe;
Finanz, en /fi'nants/ e maliye
Finanzamt,..er /fi'nants-amt/ s vergi dairesi
Finanzen /fi'nantsın/ (ç.) maliye
finanziell /finants'iel/ mali
finanzieren /finan'tsi:rın/ finanse etmek
Finanzminister,- /fi'nantsministır/ r Ma-

liye Bakanı
Finanzministerium /fi'nantsministe:ryum/ s Maliye Bakanlığı
Finanzjahr, en /fi'nantsya:r/ s mali yıl
finden /'fındın/ bulmak; bulunmak
Finger,- /'fingır/ r parmak
Fingerabdruck, ..e /'fingır-apdruk/ r parmak izi
Fingerhandschuh, e /'fingırhantşu:b/ r eldiven
Fingerhut, ..e /'fingırhu:t/ r yüksük
Fingernagel, .. /'fingırna:gıl/ r tırnak
Fingerspitze, n /'fingırşpitsı/ e parmak ucu
Fink, en /fink/ r ispinoz
Finne, n /'finı/ r Finli
Finnland /'finlant/ Finlandiya
finster /'finstır/ karanlık; asık suratlı
Finsternis, se /'finstırnis/ e karanlık
Firma, -men /'firma/ e firma, şirket
Fisch, e /fiş/ r balık
Fische /'fişı/ Balık (burcu)
fischen /'fişın/ balık tutmak
Fischer,- /'fişır/ r balıkçı
Fischerei /fişı'ray/ e balıkçılık
Fischgräte, n /'fişgre:tı/ e kılçık
fix /fiks/ sabit; çevik
fixieren /fik'si:rin/ saptamak, tespit etmek
flach / flah/ düz; basık; sığ
Fläche, n /'flehı/ e yüzey; alan
Flachs /flaks/ r keten (bitkisi)
flackern /'flakırn/ parıldamak, titreyerek yanmak
Flagge, n /'flagı/ e bayrak, sancak
Flamme, n /'flamı/ e alev
Flanell, e /fla'nel/ r fanila
Flanke, n /'flankı/ e yan taraf; *sp.* kanat
Flasche, n /'flaşı/ e şişe
Flaschenbier, e /'flaşınbi:r/ s şişe bira
Flaschenöffner /'flaşınöfnır/ r şişe açacağı
Flaschenzug, ..e /'flaşıntsu:k/ r palanga
flattern /'flatırn/ uçuşmak; dalgalanmak

flau /flau/ hafif, zayıf; bitkin, dermansız; tic. durgun
Flaum, e /'flaum/ r ince tüy
Flaute, n /'flautı/ e durgunluk
Flechte, n /'flehtı/ e saç örgüsü
flechten /'flehtın/ örmek
Fleck, e(n) /flek/ r leke; benek
fleckig /'flekih/ lekeli
Fledermaus, .. /'fle:dırmaus/ e yarasa
Flegel,- /'fle:gıl/ r harman döveni; hödük, ayı, kıro
flegelhaft /'fle:gıhaft/ kaba, terbiyesiz
flehen /'fle:ın/ yalvarmak
Fleisch /flayş/ s et
Fleischbrühe, n /'flayşbrü:ı/ e et suyu
Fleischer, - /'flayşır/ r kasap
Fleischerei /flayşı'ray/ e kasap (dükkanı)
fleischig /'flayşih/ etli
Fleiβ /flays/ r çalışkanlık; gayret, çaba
fleiβig /'flaysih/ çalışkan
flicken /'flikın/ onarmak; yamamak
Flicken,- /'flikın/ r yama
Flieder,- /'fli:dır/ r leylak
Fliege, n /'fli:gı/ e sinek; papyon kravat
fliegen /'fli:gın/ uçmak
Flieger, - /'fli:gır/ r havacı, pilot
fliehen /'fli:ın/ kaçmak
Fliese, n /'fli:zı/ e fayans, çini
Flieβband, ..er /'fli:sbant/ s yürüyen bant, montaj hattı
flieβen /'fli:sın/ akmak
flieβend /'fli:sınt/ akıcı
flimmern /'flimırn/ parıldamak
flink /flink/ çevik, atik, tez
Flirten /'flörtın/ flört etmek
Flitterwochen /'flitırvohın/ *(ç.)* balayı
Flocke, n /'flokı/ e kar tanesi
Floh, ..e /flo:/ r pire
Floβ, ..e /flos/ r sal
Flosse, n /'flosı/ e yüzgeç
Flöte, n /'flotı/ e flüt
flott /flot/ atik, canlı; şık; hoppa
Flotte, n /'flotı/ e donanma, filo
Fluch, ..e /flu:h/ e küfür, sövgü; beddua,

ilenç
fluchen /'flu:hın/ küfretmek, sövmek
Flucht, en /fluht/ e kaçış, firar
flüchten /'flühtın/ kaçmak
flüchtig /'flühtih/ kaçak; uçucu; yüzeysel, üstünkörü
Flüchtling, e /'flühtling/ r kaçak, kaçkın; mülteci, sığınan
Flug, ..e /flu:k/ r uçuş
Flügel,- /'flü:gıl/ r kanat; kuyruklu piyano
Fluggast, ..e /'flu:kgast/ r uçak yolcusu
Fluggesellschaft, en /'flu:kgızelşaft/ e uçak şirketi
Flughafen, .. /'flu:kha:fın/ havalimanı, havaalanı
Flugkapitän, e /'flu:kkapite:n/ r kaptan pilot
Fluglinie, n /'flu:kli:nii/ e havayolu
Flugplatz, ..e /'flu:kplats/ r havaalanı
Flugpost /'flu:kpost/ e uçak postası
Flugverkehr /'flu:kferke:r/ r hava trafiği
Flugzeug, e /'flu:ktsoyk/ s uçak
Flugzeugträger,- /'flu:ktsoyktregır/ r uçak gemisi
flunkern /'flunkırn/ yalan söylemek, atmak
Flunder,- /'flundır/ r dere pisisi
Flunkerei, en /flunkı'ray/ e farfaralık
Flur,e /flu:r/ r hol, koridor
Fluβ, ..sse /flus/ r ırmak; akış
flüssig /'flüsih/ akıcı, sıvı
Flüssigkeit, en /'flüsihkayt/ e sıvı, akışkan
flüstern /'flüstırn/ fısıldamak
Flut, en /'flu:t/ e taşkın, su baskını
Fohlen,- /'fo:lın/ s tay
Föhn, e /fö:n/ r lodos
Folge, n /'folgı/ e sıra, dizi; sonuç
folgen /'folgın/ izlemek; uymak, itaat etmek
folgend /'folgınt/ gelecek, ertesi
folgendermaβen /'folgındırma:sın/ şu şekilde, aşağıdaki gibi, şöyle
folgerichtig /'folgırihtih/ mantıklı, tutarlı

folgern /'folgırn/ sonuç çıkarmak
Folgerung, en /'folgırung/ e sonuç, çıkarım
folglich /'folklih/ buna göre; demek ki
folgsam /'folkza:m/ itaatli, uysal
Folie, n /'fo:lii/ e varak, folyo
Folter, n /'foltır/ e işkence
foltern /'foltırn/ işkence etmek
Fontäne, n /fon'te:ni/ e fıskiye
Fön, e /fö:n/ r saç kurutma makinesi
Förderband, ..er /'fördırbant/ s yürüyen bant
fordern /'fordırn/ istemek, talep etmek; gerektirmek
fördern /'fördırn/ ilerletmek; teşvik etmek; kaydırmak
Forderung, en /'fordırung/ e istek; istem, talep
Förderung, en /'fördırung/ e teşvik, özendirme; kayırma
Forelle, n /fo'relı/ e alabalık
Form, en /form/ e biçim; kalıp
Formalität, en /formali'te:t/ e formalite
Format e /for'ma:t/ s boyut, boy
Formel, n /'formıl/ e formül
formell /for'mel/ resmi
formen /'formın/ biçim vermek
förmlich /'förmlih/ resmi; biçimsel
Förmlichkeit, en /'förmlihkayt/ e resmiyet; biçimsellik
Formular, e /formu'la:r/ s form
formulieren /formu'li:rın/ formüle etmek
forsch /forş/ atılgan, yürekli
forschen /'forşın/ araştırmak, soruşturmak
Forscher, - /'forşır/ r araştırmacı
Forschung, en /'forşung/ e araştırma
Forst, e /forst/ r orman; koru
Förster, - /'förstır/ r korucu, ormancı
fort /fort/ gitmiş, yok
fortbringen /'fortbringın/ götürmek
Fortdauer /'fordauır/ e devam
fortfahren /'fortfa:rın/ devam etmek; ayrılmak, gitmek

fortgehen /'fortge:ın/ ayrılıp gitmek, uzaklaşmak
fortgeschritten /'fortgışritın/ ilerlemiş
fortlaufend /'fortlaufınt/ sürekli
fortpflanzen /'fortpflantsın/ de. üremek, çoğalmak
fortschaffen /'fortşafın/ ortadan kaldırmak, götürmek
fortschreiten /'fortşraytın/ ilerlemek
Fortschritt, e /'fortşrit/ r ilerleme
fortschrittlich /'fortşritlih/ ilerici
fortsetzen /'fortzetsın/ devam etmek
Fortsetzung, en /'fortzetsung/ e devam
fortwährend /'fortve:rınt/ sürekli, aralıksız
Foto, s /'foto/ s fotoğraf ; r fotoğraf makinası
Fotograf, en /foto'graf/ r fotoğrafçı
Fracht, en /fraht/ e yük; taşıma ücreti, navlun
Frack ..e /frak/ e frak
Frage, n /'fra:gı/ e soru
Fragebogen, .. /'fra:gıbo:gın/ r anket
fragen /'fra:gın/ sormak
Fragewort, ..er /'fra:gıvort/ s soru sözcüğü
Fragezeichen,- /'fra:gıtsayhın/ s soru işareti
fraglich /'fra:klih/ şüpheli, kuşkulu
fragwürdig /'frakvürdih/ kuşkulu, su götürür, kesin olmayan
frankieren /fran'ki:rın/ pul yapıştırmak
Frankreich /'frankrayh/ Fransa
Franse, n /'franzı/ e saçak, püskül
Franzose, n /fran'tso:zı/ r,e Fransız
französisch /fran'tsö:ziş/ s Fransızca
Fratze, n /'fratsı/ e surat, yüz
Frau, en /frau/ e kadın; karı, eş; bayan, hanım
Frauenarzt, ..e /'frauın-a:rtst/ r kadın doktoru, jinekolog
Frauenzimmer /'frauıntsimır/ s karı
Fräulein /'froylayn/ s matmazel, bayan, evlenmemiş kadın

frech /freh/ küstah, arsız, yüzsüz
Frechheit, en /'frehhayt/ e küstahlık, arsızlık
frei /fray/ serbest; özgür; ücretsiz; boş
Freier,- /'frayır/ r talip, namzet
Freigabe /'frayga:bı/ e serbest bırakma
freigebig /'fraygıbih/ cömert
Freigebigkeit, en /'fraygıbihkayt/ e cömertlik
Freihandel /'frayhandıl/ r serbest ticaret
Freiheit, en /'frayhayt/ e özgürlük
Freiheitskrieg, e /'frayhaytskri:k/ r kurtuluş savaşı, özgürlük savaşı
Freiheitsstrafe, n /'frayhaytsştra:fı/ e hapis cezası
Freikarte, n /'fraykartı/ e ücretsiz giriş bileti
freilassen /'fraylasın/ serbest bırakmak, salıvermek
Freilassung, en /'fraylasung/ e serbest bırakma, salıverme
Freilauf /'fraylauf/ r rölanti, boşta çalışma
freilich /'fraylih/ tabii ki, kuşkusuz, elbette
Freilichtbühne, n /'fraylihtbü:nı/ e açık hava tiyatrosu
freimachen /'fraymahın/ pullamak, pul yapıştırmak
freisprechen /'frayşprehın/ aklamak, beraat ettirmek
Freispruch /'frayşpruh/ r aklama, beraat
Freistoβ, ..e /'frayşto:s/ r frikik, serbest vuruş
Freitag, e /'frayta:k/ r cuma
freitags /'frayta:ks/ cuma günleri
freiwillig /'frayvilih/ gönüllü
freiwillige, n /'frayviligı/ r gönüllü
Freizeit, en /'fraytsayt/ e boş zaman
fremd /fremt/ yabancı
Fremde, n /'fremdı/ r,e yabancı, ecnebi
Fremdenführer, - /'fremdınfü:rır/ r (turist) rehber
Fremdenverkehr /'fremdınferke:r/ r

turizm
Fremdsprache, n /'fremtşpra:hı/ e yabancı dil
Fremdwort, ..er /'fremtvort/ s yabancı sözcük
Frequenz, en /frek'vents/ e frekans
fressen /'fresın/ yemek (hayvan için); (insan) tıkınmak, yemek
Freude, n /'froydı/ e sevinç
Freudenhaus, ..er /'froydınhaus/ s genelev, randevu evi
freudig /'froydih/ sevinçli
freuen /'froyın/ sevindirmek; de. sevinmek
Freund, e /froynt/ r arkadaş (erkek), dost
Freundin, nen /'froyndin/ e arkadaş (kız)
freundlich /'froyntlih/ arkadaşça, dostça; güler yüzlü, içten
Freundlichkeit /'froyntlihkayt/ e nezaket, incelik
Freundschaft, en /'froyntşaft/ e arkadaşlık, dostluk
freundschaftlich /'froyntşaftlih/ dostane, arkadaşça
Frieden,- /'fri:dın/ r barış
Friedensvertrag, ..e /'fri:dınsfertra:k/ r barış antlaşması
Friedhof, ..e /'fritho:f/ r mezarlık
friedlich /'fri:tlih/ barış içinde; barışsever, uysal; rahat
frieren /'fri:rın/ üşümek; donmak
Frikadelle /frika'delı/ e köfte
frisch /friş/ taze; yeni; temiz
Frische /'frişı/ e tazelik; yenilik; temizlik; körpelik
Friseur, e /fri'zö:r/ r berber; kuaför
frisieren /fri'zi:rın/ saçını tarayıp düzeltmek
Frist en /frist/ e süre, mühlet
Frisur, en /fri'zu:r/ e saç tuvaleti, saç modeli
froh /fro:/ sevinçli, neşeli
fröhlich /'frö:lih/ sevinçli, neşeli; şen
Fröhlichkeit, en /'frö:lihkayt/ e sevinç, neşe
fromm /from/ dindar
Frömmigkeit /'fromihkayt/ e dindarlık
Front, en /fro:nt/ e cephe
Frosch, ..e /froş/ r kurbağa
Frost, ..e /frost/ r don
Frostschutzmittel, - /'frostşutsmitıl/ s antifriz
frostig /'frostih/ çok soğuk, dondurucu
frottieren /fro'ti:rın/ ovmak
Frucht, ..e /fruht/ e meyve
fruchtbar /'fruhtba:r/ verimli
Fruchtbarkeit, en /'fruhtba:rkayt/ e verimlilik
fruchtlos /'fruhtlo:s/ verimsiz
Fruchtsaft, ..e /'fruhtzaft/ r meyve suyu
früh /frü:/ erken
Frühe /'frü:ı/ e gün ağarması, sabah
früher /'frü:ır/ daha önce; eskiden
Frühgeburt, en /'frü:gıbu:rt/ e erken doğum
Frühjahr /'frü:ya:r/ s ilkbahar
Frühling, e /'frü:ling/ r ilkbahar
frühmorgens /frü:'morgıns/ sabah erkenden
frühreif /'frü:rayf/ erken olgunlaşmış, erken gelişmiş
Frühstück, e /'frü:ştük/ s kahvaltı
frühstücken /'frü:ştükın/ kahvaltı yapmak
frühzeitig /'frü:tsaytih/ vaktinden önce, erken, vakitsiz
Fuchs, ..e /fuks/ r tilki
fügen /'fü:gın/ de. boyun eğmek; uymak
fühlbar /'fü:lbar/ hissedilir, farkedilir
fühlen /'fü:lın/ duymak, hissetmek
Fühler, - /'fü:lır/ r duyarga, anten
führen /'fü:rın/ götürmek; yol göstermek, yönetmek; tutmak (defter vs.); önderlik etmek
Führer, - /'fü:rır/ r lider, önder; sürücü; kılavuz; komutan
Führerschein, e /fürırşayn/ r şoför ehliyeti, sürücü belgesi

Führersitz, e /'fü:rırzits/ r şoför mahalli
Führung, en /'fü:rung/ e yönetim, komuta; önderlik
Fülle, n /fül/ e çokluk, bolluk
füllen /'fülın/ doldurmak
Füller, - /fülır/ r dolmakalem
Füllfederhalter, - /'fülfe:dırhaltır/ r dolmakalem
Füllung, en /'fülung/ e doldurma; dolgu
Fund, e /funt/ r buluş, bulgu
Fundament, e /funda'ment/ s temel; esas
Fundbüro, s /'funtbüro:/ s kayıp eşya bürosu
fünf /fünf/ beş
fünfte /'fünftı/ beşinci
Fünftel /'fünftıl/ s beşte bir
fünftens /'fünftıns/ beşinci olarak
fünfzehn /'fünftse:n/ onbeş
fünfzig /'fünftsih/ elli
Funk /funk/ r telsiz
Funke, n /'funkı/ r kıvılcım
funkeln /'funkıln/ parıldamak
funken /'funkın/ telsizle bildirmek
Funker, - /'funkır/ r telsizci
Funkhaus, ..er /'funkhaus/ s radyoevi
Funkstation, en /'funkştats'yo:n/ e telsiz istasyonu
Funktion, en /funkts'yo:n/ e fonksiyon, işlev
funktionieren /funktsyo'ni:rın/ işlemek, çalışmak
für /fü:r/ için; lehte
Furche, en /'furhı/ e karık, saban izi

Furcht /furht/ e korku
furchtbar /'furhtba:r/ korkunç
fürchten /fürhtın/ korkutmak; de. korkmak
fürchterlich /'fürhtırlih/ korkunç
Fürsorge, n /'fü:rzorgı/ e yardım; özen, bakım
Fürst, en /fürst/ r prens
Fürstin, nen /'fürstin/ e prenses
Fürstentum, ..er /'fürstıntu:m/ s prenslik
Furt, en /furt/ e geçit yeri
Furunkel, - /furunkıl/ r, s kan çıbanı
Fürwort, ..e /'fü:rvort/ s dilb. zamir, adıl
Furz, ..e /furts/ r osuruk
furzen /'furtsın/ osurmak
Fuß, ..e /fu:s/ r ayak
Fußball /'fu:sbal/ r futbol
Fußllspiel, e /'fu:sbalşpi:l/ s futbol maçı
Fußballspieler, - /'fu:sbalşpi:lır/ r futbolcu
Fußboden, n /'fu:sbo:dın/ r yer, döşeme
Fußbremse, n /'fu:sbremzı/ e ayak freni
fußen /'fu:sın/ dayanmak
Fußgänger, - /'fu:sgengır/ r yaya
Fußnote, n /'fu:sno:tı/ e dipnot
Fußspur, en /'fu:sşpu:r/ e ayak izi
Fußtritt, e /'fu:strit/ r tekme
Futter, - /futır/ s hayvan yemi
Futteral, e /futı'ra:l/ s mahfaza, kutu, kılıf
füttern /'fütırn/ beslemek (hayvan), yem vermek
Futur, e /fu'tur/ s dilb. gelecek zaman

G

Gabe, n /'ga:bı/ **e** armağan, hediye; yetenek
Gabel, n /'ga:bıl/ **e** çatal
gackern /'gakırn/ gıdaklamak
gaffen /'gafın/ aptal aptal bakmak
Gage, n /'ga:jı/ **e** ücret
gähnen /'ge:nın/ esnemek
Galerie, n /galı'ri:/ **e** galeri
Galgen,-/'galgın/ **r** darağacı
Galle, n /'galı/ **e** safra, öd
Gallenblase, n /'galınbla:zı/ **e** safra kesesi
Gallert, **e** /'galert/ **s** jelatin
Galopp, **e** /'ga:lop/ **r** dörtnal
galoppieren /galo'pi:rın/ dörtnal gitmek
galvanisieren /galvani'zi:rın/ galvanize etmek
Gammler, - /'gamlır/ **r** aylak, tembel
Gang, ..e /gang/ **r** yürüyüş; çalışma, işleme; gidiş, gelişme; koridor; (yemek) kap; *oto.* vites
Ganove, n /ga'no:vı/ **r** *kd.* hırsız, dolandırıcı
Gans, ..e /gans/ **e** kaz
Gänsefüβchen /'genzıfü:shın/ *(ç.)* tırnak işareti
ganz /gants/ bütün, tüm, tam; büsbütün, tümüyle
Ganze, n /'gantsı/ **s** tamamı, tümü
gänzlich /'gentslih/ tümüyle, büsbütün

gar /ga:r/ pek, çok, son derece; pişmiş
 -**nicht** hiç, asla
Garage, n /ga'ra:jı/ **e** garaj
Garantie, n /garan'ti:/ **e** garanti
garantieren /garan'ti:rın/ garanti etmek, teminat vermek
Garbe, n /'garbı/ **e** demet
Garderobe, n /gardı'ro:bı/ **e** vestiyer; gardırop, giysilik
Gardine, n /'gardi:nı/ **e** perde
Gardinenleiste, n /gar'di:nınlaystı/ **e** korniş
gären /'ge:rın/ mayalanmak
Garn, **e** /garn/ **s** tire, iplik
Garnele, n /'garne:lı/ **e** karides
garnieren /'gar'ni:rın/ donatmak, süslemek
Garnison, en /garni'zo:n/ **e** garnizon
Garnitur, en /garni'tu:r/ **e** takım, garnitür
garstig /'garstih/ çirkin; iğrenç
Garten, .. /'gartın/ **r** bahçe
Gärtner,- /'gertnır/ bahçıvan
Gas, **e** /ga:s/ **s** gaz
Gasherd, **e** /'ga:she:rt/ **r** havagazı ocağı
Gasmaske, n /'ga:smaskı/ **e** gaz maskesi
Gaspedal, **e** /'ga:spe'da:l/ **s** gaz pedalı
Gasse, n /'gası/ **e** sokak
Gast, ..e /gast/ **r** konuk; müşteri
Gastarbeiter, - /'gastarbaytır/ **r** yabancı

işçi
gastfreundlich /'gastfroyntlih/ konuksever
Gastfreundschaft /'gastfroyntʂaft/ e konukseverlik
Gastgeber,- /'gastge:bır/ r ev sahibi
Gasthaus, ..er /'gasthaus/ s lokanta; (küçük) otel
Gastspiel, e /'gastʂpi:l/ s sp. deplasman maçı
Gaststätte, n /'gastʂtetı/ e lokanta
Gaststube, n /'gastʂtu:bı/ e lokanta
Gastwirt, e /'gastvirt/ r lokantacı; otelci
Gastwirtschaft /'gastvirtʂaft/ e lokanta; birahane
Gatte, n /'gatı/ r koca, eş
Gattin, ..en /'gatin/ e karı, eş
Gattung, en /'gatung/ e tür, cins
Gaul, ..e /gaul/ r at, beygir
Gaumen,- /'gaumın/ r damak
Gauner,- /'gaunır/ r dolandırıcı, üçkâğıtçı
Gaze, n /'ga:zı/ e (ince) tül
Gazelle, n /ga'tseli/ e ceylan
Gebäck, e /gı'bek/ s çörek vs. gibi hamur işi
Gebärde, n /gı'be:rdı/ e el kol hareketi
gebären /gı'be:rın/ doğurmak
Gebärmutter,.. /gı'be:rmutır/ e rahim
Gebäude,- /gı'boydı/ s yapı, bina
Gebein /gı'bayn/ s iskelet
geben /g'e:bın/ vermek
Gebet, e /gı'be:t/ s dua
Gebiet, e /gı'bi:t/ s bölge, çevre; alan
Gebilde, - /gı'bildı/ s biçim, yapı
gebildet /gı'bildıt/ aydın, kültürlü
Gebirge, - /gı'birgı/ s sıradağlar
Gebiß,-isse /gı'bis/ s dişler; takma dişler
Geblüt /gı'blü:t/ s soy, kan, ırk
geboren /gı'bo:rın/ doğmuş
geborgen /gıborgın/ emniyetli, korunan
Geborgenheit, en /gı'borgınhayt/ güvenlik, emniyet
Gebot, e /gı'bo:t/ s emir, buyruk
Gebrauch, ..e /gı'brauh/ r kullanma, kullanılış; gelenek, görenek
gebrauchen /gı'brauhın/ kullanmak
gebräuchlich /gıbroyhlih/ kullanılır, geçer; alışılagelmiş, yaygın
Gebrauchsanweisung, en /gı'brauhsanvayzung/ e kullanma kılavuzu
gebraucht /gı'brauht/ kullanılmış
gebrechlich /gı'brehlih/ zayıf, hastalıklı; kusurlu, noksan
Gebrechlichkeit /gı'brehlihkayt/ e sakatlık, zayıflık; noksanlık
Gebrüder /gı'brü:dır/ (ç.) erkek kardeşler
Gebühr, en /gı'bü:r/ e ücret
gebühren /gı'bü:rın/ hakkıyla bir kimsenin olmak; lâyık olmak
Geburt, en /gı'bu:rt/ e doğum
Geburtenregelung, en /gı'bu:rtenre:gılung/ r doğum kontrolü
Geburtsdatum, ten /gı'bu:rtsda:tum/ s doğum tarihi
Geburtsjahr, e /gı'bu:rtsya:r/ s doğum yılı
Geburtsort, e /gı'bu:rts-ort/ r doğum yeri
Geburtstag, e /gı'bu:rtsta:k/ r doğum günü
Gebüsch, e /gı'büʂ/ s çalılık
Gedächtnis, se /gı'dehtnis/ s bellek, hafıza
Gedanke, n /gı'dankı/ r fikir, düşünce
Gedankenaustausch /gı'dankınaustauʂ/ r görüş alışverişi
gedankenlos /gı'dankınlo:s/ düşüncesiz
gedankenvoll /gı'dankınfol/ düşünceli, kaygılı
Gedeck e /gı'dek/ s sofra takımı; menü
gedeihen /gı'dayın/ büyümek, gelişmek; ilerlemek; başarılı olmak
gedenken /gı'denkın/ e niyetinde olmak, düşünmek; anmak
Gedenkfeier, n /gıdenkfayır/ r anma töreni
Gedicht, e /gı'diht/ s şiir

gediegen /gı'di:gın/ sağlam; güvenilir, dürüst
Gediegenheit, en /gı'di:gınhayt/ **e** sağlamlık; güvenilirlik
Gedränge, /gı'drengı/ **s** kalabalık
gedrängt /gıdrengt/ sıkışık
Geduld, e /gı'dult/ **e** sabır
gedulden /gı'dultın/ de. sabretmek
gedulding /gıduldih/ sabırlı
geehrt /gı'e:rt/ sayın
geeignet /gı'-ayknıt/ uygun, münasip
Gefahr, en /gıfa:r/ **e** tehlike
gefährden /gı'fe:rdın/ tehlikeye sokmak
gefährlich /gıfe:rlih/ tehlikeli
gefahrlos /gıfa:rlo:s/ tehlikesiz
Gefährte, n /gı'fe:rtı/ **r** yoldaş
Gefälle, - /gı'felı/ **s** iniş, eğim
Gefallen,- /gıfalın/ **r** hatır; zevk, haz
gefallen /gıfalın/ hoşuna gitmek
gefällig /gı'felih/ güzel, hoş, zarif; yardıma hazır, yardımsever
Gefälligkeit, en /gı'felihkayt/ **e** iyilik, lütuf
gefälligst /gı'felihst/ çok rica ederim, ne olur!
gefangen /gı'fangın/ esir; tutuklu
Gefangene, n /gıfangını/ **r** tutuklu
gefangennehmen /gıfangınne:mın/ tutuklamak; esir almak
Gefangenschaft /gı'fangınşaft/ **e** tutukluluk; tutsaklık
Gefängnis, se /gı'fengnis/ **s** tutukevi, hapishane
Gefängnisstrafe, n /gı'fengnisştra:fı/ **e** hapis cezası
Gefängniswärter,- /gı'fengnisvertır/ **r** gardiyan
Gefäß, e/gı'fe:s/ **s** kap
gefaßt /gıfast/ sakin, soğukkanlı; hazır
Gefecht, e /gı'feht/ **s** çarpışma, muharebe
Gefieder,- /gı'fi:dır/ **s** tüyler
gefleckt /gı'flekt/ benekli, alaca
Geflügel, /gı'flü:gıl/ **s** kümes hayvanları

Gefolge,- /gı'folgı/ **s** maiyet
gefräßig /gı'fre:sih/ obur, pisboğaz
Gefräßigkeit /gı'fre:sihkayt/ **e** pisboğazlık
gefrieren /gı'fri:rın/ donmak
Gefrierfach, ..er /gı'fri:rfah/ **s** buz kutusu, soğutucu
Gefrierpunkt, e /gı'fri:rpunkt/ **r** donma noktası
Gefüge,- /gı'fü:gı/ **s** bünye, yapı
gefügig /gı'fü:gih/ uslu, uysal
Gefühl, e /gı'fü:l/ **s** duygu
gefühllos /gıfü:llo:s/ duygusuz
gefühlvoll /gı'fü:lfol/ duygulu
gegebenenfalls /gı'ge:bınınfals/ gerekirse
gegen /'ge:gın/ -e doğru; oranla; yaklaşık, aşağı yukarı
Gegenangriff, e /'gegınangrif/ **r** karşı saldırı
Gegend en /'ge:gınt/ **e** bölge, yer, dolay,
gegeneinander /ge:gınay'nandır/ birbirine karşı
Gegengift, e /'ge:gıngift/ **s** panzehir
Gegensatz,..e /'ge:gınzats/ **r** tezat, karşıtlık
gegensätzlich /'ge:gınzetslih/ zıt, ters, karşıt
gegenseitig /'ge:gınzaytih/ karşılıklı
Gegenspieler, - /'ge:gınşpi:lır/ **r** rakip, hasım
Gegenstand, ..e /'ge:gınştant/ **r** eşya, şey, konu
Gegenteil, e /'ge:gıntayl/ **s** zıt, aksi, tersi
gegenüber /ge:gın'ü:bır/ karşısında
gegenüberstehen /ge:gı'nü:birşte:n/ karşısında bulunmak
gegenüberstellen /ge:gı'nü:bırştelın/ yüzleştirmek, karşılaştırmak
Gegenvorschlag, ..e /'ge:gınfo:rşla:k/ **r** karşı öneri
Gegenwart /ge:gınvart/ **e** huzur, varlık; *dilb.* şimdiki zaman

Gegenwärtig /'ge:gınvertih/ şimdiki
Gegenwert, e /'ge:gınve:rt/ r karşılık, bedel
Gegenwirkung, en /'ge:gınvirkung/ e tepki
Gegner,- /'ge:knır/ r rakip, hasım
Gehackte (s) /ge'haktı(z)/ s kıyma
Gehalt, ..er /gı'halt/ s maaş, aylık
Gehalt, e /gıhalt/ r içerik
Gehaltsempfänger,- /gı'haltzempfengır/ r ücretli, aylıklı
Gehaltserhöhung, en /gı'haltzerhö:ung/ e (maaşa) zam
gehässig /gı'hesih/ kinci, garazcı
Gehäuse,- /gı'hoyzı/ s mahfaza; kabin
geheim /gı'haym/ gizli
Geheimdienst, e /gı'haymdi:nst/ r istihbarat, gizli servis
Geheimnis,-se /gı'haymnis/ s sır; gizem
geheimnisvoll /gı'haymnisfol/ gizemli, esrarengiz
Geheimpolizist, en /gı'haympolitsist/ r detektif
Geheimschrift, en /gı'haymşrift/ e şifreli yazı
gehen /'ge:ın/ gitmek; yürümek
Gehilfe, n /gı'hilfı/ r yardımcı
Gehirn, e /gı'hirn/ s beyin
Gehirnerschütterung, en /gı'hirnerşutırung/ e beyin sarsıntısı
gehoben /gı'ho:bın/ yüksek; keyifli
Gehör /gıhö:r/ s işitme
gehorchen /gı'horhın/ itaat etmek, uymak
gehören /gı'hö:rın/ ait olmak
gehörig /gı'hö:rih/ uygun
gehorsam /gıho:rza:m/ uysal, söz dinler
Gehorsam /gı'ho:rza:m/ r itaat, söz dinleme
Gehsteig, e /'ge:ştayk/ r yaya kaldırımı
Geier,- /'gayır/ r akbaba
Geige,n /'gaygı/ e keman
Geiger,- /'gaygır/ r kemancı
geil /gayl/ azgın, abazan, şehvetli

Geisel, n /'gayzıl/ r rehine
Geiß, en /gays/ e dişi keçi
Geiäel, n /'gaysıl/ e kırbaç
Geist, er /gayst/ r ruh; zihin; akıl; espri
geistesabwesend /'gaystıs-apve:zınt/ dalgın
Geistesarbeiter,- /'gaystıs-arbaytır/ r fikir işçisi
Geistesgegenwart /'gaystısge:gınvart/ e hazırcevaplık
geisteskrank /'gaystıskrank/ ruh hastası, deli
Geisteskrankheit, en /'gaystıskrankhayt/ e ruh hastalığı
geistig /'gaystih/ manevi, akli
geistlich /'gaystlih/ ruhani; dini
Geistliche, n /'gaystlihı/ r papaz
geistlos /'gaystlo:s/ zevksiz, sıkıcı
geistreich /gaystrayh/ zeki, akıllı
geistvoll /'gaystfol/ zeki, akıllı
Geiz, e /gayts/ r cimrilik
Geizhals, e /'gaytshals/ r cimri
geizig /'gaytsih/ cimri
Gekritzel /gı'kritsıl/ s kargacık burgacık yazı; gıcırtı
gekünstelt /gı'künstılt/ yapmacık, sahte
Gelächter,- /gı'lehtır/ s kahkaha
Gelage, - /gı'la:gı/ s ziyafet
Gelände,-/gı'lendı/ s arazi
Geländer,- /gı'lendır/ s parmaklık; tırabzan
gelangen /gılangın/ varmak, ulaşmak
gelassen /gı'lasın/ sakin, soğukkanlı
Gelatine /jela'ti:nı/ e jelatin
geläufig /gı'loyfih/ yaygın
gelb /gelp/ sarı
gelblich /'gelplih/ sarımtrak
Gelbsucht /'gelpzuht/ e *hek.* sarılık
Geld, er /gelt/ s para
Geldanlage, n /'geltanla:gı/ e yatırım
Geldbeutel,- /'geltboytıl/ r para kesesi
Geldentwertung, en /'geltentve:rtung/ e devalüasyon
geldgierig /'geltgi:rih/ paragöz

Geldmitte /'geltmitıl/ (ç.) kapital
Geldschein, e /'geltşayn/ r banknot
Geldschrank, ..e /'geltşrank/ r para kasası
Geldstrafe, n /'geltştra:fı/ e para cezası
Geldstück, e /'geltştük/ s madeni para
Geldwechsel /'geltveksıl/ r kambiyo
Gelee, s /jö'le:/ s jöle
gelegen /gıle:gın/ uygun; bulunan
Gelegenheit, en /gı'le:gınhayt/ e fırsat
gelegentlich /gı'le:gıntlih/ ara sıra
gelehrig /gı'le:rih/ çabuk öğrenen, kavrayışlı, akıllı
gelehrt /gı'le:rt/ bilgili
Gelehrte, n /gı'le:rtı/ r bilgin
Geleise /gı'layzı/ s ray
Geleit, e /gı'layt/ s eşlik, refakat; konvoy, kafile
geleiten /gılaytın/ eşlik etmek, uğurlamak
Geleitzug, ..e /gı'layttsu:k/ r konvoy
Gelenk, e /gı'lenk/ s mafsal, eklem
gelernt /gı'lernt/ kalifiye, uzman
Geliebte, n /gı'li:ptı/ r,e sevgili
gelingen /gı'lıngın/ başarmak
gellen /'gelın/ keskin bir ses çıkarmak, kulakları tırmalamak
gellend /'gelınt/ keskin
geloben /gı'lo:bın/ ahdetmek, ant içmek
gelten /'geltın/ geçerli olmak; geçmek; sayılmak (als. olarak)
Gelübde /gı'lüptı/ s adak
gemächlich /gı'me:hlih/ yavaşça; rahat,
Gemahl, e /gı'ma:l/ r koca, eş
Gemahlin, nen /gı'ma:lin/ e karı, eş
Gemälde,- /gı'me:ldı/ s tablo, resim
gemäß /gı'me:s/ uygun; uyarınca, göre
gemäßigt /gı'me:siht/ ılımlı; (hava) ılıman
gemein /gı'mayn/ bayağı; ortak
Gemeinde, n /gı'mayndı/ e cemaat; belediye
Gemeindeverwaltung, en /gı'mayndıfervaltung/ e yerel yönetim
Gemeindewahl, en /gı'mayndıva:l/ e yerel seçim
Gemeingut,..er /gımayngu:t/ s kamu malı
Gemeinheit, e /gı'maynhayt/ e bayağılık, alçaklık
gemainhin /gı'maynhin/ genellikle
gemeinnützig /gı'maynnütsih/ kamu çıkarlarına uygun
gemeinsam /gı'maynza:m/ ortak(laşa)
Gemeinschaft, en /gı'maynşaft/ topluluk; ortaklık; birlik
gemeinschaftlich /gı'maynşaftlih/ s ortak, birlikte
Gemeinschaftsarbeit, en /gı'maynşaft sarbayt/ e ekip çalışması
Gemeinwohl /gı'maynvo:l/ s kamu yararı
Gemenge,- /gı'mengı/ s karışım
gemessen /gı'mesın/ ölçülü; kesin; ağırbaşlı, ciddi
Gemetzel, - /gı'metsıl/ s katliam, kırım
Gemisch, e /gı'miş/ s karışım
gemischt /gı'mişt/ karışık
Gemurmel /gı'murmıl/ s mırıltı, homurtu
Gemütsbewegung, en /gı'mü:tsbıve:gung/ e heyecan coşku
Gemütsmensch, en /gı'mü:tmenş/ r duygusal kimse
Gemüse, - /gı'mü:zı/ s sebze
Gemüsehändler, - /gı'mü:zıhendlır/ r manav, sebzeci
Gemüt, er /gımü:t/ s huy, yaradılış
gemütlich /gı'mü:tlih/ rahat; hoş
Gemunkel /gı'munkıl/ s dedikodu
genau /gı'nau/ tam tamına; kesin
Genauigkeit, en /gı'nauihkayt/ e kesinlik, tamlık, doğruluk
genehm /gı'ne:m/ uygun, hoş, makul
genehmigen /gı'ne:migın/ izin vermek, onaylamak
Genehmigung, en /gı'ne:migung/ e izin, onay
geneigt /gı'naykt/ eğilimli, istekli
General, ..e /gene'ra:l/ r general
Generaldirektor, en /gene'ra:ldirektor/ r genel müdür

Generalkonsul, n /gene'ra:lkonzul/ r başkonsolos
Generalkonsulat, e /gene'ra:lkonzula:t/ s başkonsolosluk
Generalstreik, s /gene'ra:lştrayk/ r genel grev
Generation, en /generats'yo:n/ e nesil, kuşak
Generator, en /gene'ra:tor/ r jeneratör, üreteç
genesen /gıne:zın/ iyileşmek, atlatmak, kurtulmak
Genesung /gı'ne:zın/ iyileşme, kurtulma
genetisch /ge'ne:tiş/ genetik
genial /geni'a:l/ çok zeki, dâhi
Genick, e /gı'nik/ s ense; boyun
Genie, s /je'ni/ s deha; dâhi
genieren /jeni:rın/ sıkmak, rahatsız etmek; de. utanmak, sıkılmak
genieβbar /gı'ni:sba:r/ yenir, içilir
genieβen /gı'ni:sın/ zevkini çıkarmak, hoşlanmak; yemek, içmek
Genitalien /geni'ta:liin/ (ç.) üreme organları
Genitiv, e /geniti:f/ r in hali, tamlayan durumu
Genosse, n /gı'nosı/ r yoldaş
Genossenschaft, en /gı'nosınşaft/ e kooperatif
genug /gı'nu:k/ yeter, yeterli
genügen /gı'nü:gın/ yetmek
genügend /gı'nü:gınt/ yeterli
genügsam /gı'nü:kza:m/ kanaatkâr, kanık
Genugtuung, en /gı'nü:ktu:ng/ e kıvanç, memnuniyet
Genuβ, ..sse /gı'nus/ r haz, zevk; yararlanma
Genuβmittel, - /gı'nusmitıl/ s keyif verici madde (kahve vs.)
Geograph, en /geo'gra:f/ r coğrafyacı
Geographie, n /geogra'fi/ e coğrafya
geographisch /geo'gra:fiş/ coğrafi
Geologe, n /geo'lo:gı/ r yerbilimci, jeolog
Geologie, n /geolo'gi:/ e jeoloji, yerbilim
Geometrie /geomet'ri:/ e geometri
geometrisch /geome:triş/ geometrik
Gepäck /gı'pek/ s bagaj, eşya
Gepäckannahme /gı'pek-anna:mı/ e bagaj kabul yeri, emanet
Gepäckaufbewahrung, en /gı'pek-aufbıva:rung/ e emanet
Gepäcknetz, e /gı'peknets/ s eşya filesi, bagaj rafı
Gepäckschein, e /gı'pekşayn/ r bagaj kartı
Gepacktträger, - /gı'pektre:gır/ r hamal, taşıyıcı
Geplapper,-/gı'plapır/ s zevzeklik
Geplauder,- /gı'plaudır/ s sohbet, gevezelik
gerade /gı'ra:dı/ doğru; çift (sayı); henüz; tam
Gerade, n /gı'ra:dı/ e mat. doğru
geradeaus /gı'ra:dı-aus/ dosdoğru
geradezu /gı'ra:dıtsu:/ adeta, sanki
Gerät, e /gı're:t/ s alet, aygıt
geraten /gı'ra:tın/ uğramak, maruz kalmak; iyi olmak; istemeyerek (bir yere) gelmek
geräumig /gı'roymih/ geniş, bol, ferah
Geräusch, e /gı'royş/ s gürültü
gerben /'gerbın/ tabaklamak
Gerberei, en /gerbı'ray/ e tabakhane
gerecht /gı'reht/ adil; dürüst
Gerechtigkeit, en /gı'rehtihkayt/ e adalet; dürüstlük
Gerede /gı're:dı/ s gevezelik; dedikodu
gereizt /gı'raytst/ hiddetli, öfkeli
Gericht, e /gı'riht/ s mahkeme; yemek
gerichtlich /gı'rihtlih/ adli
Gerichtshof,..e /gı'rihtsho:f/ r mahkeme
Gerichtsverhandlung, en /gı'rihtsferhandlung/ e duruşma
Gerichtsvollzieher,- /gı'rihtsfoltsi:ır/ r icra memuru
gering /gı'ring/ az; önemsiz, ucuz
geringachten /gı'ring-ahtın/ aşağılamak,

hor görmek, küçük görmek
geringfügig /gı'ringfü:gih/ küçük, ufak, az; önemsiz
geringschätzen /gı'ringşetsın/ hor görmek, küçük görmek
Geringschätzung /gı'ringşetsung/ e hor görme, küçümseme
gerinnen /gırının/ pıhtılaşmak, koyulaşmak
Gerippe, - /gı'ripı/ s iskelet
gern/gern/ seve seve-**haben** hoşlanmak
Geröll, e /gı'röl/ s yassı çakıl
Gerste, n /'gerstı/ e arpa
Gerstenkorn, ..er /'gerstınkorn/s hek. arpacık
Geruch,..e /gı'ruh/ s koku
geruchlos /gı'ruhlo:s/ kokusuz
Gerücht, e /gı'rüht/ s söylenti, dedikodu
Gerümpel /gı'rümpıl/ s eski püskü eşya, pılı pırtı
Gerüst, e /gı'rüst/ s iskele, çatı
gesamt /gı'zamt/ tüm, bütün
Gesamtbetrag /gı'zamtbıtra:k/ r genel tutar, yekûn
Gesamtpreis/gı'zamtprays/r toplam fiyat
Gesandte, n /gı'zantı/ r temsilci, delege
Gesang, ..e /gı'zang/ r şarkı; şarkı söyleme; ötme
Gesäβ, e /gı'ze:s/ s kıç, kalça
Geschäft, e /gı'şeft/ s iş; mağaza; atelye
geschäftig /gı'şeftih/ çalışkan, faal, gayretli
geschäftlich /gı'şeftlih/ ticari
Geschäftsbrief, ..e /gı'şeftsbri:f/ r iş mektubu
Geschäftsführer,- /gı'şeftsfü:nır/r müdür
Geschäftshaus, ..er /gı'şeftshaus/ s iş hanı
Geschäftsmann, **-leute** /gı'şeftsman/ r işadamı
Geschäftsreise, n /gı'şeftsrayzı/ e iş yolculuğu
Geschäftsschluβ, ..sse /gı'şeftsşlus/ r kapanış vakti

Geschäftsstelle, n /gı'şeftsştelı/ e büro, işyeri
geschehen /gı'şe:ın/ olmak, vuku bulmak
gescheit /gı'şayt/ akıllı, becerikli, zeki
Geschenk, e /gı'şenk/ s hediye
Geschichte, n /gı'şihtı/ e hikaye, öykü; tarih
geschichtlich /gışihtlih/ tarihi
Geschick, e /gışik/ s yazgı, kader, yetenek, beceri
Geschicklichkeit, en /gı'şiklihkayt/ e beceriklilik, beceri
geschickt /gı'şikt/ becerikli
geschieden /gı'şi:dın/ boşanmış
Geschirr,e /gı'şir/ s bulaşık, kap kacak
Geschirrspüler,- /gı'şirşpü:lır/ r bulaşık makinesi
Geschlecht, er /gı'şleht/ s cinsiyet, eşey, dilb. cins; tür; aile
geschlechtlich /gı'şlehtlich/ cinsel
Geschlechtsglied /gişlehtsgli:d/ s üreme organı
Geschlechtskrankheit, en /gışlehtskrankhayt/ e zührevi hastalık
Geschlechtsverkehr /gı'şlehtsferke:r/ r cinsel birleşme, cinsel ilişki
Geschlechtswort, ..er /gı'şlehtsvort/ s tanımlık, artikel
geschlossen /gı'şlosın/ kapalı; ortak; özel
Geschmack, ..er /gı'şmak/ r tat; zevk, beğeni
geschmacklos /gı'şmaklo:s/ tatsız, zevksiz
Geschmacksache /gı'şmakzahı/ e zevk meselesi
geschmackvoll /gı'şmakfol/ zevkli
Geschmeide, - /gı'şmaydı/ s mücevherat
geschmeidig /gı'şmaydih/ yumuşak, esnek
Geschöpf, e /gı'şöpf/ s yaratık
Geschoβ, **-sse** /gı'şos/ s (bina) kat; mer-

mı, kur
Geschrei /gışray/ s yaygara; çığlık, bağırış
Geschütz, e /gı'şüts/ s ask. top
Geschwader,- /gı'şva:dır/ s ask. filo; alay
Geschwafel /gışva:fıl/ s saçma sapan konuşma
Geschwätz /gı'şvets/ s gevezelik, dedikodu
geschwätzig / gı'şvetsih/ geveze
geschweige denn /gı'şvaygıden/ ... bile değil, nerede kaldı ki...
geschweigen /gı'şvaygın/ susturmak; hakkında hiç konuşmamak
geschwind /gı'şvint/ çabuk seri
Geschwindigkeit, en /gı'şvindihkayt/ e hız, sürat
Geschwister /gı'şvistır/ (ç.) kardeşler
Geschworene, n /gı'şvorını/ r, e jüri üyesi
Geschwulst, ..e /gı'şvu:lst/ e şiş, yumru; tümör
Geschwür, e /gı'şvü:r/ s çıban, ülser
Geselle, /gı'zeli/ r. kalfa; arkadaş
gesellen /gı'zelın/ de. arkadaş olmak, birleşmek
gesellig /gı'zelih/ sosyal, sokulgan, hoşsohbet
Gesellschaft, en /gı'zelşaft/ e toplum, topluluk; ortaklık, şirket; dernek; toplantı
gesellschaftlich /gı'zelşaftlih/ sosyal, toplumsal
Gesetz, e /gı'zets/ s yasa, kanun
gesetzt, daä /gı'zetst/ olgun, ağırbaşlı — **den fall** varsayalım ki, tutalım ki, diyelim ki
Gesetzgeber,- /gızetsge:bır/ r yasa koyucu, kanun yapıcı
Gesetzgebung,en /g'zetsge:bung/ e yasama
gesetzlich /gı'zetslih/ yasal
gesetzlos /gı'zetslo:s/ kanunsuz

gesetzmäßig /gı'zetsme:sih/ yasaya uygun, yasal
gesetzwidrig /gı'zetsvi:drih/ yasaya aykırı, yolsuz
Gesicht, er /gı'ziht/ s yüz, surat
Gesichtsausdruck, ..e /gı'zihtsausdruck/ r yüz ifadesi
Gesichtsfarbe, n /gı'zihtsfarbı/ e bet, beniz
Gesichtspunkt, e /gı'zihtspunkt/ r bakış açısı, bakım
Gesindel /gı'zindıl/ s ayak takımı
Gesinnung, en /gı'zinung/ e düşünce tarzı, düşünüş, zihniyet
gespannt /gı'şpant/ gergin; istekli, meraklı
Gespenst, er /gı'şpenst/ s cin, hortlak
Gespräch,e /gı'şpre:h/ s konuşma, görüşme
gesprächig /gı'şpre:hih/ konuşkan
Gestalt, en /gı'ştalt/ e biçim; şekil, sima, şahsiyet
gestalten /gı'ştaltın/ biçim vermek, düzenlemek
Gestaltung, en /gı'ştaltung/ e oluşum; biçim verme; biçimlendirme
Geständnis, se /gı'ştentnis/ s itiraf
Gestank, ..e /gı'ştank/ r pis koku
gestatten /gı'ştatın/ izin vermek
Geste, n /'gestı/ e el kol hareketi
gestehen /gı'şte:ın/ itiraf etmek
Gestell, e /gı'ştel/ s sehpa; raf; çerçeve
gestern /'gestırn/ dün **-abend; morgen** dün akşam; sabah
gestikulieren /gestiku'li:rın/ el kol hareketi yapmak
Gestirn, e /gı'ştirn/ s yıldız
gestrig /'gestrih/ dünkü
Gestrüpp, e /gı'ştrüp/ s çalılık
Gesuch, e /gı'zu:h/ s dilekçe
gesund /gı'zunt/ sağlam, sağlıklı
Gesundheit, en /gı'zunthayt/ e sağlık
gesundheitlich /gızunthaytlih/ sağlık bakımından, sıhhi

Gesundheitsamt, ..er /gı'zunthaytsamt/ s sağlık dairesi
gesundheitsschädlich /gı'zunthaytsşe:tlih/ sağlıksız, hastalıklı
Gesundheitszustand, ..e /gı'zunthaytstsu:ştant/ r sağlık durumu
Getränk, e /gı'trenk/ s içki
getrauen /gı'trauın/ de. cesaret etmek, kendine güvenmek
Getreide /gı'traydı/ s tahıl
Getriebe,- /gı'tri:bı/ s şanzıman
geübt /gıü:pt/ deneyimli
Gewächs, e /gı'veks/ s tümör; bitki
gewagt /gı'va:kt/ tehlikeli, riskli
Gewähr /gı've:r/ e teminat, garanti
gewähren /gı've:rın/ yerine getirmek; vermek, bahşetmek
gewährleisten /gı've:rlaystın/ garanti etmek, teminat vermek
Gewalt, en /gı'valt/ e kuvvet; şiddet
gewaltig /gı'valtih/ kuvvetli, güçlü; şiddetli; kocaman
Gewalttat, en /gı'valtta:t/ e zorbalık
gewalttätig /gı'valtte:tih/ zorba
Gewand, ..er /gı'vant/ s giysi
gewandt /gı'vant/ çevik; atik; becerikli
Gewässer,- /gı'vesır/ s su
Gewebe,- /gı've:bı/ s dokuma; doku
Gewehr,e /gıve:r/ s tüfek
Gewerbe,- /gı'verbı/ s meslek, sanat
Gewerbeschule, n /gı'verbışu:lı/ e meslek okulu, teknik okul
gewerblich /gı'verplih/ mesleki
gewerbsmäßig /gıverpsme:sih/ mesleki
Gewerkschaft, en /gı'verkşaft/ e sendika
Gewerkschaftler,- /gı'verşaftlır/ r sendikacı
Gewicht,e /gıviht/ s ağırlık; önem
gewillt sein /gıvilt zayn/ istekli, niyetli
Gewimmel,- /gı'vimıl/ s kalabalık
Gewinde,- /gı'vindı/ s yiv, diş; çelenk
Gewinn, e/gı'vin/ r kazanç, kâr; yarar
gewinnbringend /gı'vinbringınt/ kazançlı
gewinnen /gı'vinın/ kazanmak
Gewinner,- /gı'vinır/ r kazanan
gewiß /gı'vis/ emin; kuşkusuz, elbette
Gewissen /gı'visın/ s vicdan
gewissenhaft /gı'visınhaft/ vicdanlı
gewissenlos /gı'visınlo:s/ vicdansız, insafsız
Gewissensbisse /gı'visınsbisı/ (ç.) vicdan azabı
gewissermaßen /gı'visırma:sın/ adeta, sanki
Gewißheit, en /gı'vishayt/ e kesin bilgi, kesinlik
Gewitter,- /gı'vitır/ s fırtına
gewöhnen /gı'vö:nın/ alıştırmak; de. alışmak
Gewohnheit, en /gıvo:nhayt/ e alışkanlık
gewöhnlich /gıvö:nlih/ alışılagelmiş, sıradan; adi
gewohnt /gı'vo:nt/ alışkın
Gewölbe,- /gıvölbı/ s kubbe, tonoz
Gewühl,e /gı'vü:l/ s karışıklık; kalabalık
Gewürz,e /gı'vürts/ s baharat
Gezeiten /gı'tsaytın/ (ç.) inme ve kabarma, gelgit
geziemen /gı'tsi:mın/ de. yakışık almak
geziert /gı'tsi:rt/ yapmacık, sahte
gezwungen /gı'tsvungın/ zoraki; yapmacık; zar zor
Gicht, en /giht/ e hek. gut
Giebel,- /'gi:bıl/ r çatı tepesi
Gier /gi:r/ e hırs, açgözlülük
gierig /'gi:rih/ hırslı, açgözlü
gießen /'gi:sın/ dökmek; sulamak
Gießkanne,n /'gi:skanı/ e ibrik
Gift,e /gift/ s zehir
giftig /'giftih/ zehirli
Gipfel,- /'gipfıl/ r zirve, doruk
Gipfelkonferenz, en /'gipfılkonferents/ e zirve toplantısı
Gips, e /gips/ r alçı
Giraffe, n /gi'rafı/ e zürafa
Giro, s /'ji:ro/ s ciro

Gitarre,n /gi'tarı/ e gitar
Gitter,- /'gitır/ s parmaklık; ızgara
Glanz /glants/ r parlaklık; görkem
glänzen /'glentsın/ parlamak
glänzend /'glentsınt/ parlak
Glas, ..er /gla:s/ s cam; bardak
Glaser,- /'gla:zır/ r camcı
gläsern /'gle:zırn/ cam(dan)
glasig /'gla:zih/ cam gibi
Glasscheibe, n /'gla:sşaybı/ e cam
glatt /glat/ parlak; kaygan; pürüzsüz
Glätte,n /'gletı/ e parlaklık; kayganlık; pürüzsüzlük
glätten /'gletın/ düzleştirmek
Glatze, n /'glatsı/ e kel
Glaube,n /'glaubı/ r inanç
glauben /'glaubın/ inanmak; sanmak
gläubig /'gloybih/ dindar, sofu
Gläubige, n /'gloybıgı/ r inanan, mümin
Gläubiger,- /'gloybıgır/ r alacaklı
glaubwürdig /'glaupvürdih/ güvenilir, inanılır
gleich /glayh/ eşit; benzer; hemen
gleichartig /'glayh-a:rtih/ aynı cinsten
gleichberechtigt /'glayhbırehtiht/ eşit haklara sahip
gleichbleibend /'glayhblaybınt/ değişmeyen, sabit
gleichen /'glayhın/ benzemek, andırmak
gleichfalls /'glayhfals/ keza, de.
Gleichgewicht, e /'glayhgıviht/ s denge
gleichgültig /'glayhgültih/ aldırışsız, ilgisiz; önemsiz
Gleichgültigkeit, en /'glayhgültihkayt/ e kayıtsızlık; önemsizlik
Gleichheit, en /'glayhhayt/ e benzerlik; eşitlik
gleichmäßig /'glayhme:sih/ düzgün
Gleichmit /'glayhmit/ r soğukkanlılık
gleichsetzen /'glayhzetsın/ eşit haklar vermek
Gleichstrom, ..e /'glayhştro:m/ elek. doğru akım
Gleichung, en /'glayhung/ e mat. denklem
gleichwohl /'glayhvo:l/ bununla birlikte, yine de
gleichwertig /'glayhve:rtih/ eş değerli
gleichzeitig /'glayhtsaytih/ aynı zamanda olan, eş zamanlı
Gleis,e /glays/ s ray, peron
gleiten /'glaytın/ kaymak
Gletscher,- /'gleçır/ r buzul
Glied, er /gli:t/ s uzuv, organ; (zincir) halka
gliedern /'gli:dırn/ düzenlemek, bölümlemek, sınıflamak
Gliederung, en /'gli:dırung/ e plan, tanzim, düzen(leme)
Gliedmaße, n /'gli:tma:sı/ e uzuv
glimmen /'glimın/ alevsiz yanmak
Glimmlampe, n /'glimlampı/ e neon lambası
glimpflich /'glimpflih/ hoşgörülü, yumuşak
glitzern /'glitsırn/ parıldamak
Globus,e /'glo:bus/ r yerküre
Glocke, n /'glokı/ e çan; zil
Glockenturm, ..e /'glokınturm/ r çan kulesi, saat kulesi
glotzen /'glotsın/ kd. dik dik bakmak
Glück /glük/ s mutluluk; şans
glücken /'glükın/ başarmak
glücklich /'glüklih/ mutlu; şanslı
glücklicherweise /'glüklihırvayzı/ şans eseri, bereket versin, iyi ki
Glücksspiel, e /'glüksşpi:l/ s kumar
Glückwunsch,..e /'glükvunş/ r kutlama
Glühbirne,n /'glü:birnı/ e ampul
glühen /'glü:ın/ kor halinde yanmak
glühend /'glü:int/ kor halinde; kızgın; ateşli
Glut, en /glu:t/ e şiddetli sıcak
Glyzerin, e /'glütse'ri:n/ s gliserin
Gnade,n /'gna:dı/ e lütuf, iyilik, merhamet, acıma
gnädig /'gne:dih/ lütufkâr, iyiliksever
Gold /golt/ s altın

golden /'goldın/ altın(dan)
Goldfisch, e /'goldfiş/ **r** kırmızı balık, havuz balığı
Golf, e /golf/ **r** körfez
Golf /golf/ **s** golf
Golfspiel,e /'golfşpi:l/ **s** golf oyunu
Gondel, n /'gondıl/ **e** gondol
gönnen /'gönın/ kıskanmamak, gözü olmamak; vermek, izin vermek, esirgememek
Gorilla, s /go'rila/ **r** goril
Gott /got/ Tanrı, Allah
Gott, ..er /got/ **r** ilâh, tanrı
Gottesdienst, e /'gotısdi:nst/ **r** ibadet, ayin
Gottheit /'gothayt/ **e** tanrılık; tanrı, tanrıça
Göttin, nen /'götin/ **e** tanrıça
göttlich /'götlih/ tanrısal
gottlos /'gotlo:s/ dinsiz
Götze,n /'götsı/ **r** put
Gouverneur, e /guver'nö:r/ **r** vali
Grab, ..er /gra:p/ **s** mezar, gömüt
graben /'gra:bın/ kazmak
Graben,- /'gra:bın/ **r** hendek, siper
Grabmal, ..er /'gra:pma:l/ **s** türbe
Grabstein,e /'gra:pştayn/ **r** mezar taşı
Grad,e /gra:t/ **s** derece; rütbe
Graf, en /gra:f/ **r** kont
Gräfin, nen /'gre:fin/ **e** kontes
Grafschaft, en /'gra:fşaft/ **e** kontluk
Gram /gra:m/ **r** tasa, elem, gam
Gramm,e /gram/ **s** gram
Grammatik, en /gra'matik/ **e** dilbilgisi
grammatisch /gra'matiş/ dilbilgisel
Granatapfel, .. /gra'na:t-apfıl/ **r** nar
Granate,n /gra'na:tı/ **e** bomba; mermi
Granit,e /gra'ni:t/ **r** granit
Graphik, en /'gra:fik/ **e** grafik
graphisch /'gra:fiş/ grafik
Gras,..er /gra:s/ **s** çimen; ot; çayır
grasen /'gra:zın/ otlamak
Grashüpfer,- /'gra:shüpfır/ **r** çekirge
grassieren /gra'si:rın/ (ortalığı) kırıp geçirmek, kasıp kavurmak
gräßlich /'greslih/ iğrenç; korkunç
Grat,e /gra:t/ **r** (dağ) sırt, bayır
Gräte,n /'gre:tı/ **e** kılçık
gratis /'gra:tis/ bedava, parasız
Gratulation, en /gratulats'yo:n/ **e** kutlama, tebrik
gratulieren /gratu'li:rın/ kutlamak
grau /grau/ gri
grauen /'grauın/ ağarmak
Grauen,- /'grauın/ **s** dehşet
grauenhaft /'grauınhaft/ korkunç
grausam /'grauza:m/ gaddar, acımasız
Grausamkeit, en /'grauza:mkayt/ **e** gaddarlık, kıyıcılık, acımasızlık
grausen /'grauzın/ tüyleri ürpermek
Grausen,- /'grauzın/ **s** dehşet
grausig /'grauzih/ dehşetli, korkunç
gravieren /'gra'vi:rın/ oymak
Grazie, n /'gra:tsiı/ **e** zarafet
graziös /gratsi'ö:s/ zarif, ince
greifbar /'grayba:r/ elle tutulur; somut
greifen /'grayfın/ tutmak, yakalamak; dokunmak
Greis, e /grays/ **r** yaşlı adam, ihtiyar
grell /grel/ göz kamaştırıcı, çok parlak
Grenze,n /'grentsı/ **e** sınır
grenzenlos /'grentsınlos/ sınırsız
Grenzgebiet,e /'grentsgıbi:t/ **s** sınır bölgesi
Greuel,- /'groyıl/ **r** nefret, tiksinti, korku
Greueltat, en /'groyılta:t/ **e** zulüm, vahşet, kıyım
greulich /'groylih/ korkunç, tüyler ürpertici
Grieche, n /'gri:hı/ **r** Yunanlı
Griechenland /'gri:hınlant/ Yunanistan
griechisch /'gri:hiş/ Yunan
Griechisch /'gri:hiş/ **s** Yunanca, Rumca
griesgrämig /'gri:sgre:mih/ somurtkan, mızmız, asık suratlı
Grieß, e /gri:s/ **r** irmik
Griff,e /grif/ **r** tutma; sap, kulp
Grill, s /gril/ **r** kızartma, ızgara

Grille, n /'grılı/ e cırcırböceği
grillen /'grılın/ ızgara yapmak
Grillgerät,e /'grilgıre:t/ s elektrikli ızgara
Grimasse,n /gri'ması/ e yüz buruşturma
Grimm /grim/ r hiddet, öfke, kızgınlık
grimmig /'grimih/ hiddetli, öfkeli
grinsen /'grinzın/ sırıtmak
Grippe,n /'gripı/ e grip
grob /gro:p/ kaba; iri; nezaketsiz
Grobheit,en /'gro:phayt/ e kabalık; nezaketsizlik
Groll /grol/ r garaz, kin
grollen /'grolın/ garaz beslemek
Groschen,- /'groşın/ r 10 Pfennig
groβ /gro:s/ büyük, kocaman; uzun boylu
groβartig /'gro:sa:rtih/ mükemmel, olağanüstü, görkemli
Gröβe,n /'grö:sı/ e büyüklük; boyut
Groβeltern /'gro:s-eltırn/ (ç.) büyük anne-baba
Groβformat, e /'gro:sforma:t/ s büyük boy
Groβgrundbesitzer,- /'gro:sgruntbızitsır/ r geniş toprak sahibi
Groβhandel /'gro:shandıl/ r toptancılık
Groβhändler,- /'gro:shendlır/ r toptancı
Groβherzig /'gro:shertsih/ cömert
Groβmacht,..e /'gro:smaht/ e büyük devlet, süper devlet
Groβmaul /'gro:smaul/ s palavracı
groβmütig /'grosmü:tih/ yüce gönüllü, âlicenap
Groβmutter,..e /'gro:smutır/ e büyükanne
Groβstadt,..e /'gro:sştat/ e büyük kent
gröβtenteils /'grö:stıntayls/ çoğu, büyük bir bölümü
Groβtuer,- /'gro:stu:ır/ r övüngen, palavracı
Groβvater,..e /'gro:sfa:tır/ r büyükbaba
groβzügig /'gro:stsü:gih/ yücegönülü, yüksek ruhlu; cömert, eli açık
grotesk /gro'tesk/ gülünç, garip
Grotte,n /'grotı/ e mağara

Grube,n /'gru:bı/ e çukur; maden ocağı
grübeln /'grü:bıln/ kara kara düşünmek, zihnini kurcalamak
Gruft, ..e /gruft/ e kubbeli türbe
grün /grü:n/ yeşil
Grünanlage, n /'grü:nanla:gı/ e park
Grund,..e /grunt/ r taban; temel; neden; mülk; arsa
Grundbegriff, e /'gruntbıgrif/ r temel kavram
Grundbesitz, e /'gruntbızits/ r taşınmaz mal, mülk, emlak
Grundbesitzer,- /'gruntbızitsır/ r mülk sahibi
gründen /'gründın/ kurmak
Gründer /gründır/ r kurucu
gründlich /'grüntlih/ tam, ince, dikkatli
Gründung, en /'gründung/ e kuruluş
Grundgedanke,n /'gruntgıdankı/ r ana fikir, temel düşünce
Grundgesetz, e /'gruntgızets/ s anayasa
Grundlage,n /'gruntla:gı/ e temel
grundlegend /'gruntle:gınt/ temelli, esaslı
gründlich /'grüntlih/ temelli, esaslı
grundlos /'gruntlo:s/ temelsiz
Grundregel,n /'gruntre:gıl/ e ana kural
Grundriβ, -sse /'gruntris/ r ana hat, ana çizgi; özet
Grundsatz, ..e /'gruntzats/ r ilke
grundsätzlich /'gruntzetslih/ ilke olarak
Grundschule,n /'gruntşu:lı/ e ilkokul
Grundstein, e /'gruntştayn/ r temel taşı
Grundstück, e /'gruntştük/ s arsa
grundverschieden /'gruntferşi:dın/ bambaşka
Grundzug, ..e /'grunttsu:k/ r özellik
Gründung, en /'gründung/ e tesis, kuruluş
grunzen /'gruntsın/ (ayı, domuz) hırıldamak
Gruppe,n /'grupı/ e grup
Gruβ,..e /gru:s/ r selam
grüβen /'grü:sın/ selamlamak

gucken /'gukın/ bakmak
Gulasch, e /'gu:laş/ s gulaş
gültig /'gültih/ geçerli
Gültigkeit, en /'gültihkayt/ e geçerlilik
Gültigkeitsdauer /'gültihkaytsdauır/ e geçerlilik süresi
Gummi, s /'gumi/ r lastik; silgi; kauçuk
Gunst, ..e /gunst/ e iltifat, teveccüh; tercih, yeğleme, kayırma
günstig /'günstih/ uygun, elverişli
Gurgel,n /'gurgıl/ e boğaz, gırtlak
gurgeln /'gurgıln/ gargara yapmak
Gurke, n /'gurkı/ e hıyar
Gurt,e /gurt/ r kemer; kayış
Gürtel,- /'gürtıl/ r kemer
Guß, -sse /gus/ r döküm; sağanak
Gußeisen,- /'gus-ayzın/ s dökme demir
gut /gu:t/ iyi, güzel
Gut, ..er /gu:t/ s mal, mülk
Gutachten,- /'gu:t-ahtın/ s fikir, kanı, düşünce; rapor
Gutachter, - /'gu:t-ahtır/ r uzman
gutartig /'gu:tartih/ iyi huylu
Güte /'gü:tı/ e iyilik, lütuf, kalite
Güterwagen /'gü:tırva:gın/ r yük vagonu
gutgelaunt /'gu:tgılaunt/ keyfi yerinde
Guthaben /'gu:tha:bın/ s alacak
gutheißen /'gu:thaysın/ onaylamak, uygun bulmak
gutherzig /'gu:thertsih/ iyi kalpli
gütig /'gü:tih/ iyiliksever, iyi yürekli
gutmütig /'gu:tmü:tih/ iyi niyetli
Gutmütigkeit, en /'gu:tmü:tihkayt/ e iyilikseverlik, iyi yüreklilik
Gutschein,e /'gu:tşayn/ r bono
gutwillig /'gu:tvilih/ iyi niyetli
Gymnasium, -sien /güm'na:zyum/ s lise
Gymnastik, en /güm'nastik/ e beden eğitimi, jimnastik
Gynäkologe,n /güneko'lo:gı/ r jinekolog

H

Haar, e /ha:r/ s saç; kıl, tüy
Haarbürste, n /'ha:rbürstı/ e saç fırçası
haargenau /'ha:rgınau/ tam tamına, tıpatıp, aynen
haarig /'ha:rih/ kıllı, tüylü
Haarklammer,n /'ha:rklamır/ e firkete
Haarklemme,-n /'ha:rklemı/ e saç tokası
Haarnadel, n /'ha:rna:dıl/ e firkete
Haarknoten,- /'ha:rkno:tın/ r topuz
Haarschnitt,e /'ha:rşnit/ r saç tıraşı, saç kesme
Haartrockenhaube,n /'ha:rtrokınhaubı/ e saç kurutma makinesi
Haartrockner /'ha:rtroknır/ r saç kurutma makinesi
Haarwaschmittel /'ha:rvaşmitıl/ s şampuan
Haarwasser,- /'ha:rvasır/ s saç losyonu
Habe /'ha:bı/ e mal, varlık
haben /'ha:bın/ sahip olmak
Habgier /'ha:pgi:r/ e hırs, açgözlülük
habgierig /'ha:pgi:rih/ hırslı, açgözlü
Habicht, e /'ha:biht/ r doğan, atmaca
Hacke,n /'hakı/ e kazma; çapa; ökçe
hacken /'hakın/ gagalamak; kıymak (et); kesmek (tahta)
Hackfleisch , e /'hakflayş/ s kıyma
Hafen,.. /'ha:fın/ r liman
Hafenstadt, ..e /'ha:fınştat/ e liman kenti
Hafer,- /'ha:fır/ r yulaf
Haferbrei,e /'ha:fırbray/ r yulaf ezmesi
Haferflocken /'ha:fırflokın/ (ç.) yulaf ezmesi
Haft /haft/ e tutukluluk, hapis
Haftbefehl, e /'haftbıfe:l/ r tutuklama emri
haften /'haftın/ yapışmak; sorumlu olmak (**für**, -den)
Häftling,e /'heftling/ r tutuklu
Haftpflicht, en /'haftpfliht/ e sorumluluk
Haftschalen /'haftşa:lın/ (ç.) kontak lens
Haftung, en /'haftung/ e sorumluluk
Hagel /'ha:gıl/ r dolu
hageln /'ha:gıln/ dolu yağmak
Hagelschauer /'ha:gılşauır/ e dolu fırtınası
hager /'ha:gır/ zayıf, cılız
Hahn, ..e /ha:n/ r horoz; musluk
Hai(fisch),e /hay(fiş)/ r köpekbalığı
häkeln /'he:kıln/ tığla örmek
Haken,- /'ha:kın/ r kanca, çengel; askı
halb /halp/ yarım
halber /'halbır/ -den dolayı
halbieren /hal'bi:rın/ ikiye bölmek
Halbinsel,n /'halp-inzıl/ e yarımada
Halbjahr,e /'halpya:r/ s yarıyıl, sömestr
Halbkreis, e /'halpkrays/ r yarım daire
Halbkugel,n /'halpku:gıl/ e yarımküre
Halbmond /'halpmo:nt/ r yarımay

Halbrechts, - /'halprehts/ r sp. sağ iç
Halbschuh, e /'halpʂu:/ r iskarpin
Halbtagsarbeit, en /'halpta:ksarbayt/ e yarım gün çalışma
Halbzeit, en /'halptsayt/ e sp. devre, haftaym
Hälfte,n /'helftı/ e yarı
Halle,n /'halı/ e büyük salon; (otel) lobi
hallen /'halın/ çınlamak, tınlamak
Hallenbad, ..er /'halınba:t/ s kapalı yüzme havuzu
hallo /ha'lo:/ alo!
Halm, e /halm/ r bitki sapı
Hals, e /hals/ r boyun; boğaz
Halsband,..e /'halsbant/ s tasma; gerdanlık
Halskette,n /'halskettı/ e kolye
Halsschmerzen /'halsşmertsın/ (ç.) boğaz ağrısı
Halstuch,..r /'halstu:h/ s atkı, şal, kaşkol
Halt, e /halt/ r durma, mola; yardımcı, destek; istikrar, metanet
halt /halt/ dur!
haltbar /'haltba:r/ dayanıklı, sağlam
halten /'haltın/ tutmak; durdurmak; dayanmak; durmak; (hayvan) beslemek, yetiştirmek
Haltestelle,n /'haltıştelı/ e durak
Haltung, en /'haltung/ e duruş; durum; davranış
Haltverbot, e /'haltferbo:t/ s durma yasağı
Hamburger /'hamburgır/ r hamburger
Hammel,- /'hamıl/ r koyun
Hammelfleisch /'hamılflayş/ s koyun eti
Hammer,.. /'hamır/ r çekiç
hämmern /'hemırn/ r çekiçle vurmak
Hämorrhoiden /'hemoro'i:dın/ (ç.) hek. hemoroit
Hampelmann /'hampılman/ r kukla
Hamster,- /'hamstır/ r corlak sıçan
Hamsterei /hamstı'ray/ e istifçilik
hamstern /'hamstırn/ istifçilik yapmak
Hand, ..e /hant/ e el

Handarbeit, en /'hant-arbayt/ e el işi; nakış
Handarbeiter,- /'hant-arbaytır/ r el işçisi
Handball, ..e /'hantbal/ r eltopu, hentbol
Handbremse,n /'hantbremzı/ e el freni
Handbuch, ..er /'hantbu:h/ s elkitabı
Handcreme, s /'hantkre:mi/ e el kremi
Händedruck /'hendıdruk/ r el sıkma, toka
Handel /'handıl/ r ticaret
handeln /'handıln/ davranışta bulunmak; ticaret yapmak; pazarlık etmek
Handelskammer,n /'handılskamır/ e ticaret odası
Handelsmarine,n /'handılsmari:nı/ e ticaret filosu
Handelsminister /'handılsministır/ r Ticaret Bakanı
Handelsministerium, -ien /'handılsminis'ter:yum/ s Ticaret Bakanlığı
Handelsschule, n /'handılsşu:lı/ e ticaret okulu
Handelsvertrag,..e /'handılsfertra:k/ r ticaret anlaşması
Handgelenk, e /'hantgılenk/ s el bileği
Handgepäck /'hantgıpek/ s el eşyası
Handgranate, n /'hantgrana:tı/ e el bombası
handhaben /'hantha:bın/ uygulamak; kullanmak; elle yönetmek
Handkoffer,- /'hantkofır/ r el çantası
Handkuβ /'hantkus/ r el öpme
Händler,- /'hendlır/ r satıcı, tüccar
handlich /'hantlih/ kullanışlı
Handlung, en /'handlung/ e hareket, eylem, iş; dükkân, mağaza
Handpflege /'hantpfle:gı/ e manikür
Handschlag /hantşla:k/ r el sıkışma, toka
Handschrift, en /'hantşrift/ e el yazısı; el yazması
Handschuh, e /'hantşu:/ r eldiven
Handtasche, n /'hanttaşı/ e el çantası
Handtuch, ..er /'hanttu:h/ s havlu
Handvoll /'hantfol/ e avuç (dolusu)

Handwerk, e /'hantverk/ s zanaat
Handwerker,- /'hantverkır/ r el işçisi, zenaatkâr, küçük esnaf
Hanf /hanf/ r kenevir, kendir
Hang, ..er /hang/ r bayır, iniş; eğilim
Hängebrücke, n /'hengıbrükı/ r asma köprü
Hängematte,n /'hengımatı/ e hamak
hängen /'hengın/ asmak; asılı durmak
hängenbleiben /'hengınblaybın/ asılı kalmak, takılı kalmak
hänseln /'henzıln/ takılmak, alaya almak
hantieren /han'ti:rın/ elle çalışmak; uğraşmak; kullanmak
Happen,- /'hapın/ r lokma, parça
Harfe,n /harfı/ e *müz.* harp
Harke,n /'harkı/ e tırmık
harmlos /harımlo:s/ masum; zararsız
Harmonie, n /harmo'ni:/ e uyum, ahenk
Harmonika, s /har'mo:nika/ e *müz.* armonika
harmonisch /har'mo:niş/ uyumlu, ahenkli
Harn, e /harn/ r sidik, idrar
Harnblase,n /'harnbla:zı/ e sidiktorbası
harnen /'harnın/ işemek
Harnröhre,n /'harnrö:rı/ e *hek.* siyek, idrar yolu
Harnvergiftung, en /'harnfergiftung/ e üre
Harpune,n /har'pu:nı/ e zıpkın
hart /hart/ sert; katı (yürekli); zor; ağır
Härte,n /'hertı/ e sertlik, katılık
härten /'hertın/ sertleştirmek
hartherzig /'harthertsih/ katı yürekli, acımasız
hartnäckig /'hartnekih/ inatçı
Hartnäckigkeit, en /'hantnekihkayt/ e inat
Harz, e /harts/ s reçine
Haschisch /'haşiş/ s haşhaş
Hase,n /'ha:zı/ r tavşan
Haselnuß, ..sse /'ha:zılnus/ e fındık
Haß /has/ r nefret

hassen /'hasın/ nefret etmek
häßlich /'heslih/ çirkin
Hast /hast/ e telâş, ivedi, acele
hasten /'hastın/ acele etmek
hastig /'hastih/ aceleci
hätscheln /'heçıln/ okşamak
Haube, e /'haubı/ e başlık; motor kapağı, kaput
Hauch, e /'hauh/ r soluk
hauchen /'hauhın/ üflemek; hohlamak
Haue, n /'hauı/ e kazma; *kd.* dayak, kötek
hauen /'hauın/ vurmak; kesmek, yarmak; *kd.* dayak atmak
Haufen,- /'haufın/ r yığın, küme
häufen /'hoyfın/ yığmak; de. birikmek, toplanmak
haufenweise /'haufınvayzı/ yığın halinde, akın akın
häufig /'hoyfih/ sık sık
Häufigkeit, en /'hoyfihkayt/ e sıklık
Haupt, ..e /'haupt/ s baş; başkan
Hauptbahnhof, ..e /'hauptba:nho:f/ r gar, merkez istasyonu
Haupteingang, ..e /'haupt-ayngang/ r ana giriş, büyük kapı
Hauptfach, ..er /'hauptfah/ s esas ders
Hauptmann, -leute /'hauptman/ r yüzbaşı
Hauptpostamt, ..er /'hauptpost-amt/ s merkez postanesi
Hauptquartier, e /'hauptkvarti:r/ s karargâh
Hauptrolle,n /'hauptrolı/ e başrol
Hauptsache, n /'hauptzahı/ e asıl sorun, esas mesele
hauptsächlich /'hauptzehlih/ belli başlı başlıca
Hauptsatz, ..e /'hauptzats/ r *dilb.* asıl cümle, temel tümce
Hauptschlagader, n /'hauptşla:k-adır/ e ana atardamar, aort
Hauptsadt, ..e /'hauptştat/ e başkent
Hauptstraße, n /'hauptştra:sı/ e ana-

cadde
Haupwort, ..er /'hauptvort/ s *dilb.* isim, ad
Haus, ..er /haus/ s ev
Hausarbeit, en /'haus-arbayt/ e evödevi; ev işi
Hausarzt, ..e /'haus-a:rtst/ r aile doktoru
Hausaufgabe,n /'haus-aufga:bı/ e ev ödevi
Hausbesitzer,- /'hausbızitsır/ r ev sahibi
Häuschen, ... /'hoys-hen/ s küçük ev
Hausdiener,- /'hausdi:nır/ r uşak
Hausfrau, en /'hausfrau/ e ev kadını
Hausfreund, e /'hausfroynt/ r aile dostu
hausgemacht /'hausgımaht/ evde yapılmış
Haushalt /'haushalt/ r ev idaresi; bütçe
haushalten /'haushaitın/ idareli kullanmak
Haushaltsplan, ..e /'haushaltspla:n/ r bütçe
Haushaltung, en /'haushaltung/ e ev idaresi
Hausherr, en /'hauser/ r ev sahibi
Hausherrin, nen /'hauserin/ e ev sahibesi
hausieren /hau'zi:rın/ kapı kapı dolaşarak satıcılıkık yapmak
Hausierer,- /hau'zi:rır/ r seyyar satıcı, kapı satıcısı
häuslich /'hoyslih/ eve ilişkin; evcimen
Hausmeister,- /'hausmaystır/ r kapıcı; hademe
Hausordnung /'hausordnung/ e iç yönetmelik, içtüzük
Hausputz, e /'hausputs/ r ev temizliği
Hausschlüssel,- /'haussslüsıl/ r sokak kapısı anahtarı
Hausschuh, e /'hausşu:/ r terlik
Haustier, e /'hausti:r/ evcil hayvan
Haustür, en /'haustü:r/ e sokak kapısı
Hausverwalter, - /'hausfervaltır/ r kâhya
Haut, ..e /haut/ e deri; kabuk
Hautarzt, ..e /'haut-artst/ r cildiyeci, cilt doktoru
Hautfarbe,n /'hautfarbı/ e ten rengi
Hautkrankheit, en /'haut'krankhayt/ e deri hastalığı
Hautpflege /'haufpfle:gı/ e cilt bakımı
Hebamme, n /'he:b-amı/ e ebe
Hebebock, ..e /'hebıbok/ r kriko
Hebel,- /'he:bıl/ r kaldıraç
heben /'hebın/ kaldırmak, yükseltmek
Hecht, e /'heht/ r turnabalığı
Heck, e /hek/ s (gemi) kıç, pupa; (oto) arka
Hecke,n /'hekı/ e çit
Heer, e /he:r/ s ordu; sürü
Hefe, n /'he:fı/ e maya
Heft, e /heft/ s defter; broşür; nüsha, sayı
Heftapparat, e /'heft-apara:t/ r telli zımba
Heften /'heftın/ bağlamak, yapıştırmak; teyellemek
heftig /'heftih/ şiddetli, sert
Heftigkeit, en /'heftihkayt/ e şiddet, sertlik
Heftklammer, n /'heftklamır/ e ataş
Heftpflaster, - /'heftpflastır/ s yapışkan, plaster
Heftzwecke /'hefttsvekı/ e raptiye
hegen /'he:gın/ korumak; beslemek
Heide, n /'haydı/ r putperest, dinsiz
Heide,n /'haydı/ e fundalık, çalılık
Heidenkraut, ..er /'haydınkraut/ s funda, süpürgeotu
Heidelbeere, n /'haydılbe:rı/ e yaban mersini
Heidentum /'haydıntum/ s putperestlik
heikel /'haykıl/ güç; titiz
heil /hayl/ sağlam; iyileşmiş
Heilbad, ..er /'haylba:t/ s kaplıca, ılıca, içmeler
heilbar /'haylba:r/ iyileştirilebilir
heilbringend /'haylbringınt/ şifalı
heilen /'haylın/ iyileştirmek; iyileşmek
heilig /'haylih/ kutsal
Heiligabend /'hayliga:bınt/ r Noel arifesi

Heilige, r /'hayligı(r)/ **r,e** aziz(e)
heiligen /'hayligın/ kutsamak
Heiligkeit, en /'haylihkayt/ **e** kutsallık
Heiligtum, ..er /'haylihtu:m/ **s** kutsal şey; kutsal yer
Heilkunde /'haylkundı/ **e** tıp, hekimlik
Heilmittel,- /'haylmitıl/ **s** ilâç
Heilung, en /'haylung/ **e** iyileşme, şifa
heim /haym/ eve; yurda
Heim, e /haym/ **s** ev, yurt
Heimat /'hayma:t/ **e** yurt, vatan
heimatlos /'hayma:tlo:s/ yurtsuz, yersiz
heimfahren /'haymfa:rın/ eve dönmek
Heimfahrt, en /'haymfa:rt/ **e** eve dönüş; yurda dönüş
heimisch /'haymiş/ yerli
heimkehren /'haymke:rın/ eve dönmek
heimlich /'haymlih/ gizli
Heimreise, en /'haymrayzı/ **e** eve dönüş
heimtückisch /'haymtükiş/ fesatçı, kötü niyetli
Heimweg, e /'haymve:k/ **r** dönüş yolu
Heimweh /'haymve:/ **s** yurtsama, nostalji
Heirat, en /'hayra:t/ **e** evlenme
heiraten /'hayra:tın/ evlenmek
Heiratsantrag, ..e /'hayra:ts-antra:k/ **r** evlenme teklifi
heiser /'hayzır/ kısık, boğuk
heiβ /hays/ çok sıcak, kızgın
heiβen /'haysın/ denilmek, ismi olmak; anlamına gelmek; emretmek
heiter /'haytır/ şen, neşeli; (hava) açık, bulutsuz
heizen /'haytsın/ ısıtmak
Heizkörper, - /'haytskörpır/ **r** radyatör
Heizung, en /'haytsung/ **e** kalorifer; ısıtma
Held, en /helt/ **r** kahraman, yiğit
Heldentat, en /'heldınta:t/ **e** kahramanlık, yiğitlik
helfen /'helfın/ yardım etmek
Helfer, - /'helfır/ **r** yardımcı
hell /hel/ aydınlık; (renk) açık
Helligkeit, en /'helihkayt/ **e** aydınlık, parlaklık; açıklık, berraklık
Hellseher, - /'helze:ır/ **r** kâhin
Helm, e /helm/ **r** miğfer
Hemd, e /hemt/ **s** gömlek
Hemdbluse, n /'hemtblu:zı/ **e** şömiziye bluz
hemmen /'hemın/ engellemek; köstekle- mek; (bir şeyden) alıkoymak
hemmungslos /'hemmungslos/ kendini tutamayan, frensiz
Hengst, e /hengst/ **r** aygır
Henkel, - /'henkıl/ **r** kulp, sap
Henker, - /'henkır/ **r** cellat
Henne, n /'henı/ **e** tavuk
her /he:r/ buraya, bu yana
herab /he'rab/ aşağıya
herablassen /he'raplasın/ indirmek; de. tenezzül etmek
herabsetzen /he'rapzıtsın/ azaltmak; küçük düşürmek; fiyatını indirmek
Herabsetzung, en /he'rapzetsung/ **e** küçük düşürme; indirim
heran /he'ran/ yanına, buraya
herankommen /he'rankomın/ yaklaşmak
herantreten /he'rantre:tın/ yaklaşmak
heranwachsen /he'ranvaksın/ yetişmek, büyümek, serpilmek
herauf /he'rauf/ yukarı(ya)
heraufziehen /he'rauftsi:ın/ yukarı çekmek, kaldırmak
heraus /he'raus/ dışarı(ya)
heraus bekommen /he'rausbıkomın/ bulmak, öğrenmek
herausbringen /he'rausbringın/ yayımlamak, çıkarmak; bulmak, ortaya çıkarmak
herausfinden /he'rausfindın/ bulup çıkarmak, keşfetmek
herausfordern /he'rausfordırn/ davet etmek; meydan okumak
herausgeben /he'rausge:bın/ yayımlamak, çıkarmak; teslim etmek, iade etmek

Herausgeber, - /he'rausge:bır/ r yayımcı, editör
herauskommen /he'rauskommın/ dışarı çıkmak; ortaya çıkmak
herausreiβen /he'rausraysın/ koparmak
herausstellen /he'rausstelın/ ortaya çıkmak, anlaşılmak
heraustreten /he'raustre:tın/ dışarı çıkmak; tuvalete gitmek
herausziehen /he'raustsi:ın/ çıkarmak
herb /herp/ (şarap) sek; sert, keskin, acı
herbei /her'bay/ buraya, bu yana
herbeieilen /her'bay-aylın/ acele koşup gelmek
herbeiführen /her'bayfü:rın/ neden olmak
Herberge, n /'herbergı/ e sığınak, barınak; han
Herbst, e /herpst/ r sonbahar, güz
Herd, e /he:rt/ r ocak
Herde, n /'he:rdı/ r sürü
herein /he'rayn/ içeri(ye)
hereinfallen /he'raynfalın/ faka basmak, tuzağa düşmek
hereinlegen /he'raynle:gın/ faka bastırmak, aldatmak, tongaya düşürmek
Hergang, ..e /'hergang/ r olayların akışı, gidişat
hergeben /'herge:bın/ vermek; vazgeçmek
Hering, e /'he:ring/ r ringa balığı
herkommen /'he:rkomın/ (buraya) gelmek
Herkunft, ..e /'he:rkunft/ e kaynak, asıl; soy
Heroin /hero'i:n/ s eroin
Herr, en /her/ r bay, bey, efendi; Tanrı; sahip; zat
Herrgott /her'got/ r Tanrı; Hz. İsa
herrichten /'herrihtın/ hazırlamak
Herrin, nen /'herin/ e sahibe
herrisch /'heriş/ zorba, sert
herrlich /'herlih/ çok güzel, yetkin, mükemmel, harikulade

Herrschaft, en /'herşaft/ e egemenlik, saltanat, **meine -schaften!** bayanlar baylar!
herrschen /'herşın/ egemenlik sürmek, hüküm sürmek
Herrscher,- /'herşır/ r hükümdar
herrühren /'he:rrü:rın/ ileri gelmek, kaynaklanmak, çıkmak
herstellen /'he:rştelın/ yapmak, oluşturmak, vücuda getirmek
Herstellung, en /'he:rştelung/ e üretim, yapım; imal
herüber /he'rü:bır/ beri(ye), bu yana
herum /he'rum/ çevrede; yaklaşık, kadar
herumführen /he'rumfü:rın/ dolaştırmak, gezdirmek
herumlungern /he'rumlungırn/ aylak aylak dolaşmak, sürtmek
herumsprechen /he'rumşprehın/ de. ağızdan ağıza dolaşmak, yayılmak
herunter /he'runtır/ aşağı(ya)
herunterkommen /he'runtırkomın/ aşağı inmek
hervor /her'fo:r/ dışarı; içinden
hervorbringen /'her'fo:rbringın/ yaratmak, meydana getirmek
hervorgehen /her'fo:rge:ın/ ileri gelmek, doğmak; anlaşılmak
hervorheben /her'fo:rhe:bın/ vurgulamak
hervorragend /her'fo:rra:gınt/ seçkin, olağanüstü, parlak, enfes
hervorrufen /her'fo:rru:fın/ uyandırmak; nedeni olmak, ileri gelmek, yol açmak
Herz, en /herts/ s kalp, yürek; gönül
Herzanfall, ..e /hertsanfall/ r kalp krizi
herzhaft /'hertshaft/ cesur, yiğit
Herzinfarkt /'hertsinfarkt/ r kalp enfarktüsü
herzkrank /'hertskrank/ kalp hastası
herzlich /'hertslih/ içten, candan
Herzlichkeit, en /'hertslihkayt/ e içtenlik
herzlos /'hertslo:s/ duygusuz, kalpsiz
Herzog, e /'hertso:k/ r dük
Herzogin, nen /'hertso:gin/ e düşes

Herzschlag,.e /'hertsşla:k/ r kalp sektesi
heterogen /hetero'ge:n/ heterojen, ayrı cinsten, çoktürel
Hetze, n /'hetsı/ e acele
hetzen /'hetsın/ kovalamak; aceleye getirmek, acele ettirmek
Heu /hoy/ s saman, kuru ot
Heuchelei,en /hoyhı'lay/ e ikiyüzlülük
heucheln /'hoyhıln/ ikiyüzlülük etmek; yalandan yapmak, taslamak
Heuchler,- /'hoyhlır/ r ikiyüzlü
heuchlerisch /'hoyhlıriş/ ikiyüzlü
heulen /'hoyln/ ulumak; ağlamak
heurig /'hoyrih/ bu yılki
Heuschnupfen /'hoyşnupfın/ r saman nezlesi
Heuschrecke, n /'hoyşrekı/ e çekirge
heute /'hoytı/ bugün; günümüzde **abend** bu akşam - **morgen** bu sabah -**nacht** bu gece
heutig /'hoytih/ bugünkü
heutzutage /'hoyttsuta:gı/ bu günlerde, şimdilerde, son zamanlarda
Hexe,n /'heksı/ e cadı, büyücü kadın
Hexenschuß /'heksınşus/ r *hek.* lumbago
Hexerei /heksıray/ e cadılık, büyü
Hieb, e /hi:p/ r darbe, vuruş; taş, iğneleyici söz
hier /hi:r/ burada
hierauf /'hi:rauf/ üzerine, üzerinde; /hi:'rauf/ bunun üzerine, bundan sonra
hieraus /'hi:raus/ buradan, bunun içinden; /hi:'raus/ bundan, ondan
hierbei /hi:r'bay/ yanında; /hi:r'bay/ bunun dışında, ayrıca
hierdurch /'hi:rdurh/ arasından içinden, ortasından; /hi:r'durh/ bu yüzden bu nednele, böylelikle
hierfür /'hi:rfü:r/ bunun (onun) yerine buna karşılık; /hi:r'fü:r/ bunun için
hiergegen /'hi:rge:gın/ (bunun, onun) karşısında: /hi:r'ge:gın/ karşı, aleyhte; buna karşılık; öte yandan

hierher /'hi:rhe:r/ buraya
hierhin /'hi:rhin/ buraya
hierin /'hi:rin/ içinde
hiermit /'hi:rmit/ bununla
hiernach /'hi:rna:h/ bundan sonra; /hi:r'na:h/ bundan sonra; /hi:r'na:h/ buna göre
hierüber /'hi:rübır/ üzerine, üzerinde; /hi:'rü:bır/ hakkında
hierum /'hi:rum/ çevresine, çevresinde; /hi:'rum/ bunun için
hierunter /'hi:runtır/ altına, altında /hi:'runtır/ (birtakım nesnelerin) içine, içinde, arasında, aralarında
hiervon /'hi:rfon/ bundan, ondan
hiesig /'hi:zih/ buradaki, buralı
Hilfe,n /'hilfı/ e yardım
hilflos /'hilflo:s/ çaresiz
hilfreich /'hilfrayh/ yardımcı
hilfsbedürftig /'hilfsbıdürtih/ yardıma muhtac
hilftsbereit /'hilfsbırayt/ yardıma hazır, yardımsever
Hilfsmittel,- /'hilfsmitıl/ s araç, çare
Hilfszeitwort, ..er /'hilfstsaytvort/ s *dilb.* yardımcı eylem, yardımcı fiil
Himbeere,n /himbe:rı/ e ahududu
Himmel,- /'himıl/ r gök
Himmelsrichtung, en /'himılsrihtung/ e yön
himmlisch /'himliş/ tanrısal; ulu
hin /hin/ oraya, şuraya
hinab /hi'nap/ aşağı(ya)
hinabgehen /hi'napge:ın/ inmek
hinauf /hi'nauf/ yukarı(ya)
hinaufgehen /hi'naufge:ın/ yukarı çıkmak; (fiyat vs.) yükselmek
hinaufsteigen /hi'naufştaygın/ yukarı çıkmak
hinaus /hi'naus/ dışarı(ya)
hinausgehen /hi'nausge:ın/dışarı çıkmak
hinausschieben /hi'naussşi:bın/ ertelemek
hinauswerfen /hi'nausverfın/ dışarı at-

mak, kapı dışarı etmek
Hinblick /'hinblik/ **r : im-auf** yüzünden, bakımından, göre
hindern /'hindırn/ engellemek
Hindernis, se /'hindırn/ **s** engel; güçlük, zorluk
hindeuten /'hindoytın/ sezdirmek; göstermek, işaret etmek,ima etmek
hindurch /hin'durh/ içinden, arasından, ortasından
hinein /hi'nayn/ içine
hineingehen /hi'naynge:ın/ içeri girmek
hinfahren /'hinfa:rın/ gitmek; götürmek
Hinfahrt,en /'hinfa:rt/ **e** gidiş
hinfallen /'hinfalın/ düşmek
hinfällig /'hinfelih/ geçersiz; zayıf, güçsüz
hinführen /'hinfü:rın/ götürmek
Hingabe /'hinga:bı/ **e** bağlılık, düşkünlük
hinken /'hinkın/ topallamak, aksamak
hinlegen /'hinle:gın/ koymak, yatırmak; de. yatmak, uzanmak
hinnehmen /'hinne:mın/ (yalan vs.) yutmak, sineye çekmek; göz yummak, aldırış etmemek
hinreichend /'hinrayhınt/ yeterli
hinrichten /'hinrihtın/ idam etmek
Hinrichtung, en /'hinrihtung/ **e** idam
hinsetzen /'hinzetsın/ de. oturmak
hinsichtlich /'hinzihtlih/ bakımından, dolayı, ötürü
hinstellen /'hinştelın/ (dik olarak) koymak, dikmek
hinten /'hintın/ geride, arkada
hinter /'hintır/ arkasına, arkasında
Hinterbein, e /'hintırbayn/ **s** arka ayak
hintereinander /hintır-ay'nandır/ arka arkaya, ard arda
Hintergedanke, n /'hintırgıdankı/ **r** art düşünce, art niyet
hintergehen /hintır'ge:ın/ aldatmak, ihanet etmek
Hintergrund, ..e /'hintırgrunt/ **r** arka plan
Hinterhalt, e /'hintırhalt/ **r** pusu

hinterher /hintır'he:r/ arkasından, geriden; daha sonra, sonradan
hinterlassen /hintır'lasın/ geride (arkada) bırakmak; miras bırakmak
hinterlegen /hıntır'le:gın/ depo etmek
Hinterlist /'hintırlist/ **e** hile, sinsilik
hinterlistig /'hintırlistih/ sinsi, hilekâr, kurnaz
Hintern,- /'hintırn/ **r** kıç, kalça
Hinterrad, ..er /'hintırra:t/ **r** arka tekerlek
Hinterteil,e /'hintırtayl/ **s** arka taraf; kıç
Hintertür, en /'hintırtü:r/ **e** arka kapı
hinüber /'hi:nü:bır/ öte yana, öteye
hinunter /hi'nuntır/ aşağıya
hinuntergehen /hi'nuntırge:ın/ aşağı inmek; (fiyat vs.) düşmek
hinunterschlucken /hi'nuntırşlukın/ yutmak
Hinweg, e /hin've:k/ **r** gidiş yolu
Hinweis,e /'hinvays/ **r** işaret, gösterme; ima
hinweisen /'hinvayzın/ işaret etmek; dikkatini çekmek
hinziehen /'hintsi:ın/ de. uzamak, gecikmek
hinzu /hin'tsu:/ ek olarak
hinzufügen /hin'tsu:fügın/ eklemek, katmak
Hirn,e /hirn/ **s** beyin
Hirsch,e /hirş/ **r** geyik
Hirse,n /'hirzı/ **e** darı
Hirt,en /hirt/ **r** çoban
Historiker,- /his'to:rikır/ **r** tarihçi
historisch /his'to:riş/ tarihsel
Hitze,n /'hitsı/ **e** şiddetli sıcak
hitzebeständig /'hitsıbıştendih/ sıcağa dayanıklı
hitzig /'hitsih/ sinirli, öfkeli, çabuk kızan
Hitzkopf, ..e /'hitskopf/ **r** öfkeli kimse, çabuk kızan kimse
Hitzschlag, ..e /'hitsşla:k/ **r** güneş çarpması
Hobel,- /'ho:bıl/ **r** rende
hobeln /'hobıln/ rendelemek

hoch /ho:h/ yüksek; ulu; tiz
hochachten /'ho:h-ahtın/ saymak, saygı göstermek
Hochachtung /'hoh-ahtung/ e saygı
hochachtungsvoll /'ho:h-ahtungsfol/ saygılarım(ız)la
Hochdruck /'ho:hdruck/ r yüksek basınç
Hochebene,n /'ho:h-e:bını/ e yayla
Hochgebirge,- /'hohgıbirgı/ s yüksek dağlar
Hochhaus, ..er /'ho:hhaus/ s çok katlı bina; gökdelen
Hochmut /'ho:hmu:t/ r kibir, gurur
hochmütig /'ho:hmü:tih/ kibirli, gururlu
Hochofen,.. /'ho:h-o:fın/ r yüksek fırın
Hochschule,n /'ho:hşu:lı/ e yüksekokul
Hochsommer, -/'ho:hzomır/ r yaz ortası
Hochspannung,en /'ho:hşpanung/ e *elek.* yüksek gerilim
Hochsprung,..e /'ho:hşprung/ r yüksek atlama
höchst /hö:hst/ en yüksek
Hochstapler, - /'ho:hsta:plır/ r dolandırıcı
höchstens /'hö:hstıns/ en çok, en fazla, azami
Höchstgeschwindigkeit, en /'hö:hstgışwindihkayt/ e azami hız
höchstwahrscheinlich /'hö:hstva:rşaynlih/ büyük bir olasılıkla
Hochverrat /'ho:hferra:t/ r vatana ihanet
Hochwasser, - /'ho:hvasır/ s su baskını, taşkın
hochwertig /'ho:hve:rtih/ birinci sınıf, kaliteli
Hochzeit,en /'hohtsayt/ e düğün
Hochzeitsreise, en /'hohtsaytsrayzı/ e balayı
hocken /'hokın/ çömelmek
Hocker,- /'hokır/r tabure
Hode,n /'ho:dı/ r,e erbezi, testis
Hof,..e /ho:f/ r avlu; saray; çiftlik
hoffen /'hofın/ ummak
hoffentlich /'hofıntlih/ inşallah

Hoffnung,en /'hofnung/ e umut
hoffnungslos /'hofnungslo:s/ umutsuz
hoffnungsvoll /'hofnungsfol/ umutlu
höflich /'hö:flih/ nazik,kibar, saygılı
Höflichkeit,en /'hö:flihkayt/ e nezaket
hohe (r,s) /'ho:ı(r,z)/ yüksek; yüce
Höhe,n /'hö:ı/ en yükseklik, tepe
Hoheit,en /'ho:hayt/ e yücelik, yükseklik
Höhepunkt,e /'hö:ıpunkt/ r en yüksek nokta, zirve, doruk
höher /'hö:ır/ daha yüksek
hohl /ho:l/ oyuk; içi boş
Höhle,n /'hö:lı/ e mağara, in
Hohn /ho:n/ r alay; küçük görme
höhnisch /'hö:niş/ alaycı, küçümseyen
holen /'ho:lın/ alıp gitmek; (doktor) çağırmak
Holland /'holant/ Hollanda
Holländer,- /'holendır/ r Hollandalı
Holländisch /'holendiş/ s Felemenkçe
Hölle,n /'hölı/ e cehennem
holperig /'holpırih/ inişli çıkışlı
Holz, ..er /holts/ s tahta, kereste; odun
hölzern /'höltsırn/ tahta(dan)
Holzfäller, - /'holtsfelır/ r oduncu
Holzkohle,n /'holtsko:lı/ e odun kömürü
Holzschuh, e /'holtsşu:/ r nalın, takunya
Holzwurm, ..er /'holtsvurm/ r ağaç kurdu
homogen /homo'ge:n/ homojen, türdeş
homosexuell /homozeksu'el/ homoseksüel, eşcinsel
Honig /'ho:nih/ r bal
Honorar,e /hono'ra:r/ s ücret
honorieren /hono'ri:rın/ ücret vermek, ödeme yapmak
Hopfen,- /'hopfın/ r şerbetçiotu
hopsen /'hopsın/ sıçramak, hoplamak
horchen /'horhın/ dinlemek, kulak vermek
Horde,n /'hordı/ e sürü
hören /'hö:rın/ işitmek, duymak
hörig /'hö:rih/ bağımlı

Hörigkeit, en /ˈhö:rihkayt/ **e** bağımlılık
Horizont, en /ˈhö:riˈtsont/ **r** ufuk
horizontal /horitsonˈtaːl/ yatay
Hormon,e /horˈmoːn/ **s** hormon
Horn,..er /horn/ **s** boynuz: *müz.* boru
hornhaut, ..e /ˈhornhaut/ **e** saydam tabaka
Hornisse, n /horˈnisı/ **e** eşekarısı
Horoskop,e /horosˈkoːp/ **s** burç
Hörsaal, -säle /ˈhö:rzaːl/ **s** konferans salonu
Hörspiel,e /ˈhö:rşpi:l/ **s** radyo tiyatrosu
Hose,n /ˈhoːzı/ **e** pantolon
Hosenbluse,n /ˈhoːzınbluːzı/ **e** tünik bluz
Hosenträger,- /ˈhoːzıntreːgır/ **r** pantolon askısı
Hospital, e /hospiˈtaːl/ **s** hastane
Hotel, s /hoˈtel/ **s** otel
hübsch /hüpş/ güzel, şirin, hoş
Hubschrauber,- /ˈhuːpşraubır/ **r** helikopter
Huf, e /huːf/ **r** toynak
Hufeisen,- /ˈhuːf-ayzın/ **s** nal
Hüfte,n /ˈhüftı/ **e** kalça
Hügel,- /ˈhüːgıl/ **r** tepe
hügelig /ˈhüːgılih/ inişli yokuşlu
Huhn, ..er /huːn/ **s** tavuk
Hühnerauge,- /ˈhüːnır-augı/ **s** nasır
Hühnerbrühe, n /ˈhüːnırbrüː/ **e** tavuk suyu
Hühnerstall, ..e /ˈhüːnırştal/ **r** kümes
Hülle,n /ˈhülı/ **e** örtü; kılıf
hüllen /ˈhülın/ örtmek; sarmak
Hülse, n /ˈhülzı/ **e** kabuk; kovan; kılıf
human /huˈmaːn/ insancıl
Humanismus /hunaˈnismus/ **r** hümanizm
Humanität /humaniˈteːt/ **e** insanlık
Hummel, n /ˈhumıl/ **e** yabanarısı
Hummer,- /ˈhumır/ **r** ıstakoz
Humor, e /huˈmoːr/ **r** mizah
humoristisch /humoˈristış/ mizahi
Hund,e /hunt/ **r** köpek
Hundeleben /ˈhundılebın/ **s** sefalet
hundemüde /ˈhundımüːdı/ *kd.* çok yorgun
hundert /ˈhundırt/ yüz
Hüne,n /ˈhüːnı/ **r** dev
Hunger,- /ˈhungır/ **r** açlık **- bekommen** acıkmak, **-haben** karnı aç olmak
hungern /ˈhungırn/ acıkmak
Hungersnot /ˈhungırsnoːt/ **e** kıtlık
Hungerstreik /ˈhungırştrayk/ **r** açlık grevi
hungrig /ˈhungrih/ aç
Hupe,n /huˈpı/ **e** korna, klakson
hupen /ˈhuːpın/ korna çalmak
hüpfen /ˈhüpfın/ hoplamak, sıçramak
Hürde,n /ˈhürdı/ **e** çit; engel
Hürdenlauf,..e /ˈhürdınlauf/ **r** *sp.* engelli koşu
Hure,n /ˈhuːrı/ **e** orospu, fahişe
Husten /ˈhuːstın/ **r** öksürük
husten /ˈhuːstın/ öksürmek
Hut, ..e /huːt/ **r** şapka
hüten /ˈhüːtın/ korumak, saklamak; **de.** sakınmak
Hütte, n /ˈhütı/ **e** kulübe, baraka
Hyäne,n /hüˈeːnı/ **e** sırtlan
Hyazinthe,n /hüaˈtsintı/ **e** sümbül
hydraulisch /hüdroˈliş/ hidrolik
Hygiene /hügiˈeːnı/ **e** sağlık bilgisi, hijyen
hygienisch /hügˈyeːniş/ sağlığa yararlı
Hymen,- /ˈhüːmen/ **s** kızlık zarı
Hymne, n /ˈhümnı/ **e** övgü
Hypnose, n /hüpˈnoːzı/ **e** hipnoz
hypnotisieren /hüpnotiˈziːrın/ ipnotize etmek
Hypothek, en /hüpoˈteːk/ **e** ipotek
Hypothese, n /hüpoˈteːzı/ **e** varsayım
Hysterie, n /hüsteˈriː/ **e** *hek.* isteri
hysterisch /hüsˈteːriş/ *hek.* isterik

I

ich /ıh/ ben
Ideal,e /ide'a:l/ s ülkü, ideal
ideal /ide'a:l/ ideal, mükemmel
İdealismus /idea'lismus/ r ülkücülük, idealizm
İdealist, en /idea'list/ r ülkücü, idealist
Idee, n /i'de:/ e fikir, düşün
identifizieren /identifi'tsi:rın/ kimliğini saptamak, tanımak, özdeleştirmek
identisch /i'dentiş/ özdeş, aynı
Identität /identı'te:t/ e özdeşlik; kimlik
idiomatisch /idyo'ma:tiş/ deyimsel
Idiot,en /id'yo:t/ r bunak, aptal
Igel,-/i:gıl/ r kirpi
ignorieren /igno'ri:rın/ bilmemezlikten gelmek, görmemezlikten gelmek
ihm /i:m/ ona
ihn /i:n/ onu
ihnen/i'nın/ onlara
Ihnen /i'nın/ size
ihr /i:r/ siz; ona
Ihr /i:r/ sizin, sizlerin
ihre (r,s) /'i:rı (r,z)/ onunki; onlarınki
Ihre (r,s) /'i:rı (r,z)/ seninki, sizinki
ihrer /'i:rır/ onun; onların
Ihrer /'i:rır/ sizin
ihrerseits /'i:rırzayts/ onun tarafından onlar tarafından
Ihrerseits /'i:rırzayts/ sizin tarafınızdan
ihresgleichen /'i:rısglayhın/ onun gibi, onlar gibi
Ihresgleichen /'i:rısglayhın/ sizin gibi
ihrig /'i:rih/ onunki, onlarınki
Ihrig /'i:rih/ sizinki
illegal /'illega:l/ yasadışı, yolsuz
illegitim /'ilegiti:m/ hukuk dışı; evlilik dışı
Illusion en /iluz'yo:n/ e kuruntu, hayal
illustriert /ilus'tri:rt/ resimli
Illustrierte,n /ilus'tri:rtı/ e resimli dergi
im /im/ in dem'in kısaltılmşı
Imbiß,-isse /'imbis/ r küçük yemek, atıştırma
Imbißstube, n /'imbisştu:bı/ e büfe
Imitation,en /imita'tsyo:n/ e taklit
imitieren /imi'ti:rın/ taklit etmek
Imker,- /'imkır/ r arıcı
immer /'imır/ daima, hep, her zaman
immerhin /imır'hin/ ne de olsa; hiç olmazsa; buna rağmen, buna karşın
immobilien /imo'bi:liın/ (ç.) taşınmaz mallar, gayrimenkuller
immun /i'mu:n/ bağışık, muaf
Immunität /i'muni'te:t/ e bağışıklık; dokunulmazlık
Imperativ, e /'imperati:f/ r dilb. buyrum, emir kipi
imperfekt,e /'imperfekt/ s dilb. sürekli geçmiş zaman
Imperialismus /imperyalismus/ r emperyalizm

Jmperialist, en /imperia'list/ r emperyalist
impfen /'impfın/ aşı yapmak
Impfschein,e /'impfşayn/ r aşı kâğıdı
Impfstoff, e /'impfştof/ r aşı
Impfung, en /'impfung/ e aşı
Import e /im'port/ r ithalât, dışalım
importieren /impor'ti:rın/ ithal etmek, dışalım yapmak
impotent /'impotent/ puluç, iktidarsız
Impotenz /'impotents/ e puluçluk, iktidarsızlık
Impressionismus /impresyo'nismus/ r izlenimcilik
improvisieren /improvi'zi:rın/ irticalen söylemek, doğaçtan söylemek
Impuls, e /im'puls/ e güdü, içtepi
imstande sein /im'ştandı zayn/ yapabilecek durumda olmak, yapabilmek
in /in/ içine, içinde
inbegriffen /'inbıgrifın/.dahil, içinde
indem /in'de:m/ sırasında iken, -ken/-erek, -arak, -mek suretiyle
Inder,- /'indır/ r Hintli
indes(sen) /in'des(ın)/ bu arada, o arada; oysa
Indianer,- /indi'a:nır/ r Kızılderili
Indien /'indiın/ Hindistan
ındikativ, e /'indikati:f/ r dilb. bildirme kipi
indirekt /'indirekt/ dolaylı
indiskret /'indiskret/ sır saklamaz, boşboğaz; saygısız, arsız, şımarık
individuell /indi'vi:duel/ bireysel; kişisel
Individuum,-duen /indi'vi:-duum/ s kişi; birey
industrialisieren /industriali'zi:rın/ sanayileştirmek, endüstrileştirmek
Industrie,n /indust'ri:/ e endüstri, sanayi
Industriegebiet,e /indust'ri:gıbi:t/ s endüstri bölgesi
industriell /idustri'el/ endüstriyel, sınai
ineinander /inay'nandır/ birbiri için(d)e, iç içe
Infanterie, n /infantı'ri:/ e ask. piyade
Infektion, en /infekts'yo:n/ e enfeksiyon, bulaşma
Infektionskrankheit, en /infekts'yonskrankhayt/ e bulaşıcı hastalık
Infinitiv, e /'infiniti:f/ r dilb. mastar, eylemlik
infizieren /infi'tsi:rın/ bulaştırmak, geçirmek
Inflation, en /inflats'yo:n/ e enflasyon
infolge /in'folgı/ -den dolayı, yüzünden
infolgedessen /infolgı'desın/ bundan dolayı, bu nedenle
Information, en /informats'yo:n/ e bilgi
informieren /infor'mi:rın/ bilgi vermek, haberdar etmek; de. bilgi edinmek
infrarot /'infraro:t/ kızılaltı, enfraruj
Ingenieur,e /injen'yö:r/ r mühendis
Ingwer /'ingvır/ r zencefil
inhaber, -/'inha:bır/ r sahip; tic. hamil taşıyan
inhaftieren /inhaf'ti:rın/ tutuklamak
inhalieren /inha'li:rın/ (dumanı) içine çekmek
Inhalt, e /'inhalt/ r içerik
Inhaltsangabe, n /'inhalts-anga:bı/ e özet
Inhaltsverzeichnis, se /'inhalsfertsayhnis/ s dizin, içindekiler
Initiative /initsya'ti:vı/ e inisyatif, girişim
Injektion, en /inyekts'yo:n/ e enjeksiyon
inklusive /inklu'zi:vı/ dahil
Inland /'inlant/ s yurt içi
inmitten /in'mitın/ ortasında
innehaben /'inıha:bın/ (rekor vs.) sahibi olmak; elinde tutmak
innen /'inın/ içinde
Innenarchitekt, en /'inın:arhitekt/ r içmimar, dekoratör
Innenminister,- /'inınministır/ r İçişleri Bakanı
Innenmi..sterium /'inınministe:ryum/ s İçişleri Bakanlığı

Innenpolitik /'ınınpoliti:k/ e iç politika
Innenstadt, ..e /'ınınştat/ e kent merkezi
inner /'ınır/ iç, dahili
innerhalb /'ınırhalp/ içinde, zarfında
innerlich /'ınırlih/ dahili, iç
innig /'inih/ içten, yürekten
Innigkeit /'inihkayt/ e içtenlik
inoffiziell /'inofitsyel/ resmi olmayan
ins /ins/ **in das**'ın kısaltılmışı
Insasse,n /'inzası/ r içinde bulunan, oturan; yolcu
insbesondere /insbı'zondırı/ özellikle
Inschrift, en /'inşrift/ e yazıt, kitabe
Insekt, en /in'zekt/ s böcek
Insel,n /'inzıl/ e ada
Inserat e /inze'ra:t/ s (gazete) ilan
inserieren /inze'ri:rın/ gazeteye ilan vermek
insgeheim /insgı'haym/ gizlice
insgesamt /insgı'zamt/ toptan
insofern /in'zo:fern/ o bakımdan
Inspektion, en /inspekts'yo:n/ e denetim
Inspektor, en /ins'pektor/ r müfettiş
Installateur, en /instala'tö:r/ r elektrikçi; tesisatçı
Installation, en /instalats'yo:n/ e tesisat, döşem
installieren /insta'li:rın/ tesis etmek, döşemek
instand /inş'tant/ :- **halten** bakmak, korumak - **setzen** onarmak
Instinkt, e /ins'tinkt/ r içgüdü
instinktiv /instink'ti:f/ içgüdüsel
Institut, e /insti'tu:t/ s enstitü, kurum
Instrument,e /instru'ment/ s alet, aygıt; enstrüman, çalgı
inszenieren /instse'ni:rın/ sahneye koymak, oyunlamak
Inszenierung, en /instse'ni:rung/ e mizansen,sahneye koyma, oyunlama
intellektuell /intelektu'el/ zihni
Intellektuelle, n /intelektu'elı/ r aydın
intelligent /inteli'gent/ zeki, akıllı
Intelligenz /inteli'gents/ e zekâ, akıl

intensiv /inten'zi:f/ yoğun
interessant /intere'sant/ ilginç
Interesse, n /intere'sı/ s ilgi
Interessent, en intere'sent/ r istekli, ilgilenen
interessieren /intere'si:rın/ ilgilendirmek; de. ilgilenmek
Internat, e /inter'na:t/ s yatılı okul
international /internatsyo'na:l/ uluslararası
Interpretation, en /intırpretats'yo:n/ e yorum
interpretieren /intıpre'ti:rın/ yorumlamak
Interpunktion, en /interpunktsi'o:n/ e noktalama
Interview, s /inter'vüu/ s görüşme
intim /in'ti:m/ sıkı fıkı, içli dışlı
Intimität, en /intimi'te:t/ e samimiyet, teklifsizlik
intolerant /'intolırant/ hoşgörüsüz
intransitiv /'intranziti:f/ dilb. geçişsiz
Intrige, n /in'tri:gı/ e entrika, dolap
Invalide, n /inva'li:dı/ r sakat, malul
Invasion, en /invaz'yo:n/ e istila
Inventar,e /inven'ta:r/ s demirbaş (eşya)
investieren /inves'ti:rın/ (para) yatırmak, yatırım yapmak
Investierung, en /inves'ti:rung/ e yatırım
inwiefern /in'vi:fern/ ne dereceye kadar, ne yönden
inwieweit /in'vi:vayt/ ne dereceye kadar, ne yönden
inzwischen /in'tsvişın/ bu aralık, bu arada
irdisch /'irdiş/ dünyevi
irgend /'irgınt/ herhangi; hiç -**ein** herhangi
irgend /'irgınt/ herhangi; hiç -**ein** herhangi bir -**einmal** herhangi bir kere -**etwas** herhangi bir şey -**jemand** herhangi bir **wie** herhangi bir biçimde -**wo** herhangi bir yerde -**woher** herhangi bir yerden -**wohin** herhangi bir yere
Ironie,n /iro'ni:/ e alay, istihza
ironisch /'iro:niş/ alaylı

irre /irı/ deli, çılgın; şaşkın
Irre, n /'irı/ **r** deli, çılgın
irreführen /'irıfü:rın/ yolunu şaşırtmak; aldatmak, yanıltmak
irremachen /'irımahın/ şaşırtmak
irren /'irın/ de. yanılmak, aldanmak
Irrenanstalt, en /'irın-anştalt/ **e** tımarhane
irritieren /iri'ti:rın/ şaşırtmak, aklını karıştırmak
Irrsinn /'irzin/ **r** delilik, çılgınlık
irrsinnig /'irzinih/ deli, kaçık
Irrtum,..er /'irtu:m/ **r** yanılgı, yanlışlık, hata
irrtümlich /'irtü:mlih/ yanlışlıkla; yanlış, hatalı

Ischias /'işyas/ **e** *hek.* siyatik
Isolation, en /izolats'yo:n/ **e** yalıtım, izolasyon
Isolator, en /izo'la:tor/ **r** yalıtkan, izolatör
Isolierband, ..er /izo'li:rbant/ **s** izolebant
isolieren /izo'li:rın/ yalıtmak, izole etmek
Isolierung, en /izo'li:rung/ **e** yalıtım, izolasyon
Israel /'israel/ Israil
Israeler /isra'e:lır/ **r** İsrailli
Italien /i'ta:liın/ **s** İtalya
Italiener /ital'ye:nır/ **r** İtalyan
italienisch /ital'ye:niş/ İtalyanca

J

Ja /ya/ evet
Jacht, en /yaht/ e yat
Jacke, n /'yakı/ e ceket, hırka
Jackett, e /ja'ket/ s ceket
Jagd, en /ya:kt/ e av, avcılık
jagdflinte, n /'ya:ktflintı/ e av tüfeği
Jagdhund, e /'ya:kthunt/ r av köpeği
jagen /'ya:gın/ avlanmak; avlamak
Jäger, - /'ye:gır/ r avcı
jäh /ye:/ sarp; birdenbire
Jahr, e /ya:r/ s yıl
Jahrbuch, ..er /'ya:rbu:h/ s yıllık
jahrelang /'ya:rılang/ yıllarca
Jahrestag, e /'ya:rısta:k/ r yıldönümü
Jahreszeit, en /'ya:rıstsayt/ e mevsim
...jährig /ye:rih/ ....yaşında
Jahrmarkt, ..e /'ya:rmarkt/ r panayır
Jahrhundert, e /'ya:r'hundırt/ s yüzyıl
jährlich /'ye:rlih/ yıllık; her yıl
Jahrtausend, e /ya:r'tauzınt/ s bin yıl
Jahrzehnt, e /ya:r'tse:nt/ s onyıl
Jalousie, n /jalu'zi:/ e panjur
Jammer /'yamır/ r acı; feryat; sefalet, perişanlık
jämmerlich /'yemırlih/ acınacak durumda; sefil, perişan
jammern /'yamırn/ feryat etmek
Januar /'yanua:r/ r ocak (ayı)
Japan /'ya:pan/ Japonya
Japaner, - /ya'pa:nır/ r Japon

japanisch /ya'pa:niş/ Japon; Japonca
Japanisch /ya'pa:niş/ s Japonca
jaulen /'yaulın/ ulumak
jawohl /ya'vo:l/ evet, hayhay, gayet tabi
Jawort, e /'yavort/ s onay
Jazz /ces, yats/ r caz
je /ye:/ herhangi bir zamanda; her defa, her defasında; hiç
Jean, s /ci:n/ r blucin
jede, (jeder, jedes) /'ye:dı(ye:dır, ye:dıs)/ her
jedenfalls /'ye:dınfals/ her ne olursa olsun
jedermann /'ye:dırman/ herkes
jederzeit /'ye:dırtsayt/ her zaman
jedesmal /'ye:dısma:l/ her defasında
jedoch /ye:doh/ bununla birlikte
jemals /'ye:ma:ls/ herhangi bir zamanda; hiç
jemand /'ye:mant/ bir kimse, biri
jene /'ye:nı/ şu
jener /'ye:nır/ şu
jenes /'ye:nıs/ şu
jenseits /'ye:nzayts/ yanda, karşıda; öte yanında, karşısında
Jesus /'ye:zus/ Hz. İsa
jetzig /'yetsih/ şimdiki
jetzt /yetst/ şimdi, şu anda
jeweils /'ye:vayls/ her defa(sında)
Joch, e /yoh/ s boyunduruk

Jochbein /'yohbayn/ s elmacık kemiği
Jockei, s /'coki/ r cokey
Jod /yo:t/ s iyot
jodtinktur, en /'yo:ttinktu:r/ s tentürdiyot
Joghurt /'yogurt/ s yoğurt
Joghurtbereiter, - /'yogurtbıraytır/ r yoğurt makinası
Johannisbeere, n /yo'hanisbe:rı/ e frenküzümü
Jordanien /yor'da:niın/ Ürdün
Journalist, en /yurna'list/ r gazeteci
Jubel /'yubıl/ r tezahürat; büyük sevinç
jubeln /'yu:bıln/ tezahürat yapmak; sevinçten çığlık atmak
Jubiläum, -äen /yubi'le:um/ s jübile
jucken /'yukın/ kaşınmak
Juckreiz /'jukrayts/ r kaşıntı
Jude, n /'yudı/ r yahudi
Judentum /'yu:dıntum/ s Yahudilik
jüdisch /'yü:diş/ Yahudi
Jugend /'yu'gınt/ e gençlik
Jugendherberge, n /'yu:gıntherbergı/ e gençlik yurdu
jugendlich /'yu:gıntlih/ genç; gençliğe özgü
Jugendliche, n /'yu:gıntlihı/ r genç (13-19 yaş arasında)
Jugoslawe, n /yugo'sla:vı/ r Yugoslav
Jugoslawien /yugo'sla:viın/ Yugoslavya
Juli /'yu:li/ r temmuz

jung /yung/ genç; körpe
Junge, n /'yungı/ r oğlan, erkek çocuk
Junge, n /'yungı/ s hayvan yavrusu
jünger /'yüngır/ daha genç
Jünger, - /'yüngır/ r mürit, havari
Jungfer, n /'yungfır/ e bakire
Jungferhäutchen, - /'yungfırhoythın/ s kızlık zarı
Jungfrau, en /'yungfrau/ e bakire; Başak (burcu)
Junggeselle, n /'yunggızelı/ r bekâr (adam)
Jüngling, e /'yüngling/ r genç, delikanlı
jüngst /yüngst/ en genç; son **das jüngste Gericht, der jüngste Tag** kıyamet günü
Juni /'yu:ni/ r haziran
Jurist, en /yu'rist/ r hukukçu
juristisch /yu'ristiş/ hukuki, tüzel
Justiz /yus'ti:ts/ e adalet; adliye
Justizminister, - /yus'ti:tsministır/ r Adalet Bakanı
Justizministerium /yus'tı:tsministe:ryum/ s Adalet Bakanlığı
Juwel, en /yu've:l/ s değerli taş, mücevher
Juwelier, e /yuve'li:r/ r kuyumcu
juweliergeschäft, en /yuve:'li:rgışeft/ s kuyumcu (dükkanı)
Jux, e /yuks/ r şaka

K

Kabarett, e /kaba'ret/ s kabare
Kabel, - /ka:bıl/ s kablo
Kabeljau, s /'ka:bılyau/ r morina (balığı)
Kabine, n /ka'bini/ e kabin; kamara
Kabinett, e /kabi'net/ s bakanlar kurulu
Kachel, n /'kahıl/ e fayans, çini
Kadaver, - /ka'da:vır/ r leş, ceset
Käfer, - /'ke:fır/ r böcek
Kaffee, s /'kafe:/ s kahve
Kaffeeautomat, en /'kafe:automa:t/ r kahve pişirme makinesi
Kaffeemühle, n /'kafe:mü:lı/ e kahve değirmeni
Kaffeetasse, n /'kafe'tası/ e kahve fincanı
Käfig, e /'ke:fih/ r kafes
kahl /ka:l/ kel, dazlak; (ağaç) ypraksız
Kahn, ..e /ka:n/ r mavna; kayık
Kai, s /kay/ r rıhtım
Kaiser, - /'kayzır/ r imparator
Kaiserin, nen /'kayzırin/ e imparatoriçe
Kaiserschnitt, e /'kayzırşnit/ r hek. sezaryen
Kajüte, n /ka'yü:tı/ e kamara
Kakao /ka'ka:o/ r kakao
Kaktus, se /'kaktus/ r kaktüs
Kalb, ..er /kalp/ s dana, buzağı
Kalbfleisch /'kalpflayş/ s dana eti
Kalbsbraten /'kalpsbra:tın/ r dana kızartması

Kalender, - /ka'lendır/ r takvim
Kaliber, - /ka'li:bır/ s çap
Kalif, en /ka'li:f/ r halife
Kalk, e /kalk/ r kireç
Kalorie, n /kalo'ri:/ e kalori, ısın
kalt /kalt/ soğuk
kaltblütig /'kaltblü:tih/ soğukkanlı
Kälte, n /'keltı/ e soğuk, soğukluk
Kamel, e /ka'me:l/ s deve
Kamera, s /'kamera/ e fotoğraf makinesi
Kamerad, en /kame'ra:t/ r arkadaş, yoldaş
Kameradschaft, en /kame'ra:tşaft/ e arkadaşlık, dostluk
kameradschaftlich /kame'ra:tşaftlih/ arkadaşça, dostça
Kamille, n /ka'milı/ e papatya
Kamin, e /ka'mi:n/ r şömine, ocak, baca
Kamm, ..e /kam/ r tarak; (horoz) ibik/ dalga tepesi; dağ sırtı
kämmen /'kemın/ taramak; de. taranmak, saçını taramak
Kammer, n /'kamır/ e hücre, küçük oda
Kammermusik /'kamırmuzı:k/ e oda müziği
Kampf, ..e /kampf/ r savaş, yarışma, karşılaşma
kämpfen /'kempfın/ savaşmak, çarpışmak
Kämpfer, - /'kempfır/ r savaşçı

Kampfrichter, - /'kamprihtır/ r sp. hakem
Kanal, ..e /ka'na:l/ r kanal
Kanalisation, en /kanalizats'yo:n/ e kanalizasyon
kanalisieren /kanali'zi:rın/ kanalize etmek; kanalizasyon yapmak
Kanarienvogel, .. /ka'na:ryınfo:gıl/ r kanarya
Kandidat, .en /kandi'da:t/ r aday
Kandidatur /kandida'tu:r/ e adaylık
kandidieren /kandi'di:rın/ adaylığını koymak
Känguruh, s /'kenguru:/ r kanguru
Kaninchen, - /ka'ni:nhın/ s adatavşanı
Kanister, - /ka'nistır/ r bidon, teneke
Kanne, n /'kanı/ e güğüm; testi; ibrik
Kanone, n /ka'no:nı/ e ask. top
Kante, n /'kantı/ e kenar
Kantine, n /kan'tı:nı/ e kantin
Kanu, s /ka'nu:/ s kano
Kanzel, n /'kantsıl/ e mimber
Kanzler, - /'kantslır/ r başbakan, şansölye
Kap, s /kap/ s (coğrafya) burun
Kapazität, en /kapatsi'te:t/ e kapasite; sığa
Kapelle, n /ka'pelı/ e küçük kilise; küçük orkestra, bando
Kapellmeister, - /ka'pelmaystır/ r orkestra şefi, bando şefi
kapieren /ka'pi:rın/ kavramak, anlamak
Kapital, ien /kapi'ta:l/ s anamal, sermaye, kapital
Kapitalanlage, n /kapi'ta:lanla:gı/ e yatırım
Kapitalismus, /kapita:'lismus/ r anamalcılık, kapitalizm
Kapitalist, en /kapita'list/ r kapitalist, sermayedar
Kapitän, e /kapi'te:n/ r kaptan
Kapitel, - /ka'pitıl/ s bölüm
kapitulieren /kapitu'li:rın/ teslim olmak
Kaplan, ..e /kap'la:n/ r papaz yardımcısı

Kappe, n /'kapı/ e başlık, kasket; kapak
Kapsel, n /'kapsıl/ e kapsül
kaputt /ka'put/ kırık, bozuk; bitkin
kaputtgehen /ka'putge:ın/ kırılmak, bozulmak
kaputtmachen /ka'putmahın/ kırmak, bozmak
Kapuze, n /ka'putsı/ e kukulete, kapşon
Karat, e /ka'rat/ s kırat
Karawane, n /kara'va:nı/ e kervan
Kardinal, ..e /kardi'na:l/ r kardinal
Kardinalzahl, en /kardi'na:ltsa:l/ e sayı
kariert /ka'ri:rt/ kareli
Karikatur, en /karika'tu:r/ e karikatür
karikieren /kari'ki:rın/ karikatürize etmek
Karneval, e /karnı'va:l/ r karnaval
Karo, s /'ka:ro/ s kare; (kâğıt) karo
Karosserie, n /karosı'ri:/ e karoser
Karotte, n /ka'rotı/ e havuç
Karpfen, - /'karpfın/ r sazan (balığı)
Karre, n /'karı/ e yük, el arabası
Karriere, n /kar'ye:rı/ e kariyer, meslek
Karte, n /'kartı/ e kart; bilet; oyun kâğıdı; harita; yemek listesi
Kartei, en /kar'tay/ e kartoteks
kartenspiel, e /'kartınşpi:l/ s kâğıt oyunu
Kartoffel, n /'kar'tofıl/ e patates
Kartoffelbrei, e /kar'tofılbray/ r patates püresi
Karton, s /kar'to:n/ r karton, mukavva
Karussell, e /karu'sél/ s atlıkarınca
Käse,- /'ke:zı/ r peynir
Kaserne,n /ka'zernı/ e kışla
Kasino, s /ka'zi:no/ s gazino; orduevi
Kasse, n /'kası/ e kasa, vezne; gişe
Kassenzettel, - /'kasıntsetıl/ r (alışveriş) fiş
Kassette,n /ka'setı/ e kaset, küçük kutu
kassieren /ka'si:rın/ (para) tahsil etmek
Kassierer, - /ka'si:rır/ r kasiyer
Kastanie,n /kas'ta:nii/ e kestane
kastanienbraun /kas'ta:niınbraun/ kestane rengi, kumral

Kaste, n /'kastı/ e kast
Kasten,.. /'kastın/ r kutu, sandık
Katalog, e /kata'lo:k/ r katalog
Katarrh, e /ka'tar/ r nezle
katastrophal /katastro'fa:l/ feci, korkunç
Katastrophe, n /katas'tro:fı/ e felaket, facia
Kategorie, n /katego'ri:/ e kategori, sınıf
kategorisch /kate'go:riş/ kesin
Kater,- /'ka:tır/ r erkek kedi; *kd.* ayıltı, içki sersemliği
Kathedrale, n /kated'ra:lı/ e katedral
Kathode, n /ka'to:dı/ e katot
Katholik, en /kato'li:k/ r katolik
katholisch /ka'to:liş/ katolik
Katze, n /'katsı/ e kedi
Katzenauge, n /'katsın-augı/ s kedi gözü
Katzenjammer /'katsın-yamır/ r içki sersemliği, ayıltı
Katzensprung /'katsın-şprung/ r iki adımlık yer, çok kısa mesafe
kauen /'kauın/ çiğnemek
kauern /'kauırn/ büzülmek, çömelmek
Kauf,..e /kauf/ r satın alma, alım
kaufen /'kaufın/ satın almak
Käufer,- /'koyfır/ r alıcı, müşteri
Kaufhaus, ..er /'kaufhaus/ s büyük mağaza
Kaufkraft /'kaufkraft/ e alım gücü
Käuflich /'koyflih/ satın alınabilir
Kaufmann, Kaufleute /'kaufman/ r tüccar
kaufmännisch /'kaufmeniş/ ticari
Kaugummi, s /'kaugumi/ r çiklet
kaum /kaum/ henüz; pek az; güçlükle
Kautschuk /kau'çuk/ r kauçuk
Kavalier, e /kava'li:r/ r kavalye: centilmen
Kavallerie, n /kavalı'ri:/ e süvari sınıfı
Kaviar /'kavya:r/ r havyar
keck /kek/ gözüpek, cüretli; küstah
Kegel,- /'ke:gıl/ r koni
kegelförmig /'ke:gılförmih/ konik
Kehle, n /'ke:lı/ e boğaz, gırtlak

Kehlkopf,..e /'ke:lkopf/ r gırtlak
Kehre, n /'ke:rı/ e dönemeç
kehren /'ke:rın/ süpürmek; çevirmek
Kehricht /'ke:riht/ r çöp, süprüntü
Kehrseite, n /'ke:rzaytı/ e ters taraf
kehrtmachen /'ke:rtmahın/ geri dönmek
keifen /kayfın/ azarlama
Keil, e /kayl/ e kama, takoz
Keilerei, en /kaylı'ray/ e *kd.* kavga, dövüş
Keilriemen /'kaylri:mın/ r (araba) vantilatör kayışı
Keim, e /kaym/ r embriyon; tohum
keimen /'kaymın/ çimlenmek, filizlenmek
keimfrei /'kaymfray/ steril, sterilize
keimtötend /'kaymtö:tınt/ antiseptik
kein /kayn/ hiç, hiçbir
keine /'kaynı/ hiçbir(i)
keiner /'kaynır/ hiçbir(i)
keines /'kaynıs/ hiçbir(i)
keineswegs /'kaynısve:ks/ hiç, asla
keinmal /'kaynma:l/ hiçbir kez
Keks, e /ke:ks/ r, s bisküvi
Kelch, e /kelh/ r ayaklı kupa
Kelle, n /'kelı/ e mala; kepçe
Keller,- /'kelır/ r kiler, mahzen, bodrum
Kellner /'kelnır/ r garson
Kelter,- /'keltır/ r cendere, mengene
kennen /'kenın/ tanımak, bilmek
kennenlernen /'kenınlernın/ tanımak; öğrenmek
Kenner,- /'kenır/ r uzman; erbab
Kennkarte, n /'kenkartı/ e kimlik kartı
Kenntnis, se /'kentnis/ e bilgi
Kennwort, ..er /'kenvort/ s *ask.* parola: rumuz
Kennzeichen /'kentsayhın/ s işaret; karakteristik
kennzeichnen /'kentsayhnın/ işaretlemek, mimlemek; karakterize etmek
kentern /'kentırn/ alabora etmek
Keramik, en /ke'ra.mik/ e seramik
Kerbe, n /'kerbı/ e çentik
Kerker,- /'kerkır/ r zindan

Kerl, e /kerl/ r herif, adam
Kern, e /kɛrn/ r çekirdek
Kernenergie, n /'kernenergi:/ e nükleer enerji
Kernforschung, en /'kernforşung/ e nükleer araştırma
Kernkraftwerk, e /'kernkraftverk/ s nükleer santral
kernlos /'kernlo:s/ çekirdeksiz
Kernreaktor, en /'kernreaktor/ r atom reaktörü
Kernspaltung /'kernşpaltung/ e atom çekirdeğinin parçalanması
Kernwaffen /'kernvafın/ (ç.) nükleer silahlar
Kerze, n /'kertsı/ e mum
Kerzenständer,- /'kertsınştendır/ r şamdan
keß /kes/ cüretkâr; küstah, saygısız
Kessel,- /'kesıl/ r kazan
Kette, n /'ketı/ e zincir
ketten /'ketın/ zincirlemek
Kettenreaktion, en /'ketınreakts'yo:n/ e zincirleme reaksiyon
Ketzer,- /'ketsır/ r kâfir, zındık
Ketzerei, en /ketsı'ray/ e kafirlik
keuchen /'koyhın/ solumak
Keuchhusten /'koyhhu:stın/ r boğmaca
Keule, n /'koylı/ e çomak, tokmak; but
keusch /koyş/ namuslu; kızlığını yitirmemiş, bakire
Keuschheit /'koyşhayt/ e namusluluk
Kichererbse, n /'kihır-erpsı/ e nohut
kichern /'kihırn/ kıkır kıkır gülmek
Kiefer,- /'ki:fır/ r çene (kemiği)
Kiefer, n /'ki:fır/ e çam ağacı
Kiel, e /ki:l/ r gemi omurgası
Kieme, n /'ki:mı/ e solungaç
Kies, e /ki:s/ r iri kum
Kiesel,- /'ki:zıl/ r çakıl
Kilo, s /'ki:lo/ s kilo
Kilogramm,- /kilo'gram/ s kilogram
Kilometer,- /kilo'me:tır/ r kilometre
Kilowatt /'ki:lovat/ s kilovat

Kind, er /kint/ s çocuk
Kinderarzt,..e /'kindır-artst/ r çocuk doktoru
Kindergarten,.. /'kindırgartın/ r anaokulu, yuva
Kinderlähmung /'kindırle:mung/ e çocuk felci
kinderleicht /'kindırlayht/ çok kolay, çocuk oyuncağı
kinderlos /'kindırlo:s/ çocuksuz
Kindermädchen,- /'kindırmethın/ s dadı
Kinderspiel /'kindırşpi:l/ s çocuk oyuncağı, kolay iş
Kinderstuhl,..e /'kindırştu:l/ r oturak
Kinderwagen /'kindırva:gın/ r çocuk arabası
Kinderzimmer,- /'kindırtsımır/ s çocuk odası
Kindheit /'kinthayt/ e çocukluk
kindisch /'kindiş/ çocukça, aptalca
kindlich /'kintlih/ çocuksu, çocuk gibi
Kinn, e /kin/ s çene
Kino, s /'ki:no/ s sinema
Kiosk, e /ki'osk/ r küçük satış kulübesi
kippe, n /'kipı/ e izmarit
kippen /'kipın/ devrilmek; devirmek
Kirche, n /'kirhı/ e kilise
Kirchengemeinde /'kirhıngımaynd/ e kilise cemaati
Kirchenlied, er /'kirhınli:t/ s ilahi
Kirchenmusik /'kirhınmuzi:k/ e kilise müziği, dini müzik
Kirchturm,..e /'kirhturm/ r kilise kulesi, çan kulesi
Kirsche, n /'kirşı/ e kiraz
Kissen,- /'kisın/ s yastık
Kiste, n /'kistı/ e sandık, kutu
Kitsch /kiç/ r değersiz eser
Kitt, e /kit/ r camcı macunu
Kittel,- /'kitıl/ r önlük, iş gömleği
kitzeln /'kitsıln/ gıdıklamak
Kitzler,- /'kitslır/ r dılak; klitoris, bızır
klaffen /'klafın/ aralık kalmak
kläffen /'klefın/ havlamak; gürlemek; kı-

sık seslerle havlamak
Klage, n /'kla:gı/ **e** şikâyet; *huk.* dava
klagen /'kla:gın/ şikâyet etmek, yakınmak; *huk.* dava açmak
Kläger /'kle:gır/ **r** davacı
kläglich /'kle:klih/ acıklı, hüzünlü, ağlamaklı; perişan, sefil
klamm /klam/ nemli; uyuşuk
Klammer, n /'klamır/ **e** mandal; maşa; ataş; parantez, ayraç
Klang, ..e /klang/ **r** ses, tını
klangvoll /'klangfol/ tınlayan, sürekli ses çıkaran
Klappe, n /'klapı/ **e** kapak; ağız
klappen /'klapın/ vurmak; (işi) yolunda gitmek
Klapper, n /'klapır/ **e** kaynana zırıltısı
klapp(e)rig /'klap(ı)rih/ cılız; sıska
klappern /'klapırn/ takırdamak, tıkırdamak, şakırdamak
Klapperschlange, n /'klapırşlangı/ **e** çıngıraklıyılan
Klapperstorch, ..e /'klapırştorh/ **r** leylek
Klappmesser, - /'klapmesır/ **s** çakı
Klappstuhl,..e /'klapştu:l/ **r** açılır kapanır iskemle
Klaps, - /klaps/ **r** şaplak, tokat, şamar
klar /kla:r/ açık seçik, apaçık; aydınlık; temiz; berrak
klären /'kle:rın/ aydınlatmak, açıklamak; *de.* aydınlanmak
Klarheit /'kla:rhayt/ **e** açıklık
Klarinette, n /klari'neti/ **e** klarnet
klarlegen /'kla:rlegın/ açıklamak
Klasse,n /'klası/ **e** sınıf
Klassenarbeit, en /'klasınarbayt/ **e** yazılı yoklama
Klassenkampf, ..e /'klasınkampf/ **r** sınıf kavgası (mücadelesi)
Klassenzimmer,- /'klasıntsimır/ **s** derslik, sınıf
klassifizieren /klassifi'tsi:rın/ sınıflandırmak
klassisch /'klasiş/ klasik

Klatsch, e /klaç/ **r** dedikodu
klatschen /'klaçın/ dedikodu etmek; alkışlamak
Klaue, n /'klauı/ **e** pençe
klauen /'klauın/ *kd.* aşırmak, yürütmek
Klausel, n /'klauzıl/ **e** şart, kayıt
Klavier, e /'kla'vi:r/ **s** piyano
Klavierspieler,- /'kl'vi:rşpi:lır/ **r** piyanist
Klebemittel,- /'kle:bımitıl/ **s** yapıştırıcı
kleben /'kle:bın/ yapıştırmak
Klebstoff, e /'kle:pştof/ **r** zamk
Klebstreifen, - /'kle:pştrayfın/ **r** seloteyp
Klecks, e /kleks/ **r** leke
Klee /kle:/ **r** yonca
Kleid, er /klayt/ **s** giysi, elbise
kleiden /'klaydın/ giydirmek; yakışmak, iyi gitmek; *de.* giyinmek
Kleiderbügel,- /'klaydırbü:gıl/ **r** giysi askısı
Kleiderbürste, n /'klaydırbürstı/ **e** giysi fırçası
Kleiderschrank, ..e /'klaydırşrank/ **r** giysi dolabı
Kleidung, en /'klaydung/ **e** giyim
Kleie, n /'klayı/ **e** kepek
klein /klayn/ küçük
Kleinasien /'klayn-a:zıın/ Anadolu
Kleingeld /'klayngelt/ **s** bozuk para
Kleinbus, se /'klaynbus/ **r** minibüs
Kleingeld /'klayngelt/ **s** bozuk para
Kleinhandel /'klaynhandıl/ **r** perakendencilik
Kleinhändler, - /'klaynhendlır/ **r** perakendeci
Kleinigkeit, en /'klaynihkayt/ **e** ufak tefek şey; önemsiz şey
Kleinkind, er /'klaynkint/ **s** küçük çocuk, bebek
kleinlich /'klaynlih/ cimri; dar görüşlü
Kleinstaat,en /'klaynşta:t/ **r** küçük devlet
Kleinstadt, ..e /'klaynştat/ **e** küçük kent
Kleister,- /'klaystır/ **r** tutkal
Klemme, n /'klemı/ **e** kıskaç; sıkıntı, darlık

klemmen /'klemın/ sıkmak, sıkıştırmak, sıkışmak
Klempner,- /'klempnır/ r tenekeci, muslukçu
Klette, n /'kletı/ e pıtrak
klettern /'kletırn/ tırmanmak
Klient, en /kli'ent/ r müvekkil
Klima, te /'kli:ma/ s iklim
Klimaanlage, n /'kli:ma-anla:gı/ e havalandırma düzeni
klimatisch /kl'ma:tiş/ iklimsel
klimmen /'klimın/ tırmanmak
klimpern /'klimpırn/ tıngırdamak
Klinge, n /'klingı/ e traş bıçağı, jilet
Klingel, n /'klingıl/ e zil; çıngırak
klingeln /'klingıln/ (zili) çalmak
klingen /'klingın/ çınlamak, tınlamak
Klinik, en /'kli:nik/ e klinik
klinisch /'kli:niş/ klinik
Klinke, n /'klinkı/ e kapı tokmağı
klipp /klip/: **-und klar** besbelli, apaçık
Klippe, n /'klipı/ e kayalık
klirren /'klirın/ takırdamak, şakırdamak
Klischee, s /kli:şe/ s klişe
Klitoris,- /'kli:toris/ e dılak, klitoris
Klo, s /klo:/ s *kd.* tuvalet
Klobig /'klo:bih/ çam yarması, kaba
Klopfen /'klopfın/ vurmak
Klos, ..e /klos/ r köfte
Klosett, e /klo'zet/ s klozet, tuvalet
Klosettpapier, e /kl'ozetpapi:r/ s tuvalet kâğıdı
Kloster,.. /'klo:stır/ s manastır
Klosterbruder,.. /'klostırbru:dır/ r rahip
Klotz, ..e /klots/ r kütük
Klub, s /klup/ r kulüp
Kluft,..e /kluft/e uçurum; toprak yarığı
klug /klu:k/ akıllı
Klugheit /'klu:khayt/ e zekâ, akıl
Klumpen,- /'klumpın/ r topak, külçe
knabbern /'knabırn/ kemirmek
Knabe, n /'kna:bı/ r oğlan, erkek çocuk
knacken /'knakın/ çatırdamak; kırmak
Knall, e /knal/ r çatlama, patlama
knallen /'knalın/ patlamak, çatlamak
knapp /knap/ kıt; dar, sıkı; ucu ucuna
Knappheit,en /'knaphayt/ e kıtlık; darlık, sıklık
knarren /'knarın/ gıcırdamak
knattern /'knatırn/ takırdamak, çatırdamak
Knäuel,- /'knoyıl/ r, s yumak
Knauser,- /'knauzır/ r cimri, pinti
knauserig /'knauzırih/ cimri
Knebel,- /'kne:bıl/ r ağız tıkacı
knebeln /'kne:bıln/ ağzını tıkamak
Knecht, e /kneht/ r uşak
kneifen /'knayfın/ çimdiklemek
Kneipe, n /'knaypı/ e meyhane
kneten /'kne:tın/ yoğurmak
Knick, e /knik/ r çatlak; kıvrım, büklüm
knicken /'knikın/ kırmak; kırılmak
Knicks, e /kniks/ r reverans
knicksen /'kniksın/ reverans yapmak
Knie,- /kni:/ s diz
Kniebeuge,n /'kni:boygı/ e diz bükme, diz çökme
knien /'kni:ın/ diz çökmek
Kniescheibe,n /'kni:şaybı/ e dizkapağı
Kniestrumpf, ..e /'kni:ştrumpf/ r uzun çorap (dizkapağına kadar); kadın çorabı
Kniff, e /knif/ r buruşukluk; hile; püf noktası
kniffen /'knifın/ katlamak, kıvırmak
knipsen /'knipsın/ fotoğraf çekmek; delmek, zımbalamak
Knirps, e /knirps/ r bücür, bacaksız, bodur
knirschen /'knirşın/ gıcırdamak, çatırdamak
knistern /'knistırn/ çıtırdamak
Knitter, -/ /'knitır/ r buruşukluk
knitterfrei /'knitırfray/ buruşmaz
Knitter, - /'knitır/ r buruşukluk
knittern /'knitırn/ buruşmak
Knoblauch /'knoplauh/ r sarmısak
Knöchel,- /'knöhıl/ r parmak eklemi;

ayak bileği kemiği
Knochen,- /'knohın/ r kemik
Knochenbruch, ..e /knohınbruh/ r kemik kırılması
Knochenmark /'knohınmark/ s ilik
knochig /'knohih/ kemikli
Knödel,- /'knö:dıl/ r hamur, ciğer, patates vs. köftesi
Knolle, n /'knolı/ e yumru kök; çiçek soğanı
Knopf, ..e /knopf/ r düğme
knöpfen /'knöpfın/ iliklemek
Knopfloch, ..er /'knopfloh/ s (düğme) ilik
Knorpel,- /'knorpıl/ r kıkırdak
Knospe, n /'knospı/ e tomurcuk, gonca
Knoten,- /'knotın/ r düğüm
knoten /'kno:tın/ düğümlemek
Knotenpunkt, e /'kno:tınpunkt/ r kavşak
Knüller,- /'knülır/ r sansasyonel haber
knüpfen /'knüpfın/ bağlamak; düğümlemek
Knüppel,- /'knüpıl/ r sopa, değnek; cop
knurren /'knurın/ hırlamak; homurdanmak; guruldamak
knusperig /'knusprih/ gevrek
Koalition, en /koalitsi'o:n/ e koalisyon
Koch, ..e /koh/ r aşçı
Kochbuch, ..er /'kohbu:h/ s yemek kitabı
kochen /'kohın/ pişirmek, kaynatmak
Köcher,- /'köhır/ r sadak, okluk
Kochherd, e /'kohhe:rt/ r mutfak ocağı
Kochlöffel,- /'kohlöfıl/ r kepçe
Kochnische, n /'kohni:şı/ e küçük mutfak
Kochtopf, ..e /'kohtopf/ r tencere
Köder,- /'kö:dır/ r olta yemi
Koffer,- /'kofır/ r bavul, valiz
Kofferradio, s /'kofırra:dyo/ s portatif radyo
Kofferraum,..e /'kofırraum/ r bagaj yeri
Kognak, s /'konyak/ r konyak, kanyak
Kohl, e /ko:l/ r lahana
Kohle, n /'ko:lı/ e kömür

Kohlengrube, n /'ko:lıngru:bı/ e kömür madeni
Kohlenhändler, -/'ko:lınhendlır/ r kömürcü
Kohlenhydrat, e /'ko:lınhüdra:t/ s karbonhidrat
Kohlenstoff /'ko:lınştof/ r karbon
Kohlepapier, e /'ko:lıpapi:r/ s karbon kâğıdı
Kohlrabi /ko:lra:bi/ r kıvırcık lahana
Kohlrübe, n /'ko:lrü:bı/ e şalgam
Koitus /'ko:itus/ r cinsel birleşme
Koje, n /'ko:yı/ e küçük kamara
Kokain /koka'i:n/ s kokain
Kokosnuβ**,..sse** /'ko:kosnus/e hindistan cevizi
Koks, e /ko:ks/ r kok kömürü
Kolben /'kolbın/ r piston; dipçik
Kollege, n /ko'le:gı/ r meslektaş
Kollegin,nen /ko'le:gin/ e bayan meslektaş
kollektiv /kolek'ti:f/ ortaklaşa
Kollision, en /kolizi'o:n/ e çarpışma
Kölnischwasser /'kölnişvasır/ s kolonya
Kolonie, n /kolo'ni:/ e koloni; sömürge
kolonisieren /koloni'zi:rın/ sömürgesi altına almak
kolossal /kolo'sa:l/ dev gibi, kocaman
Kombination,en /kombinats'yo:n/ e birleştirme; varsayım, tahmin; kombinezon
kombinieren /kombi'ni:rın/ birleştirmek
Kombiwagen, - /'kombiva:gın/ r steyşın vagon
Komet, en /ko'me:t/ r kuyrukluyıldız
komfort /kom'fort/ konfor
komfortabel /komfor'ta:bıl/ konforlu
Komik /'ko:mik/ e gülünçlük, gırgır
Komiker, - /'ko:mikır/ r komedyen
komisch /'ko:miş/ gülünç
Komma, s /'koma/ s virgül
Kommandant, en /koman'dant/ r komutan
Kommandantur, en /komandan'tu:r/ e

komutanlık
kommandieren /koman'di:rın/ komuta etmek; emretmek
Kommanditgeselischaft,en /koman'di:tgızelşaft/ e komandit şirket
Kommando, s /ko'mando:/ s komut, emir, komando
kommen /'komın/ gelmek
kommenlassen /'komınlasın/ çağırmak, getirtmek
Kommentar, e /komen'ta:r/ r yorum
kommentieren /komen'ti:rın/ yorum yapmak, yorumlamak
Kommissar, e /komi'sa:r/ r komiser
Kommission, en /komis'yo:n/ e komisyon; kurul
Kommode, n /ko'mo:dı/ e konsol; komodin
Kommunismus /komu'nismus/ r komünizm
Kommunist, en /komu'nist/ r komünist
kommunistisch /komu'nistiş/ komünist
Komödiant, en /komödi'ant/ r komedyen
Komödie, n /ko'mö:dıı/ e komedi, güldürü
Kompanie, n /kompa'ni:/ e bölük; şirket, ortaklık
Kompaß, -sse /kom'pas/ r pusula
kompensieren /kompen'zi:rın/ dengelemek, telafi etmek
kompetent /kompe'tent/ yetkili
Kompetenz,en /kompe'tents/ e yetki
komplett /komp'let/ tam, komple
komplex /komp'leks/ karmaşık
Kompliment,e /kompli'ment/ s kompliman
Komplize, n /kom'pli:tsı/ r suç ortağı
komplizieren /kompli'tsi:rın/ karıştırmak, güçleştirmek
kompliziert /kompli'tsi:rt/ karışık, karmaşık
komponieren /kompo'ni:rın/ bestelemek
Komponist, en /kompo'nist/ r besteci

Komposition, en /kompozits'yo:n/e beste
Kompott, e /kom'pot/ s komposto
Kompressor, en /kompresor/ r kompresör
Kompromiß, -sse /kompro'mis/ r uzlaşma, uyuşma
Kondensation /kondenzatsi'o:n/ e yoğunlaşma, koyulaşma
Kondensator, en /konden'za:tor/ r kondansatör, yoğunlaç
kondensieren /konden'zi:rın/ kondanze, yoğunlaştırmak, koyulaştırmak
Konditionalsatz, ..e /konditsio'na:lzats/ r şart cümlesi, koşul yan tümcesi
Konditionstraining, s /konditsions'tre:ning/ s sp. kondisyon çalışması
Konditorei, en /kondito'ray/ e pastane
kondolieren /kondo'li:rın/ başsağlığı dilemek
Kondom, e /kon'do:m/ r prezervatif, kılıf
Konfektion,en /konfekts'yo:n/ e hazır giyim, konfeksiyon
Konfektionsgeschäft, e /konfeks'yo:nsgışeft/ s konfeksiyon mağazası, hazır giyim eşyası satılan yer
Konferenz,en /konfe'rents/ e toplantı, görüşme, müzakere
Konfession,en /konfes'yo:n/ e mezhep
konfiszieren /konfis'tsi:rın/ el koymak, toplatmak
Konfitüre, n /konfi'tü:rı/ e reçel
Konflikt,e /kon'flikt/ r uyuşmazlık, çatışma
konfrontieren /konfron'ti:rın/ yüzleştirmek, karşı karşıya getirmek
konfus /kon'fu:s/ aklı karışmış, şaşırmış
Kongreß /kon'gres/ r kongre, kurultay
König, e /'kö'nih/ r kral
Königin, nen /'kö:nigin/ e kraliçe
Königreich, e /'kö:nikrayh/ s krallık
Konjugation, en /konyugats'yo:n/ e dilb. eylem çekimi, fiil çekimi
konjugieren /konyu'gi:rın/ (fiil) çekmek

Konjunktion,en /konyunkts'yo:n/ e dilb. bağlaç
Konjunktiv, e /'konyunkti:f/ r dilb. isteme kipi
Konjunktur, en /konyunk'tu:r/ e konjonktür
konkret /konk're:t/ somut
Konkurrent,en /konku'rent/ r yarışmacı, rakip
Konkurrenz, en /konku'rents/ e rekabet; yarışma
konkurrieren /konku'ri:rın/ rekabet etmek; yarışmak
Konkurs, e /kon'kurs/ r iflas
können /'könın/ -ebilmek, -abilmek
Können,- /'könın/ s yetenek
konsequent /konzek'vent/ tutarlı, mantıklı
Konsequenz, en /konzek'vents/ e tutarlılık; sonuç
konservativ /konzerva'ti:f/ tutucu
Konservatorium /konzerva'to:ryum/ s konservatuvar
Konserve,n /kon'zervı/ e konserve
konservieren /konzer'vi:rın/ konserve yapmak; korumak, saklamak
Konsonant, en /konzo'nant/ r dilb. ünsüz. sessiz
Konstitution, en /konstituts'yo:n/ e anayasa; yapı, bünye
konstitutionell /konstitutsio:'nel/ anayasal; yapısal
konstruieren /konstru'i:rın/ kurmak, oluşturmak, yapmak
Konstruktion, en /konstruktsi'o:n/ e yapı; yapma, kurma
Konsul, e /kon'zul/ r konsolos
Konsulat, e /konzu'la:t/ s konsolosluk
Konsum /kon'zu:m/ r tüketim
Konsument, en /konzu'ment/ r tüketici
konsumieren /konzu:'mi:rın/ tüketmek
Kontakt, e /kon'takt/ r ilişki; kontak, temas, değme
Kontaktlinse, n /kon'taktlinzı/ e kontaklens
Kontinent, e /konti'nent/ s kıta, anakara
Konto, -ten s /'konto/ s hesap
kontra /'kontra/ karşı
Kontrabaβ**, ..sse** /'kontrabas/ r kontrbas
Kontrakt, e /kon'trakt/ r kontrat, sözleşme
Kontrast, e /kon'trast/ r kontrast, karşıtlık
Kontrazeption, en /kontratsepts'yo:n/ e gebeliği önleme
Kontrolle, n /kont'rolı/ e denetim
Kontrolleur, e /kontro'lö:r/ r biletçi, kondüktör
kontrollieren /kontro'li:rın/ denetlemek, kontrol etmek
konventionell /konventsyo'nel/ geleneksel, konvansiyonel
Konversation, en /konverzats'yo:n/ e konuşma
Konversationslexikon, -ka /konverzatsyo'nsleksikon/ s anksiklopedi
konvex /kon'veks/ dışbükey
Konzentration, en /kontsentrats'yo:n/ e bir noktaya toplama, yoğunlaştırma; derişme, konsantrasyon
Konzentrationslager, - /kontsentratsi'o:nsla:gır/ s toplama kampı
konzentrieren /kontsent'ri:rın/ bir noktaya toplamak, yoğunlaştırmak; de. derişmek, konsantre olmak
Konzept, e /kon'tsept/ s taslak, müsvedde
Konzert, e /kon'tsert/ s konser, dinleti; müz. konçerto
Konsertsaal, - säle /kon'tser-za:l/ r konser salonu
Kopf, ..e /kopf/ r kafa, baş
Kopfbedeckung, en /'kopfbıdekung/ e başörtüsü, başlık
Kopfhörer, - /'köpfhö:rır/ r kulaklık
Kopfrechnen /'kopfrehnın/ s akıldan hesap
Kopfsalat, e /'kopfzala:t/ r kıvırcık (ye-

şil) salata
Kopfschmerzen /'kopfşmertsın/ *(ç.)* baş ağrısı
Kopftuch, ..er /'kopftu:h/ **s** eşarp, baş örtüsü
Kopfweh /'kopve:/ **s** baş ağrısı
Kopie, n /'ko'pi:/ **e** kopya, suret
kopieren /ko'pi:rın/ kopya çekmek, kopya etmek; taklit etmek
koppeln /'kopıln/ bir araya bağlamak
Kopplung, en /'koplung/ **e** bağlantı, kuplaj
Koralle, n /ko'ralı/ **e** mercan
Koran /ko'ran/ **r** Kur'an-ı Kerim
Korb, ..e /korp/ **r** sepet
Korbball, ..e /'korpbal/ **r** basketbol, sepettopu
Korbsessel, - /'korpzısıl/ **r** hasır koltuk
Kordel, n /'kordıl/ **e** ip, sicim; kurdela
Kork, e /kork/ **r** mantar, tıpa
Korken, - /'korkın/ **r** tapa, tıkaç
Korkenzieher, - /'korkınts:ır/ **r** burgu, tirbuşon
Korn, ..er /korn/ **s** tane, küçük parça; buğday; tahıl; çavdar; tohum
Körper, - /'körpır/ **r** vücut, gövde; cisim
Körperbau /'körpırbau/ **r** vücut yapısı
körperlich /'körpırlih/ **e** gövdesel, fiziksel
Körperpflege, n /'körpırpfle:gı/ **e** vücut bakımı
Körperschaft, en /'körpırşaft/ **e** tüzel kişi; kurum
Körperteil, e /'körpırtayl/ **r** organ
korrekt /ko'rekt/ doğru
Korrektor, en /ko'rektor/ **r** düzeltici, düzeltmen
Korrektur, en /ko'rektu:r/ **e** düzeltme, düzelti
Korrespondent, en /'korespon'dent/ **r** muhabir
Korrespondenz, en /korespon'dents/ **e** haberleşme; mektuplaşma, yazışma
korrespondieren /korespon'dı:rın/ uymak, uyuşmak; mektuplaşmak, yazışmak
Korridor, e /'korido:r/ **r** koridor
korrigieren /kori'gırın/ düzeltmek
Korruption /koruptsi'o:n/ **e** rüşvet alma, yiyicilik
Korsett, e /kor'zet/ **s** korse
kosen /ko:zın/ okşamak
Kosename, n /'ko:zına:mı/ **r** sevgi ifade eden takma ad
Kosmetik, en /koz'metik/ **e** kozmetik
kosmetisch /koz'me:tiş/ kozmetik
kosmisch /'kozmiş/ evrensel
Kosmos /'kosmos/ **r** evren
Kost /kost/ **e** besin, yiyecek
kostbar /'kostba:r/ değerli; pahalı
kosten /'kostın/ mal olmak; para etmek; tatmak
Kosten /'kostın/ *(ç.)* harcamalar, masraflar
kostenlos /'kostınlo:s/ ücretsiz
köstlich /'köstlih/ nefis, lezettli
Kostprobe, n /'kostpro:bı/ **e** örnek, eşantiyon
kostspielig /'kostşpi:lih/ pahalı
Kostüm, e /kos'tüm/ **s** kostüm, giysi; döpiyes, tayyör
Kostümfest, e /kos'tümfest/ **s** kıyafet balosu
Kot /ko:t/ **r** dışkı; pislik
Kotelett, e /kot'let/ **s** pirzola
Koteletten /kot'letın/ *(ç.)* (yüzde) favori
Kontflügel, - /'ko:tflü:gıl/ **r** *oto.* çamurluk
Krabbe, n /'krabı/ **e** yengeç; karides
krabbeln /'krabıln/ tırmanmak; sürünmek
Krach, e /krah/ **r** patırtı, gürültü; kavga
krachen /'krahın/ çatırdamak, gümbürdemek
krächzen /'krehtsın/ gaklamak (karga)
Kraft, ..e /kraft/ **e** kuvvet, kudret, güç; takat, derman; enerji; canlılık, ateş; dinçlik; şiddet, tesir; eleman; yürürlük, geçerlilik
kraft /kraft/ sayesinde, kuvvetiyle

Kraftaufwand, ..e /kraftaufvant/ r çaba, emek, efor
Kraftausdruck, ..e /kraftausdruk/ r ağır ve kaba söz
Kraftbrühe, n /kraftbrü:ı/ e etsuyu
Kraftfahrer, - /'kraftfa:rır/ r motorlu taşıt sürücüsü
Kraftfahrzeug, e /'kraftfa:rtsoyk/ s motorlu taşıt
kräftig /'kreftıh/ kuvvetli
kräftigen /'kreftıgın/ kuvvetlendirmek
kraftlos /'kraftlo:s/ kuvvetsiz
Kraftrad, ..er /'kraftra:t/ s motosiklet
Kraftstoff, e /'kraftstof/ r (akar)yakıt
Kraftwagen, - /'kraftva:gın/ r motorlu taşıt
Kraftwerk, e /'kraftverk/ s enerji santralı
Kragen, - /'kra:gın/ r yaka
Krähe, n /'kre:ı/ e karga
krähen /'kre:ın/ ötmek (horoz)
Krakeel /kra'ke:l/ r kavga
krakeelen /kra'ke:lın/ kd. yaygara koparmak, çıngar çıkarmak
Kralle, n /'kralı/ e tırnak, pençe
Kram, ..er /kra:m/ r pılı pırtı; hırtı pırtı
Krampf, ..e /krampf/ r kramp, kasınç
Kran, ..e /kra:n/ r vinç
Kranich, e /'kra:nih/ r turna
krank /krank/ hasta
Kranker /'krankır/ r,e hasta
kränken /'krenkın/ incitmek, kalbini kırmak, gücendirmek
Krankenbett /'krankınbet/ s hasta yatağı
Krankenhaus, ..er /'krankınhaus/ s hastane
Krankenkasse, n /'krankınkassı/ e sağlık sigortası
Krankenpflége /'krünkınpfle:gı/ e hasta bakımı
Krankenpfleger, - /'krankınpfle:gır/ r hastabakıcı
Krankenschwester, n /'krankınşvestır/ e hemşire
Krankenversicherung, en /'krankınferzıhırung/ e sağlık sigortası
Krankenwagen, - /'krankın va:gın/ r cankurtaran, ambulans
krankhaft /'krankhalf/ hastalıklı
Krankheit, en /'krankhayt/ e hastalık
kränklich /'krenklıh/ hastalıklı, dertli
Kränkung, en /'krenkung/ e incitme, gücendirme, hakaret
Kranz, ..e /krants/ r çelenk
kraβ /kras/ kaba; göze batan
Krater, - /'kra:tır/ r krater, yanardağ ağzı
kratzen /'kratsın/ kaşımak; (kedi) tırmalamak; dalamak; de. kaşınmak
kraus /kraus/ kıvırcık; buruşuk
Kraut, ..er /kraut/ s ot; bitki; lahana
Krawall, e /kra'val/ r gürültü, şamata
Krawatte, n /kra'vatı/ e kravat, boyunbağı
Kreatur, en /krea'tu:r/ e yaratık
Krebs, e /kre:ps/ r yengeç; Yengeç (burcu); kanser
Kredit, e /kre'di:t/ r kredi
Kreditkarte, n /kre'dı:tkartı/ e kredi kartı
Kreide, n /'kraydı/ e tebeşir
kreideweiβ /'kraydıvays/ bembeyaz
Kreis, e /krays/ r daire, çember; çevre, muhit; bölge
kreischen /'krayşın/ yaygara koparmak, avaz avaz bağırmak
Kreisel, - /'krayzıl/ r topaç; (trafik) göbek, döner ada
kreisen /'krayzın/ dönmek, dolaşmak
kreisförmig /'kraysförmih/ dairesel
Kreislauf, ..e /'krayzlauf/ r dolaşım
Krem, e /kre:m/ r krem; krema
krepieren /kre'pi:rın/ ölmek, gebermek
Krepp, s /krep/ r krep
Kreuz, e /kroyts/ s haç; çarmıh; (iskambil) sinek, ispati
kreuzen /'kroystsın/ (kol) çaprazlamak, kavuşturmak; (yol) kesmek; melezlemek; de. kesişmek
Kreuzer, - /'kroytsır/ r kruvazör
Kreuzfahrt, en /'kroystfa:rt/ e deniz yol-

culuğu
kreuzigen /'kroytsigın/ çarmıha germek
Kreuzigung /'kroytsigung/ e çarmıha ger(il)me
Kreuzotter, n /'kroyts-otır/ e engerek yılanı
Kreuzung, en /'kroytsung/ e dörtyol, kavşak
Kreuzverhör, e /'kroytsferhö:r/ r sorguya çekme
kreuzworträtsel, n /'kroytsvortre:t-sı/ s çapraz bulmaca
Kreuzzug, ..e /'kroytstu:k/ r Haçlı Seferi
kriechen /'kri:hın/ sürünmek
Kriechtier, e /'krihti:r/ s sürüngen (hayvan)
Krieg, e /kri:k/ r savaş
kriegen /'kri:gın/ elde etmek, almak.
Krieger, - /'kri:gır/ r savaşçı
kriegerisch /'kri:gıriş/ savaşçı
kriegsbeschädigte(r) /'kri:ksbışe:dihtı(r)/ harp malulü
Kriegserklärung /'kri:ks-erkle:rung/ e savaş ilanı
Kriegsgefangenschaft, en /'kri:ksgıfangınşaft/ e tutsaklık
Kriegsgegangene(r) /'kri:ksgıgange:nı(r)/ r savaş tutsağı
Kriegsgericht, e /'kri:ksgıriht/ s askeri mahkeme
Kriegsopfer, - /'kri:ks-opfır/ s şehit
Kriegsschiff, e /'kri:ksşif/ s savaş gemisi
Krimi, s /'kri:mi/ r kd. detektif romanı, cinayet filmi
kriminal /kri:mi'na:l/ cinai, kıyasal
Kriminalbeamte(r), n /kri:mi'nalbıamtı(r)/ r detektif
Kriminalpolizei /krimi'na:lpolitsay/ e cinayet masası
Kriminalroman, e /krimi'na:lroma:n/ r polisiye roman, detektif romanı
kriminell /krimi'nel/ cinai
Kriminelle (r) /'kri:minelı/ r suçlu
Krippe, n /'kripı/ e yemlik

Krise, n /'kri:zı/ e kriz, bunalım
Kristall, e /kris'tal/ r kristal
Kristall /kris'tal/ s kristal (bardak, tabak vs.)
Kritik, en /kri'tı:k/ e eleştiri
Kritiker, - /'kri:tikır/ r eleştirmen
kritisch /'kri:tiş/ kritik
kritisieren /kriti'zi:rın/ eleştirmek
kritzeln /'kritsıln/ kargacık burgacık yazmak, çiziktirmek
Krokodil, e /kroko'di:l/ s timsah
Krone, n /'kro:nı/ e taç; ağaç tepesi
krönen /'krö:nın/ taç giydirmek
Kronleuchter, - /'kro:nloyhtır/ r avize
Kronprinz, en /'kron:prints/ veliaht
Krönung, en /'krö:nung/ e taç giyme
Kropf, ..e /kropf/ r kursak; guatr
Kröte, n /'krö:tı/ e karakurbağası
Krücke,n /'krükı/ e koltuk değneği
Krug, ..e /kru:k/ r testi; küp
Krümel, - /'krü:mıl/ r ekmek kırıntısı
krümeln /'krü:mıln/ ufalamak
krumm /krum/ eğri, çarpık, bükük
krummbeinig /'krumbaynih/ çarpık bacaklı
krümmen /'krümın/ eğmek, bükmek; de. eğilmek, bükülmek
Krümmung, en /'krümung/ e eğilme bükülme; kavis; dönemeç
Kruppe, n /'krupı/ e sağrı
Krüppel, - /'krüpıl/ r sakat, topal
krüppeln /'krüpıln/ sakatlamak
krüppelig /'krüpılih/ sakat, topal
Kruste, n /'krustı/ e kabuk
krustig /'krustih/ kabuklu
kruzifix, e /krutsi'fiks/ s üzerinde İsa figürü olan haç
Kübel, - /'kü:bıl/ r tekne; kova
Küche, n /'kühı/ e mutfak
Kuchen, - /'kuhın/ r pasta
Küchenherd, e /'kühınhe:rt/ r ocak
Küchenlampe, n /'kühınlampı/ e gaz lambası
Küchenschrank, ..e /'kühınşrank/ r mut-

fak dolabı
Kuckuck, e /'kuku/ r guguk kuşu
Kugel, n /'ku:gıl/ e küre; kurşun, mermi; *sp.* gülle
kugelförmig /'ku:gılförmih/ küresel
Kugellager,- /'ku:gılla:gır/ s rulman
Kugelschreiber,- /'ku:gılşraybır/ r tükenmez (kalem)
Kugelstoβen /'ku:gılşto:sın/ s *sp.* gülle atma
Kuh, ..e /ku:/ e inek
kühl /kü:l/ serin
Kühle /'kü:lı/ e serinlik
kühlen /'kü:lın/ serinletmek, soğutmak
Kühler,- /'kü:lır/ r *oto.* radyatör
Kühlschrank,..e /'kü:lşrank/ r soğutucu, buzdolabı
Kühlung, en /'kü:lung/ e soğutma
kühn /kü:n/ yiğit, cesur, cüretkâr
Kühnheit,en /'kü:nhayt/ e cesaret, cüret, yiğitlik
Küken,- /'kükın/ s civciv
Kulisse, n /ku'lisı/ e kulis
Kult, e /kult/ r tapma, tapınma
kultivieren /kulti'vi:rın/ (toprağı) işlemek; uygarlaştırmak
kultiviert /kulti'vi:rt/ bayındır, uygar, kültürlü
Kultur, en /kul'tu:r/ e kültür, ekin; uygarlık; (toprak) işleme
kulturell /kultu'rel/ kültürel, ekinsel
Kulturfilm, e /kul'tu:rfilm/ r belgesel (film)
Kulturgeschichte /kul'tu:rgışihtı/ e uygarlık tarihi
Kulturminister,- /'kulturministır/ r Eğitim Bakanı
Kulturministerium /'kulturministe:ryum/ s Eğitim Bakanlığı
Kümmel,- /'kümıl/ r kimyon
Kummer /'kumır/ r acı, keder; huzursuzluk; kuşku, tasa
kümmerlich /'kümırlih/ sefil, perişan

Kunde, n /'kundı/ r müşteri
Kundendienst, e /'kundındinst/ r satış sonrası hizmet
kundgeben /'kuntge:bın/ bildirmek, haber vermek; tebliğ etmek
Kundgebung, en /'kuntge:bung/ e bildiri; gösteri
kundig /'kundih/ uzman, deneyimli
kündigen /'kündıgın/ işten çıkacağını; çıkarılacağını bildirmek
Kündigung, en /'kündigung/ e işten çıkacağını; çıkarılacağını bildirme
Kundschaft,en /'kuntşaft/ e müşteriler
künftig /'künftih/ gelecek; gelecekte, ileride
Kunst,..e /kunst/ e sanat; hüner
Kunstakademie,n /'kunst-akademi:/ e sanat akademisi
Kunstdünger,- /kunstdüngır/ r yapay gübre
Kunstgeschichte, n /'kunstgışihtı/ e sanat tarihi
Kunstgriff,e /'kunstgrif/ r hile; düzen
Kunsthändler, - /'kunsthendlır/ r antikacı
Künstler,- /'künstlır/ r sanatçı
künstlerisch /'künstlıriş/ sanatkârane
künstlich /'künstlih/ yapay, suni
Kunstseide, n /'kunstzaydı/ e suni ipek
Kunststoff,e /'kunstştof/ r plastik
Kunststück,e /'kunstştük/ s hüner, marifet
kunstvoll /kunstfol/ ustalıklı, hünerli
Kunstwerk,e /'kunstverk/ s sanat eseri
Kupfer,- /kupfır/ s bakır
kupfern /'kupfırn/ bakır(dan)
Kuppe, n /'kupı/ e (dağ) tepe; (parmak) uç
Kuppel, n /'kupıl/ e kubbe
Kuppelei, en /kupı'lay/ e pezevenklik
Kuppler,- /'kuplır/ r pezevenk
Kupplerin /'kuplırin/ e çöpçatan
Kupplung, en /'kuplung/ e debriyaj

Kur, en /ku:r/ e kür, tedavi
Kurbel, n /'kurbı/ e *tek.* kol, krank
Kurbelwelle, n /'kurbılvelı/ e *tek.* krank mili
Kürbis, se /'kürbis/ r kabak
kurieren /ku'ri:rın/ tedavi etmek
kurios /kuri'o:s/ garip; meraklı
Kuriosität en /kuriozi'te:t/ e tuhaflık
Kurort,e /'ku:r-ort/ r kaplıca
Kurs,e /kurs/ r rota, yön; kurs; sürüm, tedavül, kur
Kursbuch, er /'kursbu:h/ s tren tarifesi
Kürschner,- /'kürşnır/ r kürkçü
kursiv /kur'zi:f/ italik
Kursive, n /kur'zi:vı/ e italik yazı
Kursivschrift /kur'zi:fşrift/ e italik yazı
Kursus, -se /'kurzus/ r kurs
Kurswert, e /kursve:rt/ r sürüm değeri, rayiç
Kurve, n /'kurvı/ e viraj; *mat.* eğri
kurz /kurts/ kısa
Kürze, n /'kürtsı/ e kısalık
kürzen /'kürtsın/ kısaltmak; azaltmak, küçültmek
kurzerhand /'kurtsırhant/ kestirmeden
kurzfristig /'kurtsfristih/ kısa vadeli
kurzgefaβt /'kurtsgıfast/ kısa, özlü
Kurzgeschichte,n /'kurtsgışihtı/ e kısa öykü
kürzlich /kürtslih/ geçenlerde
Kurzschluβ, ..sse /'kurtsşlus/ r elek. kısa devre
Kurzschrift /kurtsşprift/ e steno
kurzsichtig /'kurtszihtih/ miyop
kurzum /kurts-'um/ kısacası, sözün kısası
Kürzung, en /'kürtsung/ e kısaltma
Kurzwaren /'kurtsva:rın/ *(ç.)* tuhafiye
Kurzwelle,n /'kurtsvelı/ e kısa dalga
Kusine /ku'zi:nı/ e kuzin
Kuβ, -üsse /kus/ r öpücük
küssen /'küsın/ öpmek
Küste, n /'küstı/ e kıyı
Kutsche, n /'kuçı/ e binek arabası, fayton
Kutscher,- /'kuçır/ r arabacı
Kutteln /'kutıln/ *(ç.)* işkembe
Kuvert, e /ku'vert/ s zarf
Kybernetik /küber'ne:tik/ e sibernetik, güdümbilim

L

Labor,e /la'bo:r/ s laboratuvar
Laborant, en /laborant/ r laborant
Laboratorium, -rien /labora'to:ryum/ s laboratuvar
Labyrinth,e /labü'rint/ s labirent
Lache, n /'lahı/ e su birikintisi
lächeln /'lehıln/ gülümsemek
Lächeln /'lehıln/ s gülümseme
lachen /'lahın/ gülmek
lächerlich /'lehırlih/ gülünç
Lachs, e /laks/ r som balığı
Lack, e /lak/ r vernik, cila
lackieren /la'ki:rın/ verniklemek, cilalamak
Lade, n /'la:dı/ e kutu, mahfaza
láden /'la:dın/ yüklemek; davet etmek, çağırmak
Laden,.. /'la:dın/ r dükkân; kepenk, panjur
Ladenbesitzer, - /'la:dınbı'zitsır/ r dükkâncı
Ladendieb, e /'la:dındi:p/ r dükkân hırsızı
Ladenpreis, e /'la:dınprays/ r perakende satış fiyatı
Ladenschluβ, ..sse /'la:dınşlus/ r (dükkân) kapatma saati
Ladentisch, e /'la:dıntiş/ r tezgâh
Ladung, en /'la:dung/ e yük doldurma; davet

Lage,n /'lagı/ e durum; konum
Lager,- /'la:gır/ s in; kamp; depo; ambar
Lagerhaus, ..er /'la:gırhaus/ s ambar, depo
lagern /'lagırn/ depo etmek
Lagerung, en /'la:gırung/ e depolama
lahm /la:m/ kötürüm, topal
lahmen /'la:mın/ topallamak
lähmen /'le:mın/ kötürüm etmek; felce uğratmak
Lähmung, en /'le:mung/ e aksaklık, kötürümlük; felç
Laib, e /layp/ r (ekmek) somun
Laich, e /layh/ r balık vs. yumurtası
Laie, n /'layı/ r acemi, toy
Laken,- /'la:kın/ r,s çarşaf
lallen /'lalın/ kekelemek, anlaşılmaz konuşmak (sarhoş için)
Lamm, ..er /lam/ s kuzu
Lampe, n /'lampı/ e lamba
Lampenschirm, e /'lampınşirm/ r abajur
Land, ..er /lant/ s ülke; toprak, arazi
Landarbeiter,- /'lant-arbaytır/ r toprak işçisi, tarım işçisi
Landbesitzer,- /'lantbızitsır/ r toprak sahibi
Landebahn, en /'landıba:n/ e iniş pisti
landen /'landın/ karaya çıkmak; karaya çıkarmak; inmek(uçak)
Landeplatz, ..e /'landıplats/ r iskele, rıh-

tım; iniş alanı (uçak)
Landesverrat /'landısferra:t/ r yurda ihanet
Landesverräter,- /'landısferretır/ r yurt haini
Landgut, ..er /'lantgu:t/ s çiftlik
Landhaus, ..er /'lanthaus/ s köşk, villa
Landkarte, n /'lantkartı/ e harita
Landschaft, ..e /'lantşaft/ e manzara, görünüm; bölge
Landsmann, -sleute /'lantsman/ r hemşehri; vatandaş, yurttaş
Landstraβe,n /'lantştra:sı/ e karayolu
Landstreicher,- /'lantştrayhır/ r serseri, aylak, boşgezen
Landung, en /'landung/ e iniş (uçak); karaya çıkma
Landungsbrücke,n /'landungsbrükı/ e iskele
Landwirt,e /'lantvirt/ r çiftçi, tarımcı
Landwirtschaft /'landvirtşaft/ e tarım
landwirtschaftlich /'lantvirtşaftlih/ tarımsal
lang /lang/ uzun
lange /'langı/ uzun zaman
Länge,n /'lengı/ e uzunluk; boylam
langen /'langın/ yetmek, yetişmek; uzanmak
Längengrad,e /'lengıngra:t/ s boylam
Langeweile /'langıvaylı/ e can sıkıntısı
langfristig /'langfristih/ uzun süreli
langhaarig /'langha:rih/ uzun saçlı
langjährig /'langye:rih/ yıllarca süren
länglich /'lenglih/ boyu eninden uzun
längs /lengs/ boyunca
langsam /'langza:m/ yavaş
Langschläfer, - /'langşle:fır/ r uykucu, geç kalkan
Langspielplatte, n /'langşpi:lplatı/ e uzunçalar, longpley
längst /lengst/ çoktan
Langweile /'langvaylı/ e can sıkıntısı
langweilen /'langvaylın/ canını sıkmak; de. canı sıkılmak

langweilig /langvaylih/ sıkıcı
Langwelle, n /langvelı/ e uzun dalga
langwierig /'langvi:rih/ uzun süren
Lappalie /la'pa:lii/ e önemsiz şey
Lappen,- /'lapın/ r bez, paçavra
läppisch /'lepiş/ budala; boş, saçma
Lärche, n /'lerhı/ e karaçam
Lärm /lerm/ r gürültü
lärmen /'lermın/ gürültü yapmak
Larve, n /'larfı/ e maske; kurtçuk
lasch /laş/ gevşek, tatsız
Lasche, n /'laşı/ e bağlama parçası; ayakkabı dili
Laser, - /'leyzı/ r lazer
lassen /'lasın/ -ye izin vermek; bırakmak, terk etmek; yaptırmak, -dırmak, -tırmak
lässig /'lesih/ gevşek, kayıtsız; ihmalkâr, tembel
Lasso, s /'laso/ r,s kement
Last, en /'last/ e yük
Laster,- /'lastır/ r ayıp, kötülük, ahlaksızlık; kötü alışkanlık
lasterhaft /'lastırhaft/ ahlaksız
lästern /'lestırn/ (kutsal şeye) küfretmek, sövüp saymak; çekiştirmek, dedikodu yapmak
lästig /'lestih/ can sıkıcı
Lastkraftwagen,- /'lastkraftva:gın/ r kamyon
Lastträger,- /'lasttre:gır/ r hamal, taşıyıcı
Lastwagen- /'lastvagın/ r kamyon
Latein /la'tayn/ s Latince
Laterne,n /la'ternı/ e fener, sokak lambası
Laternenpfahl, ..e /'laternınpfa:l/ r elektrik direği, sokak lambası direği
Latsche /'laçı/ e bodur çam
latschen /'laçın/ ayağını sürterek yürümek
Latte, n /'latı/ e ince tahta parçası; sp. kale direği
Lätzchen /'letshın/ s göğüslük, önlük
lau /lau/ ılık
Laub /laup/ s ağaç yaprakları

Laubbaum,..e /'laupbaum/ r yapraklı ağaç
Laube, n /'laubı/ e çardak, kameriye
Laubfrosch,..e /'laupfroş/ r yeşil kurbağa
Laubsäge, n /'laupze:gı/ e kıl testere
Lauch, e /lauh/ r pırasa
Lauer /'lauır/ e pusu
lauern /'lauırn/ pusu kurmak, pusuda beklemek
Lauf, ..e /lauf/ r koşu; akıntı; seyir, gidiş; yarış, koşu; namlu (silah)
Laufbahn, en /'laufba:n/ e kariyer
laufen /'laufın/ koşmak; akmak; işlemek; yürüyerek gitmek
Läufer,- /'loyfır/ r koşucu; fil (satrançta); yolluk(halı)
Laufschritt, e /'laufşrit/ r koşar adım
Laufzeit /lauftsayt/ e süre; vade
Laufzettel,- /'lauftsetıl/ r genelge
Laune, n /'launı/ e keyif; mizaç; geçici heves, kapris
launenhaft /'launınhaft/ maymun iştahlı, yeltek, hercai
launisch /'launiş/ somurtkan; huysuz
Laus, ..e /laus/ e bit
lauschen /'lauşın/ kulak vermek, dinlemek
laut /laut/ yüksek gürültülü; yüksek sesle; göre, uyarınca
Laut, e r ses
lauten /'lautın/ ifade etmek, yazılı olmak, şöyle demek
läuten /'loytın/ (zil vb.) çalmak
lauter /'lautır/ saf, arı; dürüst; hepsi, baştan aşağı
lautlos /lautlo:s/ sessiz(ce)
Lautschrift /'lautşrift/ e fonetik, sesbilgisi
Lautsprecher,- /'lautşprehır/ r hoparlör
Lautstärke,n /'lautşterkı/ e ses şiddeti, volüm
lauwarm /'lauvarm/ ılık
Lava,-ven /'la:va/ e lav
Lavendel,- /la'vendıl/ r,s lavanta
Lawine, n /la'vi:nı/ e çığ

lax /laks/ ihmalkâr, gevşek
Lazarett,e /latsa'ret/ s askeri hastane
leben /'le:bın/ yaşamak
Leben /'le:bın/ s yaşam, hayat
lebendig /le'bendih/ canlı, diri, sağ
Lebensalter /'le:bıns-altır/ s yaş
Lebensart /'le:bınsart/ e yaşayış
Lebensbedingungen /'le:bınsbıdıngungın/ (ç.) yaşam koşulları
Lebensgefahr /le:bınsgıfa:r/ e ölüm tehlikesi
lebensgefährlich /'lebınsgıfe:rlih/ çok tehlikeli
Lebenshaltungskosten /le:bınshaltungskostın/ (ç.) geçim masrafları
lebenslänglich /'le:bınslengli:h/ yaşam boyunca
Lebenslauf,..e /'le:bınslauf/ r özgeçmiş
lebenslustig /'le:bınslustih/ neşeli, civelek
Lebensmittel /'le:bınsmitıl/ (ç.) besin maddeleri, yiyecekler
Lebensmittelgeschäft, en /'le:bınsmitılgışeft/ s bakkal
Lebensstandart,e /le:bınsştandart/ r yaşam düzeyi
Lebensunterhalt /'le:bınsuntırhalt/ r geçim
Lebensversicherung,e /le:bınsferziherung/ e yaşam sigortası,hayat sigortası
lebenswichtig /'le:bınsvihtih/ çok önemli
Lebenszeichen,- /'le:bınstsayhın/ s yaşam belirtisi
Leber,- /le:bır/ e karaciğer
Lebertran /le:bır'tra:n/ r balık yağı
Leberwurst, ..e /'le:bırvurst/ e karaciğer ezmesi sucuğu
Lebewesen,- /'le:bıve:zın/ s yaratık
Lebewohl /'le:bıvo:l/ s veda
lebhaft /'le:phaft/ canlı; coşkun; oynak, hareketli; işlek
lebhaftig /'le:phaftih/ canlı; coşkun; oynak; işlek
Lebhaftigkeit /'le:phaftihkayt/ e canlılık

lechzen /'lehtsın/ özlemini çekmek
leck /lek/ sızıntı, delik
Leck, e /lek/ s yarık, çatlak
lecken /'lekın/ yalamak; sızmak, akmak; su almak
lecker /'lekır/ lezzetli, leziz
Leckerbissen,- /'lekırbisın/ r nefis yiyecek
Leder,- /'le:dır/ s deri, kösele
Lederwaren /'ledırva:rın/ (ç.) deri eşya
ledig /'le:dih/ bekâr, evlenmemiş
lediglich /'lediklih/ yalnız, ancak
leer /le:r/ boş; saçma
Leere /'le:rı/ e boşluk
leeren /'le:rın/ boşaltmak
Leerlauf /'le:rlauf/ r boşta çalışma, (Fiz.) rölanti
leerstehend /'le:rşte:ınt/ boş
legal /le'ga:l/ yasal
legalisieren /lega'lizi:rın/ resmen onaylamak; yasallaştırmak
legen /'le:gın/ koymak, yatırmak; döşemek; de. yatmak, uzanmak
Legende, n /le'gendı/ e efsane, söylence
Legierung, en /le'gi:rung/ e alaşım
legitim /le'gi'ti:m/ yasal, meşru
Lehm, e /le:m/ r balçık
lehmig /'le:mih/ balçıklı, çamurlu
Lehne, n /le:nı/ e dayanak; arkalık
lehnen /'le:nın/ dayamak, yaslamak; de. dayanmak, yaslanmak
Lehnstuhl,..e /'le:nştu:l/ r koltuk
Lehrbuch,..er /'le:rbu:h/ s ders kitabı
Lehre, n /'le:rı/ e öğreti; çıraklık; ders, ibret
lehren /'le:rın/ öğretmek
Lehrer,- /'le:rır/ r öğretmen
Lehrerin,nen /'le:rırin/ e bayan öğretmen
Lehrfach, ..er /'le:rfah/ s ders, öğretim dalı
Lehrgang, ..e /'le:rgang/ r kurs
Lehrjahre /'le:rya:rı/ (ç.) çıraklık yılları

Lehrling,e /'le:rling/ r çırak
Lehrplan,..e /le:rpla:n/ r müfredat programı
Lehrstuhl, ..e /'le:rştu:l/ r kürsü
Lehrzeit, en /'le:rtsayt/ e çıraklık
Leib, er /layp/ r gövde, beden, vücut
Leibesübung, en /'laybısü:bung/ e jimnastik
Leiche, n /'layhı/ e ceset, ölü
Leichenhemd, en /'layhınhemt/ s kefen
Leichenschauhaus, ..er /'layhınşauhaus/ s morg
Leichenwagen,- /'layhınva:gın/ r cenaze arabası
Leichnam, e /'layhna:m/ r ceset, ölü, naaş
leicht /layht/ kolay; hafif
Leichtathletik /'layhtatle:tik/ e atletizm
leichtfallen /'layhtfa:lın/ kolay gelmek
leichtfertig /'layhtfertih/ uçarı, hoppa, düşüncesiz
Leichtfertigkeit /'layhtfertihkayt/ e düşüncesizlik; hoppalık, uçarılık
leichtgläubig /'layhtgloybih/ avanak, saf
Leichtigkeit, en /'laytihkayt/ e kolaylık
Leichtsinn /'layhtzin/ r düşüncesizlik
leichtsinnig /'layhtsinnih/ dikkatsiz, düşüncesiz
leid /layt:/ — **tun** üzgün olmak
Es tut mir leid. Üzgünüm (maalesef)
Leid /layt/ s acı, keder, dert
leiden /'laydın/ acı çekmek; göz yummak, izin vermek
Leiden - /'laydın/ s dert; rahatsızlık
Leidenschaft, en /'laydınşaft/ e tutku; hırs, ihtiras; coşkunluk, ateşlilik, heyecan
leidenschaftlich /'laydınşaftlih/ ateşli, tutkulu
leider /'laydır/ yazık ki, maalesef
Leier, n /'layır/ e müz. lir; eski hikâye, terane
Leierkasten, - /'layırkastın/ r laterne
Leihbibliothek, en /'layhbibliote:k/ e

ödünç kitap veren kütüphane
leihen /'layın/ ödünç vermek, ödünç almak
leihweise /'layvayzı/ ödünç olarak
Leim, e /laym/ r tutkal
leimen /'laymın/ tutkallamak
Leine, n /'laynı/ e sicim, ip
Leinen, n /'laynın/ r keten bezi
leinen /'laynın/ keten(den)
Leinwand /'laynvant/ e beyaz perde
leise /'layzı/ hafif, yavaş
Leiste, n /'laystı/ e pervaz, titiz; kaşık
leisten /'laystın/ altından kalkabilmek, becermek, üstesinden gelmek
Leistung, en /'laystung/ e güç; başarı; verim
leiten /'laytın/ yönetmek; yol göstermek; elek. iletmek
Leiter, n /'laytır/ e merdiven
Leiter, - /'laytır/ r yönetici, müdür
Leitfaden, .. /'laytfa:dın/ r el kitabı, öğretim (ders) kitabı
Leitgedanke, n /'laytgıdankı/ r ana düşünce, temel fikir
Leitung, en /'laytung/ e yönetim; (su) boru; *elek.* hat; *fiz.* iletim
Leitungsrohr, e /'laytungsro:r/ s ana boru
Leitungswasser /'laytungsvasır/ s musluk suyu, terkos suyu
Lektion, en /lakts'yo:n/ e ders
Lektor, en /'lektor/ r okutman
Lektüre, n /'lek'tü:rı/ e okuma; okuma parçası
Lende, n /'lendı/ e bel; kalça
lenken /'lenkın/ yönetmek; yöneltmek; (taşıt) kullanmak, sürmek
Lenkrad, ..er /'lenkra:t/ s direksiyon
Leopard, en /leo'part/ r pars, leopar
Lepra /'le:pra/ e cüzam
Lerche, n /'lerhı/ e tarlakuşu, çayırkuşu
lernen /'lernın/ öğrenmek
lesbar /'lesba:r/ okunabilir, okunaklı
Lesbiering /'lesbiıring/ e sevici, lezbiyen

lesbisch /'lesbiş/ sevici, lezbiyen
Lese, n /'le:zı/ e bağbozumu
Lesebuch, ..er /'le:zıbu:h/ s okuma kitabı
lesen /'le:zın/ okumak; (kin, ürün) toplamak
Leser, - /'le:zır/ r okur, okuyucu
leserlich /'le:zırlih/ okunaklı
Lesezimmer, - /'le:zıtsmır/ s okuma odası
letzt /letst/ en son, sonuncu
Leuchte, n /'loyhtı/ e ışık, lamba
leuchten /'loyhtın/ parıldamak, ışık saçmak
leuchtend /'loyhtınt/ parlak
Leuchter, - /'loyhtır/ r şamdan
Leuchtkäfer, - /'loyhtke:fır/ r ateş böceği
Leuchtröhre, n /'loyhtrö:rı/ e flüoresan lamba
Leuchtturm, ..e /'loyhtturm/ r fener kulesi
leugnen /'loygnın/ inkâr etmek, yadsımak
Leumund, e /'loymunt/ r ün, şan
Leute /'loytı/e halk; insanlar
Leutnant, e /loyt'nant/ r teğmen
Lexikon, -ka /'leksikon/ s sözlük
Libelle, n /li'belı/ e yusufçuk
liberal /libe'ra:l/ liberal, erkinci
Liberalismus /libera'lismus/ r liberalizm, erkincilik
Libero, s /'li:bero/ r (futbol) libero
Libyen /'li:byın/ Libya
Licht, er /liht/ s ışık
licht /liht/ aydınlık, ışıklı
Lichtbild, er /'lihtbilt/ r fotoğraf
lichtempfindlich /'liht-empfinitlih/ ışığa karşı duyarlı
lichten /'lihtın/ seyreltmek; budamak; demir almak
Lichthupe, n /'lihthu:pı/ e farları yakma
Lichtreklame, n /'lihtrekla:mı/ e ışıklı reklam
Lichtschalter, - /'lihtşaltır/ r elektrik düğmesi

Lid, er /li:t/ s gözkapağı
Lidschatten, - /'li:tʃatın/ r (göz) far
lieb /li:p/ sevgili; sevimli, hoş
Liebe /'li:bı/ sevi, sevgi, aşk
Liebelei, en /li:bı'lay/ e flört etme
lieben /'li:bın/ sevmek
liebenswürdig /'li:bınsvürdih/ sevimli, sempatik
lieber /'li:bır/ daha çok, tercihan
Liebesbrief,e /'li:bısbri:f/ r aşk mektubu
Liebeserklärung /'li:bıs-erkle:rung/ e aşk ilanı
Liebespaar,e /'li:bıspa:r/ s sevişen çift
liebevoll /'li:bıfol/ sevecen
liebhaben /'li:pha:bın/ hoşlanmak, sevmek
Liebhaber,- /'li:pha:bır/ r sevgili
Liebhaberei, en /'li:pha:bı'ray/ e hobi
liebkosen /'li:pko:zın/ okşamak
Liebkosung, en /'li:pko:zung/ e okşama, cilveleşme
lieblich /'li:plih/ sevimli, hoş
Liebling - /'li:pling/ r sevgili
Lieblings.. /'li:plings.../ "en sevilen, favori" anlamında ön sözcük
Liebste /'li:pstı/ r,e sevgili(m)
Lied, er /li:t/ s şarkı, türkü
liederlich /li:dırlih/ pasaklı; ahlaksız
Lieferant, en /li:fı'rant/ r satıcı, dağıtıcı, bayi
Lieferfrist /'li:fırfrist/ e teslim süresi
liefern /'li:fırn/ teslim etmek, yollamak
Lieferung, en /'li:fırung/ r teslim
Lieferwagen, - /'li:fırva:gın/ r kamyonet
Liege, n /'li:gı/ e divan
liegen /'li:gın/ yatmak; bulunmak; (yatay durumda) durmak
liegenbleiben /'li:gınblaybın/ yatar durumda kalmak; yataktan kalkmamak; (iş) sürüncemede kalmak
Liegendecke, n /'li:gındekı/ e divan örtüsü
liegenlassen /'li:gınlasın/ (bir yerde) bırakmak, unutmak; el sürmemek, dokunmamak; (bir işi) sermek
Liegestuhl, e /'li:gıştu:l/ r şezlong
Lift, s /lift/ r asansör
Liga,-gen /'li:ga/ s lig
Likör, e /li'kö:r/ r likör
lila /'li:la/ eflatun, vişneçürüğü
Lilie, n /'li:li:/ e zambak
Limonade, n /'limona:dı/ e limonata
Limousine, n /limu'zi:nı/ e limuzin
lind /lint/ yumuşak, hoş, hafif
Linde, n /'lindı/ e ıhlamur ağacı
lindern /'lindırn/ hafifletmek, yumuşatmak, azaltmak
Lineal, e /line'a:l/ s cetvel
Linie, n /'li:ni/ e çizgi, hat; sıra, hiza; satır
Linienflug, ..e /'li:ninflu:k/ r programlı uçuş
linke /linkı/ sol
Linke /'linkı/ e sol, solculuk
linke (r,s) /'linkı(r,z)/ sol
linkisch /'linkiş/ beceriksiz
links /links/ sola, solda
Linksauβen, - /links'ausın/ r solaçık
Linkshänder, - /'links'hendır/ r solak
Linoleum, s /li'no:leum/ s muşamba
Linse, n /'linzı/ e mercek; mercimek
Lippe, n /'lipı/ e dudak
Lippenstift, e /'lipınştift/ r dudak boyası, ruj
liquidieren /likvi'di:rın/ tasfiye etmek
lispeln /'lispıln/ peltek konuşmak
List, en /list/ e hile, dümen, fırıldak
Liste, n /'listı/ e liste, cetvel, dizelge
listig /'listih/ kurnaz, hilekâr
Liter,- /'li:tır/ r,s litre
literarisch /lite'ra:riş/ edebi, yazınsal
Literatur, en /litera'tu:r/ e edebiyat, yazın; literatür
Litze, n /'litsı/ e *elek.* kablo
live /layf/ (yayın) canlı
Lizenz, en /li'sents/ e lisans, ruhsat
Lob, e /lo:p/ r övgü, övme
loben /'lo:bın/ övmek

lobenswert /'lo:bınsve:rt/ övülmeye değer
Loch,..er /loh/ s delik; oyuk; kodes
lochen /'lıhın/ delmek; zımbalamak
Locher,- /lohır/ r zımba
Locke, n /'lokı/ e lüle, bukle
locken /'lokın/ büyülemek, cezbetmek
Lockenwickler,- /'lokınviklır/ r bigudi
locker /'lokır/ gevşek; oynak, hoppa
lockern /'lokırn/ gevşetmek
lockig /'lokih/ bukleli, kıvırcık
Lockmittel,- /'lokmitıl/ s tuzak yemi
lodern /'lo:dırn/ alevlenmek
Löffel,- /'löfıl/ r kaşık
löffeln /'löfıln/ kaşıklamak
Logarithmus,-men /loga'ritmus/ r logaritma
Loge, n /'lo:jı/ e loca
Logik /'lo:gik/ e mantık, lojik
logisch /'lo:giş/ mantıksal
Lohn, ..er /lo:n/ r ücret; ödül
lohnen /'lo:nın/ ödüllendirmek; de. (zahmete) değmek
lohnend /'lo:nınt/ yararlı, kazançlı
Lohnerhöhung, en /'lo:n-erhö:ung/ e ücret artışı
Lohnsteuer,n /'lo:nştoyır/ e (ücretlilerden alınan) gelir vergisi
lokal /lo'ka:l/ yöresel, yörel
Lokal, e /lo'ka:l/ s lokanta; birahane
Lokomotive, n /lokomo'ti:vı/ e lokomotif
Lokomotivführer,- /lokomo'ti:ffü:rır/ r makinist
Lorbeer, en /'lorbe:r/ r defne
Los, e /lo:s/ s kura, çekiliş; piyango bileti, yazgı, talih
los /lo:s/ serbest; haydi
lösbar /'lö:sba:r/ çözülebilir
losbinden /'lo:sbindın/ çözmek, ayırmak
Löschblatt,..er /'löşblat/ s kurutma kâğıdı
löschen /'löşın/ söndürmek; silmek; (susuzluk) gidermek
Löschfahrzeug, e /'löşfa:rtsoyk/ s itfaiye arabası
Löschgerät, e /'löşgıre:t/ s yangın söndürme aygıtı
Löschpapier, e /'löşpapi:r/ s kurutma kâğıdı
lose /'lo:zı/ gevşek, oynak
Lösegeld, er /'lö:zıgelt/ s fidye, kurtarmalık
losen /'lo:zın/ kura çekmek, ad çekmek
lösen /'lö:zın/ çözmek; gevşetmek; feshetmek; de. çözünmek; (sorun) kendiliğinden çözülmek
losfahren /'lo:sfa:rın/ hareket etmek, ayrılmak
losgehen /'lo:sge:ın/ gevşemek; gitmek; ateş almak; başlamak
loskommen /'lo:skomın/ kurtulmak
loslassen /'lo:slasın/ salıvermek, serbest bırakmak
löslich /'lö:slih/ kim. çözünür
loslösen /'lo:slö:zın/ söküp çıkarmak, ayırmak
losmachen /'lo:smahın/ çözmek, ayırmak, açmak
lossagen /'lo:sza:gın/ vazgeçmek, bırakmak
Losung, en /'lo:zung/ e parola
Lösung, en /'lö:zung/ e eriyik, çözelti; çözüm
Lösungsmittel,- /'lö:zungsmitıl/ s *kim.* eritken, çözgen, çözücü madde
loswerden /'lo:sve:rdın/ başından savmak, kurtulmak
losziehen /'lo:stsi:ın/ yola koyulmak
Lot, e /lo:t/ s çekül
löten /'lö:tın/ lehimlemek
Lötkolben,- /'lö:tkolbın/ r havya
Lotse, n /'lo:tsı/ r gemi kılavuzu
Lotterie, n /lotı'ri:/ e piyango
Löwe, n /'lö:vı/ r aslan; Aslan (burcu)
Löwenanteil, e /'lö:vın-antayl/ r aslan payı
Löwenmaul /'lövınmaul/ s aslanağzı
loyal /lo'ya:l/ bağlı, sadık

Loyalität /loyalite:t/ e bağlılık, vefa
Luchs,..e /luks/ r vaşak
Lücke,n /'lükı/ e delik; boşluk; eksiklik
lückenhaft /'lükınhaft/ eksik, kusurlu
lückenlos /'lükınlo:s/ tam, kusursuz, eksiksiz
Luft, ..e /luft/ e hava
Luftangriff, e /'luft-angrif/ r hava saldırısı
Lutfballon, s /'luftbalon/ r balon
luftdicht /'luftdiht/ hava geçirmez
Luftdruck /'luftdruk/ r hava basıncı
lüften /'lüftın/ havalandırmak
Luftfahrt, en /'luftfa:rt/ e havacılık
luftig /'luftih/ havadar
Luftkrieg, e /'luftkri:k/ r hava savaşı
Luftlinie,n /'luftli:niı/ e hava hattı
Luftpirat, en /'luftpira:t/ r hava korsanı
Luftpost /'luftpost/ e uçak postası
Luftröhre, n /'luftrö:rı/ e soluk borusu
Lüftung, en /'lüftung/ e havalandırma
Luftwaffe, n /'luftvafı/ e hava kuvvetleri
Luftweg,e /'luftve:k/ r hava yolu
Luftzug /'lufttsu:k/ r hava akımı, cereyan
Lüge, n /'lü:gı/ e yalan
lügen /'lü:gın/ yalan söylemek
Lügner,- /'lü:gnır/ r yalancı
Luke, n /'lu:kı/ e çatı deliği; (gemi) lombar

Lümmel,- /'lümıl/ r kaba herif, ayı, hödük
Lump, e /lump/ r ahlaksız, serseri, it
Lumpen,- /'lumpın/ r paçavra
lumpig /'lumpih/ yırtık pırtık
Lunge, n /'lungı/ e akciğer
Lungenentzündung /'lungınenttsündung/ e zatürree
lungenkrank /'lungınkrank/ akciğer hastası
lungern /'lungırn/ aylaklık etmek
Lupe, n /'lu:pı/ e büyüteç
Lupine, n /lu'pi:nı/ e acıbakla
Lust, ..e /lust/ e sevinç; haz; heves, istek
lüstern /'lüstırn/ şehvetli, şehvet düşkünü, azgın
lustig /'lustih/ neşeli, keyifli, eğlendirici; gülünç
Lüstling /'lüstling/ r şehvet düşkünü
Lustmord, e /'lustmort/ r seks cinayeti
Lustpiel, e /'lustşpi:l/ s güldürü, komedi
lutschen /'luçın/ emmek
Lutscher,- /'luçır/ r lolipop, çubuklu şekerleme
luxuriös /luksuri'ö:s/ lüks, çok konforlu
Luxus /'luksus/ r lüks
lynchen /'lünçın/ linç etmek
Lyrik /'lü:rik/ e lirik şiir
lyrisch /'lü:riş/ lirik

M

Mache /'mahı/ e kd. gösteriş
machen /'mahın/ yapmak, etmek; imal etmek; neden olmak
Das macht nichts. Zarar yok.
Macht, ..e /maht/ e kudret; otorite
mächtig /'mehtih/ güçlü kuvvetli; nüfuzlu; koskoca, dev gibi
machtlos /'mahtlo:s/ güçsüz, kuvvetsiz; iktidarsız
machtvoll /'mahtfol/ güçlü
Machwerk, e /'mahverk/ s iş; kötü iş, baştan savma iş
Mädchen,- /'me:thın/ s kız
mädchenhaft /'me:thınhaft/ kız gibi
Mädchenname,n /'me:thınna:mı/ r kızlık soyadı
Made,- /'ma:dı/ e kurtçuk
madig /ma:dıh/ kurtlu
Magazin, e /maga'tsi:n/ s magazin, dergi; ambar, depo
Magd, ..e /ma:kt/ e besleme, hizmetçi kız
Magen,.. /'ma:gın/ r mide
Magengeschwür /'ma:gıngışvü:r/ s mide ülseri
Magenschmerzen /'ma:gınşmertsın/ (ç.) mide ağrısı
mager /'ma:gır/ zayıf, cılız, çelimsiz; yağsız
Magermilch /'ma:gırmilh/ e kaymaksız süt
Magie /ma'gi:/ e büyü
Magier, - /'ma:giır/ r büyücü, sihirbaz
magisch /ma'giş/ büyülü
Magistrat, e /magis'tra:t/ r belediye meclisi
Magnet, e /mag'ne:t/ s mıknatıs
magnetisch /mag'ne:tiş/ manyetik
magnetisieren /magne'tizi:rın/ r mıknatıslamak
Magnetismus /magne'tismus/ r manyetizma
Mahagoni, s /maha'go:ni/ s maun
mähen /'me:ın/ ekin biçmek; tırpanlamak, oraklamak
Mahl, e /ma:l/ s öğün, yemek
mahlen /'ma:lın/ öğütmek
Mahlzeit, en /'ma:ltsayt/ e yemek vakti
Mähne, n /'me:nı/ e yele
mahnen /'ma:nın/ uyarmak, ihtar etmek; anımsatmak, hatırlatmak
Mai, e /may/ r mayıs
Maikäfer,- /'mayke:fır/ r mayısböceği
Mais /mays/ r mısır
Majestät,en /mayes'te:t/ e görkem, heybet; majeste
majestätisch /mayes'te:tiş/ heybetli, haşmetli
Major, e /ma'yor/ r binbaşı
Makel,- /'ma:kıl/ r kusur, leke
makelhaft /'ma:kılhaft/ kusurlu
makellos /'ma:kıllo:s/ kusursuz

mäkeln /'me:kıln/ kusur bulmak
Makkaroni /maka'ro:ni/ *(ç.)* uzun makarna, spagetti
Makler,- /'ma:klır/ r komisyoncu, simsar
Makrele, n /mak're:lı/ e uskumru
makro /'makro/ büyük, makro
Makrone, n /mak'ronı/ e badem kurabiyesi
Mal, e /ma:l/ s işaret, marka; kez, kere, defa
mal /ma:l/ kere; bir kere, vaktiyle, eskiden
Malaria, -rien /ma'la:rya/ e sıtma
malen /'ma:lın/ boyamak; resim yapmak
Maler /'ma:lır/ r ressam
Malerei, en /ma:lı'ray/ e ressamlık; tablo, resim
Malve, n /'malvı/ e ebegümeci
Malz /malts/ s malt, bira mayası
Mama /ma'ma:/ anne, anneciğim
man /man/ kişi, insan
manche (r,s) /manhı (r,z)/ bazı; birçok
mancherlei /'manhırlay/ çeşitli, türlü türlü
manchmal /'manhma:l/ bazen, ara sıra
Mandant, en /man'dant/ r müvekkil
Mandarine, n /manda'ri:nı/ e mandalina
Mandat, en /man'da:t/ manda
Mandel,.. /mandıl/ e badem; bademcik
Mandelentzündung, en /'mandılenttsündung/ e bademcik iltihabı
Mangel,.. /'mangıl/ r eksiklik; kusur, hata; kıtlık, yokluk
mangelhaft /'mangılhaft/ kusurlu, hatalı; eksik
mangeln /'mangıln/ eksik olmak
Manie, n /ma'ni:/ e mani, hastalık, manyaklık
Manier, en /ma'ni:r/ e tarz, usul; biçem, üslup
Manieren /ma'ni:rın/ *(ç.)* görgü (kuralları)
maniert /ma'ni:rt/ yapmacık, tuhaf
manierlich /ma'ni:rlih/ terbiyeli, dürüst, uslu
Manifest, e /mani'fest/ s bildiri, bildirge
Maniküre, n /mani'kü:rı/ e manikür
Mann, ..er /man/ r adam, erkek; koca
Männchen,- /'menhın/ s (hayvan) erkek
Mannequin, s /manı'ke:n/ r, s manken
mannigfach /'manihfah/ çeşitli
mannigfaltig /'manihfaltih/ çeşitli
Mannigfaltigkeit /'manihfaltihkayt/e çeşit, çeşitlilik
männlich /'menlih/ erkek; *dilb.* eril
Mannschaft, en /'manşaft/ e takım; mürettebat
Manöver,- /ma'nö:vır/ s manevra
manövrieren /manöv'ri:rın/ manevra yapmak
Mansarde, n /man'zardı/ e çatı katı, tavan arası
Manschette, n /man'şatı/ e manşet
Manschettenknopf, ..e /man'şetınknopf/ r kol düğmesi
Mantel,.. /'mantıl/ r palto; manto
manuell /manu'el/ elle yapılan
Manuskript, e /manus'kript/ s el yazması
Mappe, n /'mapı/ e çanta; dosya
Märchen, - /'me:rhın/ s masal
märchenhaft /'me:rhınhaft/ efsanevi; harikulade
Marder /'mardır/ r sansar
Margarine, n /marga'ri:nı/ e margarin
Marine, n /ma'ri:nı/ e bahriye
Marineoffizier,e /ma'ri:nı-ofitsi:r/ r deniz subayı
marinieren /mari'ni:rın/ salamura yapmak
Marionette, n /maryo'netı/ e kukla
Mark /mark/ s ilik
Mark,- /mark/ e Mark, Alman Markı
markant /mar'kant/ keskin; göze çarpan
Marke, n /'markı/ e pul; marka
markieren /mar'ki:rın/ işaretlemek
markig /'markih/ kuvvetli, özlü
Markise, n /mar'kizı/ e güneş tentesi
Markt, ..e /markt/ r pazar; piyasa

Marktplatz, ..e /'marktplatz/ r pazar yeri
Marmelade, n /marmı'la:dı/ e marmelat
Marmor, e /'marmor/ r mermer
Marone, n /ma'ro:nı/ e kestane
Marsch, ..e /marş/ r yürüyüş; marş
marschieren /mar'şi:rın/ yürümek
Marter, n /'martır/ e işkence
martern /'martırn/ işkence etmek
Märtyrer, - /'mertürır/ r şehit
März, e /merts/ r mart
Marzipan, e /martsi'pa:n/ s badem ezmesi
Maschine, en /ma'şi:nı/ e makine; motor
Maschinenbauer, - / ma'şi:nınbauır/ r makine mühendisliği
Maschinengewehr, e /ma'şi:nıngıve:r/ s makineli tüfek
Maschinenpistole, n /ma'şinınpisto:lı/ e makineli tabanca
Maschinist, en /maşi'nist/ r makinist
Masern /'ma:zırn/ *(ç.)* kızamık
Maske, n /'maskı/ e maske
Maskenball, ..e /'maskınbal/ r maskeli balo
maskieren /mas'ki:rın/ maskelemek
Maskulinum /'maskulinum/ s *dilb.* eril (cins)
Maβ, e /ma:s/ s ölçü; ölçek; ılım
Massage, n /ma'sa:jı/ e masaj
massakrieren /masak'ri:rın/ soykırım yapmak
Masse, n /'masi/ e madde
Massenmedien /'masınmıdi:n/ *(ç.)* kitle iletişim araçları
Masseur, e /ma'sö:r/ r masör
Masseuse, n /ma'sö:zı/ e masöz
maβgebend /'ma:sge:bınt/ yetkili; asıl, esas olan
maβhalten /'ma:shaltın/ haddini bilmek
massieren /ma'si:rın/ masaj yapmak
massig /masih/ iriyarı, cüsseli
mäβig /'me:sih/ ılımlı; kanık, kanaatkâr; orta, vasat
mäβigen /'me:sigın/ azaltmak, kısmak; yatıştırmak
massiv /ma'si:f/ som; kaba
maβlos /'ma:slo:s/ ölçüsüz
Maβnahme, n /'ma:sna:mı/ e tedbir
Maβstab, ..e /'ma:sşta:p/ r ölçek
maβvoll /'ma:sfol/ ölçülü, ılımlı
Mast, en /mast/ r (gemi) direk
Mast, en /mast/ e semirtme
mästen /'mestın/ semirtmek
Masturbation, en /masturbats'yon/ e masturbasyon
Material, ien /materi'a:l/ s malzeme, gereç
Materialismus /materia'lismus/ r özdekçilik, materyalizm
Materialist, en /materia'lis/ r özdekçi, materyalist, maddeci
Materie, n /ma'te:rii/ e özdek, madde, öz, cevher
materiell /materi'el/ özdeksel, maddi
Mathematik /matema'ti:k/ e matematik
Mathematiker, - /mata'ma:tikır/ r matematikçi
mathematisch /mate'ma:tiş/ matematik(sel)
Matratze, n /mat'ratsı/ e şilte, döşek; somya
Matrize, n /mat'ritsı/ e matris
Matrose, n /mat'ro:zı/ e tayfa, gemici
Matsch, e /maç/ r çamur, balçık
matschig /'maçih/ çamurlu
matt /mat/ donuk, solgun; yorgun; mat
Matte, n /'matı/ e minder; paspas; hasır
Mattscheibe, n /'matşaybı/ e (TV) ekran
Mauer, n /'mauır/ e duvar; sur
mauern /mauırn/ duvar örmek
Maul, ..er /maul/ s hayvan ağzı
Maulbeere, n /'maulbe:rı/ e dut
maulen /'maulın/ homurdanmak
Maulesel, - /'maule:zıl/ r katır
Maultier, e /'maulti:r/ s katır
Maulwurf, ..e /'maulvurf/ r köstebek
Maurer, - /'maurır/ r duvarcı
Maus, ..e /maus/ e fare, sıçan

mäuschenstill /'moyshınştil/ çok sessiz
mausern /'mauzırn/ tüy değiştirmek
maximal /'maksima:l/ en fazla, en çok, azami
Maximum,-ma /'maksimum/ s en büyük değer, maksimum
Mayonnaise, n /mayo'ne:zı/ e mayonez
Mechanik /me'ha:nik/ e mekanik
Mechaniker,- /me'ha:nikır/ r mekanist, teknisyen
mechanisch /me'ha:niş/ mekanik
mechanisieren /mehani'zi:rın/ makineleştirmek, mekanize etmek
Mechanismus,-men /meha'nismus/ mekanizma
Meckerer,- /'mekırır/ r mızmız
meckern /'mekırn/ lafa karışmak; sersemce gülmek; mızmızlanmak; melemek(keçi)
Medallie, n /meda:lii/ e madalya
Medallion, s /medal'yo:n/ s madalyon
Medikament, e /medika'ment/ s ilaç
Medizin, en /medi'tsi:n/ e tıp, hekimlik; ilaç
Mediziner,- /medi'tsi:nır/ r tıbbiyeli; hekim
medizinisch /medi'tsi:niş/ tıbbi
Meer, e /me:r/ s deniz
Meerbusen, - /'me:rbu:zın/ r körfez
Meerenge, n /'me:rengı/ e boğaz
Meeresspiegel /'me:rısspi:gıl/ r deniz yüzeyi
Mehl, e /me:l/ s un
mehr /me:r/ daha çok; daha
mehrdeutig /'me:rdoytih/ çokanlamlı
mehrere /'me:rırı/ birçok, çeşitli
mehrfach /'me:rfah/ birçok kez
Mehrheit, en /'me:rhayt/ e çoğunluk
mehrmalig /'me:rmalih/ tekrar edilen
mehrmals /'me:rma:ls/ birçok kez
mehrsilbig /'me:rzilbih/ çok heceli
mehrstimmig /'me:rştimih/ çok sesli
Mehrwertsteuer, n /'me:rvertştoyır/ e katma değer vergisi, KDV

Mehrzahl /'me:rtsa:l/ e çoğunluk; *dilb.* çoğul
melden /'maydın/ sakınmak, kaçınmak
Meile,n /'maylı/ e mil
mein /mayn/ benim
meine (r,s) /'maynı(r,z)/ benimki
meineid, e /'maynayt/ r yalan yere yemin
meinen /'maynın/ sanmak; demek istemek; fikrinde olmak, düşünmek; amacında olmak
meiner /'maynır/ benim
meinerseits /'maynırzayts/ benim tarafımdan
meinesgleichen /'maynısglayhın/ benim gibiler
meinetwegen /'maynıtve:gın/ hatırım için; bence, bana kalırsa; benim için hava hoş, bana ne
Meinung, en /'maynung/ e düşünce, fikir, görüş; niyet
Meinungsaustausch /'maynungaustauş/ r fikir alışverişi
Meinungsverschiedenheit,en /'maynungsferşi:dınhayt/ e görüş ayrılığı
Meise, n /'mayzı/ e iskete kuşu
Meiβ**el,-** /'maysıl/ r keski, çelik kalem
meist /mayst/ en çok, en fazla
meistens /'maystıns/ çoğu zaman, genellikle
Meister /'maystır/ r usta; *sp.* şampiyon
meisterhaft /'maystırhaft/ ustaca, ustalıklı, yetkin, mükemmel
meistern /'maystırn/ altından kalkmak, üstesinden gelmek, becermek
Meisterschaft, en /'maystırşaft/ e ustalık; *sp.* şampiyonluk
Meisterstück, e /'maystırstük/ s şaheser, başyapıt
Melancholie,n /melanko'li:/ e melankoli
melancholisch /melan'ko:liş/ melankolik
melden /'meldın/ bildirmek; de. geldiğini bildirmek; (telefona) bakmak; yazılmak, başvurmak
Meldung, en /'meldung/ e haber, rapor

melken /'melkın/ sağmak
Melodie, n /melo'di:/ e melodi, ezgi
Melone, n /melo:nı/ e kavun, karpuz
Membran, e /memb'ra:n/ s diyafram
Memorien /'memo:riın/(ç.)hatırat, anılar
Menge, n /'mengı/ e miktar, nicelik; kalabalık; yığın, küme
mengen /'mengın/ karıştırmak, katmak
Mensch, en /menş/ r insan
Menschenkenner,- /'menşınkenır/ r insan sarrafı
Menschenrechte /'menşınrehtı/ (ç.) insan hakları
Menschenwürde /'menşınvürdı/ e insanlık şerefi, insanlık onuru
Menschheit /'menşhayt/ e insanlık
menschlich /'menşlih/ insancıl
Menschlichkeit /'menşlihkayt/ e insanlık, insancıl olma
Menstruation, en /menstruatsyo:n/ e âdet, aybaşı
Mentalität, en /mentali'te:t/ e zihniyet, düşünüş, kafa
Menü, s /me'nü:/ s menü
merken /'merkın/ farkına varmak, anlamak, duymak; dikkat etmek
merklich /'merklih/ göze çarpan, açık
Merkmal, e /'merkma:l/ s işaret, belirti; emare; özellik, karakteristik
merkwürdig /'merkvürdih/ tuhaf, garip
merkwürdigerweise /'merkvürdigırvayzı/ garip olan şudur ki...
Merkwürdigkeit,en /'merkvürdihkayt/ e tuhaflık, gariplik
meßbar /'mesba:r/ ölçülebilir
Messe, n /'mesı/ e fuar, panayır
messen /'mesın/ ölçmek
Messer,- /'mesır/ s bıçak
Messing /'mesing/ s pirinç, sarı
Messung, en /'mesung/ e ölçme
Metall, e /me'tal/ s maden
metallisch /me'taliş/ madeni
Metallware, n /me'talva:rı/ e madeni eşya
Metaphysik /metafü'zi:k/ e metafizik
metaphysisch /meta'füziş/ metafizik
Meteor, e /mete'o:r/ s göktaşı
Meteorologie /meteorolo'gi:/ e meteoroloji
meteorologisch /meteoro'lo:giş/ meteorolojik
Meter,- /'me:tır/ r,s metre
Methode, n /me'to:dı/ e yöntem
methodisch /me'to:diş/ yöntemsel, yöntemli, sistematik
metrisch /'me:triş/ metrik
Metropole, n /metro'po:lı/ e başkent
Metzger,- /'metsgır/ r kasap
Metzgerei, en /metsgı'ray/ e kasap (dükkânı)
Meuchelmord, e /'moyhılmort/ r alçakça cinayet
Meute, n /'moytı/ e köpek sürüsü
Meuterei /moytı'ray/ e ayaklanma
Meuterer, en /'moytırır/ r başkaldıran, asi
meutern /'moytırn/ ayaklanmak, başkaldırmak
miauen /mi'yauın/ miyavlamak
mich /mih/ beni
Mieder,- /'mi:dır/ s kadın giysisinin belden yukarı bölümü; korse
Miene, n /'mi:nı/ e yüz, çehre, tavır
mies /mi:s/ kd. berbat, kötü
Miete, n /'mi:tı/ e kira
mieten /'mi:tın/ kiralamak
Mieter,- /'mi:tır/ r kiracı
Mietshaus, ..er /'mi:tshaus/ s apartman
Migräne, n /mig're:nı/ e migren
Mikrobe, n /mik'ro:bı/ e mikrop
Mikrophon, e /mikro'fo:n/ s mikrofon
Mikroskop, e /mikros'ko:p/ s mikroskop
mikroskopisch /mikros'ko:piş/ mikroskopik
Milch /milh/ e süt
Milchglas, ..er /'milhgla:s/ s buzlucam
milchhaltig /'milhhaltih/ sütlü

Milchkaffee, s /'milhkafe:/ r sütlü kahve
Milchmann,..er /'milhman/ r sütçü
Milchpulver, - /'milhpulfır/ s süttozu
Milchstraße /'milhtra:sı/ e Samanyolu
Milchzahn,..e /'milhtsa:n/ s sütdişi
mild /milt/ yumuşak, hafif; ılıman; insaflı
Milde /'mildı/ e yumuşaklık, hafiflik
mildern /'mildırn/ azaltmak, yumuşatmak, hafifletmek; yatıştırmak
Militär /mili'te:r/ s askerler, ordu
Militärattache, s /mili'te:r-ataşe/ s askeri ateşe
Militärdienst /mili'te:rdi:nst/ r askerlik (hizmeti)
Militärgericht, e /mili'te:rgıriht/ s askeri mahkeme
militärisch /mili'te:riş/ askeri
Militarismus /milita'rismus/ r militarizm
Militärpflicht, en /mili'te:rpfliht/ e askerlik hizmeti
Miliz, en /mi'li:ts/ e milis
Milliardär, e /milyar'de:r/ r milyarder
Milliarde, n /mil'yardı/ e milyar
Milimeter, - /'milime:tır/ r milimetre
Million, en /mil'yo:n/ e milyon
Millionär, e /milyo'ne:r/ r milyoner
Milz, en /milts/ e dalak
Mimik, en /'mi:mik/ e mimik
Mimose, n /mi'mo:zı/ e mimoza
minder /'mindır/ daha az, daha küçük
Minderheit, en /'mindırhayt/ e azınlık
minderjährig /'mindırye:rih/ hukuken yaşı küçük
mindern /'mindırn/ azaltmak; de. azalmak
minderwertig /'mindırve:rtih/ düşük değerde; aşağılık
Minderwertigkeitskomplex, e /'mindırve:rtihkaytskompleks/ r aşağılık kompleksi
mindest /'mindıst/ en az, en düşük
mindestens /'mindıstıns/ en az, asgari; hiç olmazsa, bari
Mindestlohn, ..e /'mindıstlo:n/ r asgari ücret

Mine, n /'mi:nı/ e mayın; maden ocağı; kalem kurşunu, tükenmez içi
Minenfeld /mi:nınfelt/ s mayın tarlası
Mineral,ien /mine'ra:l/ s maden
Mineralwasser /mine'ra:lvasır/ s madensuyu
Miniatur, en /minya'tu:r/ e minyatür
minimal /'minima:l/ en az, en küçük
Minimum,-ma /mi'nimum/ s minimum, en küçük değer
Minister,- /mi'nistır/ r bakan
Ministerium,-rien /ministe:ryum/ s bakanlık
Ministerpräsident, en /mi'nistırpre:zident/ r başbakan
Minorität, en /minori'te:t/ e azınlık
minus /'mi:nus/ eksi
Minuszeichen,- /'minustsayhın/ s mat. eksi işareti
Minute, n /mi'nu:tı/ e dakika
minutenlang /mi'nu:tınlang/ dakikalarca
Minutenzeiger,- /mi'nu:tıntsaygır/ r yelkovan
Minze, n /'mintsı/ e nane
mir /mi:r/ bana
Mirabelle,n /mira'belı/ e sarı erik
mischen /'mişın/ karıştırmak
Mischling,e /'mişling/ r melez
Mischung, en /'mişung/ e karışım
Mispel, n /'mispıl/ e muşmula
mißachten /mis-'ahtın/ hiçe saymak; savsaklamak
mißbilligen /'misbiligın/ hoş görmemek, uygun bulmamak, kınamak
Mißbilligung /'misbiligung/ e hoş görmeme; ayıplama, kınama
Mißbrauch /'misbrauh/ r kötüye kullanma
mißbrauchen /mis'brauhın/ kötüye kullanmak
mißdeuten /mis'doytın/ yanlış anlam çıkarmak; kötüye yormak
Mißerfolg, e /'mis-erfolk/ r başarısızlık

miβfallen /misfalın/ hoş(un)a gitmemek, beğenmemek
Miβfallen /misfalın/ s hoşnutsuzluk
Miβgeschick, e /'misgışik/ s talihsizlik, aksilik
Miβgunst, ..e /'misgunst/ e kıskançlık
miβhandeln /mis'handıln/ kötü davranmak, kötü muamele etmek
Miβhandlung, en /'mishandlung/ e kötü davranma
Mission, en /mis'yo:n/ e görev; delegasyon; misyon
Missionar, e /misyo'na:r/ r misyoner
Miβklang, ..e /'misklang/ r uyumsuzluk, ahenksizlik
Miβkredit, e /'miskredi:t/ r gözden düşme, saygınlığını yitirme
miβlingen /mis'lingın/ başarılı olamamak, başarısızlığa uğramak
Miβlingen /mis'lingın/ s başarısızlık
miβmutig /mis'mu:tih/ neşesiz, gönlü kırık
miβtrauen /mis'trauın/ güvenmemek
Miβtrauen /mistrauın/ s güvensizlik
miβtrauisch /mistrauiş/ güvensiz, kuruntulu
Miβverständnis /'misferştentnis/ s yanlış anlama, yanlış anlaşılma
miβverstehen /'misferşte:ın/ yanlış anlamak
Mist, e /mist/ r dışkı; gübre
Mistel, n /'mistıl/ e ökseotu
mit /mit/ ile, birlikte, -la, -le
Mitarbeit, en /'mitarbayt/ e işbirliği
mitarbeiten /'mit-arbaytın/ birlikte (ortaklaşa) çalışmak, işbirliği yapmak
Mitarbeiter, - /'mitarbaytır/ r çalışma arkadaşı, iş arkadaşı
Mitbestimmung, en /'mitbıştimung/ s birlikte kararlaştırma
Mitbewohner,- /'mitbıvo:nır/ r birlikte oturan
mitbringen /'mitbringın/ birlikte (yanında) getirmek

Mitbringsel,- /'mitbringsıl/ s yolculuk dönüşü getirilen küçük armağan
Mitbürger,- /'mitbürgır/ r hemşehri, yurttaş
miteinander /mitay'nandır/ birlikte, birbiriyle
mitfahren /'mitfa:rın/ birlikte gitmek
Mitgefühl /'mitgıfü:l/ s dert ortaklığı, acıma
mitgehen /'mitge:ın/ birlikte gitmek, eşlik etmek
Mitgift, en /'mitgift/ e drahoma
Mitglied, er /'mitgli:t/ s üye
Mitgliedschaft, en /'mitglı:tşaft/ e üyelik
mitkommen /'mitkomın/ birlikte gelmek; izlemek
Mitlaut, e /'mitlaut/ r dilb. ünsüz, sessiz
Mitleid /'mitlayt/ s acıma
mitleidig /'mitlaydih/ merhametli, yufka yürekli
mitmachen /'mitmahın/ katılmak
Mitmensch, en /'mitmenş/ r hemcins, insan
mitnehmen /'mitne:mın/ birlikte götürmek, yanına almak (giderken)
mitreden /'mitre:dın/ konuşmaya katılmak
mitreisen /'mitrayzın/ birlikte yolculuk yapmak
mitsamt /mit'zamt/ ...ile birlikte
Mitschuld /'mitşult/ e suçortaklığı
mitschuldig /'mitşuldih/ suça ortak
Mitschüler,- /'mitşü:lır/ r okul arkadaşı, sınıf arkadaşı
mitspielen /'mitşpi:lın/ birlikte oynamak, oyuna katılmak
Mitspieler,- /'mitşpi:lır/ r oyun arkadaşı
Mittag, e /'mita:k/ r öğle
Mittagessen,- /'mitak-esın/ s öğle yemeği
mittags /'mita:ks/ öğleyin; öğleleri
Mittagspause, n /'mitak:kspauzı/ e öğle paydosu
Mitte, n /'mittı/ e orta; merkez

mitteilen /'mittaylın/ bildirmek, haber vermek
Mitteilung, en /'mittaylung/ e bildiri, haber
Mittel,- /'mitıl/ s araç; çare
Mittelalter /'mitıl-alltır/ s ortaçağ
mittelbar /'mitılba:r/ dolaylı
mittelgroβ /'mitılgro:s/ orta büyüklükte, orta boylu
mittelmäβig /'mitılme:sih/ orta, şöyle böyle, orta karar
Mittelmeer /'mitılme:r/ s Akdeniz
Mittelpunkt, e /'mitılpunkt/ r orta nokta, merkez
mittels /'mitıls/ aracılığıyla, sayesinde
Mittelschule, n /'mitılşu:lı/ e ortaokul
Mittelstand, ..e /'mitılştant/ r orta sınıf
Mittelstürmer,- /'mitılştürmır/ r santrfor
mitten /'mitın/ ortasında
Mitternacht /'mitırnaht/ e gece yarısı
Mittlere (r,s) /'mitlırı(r,z)/ orta
mittlerweile /'mitlırvaylı/ bu arada
Mittwoch /'mitvoh/ r çarşamba
mitunter /mit'untır/ ara sıra
mitverantwortlich /'mitfer-antvortlih/ ortak sorumlu
mitwirken /'mitvirkın/ payı olmak, katkısı olmak
Mitwirkung, en /'mitvirkung/ e katılma, katılım
Mitwisser, - /'mitvisır/ r sırdaş
Möbel,- /'mö:bıl/ s mobilya
Möbelhändler,- /'mö:bılhendlır/ r mobilyacı
Möbelwagen, - /'mö:bılva:gın/ r eşya taşıma arabası
mobil /mo'bi:l/ hareketli; gezici
Mobilmachung, en /mo'bi:lmahung/ e seferberlik
möblieren /möb'li:rın/ döşemek
Mode, n /'mo:dı/ e moda
Modell, e /mo'del/ s model; örnek
Modenschau /'mo:dınşau/ r defile
modern /mo'dern/ çağdaş, modern

modernisieren /moderni'zi:rın/ modernize etmek, çağdaşlaştırmak
Modezeichner,- /'mo:dıtsayhnır/ r moda tasarımcısı, modelist
modisch /'mo:diş/ moda, modaya uygun
mogeln /'mo:gıln/ mızıkçılık yapmak
mögen /'mö:gın/ sevmek, beğenmek hoşlanmak
möglich /'mö:klih/ olabilir, muhtemel; olanaklı, mümkün
möglicherweise /'mö:klihırvayzı/ belki, bir ihtimal
Möglichkeit, en /'mö:klihkayt/ e olanak, imkân; olasılık, ihtimal
Mohammedaner,- /mohame'da:nır/ r Müslüman
mohammedanisch /mohame'da:niş/ islami
Mohn, e /mo:n/ r gelincik; haşhaş
Mohrrübe, n /'mo:rrü:bı/ e havuç
Mokka, s /'moka/ r Yemen kahvesi
Mole, n /'mo:lı/ e dalgakıran
Molekül, e /mole'kü:l/ s molekül
molekular /moleku'la:r/ moleküler
Molkerei, en /molkı'ray/ e mandıra, süthane
Moll, - /mol/ s *müz.* minör
mollig /'molih/ rahat; yumuşak
Moment, e /mo'ment/ e görüş noktası / r an; etken, amil, faktör
momentan /momen'ta:n/ geçici, şu an için
Monarch, en /mo'narh/ r hükümdar, kral
Monarchie, en /monar'hi:/ e monarşi
Monat, e /'mo:nat/ r ay (1/12 yıl)
monatlich /'mo:natlih/ aylık
Monatsgehalt, ..er /'mo:natsgıhalt/ s aylık, maaş, aylık ücret
Mönch, e /mönh/ r papaz; keşiş
Mond, e /mo:nt/ r ay
Mondfinsternis, s /'mo:ntfinstırnis/ e ay tutulması
Mondschein, e /'mo:ntşayn/ r ay ışığı, mehtap

Monolog, e /mono'lo:k/ r monolog
Monopol, e /mono'po:l/ s tekel
monopolisieren /monopoli'zirın/ tekeli altına almak
monoton /mono'to:n/ tekdüze, monoton
Monsun, e /mon'zu:n/ r Muson
Montag /'mo:nta:k/ r pazartesi
Montage, n /mon'ta:jı/ e montaj, kurgu
montieren /mon'ti:rın/ monte etmek
Moor, e /mo:r/ s bataklık
Moos, e /mo:s/ s yosun
moosig /'mo:zih/ yosunlu
Moped, s /'mo:pet/ s mobilet
Moral, en /mo'ra:l/ e ahlak
moralisch /mo'ra:liş/ ahlâki; manevi
Morast, e /mo'rast/ r bataklık, çamur
Mord, e /mort/ r cinayet
Mörder,- /'mördır/ r katil
mörderisch /'mö:rdıriş/ korkunç
Mordkommission,en /'mortkomisyo:n/ e cinayet masası
Morgen,- /'morgın/ r sabah
morgen /'morgın/ yarın **-abend** yarın akşam **-früh** yarın sabah **-nacht** yarın gece
Morgendämmerung,en /'morgındemırung/ e gün ağarması, şafak
Morgenland /'morgınlant/ s Doğu ülkeleri
Morgenmantel, .. /'morgınmantıl/ r sabahlık
Morgenrock,..e /'morgınrok/ r sabahlık
morgens /'morgıns/ sabahleyin; sabahları
Morgenzeitung,en /'morgıntsaytung/ e sabah gazetesi
morgig /morgih/ yarınki
Morphium /'morfium/ s morfin
morsch /morş/ çürük
Morsealphabet /'morzı-alfabe:t/ s Mors alfabesi
Mörser,- /'mörzır/ r havan
Mörtel,- /'mörtıl/ r yapı harcı
Mosaik,e /moza'i:k/ s mozayik

Moschee,n /mo'şe:/ e cami
Moses /'mo:zes/ Hz. Musa
Moskito, s /mos'ki:to/ r sivrisinek
Moskitonetz, e /mos'ki:tonets/ s cibinlik
Moslem, s /'moslem/ r Müslüman
Mostrich /'mostrih/ r hardal
Motel, s /mo'tel/ s motel
Motiv, e /mo'ti:f/ s motif; neden, güdü, dürtü
Motor, en /'mo:tor/ r motor
Motorboot, e /'mo:torbo:t/ s deniz motoru
Motorenöl, e /'mo:torınö:l/ s motoryağı
Motorhaube, n /'mo:torhaubı/ e motor kaputu
Motorrad, ..er /'mo:torra:t/ s motosiklet
Motorradfahrer,-r /'motorra:tfa:rır/ r motosiklet sürücüsü
Motorschaden, - /'mo:torşa:dın/ r motor arızası
Motte, n /'motı/ e güve
Motto, s /'moto/ s parola, vecize
Möwe, n /'mö:vı/ e martı
Mücke,n /'mükı/ e sivrisinek; tatarcık
Mückenstich,e /'mükınştih/ r sivrisinek sokması
mucksen /'muksın/ kımıldanmak; hafif bir ses çıkarmak
müde /'mü:dı/ yorgun, bitkin
Müdigkeit, en /'mü:dihkayt/ e yorgunluk
Muff, e /muf/ r manşon; küf
müffig /'müfih/ küf kokulu, küflü
Mühe,n /mü:/ e çaba; zahmet; özen
mühelos /'mü:ilo:s/ zahmetsiz, kolay
mühevoll /'mü:ifol/ zahmetli
Mühle, n /'mü:lı/ e değirmen
Mühsal, e /'mü:za:l/ e zahmet, eziyet; sıkıntı, dert, üzüntü
mühsam /'mü:za:m/ zahmetli, yorucu
mühselig /'mü:ze:lih/ zahmetli; sıkıntılı
Mulatte, n /mu'latı/ r bir beyaz ile bir zenciden oluşan melez
Mull /mul/ r gazlı bez
Müll /mül/ r çöp, süprüntü

MÜLLEIMER 138 MUTTERSCHAFT

Mülleimer,- /'mül-aymır/ **r** çöp tenekesi
Müller,- /'mülır/ **r** değirmenci
Müllschaufel,n /'mülşaufıl/ **e** faraş
Multiplikation,en /multiplikats'yo:n/ **e** mat. çarpma
multiplizieren /multipli'tsi:rın/ mat. çarpmak
Mumie, n /'mu:miı/ **e** mumya
Mumps /mumps/ **r** kabakulak
Mund, ..e /munt/ **r** ağız
Mundart, en /'munt-a:rt/ **e** lehçe
Mündel,- /'mündıl/ **s** vesayet altındaki kişi
münden /'mündın/ (ırmak) dökülmek, karışmak
mundfaul /'muntfaul/ konuşmaya, ağzını açmaya üşenen
Mundharmonika, s /'muntharmo:nika/ **e** ağız armonikası, mızıka
mündig /'mündih/ reşit, ergin
Mündigkeit, en /'mündihkayt/ **e** rüşt
mündlich /'müntlih/ sözlü, sözel
Mundstück, e /'muntştük/ **s** ağızlık
Mündung, en /'mündung/ **e** (ırmak, silah) ağzı; tüfek namlusu
Mundwasser /'muntvasır/ **s** gargara suyu
Munition,en /munits'yon/ **e** cephane
munkeln /'munkıln/ kulaktan kulağa yayılmak, söylenmek, dedikodusu çıkmak
Münster,- /'münstır/ **s** katedral
munter /'muntır/ neşeli, şen, canlı
Münze, n /'müntsı/ **e** sikke, madeni para
Münzfernsprecher,- /'müntsfernşprehır/ **r** jetonlu telefon
mürbe /'mürbı/ gevrek; iyi pişmiş; eskimiş, yıpranmış
Murmel, n /'murmıl/ **e** zıpzıp, bilye
murmeln /'murmıln/ mırıldanmak
murren /'murın/ homurdanmak
mürrisch /'müriş/ huysuz, aksi
Mus, e /mu:s/ **s** ezme, püre
Muschel, n /'muşıl/ **e** midye; (telefon) kulaklık, ahize
Museum, -een /mu'zeum/ **s** müze
Musik /mu'zi:k/ **e** müzik
musikalisch /muzi'ka:liş/ müziksever, müzikten anlar
Musikant, en /muzi'kant/ **r** çalgıcı
Musiker,- /'mu:zikır/ **r** müzisyen
Musikinstrument, e /mu'zi:k-instrument/ **s** müzik aleti, enstrüman
musizieren /muzi'tsi:rın/ müzik yapmak
Muskat, e /mus'ka:t/ **r** küçük hindistancevizi
Muskel, n /'muskıl/ **r** kas
Muskulatur, en /muskula'tu:r/ **e** kas sistemi, kaslar
muskulös /musku'lö:s/ kaslı
Muße /'mu:sı/ **e** boş zaman
müssen /'müsın/ -mek zorunda olmak, -meli, -malı
müßig /'mü:sih/ işsiz; tembel; boş, yararsız
Müßiggänger,- /'mü:sihgengır/ **r** boş gezen, haylaz
Muster,- /'mustır/ **s** örnek, nümune; biçim, model
mustergültig /'mustırgültih/ kusursuz örnek
mustern /'mustırn/ incelemek, yoklamak, gözden geçirmek; süzmek
Musterung, en /'mustırung/ **e** inceleme, yoklama, muayene
Mut /mu:t/ **r** cesaret, yiğitlik
mutig /'mu:tih/ yiğit, cesur
mutmaßen /'mu:tma:sın/ tahmin etmek
mutmaßlich /'mu:tma:slih/ tahmini, galiba, belki
Mutter, ..e /'mutır/ **e** ana; anne
Mutter, n /'mutır/ **e** *tek.* somun
mütterlich /'mütırlih/ ana gibi
Mutterliebe /'mutırli:bı/ **e** ana sevgisi
mutterlos /'mutırlo:s/ öksüz
Muttermilch /'mutırmilh/ **e** ana sütü
Mutterschaft, en /'mutırşaft/ **e** analık, annelik

Muttersprache /'mutırşpra:hı/ e anadili
Muttertag, e /'mutırta:k/ r anneler günü
mutwillig /'mu:tvilih/ haşarı, yaramaz
Mütze, n /'mütsı/ e kasket
mysteriös /müster'yö:s/ esrarengiz, gizemli
Mysterium, -rien /müs'te:ryum/ s sır, gizem
Mystik /'müstik/ e tasavvuf, gizemcilik
mystisch /'müstiş/ gizemci, mistik
mytisch /'mü:tiş/ efsanevi
Mythologie /mütolo'gi:/ e mitoloji
mythologisch /müto'lo:giş/ mitolojik
Mythos, -then /'mü:tos/ r efsane, söylence

N

Nabel, - /'na:bıl/ r göbek
Nabelschnur /'na:bılşnu:r/ e göbek bağı
nach /na:h/ -den sonra; arkasında(n); -ye, -ya(doğru); göre - **und** -yavaş yavaş, azar azar
nachäfen /'na:h-efın/ taklit etmek
nachahmen /'na:h-a:mın/ benzetmek, taklit etmek, öykünmek
Nachahmer, - /'na:h-a:mır/ r taklitçi
Nachahmung, en /'na:h-a:mung/ e taklit
Nachbar, n /'nahba:r/ r komşu
Nachbarschaft, en /'nahba:rşaft/ e komşuluk; çevre, yöre
nachbestellen /'na:hbıştelın/ yeniden (sonradan) ısmarlamak
nachbilden /'na:hbildın/ kopya etmek, taklit etmek
nachdem /'na:h'dem/ -den sonra
nachdenken /'na:hdenkın/ üzerinde düşünmek
nachdenklich /'na:hdenklih/ düşünceli; temkinli, sıkılgan
Nachdruck /'na:hdruk/ r vurgu
Nachdruck, e /'na:hdruk/ r izinsiz kopya; tıpkıbasım
nachdrücklich /'na:hdrüklih/ güçlü, şiddetli
nacheinander /na:hay'nandır/ arka arkaya, üst üste
nacherzählen /'na:h-ertse:lın/ yeniden kendi sözleriyle anlatmak
Nachfolge /'na:hfolgı/ e yerine geçme
nachfolgen /'na:hfolgın/ yerine geçmek; takip etmek
Nachfolger, - /'na:hfolgır/ r halef, ardıl
nachforschen /'na:hforşın/ inceleme yapmak
Nachforschung, en /'na:hforşung/ e araştırma, soruşturma
Nachfrage /'na:hfra:gı/ e talep, rağbet, istek; soruşturma
nachfragen /'na:hfra:gın/ bilgi almak, bilgi edinmek
nachfüllen /'na:hfülın/ yeniden doldurmak
nachgeben /'na:hge:bın/ dayanamamak; ipin ucunu bırakmak
nachgehen /'na:hge:ın/ arkasından gitmek, peşinde dolaşmak
nachgiebig /'na:hgi:bih/ uysal, yumuşak başlı
Nachgiebigkeit, en /'na:hgi:bihkayt/ e uysallık, yumuşaklık
Nachhall /'na:hhal/ r yankı, eko
nachhaltig /'na:hhaltih/ sürekli; etkisini uzun zaman sürdüren
nachhelfen /'na:hhelfın/ yardım etmek
nachher /na:h'he:r/ daha sonra
nachholen /'na:hho:lın/ telafi etmek, karşılamak

nachkommen /'na:hkomın/ sonradan gelmek
Nachlaβ, ..sse /'na:hlas/ r indirim, iskonto; kalıt, miras
nachlassen /'na:hlasın/ gevşetmek; indirim yapmak; azalmak, hafiflemek
nachlässig /'na:hlesih/ ihmalkâr, kayıtsız
Nachlässigkeit /'na:hlesihkayt/ e ihmal, savsaklık, kayıtsızlık
nachlaufen /'na:hlaufın/ peşinden koşmak
nachmachen /'na:hmahın/ taklit etmek
Nachmittag, e /'na:hmita:k/ r öğleden sonra -s öğleden sonraları
Nachnahme, n /'na:hna:mı/ e ödemeli
Nachname, n /'na:hna:mı/ r soyadı
nachprüfen /'na:hprüfın/ kontrol etmek; yoklamak, gözden geçirmek
Nachprüfung,en /'na:hprü:fung/ e bütünleme sınavı; gözden geçirme, kontrol
nachrechnen /'na:hrehnın/ yeniden hesaplamak; gözden geçirmek
Nachricht, en /'na:hriht/ e haber; rapor
Nachrichtenagentur,en /'na:hrihtınagentu:r/ e haber ajansı
Nachrichtendienst,e /'na:hrihtındi:nst/ r ask. istihbarat
nachsagen /'na:hza:gın/ sözlerini yinelemek, tekrarlamak
nachschlagen /'na:hşla:gın/ (bir kitaptan) bakmak, arayıp bulmak
Nachschlagewerk, e /'na:hşla:gıverk/ s başvuru kitabı, kaynak
Nachschlüssel, - /'na:hşlü:sıl/ r maymuncuk
Nachschub, ..e /'na:hşu:p/ r ask. ikmal
nachsehen /'na:hze:ın/ kontrol etmek, gözden geçirmek; (gözleriyle) izlemek; (kitaba) bakmak, başvurmak
Nachsicht /na:hziht/ e hoşgörü
nachsichtig /'na:hzihtih/ hoşgörülü
Nachsilbe, n /'na:hzilbı/ e *dilb.* sonek

Nachspeise, n /'na:hşpayzı/ e üstlük, tatlı, meyve
nächst /ne:hst/ en yakın; gelecek; bir sonraki
Nächste, n /'ne:hstı/ r, e yakınlar
nachstehend /'na:hşte:ınt/ aşağıdaki, aşağıda yazılı olan
nächstens /'ne:hstıns/ yakında
Nacht, ..e /naht/ e gece
Nachtdienst, e /'nahtdi:nst/ r gece servisi
Nachteil, e /'na:htayl/ r sakınca
nachteilig /'na:htaylih/ sakıncalı, dezavantajlı
Nachthemd, en /'nahthemt/ s gecelik
Nachtigall, en /'nahtigal/ e bülbül
Nachtisch /'na:htiş/ r üstlük, tatlı, meyve
Nachtlokal, e /'nahtloka:l/ s gece kulübü
Nachtmusik /'nahtmuzi:k/ e gece müziği
Nachtrag, ..e /'na:htra:k/ r ek
nachtragen /'na:htra:gın/ (sonradan) eklemek
nachträglich /'na:htre:klih/ ek olarak, tamamlayıcı; sonradan
nachts /nahts/ geceleyin; geceleri
Nachtschicht, en /'nahtşiht/ e gece vardiyası
Nachttisch, e /'nahttiş/ r komodin
Nachtwächter,- /'nahtvehtır/ r gece bekçisi
Nachuntersuchung, en /'na:huntırzu:hung/ e çekap, sağlık yoklaması
Nachweis, e /'na:hvays/ r kanıt, ispat, delil
nachweisen /'na:hvayzın/ kanıtlamak, ispat etmek, göstermek
nachwirken /'na:hvirkın/ etkisini sürdürmek
Nachwirkung, en /'na:hvirkung/ e sonradan beliren etki
Nachwort, e /'na:hvort/ s sonsöz
Nachwuchs /'na:hvuks/ r çocuklar; yeni elemanlar
nachzahlen /'na:htsa:lın/ ek olarak

ödemek
nachzahlen /'na:htsa:lın/ yeniden saymak
nachziehen /'na:htsi:ın/ arkasından gitmek; arkasından sürüklemek; topallamak; sıkıştırmak
Nachzügler, - /'na:htsü:glır/ **r** geç kalan, geç gelen
Nacken /'nakın/ **r** ense
nackt /nakt/ çıplak
Nacktheit /'nakthayt/ **e** çıplaklık
Nadel, n /'na:dıl/ **e** iğne
Nadelbaum, ..e /'na:dılbaum/ **r** iğne yapraklı ağaç
Nagel, .. /'na:gıl/ **r** çivi, mıh; tırnak
Nagelbürste, n /'na:gılbürstı/ **e** tırnak fırçası
Nagelfeile, n /'na:gılfaylı/ **e** tırnak törpüsü
Nagellack, e /'na:gıllak/ **r** tırnak cilası, oje
Nagellackentferner /'na:gıllakentfernır/ **r** aseton
nageln /'na:gıln/ çivilemek
Nagelschere, n /'nagılşe:rı/ **e** tırnak makası
nagen /'na:gın/ kemirmek
Nagetier, e /'na:gıti:r/ **s** kemirgen (hayvan)
nah /na:/ yakın
Nähe /'ne:ı/ **e** yakınlık; çevre, dolay
nahebei /'na:ı'bay/ çok yakında
naheliegen /'na:ılli:gın/ akla yakın olmak
naheliegend /'na:ılli:gınt/ akla yakın, anlaşılması kolay
nähen /'ne:ın/ (dikiş) dikmek
näher /'ne:ır/ daha yakın
Nähere /'ne:ırı/ **s** ayrıntı(lar)
näherkommen /'ne:ırkomın/ yaklaşmak; yakınlaşmak
nähern /'ne:ırn/ yaklaştırmak; de. yaklaşmak
nähertreten /'ne:ırtre:tın/ yaklaşmak, yakınlaşmak, yanaşmak

Näherung,en /'ne:ırung/ **e** yaklaşım
nahezu /'na:ı'tsu:/ hemen hemen; yaklaşık olarak
Nähgarn, e /'ne:garn/ **s** dikiş ipliği
Nähmaschine, n /'ne:maşi:nı/ **e** dikiş makinesi
Nähnadel, n /'ne:na:dıl/ **e** dikiş iğnesi
nähren /'ne:rın/ beslemek; de. beslenmek
nahrhaft /'na:rhaft/ besleyici
Nahrung, en /'na:rung/ **e** besin
Nahrungsmittel,- /'na:rungsmitıl/ **s** gıda maddeleri, yiyecekler
Nahrwert, e /'na:rve:rt/ **r** besleme değeri, vitaminlilik
Naht, ..e /na:t/ **e** dikiş yeri
nahtlos /'na:tlo:s/ dikişsiz
naiv /na'i:f/ saf, bön, safdil
Name, n /'na:mı/ **r** ad
namenlos /'na:mınlo:s/ adsız
namens /'na:mıns/ ...adında, diye
namentlich /'na:mıntlih/ özellikle; her şeyden önce
namhaft /'na:mhaft/ ünlü, tanınmış; önemli
nämlich /'ne:mlih/ demek ki, yani
nanu! /na:'nu/ deme yahu! öyle mi? yapma yahu! yaa!, Allah Allah!
Napf, ..e /napf/ **r** çanak, kâse, tas
Narbe, n /'narbı/ **e** yara izi
narbig /'narbih/ yara izi olan
Narkose, n /nar'ko:zı/ **e** narkoz
narkotisieren /narko'tizi:rın/ uyuşturmak, narkoz vermek
Narr, en /nar/ **r** enayi; deli, kaçık
narren /'narın/ alaya almak
Narrheit, en /'narhayt/ **e** aptallık, enayilik
närrisch /'neriş/ kaçık, deli, çılgın
Narzisse, n /nar'tsisı/ **e** nergis
Narziβmus /nar'tsismus/ **r** narsizm
naschen /'naşın/ tatmak, tadına bakmak; tatlı yemek
Nase, n /'na:zı/ **e** burun
Nasenbluten /na:zınblu:tın/ **s** burun ka-

naması
Nasenloch,..er /'na:zınloh/ **s** burun deliği
nasenweis /'na:zınvayz/ saygısız, arsız; meraklı
Nashorn, ..er /'na:shorn/ **s** gergedan
naβ /nas/ ıslak, yaş
Nässe /'nesı/ **e** ıslaklık
nässen /'nesın/ ıslatmak
Nation, en /nats'yon/ **e** ulus
national /natsyo'na:l/ ulusal
Nationalhymne /natsyo'na:lhümnı/ **e** milli marş, ulusal marş
Nationalismus /natsyona'lismus/ **r** ulusçuluk, milliyetçilik
nationalisieren /natsyonali'zi:rın/ ulusallaştırmak
Nationalität, en /natsyonali'te:t/ **e** uyrukluk, milliyet
Nationalmannschaft, en /natsyo'na:lmanşaft/ **e** milli takım
Natter, n /'natır/ **e** engerek yılanı
Natur, en /na'tu:r/ **e** doğa, tabiat
Naturalien /'natu'ra:liın/ *(ç.)* toprak ürünleri
naturalisieren /naturali'zi:rın/ vatandaşlığa kabul etmek
Naturalismus /natura'lismus/ **r** doğacılık, natüralizm
Naturforscher,- /na'tu:rforşır/ **r** doğa bilgini
Naturforschung, en /na'tu:rforşung/e doğanın incelenmesi
Naturgeschichte, n /na'tu:rgışihtı/ **e** doğa tarihi
Naturgesetz, e /na'tu:rgızets/ **s** doğa kanunu
naturgetreu /na'tu:rgıtroy/ gerçeğe uygun
Natürkatastrophe, n /na'tü:rkatastro:fı/ **e** doğal afet
natürlich /na'tü:rlih/ doğal; tabii, elbette
Naturwissenschaft, en /na'turvisınşaft/ **e** (kimya, biyoloji gibi) doğa bilimi
Naturwissenschaftler,- /na'tu:rvisınşaftlır/ **r** doğa bilgini
Nazi, s /'na:tsi/ **r** Nazi
Nebel,- /'ne:bıl/ **r** sis
neb(e)lig /'ne:b(ı)lih/ sisli
neben /'ne:bın/ yanına, yanında; dışında, -den başka
nebenan /ne:bın-'an/ yanında, yan tarafta
Nebenanschluβ, ..sse /ne:bın'anşlus/ **r** dahili telefon
Nebenbedeutung, en /'ne:bınbıdoytung/ **e** yananlam, ikinci anlam
nebenbei /ne:bın'bay/ bundan başka; sırası gelmişken; ayrıca
Nebenbeschäftigung, en /'ne:bınbışeftigung/ **e** yan iş, ek görev
Nebenbuhler,- /'nebınbu:lır/ **r** rakip
nebeneinander /ne:bınay'nandır/ yan yana
Nebeneingang, ..e /ne:bınayn'gang/ **r** yan kapı, yan giriş
Nebenfach, ..er /'ne:bınfah/ **s** ek ders, yardımcı ders
Nebengeräusch, e /'ne:bıngrayş/ **s** parazit
Nebengewinn, e /'ne:bıngıvin/ **r** ek kazanç
nebenher /ne:bın'he:r/ bundan başka; aynı zamanda
Nebenrolle, n /'ne:bınrolı/'ıe ikinci derecede rol, yardımcı rol
Nebensache /'ne:bınzahı/ **e** ikinci derecede önemli şey
nebensächlich /'ne:bınzehlih/ tali, önemsiz, küçük, ikincil
Nebensatz, ..e /'ne:bınzats/ **r** *dilb.* yan cümle, yantümce
Nebenstraβe, n /'ne:bınştra:sı/ **e** yan sokak
Nebenzimmer, - /'ne:bıntsi:mır/ **s** bitişik oda
neblig /'ne:blih/ sisli
nebst /ne:pst/ ile birlikte

necken /'nekın/ birine takılmak
Neckerei, en /nekı'ray/ e şakalaşma
Neffe, n /nefı/ r erkek yeğen
negativ /'negati:f/ olumsuz, negatif
Neger,- /'ne:gır/ r zenci
nehmen /'ne:mın/ almak
Neid /nayt/ r kıskanma, kıskançlık
neiden /'naydın/ kıskanmak
neidisch /'naydiş/ kıskanç
Neigung, en /'naygung/ e eğim; eğilim
nein /nayn/ hayır
Nelke, n /'nelkı/ e karanfil
nennen /'nenın/ adlandırmak; demek
nennenswert /'nenınsve:rt/ kayda değer, önemli
Nenner,- /'nenır/ r *mat.* payda
Nennwert, e /'nenve:rt/ r nominal değer
Neon /'ne:on/ s neon
Neonröhre, n /'ne:onrö:rı/ e neon lambası
Nerv, en /nerf/ r sinir
Nervenheilanstalt /'nerfınhaylanştalt/ e sinir hastalıkları hastanesi
nervenkrank /'nerfınkrank/ sinir hastası
Nervenkrankheit, en /'nerfınkrankhayt/ e sinir hastalığı
Nervenkrieg /'nerfınkri:k/ r soğuk harp, sinir harbi
Nervenschwäche /'nerfınşvehı/ e sinir zayıflığı
Nervensystem, e /'nerfınzüste:m/ s sinir sistemi
nervös /ner'vö:s/ sinirli
Nervosität, en /nervozi'te:t/ e asabiyet, sinirlilik
Nerz, e /nerts/ r vizon
Nerzfell, e /'nertsfel/ s vizon kürkü
Nessel, n /'nesıl/ e ısırgan otu
Nest, er /nest/ s yuva
nesteln /'nestıln/ bağlamak
nett /net/ hoş, sevimli, zarif
Netz, e /nets/ s ağ; şebeke
Netzanschluβ,..sse /'nets-anşlus/ r elek. şebeke bağlantısı

Netzhaut /'netshaut/ e retina, ağkatman
neu /noy/ yeni; modern
neuartig /'noyartih/ yeni, değişik
Neuausgabe, n /'noy-ausga:bı/ e yeni baskı
Neubau, ten /'noybau/ r yeni ev, yeni yapı
neuerdings /'noyırdings/ son zamanlarda, geçenlerde; yine, yeniden
Neuerung, en /'noyırung/ e yenileme
neugeboren /'noygıbo:rın/ yeni doğmuş
Neugier /'noygi:r/ e merak
neugierig /'noygi:rih/ meraklı
Neuheit, en /'noyhayt/ e yenilik
Neuheitigkeit, en /'noyhaytihkayt/ e haber
Neujahr /'noyya:r/ s yeni yıl
neulich /'noylih/ geçenlerde
Neuling /'noyling/ r acemi, deneyimsiz
Neumond /'noymo:nt/ r yeniay, ayça
neun /noyn/ dokuz
neunte /'noyntı/ dokuzuncu
neunzehn /'noyntse:n/ ondokuz
neunzig /'noyntsih/ doksan
Neuralgie, n /noyral'gi:/ e nevralji
neuralgisch /noyral'gış/ nevraljik
neureich /'noyrayh/ sonradan görme
Neurose, n /noy'ro:zı/ e nevroz, sinirce
neutral /noyt'ro:l/ tarafsız; nötr
Neutralität /noytrali'te:t/ e tarafsızlık, nötr olma
Neutrum,-ra /'noytrum/ s *dilb.* yansız (cins), nötr (cins)
Neuwert, e /'noyve:rt/ r alış fiyatı
Neuzeit, en /'noytsayt/ e yeniçağ
nicht /niht/ değil
Nichtangriffspakt, e /'nihtangrifspakt/ r saldırmazlık paktı
Nichte, n /'nihtı/ e kız yeğen
nichtig /'nihtih/ geçersiz; değersiz; geçici; etkisiz
Nichtigkeit, en /'nihtihkayt/ e geçersizlik; etkisizlik; değersizlik
Nichtraucher, - /nihtrauhır/ r sigara vs.

içmeyen
nichts /nihts/ hiçbir şey
nichtsdestoweniger /'nihtsdesto've:nigır/ bununla birlikte, buna karşın; aynen böyle
nichtsnutzig /'nihtsnutsih/ değersiz, işe yaramayan
nichtssagend /'nihtsza:gınt/ anlamsız
Nickel,- /'nikıl/ r nikel
nicken /'nikın/ "evet" anlamında başını sallamak
nie /ni:/ hiçbir zaman, asla
nieder /'ni:dır/ alçak; basık; bayağı, adi; aşağı(ya)
Niederdeutsch /'ni:dırdoyç/ s Almanya'nın kuzeylerinde konuşulan lehçe
Niedergang, ..e /'ni:dırgang/ r gerileme; çökme, yıkılma
niedergehen /'ni:dırge:ın/ yere inmek; fırtına çıkmak
niedergeschlagen /'ni:dırgışla:gın/ umutsuz, cesareti kırılmış
Niederlage, n /'ni:dırla:gı/ e yenilgi, çöküş; depo, ambar
Niederlande /'ni:dırlandı/ e Hollanda
niederlassen, /'ni:dırlasın/ de. oturmak; yerleşmek
Niederlassung,..e /'ni:dırlasung/ e oturma, yerleşme; *tic.* şube
niederlegen /'ni:dırle:gın/ yere koymak; (iş) ayrılmak, çekilmek
Niederschlag, ..e /'ni:dırşla:k/ r tortu, çökelti; yağış
niederschlagen /'ni:dırşla:gın/ nakavt etmek, yere sermek; önüne bakmak, yere bakmak
niederträchtig /'ni:dırtrehtih/ alçak, bayağı
Niederung, en /'ni:dırung/ e alçak arazi, ova
niedlich /'ni:tlih/ cici, hoş, sevimli
niedrig /'ni:drih/ alçak; adi, bayağı
niemals /'ni:ma:ls/ hiçbir zaman, asla
niemand /'ni:mant/ hiç kimse

Niere, n /'ni:rı/ e böbrek
nieseln /'ni:zıln/ çiselemek
niesen /'ni:zın/ aksırmak
Niet /ni:t/ r perçin
Niete, n /'ni:tı/ e perçin; kazanamayan piyango
nieten /'ni:tın/ perçinlemek
Nikotin /niko'ti:n/ s nikotin
nikotinfrei /niko'ti:nfray/ nikotinsiz
Nilpferd, e /'nilpfe:rt/ s suaygırı
nippen /'nipın/ yudumlamak
Nippsachen /'nipzahın/ *(ç.)* biblo(lar)
nirgends /'nirgınts/ hiçbir yerde
Nische,n /'ni:şı/ e (duvarda) hücre
nisten /'nistın/ yuva yapmak, yuvalamak
Niveau,s /ni'vo:/ s düzey, seviye
nivellieren /'nive'li:rın/ düzleştirmek, tesviye etmek
noch /noh/ daha, henüz; ancak; bile - **einmal** (mal) bir daha. - **immer** hâlâ - **nicht** henüz değil - **nie** şimdiye kadar hiç
Nomade, n /no'ma:dı/ r göçebe
Nominativ, e /'nominati:f/ r *dilb.* yalın durum
nominell /nomi'nel/ itibari, nominal
Nonne, n /'nonı/ e rahibe
Norden /'nordın/ r kuzey
nordisch /'nordiş/ kuzey
nördlich /'nörtlih/ kuzey
Nordosten /nort'-ostın/ r kuzeydoğu
Nordostwind /nort-'ostvint/ r poyraz
Nordpol /'nortpo:l/ r kuzey kutbu
Nordsee /'nortze:/ e Kuzey Denizi
Nordwesten /nort'vestın/ r kuzeybatı
Nordwestwind /nort'vestvint/ r karayel
Nordwind /'nortvint/ r kuzey rüzgârı
nörgeln /'nörgıln/ mızmızlanmak
Norm, en /'norm/ e norm, örnek, düzgü; standart
normal /nor'ma:l/ normal
normalerweise /nor'ma:lırvayzı/ normal olarak
normalisieren /normali'zi:rın/ normalleş-

tirmek
normen /nor'mın/ standartlaştırmak
Normung,en /'normung/ e standardizasyon
Norwegen /'norve:gın/ Norveç
Norweger,- /'norve:gır/ r Norveçli
Norwegisch /'norve:giş/ s Norveççe
Not, ..e /not/ e sıkıntı, darlık; yoksulluk; güçlük; zorunluluk
Notar, e /no'ta:r/ r noter
Notausgang, ..e /'no:t-ausgang/ r imdat kapısı, tehlike çıkış kapısı
Notbremse,n /'no:tbremzı/ e imdat freni, tehlike freni
Note, n /'no:tı/ e *müz.* nota; not
Notenschlüssel /'no:tınşlüsıl/ r *müz.* nota anahtarı
notfalls, im /im'no:tfals/ gerekirse, başka çare yoksa
notieren /no'ti:rın/ not etmek, yazmak
nötig /'nö:tih/ gerekli **-haben** ihtiyacı olmak, gereksinmek
nötigen /'nö:tigın/ zorunlu kılmak; sıkıştırmak, baskı yapmak
nötigenfalls /'nö:tiginfals/ gerektiğinde, gerekirse
Nötigung, en /'nö:tigung/ e zorunlu kılma, mecbur etme, baskı
Notiz, en /no'ti:ts/ e not
Notizbuch, ..er /no'ti:tsbu:h/ s not defteri; ajanda
Notlage, n /'no:tla:gı/ e sıkıntılı durum, acil durum
notlanden /'no:tlandın/ zorunlu iniş yapmak
Notlandung, en /'no:tlandung/ e zorunlu iniş
Notlösung, en /'no:tlö:zung/ e geçici çare
notorisch /no'to:riş/ adı çıkmış, namlı
Notstand, ..e /'no:tştant/ r hukuk açısından zorunluluk hali, sıkıyönetim
Notwehr, en /'no:tve:r/ e meşru müdafaa
notwendig /'no:tvendih/ gerekli
Notwendigkeit, en /'no:tvendihkayt/ e gereklilik, zorunluluk
Novelle, n /no'velı/ e öykü, hikâye
November /no'vembır/ r kasım
Nu /nu:/ r : **im-** kaşla göz arasında, bir anda
nüchtern /'nühtırn/ ayık; midesi boş; ölçülü, ihtiyatlı; kuru, can sıkıcı
Nüchternheit /'nühtırnhayt/ e ayıklık; ölçülülük
Nudel, n /'nu:dıl/ e makarna; erişte
null /nul/ sıfır **-und nichtig** geçersiz
Null, en /nul/ e sıfır; yokluk, olmama, değersizlik
numerieren /nume'ri:rın/ numaralamak
numerisch /nu'me:riş/ sayısal
Nummer, n /'numır/ e sayı
Nummernscheibe, n /'numırnşaybı/ e telefonda numaraların bulunduğu kadran
Nummernschild, er /'numırnşilt/ s otomobil plakası
nun /nu:n/ şimdi; bu durumda
nunmehr /'nu:nme:r/ bundan böyle, artık
nur /nu:r/ yalnız, ancak, sadece
Nuß, ..sse /nus/ e ceviz
Nußknacker,- /'nusknakır/ r ceviz kıracağı
Nüster, n /'nüstır/ e burun deliği
Nutte, n /'nutı/ e orospu, fahişe
nutz /nuts/ **zu nichts - sein** bir işe yaramamak
nutzbar /'nutsba:r/ yararlı, faydalı
nutzbringend /'nutsbringınt/ yararlı, kazançlı
Nutzen /'nutsın/ r yarar, fayda; kazanç; çıkar, avantaj
nutzen /'nutsın/ yararlanmak
nützen /'nütsın/ yararlanmak
nützlich /'nütslih/ yararlı, faydalı
nutzlos /'nutslo:s/ yararsız, boş
Nylon /'naylon/ s naylon

O

Oase, n /o'a:zı/ e vaha
ob /op/ acaba; -meyip -mediği(ni)
Obacht /'o:b-aht/ e dikkat, özen
Obdach /o:pdah/ s sığınak, barınak
obdachlos /o:pdahlo:s/ evsiz (barksız)
oben /'o:bın/ yukarıda, üstte
obenan /'o:bın-'an/ üstünde, en önde, en başta
obenauf /'o:bın-'auf/ en üstte; küstah, cüretkâr
obendrein /'o:bın'drayn/ üstelik, üstüne üstlük
obenerwähnt /'o:bın'erve:nt/ yukarıda adı geçen
ober /'o:bır/ üst; yüksek
Ober, - /'o:bır/ r garson
Oberarm, e /'o:bır-arm/ r üst kol
Oberbefehlshaber, - /'o:bırbıfe:lsha:bır/ r başkomutan
Oberbürgermeister, - /'o:bırbürgırmaystır/ r belediye başkanı
obere (r,s) /'o:bırı(r,z)/ üst, yüksek
Oberfläche, n /'o:bırflehı/ e yüzey, yüz
oberflächlich /'o:bırflehlih/ yüzeysel; üstünkörü, özensiz
oberhalb /'o:bırhalp/ üstünde
Oberhaupt, ..e /'o:bırhaupt/ s başkan
Oberhemd, en /'o:bırhemt/ e gömlek
Oberherrschaft, en /'o:bırherşaft/ e egemenlik
Oberin, nen /'o:bırin/ e başrahibe
Oberkellner, - /'o:bırkelnır/ r şef garson
Oberkiefer,- /'o:bırki:fır/ r üst çene
oberkiefer, n /'o:bırki:fır/ r üstçene
Oberkörper, -/'o:bırkörpır/ r üst gövde
Oberleutnant, e /'o:bırloytnant/ r üsteğmen
Oberlicht, er /'o:bırliht/ s tepe penceresi, aydınlık
Oberlippe, n /'o:bırlipı/ e üst dudak
Oberprima, -en /'o:bırprima/ e lisenin son sınıfı
Oberschenkel, - /'o:bırşenkıl/ r uyluk
Oberschule, n /'o:bırşulı/ e ortaokul ve lise
Oberschwester, n /'o:bırşvestır/ e başhemşire
Oberst, en /'o:bırst/ r albay
Oberstleutnant, e /'o:bırstloytnant/ r yarbay
obgleich /op'glayh/ -diği halde, -e karşın, gerçi
Obhut /'ophu:t/ e himaye, koruma
oblg /'o:bih/ yukarıdaki
Objekt, e /op'yekt/ s nesne; konu; *dilb.* tümleç
objektiv /'opyekti:f/ nesnel; tarafsız, yansız
Objektiv, e /opyek'ti:f/ s objektif
Objektivität /'objektivite:t/ insaf
obligatorisch /obliga'to:riş/ zorunlu, yükümlü
Obmann ..er /'obman/ r reis, başkan

Oboe, n /o'bo:ı/ e *müz.* obua
Obrigkeit,en /'o:brihkayt/ e hükümet makamları
obschon /op'şo:n/ karşın, rağmen
Obseruatorium, -rien /opzerva'to:rium/ s gözlemevi, rasathane
Obst /o:pst/ s meyve
Obstbaum, ..e /'o:pstbaum/ r meyve ağacı
Obsthändler,- /'o:psthendlır/ r meyveci, manav
obszön /ops'tsö:n/ açık saçık, ahlâk dışı, ayıp, müstehcen
Obus, se /'o:bus/ r troleybüs
obwohl /opvo:l/ rağmen, karşın, -diği halde
Ochse,n /'oksı/ r öküz
ochsen /'oksın/ ineklemek, çok çalışmak
öde /'ö:dı/ ıssız, tenha; (can) sıkıcı
oder /'o:dır/ veya, ya da; yoksa
Ofen,.. /'o:fın/ r soba; fırın
offen /'ofın/ açık; içten, candan; boş münhal
offenbar /ofın'ba:r/ apaçık, belli
offenbaren /ofınba:rın/ ortaya koymak, açıkça göstermek; açıklamak, ifşa etmek
Offenbarung,en /ofın'ba:rung/ e ortaya çık(ar)ma, ifşa; vahiy
Offenheit /'ofınhayt/ e açıksözlülük, içtenlik
offenherzig /'ofınhertsih/ açıkyürekli
offenkundig /'ofınkundih/ açık, belli
offensichtlich /'ofınzihtlih/ besbelli, apaçık
offensiv /ofın'zi:f/ saldırgan
Offensive, n /ofın'zi:vı/ e saldırı
öffentlich /'öfıntlih/ resmi, genel, kamu(sal)
Öffentlichkeit /'öfıntlihkayt/ e kamu, halk; açıklık, genellik
Offerte, n /o'fertı/ e *tic.* arz, teklif
offiziell /ofits'yel/ resmi
Offizier,e /ofi'tsi:r/ r subay

offizlös /ofits'yö:s/ yarı resmi
öffnen /'öfnın/ açmak; de. açılmak
Öffnung, en /'öfnung/ e açıklık, yarık, delik, gedik; açma, açılma
oft /oft/ sık sık
öfter /'öftır/ daha sık
öfters /'öftırs/ sık sık
oftmals /'oftma:ls/ sık sık
ohne /'o:nı/ -siz, -sız; -meksizin, -meden
ohnedies /o:nıdi:z/ zaten, aslında
ohnegleichen /'o:nıglayhın/ emsalsiz, eşsiz
ohnehin /o:nı'hin/ zaten, aslında
Ohnmacht /'o:nmaht/ e baygınlık **in- fallen** bayılmak
ohnmächtig /'o:nmehtih/ baygın; güçsüz, iktidarsız
Ohr, en /o:r/ s kulak
Öhr, e /ö:r/ s iğne deliği
Ohrenarzt, ..e /'o:rın-a:rtst/ r kulak doktoru
ohrenbetäubend /'o:rınbıtoybınt/ kulakları sağır edici
Ohrenschmerzen /'o:rınşmertsın/ *(ç.)* kulak ağrısı
Ohrfeige, n /'o:rfaygı/ e tokat
ohrfeigen /'o:rfaygın/ tokatlamak
Ohrläppchen,- /'o:rlephın/ s kulak memesi
Ohrringe /'o:rringe/ r küpe
okay /o:ke:/ tamam, oldu
Ökonomie, n /öko'no:mi:/ e ekonomi
ökonomisch /öko'no:miş/ ekonomik
Oktave,n /ok'ta:vı/ e oktav
Oktober /ok'to:bır/ r ekim (ayı)
Öl, e /ö:l/ s yağ
Ölbaum, ..e /'ö:lbaum/ r zeytin ağacı
Oleander,- /ole'andır/ r zakkum
ölen /'ö:lın/ yağlamak
Ölfarbe, n /'ö:lfarbı/ e yağlıboya
Ölfilter /'ö:lfilter/ s yağ filtresi
Olgemälde, - /'ö:lgıme:ldı/ s yağlıboya tablo
Ölheizung, en /'ö:lhayzung/ e mazotlu

kalorifer
ölig /'ö:lih/ yağlı
Olive, n /o'li:vı/ e zeytin
Olivenbaum,..e /o'li:vınbaum/ r zeytin ağacı
Olivenöl /o'li:vın-ö:l/ s zeytinyağı
Ölkanne, n /'ö:lkanı/ e yağdanlık
Öllampe, n /'ö:llampı/ e kandil
Ölung, en /'ö:lung/ e yağlama
Olympiade, n /olümpi'ya:dı/ e olimpiyat
olmympisch /o'lümpiş/ olimpik
Olympischen Spiele /o'lümpişın'şpilı/ (ç.) Olimpiyat oyunları
Oma, s /'o:ma/ e *kd.* nine
Omelette, n /om'let/ e omlet
ominös /omi'nö:s/ uğursuz, meşum
Omnibus, se /'omnibus/ r otobüs
Onanie, se /'ona'ni:/ e mastürbasyon
onanieren /ona'ni:rın/ mastürbasyon yapmak
Onkel,- /'onkıl/ r dayı, amca
Opa, s /'o:pa/ r *kd.* dede
Oper, n /'o:pır/ e opera
Operation, en /operats'yo:n/ e *ask.* harekât, operasyon; ameliyat
operativ /opera'ti:f/ işlemsel; operatîî, ameliyatla
Operette, n /ope'retı/ e operet
operieren /ope'ri:rın/ ameliyat etmek
Opernhaus, ..er /'o:pırnhaus/ s opera binası
Opernsänger, - /'o:pırnzengır/ r opera şarkıcısı
Opfer,- /'opfır/ s fedakârlık; kurban; özveri
opfern /'opfırn/ feda etmek; kurban etmek
Opium /'o:pyum/ s afyon
opiumsüchtig /'o:pyumzühtih/ afyonkeş
opponieren /opo'ni:rın/ karşı çıkmak, muhalefet etmek
opportun /opor'tu:n/ uygun, elverişli
Opportunist, en /opportu'nist/ r oportünist, fırsatçı

Opposition, en /opozits'yo:n/ e muhalefet; karşı çıkma
Optik /'optik/ e optik, ışık bilimi
Optiker,- /'optikır/ r gözlükçü
Optimismus /opti'musmus/ r iyimserlik
Optimist, en /opti'mist/ r iyimser
optimistisch /opti'mistiş/ iyimser
optisch /'optiş/ optik
Orakel,- /o'ra:kıl/ s kehanet
orange /o'ranjı/ turuncu, kavuniçi
Orange, n /o'ra:njı/ e portakal
Orangeade /oran'ja:dı/ e portakal suyu
Orchester,- /or'kestır/ s orkestra
Orchidee, n /orhı'de:/ e orkide
Orden,- /'ordın/ r tarikat; nişan, madalya
ordentlich /'ordıntlih/ düzenli, tertipli; düzgün; namuslu
ordinär /ordi'ne:r/ bayağı, kaba, adi
ordnen /'ordnın/ düzenlemek, düzene sokmak; yoluna koymak
Ordner,- /'ordnır/ r klasör, dosya
Ordnung, en /'ordnung/ e düzen, tertip; tüzük
ordnungsmäßig /'ordnungsme:sih/ düzgün, usule uygun
Organ, e /or'ga:n/ s organ
Organisation, en /organizats'yo:n/ e düzenleme, tertip, organizasyon
Organisator, en /orga:ni'za:tor/ r organizatör
organisch /orga:'niş/ organik
organisieren /organi'zi:rın/ düzenlemek, tertip etmek
Organismus,-men /orga'nismus/ r organizma
Organist, en /orga'nist/ r *müz.* orgcu, organist
Orgasmus,-men /or'gasmus/ r orgazm, boşalma, cinsel doyum
Orgel, n /'orgıl/ e org
Orgie, n /'orgiı/ e âlem, sefahat, eğlence
Orient /'o:rıınt/ r Ön Asya (ülkeleri); Şark
orientalisch /oriın'ta:liş/ oryantal, doğu, doğuya özgü

orientieren /oriın'ti:rın/ bilgi vermek, yol göstermek; de. bilgi almak; yönünü belirlemek
Orientierung, en /oriın'ti:rung/ **e** yön tayini; bilgi verme
Original, e /origi'na:l/ **s** orijinal, asıl
original /origi'na:l/ esas, asıl
originell /origı'nel/ orijinal
Orkan, e /or'ka:n/ **r** kasırga, bora
Ornament, e /orna'ment/ **s** süs
Ort, e /ort/ **r** yer
orthodox /orto'doks/ Ortodoks
Orthographie /ortogra'fi:/ **e** yazım, imla
Orthopädie /ortope'di/ **e** ortopedi
orthopädisch /orto'pe:diş/ ortopedik
örtlich /'örtlih/ bölgesel, yerel
Ortschaft, en /'ortşaft/ **e** köy, kasaba
Ortsgespräch, e /'ortgışpre:h/ **s** şehir içi telefon görüşmesi
Ortszeit, e n /'ortstsayt/ **e** yerel saat
Öse, n /'ö:zı/ **e** dişi kopça; kulp
Osten /'ostın/ **r** doğu
Osterfest /'o:stırfest/ **s** Paskalya
Ostern /'o:stırn/ **s** paskalya
Österreich /'ö:stırrayh/ Avusturya
Österreicher,- /'ö:stırrayhır/ **r** Avusturyalı
östlich /'östlih/ doğu(sun)da
Ostmark /'ostmark/ **e** Doğu Alman Markı
Ostsee /'ostze:/ **e** Baltık Denizi
Ostwind /'ostvint/ **r** gündoğusu (rüzgârı)
Otter, n /'otır/ **e** engerek
Ouvertüre, n /uver'tü:rı/ **e** uvertür
oval /o'val/ oval, söbe
Oxyd, e /ok'sü:t/ **s** oksit
Oxydation, en /oksüdats'yo:n/ **e** oksitle(n)me, oksidasyon
oxydieren /oksü'di:rın/ oksitlemek; oksitlenmek
Ozean, e /'o:tsean/ **r** okyanus
Ozeandampfer,- /'o:tseandampfır/ **r** transatlantik
Ozeanographie /o:tseanogra'fi:/ **e** oşinografi
Ozon, e /o'tso:n/ **s** ozon
Ozonschicht, en /otso:n'şiht/ ozon tabakası

P

Paar,e /pa:r/ **s** çift
paaren /'pa:rın/ de. çiftleşmek
paarmal /'pa:rma:l/ : **ein** -birkaç kez
Paarung, en /'pa:rung/ **e** çiftleş(tir)me
paarweise /'pa:rvayzı/ ikişer ikişer
Pacht, en /paht/ **e** kira
pachten /'pahtın/ kiralamak
Pächter, - /'pehtır/ **r** kiracı
Päckchen, - /'pekhın/ **s** küçük paket; (sigara) paket, kutu; koli
packen /'pakın/ paketlemek; tutmak, yakalamak
Packenpapier, e /'pakınpapi:r/ **s** ambalaj kağıdı
Packung, en /'pakung/ **e** ambalaj; paket; hek. kompres
Pädagoge, n /peda'gogı/ **r** pedagog
Pädagogik /peda'go:gik/ **e** pedagoji
pädagogisch /peda'go:giş/ pedagojik, eğitsel
Paket, e /pa'ke:t/ **s** paket
Pakt, e /pakt/ **r** antlaşma, pakt
Palast, ..e /pa'last/ **r** konak, saray
Palästina /pales'ti:na/ Filistin
Palme, n /'palmı/ **e** palmiye
Pampelmuse, n /pampıl'mu:zı/ **e** greyfrut
Pamphlet, e /pamf'le:t/ **s** yergi
Panik, en /'pa:nik/ **e** panik, telaş
Panne, n /'panı/ **e** bozukluk, arıza
Panther,- /'pantır/ **r** panter, pars
Pantoffel, n /pan'tofıl/ **r** terlik
Pantomime, n /panto'mi:mı/ **e** pantomim
Pantoffelheld, en /pan'tofılhelt/ **r** *kd.* kılıbık (koca)
Panzer,- /'pantsır/ **r** zırh; tank
panzern /'pantsırn/ zırh kaplamak
Panzerschrank, ..e /'pantsırşrank/ **r** kasa
Papa /pa'pa:/ kd. baba, babacığım
Papagei, en /papa'gay/ **e** papağan
Papier, e /pa'pi:r/ **s** kâğıt
Papierfabrik, en /pa'pi:rfabri:k/ **e** kâğıt fabrikası
Papiergeld /pa'pi:rgelt/ **s** kâğıt para
Papierkorb, ..e /pa'pi:rkorp/ **r** kâğıt sepeti, çöp sepeti
Papierserviette, n /pa'pi:rzervietı/ **e** kâğıt peçete
Papiertaschentuch, ..er /pa'pi:rtaşıntu:h/ **s** kâğıt mendil
Papiertüte, n /pa'pi:rtütı/ **e** kesekâğıdı
Pappe, n /'papı/ **e** karton, mukavva
Pappel, n /'papıl/ **e** kavak (ağacı)
pappen /'papın/ yapışmak, yapıştırmak
Paprika /'paprika/ **r** kırmızıbiber
Paprikaschote /'paprikaşotı/ **e** dolmalık biber
Papst, ..e /pa:pst/ **r** papa
Parabel, n /pa'ra:bıl/ **e** *mat.* parabol; kısa, öğretici öykü

Parade, n /pa'ra:dɹ/ e geçit töreni
Paradies, e /para'di:s/ s cennet
paradox /para'doks/ paradoksal
Paragraph, e /para'gra:f/ r paragraf; madde; fıkra
parallel /para'lel/ paralel koşut
Parallele, n /para'le:lı/ e *mat.* paralel, koşut
Parasit, en /para'zi:t/ r parazit, asalak
Parfüm, e /par'fü:m/ s parfüm
Parfümerie, n /parfümıri:/ e parfümeri
parfümieren /parfü:'mi:rın/ parfüm sürmek
parieren /pa'ri:rın/ çelmek, önüne geçmek; itaat etmek
Park, s /park/ r park
parken /'parkın/ park yapmak
Parkett, s /par'ket/ s parke; *tiy.* koltuk
Parkhaus, ..er /'parkhaus/ s çok katlı otopark
Parkplatz,.. /'parkplats/ r park yeri
Parkuhr, en /'parku:r/ e park saati, otopark sayacı
Parkverbot, e /'parkferbo:t/ s park yasağı
Parlament, e /parla'ment/ s parlamento, meclis
Parlamentarier, - /parlamen'ta:riır/ r milletvekili
Parodie, n /paro'di:/ e parodi, gülünçleme
Parole, n /pa'rolı/ e parola
Partei, en /par'tay/ e parti
Parteiführer,- /par'tayfürır/ r parti lideri
parteiisch /par'tayiş/ taraflı, yan tutan
parteilos /par'taylo:s/ tarafsız, bağımsız
Parterre, s /par'ter/ s zemin katı, alt kat
Partie, n /par'ti:/ e parti; oyun
Partikel, n /par'ti:kıl/ e parçacık
Partisan, e /parti'za:n/ r çeteci, komitacı, gerilla
Partizip, ien /parti'tsi:p/ s *dilb.* ortaç
Partner,- /'partnır/ r eş; *tic.* ortak
Parzelle, n /par'tselı/ e parsel

parzellieren /partse'li:rın/ parsellemek
Pascha, s /'paşa/ r paşa
Paß ..sse /pas/ r pasaport; geçit, boğaz; sp. pas
Passage, n /pa'sa:jı/ e geçit; pasaj
Passagier, e /pasa'ji:r/ r yolcu
Passagierflugzeug, e /pasa'ji:rflu:ktsoyk/ s yolcu uçağı
Passagierschiff, e /pasa'ji:rşif/ s yolcu gemisi
Passant, en /pa'sant/ r yoldan geçen, gelip geçen
Paßbild, er /'pasbilt/ s vesikalık resim
passen /'pasın/ uymak, uygun olmak; işine gelmek; yakışmak
passend /'pasınt/ uygun, yerinde
passieren /pa'si:rın/ geçip gitmek; olmak, vuku bulmak
Passion, en /pas'yo:n/ e ihtiras, tutku, şiddetli istek
passiv /'pasi:f/ edilgen, pasif
Passiv, e /'pasi:f/ s *dilb.* edilgen (çatı)
Paßkontrolle, n /'paskontrolı/ e pasaport kontrolü
Paste, n /'pastı/ e macun, pasta
Pastete, n /pas'te:tı/ e börek
Pastille, n /pas'tilı/ e tablet
Pastor, en /'pastor/ r papaz
Pate, n /'pa:tı/ r vaftiz babası
Patenkind, er /'pa:tınkint/ s vaftiz çocuğu
Patent, e /pa'tent/ s patent
Patentrecht, e /pa'tentreht/ s patent hakkı
Pater, s /'pa:tır/ r rahip, papaz
pathetisch /pa'te:tiş/ patetik, dokunaklı, coşkun
Pathologie, n /patolo'gi:/ e patoloji
Patient, en /patsi'ent/ r hekimin hastası
Patriarch, en /patri'arh/ r patrik
patriarchalisch /patriarha:liş/ ataerkil
Patriot, en /patri'o:t/ r yurtsever
Patriotismus /patrio'tismus/ r yurtseverlik

Patron, e /pat'ro:n/ r himaye eden; armatör; herif, adam
Patrone, n /pat'ro:nı/ e fişek; kartuş
Patsche, n /'paçı/ e el; sos; sıkıntı, darlık
patschen /'paçın/ suda çırpınmak
patschnaß /'paçnas/ sırılsıklam
patzig /'patsih/ sırnaşık, kaba
Pauke, n /'paukı/ e davul
pauken /'paukın/ ineklemek, çok çalışmak
Pauker, - /'paukır/ r kd. öğretmen
pausbäckig /'pausbekih/ ablak
Pauschale,-lien /pau'şa:lı/ e götürü
Pause, n /'pauzı/ e ara, mola; teneffüs
pausen /'pauzın/ teksir etmek
pausenlos /'pauzınlo:s/ aralıksız
pausieren /pau'zi:rın/ mola vermek
Pavian, e /'pa:via:n/ r şebek
Pavillon, s /pavi'yo:n/ r küçük köşk
Pech, e /peh/ s zift; şanssızlık, talihsizlik
Pechvogel,.. /pehfo:gıl/ r kd. şanssız kimse, talihsiz
Pedal, e /pe'da:l/ s pedal
Pedant, en /pe'dant/ r titiz
pedantisch /pe'dantiş/ titiz
peilen /'paylın/ derinliği ölçmek
Pein /payn/ e işkence, acı, azap
peinigen /'paynigın/ işkence etmek, azap çektirmek, acı vermek
peinlich /'paynlih/ üzücü, utandırıcı, nahoş
Peitsche, n /'payçı/ e kırbaç, kamçı
peitschen /'payçın/ kırbaçlamak
Pelikan, e /'pe:lika:n/ r kaşıkçıkuşu, pelikan
Pelle, n /'pelı/ e deri; kabuk
pellen /'pelın/ kabuğunu soymak
Pellkartoffeln /'pelkartofıln/ ç. kabuğuyla haşlanan patates
Pelz, e /pelts/ r kürk
Pelzhandel /'peltshandıl/ r kürkçülük
Pelzhändler, - /'peltshendlır/ r kürkçü
Pelzmantel,.. /'peltsmantıl/ r kürk manto
Pendel,- /'pendıl/ r,s sarkaç

Pendler, - /'pendlır/ r işyeri ile evi ayrı yerlerde bulunan kimse
pendeln /'pendıln/ salınmak
Pendeluhr, en /'pendıl-u:r/ e sarkaçlı saat
Penis /pe:nis/ r penis, kamış
pennen /'penın/ uyumak
Pension, en /panz'yo:n/ e pansiyon; emekli aylığı
Pensionär, e /panzyo'ne:r/ r emekli; pansiyoner
Pensionat, e /panzyo'na:t/ s yatılı okul
pensionieren /panzyo'ni:rın/ emekliye ayırmak
pensioniert /penzi'o:niırt/ emekli
Pensum,-sa /'penzum/ s ödev, görev
per /per/ ile, aracılığıyla, ile
perfekt /per'fekt/ s dilb. geçmiş zaman
perfekt /per'fekt/ kusursuz, mükemmel, yetkin
Pergament /perga'ment/ s parşömen
Periode, n /periodı/ e devir, dönem; âdet, aybaşı
periodisch /peri'o:diş/ periyodik
Peripherie, n /perife'ri:/ e mat. çevre
Periskop, e /peris'ko:p/ s periskop
Perle, n /'perlı/ e inci
Perlmutter /perl'mutır/ e sedef
perplex /perpleks/ şaşkın
Persien /'perzi:n/ İran
persisch /perziş/ Acem, İranlı
Person, en /perzo:n/ e kişi
Personal, e /perzo'na:l/ s personel, çalışanlar
Personalausweis, e /perzo'na:l-ausvays/ r kimlik (kartı)
Personalien /perzo'na:liın/ (ç.) bir kişiye ait bilgiler
Personalpronomen, - /per'zo:nalprono:mın/ s dilb. kişi adılı, şahıs zamiri
Personenzug,..e /per'zo:nıntsu:k/ r yolcu treni
persönlich /per'zö:nlih/ kişisel, özel; şahsen

Persönlichkeit, en /per'zö:nlihkayt/ e kişilik
Perspektive, n /perspek'ti:vı/ e perspektif
Perücke, n /pe'rükı/ e peruk
pervers /pervers/ sapık
Pessimismus /pesi'mismus/ r kötümserlik
Pessimist, en /pesi'mist/ r kötümser
pessimistisch /pesi'mistiş/ kötümser
Pest, en /pest/ e veba
Petersilie, n /pe:tır'zi:lii/ maydanoz
Petroleum /pet'ro:leum/ e petrol; gazyağı
petzen /'petsın/ gammazlamak, ele vermek
Pfad, e /pfa:d/ r keçiyolu, patika
Pfadfinder,- /'pfa:tfindır/ r izci
Pfahl, ..e /pfa:l/ r kazık, direk
Pfand,.. /'pfant/ s rehin, depozito
pfänden /'pfendın/ haczetmek
Pfandhaus, ..er /'pfanthaus/ s rehin karşılığında borç veren kurum
Pfändung, en /'pfendung/ e haciz
Pfanne, n /'pfanı/ e tava
Pfannkuchen, - /'pfankuhın/ r tatlılı bir tür omlet
Pfarrer,- /'pfarır/ r papaz, rahip
Pfau, en /pfau/ r tavus kuşu
Pfeffer,- /'pfefır/ r biber; karabiber
Pfefferminze,n /pfefır'mintsı/ e nane
Pfeife, n /'pfayfı/ e pipo; düdük
pfeifen /'pfayfın/ ıslık çalmak; düdük çalmak
Pfeil, e /pfayl/ r ok
Pfeiler,- /'pfaylır/ r direk, destek
Pfennig, e /'pfenih/ r fenik
Pferch, e /pferh/ r mandıra; ağıl
Pferd, e /pfe:rt/ s at
Pferdeknecht,e /'pfe:rdıkneht/ r seyis
Pferderennen,- /p'fe:rdırenın/ s at yarışı
Pferdestall,..e /'pfe:rdıştal/ r tavla
Pferdestärke /'pfe:rdıştkerki/ e beygirgücü

Pfiff, e /pfif/ r ıslık
pfiffig /'pfifih/ kurnaz, cin gibi
Pfingsten /'pfingstın/ *(ç.)* küçük paskalya yortusu
Pfirsich, e /'pfirzih/ r şeftali
Pflanze, n /'pflantsı/ e bitki
pflanzen /'pflantsın/ (toprağa) dikmek
Pflanzenkunde /'pflantsınkundı/ e botanik, bitkibilim
Pflanzung, en /'pflantsung/ e bitki dikme; fidyelik
Pflaster,- /'pflastır/ plaster, yara bandı; kaldırım
pflastern /'pflastırn/ kaldırım döşemek
Pflasterstein, e /'pflastırştayn/ r parke taşı; kaldırım taşı
Pflaume, n /'pflaumı/ e erik
Pflege, n /pfle:gı/ e bakım
Pflegeeltern /'pfle:gıeltırn/ *(ç.)* evlat edinen ana-baba
pflegen /pfle:gın/ bakmak, korumak; özen göstermek
Pflegenkind, er /'pfle:gınkint/ s evlatlık, besleme
Pfleger,- /'pfle:gır/ r bakıcı
Pflicht, en /pfliht/ e görev
Pflichtbewußt /'pflihtbıvust/ görevinin bilincinde
pflichtgemäß /'pflihtgıme:s/ görev gereği
pflichtmäßig /'pflihtgıme:sih/ görev gereği(nce)
Pflock, ..e /pflok/ r kazık; takoz, kama
pflücken /'pflükın/ devşirmek, toplamak, koparmak
Pflug, ..e /pflu:k/ r karasaban
pflügen /'pflü:gın/ çift sürmek
Pforte, n /'pfortı/ e kapı
Pförtner,- /'pförtnır/ r kapıcı
Pfosten,- /'pfostın/ r direk, destek, kazı
Pfote, n /'pfo:tı/ e pençe, kedi eli, köpek eli
Pfropfen,- /'pfropfın/ r tıkaç, tapa, tıpa
pfropfen /'propfın/ tıkamak, tıkaç geçir-

mek; aşılamak
Pfui /pfuy/ tuh! yuh! ayıp!
Pfund, e /pfunt/ s yarım kilo
pfuschen /'pfuşın/ kötü iş görmek
Pfuscher,- /'pfuşır/ r üstünkörü iş gören kimse; şarlatan
Pfuscherei, en /pfuşı'ray/ e *kd.* yarım yamalak iş
Pfütze, n /'pfütsı/ e çamurlu su birikintisi
Phänomen, e /feno'me:n/ s görüngü, fenomen
Phantasie, n /fanta'zi:/ e hayal gücü, imgelem; hayal görüntü
phantasieren /fanta'zi:rın/ imgelemek, düş kurmak, hayallere kapılmak; saçmalamak; uydurmak
phantastisch /fan'tastiş/ harikulade, inanılmayacak, düşsel
Phase, n /'fa:zı/ e evre, safha
Philologe, n /filolo'gı/ r filolog
Philologie, n /filolo'gi:/ e filoloji
Philosoph, en /filo'zo:f/ r filozof
Philosophie, n /filozo'fi:/ e felsefe
philosophisch /filo'zo:fiş/ felsefi
Phlegma /'flegma/ s ağırlık, eylemsizlik, hantallık
Phonetik /fo'ne:tik/ e sesbilgisi, fonetik
phonetisch /fo'netiş/ fonetik, sesçil
Phosphor /'fosfor/ r fosfor
Photoapparat, e /'fo:to-apara:t/ r fotoğraf makinesi
photogen /foto'ge:n/ fotojenik
Photograph, en /foto'gra:f/ r fotoğrafçı
Photographie, n /fotogra'fi:/ e fotoğrafçılık
photographieren /fotogra'fi:rın/ resim çekmek
Photokopie, n /fotoko'pi:/ e fotokopi
Photozelle, n /'fo:totselı/ e fotosel
Phrase, n /'fra:zı/ e boş laf
Physik /fü'zi:k/ e fizik
physikalisch /füzi'ka:liş/ fiziksel
Physiker,- /'fü:zikır/ r fizikçi
Physiologie, n /füzyolo'gi:/ e fizyoloji

physiologisch /füzyo'lo:giş/ fizyolojik
physisch /'fü:ziş/ gövdesel, fiziksel
Pianist, en /pia'nist/ r piyanist
Piano, s /pi'a:no/ s piyano
Pickel,- /'pikıl/ r sivilce
pickelig /'pikılih/ sivilce dolu
picken /'pikın/ gagalamak
Picknick, s /'piknik/ s piknik
piepen /'pi:pın/ cıvıldamak
piesacken /'pi:zakın/ rahatsız etmek, eziyet vermek, sıkmak
Pigment, e /pig'ment/ s pigment
Pik /pi:k/ s (iskambil) maça
pikant /pi'kant/ baharatlı; açık saçık, müstehcen
pikiert /pi'ki:rt/ incinmiş, kırılmış, gücenmiş
Pilger,- /'pilgır/ r hacı
Pilgerfahrt, en /'pilgırfa:rt/ e hac
pilgern /'pilgırn/ hacca gitmek
Pille, n /'pilı/ e hap
Pilot, en /pi'lo:t/ r pilot
Pilz, e /pilts/ r mantar
Pinie, n /'pi:niı/ e fıstık çamı
pinkeln /'pinkıln/ işemek, çiş etmek
Pinsel, e /'pinzıl/ e fırça
Pinzette, n /pin'tsetı/ e cımbız
Pionier, e /pio'ni:r/ r öncü
Pirat, en /pi'ra:t/ r korsan
pissen /'pisın/ işemek
Pistazie, n /pis'ta:tsiı/ e şamfıstığı, antepfıstığı
Piste, n /'pistı/ e pist
Pistole, n /pis'to:lı/ e tabanca
Pizza, s /'pitsa/ e pizza
Plage, n /'pla:gı/ e zahmet, eziyet
plagen /'pla:gın/ üzüntü vermek; rahatsız etmek; *de.* yorulmak; üzülmek
Plakat, e /pla'ka:t/ s afiş, levha
Plan, ..e /pla:n/ r plan, tasarı; amaç; taslak
Plane, n /'pla:nı/ e tente
planen /pla:nın/ planlamak, tasarlamak; amaçlamak

Planet, en /pla'ne:t/ s gezegen
planieren /pla'ni:rın/ düzlemek, tesviye etmek
Planke, n /'plankı/ e tahta, kalas
planlos /'pla:nlo:s/ plansız, gelişigüzel, rasgele
planmäβig /'pla:nme:sih/ sistemli, planlı
planschen /'planşın/ suyun içinde tepinmek, su sıçratmak
Plantage, n /plan'ta:jı/ e bitki dikme; fidyelik
Planung, en /'pla:nung/ e planlama
plappern /'plapırn/ gevezelik etmek, zırvalamak
plärren /'plerın/ bağırıp çağırmak; hüngür hüngür ağlamak
Plastik, en /'plastik/ e heykeltraşlık, yontuculuk; heykel, yontu; plastik
plastisch /'plastiş/ plastik
Platane, n /pla'ta:nı/ e çınar
Platin /pla'ti:n/ s platin
platonisch /pla'to:niş/ platonik
plätschern /'pleçırn/ suda oynamak; çağıldamak, şarıldamak
platt /plat/ yassı, düz; şaşkın, afallamış
Plattdeutsch /'platdoyç/ s Kuzey Almanya şivesi
Platte, n /'platı/ e levha, plaka; plak
plätten /'pletın/ ütülemek
Plattenspieler,- /'platınşpi:lır/ r pikap
Plattform, en /'platform/ e sahanlık, platform
Plattfuβ, ..e /'platfu:s/ r düztaban; havası kaçan iç lastik
Platz,..e /platz/ r yer; alan; meydan
Platzanweiser,- /'plats-anvayzır/ r yer gösterici
Plätzchen /'pletshın/ s bisküvi
platzen /'platsın/ patlamak
Plauderei, en /'plaudı'ray/ e konuşma, söyleşi, sohbet
plaudern /'plaudırn/ söyleşmek, konuşmak, sohbet etmek
plausibel /plau'zi:bıl/ akla yatkın, inandırıcı, mâkul

Pleite, n /'playtı/ e iflas; başarısızlık, fiyasko
pleite /'playtı/ züğürt
Plenum /'ple:num/ s genel kurul
Plombe, n /'plombı/ e dolgu; kurşun damga
plombieren /plom'bi:rın/ doldurmak, dolgu yapmak; kurşun damga vurmak
plötzlich /'plötslih/ ansızın, birdenbire
plump /plump/ ağır, hantal; kaba
Plunder /'plundır/ r pılı pırtı
Plünderer,- /'plündırır/ r yağmacı
plündern /'plündırn/ yağma etmek
Plünderung, en /'plündırung/ e yağma
Plural /'plu:ral/ r dilb. çoğul
plus /plus/ artı
Pluszeichen,- /'plustsayhın/ s mat. artı işareti (+)
Plüsch, e /plü:ş/ r pelüş
Plusquamperfekt /'pluskvamperfekt/ s dilb. miş'li geçmişin hikâyesi
pneumatisch /pnoy'ma:tiş/ pnömatik
Pöbel /'pö:bıl/ r ayaktakımı, halkın en aşağı tabakası, avam
pöbelhaft /'pö:bılhaft/ bayağı, kaba
pochen /'pohın/ vurmak, hızlı çarpmak (Yürek); dayanmak, güvenmek
Pocken /'pokın/ (ç.) çiçek hastalığı
Podest, e /po'dest/ r,s kürsü
Podium,-ien /'po:dyum/ s kürsü, sahne, podyum
Poesie, en /poe'zi:/ e nazım, şiir
Poet, en /po'e:t/ r şair, ozan
poetisch /po'e:tiş/ şairane
Pokal, e /po'ka:l/ r kupa
Pokalspiel, e /po'ka:lşpi:l/ s kupa maçı
Poker /'po:kır/ r poker
pökeln /'pö:kıln/ salamura yapmak, tuzlamak
Pol, e /po:l/ r kutup
polarisieren /polari'zi:rın/ kutuplamak
Polemik, en /po'le:mik/ e polemik
polemisieren /polemi'zi:rın/ polemik yapmak

Polen /'po:lın/ Polonya
polieren /po'li:rın/ cilalamak, parlatmak
Poliklinik, en /poli'kli:nik/ e poliklinik
Politik, en /poli'ti:k/ e politika, siyaset
Politiker, - /poli'tikır/ r politikacı
politisch /po'li:tiş/ politik
politisieren /politi'zi:rın/ politika hakkında konuşmak
Politur, en /poli'tu:r/ e cila, vernik
Polizei, en /poli'tsay/ e polis
Polizeibeamte, n /poli'tsaybı-amtı/ r polis memuru
polizeilich /poli'tsaylih/ polise ait
Polizeipräsident, en /poli'tsayprezident/ r emniyet müdürü
Polizeirevier, e /poli'tsayrevi:r/ s polis merkezi
Polizeistreife, n /poli'tsayştrayfı/ e polis müfrezesi
Polizeistunde, n /poli'tsayıştundı/ e kapanış saati
Polizist, en /poli'tsist/ r polis memuru
Polster, - /'polstır/ r, s yastık
Polsterer, - /'polstırır/ r döşemeci
Polstermöbel /'polstırmö:bıl/ (ç.) koltuk (salon) takımı
polstern /'polstırn/ (kumaş) kaplamak, geçirmek
poltern /'poltırn/ gürültü yapmak; şaka yollu bağırıp çağırmak
Polygamie /polyga'mi:/ e çokkarılılık, poligami
Polygon, e /polü'go:n/ s çokgen
Polyp, en /po'lü:p/ r hek. polip
Pomade, n /po'ma:dı/ e krem, pomat
Pommes frites /pom'frit/ (ç.) patates kızartması
Pomp /pomp/ r görkem, tantana
Pony, s /'poni/ s midilli; perçem, kâkül
Popelin, e /popı'li:n/ r poplin
Popo, s /po'po:/ r popo, kıç
populär /popu'le:r/ popüler, sevilen
Popularität /populari'te:t/ e popülerlik, halk tarafından sevilme

Pore, n /'po:rı/ e gözenek
porös /po'rö:s/ gözenekli
Porree /'pore:/ s pırasa
Portal, e /por'ta:l/ s ana giriş
Portmonnaie /portmo'ne/ s cüzdan, para çantası
Portier, s /port'ye/ r kapıcı
Portion, en /ports'yo:n/ e porsiyon; pay; büyük miktar
Porto, s /'porto/ s posta ücreti
portofrei /'portofray/ posta ücretsiz
Porträt, s /port're:t/ s portre
Portugal /'portugal/ Portekiz
Portugiese, n /'portu'gi:zı/ r Portekizli
Porzellan, e /portse'la:n/ s porselen
Posaune, n /po'zaunı/ e müz. trombon
Pose, n /'po:zı/ e duruş, poz
posieren /po'zi:rın/ poz vermek
Position, en /pozits'yo:n/ e durum, pozisyon, konum
positiv /'poziti:f/ olumlu, pozitif
Possessivpronomen, e /'posesi:fprono:mın/ s dilb. iyelik zamiri, iyelik adılı
Post /post/ e posta, postane
Postamt, ..er /'pos-amt/ s postane
Postanweisung, en /'postanvayzung/ e posta havalesi
Postbote, n /'postbo:tı/ r postacı
Posten, - /'postın/ r görev, memuriyet; nöbet; nöbetçi
Postfach, ..er /'postfah/ s posta kutusu
Postkarte, n /'poskartı/ e kartpostal, posta kartı
Postlagernd /'postla:gırnt/ postrestant
Postleitzahl, en /'postlaytsa:l/ e (şehirlerin) posta kodu
Postscheck, s /postşek/ r posta çeki
Poststempel, - /'postştempıl/ r posta damgası
Potential, e /potents'ya:l/ s potansiyel
Potenz, en /po'tents/ e güç, kuvvet; (cinsel) iktidar
Pracht /praht/ e görkem, ihtişam
prächtig /'prehtih/ görkemli, gösterişli

prachtvoll /'prahtfol/ görkemli
Prädikat, e /'predi'ka:t/ s *dilb.* yüklem
prägen /'pre:gın/ biçim vermek; basmak kafasına sokmak; madeni para basmak
prähistorisch /'prehisto:riş/ tarih öncesi
prahlen /'pra:lın/ övünmek, böbürlenmek, koltukları kabarmak
prahlerisch /'pra:lıriş/ kendini beğenmiş, palavracı, övüngen
Praktikant,en /'prakti'kant/ r stajyer
Praktikum,-ka /'praktikum/ s staj, pratik, uygulama
praktisch /'praktiş/ pratik, kullanışlı
praktizieren /prakti'si:rın/ pratik yapmak, staj görmek
Praline, n /pra'li:nı/ e çikolatalı şekerleme, pralin
prall /pral/ gergin; dolgun; kızgın, göz kamaştırıcı
prallen /'pralın/ çarpmak
Prämie, n /'pre:mi/ e prim; ödül
prämieren /premi'i:rın/ ödüllendirmek
Präparat, e /prepa'ra:t/ s müstahzar; terkip, birleşim
Präposition, en /prepozits'yo:n/ e *dilb.* ilgeç edat
Präsens, -ntien /'pre:zıns/ s *dilb.* şimdiki zaman
Präservativ /prezerva'ti:f/ s prezervatif, kaput
präsentieren /prezen'ti:rın/ takdim etmek, tanıştırmak
Präsident, en /prezi'dent/ r başkan
Präsidium,-ien /pre'zi:dyum/ s başkanlık
prasseln /'prasıln/ çatırdamak, çıtırdamak
Praxis /'praksis/ e uygulama, kılgı; muayenehane
Präzedenzfall, ..e /'pretse'dentsfal/ r örnek olay, daha önceden olmuş aynı ya da benzer olay
präzis /pre'tsi:s/ kesin, tam; özenli; açık, belirgin

Präzision, en /pretsiz'yo:n/ e özen; belirginlik, açıklık; doğruluk, kesinlik
predigen /'pre:digın/ va'zetmek öğüt vermek; diskur çekmek
Prediger,- /'pre:digır/ r vaiz
Predigt, en /'pre:dikt/ e vaiz
Preis, e /prays/ r fiat, eder; ödül
Preisaufschlag,..e /'prays-aufşla:k/ r fiyat artışı, zam
preisen /'prayzın/ övmek
preisgeben /'praysge:bın/ vazgeçmek, bırakmak; açığa vurmak, dile vermek
Preisträger,- /'praystre:gır/ r ödül kazanmış kimse
preiswert /'praysve:rt/ ucuz
prellen /'prelın/ şiddetle çarpmak; dolandırmak
Premiere, n /prem'ye:rı/ e gala, ilk gösterim
Premierminister,- /premy'eministır/ r başbakan
Presse, n /'presı/ e basın
Pressefreiheit, en /'presıfrayhayt/ e basın özgürlüğü
Pressekonferenz, en /'presıkonferents/ e basın toplantısı
pressen /'presın/ sıkmak, bastırmak; sıkıştırmak; kalıba vurmak
Prestige /pres'ti:jı/ e prestij, saygınlık
Preußen /'proysın/ Prusya
prickeln /'prikıln/ gıdıklamak; kaşındırmak
Priester,- /'pri:stır/ r papaz, rahip
prima /'prima/ çok iyi, mükemmel,birinci sınıf
primär /pri'me:r/ birincil, primer
Primel, n /'pri:mıl/ e çuhaçiçeği
primitiv /primi't:if/ ilkel; basit
Prinz, en /prints/ r prens
Prinzessin, nen /prin'tsesin/ e prenses
Prinzip, ien /prin'tsi:p/ s ilke
prinzipiell /printsip'yel/ ilke olarak, esas itibariyle
Priorität, en /priori'te:t/ e öncelik

Prise, n /'pri:zı/ e tutam
Prisma, -men /'prizma/ s prizma
privat /pri'va:t/ özel; kişisel
Privatleben /pri'va:tle:bın/ s özel yaşam
Privatschule, n /pri'va:tşulı/ e özel okul
Privileg, ien /privi'le:k/ s ayrıcalık, imtiyaz
privilegieren /privile'gi:rın/ ayrıcalık tanımak
privilegiert /privile'gi:rt/ imtiyazlı, ayrıcalıklı
Probe, n /'pro:bı/ e prova; deneme; örnek, nümune
Probefahrt, en /'pro:bıfa:rt/ e deneme seferi (gezisi)
proben /'pro:bın/ prova yapmak
Probezeit /'pro:bıtsayt/ e deneme süresi
probieren /'pro'bi:rın/ denemek; tadına bakmak
Problem, e /prob'lem/ s sorun, problem; güçlük
problematisch /proble'ma:tiş/ problematik, kuşkulu
Produkt, e /pro'dukt/ e ürün; *mat.* çarpım
Produktion, en /produkts'yo:n/ e üretim
produktiv /produk'ti:f/ verimli
Produktivität, en /produktivi'te:t/ e verim
Produzent, en /produ'tsent/ r üretici; (film) yapımcı, prodüktör
produzieren /produ'tsi:rın/ üretmek, yetiştirmek
Professor, en /pro'feso:r/ r profesör
Profil, e /pro'fi:l/ s profil
Profit, e /pro'fi:t/ s kazanç
profitieren /profi'ti:rın/ kazanç sağlamak, yararlanmak
Prognose, n /prog'no:zı/ e tahmin; teşhis (Tıp)
Programm, e /prog'ram/ s program
programmieren /progra'mi:rın/ programlamak
Programmierer,- /progra'mi:rır/ r programcı
Projekt, e /pro'yekt/ s tasarı, proje
Projektion, en /proyekts'yo:n/ e izdüşüm, projeksiyon
Projektionsapparat, e /proyekts'yo:nsapara:t/ r projektör
projizieren /proyi'tsi:rın/ izdüşürmek, projeksiyon yapmak
Proklamation, en /proklamats'yo:n/ e ilan, bildiri, duyuru
proklamieren /prokla'mi:rın/ bildirmek, ilan etmek, duyurmak
Prokurist, en /proku'rist/ r bir ticari şirketin temsilcisi
Proletariat /proletar'ya:t/ s proleterya, emekçi sınıfı
Proletarier,- /prole'ta:riır/ r işçi, emekçi, proleter
Prolog, e /pro'lo:k/ r giriş, önsöz
Promenade, n /promı'na:dı/ e gezinti
prominent /promi'nent/ seçkin, ilerigelen kodaman
Prominenz, en /promi'nents/ e ileri gelenler, önemli kişiler
prompt /prompt/ hemen, çabucak
Pronomen,- /pro'no:mın/ s *dilb.* zamir, adıl
Propaganda /propa'ganda/ e propaganda
propagieren /propa'gi:rın/ propaganda yapmak
Propeller,- /pro'pelır/ e pervane
Prophet, en /pro'fe:t/ r peygamber; kâhin
prophezeien /profe'tsayın/ kehanette bulunmak, önceden bildirmek
Prophezeiung, en /profe'tsayung/ e kehanet, önceden bildirme
Proportion, en /proports'yo:n/ e oran; *mat.* orantı
proportional /proportsyo'na:l/ orantılı
proportioniert /proportsyo'ni:rt/ biçimli, düzgün, oranlı, uyumlu
Prosa, -sen /'pro:za/ e nesir, düzyazı

prosaisch /pro'za:iş/ kuru, yavan
Prospekt, e /pros'pekt/ r katalog, prospektüs, broşür, tanıtmalık
Prost! /pro:st/ şerefe!
prostituieren /prostitu'i:rın/ orospuluk yapmak
Prostituierte,n /prostitu'i:rtı/ e orospu
Prostitution, en /prostitus'yo:n/ e fuhuş, orospuluk
Protest, e /pro'test/ r protesto
Protestant, en /protes'tant/ r Protestan
protestantisch /protes'tantiş/ Protestan
protestieren /protes'ti:rın/ protesto etmek, itiraz etmek
Prothese, n /pro'te:zı/ e *hek.* takma organ, protez
Protokoll, e /proto'kol/ s tutanak; protokol
protokollieren /protoko'li:rın/ tutanak tutmak, zabıt tutmak
Protz, en /prots/ r fiyakacı
protzen /'protsın/ fiyaka yapmak, çalım satmak
protzig /'protsih/ fiyakacı
Proviant, e /provi'ant/ r erzak
Provinz, en /pro'vints/ e il, taşra
Provision, en /proviz'yo:n/ e komisyon(cu payı)
provisorisch /provi'zo:riş/ geçici, eğreti
Provokation, en /provokats'yo:n/ e kışkırtma, kışkırtı
provokatorisch /provoka'to:riş/ kışkırtıcı
Prozedur, en /protse'du:r/ e işlem, yöntem
Prozent, e /pro'tsent/ s yüzde (%)
Prozentsatz, ..e /'protsentsats/ r yüzde oranı
Prozeβ, -sse /pro'tses/ r duruşma, dava; süreç
Prozession, en /protsesi'o:n/ e (dinsel) olay
prüde /'prü:dı/ korkak, çekingen soğuk
prüfen /'prü:fın/ denemek; sınamak
Prüfer,- /'prü:fır/ r sınayan

Prüfling, e /'prü:fling/ r sınanan
Prüfung, en /'prü:fung/ e sınav; inceleme
Prüfungkommission, en /'prü:fungskomisyo:n/ e sınav kurulu
Prügel,- /'prü:gıl/ r değnek, sopa
Prügel /'prü:gıl/ *(ç.)* dayak
Prügelei, en /prü:gı'lay/ e dövüş
prügeln /'prü:gıln/ dövmek
Prunk /prunk/ r görkem, debdebe
prunkhaft /'prunkhaft/ görkemli
prunkvoll /'prunkfol/ görkemli, gösterişli
Pseudonym, e /psoydo'nü:m/ s takma ad
Psychiater,- /psühi'a:tır/ r ruh hekimi, psikiyatr
Psychiatrie /psühiat'ri:/ e psikiyatri
psychisch /psü:hiş/ psişik, ruhsal
Psychoanalyse /psüho-ana'lü:zı/ e psikanaliz, ruhçözüm
Psychologe, n /psüho'lo:gı/ r psikolog, ruhbilimci
Psychologie /psüholo'gi:/ e psikoloji, ruhbilim
psychologisch /psüho'lo:giş/ psikolojik, ruhbilimsel
Pubertät /puber'te:t/ e ergenlik
Publikum /'pu:blikum/ s halk; dinleyiciler; izleyiciler
publizieren /publi'tsi:rın/ yayımlamak
Pudding, s /'puding/ r puding, muhallebi
Pudel,- /'pu:dıl/ r kaniş köpeği
Puder,- /'pu:dır/ r pudra; toz
Puderdose, n /'pu:dırdo:zı/ e pudriyer
pudern /'pu:dırn/ pudra sürmek
Puderzucker,- /'pu:dırtsukır/ r pudra şekeri
Puff, ..e /puf/ r çarpma, kakma, dürtme; puf, markiz
Puff, s /puf/ s,r tavla(oyunu); genelev
puffen /'pufın/ dürtmek, itmek
Puffer,- /'pufır/ r (tren) tampon
Pufferstaat, en /'pufırşta:t/ r tampon devlet

Pulli, s /'puli/ r kd. kazak
Pullover,- /pu'lo:vır/ r kazak
Pullunder,- /pu'landır/ r süveter
Puls, e /puls/ r kalp atışı; nabız
Pulsader, n /'puls-a:dır/ e atardamar
pulsieren /pul'zi:rın/ çarpmak, atmak (yaşam belirtisi göstermek)
Pult, e /pult/ s,r kürsü; yazı masası
Pulver,- /'pulfır/ s toz; barut
pulverig /'pulfırih/ toz halinde
pulverisieren /pulfıri'zi:rın/ toz haline getirmek
Pumpe, n /'pumpı/ e pompa; tulumba
pumpen /'pumpın/ pompalamak; tulumba ile su çekmek; ödünç vermek; ödünç almak
Punkt, e /punkt/ r nokta; puan; benek; konu
punktieren /punk'ti:rın/ noktalamak
punktiert /punk'ti:rt/ noktalı
pünktlich /'pünktlih/ (tam) zamanında; dakikası dakikasına, dakik
Pünktlichkeit /'pünktlihkayt/ e dakiklik; titizlik

Pupille, n /pu'pilı/ e gözbebeği
Puppe, n /'pupı/ e kukla; oyuncak bebek
pur /pu:r/ saf, arı, katıksız
Püree, s /pü're:/ s ezme, püre
Purzelbaum, ..e /'purtsılbaum/ r takla, parende
purzeln /'purtsıln/ gülünç bir biçimde yuvarlanmak, tepetaklak düşmek
Puste /'pu:stı/ e soluk, nefes
Pustel, n /'pustıl/ e sivilce
pusten /'pu:stın/ üflemek
Pute, n /'pu:tı/ e dişi hindi
Puter,- /'pu:tır/ r baba hindi
Putsch, e /puç/ s hükümet darbesi
Putz, e /puts/ s süs; sıva
putzen /'putsın/ temizlemek; (diş) fırçalamak; (pabuç) boyamak, (cam vs.) silmek; (burun) sümkürmek; parlatmak
Putzfrau, en /'putsfrau/ e temizlikçi kadın
Pyjama, s /pi'ca:ma/ r pijama
Pyramide, n /püra'mi:dı/ e piramit

Q

Quabblig /'kvablih/ pelte gibi
Quader,- /'kva:dır/ r kare prizma
Quadrat, e /kvad'ra:t/ s kare, dördül
quadratisch /kvad'ra:tiş/ karesel
Quadratmeter,- /kvad'ra:tme:tır/ s metre kare
Quadratwurzel,n /kvad'ra:tvurtsıl/ e kare kök
quadrieren /kvad'ri:rın/ karesini almak
quaken /'kva:kin/ vakvaklamak
Qual, en /kva:l/ e eziyet, işkence, acı
quälen /'kve:lın/ işkence etmek; rahatsız etmek; de. kendini çok yormak
Qualifikation, en /kvalifikats'yo:n/ e nitelemek; yeterlilik
qualifizieren /kvalifi'tsi:rın/ nitelendirmek, nitelemek
Qualität, en /kvali'te:t/ e kalite, nitelik; özellik
qualitativ /kvalita'ti:f/ nitel
Qualle, n /'kvalı/ e denizanası
Qualm, e /kvalm/ r (yoğun) duman
qualmen /'kvalmın/ duman çıkarmak, tütmek
qualvoll /'kva:lfol/ acı verici, rahatsız edici
Quantität, en /kvanti'te:t/ e nicelik
quantitativ /kvantita:tif/ nicel
Quantum, -ten /k'vantum/ s miktar
Quarantäne, n /kvaran'te:nı/ e karantina
Quark, e /kvark/ r tuzsuz beyaz peynir, lor peyniri; kd. saçma, zırva
Quartal, e /kvar'ta:l/ s üç aylık süre
Quartett, e /kvar'tet/ s müz. dörtlü, kuartet
Quartier, e /kvar'ti:r/ s konut; karargâh
Quarz, e /kvarts/ r kuvarts
quasi /'kva:zi/ adeta, sanki
Quatsch /kvaç/ r zırva, saçma söz
quatschen /'kvaçın/ saçma sapan konuşmak, zırvalamak
Quecksilber /'kvekzilbır/ s cıva
Quelle, n /'kvelı/ e kaynak
quellen /'kvelın/ fışkırmak, çıkmak
Quellenwasser,.. /'kvelınvasır/ s kaynak suyu
quer /kve:r/ enine; çapraz
Querschnitt,e /'kve:rşnit/ r enine kesit
Querstraße, n /'kve:rştrasa/ e ara sokak
quetschen /'kveçın/ ezmek, kıstırmak, sıkıştırmak; hek. berelemek, zedelemek
Quetschung, en /'kveçung/ e hek. bere
quietschen /'kveçın/ (kapı) gıcırdamak; acı acı bağırmak
Quintett, e /kvin'tet/ s müz. beşli, kuintet, kentet
quitt /kvit/ fit, alacak verecek kalmamış
Quitte, n /kvitı/ e ayva
quittieren /kvi'ti:rın/ makbuz vermek; is-

tifa etmek
Quittung, en /'kvitung/ **e** makbuz, alındı
Quote, n /'kvo:tı/ **e** pay, hisse

R

Rabatt, e /ra'bat/ r indirim
Rabbiner,- /ra'bi:nır/ r haham
Rabe, n /'ra:bı/ r karga
rabiat /rabi'a:t/ öfkeli, tepesi atmış
Rache /'rahı/ e intikam, öç
Rachen,- /'rahın/ r gırtlak, boğaz
rächen /'rehın/ misilleme yapmak; de. öcünü almak; acısını çıkarmak
rachsüchtig /'rahzühtih/ kinci, intikamcı
Rad, ..er /ra:t/ s tekerlek; çark; bisiklet
Radar /'ra:da:r/ r,s radar
Radargerät, e /'ra:da:rgıre:t/ s radar aygıtı
Radau /ra'dau/ r gürültü, şamata
radebrechen /'ra:dıbrehın/ başını gözünü yararak konuşmak
radfahren /'ra:tfa:rın/ bisiklete binmek
Radfahrer,- /'ra:tfa:rır/ r bisiklet sürücüsü
Radfahrweg, e /'ra:tfa:rve:k/ r bisiklet yolu
radieren /ra'di:rın/ silmek
Radiergummi, s /ra'di:rgumi/ r silgi
Radieschen,- /ra'di:shın/ s kırmızı turp
radikal /radi'ka:l/ köklü; radikal, köktenci
Radio, s /'ra:dyo/ s radyo
radioaktiv /radyoakti:f/ radyoaktif, ışınetkin
Radioaktivität /radyoaktivi'te:t/ e radyoaktivite, ışınetkinlik

Radioapparat, e /'ra:dioapara:t/ r radyo
Radium /'ra:dyum/ s radyum
Radius, -ien /'ra:dyus/ r yarıçap
Radrennen,- /'ra:trenın/ s bisiklet yarışı
raffen /'rafın/ kapmak; kaldırmak
Raffinerie, n /rafinı'ri:/ e rafineri, arıtımevi
raffiniert /rafi'ni:rt/ arıtılmış, tasfiye edilmiş; kurnaz, pişkin, malın gözü
ragen /'ra:gın/ çıkıntı yapmak, yükselmek
Ragout, s /ra'gu:/ s yahni
Rahm /ra:m/ r kaymak, krema
Rahmen,- /'ra:mın/ r çerçeve
Rakete, n /ra'ke:tı/ e roket, füze **Ferngelenkte-** güdümlü mermi
rammen /'ramın/ tokmaklamak
Rampe, n /'rampı/ e rampa
ramponiert /rampo'ni:rt/ hasara uğramış, bozulmuş, buruşturulmuş
Ramsch,e /ramş/ r mezat(malı)
Rand, ..er /rant/ r kenar
randalieren /randa'li:rın/ gürültüye boğmak, şamata etmek
Randbemerkung, en /rantbımerkung/ e (yazıda) çıkma
Rang, ..e /rang/ r rütbe; derece; sınıf; tiy. balkon
Ranke, n /rankı/ e sülük
Ranzen,- /rantsın/ r sırt çantası

ranzig /'rantsih/ acılaşmış, bozulmuş
rapid /ra'pi:t/ seri, çabuk
Rappe, n /'rapı/ r kara at
Raps, e /raps/ r kolza
rar /ra:r/ seyrek, nadir
Rarität, en /rari'te:t/ e ender rastlanan şey
rasch /raş/ çabuk, hızlı, tez
rascheln /'raşıln/ hışırdamak
Rasen,- /'ra:zın/ r çim, çimen
rasen /'ra:zın/ küplere binmek; hızla geçip gitmek
rasend /'ra:zınt/ çılgın, kudurmuş, azgın
Rasenmähmaschine,n /'ra:zın'me:maşi:nı/ e çim biçme makinesi
Raserei /ra:zı'ray/ e çılgınlık, öfkelenme; çılgınca bir hızla gitme
Rasierapparat,e /ra'zi:r-apara:t/ r tıraş makinesi
Rasiercreme, s /ra'zi:rkre:m/ e tıraş kremi
rasieren /ra'zirın/ tıraş etmek; de. tıraş olmak
Rasierklinge, n /ra'zirklingı/ e tıraş bıçağı
Rasiermesser,- /ra'zi:rmesır/ s ustura
Rasierpinsel,- /ra'zi:rpinzıl/ r tıraş fırçası
Rasierseife, n /ra'zirzayfı/ e tıraş sabunu
Rasierwasser /ra'zi:rvasır/ s tıraş losyonu
Rasse, n /'rası/ e ırk, soy
rasseln /'rasıln/ takırdamak
Rassepferd, e /'rasıpfe:rt/ s safkan at
rassig /'rasih/ cins; ateşli
rassisch /'rasiş/ ırksal
Rast, en /rast/ e dinlenme, mola
rasten /'rastın/ mola vermek, dinlenmek
rastlos /'rastlo:s/ aralıksız, süreli
Rastplatz, ..e /'rastplats/ r dinlenme yeri, mola yeri
Rat /ra:t/ r öğüt; kurul
Rate, n /ra:tı/ e pay; taksit
raten /'ra:tın/ öğüt vermek, öğütlemek; tahmin etmek

Ratenzahlung, en /'ra:tıntsa:lung/ e taksitle ödeme
Ratgeber,- /'ra:tgebır/ r danışman
Rathaus,..er /'ra:thaus/ s belediye binası
Ratifikation, en /ratifikats'yo:n/ e onama, onaylama
ratifizieren /ratifi'tsirın/ onamak, onaylamak
Ration, en /rats'yon/ e pay; ask. tayın
rational /ratsyo'na:l/ rasyonel, akla yakın
rationalisieren /ratsyonali'zirın/ rasyonalize etmek
Rationalisierung, en /ratsyonali'zi:rung/ e rasyonalizasyon
rationieren /ratsio:'ni:rın/ tayına bağlamak
ratlos /ra:tlo:s/ şaşkın, çaresiz
Ratlosigkeit,en /'ra:tlo:zihkayt/ e şaşkınlık
ratsam /'ra:tza:m/ uygun, yerinde
Ratschlag,..e /'ra:tşla:k/ r öğüt
Rätsel,- /'re:tsıl/ s bilmece, bulmaca
rätselhaft /'re:tsılhaft/ gizemli, esrarengiz
Ratte,n /ratı/ e (büyük) sıçan
rattern /'ratırn/ takırdamak
Raub /raup/ r haydutluk, yağma; ganimet
rauben /'raubın/ zorla elinden almak; çalmak; yağma etmek
Räuber,- /'roybır/ r haydut; hırsız; yağmacı
Raubmord, e /'raupmort/ r hırsızlık için adam öldürme
Raubtier, e /'rauptir/ s yırtıcı hayvan
Raubvogel, .. /'raupfo:gıl/ r yırtıcı kuş
Rauch, er /rauh/ r duman; buhar
rauchen /'rauhın/ duman çıkarmak, tütmek; (sigara, vb.) içmek
Raucher,- /'rauhır/ r tütün içen
Raucherabteile, e /'rauhıraptayl/ s sigara içenlere ayrılmış kompartıman
räuchern /'royhırn/ tütsülemek
Rauchfleisch /'rauhflayş/ s tütsülenmiş

(füme) et
Rauchwolke, n /'rauhvolkı/ e duman bulutu
räudig /'roydih/ uyuzlu
raufen /'raufın/ de. dövüşmek, boğuşmak
Rauferei, en /raufı'ray/ e dövüşme, boğuşma
rauh /rau/ kaba; sert; pürüzlü
Rauhreif /'raurayf/ r kırağı
Raum, ..e /raum/ r uzay; yer; oda; bölge
räumen /'roymın/ boşaltmak; terk etmek; çekidüzen vermek, toplamak
Rauminhalt, e /'raum-inhalt/ r hacim, oylum
räumlich /'roymlih/ hacimsel
Raummangel, ... /'raummangıl/ r yer darlığı, sıkışıklık
Raummeter, - /'raumme:tır/ r metre küp
Raumschiff, e /'raumşif/ s uzay gemisi
Raumschiffahrt, en /'raumşiffa:rt/ e uzay yolculuğu
Räumung /'roymung/ e boşaltma
raunen /'raunın/ fısıldamak
Raupe, n /'raupı/ e tırtıl
raus /raus/ dışarı
rausgehen /'rausge:ın/ dışarı çıkmak
Rausch, ..e /rauş/ r sarhoşluk, mest olma hali, kendinden geçme
rauschen /'rauşın/ fışırdamak; şarıldamak; çınlamak, uğuldamak
Rauschgift /'rauşgift/ s uyuşturucu madde
räuspern /'royspırn/ de. hafifçe öksürerek kısılan sesini düzeltmek
Raute, n /'rautı/ e eşkenar dörtgen
Razzia, ien /'ratsia/ e baskın
Reagensglas, ..er /rea'gensgla:s/ s kim. deney tübü
reagieren /rea'gi:rın/ tepki göstermek; tepkimek
Reaktion, en /reaktsyo:n/ e tepki; tepkime, reaksiyon; gericilik
Reaktionär, e /reaktsyo'ne:r/ r gerici, ge-

ri kafalı
Reaktor, en /re'aktor/ r reaktör
real /rea:l/ gerçek
realisieren /reali'zi:rın/ gerçekleştirmek
Realismus /rea'lismus/ r gerçekçilik, realizm
Realist, en /rea'list/ r gerçekçi
realistisch /rea'listiş/ gerçekçi
Realität, en /reali'te:t/ e gerçek(lik)
Realschule, n /re'a:lşu:lı/ e ortaokul
Rebe, n /'re:bı/ e asma çubuğu
Rebell, en /re'bel/ r asi, isyancı
rebellieren /rebe'li:rın/ ayaklanmak, başkaldırmak, isyan etmek
Rebellion, en /rebel'yo:n/ e ayaklanma, başkaldırma, isyan
Rebhuhn, en /re:phu:n/ s keklik
Rechen,- /'rehın/ r tırmık
Rechenfehler,- /'rehınfe:lır/ r hesap yanlışı
Rechenmaschine,n /'rehınmaşi:nı/ e hesap makinesi
Rechenschaft, en /'rehınşaft/ e hesap (verme)
Rechenschieber /'rehınşi:bır/ r sürgülü hesap cetveli
rechnen /'rehnın/ hesaplamak; saymak
Rechnung, en /'rehnung/ e hesap, işlem; fatura
recht /reht/ sağ; doğru; uygun; yasal; haklı; oldukça, epey; pek, adamakıllı
Recht, e /reht/ s hak; adalet; hukuk
Rechte, n /'rehtı/ e sağ el; sağ kanat, sağcı kanat
rechte (r,s) /'rehtı(r,z)/ sağ; *mat.* dik
Rechteck, e /'rehtek/ s dikdörtgen
rechteckig /'rehtekih/ dikdörtgen biçiminde
rechtfertigen /'rehtfertigın/ haklı çıkarmak; de. kendini haklı çıkarmak
Rechtfertigung, en /'rehtfertigung/ e haklı çıkarma, suçsuzluğunu kanıtlama
rechtlich /'rehtlih/ yasal
rechts /rehts/ sağda, sağa

Rechtsanwalt,..e /'rehts-anvalt/ r avukat
Rechtsauβen, - /rehts'ausın/ r sağaçık
rechtschaffen /'rehtşafın/ dürüst, namuslu
Rechtschreibung /'rehtşraybung/ e yazım, imla
Rechtshänder, - /'rehtshendır/ r sağ elini kullanan
rechtskräftig /'rehtskreftih/ geçerli, yasal
rechtsradikal /'rehtsradika:l/ aşırı sağcı
rechtswidrig /'rehtsvi:drih/ yasadışı, yolsuz
Rechtswissenschaft /'rehtsvisınşaft/ e hukuk (bilimi)
rechtwinklig /'rehtvinklih/ dik açılı
rechtzeitig /'rehttsaytih/ (tam) zamanında
Reck, e /rek/ s barfiks
recken /'rekın/ germek, uzatmak; de. gerinmek
Redakteur, e /redak'tö:r/ r redaktör
Redaktion, en /redakts'yo:n/ e yazı işleri kurulu; redaksiyon
Rede, n /'re:dı/ e konuşma; söylev
reden /'redın/ konuşmak, söylemek
Redensart, en /'re:dıns-a:rt/ e deyiş, deyim
Redewendung, en /'re:dıvendung/ e deyim
redlich /'re:tlih/ dürüst, namuslu, güvenilir
Redner, - /'re:dnır/ r konuşmacı
redselig /'retze:lih/ geveze; konuşkan
Redseligkeit /'retze:lihkayt/ e gevezelik, konuşkanlık
reduzieren /redu'tsi:rın/ azaltmak, eksiltmek
Reede, n /'re:dı/ e gemilerin açıkta demir atma yeri
Reeder, - /'re:dır/ r armatör
Rederei, en /redı'ray/ e armatörlük; vapur şirketi
reell /re'el/ dürüst, namuslu; *mat.* gerçek, reel
Referat, e /refe'ra:t/ s rapor; daire şubesi
Referent, en /refe'rent/ r ufak konferans veren
Referenz, en /refe'rents/ e referans, kefil
referieren /refe'ri:rın/ rapor vermek, bir şeyi açıklamalı anlatmak
reflektieren /reflek'ti:rın/ yansıtmak
Reflex, e /re'fleks/ r refleks, tepke, yansı
reflexiv /reflek'si:f/ *dilb.* dönüşlü
Reform, en /re'form/ e yenilik, düzeltme, reform
Reformation, en /reformats'yon/ e reformasyon
reformieren /refor'mi:rın/ düzeltmek, reform yapmak, ıslah etmek
Regal, e /re'ga:l/ s raf
rege /re'gı/ canlı, dinç; işlek
Regel, n /'re:gıl/ e kural; *hek.* aybaşı
regellos /'regıllo:s/ kuralsız
regelmäβig /'regılme:sih/ düzenli; alışılmış, normal; sürekli
regeln /'re:gıln/ düzenlemek, düzene koymak, yoluna koymak
regelrecht /'re:gılreht/ kurala uygun
Regelung, en /'regılung/ e düzenleme, yoluna koyma
regelwidrig /'re:gılvi:drih/ kurala aykırı, usulsüz
regen /'regın/ kımıldatmak, yerinden oynatmak, hareket ettirmek; de. kımıldamak, hareket etmek
Regen, - /'re:gın/ r yağmur
Regenbogen /'re:gınbo:gın/ r gökkuşağı, alkım
Regenmantel, ../regınmanıl/ r yağmurluk, pardösü, trençkot
Regenschauer, /'re:gınşauır/ r sağanak
Regenschirm, e /'re:gınşirm/ r şemsiye
Regentag, e /'regınta:k/ r yağmurlu gün
Regenwetter /'regınvetır/ s yağmurlu hava
Regenwurm, ..er /'re:gınvurm/ r solucan

Regenzeit, en /'re:gıntsayt/ e yağmur mevsimi
Regie, n /re'ji:/ e reji, yönetim
regieren /re'gi:rın/ yönetmek, idare etmek
Regierung, en /re'gi:rung/ e hükümet
Regierungsform, en /re'gi:rungsform/ e yönetim biçimi, rejim
Regime, s /re'ji:m/ s yönetim; hükümet biçimi, rejim
Regiment, er /re'giment/ s *ask.* alay
Region, en /reg'yo:n/ e bölge, yöre
Regisseur, e /reji'sö:r/ r yönetmen, rejisör
Register, - /re'gistır/ s kütük, kayıt, sicil; dizin, içindekiler
registrieren /regis'tri:rın/ kaydetmek, deftere geçirmek, tescil etmek
Regler, - /'re:glır/ r regülatör
regnen /'re:gnın/ (yağmur) yağmak
regnerisch /'re:gnıriş/ yağmurlu
regsam /'re:kza:m/ etkin, canlı, çevik, hareketli
regulär /regu'le:r/ düzgün, düzenli
regulieren /regu'li:rın/ ayarlamak, düzeltmek
Regung, en /'re:gung/ e hareket, kımıldanma
regungslos /'re:gungslo:s/ hareketsiz, durgun
Reh /re:h/ s karaca
Rehbock, ..e /'re:bok/ r erkek karaca
Reibe, n /'raybı/ e mutfak rendesi
Reibeisen, - /'rayp-ayzın/ s mutfak rendesi
reiben /'raybın/ ovmak; rendelemek
Reibung, en /'raybung/ e sürtünme
reibungslos /'raybungslo:s/ sürtünmesiz
reich /rayh/ zengin; bol
Reich, e /rayh/ s imparatorluk; krallık
reichen /'rayhın/ yetmek; uzatmak, sunmak; uzanmak, yetişmek
reichhaltig /'rayhhaltih/ zengin, bol
reichlich /'rayhlih/ bol, çok; bol bol, do-

yasıya; oldukça
Reichtum, ..er /'rayhtu:m/ r zenginlik; varlık, servet
Reichweite, n /'rayhvaytı/ e erim, menzil
reif /rayf/ olgun, ergin
Reif, e /rayf/ r çember; bilezik; gerdanlık, kolye; yüzük
Reif /rayf/ r kırağı
Reife /'rayfı/ e olgunluk; erginlik
reifen /'rayfın/ olgunlaşmak
Reifen, - /'rayfın/ r tekerlek lastiği; çember
Reifenpanne, n /'rayfınpanı/ e lastik patlaması
Reifenschaden, - /'rayfınşa:dın/ r lastik patlaması
Reifeprüfung, en /'rayfıprü:fung/ e okul bitirme sınavı
Reihe, n /'rayı/ e dizi, sıra
reihen /'rayın/ sıralamak
Reihenfolge, n /'rayınfolgı/ e sıra, art arda geliş
Reiher, - /'rayır/ r balıkçıl
Reim, e /raym/ r uyak, kafiye
reimen /'raymın/ *de.* uymak; uyaklı (kafiyeli) olmak
rein /rayn/ temiz; salt, öz; duru; içeri(ye)
Reingewinn, e /'rayngıvin/ r net kazanç
Reinheit /'raynhayt/ e temizlik; suçsuzluk
reinigen /'raynigın/ temizlemek
Reinigung, en /'raynigung/ e temizlik, temizleme **chemische-** kuru temizleme
reinlich /'raynlih/ temiz, pak
reinrassig /'raynrasih/ safkan
Reis /rays/ r pirinç; pilav
Reise, en /'rayzı/ e yolculuk, seyahat
Rreisebüro, s /'rayzıbüro:/ s seyahat acentesi
reisefertig /'rayzıfertih/ yola çıkmağa hazır, yolculuğa hazır
Reiseführer, - /'rayzıfü:rır/ r rehber, kılavuz

Reisegepäck /'rayzıgıpek/ s yolcu eşyası, bagaj
Reisegesellschaft, en /'rayzıgızelşaft/ e turist kafilesi
Reiseleiter, - /'rayzılaytır/ r rehber, kılavuz
reisen /'rayzın/ yolculuk yapmak, seyahat etmek
Reisende, n /'rayzındı/ r,e yolcu
Reisepaß, ..sse /'rayzıpas/ r pasaport
Reisescheck, s /rayzışek/ r seyahat çeki
Reisetasche, n /'rayzıtaşı/ e seyahat çantası
Reiseziel, e /'rayzıtsi:l/ s gidilecek yer
reißen /'rayzın/ yırtmak, parçalamak, yolmak; çekip koparmak
Reißnagel, .. /'rays'na:gıl/ r raptiye
Reißverschluß,..sse /'raysferşlus/ r fermuar
reiten /'raytın/ ata binmek, atla gitmek
Reiter, - /'raytır/ r binici; *ask.* atlı, süvari
Reitpferd, e /'raytpfe:rt/ s binek atı
Reiz, e /rayts/ r alım, cazibe, çekicilik; *hek.* tahriş
reizbar /'raytsba:r/ çok hassas, öfkeli, çabuk kızan, alıngan
Reizbarkeit, en /'raytsba:rkayt/ e hassaslık, öfkelilik
reizen /'raytsın/ kızdırmak, sinirlendirmek; kışkırtmak, çekmek, cezbetmek; *hek.* tahriş etmek
reizend /'raytsınt/ çekici, alımlı
Reizmittel, - /'raytsmitıl/ *hek.* uyarıcı ilaç
Reklamation, en /'reklamats'yo:n/ e şikâyet, yakınma
Reklame, n /rekla':mı/ e reklam
reklamieren /rekla'mi:rın/ şikâyet etmek
Rekord, e /re'kort/ r rekor
Rekrut, en /re'kru:t/ r acemi er
Rektor, - /'rektor/ r rektör; (okul) müdür
Rektorat, e /rekto'ra:t/ s rektörlük
Relais, - /rö'le/ s röle
relativ /'relati:f/ göreli, nispi
Relativität /relativi'te:t/ e görelilik, izafiyet, rölativite
Relativpronomer, - /rela'ti:fprono:mın/ s *dilb.* ilgi adılı, ilgi zamiri
Relief, s /rel'yef/ s kabartma
Religion, en /relig'yo:n/ e din
religiös /relig'yö:s/ dini; dindar, sofu
Religiosität /religyozi'te:t/ e dindarlık, sofuluk
Renaissance, - /röne'sa:ns/ e Rönesans
Rendezvous, - /ra:nde'vu:/ randevu, buluşma
Rennbahn, en /'renba:n/ e yarış pisti
rennen /'renın/ koşmak; yarışmak
Rennen, - /'renın/ s yarış; koşu
Rennfahrer, - /'renfa:rır/ r yarışçı (oto vb.)
Rennpferd, e /'renpfe:rt/ r yarış atı
Rennwagen, - /'ren:vagın/ r yarış arabası
renovieren /reno'vi:rın/ yenileştirmek
rentabel /ren'ta:bıl/ verimli, yararlı, kazançlı
Rentabilität /rentabili'te:t/ e verim(lilik) randıman
Rente, n /rentı/ e gelir; emekli aylığı
Rentier /'renti:r/ s ren geyiği
rentieren /'rentı:rın/ de. kazanç getirmek
Rentner, - /'rentnır/ r emekli
Reparatur, en /repara'tu:r/ e onarım, tamir
Reparaturwerkstatt, ..en /repara'tu:rverkştat/ e tamirhane
reparieren /repa'ri:rın/ onarmak
Reportage, n /repor'ta:jı/ e röportaj
Reporter, - /re'portır/ r röportajcı
Repräsentant, en /reprezen'tant/ r temsilci
repräsentieren /reprezen'tı:rın/ temsil etmek
Reproduktion, en /reprodukts'yo:n/ e röprodüksyon
Reptil, ien /rep'ti:l/ s sürüngen
Republik, en /repub'li:k/ e cumhuriyet
Republikaner, - /republi'ka:nır/ r cum-

huriyetçi
republikanisch /republi:'ka:niʃ/ cumhuriyetçi
Reserve, n /rezervı/ e yedek, sakınganlık
Reserveoffizier, e /re'zervı-ofitsi:r/ r yedek subay
Reserverad, ...er /re'zervıra:t/ s yedek tekerlek
Reservespieler,- /re'zervıʃpi:lır/ yedek (oyuncu)
reservieren /rezer'vi:rın/ saklamak, korumak; yer ayırtmak
reserviert /rezer'vi:rt/ tutulmuş, ayrılmış
Residenz, en /rezi'dents/ e saray, konak, köşk; başkent
Resonanz, en /rezo'nants/ e fiz. rezonans
Respekt /res'pekt/ r saygı
respektieren /respek'ti:rın/ saygı göstermek
respektlos /respektlo:s/ saygısız
respektvoll /res'pektfol/ saygılı
Rest, e /rest/ r kalan, artan
Restaurant, s /resto'ran/ s lokanta, restoran
Restauration, en /restoratsi'o:n/ e restorasyon
restaurieren /resto'ri:rın/ restore etmek, yenilemek
restlich /'restlih/ arta kalan
restlos /restlo:s/ bütün, tam, eksiksiz
Resultat, e /re'zulta:t/ s sonuç
retten /'retın/ kurtarmak
Retter, - /'retır/ r kurtarıcı
Rettich, e /'retih/ r bayırturpu
Rettung, en /'retung/ e kurtarma, kurtulma
Rettungsboot, e /'retungsbo:t/ s cankurtaran filikası
Rettungsgürtel,- /'retungsgürtıl/ r cankurtaran kemeri
rettungslos /'retungslo:s/ umutsuz, iyileşmesi olanaksız

Rettungsring, e /'retungsring/ r cankurtaran simidi
retuschieren /retu'ʃi:rın/ rötuş yapmak
Reue, n /'royı/ e pişmanlık
Revanche, n /'re'va:nʃı/ e rövanş
revanchieren /re'va:nʃi:rın/ de. acısını çıkarmak; karşılıkta bulunmak
Revier, e /rı'vi:r/ s bölge; ask. revir
Revision, en /reviz'yo:n/ e revizyon; huk. temyiz
Revolte, n /re'voltı/ e ayaklanma, isyan
Revolution, en /revoluts'yo:n/ e devrim, ihtilal
Revolutionär, e /revolutsyo'ne:r/ r devrimci, ihtilalci
Revolver,- /re'volvır/ r tabanca
Revue, n /rı'vü:/ e tiy. revü
Rezept, e /re'tsept/ s reçete; yemek tarifi
Rhabarber /ra'barbır/ r ravent
Rhetorik /re'to:rik/ e retorik, sözbilim, konuşma sanatı
Rheuma,- /'royma/ r romatizma
Rheumatismus /'royma'tismus/ r romatizma
rhythmisch /'rütmiʃ/ ritmik, düzenli
Rhythmus,-men /'rütmus/ r ritim, dizem
richten /'rihtın/ doğrultmak, düzeltmek; yöneltmek; hazırlamak; de. uymak; bağlı olmak
Richter,- /'rihtır/ r yargıç, hakim
richtig /'rihtıh/ doğru, hatasız; tam; uygun
Richtung, en /'rihtung/ e doğrultu, yön
riechen /'ri:hın/ koklamak; kokmak
Ried, e /ri:t/ s saz, kamış
Riege, n /'ri:gı/ e takım, grup
Riegel,- /'ri:gıl/ r sürgü
Riemen,- /'ri:mın/ r kayış; kürek
Riese, n /'ri:zı/ r dev
rieseln /'ri:zıln/ çiselemek; (su) çağıldamak
riesengroβ /ri'zıngro:s/ dev gibi, kocaman
riesig /'ri:zih/ dev gibi, koskoca; şahane,

mükemmel
Riff, e /rif/ s resif, kaya döküntülü kıyı
Rille, n /'rilı/ e oluk, oyuk, yiv
Rind, er /rint/ s sığır
Rinde,n /'rindı/ e kabuk
Rindfleisch /'rintflayş/ s sığır eti
Rindvieh /'rintfi:/ s sığır; hayvan herif, dangalak
Ring, e /ring/ r halka, çember; yüzük; sp. ring
Ringbuch, ..er /'ringbu:h/ s klasör
ringen /'ringın/ güreşmek
Ringen /'ringın/ s güreş
Ringer,- /'ringır/ r güreşçi
ringförmig /'ringförmih/ halka biçiminde, yuvarlak
Ringkampf, ..e /'ringkampf/ r güreş (karşılaşması)
rings /rings/ çevresinde
ringsherum /rings he'rum/ çepeçevre
ringsum /rings'-um/ çepeçevre
Rinne, n /'rinı/ e oluk
rinnen /'rinın/ akmak; damlamak
Rinnstein, e /'rinştayn/ r su oluğu
Rippchen,- /'riphın/ s pirzola
Rippe, n /'ripı/ e kaburga
Rippenfellentzündung, en /'ripınfelenttsündung/ e zatülcenp
Risiko, s /'ri:ziko/ s risk, riziko
riskant /ris'kant/ riskli
riskieren /ris'ki:rın/ riske girmek
Riβ, sse /ris/ r yırtık; çatlak, kırık; sıyrık
rissig /'risih/ çatlak, yarık
Ritt, e /rit/ r atla gezinti
Ritter,- /'ritır/ r şövalye
Rittertum, ..er /'ritırtu:m/ s şövalyelik
Ritus, -ten /'ri:tus/ r ayin, dinsel tören
Ritze, n /'ritsı/ e yarık, çatlak
Rivale, n /ri'va:lı/ r rakip
ritzen /'ritsın/ çizmek, tırmalamak
rivalisieren /rivali'zi:rın/ rekabet etmek
Rivalität /rivali'te:t/ e rekabet
Rizinusöl /'ri:tsinus-ö:l/ s hintyağı
Robbe, n /'robı/ e fok, ayıbalığı

Robe, n /'ro:bı/ e uzun gece giysisi; cüppe
Roboter,- /'robotır/ r robot
robust /ro'bust/ sağlam, iri yarı
röcheln /'röhıln/ hırıldamak
Rock,..e /rok/ r etek, ceket
Rodel, - /'ro:dıl/ r kızak
rodeln /'ro:dıln/ kızakla kaymak
roden /'rodın/ ağaçlarını keserek ormanı açmak
Rogen,- /'ro'gın/ r balık yumurtası
Roggen /'rogın/ r çavdar
roh /ro:/ çiğ; ham; kaba
Rohbau, ten /'ro:bau/ r kaba inşaat
Rohkost /'ro:kost/ e çiğ besin
Rohr, e /ro:r/ s boru; kamış, saz; namlu
Röhre, n /'rö:rı/ e boru; tüp; radyo lambası
Rohrzucker /'ro:rtsukır/ r kamış şekeri
Rohstoff, e /'ro:ştof/ r hammadde
Rokoko /ro'koko/ s Rokoko
Rolladen,.. /'rolla:dın/ r kepenk
Rollbahn, en /'rolba:n/ e uçuş pisti
Rolle, n /'rolı/ e rol; makara; tomar, rulo
rollen /'rolın/ yuvarlamak; yuvarlanmak; gümbürdemek, gürlemek
Rollschuh, e /'rolşu:/ r (tekerlekli) paten
Rollstuhl, ...e /'rolştu:l/ r tekerlekli koltuk
Rolltreppe, n /'roltrepı/ e yürüyen merdiven
Roman, e /ro'ma:n/ r roman
Romantik /ro'mantik/ e romantizm
Romantiker,- /ro'mantikır/ r romantizm sanatçısı, romantik
romantisch /ro'mantiş/ romantik
röntgen /'röntgın/ röntgenini çekmek
Röntgenbild, er /'röntgınbilt/ s röntgen filmi
Röntgenstrahlen /'röntgınştra:lın/ (ç.) x ışınları
rosa /'ro:za/ pembe
Rose,n /'ro:zı/ e gül
Rosenkohl, e /'ro:zınko:l/ r brüksel lahanası

Rosenkranz, ..e /'ro:zınkrants/ r tespih
Rosette,n /ro'zeti/ e rozet
rosig /'ro:zih/ gül gibi; hoş
Rosine,n /ro'zi:nı/ e kuru üzüm
Roβ -sse /ros/ s beygir
Roβkastanie,n /'roskasta:nii/ e at kestanesi
Rost /rost/ r pas, küf; ızgara
Rostbraten,- /'rostbra:tın/ r külbastı
rosten /'rostın/ paslanmak
rösten /'rö:stın/ kızartmak; kavurmak
rostfrei /'rostfray/ paslanmaz
rostig /'rostih/ paslı, küflü
rot /ro:t/ kırmızı, kızıl, al
Rotation, en /rotats'yo:n/ e dönme
Röte /'rö:tı/ e kızıllık, allık
Röteln /'rö:tıln/ (ç.) kızamıkçık
röten /'rö:tın/ kızartmak
rotieren /ro'ti:rırt/ dönmek
Rotkohl, e /'ro:tko:l/ kırmızı lahana
Rotstift, e /'ro:tştift/ r kırmızı kalem
Rotwein, e /'ro:tvayn/ r kırmızı şarap
Rotz /rots/ r sümük
rotzig /'rotsih/ sümüklü
Roulade, n /ru'la:dı/ e et sarması
Routine /ru'ti:nı/ e deneyim; rutin, pratik, âdet, usul, beceri
Rübe, n /'rü:bı/ e şalgam; pancar; havuç
Rubel /'ru:bıl/ r ruble
Rübenzucker /'rü:bıntsukır/ r pancar şekeri
Rubin, e /ru'bi:n/ r yakut
Rubrik, en /rub'ri:k/ e bölüm; kolon, sütun
Ruck, e /ruk/ r sarsma; silkme
Rückblick /'rükblik/ r geriye bakış
rücken /'rükın/ yerinden oynatmak, hareket ettirmek; yaklaştırmak; hareket etmek; ilerlemek; yaklaşmak
Rücken,- /'rükın/ r sırt, arka
Rückenlehne,n /'rükıne:nı/ e arkalık
Rückenmark /'rakınmark/ s omurilik
Rückenschwimmen /'rükınşvimın/ s sırtüstü yüzme

Rückerstattung, en /'rükırşta:tung/ e geri verme, iade
Rückfahrkarte, n /'rükfa:rkartı/ e dönüş bileti
Rückfahrt, en /'rükfa:rt/ e (geri) dönüş
rückfällig /'rükfelih/ eski hata ya da suçlarını yeniden işleyen, suçu tekrarlayan
Rückflug, ..e /'rükflu:k/ r dönüş uçuşu
Rückgabe, n /'rükga:bı/ e iade, geri verme
Rückgang, ..e /'rükgang/ r azalma, düşme
rückgängig /'rükgengih/ :-machen iptal etmek
Rückgrat, e /'rükgra:t/ s omurga, belkemiği
Rückhalt, e /'rükhalt/ r destek; yedek
Rückkehr, en /'rükke:r/ e dönüş
Rückkopplung, en /'rükkoplung/ e tek. geri besleme
rückläufig /'rükloyfih/ gerileyen
Rücklicht, er /'rükliht/ s arka lambası
Rückporto, s /'rükporto/ s iade ücreti
Rückreise, en /'rükrayzı/ e dönüş (seyahati)
Rucksack, ..e /'rukzak/ r sırt çantası
Rückschritt, e /'rükşrit/ r gerileme
Rückseite, n /'rükzaytı/ e arka taraf
Rücksicht, en /'rükziht/ e saygı **-nehmen auf** -e saygı göstermek; göz önüne tutmak
rücksichtslos /'rükzihtslo:s/ saygısız, kaba
rücksichtsvoll /'rükzihtsfol/ saygılı
Rücksitz, e /'rükzits/ r oto. arka koltuk
Rückspiegel,- /'rükşpi:gıl/ r dikiz aynası
Rückspiel, e /'rükşpi:l/ s rövanş maçı
Rücksprache, n /'rükşpra:hı/ e danışma, görüşme
rückständig /'rükştendih/ modası geçmiş
Rückstoβ, ..e /'rukşto:s/ r geri tepme
Rückstrahler, - /'rükştra:lır/ r katafot
Rücktritt, e /'rüktrit/ r istifa, ayrılma

rückwärts /'rükverts/ geriye, gerisin geriye
Rückwärtsgang, ...e /'rükvertsgang/ r geri vites
Rückweg, e /'rükve:k/ r dönüş (yolu)
Rückzahlung, en /'rüktsa:lung/ e geri ödeme
Rückzug, ..e /'rüktsu:k/ r geri çekilme
Rüde, n /'rü:dı/ e erkek köpek
Rudel,- /'ru:dıl/ s sürü, küme
Ruder,- /'ru:dır/ s kürek; dümen
Ruderboot, e /'ru:dırbo:t/ s kayık
rudern /'ru:dırn/ kürek çekmek
Ruf, e /ru:f/ r ses; seslenme, haykırış; ün, isim, şöhret
rufen /'ru:fın/ çağırmak; seslenmek; bağırmak
Rufname, n /'ru:fna:mı/ r birine hitaben kullanılan ilk ad
Rufnummer, n /'ru:fnumır/ e telefon numarası
Rüge, n /'rü:gı/ e azar, zılgıt, fırça
rügen /'rü:gın/ azarlamak
Ruhe /'ru:ı/ e dinlenme; rahat; sessizlik; durgunluk, sakinlik
ruhelos /'ru:ılo:s/ sinirli, huzursuz
ruhen /'ru:ın/ dinlenmek
Ruhestand /'ru:ıştant/ r emeklilik
Ruhetag, e /'ru:ıta:k/ r tatil günü, dinlenme günü
ruhig /'ru'ih/ sessiz, sakin; rahat, huzurlu; durgun, hareketsiz
Ruhm /ru:m/ r ün, şan, şöhret
rühmen /'rü:mın/ övmek; de. övünmek
Ruhr /ru:r/ e *hek.* dizanteri
Rührei /'rü:ray/ s akı sarısıyla karıştırılmış sahanda yumurta
rühren /'rü:rın/ kımıldatmak, hareket ettirmek; dokunmak; çalkalamak; etkilemek
rührend /'rü:rınt/ dokunaklı, acıklı
rührig /'rürih/ çalışkan, hamarat
Rührung /'rü:rung/ e duygulanma
Ruin /ru'i:n/ r yıkılış, çöküş
Ruine, n /ru'i:nı/ e yıkıntı
ruinieren /rui'ni:rın/ bozmak, yıkmak, mahvetmek, harap etmek
rülpsen /'rülpsın/ geğirmek
Rum, s /rum/ r rom
Rumäne,n /ru'me:nı/ r Romen
Rumänien /ru'me:niın/ Romanya
Rumänisch /ru'me:niş/ s Romence
Rummel /'rumıl/ r gürültü, patırdı, telaş
Rummelplatz, ..e /'rumılplats/ r lunapark, eğlence yeri
rumpeln /'rumpıln/ gümbürdemek
Rumpf, ..e /rumpf/ r gövde
Rumpsteak /'rumpste:k/ s romstek, öküz kızartması
rund /runt/ yuvarlak; yaklaşık, aşağı yukarı
Runde,n /'rundı/ e daire, halka; tur; topluluk, çevre
runden /'rundın/ yuvarlatmak
Rundfahrt, en /'runtfa:rt/ e (bir taşıtla) gezinti, dolaşma, tur
Rundfunk /'runtfunk/ r radyo
Rundfunkgerät, e /'runtfunkgıre:t/ s radyo (alıcısı)
Rundfunkhörer, - /'runtfunkhö:rır/ r radyo dinleyicisi
Rundfunksender,- /'runtfunkzendır/ r radyo vericisi (istasyonu)
Rundfunksendung, en /'runtfunkzendung/ e radyo yayını
Rundfunksprecher, - /'runtfunkşprehır/ r (radyo) spiker
Rundgang, ..e /'runtgang/ r (yürüyerek) gezinti, dolaşma, tur
rundherum /runthe'rum/ çepeçevre
rundlich /'runtlih/ dolgun, tombul
Rundreise, en /'runtrayzı/ e tur, dolaşma
Rundschreiben,- /'runtşraybın/ s genelge
Rundung, en /rundung/ e yuvarlaklık
Runzel, n /'runtsıl/ e kırışıklık
runzelig /'runtsılih/ kırışık
runzeln /'runtsıln/ buruşturmak

Rüpel,- /'rü'pıl/ r kaba herif
rüpelhaft /'rü:pılhaft/ kaba
rupfen /'rupfın/ yolmak, koparmak
ruppig /'rupih/ terbiyesiz, kaba
Ruβ /ru:s/ r is, kurum
Rüssel,- /'rüsıl/ r (domuz) burun; (fil) hortum
Russe, n /'rusı/ r Rus
ruβig /'ru:sih/ isli, kurumlu
Russisch /'rusiş/ s Rusça
Ruβland /'ruslant/ Rusya
rüsten /'rüstın/ silahlanmak; de. hazırlanmak (zu, -e)
rüstig /'rüstih/ dinç, sağlam, çevik
Rüstung, en /'rüstung/ e hazırlık; zırh; donatım; silahlanma
Rüstzeug, e /'rüsttsoyk/ s malzeme, gereç
Rute, n /'ru:tı/ e çubuk, değnek
Rutsch, e /ruç/ r kayma; heyelan, göçü
Rutschbahn, en /'rutçba:n/ e kaydırak
rutschen /'ruçın/ kaymak
rutschig /'ruçıh/ kaygan
rütteln /'rütıln/ sarsmak, sallamak

S

Saal, Säle /za:l/ r Salon
Saat, en /za:t/ e tohum; ekin
sabbern /'zabırn/ gevezelik etmek
Säbel,- /'ze:bıl/ r kılıç
Sabotage, n /zabo'ta:jı/ e baltalama, sabotaj
sabotieren /zabo'ti:rın/ baltalamak
Sache,n /'zahı/ e şey; konu; keyfiyet; olay; *huk.* dava
Sachgemäß /'zahgıme:s/ uygun, yerinde
sachkundig /'zahkundih/ uzman
Sachlage, n /'zahlagı/ e durum, keyfiyet
sachlich /'zahlih/ nesnel; gerçek
sächlich /'zehlih/ *dilb.* nötr, yansız
Sachschaden,- /'zahşa:dın/ r maddi hasar
sachte /'zahtı/ yumuşak, ağır; yavaş; ılımlı; temkinli
Sachverhalt, e /'zahferhalt/ r o anki durum; keyfiyet
Sachverständige, n /'zahferştendigı/ r uzman, bilirkişi
Sack, ..e /zak/ r çuval, torba
sacken /'zakın/ çuvala koymak
Sackgasse,n /'zakgası/ e çıkmaz sokak
Sadismus /'za'dismus/ r sadizm
Sadist, en /za'dist/ r sadist
sadistisch /za'distiş/ sadist(çe)
säen /'se:ın/ (tohum) ekmek
Saft, ..e /zaft/ r özsu, su, meyve suyu

Sage,n /'za:gı/ e efsane; destan
Säge,n /'ze:gı/ e testere, bıçkı
Sägemehl, e /'ze:gıme:l/ s testere tozu, talaş
sagen /'za'gın/ demek, söylemek; anlatmak
sägen /'ze:gın/ testereyle kesmek, biçmek
sagenhaft /'za:gınhaft/ efsanevi; *kd.* harika
Sahne /'za:nı/ e kaymak, krema
Saison, s /se'zon/ e mevsim, sezon
Saite, n /'zaytı/ e tel, kiriş
Saiteninstrument, e /'zaytın-instrument/ s telli çalgı
Sakko, s /'zako/ r erkek ceketi
Sakrament, e /'zakra'ment/ s takdis töreni
Salami, s /za'la:mi/ e salam
Salat, e /za'la:t/ r salata
Salbe, n /'zalbı/ e merhem
Saldo,-den /'zaldo/ r hesap bakiyesi
Salmiak /zalmi'yak/ r nişadır
Salmiakgeist /zalmi'yakgast/ r nişadır ruhu
Salon, s /za'lo:n/ r salon
salopp /za'lop/ laubali, teklifsiz; pasaklı
Salpeter /zal'petır/ r güherçile
Salut, e /za'lu:t/ r selam(lama)
salutieren /zalu'ti:rın/ selamlamak

Salve, n /'zalvı/ e yaylım
Salz, e /zalts/ s tuz
salzen /'zaltsın/ tuzlamak
salzig /'zaltsih/ tuzlu
Salzkartoffeln /'zaltskartofıln/ ç. (tuzlu suda) haşlanmış patates
Salzsäure /'zaltsoyrı/ e hidroklorik asit
Samen,- /'za:mın/ r tohum; meni, sperma, atmık
Sammelbecken,- /'zamılbekın/ s rezervuar
sammeln /'zamıln/ toplamak, biriktirmek, bir araya getirmek; de. toplanmak
Sammler,- /'zamlır/ r koleksiyoncu
Sammlung, en /'zamlung/ e koleksiyon; toplama
Samstag, e /'zamsta:k/ r cumartesi
samt /zamt/ ...ile birlikte
Samt /zamt/ r kadife
sämtlich /'zemtlih/ tüm, hepsi
Sanatorium, -ien /zana'to:ryum/ s sanatoryum
Sand, e /zant/ r kum
Sandale, n /zan'da:lı/ e sandalet
sandig /'zandih/ kumlu
Sandpapier, e /'zantpapi:r/ zımpara kâğıdı
Sandsturm, ..e /'zantşturm/ r kum fırtınası
Sanduhr, en /'zant-u:r/ e kum saati
sanft /zanft/ yumuşak; uysal; hafif; sakin; hoş
santfmütig /'zantfmü:tih/ uysal, yumuşak başlı, kuzu gibi
Sänger,- /'zengır/ r şarkıcı (erkek)
Sängerin, nen /'zengırın/ e şarkıcı (kadın)
sanieren /za'ni:rın/ (bir hastalıktan) kurtarmak
sanitär /zani'te:r/ sağlığa uygun, sıhhi
Saphir, e /'za:fir/ r gökyakut
Sardelle, n /zar'delı/ e sardalye, hamsi
Sardine, n /zar'di:nı/ e sardalye, ateşbalığı

Sarg, ..e /zark/ r tabut
Sarkasmus, -men /zar'kasmus/ r acı alay
sarkastisch /zar'kastiş/ alaylı, iğneli, iğneleyici
Satan /'za:tan/ r şeytan
Satellit, en /zate'li:t/ r uydu
Satire, n /za'ti:rı/ e yergi, taşlama
satirisch /za'ti:riş/ yergili, taşlamalı
satt /zat/ tok, doymuş; (renk) canlı, koyu
Sattel,- /'zatıl/ r eyer; semer; (bisiklet) sele
satteln /'zatıln/ eyerlemek
sättigen /'zetigın/ doyurmak
Sättigung, en /'zetigung/ e doyum, doyma
Satz,..e /zats/ r tümce, cümle; sıçrama; tortu, telve; takım
Satzgegenstand, ..e /zats'ge:gınştant/ r dilb. özne
Satzlehre, n /'zatsle:rı/ e dilb. sözdizim
Satzung, en /'zatsung/ e tüzük
Satzzeichen, - /'zatstsayhın/ s noktalama işareti
Sau, ..e /zau/ e dişi domuz; kd. pis herif, hayvan herif, pis karı
sauber /'zaubır/ temiz
Sauberkeit /'zaubırkayt/ e temizlik
säuberlich /'zoybırlih/ temiz, özenle yapılan
säubern /'zoybırn/ temizlemek
Säuberung, en /'zoybırung/ e temizleme
Saubohne, n /'zaubo:nı/ e bakla
Sauce, n /'zo:sı/ e sos, salça
sauer /'zauır/ ekşi; kızgın, küskün
Sauerei, en /zauı'ray/ e kd. rezalet, pislik
Sauerkirsche, n /'zauırkirşı/ e vişne
Sauerkraut, ..er /'zauırkraut/ s lahana turşusu
säuerlich /'zoyırlih/ ekşimtrak, mayhoş, buruk
Sauerstoff /'zauırştof/ r oksijen
saufen /'zaufın/ içmek, kafayı çekmek
Säufer,- /'zoyfır/ r ayyaş

saugen /'zaugın/ emmek
säugen /'zoygın/ emzirmek
Sauger,- /'zaugır/ r emzik; elektrik süpürgesi
Säugetier, e /'zoygıti:r/ s memeli hayvan
Säugling, e /'zoykling/ r süt çocuğu, bebek
Säule,n /'zoylı/ e sütun, kolon
Saum, ..e /zaum/ r kumaş kenarlarındaki dikiş; kenar, sınır
säumen /'zoymın/ teyellemek; çevrelemek; duraksamak
Sauna, s /'zauna/ e sauna
Säure,n /'zoyrı/ e asit; ekşilik
säurebeständig /'zoyrıbıştendih/ aside karşı dayanıklı
sausen /'zauzın/ yıldırım gibi geçip gitmek; vınlamak; uğuldamak
Saxophon, e /zakso'fo:n/ s saksafon
S-Bahn, en /'esba:n/ e banliyö treni
Schabe, n /'şa:bı/ e hamamböceği
schaben /'şa:bın/ kazımak; rendelemek; tırmalamak; törpülemek
schäbig /'şe:bih/ lime lime, yırtık pırtık; bayağı; cimri
Schablone, n /şab'lo:nı/ e şablon, kalıp, örnek
Schach /şah/ s satranç
Schachbrett, er /'şahbret/ s satranç tahtası
Schachfigur en /'şahfigu:r/ e satranç taşı
schachmatt /şah'mat/ mat
Schachspiel, e /'şahşpi:l/ s satranç oyunu
Schacht, ..e /şaht/ r kuyu, çukur; maden kuyusu
Schachtel, n /'şahtıl/ e kutu
schade /'şa:dı/ yazık
Schädel,- /'şe:dıl/ r kafatası
schaden /'şa:dın/ zarar vermek
Schaden,- /'şa:dın/ r zarar; kayıp, yitik
Schadenersatz /'şa:dın-erzats/ r tazmin(at)
Schadenfreude /'şa:dınfroydı/ e başkasının zararlarına sevinme
schadenfroh,- /'şa:dınfro:/ başkasının zararlarına sevinen
schadhaft /'şa:thaft/ zarar görmüş; (diş) çürük
schädigen /'şe:digın/ zarar vermek
Schädigung, en /'şedigung/ e zarar
schädlich /'şe:tlih/ zararlı
Schädling, e /'şe:tling/ r zarar veren, zararlı
Schaf, e /şa:f/ s koyun
Schafbock, ..e /'şa:fbok/ r koç
Schäfchen,- /'şe:fhın/ s kuzu
Schäfer,- /'şe:fır/ r çoban
Schäferhund, e /'şe:fırhunt/ r çoban köpeği
schaffen /'şafın/ becermek; yaratmak; yapmak; sağlamak
Schaffner,- /'şafnır/ r biletçi, kondüktör
Schaft, ..e /şaft/ r şaft; sap; konç
Schaftstiefel,- /'şaftşti:fıl/ r konçlu çizme
Schakal, e /şa'ka:l/ r çakal
schal /şa:l/ bayat; tatsız, yavan
Schal, e /şa:l/ r atkı, şal
Schale,n /'şa:lı/ e kabuk; çanak, kâse
schälen /'şe:lın/ (kabuğunu) soymak
Schall, e /şal/ r ses
Schalldämper,- /'şaldempfır/ r susturucu
schallen /'şalın/ çınlamak
Schallgeschwindigkeit /'şalgışvindihkayt/ e ses hızı
Schallmauer /'şalmauır/ e ses duvarı
Schallplatte, n /'şalplatı/ e plak
Schallwelle, n /'şalvelı/ e ses dalgası
Schalter,- /'şaltır/ r gişe; şalter, anahtar
Schalthebel,- /'şalthe:bıl/ r vites kolu
Schaltjahr, e /'şaltya:r/ s artıkyıl
Schaltung, en /'şaltung/ e *elek.* devre; vites değiştirme
Scham /şa:m/ e utanma, utanç
schämen /'şe:mın/ utanmak, mahçup olmak

Schamgefühl, e /'şa:mgıfü:l/ s utanma duygusu
Schamhaare /'şa:mha:rı/ *(ç.)* üreme organlarının çevreleyen kıllar
schamhaft /'şa:mhaft/ utangaç
schamlos /'şa:mlo:s/ utanmaz, arsız
Schande, n /'şandı/e ayıp, namussuzluk
schändlich /'şentlih/ ayıp, rezil
Schandtat, en /'şantta:t/ e rezalet, kepazelik
Schändung /'şendung/ e ırza geçme
Schanze, n /'şantsı/ e *ask.* tabya
Schar, en /şa:r/ e küme, grup, sürü
scharen /'şa:rın/ bir araya toplamak, de. kümelenmek, bir araya gelmek
scharf /şarf/ keskin; sivri; yakıcı; sert; duyarlı
Scharfblick /'şarfblik/ r keskin bakış
Schärfe, n /'şerfı/ e keskinlik; netlik; sertlik
schärfen /'şerfın/ keskinleştirmek, bilemek
scharfmachen /'şarfmahın/ kışkırtmak
Scharfrichter,- /'şarfrihtır/ r cellat
Scharfschütze, n /'şarfşütsı/ r keskin nişancı
scharfsichtig /'şarfzihtih/ keskin bakışlı; sağgörülü, basiretli
Scharfsinn /'şarfzin/ r basiret
scharfsinnig /'şarfzinih/ basiretli, keskin zekalı
Scharlach /'şarlah/ r, s *hek.* kızıl
Scharnier, e /şar'ni:r/ s menteşe
Schärpe, n /'şerpı/ e atkı, eşarp
scharren /'şarın/ kazımak; eşelemek
Scharte, n /'şartı/ e çentik; yarık, çatlak; gedik; mazgal
schartig /'şartih/ çentikli
Schatten,- /'şatın/ r gölge
Schattenbild, er /'şatınbilt/ s siluet
Schattenriß, -sse /'şatınri:s/ r siluet
schattieren /şa'ti:rın/ gölge vermek, gölgelendirmek
Schattierung, en /şa'ti:rung/ e nüans,

ayrıntı, ince fark
schattig /'şatih/ gölgeli
Schatulle, n /şa'tulı/ e küçük sandık; mücevher kutusu
Schatz, ..e /şats/ r hazine; define, gömü; sevgilim, cicim
schätzen /'şetsın/ değer biçmek; tahmin etmek; saygı göstermek
Schau, en /şau/ e gösteri; sergi
Schaubild, er /'şaubilt/ s diyagram
Schauder,- /'şaudır/ r ürperme, titreme
schauderhaft /'şaudırhaft/ ürpertici, korkunç; iğrenç
schaudern /'şaudırn/ tüyleri ürpermek; tiksinmek, nefret etmek
schauen /'şauın/ bakmak, görmek
Schauer,- /'şauır/ r sağanak; ürperti; titreme
schauerlich /şauırlih/ korkunç, tüyler ürpertici
Schaufel,- /'şaufıl/ r kürek, faraş
schaufeln /'şaufıln/ küreklemek
Schaufenster,- /'şaufenstır/ s vitrin, camekân
Schaukel, n /'şaukıl/ e salıncak
schaukeln /'şaukıln/ sallanmak
Schaukelstuhl, ..e /'şaukılştu:l/ r salıncaklı koltuk
Schaum, ..e /şaum/ r köpük
schäumen /'şoymın/ köpürmek
schäumig /'şoymih/ köpüklü
Schaumlöffel,- /'şaumlöfıl/ r kevgir
Schaumlöscher,- /'şaumlöşır/ r köpüklü yangın söndürme aygıtı
Schaumwein /'şaumvayn/ r köpüklü şarap, şampanya
Schauplatz, ..e /'şauplatz/ r sahne
schaurig /'şaurih/ korkunç, tüyler ürpertici
Schauspiel, e /'şauşpi:l/ s manzara; *tiy.* oyun
Schauspieler,- /'şauşpi:lır/ r aktör
Schauspielerin, nen /'şauşpi:lırin/ e aktris

Scheck, en /şek/ r çek
Scheckbuch,..er /'şekbu:h/ s çek defteri
scheckig /'şekih/ benekli
scheel /şe:l/ şaşı; kıskanç
Scheibe,n /'şaybı/ e dilim; disk, levha; cam, pencere camı
Scheibenbremse, n /şaybınbremzı/ e disk freni
Scheibenwischer,- /'şaybınvişır/ r oto. silecek
Scheide, n /'şaydı/ e kılıf; sınır; dölyolu
scheiden /'şaydın/ ayırmak; ayrılmak, **sich -lassen** boşanmak
Scheidung, en /'şaydung/ e boşanma
Schein, e /şayn/ r görüntü, görünüş; ışık; belge; banknot
scheinbar /'şaynba:r/ görünürde, görünüşe göre; görünen
scheinen /'şaynın/ görünmek; parıldamak; parlamak
Scheinwerfer,- /'şaynverfır/ r ışıldak, projektör; oto. far
Scheiβe /'şaysı/ e bok
scheiβen /'şaysın/ sıçmak
Scheit, er /şayt/ s büyük odun kütüğü
Scheitel,- /'şaytıl/ r tepe; saç ayırma çizgisi; açı köşesi
scheiteln /'şaytıln/ (saçı) ayırmak
scheitern /'şaytıln/ karaya oturmak; başarısızlıkla sonuçlanmak
Schelle, n /'şelı/ e zil, çıngırak; kelepçe; tokat
schellen /'şelın/ (kapıyı) çalmak
Schellfisch, e /'şelfiş/ r mezgit (balığı)
Schelm, e /şelm/ r şakacı
schelmisch /'şelmiş/ şakacı, muzip
Schelte, n /'şeltı/ e azar(lama)
schelten /'şeltın/ azarlamak
Schema, ta /'şema/ s şema; örnek, model
schematisch /'şe'ma:tiş/ şematik
Schemel,- /'şe:mıl/ r tabure
Schenke, n /'şenkı/ e meyhane
Schenkel,- /'şenkıl/ r uyluk; baldır

schenken /'şenkın/ armağan etmek; bağışlamak
Schenkung, en /'şenkung/ e bağış
Scherbe, n /'şerbı/ e kırık
Schere,n /'şe:rı/ e makas
Scherei /şe'ray/ e külfet, zahmet
scheren /'şe:rın/ kırpmak, makaslamak
Scherz,e /şerts/ r şaka
scherzen /'şertsın/ şaka yapmak
scherzhaft /'şertshaft/ eğlendirici, güldürücü
scheu /şoy/ ürkek, çekingen, sıkılgan, utangaç
Scheu /şoy/ e ürkeklik, çekingenlik
Scheuche, n /'şoyhı/ e korkuluk
scheuchen /'şoyhın/ ürkütmek, korkutmak **sich -vor** -den korkmak, çekinmek
Scheuerlappen,- /'şoyırlapın/ r tahta bezi; bulaşık bezi
Scheuerleiste,n /'şoyırlaystı/ e süpürgelik
scheuern /'şoyırn/ temizlemek, silmek, ovmak
Scheune,n /'şoynı/ e samanlık; ambar
Scheusal, e /'şoyza:l/ s hilkat garibesi; canavar
scheuβlich /'şoyslih/ iğrenç, korkunç
Scheuβlichkeit, en /'şoyslihkayt/ e iğrençlik
Schi, er /şi:/ r kayak
Schicht, en /'şiht/ e katman, tabaka; sınıf, zümre; posta, vardiya
schichten /'şihtın/ kat kat yerleştirmek; istif etmek
Schichtwechsel /'şihtveksıl/ r ekip değişmesi, vardiya değişmesi
schick /şik/ şık, zarif; ince
Schick /şik/ r şıklık, zarafet
schicken /'şikın/ göndermek, yollamak
schicklich /'şiklih/ yakışık alır
Schicklichkeit, en /'şiklihkayt/ e uygunluk, yakışık alma
Schicksal, e /'şikza:l/ s yazgı, kader,

kısmet
Schiebedach, ..er /'ʃi:bɪdah/ s otomobildeki açılır kapanır tavan
schieben /'ʃi:bɪn/ itmek, sürmek
Schieber,- /'ʃi:bɪr/ r sürgü; fırıncı küreği
Schiebetür, en /'ʃi:bɪtü:r/ e sürme kapı
Schledsgericht /'ʃi:tsgɪriht/ s hakemler (yargıcılar) kurulu
Schiedsrichter,- /'ʃi:tsrihtɪr/ r sp. hakem
schief /'ʃi:f/ eğri, çarpık; eğimli, inişli
schiefgehen /'ʃi:fge:ɪn/ ters gitmek, işi rast gitmemek
schieflachen /'ʃiflahɪn/ de. kd. gülmekten katılmak
schiefliegen /'ʃifli:gɪn/ yanılmak
schielen /'ʃi:lɪn/ şaşı bakmak
Schienbein, e /'ʃi:nbayn/ s baldır kemiği
Schiene, n /ʃi:nı/ e ray
schier /'ʃi:r/ arı, saf; hemen hemen; adeta, sanki; yalnızca
Schieβbude, n /'ʃi:sbudɪ/ e atış barakası, poligon
schieβen /'ʃi:sın/ ateş etmek, atış yapmak; ateş ederek öldürmek; (gol) atmak; fırlamak; fışkırmak
Schieβplatz, ..e /'ʃi:splats/ r atış yeri, poligon
Sschieβpulver,- /'ʃu:spulfır/ s barut
Schiff, e /'ʃif/ s gemi; kilise bölmesi
Schiffahrt, en /'ʃiffa:rt/ e deniz (gemi) yolculuğu; gemicilik
Schiffbau /'ʃifbau/ r gemi yapımı
Schiffbruch /'ʃifbruh/ r deniz kazası
schiffbrüchig /'ʃifbrühih/ kazazede; deniz kazasına uğramış
Schiffer,- /'ʃifır/ r gemici
Schiffsjunge, n /'ʃifsyungɪ/ r muço
Schikane, n /ʃi'ka:nı/ e bilerek çıkarılan güçlük
Schild, e /'ʃilt/ r kalkan
Schild, er /'ʃilt/ s işaret; levha, tabela
Schilddrüse, n /'ʃiltdrü:zı/ e tiroit, kalkanbezi
schildern /'ʃildırn/ bildirmek, anlatmak, betimlemek
Schilderung, en /'ʃildırung/ e anlatma, betimleme, tasvir
Schildkröte, n /'ʃiltkrö:tı/ e kaplumbağa
Schilf, e /'ʃilf/ s kamış, gaz
schillern /'ʃilırn/ parıldamak
Schimmel,- /'ʃimıl/ r küf; kır at
schimelig /'ʃimılih/ küflü
schimmeln /'ʃimıln/ küflenmek
Schimmer,- /'ʃimır/ r hafif ışık, pırıltı
schimmern /'ʃimırn/ hafif bir ışık saçmak, pırıldamak
Schimpanse, n /ʃim'panzı/ r şempanze
Schimpf, e /ʃimpf/ r yüzkarası, rezalet
schimpfen /'ʃimpfın/ azarlamak; küfretmek, sövmek
Schimpfwort, ..er /'ʃimpfvort/ s küfür
schinden /'ʃindın/ (deri) yüzmek; eziyet etmek; durmadan çalıştırmak, sömürmek
Schinder,- /'ʃindır/ r deri yüzen; sömürücü, eziyet eden
Schinken,- /'ʃinkın/ r jambon
Schippe,n /'ʃipı/ e kürek
schippen /'ʃipın/ küreklemek
Schirm, e /'ʃirm/ r şemsiye; ekran; siper; himaye
Schirmständer,- /'ʃirmʃtendır/ r şemsiyelik
Schlacht, en /'ʃlaht/ e alan savaşı
schlachten /'ʃlahtın/ hayvan kesmek
Schlachtenbummler /'ʃlahtınbumlır/ r (futbol) taraftar
Schlächter,- /'ʃlehtır/ r kasap
Schlachtfeld, er /'ʃlahtfelt/ s savaş alanı
Schlachthaus, ..er /'ʃlahthaus/ s mezbaha, kesimevi
Schlachthof, ..e /'ʃlahtho:f/ r mezbaha, kesimevi
Schlachtschiff, e /'ʃlahtʃif/ s savaş gemisi
Schlachtvieh /'ʃlahtfi:/ s kasaplık hayvan(lar)
Schlacke, n /'ʃlakı/ e dışık, cüruf

Schlaf /ʃlaːf/ r uyku
Schlafanzug, ..e /ˈʃlaːf-antsuːk/ r pijama
Schläfe, n /ˈʃleːfı/ e şakak
schlafen /ˈʃlaːfın/ uyumak
Schläfer,- /ˈʃleːfır/ r uykucu
schlaff /ʃlaf/ gevşek; üşengeç, miskin
Schlafkrankheit /ˈʃlaːfkrankhayt/ e uyku hastalığı
schlaflos /ˈʃlaːfloːs/ uykusuz
Schlaflosigkeit /ˈʃlaːfloːzihkayt/ e uykusuzluk
Schlafmittel,- /ˈʃlaːfmitıl/ s uyku ilacı
Schlafmütze,n /ˈʃlaːfmütsı/ e uykucu, miskin
schläfrig /ˈʃleːfrih/ uykulu; uykusu gelmiş
Schlafsaal, -säle /ˈʃlaːfzaːl/ s yatakhane
Schlafsack, ..e /ˈʃlaːfzak/ r uyku tulumu
Schlaftablette, n /ˈʃlaːftabletı/ e uyku hapı
Schlafwagen,- /ˈʃlaːfvaːgın/ r yataklı vagon
Schlafzimmer,- /ˈʃlaːftismır/ s yatak odası
Schlag, ..e /ʃlaːk/ r darbe, vuruş; tokat, şamar; (nabız, kalp) atma, çarpma; cins, tür; araba kapısı
Schlagader,n /ˈʃlaːk-adır/ e atardamar
Schlaganfall, ..e /ˈʃlaːk-anfal/ r inme, felç
schlagartig /ˈʃlaːk-aːrtih/ birdenbire, ansızın; ani
Schlagbaum, ...e /ˈʃlaːkbaum/ r bariyer
schlagen /ˈʃlaːgın/ vurmak; pataklamak; yenmek; çalmak
Schlager,- /ˈʃlaːgır/ r sevilen şarkı, gözde parça
Schläger,- /ˈʃleːgır/ r raket; değnek; kavgacı; sp. eskrimci; meç
Schlägerei, en /ʃleːgıˈray/ e dövüş
schlagfertig /ˈʃlakfertih/ hazırcevap
Schlagfertigkeit, en /ˈʃlaːkfertihkayt/ e hazırcevaplık
Schlagsahne, n /ˈʃlaːkzaːnı/ e kremşanti
Schlagwort, e /ˈʃlaːkvort/ s slogan
Schlagzeile,n /ˈʃlaktsaylı/ e başlık, manşet
Schlagzeug, e /ˈʃlaːktsoyk/ s bateri, davul
Schlamm /ʃlam/ r çamur, balçık
schlammig /ˈʃlamih/ çamurlu
Schlampe, n /ˈʃlampı/·e kd. pasaklı kadın
Schlamperei /ʃlampıˈray/ e pasaklılık, tertipsizlik; yarımyamalak iş
schlampig /ˈʃlampih/ çapaçul, pasaklı, özensiz, ihmalci
Schlange, n /ˈʃlangı/ e yılan; sıra, kuyruk
schlängeln /ˈʃlengıln/ kıvrılmak
schlank /ʃlank/ zayıf, ince, selvi boylu
Schlankheitskur /ˈʃlankhaytskuːr/ r rejim, perhiz, kür
schlapp /ʃlap/ gevşek; bitkin, yorgun
Schlappe, n /ʃlapı/ e başarısızlık
schlau /ʃlau/ akıllı, zeki; kurnaz, açıkgöz
Schlauch, ..e /ʃlauh/ r hortum; ayyaş; iç lastik
Schlauchboot, e /ˈʃlauhboːt/ s lastik sandal
Schlauheit, en /ˈʃlauhayt/ e kurnazlık; akıllılık; hüner
schlecht /ʃleht/ kötü
schlechterdings /ʃlehtırdingˈs/ tamamen, mutlaka
schlechthin /ˈʃlehtˈhin/ açıkçası, doğrusu, adeta
schlecken /ˈʃlekın/ yalamak
Schlegel,- /ˈʃleːgıl/ r değnek, tokmak
schleichen /ˈʃlayhın/ sürünmek; gizlice sokulmak
schleichend /ˈʃlayhınt/ sürünen; gizli gizli; hek. yavaş yavaş ilerleyen
Schleier,- /ˈʃlayır/ r peçe; duvak; ince duman; örtü, perde
schleierhaft /ˈʃlayırhaft/ esrarengiz, gizemli, anlaşılmaz
Schleife, n /ˈʃlayfı/ e ilmik; dönemeç; fiyonk; papyon

schleifen /'şlayfın/ bilemek; yontmak, tıraş etmek; sürüklemek; yere sürünmek
Schleifstein, e /'şlayfştayn/ r bileyi taşı
Schleim, e /şlaym/ r sümük; balgam
schleimig /'şlaymih/ sümüklü
schlemmen /'şlemın/ bolluk ve refah içinde yaşamak
Schlemmer,- /'şlemır/ r boğazına düşkün
schlendern /'şlendırn/ yavaş yavaş dolaşmak, gezinmek
Schlendrian /'şlendria:n/ r kayıtsızlık, ihmalcilik
schlenkern /'şlenkırn/ sallamak
Schleppe, n /'şlepı/ e giysi kuyruğu; römorkör
schleppen /'şlepın/ sürüklemek, çekmek; zorla taşımak
Schlepper,- /'şlepır/ r römorkör; traktör
Schleuder,- /'şloydır/ r sapan; mancınık
schleudern /'şloydırn/ fırlatmak, atmak savurmak; üstünkörü çalışmak; (arka tekerlekler) kaymak
schleunig /'şloynih/ derhal, hemen
schleunigst /'şloynihst/ derhal, en kısa zamanda
Schleuse,n /'şloyzı/ e savak
schlicht /şliht/ gösterişsiz, alçak gönüllü; düz
schlichten /'şlihtın/ arabulmak; düzleştirmek, tesviye etmek
Schlichthobel,- /'şlihtho:bıl/ r planya
Schlick, e /şlik/ r balçık
schlieβen /'şli:sın/ kapamak; kilitlemek; tatil etmek; son vermek; de. kapanmak, bitmek
Schlieβfach, ..er /'şli:sfah/ s kilitli göz; posta kutusu
schlieβlich /'şli:slih/ en sonunda; eninde sonunda
Schliff, e /şlif/ r bileme; cilâ
schlimm /şlim/ kötü; ağır, ciddi
schlimmstenfalls /'şlimstınfals/ olsa olsa, en kötü ihtimalle

Schlinge, n /'şlingı/ e ilmik; düğüm; tuzak, ağ
Schlingel,- /'şlingıl/ r afacan, yaramaz, çapkın
schlingen /'şlingın/ burmak, bükmek; sarmak; düğümlemek, de. sarılmak; birbirine geçmek
Schlips, e /şlips/ r boyunbağı, kravat
Schlitten,- /'şlitın/ r kızak
schlittern /'şlitırn/ kaymak
Schlittschuh, e /'şlitşu:/ r (buz) paten(i)
Schlittschuhläufer,- /'şlitşu:loyfır/ r patinajcı
Schlitz, e /şlitz/ r yarık, çatlak
schlitzen /'şlitsın/ çatlamak, yarmak, uzunluğuna yarık açmak
Schloβ, ..sser /şlos/ s saray, şato; kilit
Schlosser,- /'şlosır/ r çilingir; tesviyeci
Schlot, e /şlo:t/ r baca
schlottern /'şlotırn/ sallanmak, titremek
Schlucht, en /şluht/ e (dağ) geçit, boğaz
schluchzen /'şluhtsın/ hıçkıra hıçkıra ağlamak
Schluck, e /şluk/ r yudum
schlucken /'şlukın/ yutmak
Schlucken,- /'şlukın/ r hıçkırık
schludern /'şlu:dırn/ üstünkörü çalışmak, özen göstermemek
Schlummer /'şlumır/ r uyku
schlummern /'şlumırn/ uyumak
Schlund, ..e /şlunt/ r boğaz, gırtlak, yutak
schlüpfen /'şlüpfın/ sessizce içeri girmek; sıyrılmak, atlatmak
Schlüpfer,- /'şlüpfır/ r külot
schlüpfrig /'şlüpfrih/ kaygan; açık saçık
schlürfen /'şlürfın/ höpürdeterek içmek
Schluβ,..sse /şlus/ r son; kapanış; sonuç
Schlüssel, -/ 'şlüsıl/ r anahtar; açkı
Schlüsselbein, e /'şlüsılbayn/ s köprücükkemiği
Schlüsselbund, ...e /'şlüsılbunt/ r anahtar destesi
Schlüsselloch, ..er /'şlüsılloh/ s anah-

tar deliği
Schluβfolgerung, en /'şlusfolgırung/ e sonuç çıkarma, vargı
Schluβlicht, er /'şlusliht/ s stop lambası
schlüssig /'şlüsih/ kararlı, mantıklı, mantıksal
Schluβwort, e /'şlusvort/ s sonsöz
Schmach /şma:h/ r alçaklık, ayıp
schmachten /'şmahtın/ zayıf düşmek, sararıp solmak; özlemek, hasretini çekmek
schmächtig /'şmehtih/ çelimsiz, zayıf, ince, cılız
schmachvoll /'şma:hfol/ alçakça
schmackhaft /'şmakhaft/ lezzetli
schmähen /'şme:ın/ küfür etmek, hakaret etmek; iftira etmek
Schmähung, en /'şme:ung/ e hakaret
schmal /şma:l/ dar; ince
schmälern /'şme:lırn/ azaltmak, küçültmek, indirmek
Schmalz /şmalts/ r eritilmiş yağ
schmalzig /'şmaltsih/ yağlı
schmarotzen /şma'rotsın/ otlakçılık yapmak, sırtından geçinmek
Schmarotzer,- /şma'rotsır/ r asalak; otlakçı
schmatzen /'şmatsın/ ağzını şapırdatmak; şapır şupur yemek
Schmarre,n /'şmarı/ e yara, tırmık
Schmaus, ..e /şmaus/ r şölen
schmausen /'şmauzın/ şölen vermek; tıka basa yiyip içmek
schmecken /'şmekın/ tadına bakmak; lezzetli olmak
Schmeichelei, en /şmayhı'lay/ e yağcılık, dalkavukluk
schmeichelhaft /'şmayhılhaft/ gönül okşayıcı, göze hoş görünen
schmeicheln /'şmayhıln/ yağcılık yapmak, pohpohlamak
Schmeichler,- /'şmayhlır/ r yağcı, dalkavuk
schmeiβen /'şmaysın/ fırlatmak, atmak, savurmak
Schmelz, e /şmelts/ r emaye; sırça
schmelzbar /'şmeltsba:r/ eriyebilen
schmelzen /'şmeltsın/ erimek; eritmek
Schmelzpunkt, e /'şmeltspunkt/ r kim. ergime noktası
Schmerz, en /şmerts/ r ağrı, acı, sancı; gam, tasa
schmerzen /'şmertsın/ acımak, ağrımak, sızlamak, sancımak; kırmak, gücendirmek
schmerzhaft /'şmertshaft/ acıtan, acı veren; acıklı
schmerzlos /'şmertslo:s/ ağrısız, acısız
schmerzstillend /'şmertsştilınt/ ağrı dindirici
Schmetterling, e /'şmetırling/ r kelebek
schmettern /'şmetırn/ hırsla yere atmak; şakımak, ötmek
Schmied, e /'şmi:t/ r demirci; nalbant
Schmiede, n /'şmi:dı/ e demirhane
Schmiedeeisen,- /'şmidı-ayzın/ s dövme demir
schmieden /'şmi:dın/ çekiçle dövmek; (plan) kurmak
schmiegen /'şmi:gın/ uydurmak
schmiegsam /'şmi:kza:m/ bükülebilen, esnek
Schmiegsamkeit /'şmi:kzamkayt/ e yumuşaklık
Schmiere,n /'şmi:rı/ e yağlı ve yapışkan madde; pislik
schmieren /'şmi:rın/ yağlamak; sürmek; karalamak
Schmierfett,e /'şmi:rfet/ s gres yağı
Schmiergeld, er /'şmi:rgelt/ s rüşvet
schmierig /'şmi:rih/ yağlı, yapışkan; kirli; cimri; sırnaşık
Schmieröl, e /'şmi:r-ö:l/ s gres yağı, kalın yağ
Schmierseife, n /'şmi:rzayfı/ e arapsabunu
Schminke, n /'şminkı/ e makyaj
schminken /'şminkın/ makyaj yapmak,

süslenmek
Schmirgel,- /ʃmirgıl/ r zımpara
schmirgeln /'ʃmirgıln/ zımparalamak
Schmirgelpapier, e /'ʃmirgılpapi:r/ s zımpara kâğıdı
schmollen /'ʃmolın/ gücenmek, küsmek, darılmak, somurtmak
schmoren /'ʃmo:rın/ buğulamak
Schmuck, e /ʃmuk/ r süs; mücevherat
schmücken /'ʃmükın/ süslemek
Schmuckstück, e /'ʃmukʃtük/ s mücevher
Schmuggel, - /'ʃmugıl/ r kaçakçılık
schmuggeln /'ʃmugıln/ kaçakçılık yapmak; (mal) kaçırmak
Schmuggler,- /'ʃmuglır/ r kaçakçı
schmunzeln /'ʃmuntsıln/ bıyık altından gülmek, sırıtmak
Schmutz, e /ʃmuts/ r kir, pislik
schmutzen /'ʃmutsın/ kirlenmek
Schmutzfleck, e (n) /'ʃmutsflek/ r leke
schmutzig /'ʃmutsih/ kirli, pis
Schnabel,- /'ʃna:bıl/ r gaga
Schnake, n /'ʃna:kı/ e sivrisinek
Scnalle, n /ʃnalı/ e toka
schnallen /'ʃnalın/ tokalamak
schnalzen /'ʃnaltsın/ (dil, dudak vs.) şaplatmak, şapırdatmak
schnappen /'ʃnapın/ yakalamak, enselemek; elegeçirmek
Schnappschuß ..sse /ʃnapʃus/ r enstantene, şipşak
Schnaps, ..e /ʃnaps/ r sert içki
schnarrchen /'ʃnarhın/ horlamak
schnattern /'ʃnatırn/ vakvaklamak; boşboğazlık etmek
schnauben /'ʃnaubın/ burnundan solumak, soluk soluğa kalmak; ateş püskürmek
schnaufen /'ʃnaufın/ solumak
Schnauze, n /'ʃnautsı/ e hayvan ağzı
Schnecke, n /'ʃnekı/ e salyangoz, sümüklüböcek
Schneckenhaus, ..er /'ʃnekınhaus/ s salyangoz kabuğu
Schnee /ʃne:/ r kar
Schneeball, ..e /'ʃne:bal/ r kartopu
schneebedeckt /'ʃne:bıdekt/ karla kaplı, kar gözlüğü
Schneeflocke, n /'ʃne:flokı/ e kar tanesi
Schneeglöckchen /'ʃne:glökhın/ s kardelen
Schneemann, ..er /'ʃne:man/ r kardan adam
Schneepflug, ..e /'ʃne:pflu:k/ r kar temizleme makinası
Schneesturm, ..e /'ʃne:ʃturm/ r kar fırtınası
Schneewehe, n /'ʃne:ve:ı/ e kar yığıntısı
schneeweiß /'ʃne:vays/ bembeyaz, kar beyazı
Schneid /ʃnayt/ r cesaret, yiğitlik, göt
Schneide, n /'ʃnaydı/ e (bıçak, vb.) ağız, keskin taraf
schneiden /'ʃnaydın/ kesmek
schneidend /'ʃnaydınt/ keskin; sert; göze çarpan
Schneider,- /'ʃnaydır/ r terzi
schneidern /'ʃnaydırn/ terzilik yapmak; (giysi) kesip biçmek
Schneidezahn, ..e /'ʃnaydıtsa:n/ r kesicidiş
schneidig /'ʃnaydih/ yiğit, gözü pek
schneien /'ʃnayın/ (kar) yağmak
Schneise,n /'ʃnayzı/ e ağaçsız koru yolu
schnell /ʃnel/ çabuk, hızlı
schnellen /'ʃnelın/ havaya sıçramak
Schnellhefter,- /'ʃnelheftır/ r telli dosya
Schnelligkeit, en /'ʃnelihkayt/ e çabukluk, hız
Schnellstraße, n /'ʃnelʃtra:sı/ e ekspres yol
Schnellzug, ..e /'ʃneltsu:k/ r ekspres (tren)
Schneuzen /ʃnoytsın/ burnunu silmek
schnippisch /'ʃnipiʃ/ laubali, küstah
Schnitt, e /ʃnit/ r kesme; kesim, kup; kesit; ortalama

Schnitte, n /'ʂnitɪ/ **e** dilim
Schnittlauch, e /'ʂnitlauh/ **r** soğancık
Schnittmuster, - /'ʂnitmustır/ **s** (kâğıttan) patron, kalıp
Schnittpunkt, e /'ʂnitpunkt/ **r** kesişme noktası
Schnitzel, - /'ʂnitsıl/ **s** kırpıntı; şnitsel
schnitzen /'ʂnitsın/ oymak
Schnitzer, - /'ʂnitsır/ **r** oymacı; *kd.* falso, gaf
schnoddrig /'ʂnodrih/ farfara, lâübali, saygısız
schnöde /'ʂnö:dı/ bayağı, alçak; nankör; saygısız, pervasız
Schnorchel, - /'ʂnorhıl/ **r** şnorkel
Schnörkel, - /'ʂnörkıl/ **r** helisel süs
schnüffeln, - /'ʂnüfıln/ koklamak; burnunu çekmek; burnunu sokmak
Schnüffler, - /'ʂnüflır/ **r** casus, her şeye burnunu sokan
Schnuller, - /'ʂnulır/ **r** emzik
Schnupfen /'ʂnupfın/ **r** nezle
schnuppern /'ʂnupırn/ koklamak
Schnur, en /'ʂnu:r/ **e** ip, sicim
schnüren /'ʂnü:rın/ bağlamak
Schnurrbart /'ʂnurba:rt/ **r** bıyık
schnurren /'ʂnurın/ vızıldamak
Schnürsenkel, - /'ʂnü:rzenkıl/ **r** ayakkabı bağı
Schock, s /ʂok/ **r** şok
schockieren /ʂo'ki:rın/ şoke etmek
Schöffe, n /'ʂöfı/ **r** jüri üyesi
Schokolade, n /ʂoko'la:dı/ **e** çikolata
Scholle, n /'ʂolı/ **e** kesek; buz kütlesi; dilbalığı
schon /ʂo:n/ çoktan, bile; önceden; artık
schön /ʂö:n/ güzel; yakışıklı
schonen /'ʂo:nın/ sakınmak; korumak; uymak; özen göstermek
Schönheit, en /'ʂö:nhayt/ **e** güzellik
Schönheitsfehler, - /'ʂö:nhaytsfe:lır/ **r** ufak kusur
Schonung, en /'ʂo:nung/ **e** koruma; sakınma

schonungslos /'ʂo:nungslo:s/ acımasız, merhametsiz
schöpfen /'ʂöpfın/ su çekmek; (soluk) almak; (kuşku, niyet vs.) beslemek; içmek (hayvan)
Schöpfer, - /'ʂöpfır/ **r** yaratıcı, kurucu; Yaradan, Tanrı
schöpferisch /'ʂöpfırіʂ/ yaratıcı
Schöpflöffel, - /'ʂöpflöfıl/ **r** kepçe
Schöpfung, en /'ʂöpfung/ **e** yaratma; yaradılış
Schorf, e /ʂorf/ **r** yara kabuğu
Schornstein, e /'ʂornʂtayn/ **r** baca
Schornsteinfeger, - /'ʂornʂtaynfe:gır/ **r** baca temizleyicisi, ocakçı
Schoβ, ..e /ʂo:s/ **r** kucak
Schoβ, sse /ʂos/ **r** filiz, fidan
Schote, n /'ʂo:tı/ **e** bezelye vb. kabuğu
Schotte, n /'ʂotı/ **r** İskoç(yalı)
Schotter /'ʂotır/ **r** kırma taş; balast
Schottland /'ʂotlant/ İskoçya
schräg /ʂre:k/ eğik, eğimli
Schramme, n /'ʂramı/ **e** yarık, çizik
schrammen /'ʂramın/ hafifçe yaralamak, sıyırmak
Schrank, ..e /ʂrank/ **r** dolap
Schranke, n /'ʂrankı/ **e** set, engel; parmaklık; sınır
schrankenlos /'ʂrankınlo:s/ ölçüsüz, hesapsız
Schraube, n /'ʂraubı/ **e** vida, pervane
schrauben /'ʂraubın/ vidalamak
Schraubenmutter, .. /'ʂraubınmutır/ **e** vida somunu
Schraubenschlüssel, - /'ʂraubınʂlüsıl/ **r** civata anahtarı, İngiliz anahtarı
Schraubenzieher, - /'ʂraubıntsi:ır/ **r** tornavida
Schraubstock, ..e /'ʂraupʂtok/ **r** mengene
Schreck, e /ʂrek/ **r** korku, telaş
Schrecken, - /'ʂrekın/ **r** korku
schrecken /'ʂrekın/ korkutmak, ürkütmek

schrecklich /'şreklih/ korkunç
Schrei, e /şray/ r çığlık; haykırış bağırma
schreiben /'şraybın/ yazmak
Schreiben /'şraybın/ s mektup
Schreiber,- /'şraybır/ r yazan, kaydedici cihaz
schreibfaul /'şraypfaul/ (mektup) yazmaya üşenen
Schreibfehler,- /'şraypfe:lır/ r yazı hatası
Schreibmaschine,n /'şraypmaşi:nı/ e yazı makinesi, daktilo
Schreibpapier, e /'şrayppapi:r/ s yazı kâğıdı, dosya kâğıdı
Schreibtisch, e /'şrayptiş/ r yazı masası
Schreibung, en /'şraybung/ e yazım, imlâ
Schreibwaren /'şraypva:rın/ (ç.) kırtasiye, yazı gereçleri
Schreibwarengeschäft, e /'şraybva:rıngışeft/ s kırtasiye dükkânı
Schreibwarenhändler,- /'şraypva:rınhendlır/ r kırtasiyeci
Schreibzeug, e /'şrayptsoyk/ s yazı takımı
schreien /'şrayın/ bağırmak, haykırmak
Schreiner,- /'şraynır/ marangoz; dülger, doğramacı
schreiten /'şraytın/ adım atmak
Schrift, en /şrift/ e yazı
schriftlich /'şriftlih/ yazılı
Schriftsetzer,- /'şriftzetsır/ r dizgici, dizici
Schriftsprache, n /'şriftşpra:hı/ e yazı dili
Schriftsteller,- /'şriftştelır/ r yazar
Schriftstück, e /'şriftştük/ s yazı; belge
schrill /şril/ keskin, tiz
Schritt, e /şrit/ r adım
schroff /şrof/ sarp, yalçın, dik; sert, aksi, haşin
schröpfen /'şröpfın/ para sızdırmak
Schrot, e /şro:t/ r,s av saçması
Schrotflinte,n /'şro:tflintı/ e saçma tüfeği
Schrott, e /şrot/ r hurda demir

schrubben /'şrubın/ ovarak temizlemek
Schrubber,- /'şrubır/ r tahta fırçası
schrumpfen /'şrumpfın/ büzülmek, buruşmak; küçülmek, daralmak
Schub, ..e /şu:p/ r itme, sürme
Schubfach, ..er /'şu:pfah/ s çekmece
Schubkarren,- /'şu:pkarın/ r el arabası
Schublade,n /'şu:pla:dı/ e çekmece
schüchtern /'şühtırn/ çekingen, utangaç, mahçup, sıkılgan
Schüchternheit /'şühtırnhayt/e çekingenlik, utangaçlık
Schuft, e /şuft/ r itoğlu it, hergele, eşşoğlu eşek
schuften /'şuftın/ (eşek gibi) çalışmak
Schuh, e /şu:/ r ayakkabı
Schuhband, ..er /'şu:bant/ s ayakkabı bağı
Schuhcreme, s /'şu:kre:m/ e ayakkabı boyası
Schuhgeschäft, e /'şu:gışeft/ s ayakkabı mağazası
Schuhgröβe, n /'şu:grö:sı/ e ayakkabı numarası
Schuhlöffel, - /'şu:öfıl/ r çekecek
Schuhmacher,- /'şu:mahır/ r kunduracı, ayakkabıcı
Schulaufgaben /'şu:laufga:bın/ (ç.) ev ödevi
Schulbildung, en /'şu:lbildung/ e öğrenim
Schulbuch, ..er /'şu:lbu:h/ s ders kitabı
Schuld, en /şult/ e borç; suç; hata
schulden /'şuldın/ borçlu olmak
schuldig /'şuldih/ borçlu; suçlu
Schuldige,n /'şuldigı/ r,e suçlu
schuldlos /'şuldlo:s/ suçsuz
Schuldner,- /'şuldnır/ r borçlu, verecekli
Schule, n /'şu:lı/ e okul
schülen /'şu:lın/ eğitmek ve öğretmek, eğitim ve öğretim vermek
Schüler,- /'şü:lır/ r öğrenci
Schülerin, nen /'şü:lırın/ e kız öğrenci
Schulferien /'şu:lferiın/ (ç.) okul tatili

schulfrei /'şu:lfray/ : **-haben** (okul) tatil olmak
Schulfreund, e /'şu:lfronynt/ **r** okul arkadaşı
Schulfunk /'şu:lfunk/ **r** okul radyosu, öğrenciler için radyo yayını
Schulgeld, er /'şu:lgelt/ **s** okul ücreti
Schulhof, ..e /'şu:lho:f/ **r** okul bahçesi
Schuljahr, e /'şu:lya:r/ **s** ders yılı
Schuljunge, n /'şu:lyungı/ **r** erkek öğrenci
Schulleiter,- /'şu:llaytır/ **r** okul müdürü
Schulmädchen, - /'şu:lmethın/ **s** kız öğrenci
Schulpflicht /'şu:lpfliht/ **e** okula gitme yükümlülüğü
schulpflichtig /şu:lpflihtih/ okul çağı gelmiş
Schulstunde, n /'şu:lştundı/ **e** ders saati
Schultasche, n /'şu:ltaşı/ **e** okul çantası
Schulter, n/'şultır/ **e** omuz
Schulterblatt /'şultırblat/ **s** kürekkemiği
schultern /'şultırn/ omuzlamak
Schulung, en /'şu:lung/ **e** eğitim ve öğretim
Schulversäumnis, se /'şu:lferzoymnis/ **s** devamsızlık
Schulwesen, - /'şu:lve:zın/ **s** eğitim sistemi
Schulzeugnis, se /'şu:ltsoyknis/ **s** karne
schummeln /'şumıln/ aldatmak
Schund /şunt/ **r** değersiz şey(ler)
Schuppe,n /'şupı/ **e** (balık) pul; (saç) kepek
Schuppen,- /'şupın/ **r** sundurma; hangar
schuppig /'şupih/ kepekli; pullu
schüren /şü:rın/ (ateşi) karıştırmak; alevlendirmek
schürfen /'şürfın/ (maden vs.) araştırmak; (deriyi) sıyırmak
Schurke, n /'şurkı/ **r** itoğlu it, eşşoğlu eşşek, hayvan herif
Schürze,n /'şürtsı/ **e** önlük
Schürzenjäger,- /'şürtsınye:gır/ **r** çapkın, hovarda, pleyboy
Schuβ, ..sse /şus/ **r** atış: silah sesi, patlama; fırlama; *sp.* şut
Schüssel, n /'şüsıl/ **e** çanak, kâse
Schuβwaffe,n /'şusvafı/ **e** ateşli silah
Schuβweite /'şusvaytı/ **e** erim, atış menzili
Schuster,- /'şu:stır/ **r** kunduracı, ayakkabıcı
Schutt /şut/ **r** enkaz, moloz, yıkıntı, süprüntü
Schuttabladeplatz, ...e /'şutapla:dıplatz/ **r** çöplük
Schüttelfrost /'şütılfrost/ **e** titreme nöbeti
schütteln /'şütıln/ sallamak, sarsmak; çalkalamak, titretmek
schütten /'şütın/ dökmek, akıtmak; (yağmur) bardaktan boşanırcasına yağmak
Schutz /şuts/ **r** himaye, koruma; barınak, sığınak
Schutzblech, e /'şutsbleh/ **s** *oto.* çamurluk
Schütze, /'şütsı/ **r** nişancı; piyade eri; şutör, golcü
schützen /'şütsın/ korumak, saklamak; savunmak
Schutzengel,- /'şuts-engıl/ **r** koruyucu melek
Schutzimpfung, en /'şutsimpfung/ **e** koruyucu aşı
schutzlos /'şutslo:s/ korunmasız, savunmasız
Schutzmann, ..er /'şutsman/ **r** polis memuru
Schutzmaβnahme, n /'şutsma:sna:mı/ **e** önlem
Schutzumschlag, ..e /'şutsumşla:k/ **r** kitap kabı
schwach /'şvah/ zayıf, kuvvetsiz; çürük; hafif; yavaş
Schwäche,n /'şvehı/ **e** zayıflık; güçsüzlük
schwächen /'şvehın/ zayıflatmak

Schwachheit, en /'şvahhayt/ **e** zayıflık
schwächlich /'şvehlih/ cılız, çelimsiz; hastalıklı
Schwachsinn, e /'şvahzin/ **r** ahmaklık, eblehlik
schwachsinnig /'şvahzinih/ geri zekâlı, ebleh, alık
Schwachstrom /'şvahştro:m/ **r** *elek.* zayıf akım
Schwächung, en /'şvehung/ **e** zayıflatma
Schwager,- /'şva:gır/ **r** enişte, kayınbirader, bacanak
Schwägerin, nen /'şve:gırin/ **e** yenge, görümce, baldız
Schwalbe,n /'şvalbı/ **e** kırlangıç
Schwamm, ..e /şvam/ **r** sünger
schwammig /'şvamih/ sünger gibi
Schwan,..e /şva:n/ **r** kuğu
schwanger /'şvangır/ gebe
schwängern /'şvengırn/ gebe (hamile) bırakmak
Schwangerschaft, en /'şvangırşaft/ **e** gebelik
Schwank, ..e /şvank/ **r** latife; kaba, komedi, fars; muziplik
schwanken /'şvankın/ sallanmak; sendelemek; inip çıkmak, dalgalanmak; bocalamak, kararsız olmak
Schwankung, en /'şvankung/ **e** sallanma; kararsızlık
Schwanz,..e /şvants/ **r** kuyruk
schwänzen /'şventsın/ (okul) kırmak, asmak
Schwänzer, - /'şventsır/ **r** *kd.* okul kaçağı
Schwarm, ..e /şvarm/ **r** sürü; kalabalık; hayranlık duyulan şey
schwärmen /'şvermın/ : -**für** -e bayılmak, hayran olmak
Schwarte, n /'şvartı/ **e** domuz derisi; kapama tahtası
schwarz /şvarts/ kara, siyah
Schwarzarbeit, en /'şvartsarbayt/ **e** kaçak çalışma, vergi ödemeden çalışma
Schwarzbrot, e /'şvartsbro:t/ **s** siyah ekmek, çavdar ekmeği
schwärzen /'şvertsın/ karartmak
schwarzfahren /'şvartsfa:rın/ kaçak yolculuk yapmak
Schwarzfahrt, en /'şvartsfa:rt/ **e** kaçak yolculuk
Schwarzhandel,- /'şvartshandıl/ **r** karaborsa
Schwarzhändler,- /'şvartshendlır/ **r** karaborsacı
Schwarzmarkt /'şvartsma:rkt/ **r** karaborsa
schwarzsehen /'şvartsze:ın/ karamsar olmak
Schwarzseher,- /'şvartsze:ır/ **r** karamsar, kötümser
schwarzweiß /'şvartsvays/ siyah-beyaz
schwatzen /'şvatsın/ gevezelik etmek, sohbet etmek
Schwätzer,- /'şvetsır/ **r** geveze
schwatzhaft /'şvatshaft/ konuşkan, dedikoducu, geveze
Schwebebahn,en /'şve:bıba:n/ **e** asma hat, havai hat
schweben /'şve:bın/ süzülmek
Schwede, n /'şvedı/ **r,e** İsveçli
schwedisch /'şve:diş/ **r** İsveç'e ilişkin
Schwedisch /'şve:diş/ **r** İsveççe
Schweden /'şve:dın/ İsveç
Schwefel /'şve:fıl/ **r** kükürt
Schwefelsäure /'şve:fılzoyrı/ **e** sülfirik asit, zaçyağı
Schweif, e /şvayf/ **r** kuyruk
schweifen /'şvayfın/ dolaşmak
schweigen /'şvaygın/ susmak, ses çıkarmamak, konuşmamak
Schweigen /'şvaygın/ **s** sessizlik, susma
schweigsam /'şvaykza:m/ suskun, sessiz
Schwein, e /şvayn/ **s** domuz
Schweinebraten /'şvaynıbratın/ **r** domuz kızartması
Schweinefleisch /'şvaynıflayş/ **s** domuz

eti
Schweinerei, en /'şvaynıray/ e eşşeklik, bokluk; karışıklık
Schweinestall, ...e /'şvaynıstal/ r domuz ahırı; pis yer
schweinisch /'şvayniş/ domuz gibi
Schweiβ /şvays/ r ter
schweiβen /'şvaysın/ kaynak yapmak
Schweiβer /'şvaysır/ r kaynakçı
Schweiz /şvayts/ e İsviçre
Schweizer,- /'şvaytsır/ r İsviçreli
schwelen /'şve:lın/ (ateş) için için yanmak
schwelgen /'şvelgın/ zevk içinde yaşamak
Schwelle, n /'şvelı/ e eşik; travers; başlangıç
schwellen /'şvelın/ şişmek; çoğalmak, büyümek
Schwellung, en /'şvelung/ e şiş, kabarık
Schwengel,- /'şvengıl/ r tokmak
schwenken /'şvenkın/ sallamak; çalkalamak; yön değiştirmek
schwer /şve:r/ zor, güç; ağır; yorucu
Schwerarbeit, en /'şve:r-arbayt/ e ağır iş
Schwerarbeiter,- /'şve:r-arbaytır/ r ağır işçi
Schwere, n /'şve:rı/ e ağırlık; güçlük, zorluk
Schwerenöter, - /'şve:rınötır/ r çapkın
schwerfällig /'şve:rfelih/ ağır hareketli, hantal
Schwergewicht, e /'şve:rgıvıht/ s ağırsıklet
schwerhörig /'şve:rhö:rih/ ağır işiten
Schwerindustrie, n /'şve:r-industri:/ e ağır sanayi
Schwerkraft, ..e /'şve:rkraft/ e fiz. yerçekimi
Schwerkranke(r),- /'şve:rkrankı(r)/ r,e ağır hasta
schwerlich /'şve:rlih/ olabilirliği az, pek olası değil
Schwermut /'şve:rmu:t/ e karasevda
schwermütig /'şve:rmü:tih/ karasevdalı, melankolik
Schwerpunkt, e /'şve:rpunkt/ r ağırlık merkezi
Schwert, er /şve:rt/ s kılıç
Schwertfisch, e /'şve:rtfiş/ r kılıçbalığı
Schwerverbrecher,- /'şve:rferbrehır/ r ağır suç işleyen
schwerverdaulich /'şve:rferdaulih/ sindirimi güç, ağır
schwerverwundet /'şve:rfervundıt/ ağır yaralı
Schwerwiegend /'şve:rvi:gınt/ ağır, önemli
Schwester, n /'şvestır/ e kız kardeş; hemşire
schwesterlich /'şvestırlih/ kardeşçe
Schwiegereltern /'şvi:gır-eltırn/ (ç.) kaynana-kaynata
Schwiegermutter,.. /'şvi:gırmutır/ e kaynana
Schwiegersohn,..e /'şvi:gırzo:n/ e damat
Schwiegertochter,.. /'şvi:gırtohtır/ e gelin
Schwigervater,.. /'şvigırfa;tır/ r kaynata
Schwiele, n /'şvi:lı/ e nasır
schwielig /'şvi:lih/ nasırlı
schwierig /'şvi:rih/ güç, zor
Schwierigkeit, en /'şvi:rihkayt/ e zorluk, güçlük
Schwimmbad, ..er /şvimba:t/ s yüzme havuzu
schwimmen /'şvimın/ yüzmek
Schwimmer,- /'şvimır/ r yüzücü; şamandıra
Schwimmweste, n /'şvimvestı/ e cankurtaran yeleği
Schwindel,- /'şvindıl/ r baş dönmesi; dolandırıcılık
Schwindelanfall,.. /'şvindıl-anfal/ r ansızın beliren baş dönmesi
schwindeln /şvindıln/ aldatmak, dolandırıcılık yapmak; yalan söylemek

schwinden /'şvindın/ azalmak, eksilmek; zayıflamak; kurumak; sararıp solmak; kaybolmak
Schwindler,- /'şvindlır/ r dolandırıcı
schwindlig /'şvintlih/ baş döndürücü
schwingen /'şvingın/ sallamak; sallanmak
Schwingung, en /'şvingung/ e salınım; titreşim
Schwips, e /şvips/ r :einen -haben çakırkeyf olmak
schwirren /'şvirın/ vızıldamak
schwitzen /'şvitsın/ terlemek
schwören /'şvö:rın/ yemin etmek
schwül /şvü:l/ bunaltıcı; boğucu, ağır
Schwulst, ..e /şvulst/ r tumturak
schwülstig /'şvülstih/ tumturaklı
Schwund /şvunt/ r azalma; zayıflama, eriyip bitme; yitme
Schwung, ..e /şvung/ r atılış; itme; coşkunluk
schwungvoll /'şvungfol/ canlı, coşkun
Schwur, ..e /şvu:r/ r ant, yemin
Schwurgericht, e /'şvurgıriht/ s ağır ceza mahkemesi
sechs /zeks/ altı
Sechseck, e /'zeksek/ s altıgen
Sechseckig /'zeksekih/ altı köşeli
sechste (r,s) /'zekstı(r,z)/ altıncı
sechzehn /'zehtse:n/ onaltı
sechzig /'zehtsih/ altmış
See, n /ze/ r göl; e deniz
Seebad, ..er /'ze:ba:t/ s deniz banyosu
Seefahrt, en /'ze:fa:rt/ e deniz yolculuğu
Seegang, ..e /'ze:gang/ r dalgalı deniz
Seehund, e /'ze:hunt/ r fok, ayıbalığı
seekrank /'ze:krank/ deniz tutmuş
Seekrankheit /'ze:krankhayt/ e yolculuk tutması
Seele, n /'ze:lı/ e ruh, can
seelisch /'ze:liş/ ruhsal
Seemann, Seeleute /'ze:man/ r denizci, gemici
Seemeile, n /'ze:maylı/ e deniz mili

Seeräuber,- /'ze:roybır/ r korsan
Seerose, n /'ze:ro:zı/ e nilüfer
Seestern, e /'ze:ştern/ r denizyıldızı
Seeweg, e /'ze:ve:k/ r deniz yolu
Seezunge, n /'ze:tsungı/ e dilbalığı
Segel,- /'ze:gıl/ s yelken
Segelboot, e /'ze:gılbo:t/ s yelkenli
Segelfliegen /'ze:gılfli:gın/ s planörcülük
Segelflieger,- /'ze:gılfli:gır/ r planörcü
Segelflugzeug, e /'ze:gılflu:ktsoyk/ s planör
segeln /'ze:gıln/ yelkenliyle gitmek
Segelschiff, e /'ze:gılşif/ s yelkenli
Segeltuch, ..er /'ze:gıltu:h/ s branda bezi
Segen /'ze:gın/ r hayırdua; bereket, bolluk
Segler,- /'ze:glır/ r yelkenci
segnen /'ze:gnın/ kutsamak
sehen /'ze:ın/ görmek; bakmak
sehenswert /'ze:ınsve:rt/ görülmeye değer
Sehenswürdigkeiten /'ze:ınsvürdihkaytın/ (ç.) görülmeğe değer şey
Seher,- /'ze:ır/ r kâhin
Sehne, n /'ze:nı/ r kiriş
sehnen / 'ze:nın/ de. özlemek
sehnlich /'ze:nlih/ ateşli, coşkun
Sehnsucht /'ze:nzuht/ e özlem
sehnsüchtig /'ze:nzühtih/ özlemiş
sehr /ze:r/ pek, çok
sehr viel /'ze:rfi:l/ çok fazla
seicht /zayht/ sığ; yavan
Seide,n /'zaydı/ e ipek
Seidel,- /'zaydıl/ s bira bardağı
seiden /'zaydın/ ipek, ipekli
Seidenpapier, e /'zaydınpapi:r/ s kâğıt mendil
seidig /'zaydih/ ipek gibi
Seife, n /'zayfı/ e sabun
Seifenschaum, ..e /'zayfınşaum/ r sabun köpüğü
seifig /'zayfih/ sabunlu
seihen /'zayın/ süzgeçten geçirmek

Seil,e /zayl/ s ip, halat
Seilbahn, en /'zaylba:n/ e teleferik
sein /zayn/ olmak; bulunmak
Sein /zayn/ s onun
seiner /'zaynır/ onun
seinerseits /'zaynırzayts/ onun tarafından; onun açısından
seinerzeit /'zaynırtsayt/ o zamanlar, vaktiyle
seinesgleichen /'zaynısglayhın/ onun gibiler(i)
seinethalben /'zaynıthalbın/ onun yüzünden
seinetwegen /'zaynıtve:gın/ onun yüzünden
seinige /'zaynıgı/ onunki
Seismograph, en /zaysmo'gra:f/ r sismograf, depremyazar
seit /zayt/ ...den beri, -dir, -dır
seitdem /zayt'de:m/ o zamandan beri
Seite,n /'zaytı/ e yan, taraf; sayfa
Seitenansicht, en /'zaytın-anziht/ e yandan görünüş
Seitenschiff, e /'zaytınşif/ s kilisenin yan bölümü
Seitensprung, ..e /'zaytınşprung/ r kaçamak, eşini aldatma
Seitenstraße, n /'zaytınştra:sı/ e yan sokak
Seitenzahl, en /'zaytıntsa:l/ e sayfa numarası; sayfa sayısı
seither /zayt'he:r/ o zamandan, beri
seitlich /'zaytlih/ yana, yanda, yandan
seitwärts /'zaytve:rts/ yan tarafa
Sekretär, e /zekrete:r/ r yazman, sekreter (bay); yazı masası
Sekretärin, nen /zekre'te:rin/ e (bayan) sekreter
Sekretariat, e /zekretar'ya:t/ s sekreterlik
Sekt, e /zekt/ r köpüklü şarap
Sekte, n /zektı/ e tarikat, mezhep
Sektor, en /zektor/ r sektör
sekundär /zekun'de:r/ ikincil, tali

Sekunde, n /ze'kundı/ e saniye
selber /'zelbır/ kendi(si)
selbst /zelpst/ kendi(si)
selbständig /'zelpştendih/ bağımsız
Selbständigkeit /'zelpştendihkayt/ e bağımsızlık
Selbstauslöser. - /'zelpst-auslö:zır/ r otomatik deklanşör
Selbstbedienung, en /'zelpstbıdi:nung/ e selfservis
Selbstbefriedigung, en /'zelpstbıfri:digung/ e mastürbasyon, özdoyunum
Selbstbeherrschung /'zelpstbıherşung/ e kendine hakim olma, serinkanlılık
Selbstbestimmung /'zelpstbıştimung/ e özerklik
selbstbewußt /'zelpstbıvust/ kendine güvenen, kendinden emin
selbstgemacht /'zelpstgımaht/ evde yapılmış, kendi eliyle yapılmış
Selbstlaut, e /'zelpstlaut/ r dilb. ünlü, sesli harf
Selbstmord, e /'zelpstmort/ r intihar
selbstsicher /'zelpstzihır/ kendinden emin
Selbstsucht /'zelpstzuht/ e bencillik
seblstsüchtig /'zelpstzü:htih/ bencil
selbsttätig /'zelpstte:tih/ otomatik
selbstverständlich /'zelpstferştentlih/ pek tabii, gayet tabii, apaçık, tabii ki
Selbstvertrauen /'zelpstfertrauın/ s özgüven, kendine güvenme
Selbstverwaltung, en /'zelpstfervaltung/ e özerklik
selig /'ze'lih/ mutlu; merhum, rahmetli
Seligkeit, en /ze'lihkayt/ e mutluluk; tanrı rahmeti
Sellerie /zelıri:/ r,e kereviz
selten /'zeltın/ seyrek, nadir; nadiren, seyrek olarak
Selterswasser, ..e /'zeltırsvasır/ s soda, madensuyu
seltsam /'zeltza:m/ acaip, garip
Semester, - /'ze'mestır/ s yarıyıl,

sömestr
Semikolon, s /'zemi'ko:lon/ s noktalı virgül
Seminar, e /zemi'na:r/ s seminer; papaz okulu
Semmel, n /'zemıl/ e sandviç
Senat, e /ze'na:t/ r senato
Senator, en /ze'na:tor/ r senatör
senden /'zendın/ göndermek, yollamak; yayımlamak
Sender, - /'zendır/ r verici, istasyon
Sendung, en /'zendung/ e yayın; gönderme; misyon
Senf /zenf/ r hardal
sengen /'zengın/ yakmak, alazlamak
Senkblei /'zenkblay/ s çekül
Senke, n /'zenkı/ e çukurluk, çöküntü
Senkel, - /'zenkıl/ r kundura bağı
senken /'zenkın/ indirmek, alçaltmak, yavaşlatmak; de. çökmek; inmek, alçalmak
senkrecht /'zenkreht/ düşey, dikey
Senkrechte, n /'zenkrehtı/ e *mat.* dikme
Sensation, en /zenzats'yon/ e sansasyon, heyecan yaratan olay
sensationell /zenzatsyo'nel/ sansasyonel
Sense, n /'zenzı/ e tırpan
sensibel /zen'zi:bıl/ duyar(lı), duygun, hassas
Sensibilität /zenzibili'te:t/ e duyarlık, duygunluk, hassasiyet
sentimental /zentimen'ta:l/ duygusal
Sentimentalität /zentimentali'te:t/ e duygusallık
separat /zepa'ra:t/ ayrı
September, - /zep'tembır/ r eylül
Serbien /'zerbiın/ Sırbistan
Serenade, n /zerena:dı/ e serenat
Serie, n /'zeriı/ e dizi
Serienherstellung, en /'zeriınhe:rştelung/ e seri üretim
serienmäßig /'ze:riınme:sih/ seri halinde
seriös /zeri'ö:s/ ciddi

Serpentine, n /zerpen'ti:nı/ e yılankavi yol
Serum, -ra /'ze:rum/ s serum
Service, - /zer'vi:s/ s sofra takımı
Service, s /'zö:rvis/ r servis
servieren /zer'vi:rın/ hizmet etmek, servis yapmak
Serviette, n /zervi'etı/ e peçete
Sessel, - /'zesıl/ r koltuk
seβhaft /'seshaft/ (devamlı) yerleşmiş, yerlik
setzen /'zetsın/ oturtmak, koymak; (toprağa) dikmek; de. oturmak; konmak, tünemek
Setzer, - /'zetsır/ r dizgici, dizici
Setzmaschine, n /'zetsmaşi:nı/ e dizgi makinesi
Seuche, n /zoyhı/ e *hek.* salgın
seufzen /'zoyftsın/ inlemek, içini çekmek; sızlanmak, mızmızlanmak
Seufzer, - /'zoyfşır/ r ah, içini çekme
Sex /zeks/ r seks, cinsiyet
Sexualität /zeksuali'te:t/ e seks, cinsellik
sexuell /zeksu'el/ cinsel
Shampoo, s /'şampu:/ s şampuan
Sibirien /zi'bi:rın/ Sibirya
sich /zih/ kendini, kendine; birbirini, birbirine
Sichel, n /zihıl/ e orak
sicher /'zihır/ kesin, güvenilir, sağlam, emin; tehlikesiz
Sicherheit, en /'zihırhayt/ e emniyet, güvenlik; kesinlik; kendine güvenme
Sicherheitsgurt, e /'zihırhaytsgurt/ r emniyet kemeri
Sicherheitsnadel, n /'zihırhaytsna:dıl/ e çengelliiğne
Sicherheitstrat /'zihırhaytsra:t/ r güvenlik Konseyi
Sicherheitsschloβ, ..sser /'zihırhaytssşlos/ s emniyet kilidi
Sicherheitsventil, e /'zihırhaytsventi:l/ s güvenlik supabı
sicherlich /'zihırlih/ kuşkusuz, mu-

hakkak
sichern /'zihırn/ sağlamlaştırmak; sağlamak, temin etmek
sicherstellen /'zihırştelın/ sağlamak, temin etmek
Sicherung, en /'zihırung/ e emniyet; elek. sigorta
Sicht /ziht/ e görüş; görünüş
sichtbar /'zihtba:r/ görülebilir, görünür
sichten /'zihtın/ görmek, farketmek; ayırmak; elekten geçirmek
sichtlich /'zihtlih/ belli, açık, ortada
Sichtvermerk, e /'zihtfermerk/ r pasaport vizesi
sickern /'zikırn/ sızmak, sızıntı yapmak; damlamak
sie /zi:/ o, onu; onlar, onları
Sie /zi:/ siz, sizi
Sieb, e /zi:p/ s elek, kalbur; süzgeç
sieben /'zi:bın/ elemek; süzmek
sieben /'zi:bın/ yedi
siebte (r,s) /'zi:ptı(r,z)/ yedinci
Siebtel, - /'zi:ptıl/ s yedide bir
siebzehn /'ziptse:n/ onyedi
siebzig /'ziptsih/ yetmiş
siedeln /'zi:dıln/ yerleşmek
sieden /'zi:dın/ kaynatmak, kaynamak
Siedepunkt, e /'zi:dıpunkt/ r kaynama noktası
Siedler,- /'zi:dlır/ r (bir yere) yeni yerleşen
Siedlung, en /'zi:dlung/ e yerleşim bölgesi
Sieg, e /zi:k/ r zafer, utku
Siegel,- /'zi:gıl/ s mühür, damga
siegeln /'zi:gıln/ mühürlemek, damgalamak
siegen /'zi:gın/ zafer kazanmak; *sp.* kazanmak, yenmek
Sieger,- /'zi:gır/ yenen, galip
siegreich /'zi:krayh/ yenen, galip gelen
Siesta, -ten /zies'ta/ e öğle uykusu
siezen /'zi:tsın/ "siz" diye hitap etmek
Signal, e /zig'na:l/ s sinyal işaret

signalisieren /zignali'zi:rın/ işaret (sinyal) vermek
Signatur, en /zigna'tu:r/ e işaret, nişan marka; imza
Signierstift, e /zig'ni:rştift/ r markör
Silbe, n /'zilbı/ e hece, seslem
Silber /'zilbır/ s gümüş
silbern /'zilbırn/ gümüş(ten)
Silhouette, n /zilu'etı/ e siluet
Silo, s /'zi:lo/ r silo
Silvesterabend, e /zil'vestır-a:bınt/ r yılbaşı gecesi
simpel /'zimpıl/ basit, sade
Sims, e /zims/ r, s pervaz; raf
simultan /zimul'ta:n/ eşzamanlı
Sinfonie, n /zinfo'ni:/ e senfoni
singen /'zingın/ şarkı söylemek
Singular, e /'zingula:r/ r *dilb.* tekil
Singvogel,.. /'zingfo:gıl/ r ötücü kuş
sinken /'zinkın/ alçalmak, düşmek; batmak; azalmak, eksilmek
Sinn, e /zin/ r anlam; duyu; anlayış; akıl; zevk
Sinnbild, er /'zinbilt/ s sembol, simge
sinnbildlich /'zinbiltlih/ simgesel, sembolik
sinnen /'zinın/ düşünceye dalmak
Sinnestäuschung, en /'zinıstoyşung/ e yanılsama, illüzyon
sinnig /'zinih/ akıllı, zeki
sinnlich /'zinlih/ duyumsal, duysal; şehvetli, köşnül
Sinnlichkeit, en /'zinlihkayt/ e köşnüllük, şehvet
sinnlos /'zinlo:s/ anlamsız
sinnvoll /'zinfol/ anlamlı
Sintflut /'zintflu:t/ e tufan
Sinus /'zi:nus/ r *mat.* sinüs
Siphon s /zi'fo:n/ r sifon
Sippe,n /'zipı/ e soy; akrabalar
Sirene, n /zi're:nı/ e siren, canavar düdüğü
Sirup /'zi:rup/ r şurup

Sitte, n /'zitı/ e gelenek, görenek; *(ç.)* ahlak
Sittenpolizei /'zitınpolitsay/ e ahlak zabıtası
sittlich /'zitlih/ ahlaki
Sittlichkeit, en /'zitlihkayt/ e ahlakiyet
Sittlichkeitsverbrechen,- /'zitlihkaytsferbrehın/ s cinsel suç, seks suçu
sittsam /'zitza:m/ namuslu, dürüst, erdemli
Situation, en /zituatsi'o:n/ e durum
Sitz, e /zits/ r oturuş; makam; oturacak yer
sitzen /'zitsın/ oturmak
sitzenbleiben /'zitsınblaybın/ yerinden kalkmamak; sınıfta kalmak
sitzenlassen /'zitsınlasın/ sınıfta bırakmak, ortada bırakmak, yarı yolda bırakmak
Sitzplatz, ..e /'zitsplats/ r oturacak yer
Sitzung, en /'zitsung/ e oturum, toplantı
Sizilien /zi'tsi:liın/ Sicilya
Skala, -len /'ska:la/ e cetvel; ekran
Skandal, e /skan'da:l/ r skandal, rezalet
skandalös /skanda'lö:s/ rezil, skandallı
Skandinavien /skaɪdi'na:viın/ Skandinavya
Skelett, e /ske'let/ s iskelet
Skepsis /'skepsis/ e kuşkuculuk
skeptisch /'skeptiş/ kuşkucu
Ski, er /şi:/ r kayak
Skifahrer, -/ 'şi:fa:rır/ r kayakçı
Skilift, e /'ski:lift/ r telesiyej, kayak asansörü
Skizze, n /'skitsı/ e taslak, eskiz
skizzieren /ski'tsi:rın/ taslak yapmak; karalamak
Sklave, n /'skla:vı/ r köle
Sklaverei, en /skla:vı'ray/ e kölelik
Sklavin, nen /'skla:vin/ e halayık
Skonto, s /'skonto/ r indirim
Skorpion, e /skorpi'o:n/ r akrep; Akrep (burcu)
Skrupel,- /'skru:pıl/ r kuşku, kaygı, tereddüt
skrupellos /'skru:pıllo:s/ acımasız, vicdansız
Slawe, n /'sla:vı/ r Slav
Slowake, n /slo'va:kı/ r Slovak
Smaragd, e /sma'rakt/ r zümrüt
Smoking, s /'smo:king/ r smokin
so /zo:/ böyle, şöyle, öyle; böylece, şöylece; böylelikle, öylelikle **-ein** böyle bir, öyle bir **- .. wie ..** kadar
Sobald /zo'balt/ (yap) -ar (yap) -maz
Socke, n /'zokı/ e erkek çorabı
Sockel,- /'zokıl/ r kaide, sütun tabanı
Soda /'zo:da/ s soda
Sodawasser, .. /'zo:davasır/ s maden suyu
Sodbrennen, - /'zo:tbrenın/ s mide yanması; ekşimesi
soeben /zo-e:bın/ şimdi, demin
Sofa, s /'zo:fa/ s kanepe
sofern /zo'fern/ ... olduğu takdirde, eğer
sofort /zo'fort/ hemen, derhal
Sog /zo:k/ r emme
sogar /zo'ga:r/ hatta, bile
sogleich /zo'glayh/ hemen, derhal
Sohle, n /'zo:lı/ e ayak tabanı; ayakkabı pençesi
Sohn, ..e /zon/ r oğul.
solange /zo'langı/ -dığı sürece, -dıkçe
solch /zolh/ böyle, öyle; bunun gibi, onun gibi
Sold /zolt/ r ücret
Soldat, e /zol'da:t/ r asker, er
Söldner, - /'zöldnır/ r ücretli asker
solidarisch /zoli'da:riş/ dayanışma içinde
Solidarität /zolidari'te:t/ e dayanışma
solid(e) /zo'li:t(dı)/ sağlam, dayanıklı; ağırbaşlı, ciddi
Solist, en /zo'list/ r solist
Soll, /zol/ s borç
sollen /'zolın/ -mesi gerek, -m⊾ -malı
Solo, s /'zo:lo/ s *müz.* solo
somit /zo'mit/ böylece, böylelikle

Sommer,- /'zomır/ **r** yaz
sommerlich /'zomırlih/ yazlık
Sommersprossen /'zomırsprosı/ *(ç.)* çil
Sommerzeit /'zomırtsayt/ **e** yaz saati
Sonate, n /zo'na:tı/ **e** *müz.* sonat
Sonde, n /'zondı/ **e** sondaj; *hek.* sonda
Sonderangebot, e /'zondır-angıbo:t/ **s** indirimli
sonderbar /'zondırba:r/ yabansı, tuhaf, acaip
Sonderermäβigigung, en /'zondır-ermesigung/ **e** özel indirim
Sonderfall, ..e /'zondırfal/ **r** özel durum
sonderlich /'zondırlih/ büyük; pek, çok; önemli, hatırı sayılır
sondern /'zondırn/ fakat, ancak
Sonderzug, ..e /'zondırtsu:k/ **r** özel tren
sondieren /zon'di:rın/ sondaj yapmak
Sonett,e /zo'net/ **s** sone
Sonnabend, e /'zon-a:bınt/ **r** cumartesi
Sonne, n /'zonı/ **e** güneş
sonnen /'zonın/ de. güneşlenmek
Sonnenaufgang /'zonın-aufgang/ **r** güneş(in) doğuşu
Sonnenbad, ..er /'zon'ınba:t/ **s** güneş banyosu
Sonnenblume,n /'zonınblu:mı/ **e** ayçiçeği
Sonnenbrand /'zonınbrant/ **r** güneş yanığı
Sonnenbrille,n /'zonınbrilı/ **e** güneş gözlüğü
Sonnenfinsternis, se /'zonınfinstırnis/ **e** güneş tutulması
Sonnenschein /'zonınşayn/ **r** güneş ışını
Sonnenschirm, e /'zonınşirm/ **r** güneş şemsiyesi
Sonnenstich /'zonınştih/ **s** güneş çarpması
Sonnenstrahl, en /'zonınştra:l/ **r** güneş ışını
Sonnenuntergang /'zonın-untırgang/ **r** güneş(in) batışı

sonnig /'zonih/ güneşli
Sonntag, e /'zonta:k/ **r** pazar (günü)
sonntags /'zonta:ks/ pazar günleri
sonst /zonst/ yoksa, aksi takdirde; (bundan) başka, ayrıca, diğer
sonstwo /'zontsvo:/ başka bir yerde
Sopran, e /zop'ra:n/ **r** *müz.* soprano
Sorge, n /'zorgı/ **e** endişe, üzüntü, kaygı, tasa; huzursuzluk
sorgen /'zorgın/ : **-für** bakmak, sağlamak, çözmek
sorgen /'zorgın/ de. merak etmek, kaygılanmak
sorgenfrei /'zorgınfray/ kaygısız
sorgenvoll /'zorgınfol/ kaygılı, huzursuz
Sorgfalt /'zorkfalt/ **e** özen, dikkat
sorgfältig /'zorkfeltih/ özenli, dikkatli
sorglos /'zorklo:s/ ilgisiz, düşüncesiz; dikkatsiz
Sorte, n /'zortı/ **e** tür, çeşit, cins
Sorten /'zortın/ *(ç.)* yabancı para
sortieren /zor'ti:rın/ çeşitlerine ayırmak, sınıflandırmak; ayıklamak, seçmek
Sortiment, e /zorti'ment/ **s** (mal) cins, çeşit
Soβe, n /'zo:sı/ **e** sos, salça
Souffleur, e /zuf'lö:r/ **r** suflör
soufflieren /zuf'li:rı're:n/ suflörlük yapmak
Sourveränität /zuvı're:ni'e:t/ **e** egemen
soweit /zo'vayt/ -diği kadar
sowie /zo'vi:/ (yap)-ar (yap)-maz; hem de
sowieso /zovi'zo:/ zaten
Sowjetruβland /zov'yetruslant/ Sovyet Rusya
Sowjetunion /zov'yet-unio:n/ **e** Sovyetler Birliği
sowohl ...als auch /zovo:l als auh/ hem ...hem de
sozial /zots'ya:l/ sosyal, toplumsal
Sozialdemokrat, en /zos'ya:ldemakra:t/ **r** sosyal demokrat
Sozialdemokratie, n /zots'ya:ldemokra-ti:/ **e** sosyal demokrasi

sozialisieren /zotsyali'zi:rın/ sosyalize etmek, sosyalleştirmek
Sozialisierung, en /zotsyali'zi:rung/ e sosyalizasyon
Sozialismus /zotsya'lismus/ r sosyalizm
Sozialist, en /zotsya'list/ r sosyalist
sozialistisch /zotsi'a:listiş/ sosyalist
Soziologe, n /zotsio'lo:ge/ r toplumbilimci, sosyolog
Soziologie /zotsyolo'gi:/ e sosyoloji, toplumbilim
soziologisch /zotsyo'lo:giş/ sosyolojik
sozusagen /'zo:tsuza:gın/ sanki, tabir caiz ise
Spachtel,- /'şpahtıl/ r spatula
spähen /'şpe:ın/ göz(et)lemek
Spalt, e /şpalt/ r yarık, çatlak; aralık, açıklık
Spalte,n /'şpaltı/ e yarık, çatlak; sütun, kolon
spalten /'şpaltın/ yarmak, çatlatmak; ikiye bölmek, de. yarılmak, çatlamak; bölünmek
Spaltung, en /'şpaltung/ e bölünme; anlaşmazlık, ayrılık
Span, ..e /şpa:n/ r yonga, kıymık; talaş
Spange,n /'şpangı/ e toka
Spanien /'şpa:niın/ İspanya
Spanier /'şpa:niır/ İspanyol
Spanisch /'şpa:niş/ s İspanyolca
Spann, e /şpan/ r ağım
Spanne, n /'şpanı/ e aralık, kısa süre
spannen /'şpanın/ germek
spannend /'şpanınt/ ilginç, heyecanlı, sürükleyici
Spannkraft, ..e /'şpankraft/ e esneklik; enerji, güç
Spannung, en /'şpanung/'e gerilim; gerginlik
Sparbuch, ..er /'şpa:rbu:h/ s (banka) hesap cüzdanı
Sparbüchse, n /'şpa:rbüksı/ e kumbara
sparen /'şpa:rın/ (para) biriktirmek
Sparer,- /'şpa:rır/ r para biriktiren, tasarruf sahibi
Spargel,- /'şpargıl/ r kuşkonmaz
Sparkasse, n /'şpa:rkası/ e tasarruf sandığı, yatırım bankası
Sparkonto, s /'şpa:rkonto/ s tasarruf hesabı
spärlich /'şpe:rlih/ az, kıt, seyrek
sparsam /'şpa:rza:m/ tutumlu, ekonomik
Sparsamkeit /'şpa::rza:mkayt/ e tutum, idare, ekonomi
Sparte, n /'şpartı/ e kısım, şube
Spaß, ..e /'şpa:s/ r şaka, gırgır
spaßen /'şpa:sın/ şaka yapmak
spaßhaft /'şpa:shaft/ eğlenceli, güldürücü, gülünç
Spaßmacher,- /'şpa:smahır/ r şakacı, şakadan hoşlanan kimse
Spaßverderber,- /'şpa:sferderbır/ r oyun bozan
spät /şpe:t/ geç
Spaten,- /'şpa:tın/ r kürek, bel
später /'şpe:tır/ (daha) sonra
spätestens /'şpe:tıstıns/ en geç
Spatz, en /şpats/ r serçe
spazieren /şpa'tsi:rın/ gez(in)mek
spazierenfahren /şpa'tsirınfa:rın/ taşıtla gezinti yapmak
spazierengehen /şpa'tsirınge:ın/ gezmek, dolaşmak
Spazierfahrt, en /şpa'tsi:rfa:rt/ e taşıtla gezinti
Spaziergang, ..e /şpa'tsi:rgang/ r gezinti, dolaşma, yürüyüş
Spazierstock, ..e /şpa'tsi:rştok/ r baston
Specht, e /şpeht/ r ağaçkakan
Speck, e /şpek/ r domuz yağı
Spediteur, e /şpedi'tö:r/ r taşımacı, nakliyeci
Spedition, en /şpedits'yo:n/ e nakliyat, sevkiyat; nakliyat şirketi
Speer, e /şpe:r/ r kargı, mızrak; *sp.* cirit
Speerwerfen /'şpe:rverfın/ s *sp.* cirit atma
Speiche, n /'şpayhı/ e reyon; ön kol

kemiği
Speichel,- /'şpayhıl/ r tükürük, salya
Speicher,- /'şpayhır/ r ambar, depo; tavan arası
speien /'şpayın/ tükürmek; kusmak
Speise,n /'şpayzı/ e yemek; besin, gıda
Speiseeis /'şpayzı-ays/ s dondurma
Speisekammer, n /'şpayzıkamır/ e kiler
Speisekarte, n /'şpayzıkartı/ e yemek listesi, menü
speisen /'şpayzın/ yemek; yedirmek, beslemek
Speiseröhre,n /'şpayzırö:rı/ e yemek borusu
Speisesaal, -säle /'şpayzıza:l/ s yemek salonu
Speisewagen,- /'şpayzıva:gın/ r yemekli vagon
Speisezimmer,- /'şpayzıtsimır/ s yemek odası
Spektakel,- /'şpek'ta:kıl/ r,s gürültü patırdı, şamata
Spektrum, -ren /'şpektrum/ s tayf, spektrum, izge
Spekulant, en /şpeku'lant/ r spekülatör
Spekulation, en /'şpekulats'yo:n/ e spekülasyon
spekulativ /şpekula'ti:f/ spekülatif
spekulieren /şpeku'li:rın/ spekülasyon yapmak
Spende, n /'şpendı/ e bağış
spenden /'şpendın/ dağıtmak, bağışlamak, bağışta bulunmak
Spender,- /'şpendır/ r bağışta bulunan
spendieren /şpen'di:rın/ ikram etmek, armağan etmek
Sperling, e /'şperling/ r serçe
Sperma /'sperma/ s sperm, meni
Sperre, n /'şperı/ e ambargo; bariyer; barikat
sperren /'şperın/ tıkamak, kapamak; engellemek; dondurmak
Sperrgebiet, e /'şpergıbi:t/ s yasak bölge

Sperrgut, ..**er** /'şpergu:t/ s havaleli eşya
Sperrholz, ..**er** /'şperholts/ s kontrplak
Sperrig /'şperih/ havaleli
Sperrung, en /'şperung/ e kapama, kapanma
Spesen /'şpe:zın/ *(ç.)* masraflar, giderler
spezial /şpets'ya:l/ özel
spezialisieren /spetsyali'zi:rın/ de. uzmanlaşmak
Spezialist, en /şpetsya'list/ r uzman
Spezialität, e /şpetsyali'te:t/ e özellik
speziell /şpetsi'el/ özel
spezifisch /şpe'tsi:fiş/ özgül
Sphäre, n /'sferı/ e küre
spicken /'şpikın/ doldurmak; rüşvet vermek; (okulda) kopya çekmek
Spiegel, - /'şpi:gıl/ r ayna
Spiegelei, er /'spi:gıl-ay/ s sahanda yumurta
spiegeln /'şpi:gıln/ yansıtmak; de. yansımak
Spiegelung, en /'şpu:gılung/ e yansı(t)ma
Spiel, /'şpi:l/ s oyun
spielen /'şpi:lın/ oynamak; çalmak; kumar oynamak
spielend /'şpi:lınt/ kolaylıkla
Spieler,- /'şpi:lır/ r. oyuncu
Spielfeld, er /'şpi:lfelt/ s oyun alanı
Spielfilm, e /'şpi:lfilm/ r uzun metrajlı film
Spielführer,- /'şpi:lfü:rır/ r takım kaptanı
Spielkarte, n /'şpi:lkartı/ e oyun kâğıdı, iskambil kâğıdı
Spielplan, ..**e** /'ş'pi:lpla:n/ r *tiy.* program
Spielplatz, ..**e** /'şpi:lplats/ r (çocuklar için) oyun alanı
Spielraum, ..**e** /'şpi:lraum/ r hareket serbestliği; aralık, kısa süre
Spielregel,n /'şpi:lre:gıl/ e oyun kuralı
Spielsachen,- /'şpi:lzahın/ *(ç.)* oyuncaklar
Spielverderber,- /'şpi:lferderbır/ r oyunbozan, mızıkçı
Spielwaren /'şpi:lvarın/ *(ç.)* oyuncaklar

Spielwarenhändler,- /'ʂpi:lva:rınhendlır/ r oyuncakçı
Spielzeug, e /'ʂpi:ltsoyk/ s oyuncak
Spieβ, e /ʂpi:s/ r mızrak, kargı; şiş
Spinat, e /ʂpi'na:t/ r ıspanak
Spinne,n /'ʂpinɪ/ e örümcek
spinnen /'ʂpinın/ örmek, bükmek; *kd.* saçmalamak
Spinner,- /'ʂpinır/ r kaçık
Spinnrad, ..er /'ʂpinra:t/ s çıkrık
Spinnwebe /'ʂpinve:bı/ e örümcek ağı
Spion, e /ʂpi'o:n/ r casus
Spionage, n /ʂpio'na:jı/ e casusluk
spionieren /ʂpio'ni:rın/ casusluk yapmak
Spirale, n /ʂpi'ra:lı/ e helis, helezon, spiral
Spirituosen /ʂpiritu'o:zın/ *(ç.)* alkollü içkiler
Spiritus /'ʂpi:ritus/ r alkol, ispirto
Spital, ..er /ʂpi'ta:l/ s hastane
spitz /ʂpits/ sivri; keskin; (açı) dar
Spitzbube, n /'ʂpitsbu:bı/ r yumurcak
Spitze, n /'ʂpitsı/ e uç; tepe
Spitzel,- /'ʂpitsıl/ r detektif; jurnalcı
spitzen /'ʂpitsın/ sivriltmek, yontmak
spitzfindig /'ʂpitsfindih/ kılı kırk yaran
spitzig /'ʂpitsih/ sivri; keskin
Spitzname, n /'ʂpitsna:mı/ r takma ad, lakap
Splitt, e /ʂplit/ r taş kırıntısı
Splitter,- /'ʂplitır/ r kıymık, yonga
splitternackt /'ʂplitırnakt/ çırılçıplak
spontan /ʂpon'ta:n/ kendiliğinden
Sport /ʂport/ r spor
Sportanlage, n /'ʂport-anla:gı/ e spor tesisi, spor kuruluşu
Sportanzug, ..e /'ʂport-antsu:k/ r spor giysisi
Sportartikel,- /'ʂport-artikıl/ r spor malzemesi
Sportklub, s /'ʂportklu:p/ r spor kulübü
Sportler,- /ʂportlır/ r sporcu
sportlich /'ʂportlih/ sportif
Sportplatz, ..e /'ʂportplats/ r spor alanı

Sportschuh, e /'ʂportʂu:/ r spor ayakkabısı
Sportverein, e /'ʂportferayn/ r spor kulübü
Sportwagen,- /'ʂportva:gın/ r spor otomobil
Spott /ʂpot/ r alay
spottbillig /'ʂpotbilih/ sudan ucuz
spotten /'ʂpotın/ alay etmek
spöttisch /'ʂpötiʂ/ alaylı, iğneleyici
Sprache,n /'ʂpara:hı/ e dil; söz
Sprachführer,- /'ʂpra:hfü:rır/ r konuşma kılavuzu
Sprachlehre,n /'ʂpra:hle:rı/ e dilbilgisi
sprachlich /'ʂpra:hlih/ dilsel
sprachlos /'ʂpra:hlo:s/ afallamış, ağzı bir karış açık kalmış
Sprachwissenschaft, en /'ʂpra:hvisınʂaft/ e dilbilim
Sprachwissenschaftler,- /'ʂpra:hvisınʂaftlır/ r dilbilimci
sprachwissenschaftlich /'ʂpra:hvisınʂaftlih/ dilbilimsel
Spray, s /ʂpre:/ r,s sprey
sprechen /'ʂprehın/ konuşmak
Sprecher,- /'ʂprehır/ r sözcü; spiker
Sprechstunde,n /'ʂprehtundı/ e kabul saati; *hek.* muayene saati
Sprechzimmer,- /'ʂprehtsimır/ s muayenehane
spreizen /'ʂpraytsın/ aralarını açmak, birbirinden ayırmak
sprengen /'ʂprengın/ (su) serpmek, sulamak; havaya uçurmak
Sprengstoff, e /'ʂprengʂtof/ r patlayıcı (madde)
Sprichwort, ..er /'ʂprihvort/ s atasözü
Springbrunnen /'ʂpringbrunın/r fıskiye
springen /'ʂpringın/ atlamak, sıçramak; çatlamak
Sprit, e /ʂprit/ r *kd.* benzin, yakıt
Spritze, n /'ʂpritsı/ e iğne, şırınga
spritzen /'ʂpritsın/ (su) serpmek; (su, vb.) sıçratmak; iğne yapmak

spröde /'şprö:dı/ gevrek, kırılgan; çekingen, ürkek
Sproβ, sse /şpros/ r filiz, fidan, sürgün
Sprosse, n /'şprosı/ e basamak
Spruch, ..e /şpruh/ r söz, özdeyiş; *huk.* karar
Sprudel,- /'şpru:dıl/ r maden suyu
sprudeln /'şpru:dıln/ kaynamak, fışkırmak, köpürmek
sprühen /'şprü:ın/ sıçramak; sıçratmak
Sprühregen,- /'şprü:re:gın/ r çise, çisenti
Sprung, ..e /şprung/ r atlama, sıçrama; çatlak
Sprungbrett, er /'şprungbret/ s tramplen
Spucke /'şpukı/ e tükürük
spucken /'şpukın/ tükürmek
Spule, n /'şpu:lı/ e makara; bobin
Spüle, n /'şpü:lı/ e (mutfak) lavabo
spülen /'şpü:lın/ çalkalamak; yıkamak; (tuvalet) sifonu, çekmek
Spülmaschine, en /'şpü:lmaşi:nı/ e bulaşık makinası
Spülmittel,- /'şpü:lmitıl/ s bulaşık deterjanı
Spur, en /şpu:r/ e iz
spüren /'şpü:rın/ duymak, hissetmek
Staat, en /şta:t/ r devlet; hükümet
staatlich /'şta:tlih/ devlete ait; resmi; ulusal
Staatsangehörige, n /'şta:ts-angıhö:rigı/ r yurttaş, uyruk, vatandaş
Staatsangehörigkeit, en /'şta:tsangıhö:rihkayt/ e uyrukluk, yurttaşlık, vatandaşlık
Staatsanwalt, ..e /'stats-anvalt/ r savcı
Staatsbank, en /'şta:tsbank/ e devlet (merkez) bankası
Staatsbeamte, n /'sta:tsbı:amtı/ r devlet memuru
Staatsbürger,- /'şta:tsbürgır/ r yurttaş
Staatsbürgerkunde /'şta:tsbürgırkundı/ e yurttaşlık bilgisi
Staatsbürgerschaft /'şta:tsbürgır-şaft/ e yurttaşlık
Staatsdienst, e /'şta:tsdi:nst/ r devlet hizmeti
Staatsmann, ..er /'şta:tsman/ r devlet adamı
Staatsminister,- /'şta:tsministır/ r devlet bakanı
Staatsoberhaupt, ..er /'şta:ts-obırhaupt/ r devlet başkanı
Staatspräsident, en /'şta:tsprezident/ r devlet başkanı
Stab, ..e /şta:p/ r değnek, sopa; *ask.* kurmay
Stabhochsprung /'şta:pho:şprung/ r sırıkla yüksek atlama
stabil /şta'bi:l/ sağlam; sabit, değişmez
stabilisieren /ştabili'zi:rın/ kararlılaştırmak, stabilize etmek
Stabilisierung, en /'ştabili'zi:rung/ e kararlılaştırma, stabilizasyon
Stabilität, en /ştabili'te:t/ e kararlılık, stabilite, sağlamlık
Stachel,- /'ştahıl/ r diken; (böcek) iğne
Stachelbeere, n /'ştahılbe:rı/ e bektaşi üzümü
Stacheldraht, ..e /'ştahıldra:t/ r dikenli tel
stachelig /'ştahılih/ dikenli
Stadion /'şta:dion/ s stad, stadyum
Stadium, -ien /'şta:dium/ s evre
Stadt, ..e /ştat/ e kent, şehir
Städtchen,- /'ştethın/ s küçük kent, kasaba
Städtebau /'ştetıbau/ r kentçilik
Städter,- /'şte:tır/ r kentli, şehirli
Stadtgebiet, e /'ştatgıbi:t/ s kentsel alan
städtisch /'şte:tiş/ kente ilişkin, kentsel; belediyeyle ilgili
Stadtleben /'ştatle:bın/ s kent yaşamı
Stadtmitte, n /'ştatmitı/ e şehir merkezi
Stadtplan, ..e /'ştatpla:n/ r kent planı, şehir haritası
Stadtrand, ..er /'ştatrant/ r kentin dışı, kenar mahalle

Stadtteil, e /'ştattayl/ r mahalle, semt
Staffel, n /'ştafıl/ **e** ask. bölük; sp. bayrak koşusu takımı
Staffelei, en /ştafı'lay/ e ressam sehpası
staffeln /'ştafıln/ derecelendirmek, kademelendirmek, dilimlendirmek
Stagnation, en /ştagnats'yo:n/ e durgunluk
stagnieren /ştagni:rın/ durmak, durgunlaşmak
Stahl, ..e /şta:l/ r çelik
Stahlwerk, e /'şta:lverk/ s çelik fabrikası
Stall, ..e /ştal/ r ahır; tavla; kümes; ağıl
Stamm, ..e /ştam/ r (ağaç) gövde; dilb. kök; oymak, boy, kabile
Stammbaum, ..e /'ştambaum/ r soyağacı
Stammbuch, ..er /'ştambu:h/ s albüm
stammeln /'ştamıln/ kekelemek
stammen /'ştamın/ ...soyundan gelmek, kökü ...olmak
Stammform, en /'ştamform/ e dilb. bir fiilin türlü çekimlerde aldığı biçimlerden her biri
Stammgast, ..e /'ştamgast/ r devamlı müşteri
stämmig /'ştemih/ uzun gövdeli; kuvvetli; bodur, tıknaz
Stammwort, ..er /'ştamvort/ s dilb. köken, kök sözcük
stampfen /'ştampfın/ tepinmek; ezmek
Stand, ..e /ştant/ r ayakta durma; durum; düzey, seviye; meslek
Standard, s /'ştandart/ r standart
standardisieren /ştandardi'zi:rın/ standardize etmek
Standardisierung, en /ştandardi'zi:rung/ e standardizasyon
Ständer,- /'ştendır/ r sehpa
Standesamt, ..er /'ştandıs-amt/ s evlendirme dairesi
Standesunterschied, e /'ştandısuntırşi:t/ r sınıf farkı
standfest /'ştantfest/ dayanıklı, sabit, sarsılmaz, durağan
standhaft /'ştanthaft/ dayanıklı; sarsılmaz
standhalten /'ştanthaltın/ dayanmak, direnmek, karşı koymak
ständig /'ştendih/ sürekli, devamlı
Standlicht, er /'ştantliht/ s oto-park lambası
Standort, e /'ştant-ort/ r yer, mevki; ask. garnizon
Standpunkt, e /'ştantpunkt/ r görüş noktası, görüş açısı, bakım
Stange, n /'ştangı/ e değnek, çubuk; kazık, direk
stänkern /'ştenkırn/ kavga çıkarmak
Stanniol, e /ştan'yo:l/ s yaprak kalay
Stanze, n /'ştantsı/ e zımba
stanzen /'ştantsın/ zımbalamak
Stapel,- /'şta:pıl/ r yığın, küme
stapeln /'şta:pıln/ yığmak, istif etmek
Star,s /sta:r/ r (film, vb.) yıldız
Star, e /şta:r/ r sığırcık (kuşu); hek. katarak, perde, aksu
stark /ştark/ güçlü, kuvvetli; kalın; dilb. (eylem) düzensiz
Stärke, n /'şterkı/ e güç, kuvvet; kalınlık; nişasta; kola
stärken /'şterkın/ güçlendirmek, kuvvetlendirmek; canlandırmak; kolalamak
Starkstrom /'ştarkştro:m/ r elek. yüksek gerilimli akım
Stärkung, en /'şterkung/ e kuvvetlen(dir)me
Stärkungsmittel,- /'şterkungsmitıl/ s kuvvet (ilacı)
starr /ştar/ sabit, hareketsiz, sabit; eğilmez, bükülmez; donmuş
starren /'ştarın/ dik dik bakmak
Starrheit, en /'ştarhayt/ e katılık; bükülmezlik
Starrkopf, ..e /'ştarkopf/ r inatçı, dik başlı
starrköpfig /'ştarköpfih/ inatçı, dik başlı
Starrsinn /'ştarzin/ r dik başlılık

Start, e /ʃtart/ r kalkış, havalanma; başlangıç
Startbahn, en /'ʃtartba:n/ e uçuş (kalkış, hareket) pisti
startbereit /'ʃtartbırayt/ harekete (kalkışa, çıkışa) hazır
starten /'ʃtartın/ kalkmak, havalanmak; başlamak
Starter,- /'ʃtartır/ r marş (düğmesi)
Station, en /ʃtats'yo:n/ e istasyon; koğuş -machen durmak, kalmak
Stationvorsteher /ʃtats'yo:nforʃtehır/ r istasyon şefi
statisch /'ʃta:tiʃ/ statik
Statist, en /ʃta'tist/ r figüran
Statistik, en /ʃta'tistik/ e istatistik
Statistiker /ʃta'tistikır/ r istatistikçi
statistisch /ʃta'tistiʃ/ istatiksel
Stativ, e /ʃta'ti:f/ s ayak, üçayak, sehpa
Statt /ʃtat/ e yer, yöre
statt /ʃtat/ yerine
Stätte, n /'ʃtetı/ e yer
stattfinden /'ʃtatfindın/ olmak, vuku bulmak
statthaft /'ʃtathaft/ yasal, meşru
Statthaftigkeit /'ʃtathaftihkayt/ e yasal olma, meşru olma
stattlich /'ʃtatlih/ yakışıklı, gösterişli
Statue, n /ʃta'tu:/ e heykel, yontu
Statur, en /ʃta'tu:r/ e boy (bos), endam
Status,- /'ʃta:tus/ r statü, durum
Staub /ʃtaup/ r toz
stauben /'ʃtaubın/ toz kalkmak
stäuben /'ʃtoybın/ toz kalkmak; tozumak
staubig /'ʃtaubih/ tozlu
Staublappen,- /'ʃtauplapın/ r toz bezi
Staubsauger,- /'ʃtaupzaugır/ r elektrik süpürgesi
Staubtuch, ..er /'ʃtauptu:h/ s toz bezi
Staudamm, ..e /'ʃtaudam/ r bent, baraj
Staude, n /'ʃtaudı/ e çalı(lık)
stauen /'ʃtauın/ (su) biriktirmek; de. (trafik) tıkanmak
staunen /'ʃtaunın/ hayret etmek, şaşmak (über, -e)
Staunen /'ʃtaunın/ s şaşkınlık
stechen /'ʃtehın/ sokmak; batırmak; (güneş) yakmak; dalamak
stechend /'ʃtehınt/ keskin, kesici, sert
Steckbrief, e /'ʃtekbri:f/ r tutuklama yazısı, aranıyor posteri, tevkif müzekkeresi
Steckdose, n /'ʃtekdo:zı/ e priz
stecken /'ʃtekın/ sokmak, batırmak; (toprağa) dikmek; bulunmak, olmak; saplanıp kalmak
steckenbleiben /'ʃtekınblaybın/ bir yerde saplanıp kalmak; yolda kalmak
Steckenpferd, e /'ʃtekınpfe:rt/ s heves, merak, hobi
Stecker,- /'ʃtekır/ r fiş
Stecknadel, n /'ʃtekna:dıl/ e topluiğne
Steckrübe /'ʃtekrü:bı/ e şalgam
Steckschlüssel,- /'ʃtekʃlüsıl/ r lokma anahtar, İngiliz anahtarı
Steg, e /ʃte:k/ r patika, keçiyolu; (küçük) yaya köprüsü
stehen /'ʃte:ın/ (ayakta) durmak; olmak, bulunmak; (gazete) yazmak, yazılı olmak; yakışmak
stehenbleiben /'ʃte:ınblaybın/ ayakta kalmak
stehend /'ʃte:ınt/ ayakta duran
stehenlassen /'ʃte:ınlasın/ olduğu (bulunduğu) yerde bırakmak; unutmak; el sürmemek, dokunmamak
Stehlampe, n /'ʃte:lampı/ e ayaklı lamba
stehlen /'ʃte:lın/ çalmak, aşırmak
Stehplatz, ..e /'ʃte:plats/ r ayakta durulacak yer
steif /ʃtayf/ dik, katı, sert; uyuşuk; ağdalı; beceriksiz
steigen /'ʃtaygın/ yukarı çıkmak, tırmanmak; yükselmek, artmak; tırmanmak; binmek
steigern /'ʃtaygırn/ yükseltmek, çoğaltmak, arttırmak; *dilb.* sıfat çekimi yapmak

Steigerung, en /'ştaygırung/ e arttırma, çoğaltma; *dilb.* sıfat çekimi
Steigung, en /'ştaygung/ e yokuş; eğim
steil /ştayl/ dik, sarp, yalçın
Stein, e /ştayn/ r taş
steinalt /'ştayn-alt/ taş devrinden kalma, çok eski
Steinbock, ..e /'ştaynbok/ r yaban keçisi; oğlak (burcu)
Steinbruch, ..e /'ştaynbruh/ r taş ocağı
Steinbutt, e /'ştaynbut/ r kalkan balığı
steinern /'ştaynırn/ taş (tan)
Steingut, ..er /'ştayngu:t/ s adi çanak, çömlek
steinhart /'ştaynhart/ taş gibi, kaskatı
steinig /'ştaynih/ taşlı, kayalı
Steinkohle,n /'ştaynko:lı/ e taş kömürü
Steinobst /'ştayn-o:pst/ s çekirdekli meyve
Steinzeit /'ştayntsayt/ e taş devri
Steiβ, e /ştays/ r kıç, makat
Steiβbein, e /'ştaysbayn/ s kuyruk sokumu (kemiği)
Stelle, n /'ştelı/ e yer, konum; memuriyet; makam
stellen /'ştelın/ (dik olarak) koymak, yerleştirmek; (ödev) vermek; (soru) sormak; (koşul) koşmak; (tuzak) kurmak; *de.* gelip dikilmek; kendini ...gibi göstermek, ...imiş gibi davranmak
Stellenangebot, e /'ştelın-angıbo:t/ s iş teklifi; iş ilanı
Stellengesuch /'ştelıngısu:h/ s iş arama(k için başvurma)
Stellung, en /'ştelung/ e durum; memuriyet; yer; rütbe; duruş
Stellungnahme /'ştelungna:mı/ e görüş, düşünce
stellvertretend /'ştellfertre:tınt/ temsil eden, vekâlet eden
Stellvertreter,- /'ştelfertre:tır/ r vekil, temsilci
Stelze, n /'şteltsı/ e ayaklık
stemmen /'ştemın/ kaldırmak; *de.* dayanmak, yaslanmak; karşı koymak
Stempel,- /'ştempıl/ r damga, mühür
Stempelkissen,- /'ştempılkisın/ s stampa
stempeln /'ştempıln/ damgalamak, mühürlemek
Stengel,- /'ştengıl/ r bitki sapı
Stenographie /ştenogra'fi:/ e stenografi
stenographieren /ştenogra'fi:rın/ steno yazmak
stenotypist /ştenotü'pist/ r steno(graf)
Steppdecke, n /'ştepdekı/ e yorgan
Steppe, n /'ştepı/ e bozkır
Sterbebett /'şterbıbet/ s ölüm döşeği
sterben /'şterbın/ ölmek
sterblich /'şterplih/ ölümlü
Sterblichkeit, en /'şterplihkayt/ e ölümlülük; ölüm oranı
Stereo, s /'ste:reo/ s stereo plak
stereo- /'ste:reo/ stereo
steril /'şte'ri:l/ verimsiz, kısır; steril (edilmiş)
sterilisieren /şterili'zi:rın/ sterilize etmek; kısırlaştırmak
Stern /ştern/ r yıldız
Sternbild, er /'şternbilt/ s takımyıldız
Sterschnuppe, n /'şternşnupı/ e akanyıldız
Sternwarte, n /'şternvartı/ e gözlemevi, rasathane
stet /şte:t/ sabit; sürekli
stetig /'şte:tih/ sürekli, devamlı
Stetigkeit, en /'şte:tihkayt/ e süreklilik
stets /şte:ts/ hep, her zaman
Steuer,- /'ştoyır/ s dümen, direksiyon
Steuer, n /'ştoyır/ e vergi
Steuerbord, e /'ştoyırbort/ s (gemi) sancak
Steuererklärung, en /'ştoyırerkle:rung/ e vergi iadesi
steuerfrei /'ştoyırfray/ vergisiz
Steuermann, ..er /'ştoyırman/ r dümenci
steuern /'ştoyırn/ yönetmek (gemiyi); taşıt kullanmak

steuerpflichtig /'ştoyırpflihtih/ vergi vermekle yükümlü; vergiye tabi
Steuerrad, ..er /'ştoyırra:t/ s direksiyon
Steuerung, en /'ştoyırung/ e (taşıtı) kullanma, sürme
Steuerzahler,- /'ştoyırtsa:lır/ r vergi mükellefi
Steward, s /'styu:ırt/ r kamarot
Stewardeβ, essen /'styu:ırdes/ e hostes
stibitzen /şti'bitsın/ araklamak, çalmak
Stich, e /ştih/ r sokma, ısırma; batma, dalama; gravür
stichhaltig /'ştihhaltih/ sağlam, çürütülemez
Stichwort, ..er /'ştihvort/ s (sözlükte) madde başı sözcük; not
sticken /'ştikın/ (nakış) işlemek
Stickerei, en /ştik'ıray/ e işleme, nakış
Stickgarn, e /'ştikgarn/ s ibrişim
stickig /'ştikih/ boğucu, bunaltıcı
Stickstoff /'ştikştof/ r azot
Stiefbruder,.. /'şti:fbru:dır/ r üvey erkek kardeş
Stiefel,- /'şti:fıl/ r çizme
Stiefkind, er /'şti:fkint/ s üvey evlat
Stiefmutter,.. /'şti:fmutır/ e üvey ana
Stiefschwester, n /'şti:fşvestır/ e üvey kız kardeş
Stiefsohn, ..e /'şti:fzo:n/ r üvey oğul
Stieftochter,.. /'şti:ftohtır/ e üvey kız
Stiefvater,.. /'şti:ffa:tır/ üvey baba
Stiel, e /şti:l/ r sap; kol
Stier, e /şti:r/ r boğa; Boğa (burcu)
stier /şti:r/ hareketsiz
stieren /'şti:rın/ dik dik bakmak
Stift, e /ştift/ r çivi; kalem
Stift, e /ştift/ s hayır kurumu
stiften /'ştiftın/ kurmak
Stil, e /şti:l/ r üslup, biçem
still /ştil/ durgun, sessiz; yavaş; uysal; huzurlu
Stille, n /'ştilı/ e sessizlik, sukûnet, durgunluk, huzur
Stilleben /'ştillebın/ s natürmort

stillegen /'ştille:gın/ tatil etmek; durdurmak; söndürmek
stillen /'ştilın/ dindirmek, durdurmak; (açlık, susuzluk) gidermek, bastırmak; emzirmek, meme vermek
stillhalten /'ştilhaltın/ kımıldamamak, hareket etmemek
stillschweigen /'ştilşvaygın/ s susmak; ses çıkarmamak; adını anmamak
Stillschweigen /'ştilşvaygın/ s susma; sır saklama
Stillschweigend /'ştilşvaygınt/ r sessiz; üstü kapalı; ses çıkarmadan
Stillstand, ..e /'ştilştant/ r durma; durgunluk
stillstehen /'ştilşte:ın/ kımıldamamak yerinden oynamamak; durmak; işlememek, çalışmamak
stillstehend /'ştilşte:ınt/ hareketsiz; durgun; işlemeyen
Stimmabgabe /'ştimapga:bı/ e oy (verme)
Stimmband, ..er /'ştimbant/ s ses kirişi
stimmberechtigt /'ştimbırehtiht/ oy hakkı bulunan
Stimme, n /'ştimı/ e ses; oy
stimmen /'ştimın/ akort etmek; doğru olmak, doğru çıkmak; oy vermek
Stimmenmehrheit, en /'ştimınme:rhayt/ e oy çokluğu
Stimmgabel, n /'ştimga:bıl/ e diyapazon
stimmhaft /'ştimhaft/ dilb. yumuşak (sesli)
stimmlos /ş'timlo:s/ dilb. sert (sesli)
Stimmrecht, e /'ştimreht/ s oy hakkı
Stimmung, en /'ştimung/ e ruh hali, hava; atmosfer; müz. akort
Stimmzettel,- /'ştimtsetıl/ oy pusulası
stinken /'ştinkın/ pis kokmak
Stipendium, -ien /şti'pendium/ s burs
Stirn, e /ştirn/ e alın
Stirnhöhle, n /'ştirnhö:lı/ e alın boşluğu
Stöbern /'ştö:bırn/ araştırmak, köşe bucak aramak

stochern /'ştohırn/ karıştırmak, kurcalamak

Stock, ..e /ştok/ r değnek, sopa; baston; sırık; (bina) kat

stockdunkel /'ştokdunkıl/ kapkaranlık

stocken /'ştokın/ durmak, duraklamak; durgunlaşmak; yavaşlamak; dili tutulmak

stockfinster /'ştokfinstır/ kapkaranlık

stocktaub /'ştoktaup/ duvar gibi, çok sağır

Stockkung, en /'ştokung/ e duraklama; yavaşlama; tıkanıklık

Stockwerk, e /'ştokverk/ s (bina) kat

Stoff, e /ştof/ r kumaş; madde; konu

Stoffwechsel,- /'ştofveksıl/ r metabolizma

stöhnen /'ştö:nın/ inlemek

Stollen,- /'ştolın/ r (madencilik) galeri; (Noel'de yapılan) kek

stolpern /'ştolpırn/ sendelemek, tökezlemek

stolz /ştolts/ gururlu, kibirli

Stolz /ştolts/ r gurur, kibir

stolzieren /ştol'tsi:rın/ kurula kurula (çalım ata ata) yürümek

stopfen /'ştopfın/ tıkmak, doldurmak; gözemek; örerek onarmak

Stopfnadel, n /'ştopfnadıl/ e örme iğnesi

Stoppel, n /'ştopıl/ e ekin anızı

stoppen /'ştopın/ durdurmak; durmak

Stoppuhr, en /'ştop-u:r/ e kronometre

Stöpsel,- /'ştöpsıl/ r tıkaç, tapa

stöpseln /'ştöpsıln/ tıkaçla tıkamak

Storch, ..e /ştorh/ leylek

stören /'ştö:rın/ rahatsız etmek, rahat vermemek; karıştırmak

störrig /'ştörih/ inatçı, laf anlamaz

störrisch /'ştöriş/ laf anlamaz, inatçı

Störung, en /'ştö:rung/ e rahatsız etme; parazit; arıza

Stoβ, ..e /şto:s/ r itme; darbe; tekme; sars(ıl)ma, (geri) tepme; yığın, küme; deste, demet

Stoβdämpfer,- /'ştosdempfır/ r amortisör

stoβen /'şto:sın/ itmek; tekmelemek; çarpmak; defetmek; geri tepmek; ansızın rastlamak

Stoβstange, n /'şto:sştangı/ e *oto.* tampon

Stotterer,- /'ştotırır/ r kekeme

stottern /'ştotırn/ kekelemek

stracks /ştraks/ derhal; dosdoğru, dolambaçsız

Strafanstalt, en /'ştra:f-anştalt/ e cezaevi, hapishane

Strafantrag, ..e /'ştra:f-antra:k/ r ceza isteği

Strafarbeit, en /'ştra:f-arbayt/ e ceza olarak verilen ödev

strafbar /'ştra:fba:r/ cezayı gerektiren

Strafe, n /'ştra:fı/ e ceza

strafen /'ştra:fın/ cezalandırmak

straff /ştraf/ gergin; sert; sıkı

Strafprozeβ, -sse /'ştra:fprotses/ r ceza duruşması (davası)

Strafraum /'şta:fraum/ r *sp.* ceza sahası

Strafrecht /'ştra:freht/ s ceza hukuku

Strafstoβ, ..e /'şta:fşto:s/ r *sp.* penaltı

Strahl, en /ştra:l/ r ışın

strahlen /'ştra:lın/ ışımak: ışın yaymak; parlamak

Strahlenbehandlung, en /'ştra:lınbıhandlung/ e radyoterapi, ışın tedavisi

strahlend /'ştra:lınt/ ışıyan, ışın yayan; parlak; görkemli

Strahlung, en /'ştra:lung/ e radyasyon, ışınım

Strähne, n /'ştre:nı/ e perçem, bir tutam saç

stramm /ştram/ gergin; dimdik

strampeln /'ştrampıln/ tepinmek

Strand, ..e /ştrant/ r kıyı, sahil; plaj

straden /'ştradın/ karaya oturmak

Strang, ..e /ştrang/ r ip; çile

Strapaze, n /ştra'patsı/ e güçlük, zorluk, zahmet

strapazieren /ştrapa'tsi:rın/ yormak zorlamak; yapabileceğinden fazlasını yaptırmağa çalışmak
Straße, n /'ştra:sı/ e cadde, yol, sokak
Straßenbahn, en /'ştra:sınba:n/ e tramvay
Straßenbeleuchtung /'ştra:sınbıloyhtung/ e yolların aydınlatılması
Straßenkarte, n /'ştra:sınkartı/ e karayolları haritası
Straßenkehrer, - /'ştra:sınke:rır/ r çöpçü, temizlik işçisi
Strategie, n /ştrate'gi/ e strateji
strategisch /ştra'te:gış/ stratejik
Stratosphäre /ştratos'fe:rı/ e stratosfer
sträuben /'ştroybın/ de. (tüyleri) ürpermek, dimdik olmak; karşı koymak, direnmek
Strauch, ..er /ştrauh/ r çalı(lık)
straucheln /'ştrauhıln/ sendelemek
Strauß, e /ştraus/ r devekuşu
Strauß, ..e /ştraus/ r buket, demet
streben /'ştre:bın/ çabalamak, uğraşmak
Streben /'ştre:bın/ s çaba(lama)
strebsam /'ştrepza:m/ gayretli, çalışkan; hırslı
Strebsamkeit /'ştre:pza:mkayt/ e çalışkanlık, gayretlilik
Strecke, n /'ştrekı/ e uzaklık, mesafe; hat, yol; mat. doğru
strecken /'ştrekın/ germek, uzatmak de. gerinmek, uzanmak
Streich, e /ştrayh/ r darbe, vuruş; muziplik, oyun, şeytanlık
streicheln /'ştrayhıln/ okşamak
streichen /'ştrayhın/ ovmak; sürtmek; sürmek; gezinmek
Streichholz, ..er /'ştrayhholts/ s kibrit
Streichholzschachtel, n /'ştrayhholtssşahtıl/ e kibrit kutusu
Streichinstrument, e /'ştrayhinstrument/ s yaylı çalgı
Streife, n /'ştrayfı/ e akın; devriye
streifen /'ştrayfın/ sıyırıp geçmek; dolaşmak
Streifen,- /'ştrayfın/ r yol, çizgi; bant, şerit
Streifenwagen,- /'ştrayfınva:gın/ r polis arabası
Streik, e /'ştrayk/ r grev
streiken /'ştraykın/ grev yapmak
Streit, e /ştrayt/ r kavga; tartışma; anlaşmazlık, bozuşma
streiten /'ştraytın/ kavga etmek
Streitkräfte /'ştraytkreftı/(ç.) silahlı kuvvetler
streng /ştreng/ sert; ciddi; kesin; titiz
streuen /'ştroyın/ serpmek, ekmek, saçmak
Strich, e /ştrih/ r çizgi; şerit
Strichpunkt, e /'ştrihpunkt/ r noktalı virgül
strichweise /'ştrihvayzı/ çizgi çizgi; yer yer
Strick, e /ştrik/ r ip; afacan, yaramaz
stricken /'ştrikın/ (örgü) örmek
Strickjacke, n /'ştrikyakı/ e hırka
Strickmaschine, n /'ştrikmaşi:nı/ e örme makinesi, trikotaj makinesi
Stricknadel, n /'ştrikna:dıl/ e örgü şişi
Strickware, n /'ştrikva:rı/ e trikotaj malı (eşyası)
Strip-tease /'ştripti:z/ striptiz
strittig /'ştritih/ kavgalı, münakaşalı, ihtilaflı
Stroh /ştro:/ s saman; saz
Strohhalm, e /'ştro:halm/ r (içecekler için) kamış, çubuk
Strohhut, ..e /'ştro:hu:t/ r hasır şapka
Strohmatte, n /'ştro:matı/ e hasır
Strolch, e /ştrolh/ r serseri
strolchen /'ştrolhın/ serserilik etmek
Strom, ..e /ştro:m/ r akım; ırmak; akıntı
strömen /'ştrö:mın/ akmak; akın etmek; sağanak halinde yağmak
Stromkreis, e /'ştro:mkrays/ r elek. devre
Stromlinienform /'ştromli:ninform/ e

aerodinamik biçim
Strommesser,- /'ʃtro:mmesır/ r ampermetre, akım ölçü aygıtı
Stromregler,- /'ʃtro:mre:glır/ r akım regülatörü (düzengeci)
Stromstärke /'ʃtro:mʃterkı/ e akım şiddeti
Strömung, en /'ʃtrö:mung/ e akıntı; akım, eğilim
Stromverbrauch /'ʃtro:mferbrauh/ r elektrik tüketimi
Stromversorgung /'ʃtro:mferzorgung/ e elektirik (akımı) ile besleme
Strophe, n /'ʃtro:fı/ e kıta, dörtlük
Strudel,- /'ʃtru:dıl/ r burgaç, girdap; bir çeşit tatlı, turta
Struktur, en /ʃtruk'tu:r/ e yapı
Strumpf, ..e /ʃtrumpf/ r çorap
Strumpfband, ..er /'ʃtrumpfbant/ s jartiyer
Strumpfhalter,- /'ʃtrumpfhaltır/ r jartiyer
Strumphose, n /'ʃtrumpfho:zı/ e külotlu çorap
Strunk, ..e /ʃtrunk/ r koçan
struppig /'ʃtrupih/ dik; kaba kıllı, kaba tüylü
Stube, n /'ʃtu:bı/ e oda
Stubenhocker,- /'ʃtu:bınhokır/ r evden dışarı çıkmayı sevmeyen
Stuck /ʃtuk/ r kartonpiyer
Stück, e /ʃtük/ s parça; tane, adet; oyun
Stückchen,- /'ʃtükhın/ s parçacık
stückweise /'ʃtükvayzı/ parça parça
Student, en /ʃtu'dent/ r (yüksekokul, üniversite) öğrencisi
Studie, n /'ʃtu:diı/ e inceleme, araştırma
Studienrat, ..e /'ʃtu:diınra:t/ r lise öğretmeni
studieren /ʃtu'di:rın/ okumak, öğrenim görmek; incelemek, araştırmak
Studio, s /'ʃtu:dio/ s stüdyo
Studium, -ien /'ʃtu:dium/ s inceleme; yükseköğrenim
Stufe, n /'ʃtu:fı/ e basamak; aşama; derece; düzey, seviye
stufenweise /'ʃtu:fınvayzı/ derece derece, adım adım, yavaş yavaş
Stuhl, ..e /ʃtu:l/ r iskemle; makam
Stuhlgang, ..e /'ʃtu:lgang/ r dışarı çıkma, büyük aptes
stülpen /'ʃtülpın/ kıvırmak, sıvamak, devirmek; üst üste koymak
stumm /ʃtum/ dilsiz
Stummel,- /'ʃtumıl/ r kütük; izmarit
Stümper,- /'ʃtümpır/ r acemi çaylak, beceriksiz
stümperhaft /'ʃtümpırhaft/ beceriksiz, acemi
stümpern /'ʃtümpırn/ yüzüne gözüne bulaştırmak
stumpf /ʃtumpf/ küt, kör; (burun) basık; (açı) geniş
Stumpf, ..e /ʃtumpf/ r kütük
Stumpfheit /'ʃtumpfhayt/ e kütlük, körlük
Stumpfsinn /'ʃtumpfzin/ r ahmaklık, kalın kafalılık
stumpfsinnig /'ʃtumpfzinih/ ahmak, kalın kafalı, aptal
Stunde,n /'ʃtundı/ e saat; ders
Stundengeschwindigkeit /'ʃtundıngışvindihkayt/ e saatteki hız
Stundenkilometer /'ʃtundınkilome:tır/ (ç.) bir saatte yapılan kilometre sayısı
stundenlang /'ʃtundınlang/ saatlerce
Stundenlohn, ..e /'ʃtundınlo:n/ r saat ücreti
Stundenplan, ..e /'ʃtundınpla:n/ r ders programı
stundenweise /'ʃtundınvayzı/ saat hesabıyla, saat başı
Stundenzeiger,- /'ʃtundıntsaygır/ r saat akrebi
stündlich /'ʃtüntlih/ her saat, saatten saate, saatlik
Stupsnase,n /'ʃtupsna:zı/ e kalkık burun
stur /ʃtu:r/ inatçı, dik başlı; eğilmez, bükülmez

Sturm, ..e /ʃturm/ r fırtına; baskın; saldırı
stürmen /'ʃtürmın/ saldırmak; şiddetle esmek
Stürmer,- /'ʃtürmır/ r sp. forvet
stürmisch /'ʃtürmiʃ/ fırtınalı; heyecanlı, coşkun, ateşli; atılgan
Sturmnwind, e /'ʃturmvint/ r bora
Sturz,..e /ʃturts/ r düşme, düşüş; yıkılış
stürzen /'ʃtürtsın/ düşmek; yıkılmak; devrilmek; atılmak; düşürmek, devirmek
Stute,n /'ʃtu:tı/ e kısrak
Stützbalken,- /'ʃtütsbalkın/ r destek kirişi
Stütze, n /'ʃtütsı/ e destek; yardım
stutzen /'ʃtutsın/ kısaltmak, kırpmak; ansızın durmak; kuşkulanmak
stützen /'ʃtütsın/ dayamak, yaslamak; de. dayanmak, yaslanmak
stutzig /'ʃtutsih/ şaşkın; kuşkulu
Stützpunt, e /'ʃtütspunkt/ r dayanak noktası; *ask.* üs
Subjekt, e /zup'yekt/ s *dilb.* özne
subjektiv /zupyek'ti:f/ öznel
Substantiv, e /'zupstanti:f/ s *dilb.* isim, ad
Substanz, e /zups'tants/ e töz, cevher, madde
subtrahieren /zuptra'hi:rın/ *mat.* çıkarmak
Subtraktion, en /zuptrakts'yo:n/ e *mat.* çıkarma
Subvention, en /zupvents'yo:n/ e sübvansiyon, yardım
subventieren /zupven'ti:rın/ paraca yardımda bulunmak
Suche /'zu:hı/ e arama; araştırma
suchen /'zu:hın/ aramak
Sucher,- /'zu:hır/ r arayan; vizör
Sucht, ..e /zuht/ e tutku, ihtiras, düşkünlük
süchtig /'zühtih/ tutkun, düşkün
Süchtige (r) /'zühtihı(r)/ r,e düşkün, tutkun

Süden /'zü:dın/ r güney
Südfrüchte /'zü:tfrühtı/ (ç.) sıcak ülkelerde yetişen meyveler
südlich /'zü:tlih/ güney(in)de
Südosten /zü:t'-ostın/ r güneydoğu
Südpol /'zü:tpo:l/ r güney kutbu
Südwesten /zü:t-'vestın/ r güneybatı
Südwind /zü:tvint/ r güney rüzgârı
suggerieren /zuge'ri:rın/ telkin etmek, inandırmağa çalışmak
Sühne /'zü:nı/ e kefaret; tarziye
sühnen /'zü:nın/ cezasını çekmek
Sultan, e /'zulta:n/ r sultan
Sülze, n /'zültsı/ e dondurulmuş et
summarisch /zu'ma:riʃ/ özlü, kısa
Summe, n /'zumı/ e tutar, toplam
summen /'zumın/ vızıldamak
summieren /zu'mi:rın/ de. birikmek, toplanmak
Sumpf, ..e /zumpf/ r bataklık
sumpfig /'zumpfih/ bataklı
Sünde,n /'zündı/ e günah; suç
Sündenbock, ..e /'zündınbok/ r şamar oğlanı
Sünder,- /'zündır/ r günahkâr
sündigen /'zündıgın/ günaha girmek
Super /'zu:pır/ s süper benzin
Superlativ, e /zuperla'ti:f/ r *dilb.* (sıfat) en üstünlük derecesi
Supermarkt, ..e /'zu:pırmarkt/ r süpermarket
Suppe,n /'zupı/ e çorba
Suppengrün /'zupıngrü:n/ s çorbaya atılan yeşillikler (maydanoz vs.)
Suppenlöffel,- /'zupınlöfıl/ r çorba kaşığı
Suppenschüssel,- /'zupınşüsıl/ e çorba kâsesi
surren /'zurın/ vızıldamak
süß /zü:s/ tatlı; şirin
Süße /'züsı/ e tatlı şey, şekerleme **meine-** Tatlım! Şekerim
süßen /'zü:sın/ tatlılaştırmak
Süßigkeit /'zü:sihkayt/ e tatlı şeyler, şekerleme

süßlich /'zü:slih/ tatlımsı; yapmacık
Süßspeise, n /'zü:sşpayzı/ e tatlı
Süßwasser /'sü:svasır/ s tatlı su
Symbol, e /züm'bo:l/ s simge, sembol
symbolisch /züm:bo:lış/ simgesel, sembolik
symbolisieren /zümboli'zi:rın/ simgelemek, sembolize etmek
Symmetrie, n /zümetri:/ e simetri, bakışım
symmetrisch /zü'me:triş/ simetrik, bakışımlı
Sympathie, n /zümpa'ti:/ e sempati; duygudaşlık
sympathisch /züm'pa:tiş/ sempatik, duygudaş, sevimli
sympathisieren /zümpati'zi:rın/ sempati duymak
Symphonie, n /zümfo'ni:/ e senfoni
Symptom, e /züm'to:m/ s hek. belirti

Synagoge, n /züna'go:gı/ e sinagog, havra
synchron /zün'kro:n/ eşzamanlı
synchronisieren /zünkroni'zi:rın/ senkronize etmek, eşzamanlamak; seslendirmek, dublaj yapmak
Synonym, e /züno'nü:m/ s eşanlamlı sözcük
synonym /züno'nü:m/ eşanlamlı
Syntax /'züntaks/ e dilb. sözdizimi
Synthese, n /zün'tezı/ e bireşim, sentez
synthetisch /zün'te:tiş/ bireşimsel, sentetik
Syphilis /'zü:filis/ e hek. frengi
Syrien /'zü:riın/ Suriye
System, e /züs'te:m/ s dizge, sistem
systematisch /züste'ma:tiş/ dizgesel, sistematik
Szene, n /'stse:nı/ e sahne

T

Tabak, e /ta'bak/ **r** tütün
Tabelle, n /ta'belı/ **e** çizelge, liste
Tablett, e /tab'let/ **s** tepsi
Tablette, n /tab'letı/ **e** tablet
Tadel,- /'ta:dıl/ **r** azar(lama); uyarma
tadellos /'ta:dıllo:s/ yetkin, kusursuz
tadeln /'ta:dıln/ azarlamak, paylamak
Tafel, n /ta:fıl/ **e** yazı tahtası; tablo, levha; çizelge
Tag, e /ta:k/ **r** gün; gündüz
   jeden Tag her gün
   alle Tage her gün
   den ganzen Tag bütün gün
   eines Tages günün birinde
   Guten Tag! Günaydın!
tagaus tagein /ta:k-'aus ta:k-'ayn/ her gün
Tagebuch /'ta:gıbu:h/ **s** günlük, günce, anı defteri
tagelang /'ta:gılang/ günlerce
Tagelohn, ..e /'ta:gılo:n/ **r** gündelik (ücret)
tagen /'ta:gın/ toplantı düzenlemek; gün doğmak
Tagesanbruch /'ta:gısanbruh/ **r** gün doğması, şafak
Tagesgespräch /'ta:gısgışpre:h/ **s** günün konusu
Tageslicht, er /'ta:gıslıht/ **s** gün ışığı
Tagesordnung, en /'ta:gısordnung/ **e** gündem
Tageszeit, en /'ta:gıstsayt/ **e** günün saati
Tageszeitung, en /'ta:gıstsaytung/ **e** günlük gazete
täglich /'te:klih/ günlük, her günkü
tagsüber /'ta:ks-übır/ gündüzün
Tagung, en /'ta:gung/ **e** oturum, toplantı
Taille, n /'talyı/ **e** bel
Takt, e /takt/ *müz.* **r** ölçü; denlilik, incelik; *mot.* zaman
Taktik, en /'taktik/ **e** taktik
taktisch /'taktiş/ taktik
taktlos /'taktlo:s/ densiz, patavatsız, düşüncesiz
taktvoll /'taktfol/ denli, ince ruhlu, düşünce sahibi
Tal, ..er /ta:l/ **s** vadi, koyak
Talent, e /ta'lent/ **s** yetenek
talentiert /talen'ti:rt/ yetenekli
Talg, e /talk/ **r** içyağı, donyağı
Talisman, e /'ta:lisman/ **r** tılsım
Tamburin, e /tambu'ri:n/ **e** *müz.* tef
Tampon, s /'tampon/ **r** *hek.* tampon
Tang, e /tang/ **r** yosun
Tangente, n /tan'gentı/ **e** *mat.* teğet
Tank, e /tank/ **r** depo; tank
tanken /'tankın/ benzin almak
Tanker,- /'tankır/ **r** tanker
Tankstelle, n /tankştelı/ **e** benzin istas-

yonu
Tankwart /'tankvart/ r benzinci (kişi)
Tanne, n /'tanı/ e çam (ağacı)
Tante, n /'tantı/ e teyze, hala, yenge
Tanz, ..e /tants/ r dans
tänzeln /'tentsıln/ kırıta kırıta yürümek
tanzen /'tantsın/ dans etmek
Tänzer,- /'tentsır/ r dansör
Tänzerin, nen /'tentsırin/ e dansöz
Tanzmusik /'tantsmuzi:k/ e dans müziği
Tanzschule, n /'tantsşu:lı/ e dans okulu
Tapete, n /ta'pe:tı/ e duvar kâğıdı
tapezieren /tape'tsi:rın/ (duvarı) kâğıtla kaplamak
tapfer /'tapfır/ yiğit, yürekli
Tapferkeit /'tapfırkayt/ e yiğitlik, cesaret, yüreklilik
tappen /'tapın/ ağır ağır yürümek
täppisch /'tepiş/ beceriksiz
Tarif, e /ta'ri:f/ r tarife, fiyat listesi
tarnen /'tarnın/ kamufle etmek, gizlemek, maskelemek
Tarnung, en /'tarnung/ e kamuflaj, gizleme
Tasche, n /'taşı/ e çanta; cep
Taschenbuch, ..er /'taşınbu:h/ s cep kitabı
Taschendieb, e /'taşındi:p/ r yankesici
Taschengeld, er /taşıngelt/ s harçlık
Taschenlampe,n /'taşınlampı/ e cep feneri
Taschenmesser, - /'taşınmesır/ s çakı
Taschentuch, ..er /'taşıntu:h/ s mendil
Taschenuhr, en /'taşın-u:r/ e cep saati
Taschenwörterbuch, ..er /'taşınvörtırbu:h/ s cep sözlüğü
Tasse, n /'tası/ e fincan
Tastatur, en /'tasta'tu:r/ e klavye
Taste, n /'tastı/ e tuş
tasten /'tastın/ parmakla dokunmak; de. el yordamıyla bulmak
Tastsinn /'tastzin/ r dokunma duyusu
Tat, en /ta:t/ e eylem, iş, hareket
tatenlos /'ta:tınlo:s/ eylemsiz, tembel
Täter, - /'te:tır/ r yapan, fail; suçlu

tätig /'te:tih/ etkin, çalışkan; işleyen, çalışan
Tätigkeit, en /'tetihkayt/ e etkinlik, faaliyet; iş, meslek
Tatkraft, ..e /'ta:tkraft/ e enerji, azim, istek, heves
Tatort, e /'ta:t-ort/ r olay yeri
tätowieren /teto'vi:rın/ dövme yapmak
Tätowierung, en /'teto'vi:rung/ e dövme
Tatsache, n /'ta:tzahı/ e gerçek
tatsächlich /'ta:tzehlih/ gerçekten; gerçek, asıl
Tatze, n /'tatsı/ e pençe
Tau, e /tau/ s halat
Tau /tau/ r çiy, şebnem
taub /taup/ sağır
Taube, n /'taubı/ e güvercin; kumru
Taubheit /'tauphayt/ e sağırlık
taubstumm /'taupştum/ sağır ve dilsiz
tauchen /'tauhın/ daldırmak, batırmak; dalmak, batmak
Taucher, - /'tauhır/ r dalgıç
Taucheranzug, ..e /'tauhır-antsu:k/ r dalgıç giysisi
Tauchmaske, n /'tauhmaskı/ e deniz gözlüğü
Tauchsieder, - /'tauhzi:dır/ r su ısıtmaya yarayan elektrikli çubuk
tauen /'tauın/ erimek, çözülmek
Taufe, n /'taufı/ e vaftiz
taufen /'taufın/ vaftiz etmek
Täufling, e /'toyfling/ r vaftiz edilen çocuk
Taufname, n /'taufna:mı/ r vaftiz adı
Taufpate, n /'taufpa:tı/ r vaftiz babası
Taufpatin, nen /'taufpa:tin/ e vaftiz anası
taugen /'taugın/ (işe) yaramak, uygun olmak, elverişli olmak
taugenichts, e /'taugınihts/ r hiçbir işe yaramayan, haylaz, aylak
tauglich /'tauklih/ işe yarar, uygun, elverişli
Taumel, - /'taumıl/ r baş dönmesi, sersemlik

taumeln /'taumıln/ sersem sersem yürümek, sallanmak, sendelemek
taumlig /'taumlih/ sallanan, sendeleyen, başı dönen
Tausch, e /tauʃ/ r değişme, değiş tokuş
tauschen /'tauʃn/ değiştirmek, değiş tokuş etmek
täuschen /'toyʃın/ aldatmak, yanıltmak; de. aldanmak, yanılmak
täuschend /'toyʃınt/ aldatıcı; şaşırtıcı
Täuschung, en /'toyʃung/ e yanılgı, aldanma; aldatma
tausend /'tauzınt/ bin
Tausendfüβler, - /'tauzıntfü:slır/ r kırkayak
Tauwetter, - /'tauvetır/ s (kar) erime, çözülme
Tauziehen /'tautsi:ın/ s halat çe(kiş)me
Taxe, n /'taksı/ e narh, fiyat
Taxi, s /'taksi/ s taksi
taxieren /tak'si:rın/ fiyat biçmek
Taxifahrer, - /'taksifa:rır/ r taksi şöförü
Taxistand, ..e /'taksiʃtant/ r taksi durağı
Technik, en /'tehnik/ e teknik
Techniker, - /'tehnikır/ r teknisyen, tekniker
technisch /'tehnniş/ teknik
Technologie /'tehnolo'gi:/ e teknoloji
technologisch / 'tehno'lo:giş/ teknolojik
Tee, s /te:/ r çay
Teekanne, n /'te:kanı/ e çaydanlık
Teekessel, - /'te:kesıl/ r çay ibriği
Teelöffel, - /'te:löfıl/ r çay kaşığı
Teer, e /te:r/ r katran
teeren /'te:rın/ katranlamak
Teetasse, n /'te:tası/ e çay fincanı
Teich, e /tayh/ r havuz
Teig, e /tayk/ r hamur
teigig /'taygih/ hamurlu
Teigwaren /'taykva:rın/ *(ç.)* hamur işi, (makarna vs.)
Teil, e /tayl/ r parça, bölüm, kısım; pay
teilbar /'taylba:r/ bölünebilen
Teilchen, - /'taylhın/ s parçacık
teilen /'taylın/ bölmek; ayırmak; paylaşmak
teilhaben /'taylha:bın/ katılmak
Teilhaber, - /'taylhabır/ r ortak
Teilnahme /'tayla:mı/ e katılma; duygudaşlık
teilnahmlos /'tayla:mlo:s/ ilgisiz, kayıtsız
teilnehmen /'tayline:mın/ katılmak
Teilnehmer, - /'tayline:mır/ r katılan
teils /tayls/ kısmen
Teilung, en /taylung/ e bölünme; ayırma, ayrılma; paylaşma
teilweise /taylvayzı/ kısmen
Teilzahlung, en /'tayltsa:lung/ s taksitle ödeme
Teint, s /taynt/ r ten, cilt rengi
Telefon, e /tele'fo:n/ s telefon
Telefonbuch, ..er /tele'fo:nbu:h/ s Telefon rehberi
Telefongespräch, e /tele'fo:ngışpre:h/ s telefon konuşması
telefonieren /telefo'ni:rın/ telefon etmek
telefonisch /tele'fo:niş/ telefonla
Telefonist, en /telefo'nist/ r telefon operatörü
Telefonnummer, n /telefo:nnumır/ e telefon numarası
Telefonzelle, n /tele'fo:ntselı/ e telefon kulübesi
Telefonzentrale, n /telefo'ntsentra:lı/ e telefon santralı
Telegraf, en /tele'gra:f/ r telgraf
telegrafieren /telegra'fi:rın/ tel çekmek
telegrafisch /tele'gra:fiş/ telgrafla
Telegramm, e /tele'gram/ s telgraf
Telegraph, en /telegra:f/ r telgraf
telegraphieren /telegra'fi:rın/ tel(graf) çekmek
Telephon, e /tele'fo:n/ s telefon
Telephonbuch, ..er /tele'fo:nbu:h/ s telefon rehberi
Telephongespräch, e /telefo:ngışpre:h/ s telefon konuşması

Telephonhörer, - /tele'fo:nhö:rır/ r telefon kulaklığı
telephonieren /telefo'ni:rın/ telefon etmek
telephonisch /telefo':niş/ telefonla
Telephonzelle, n /tele'fo:ntselı/ e telefon kulübesi
Teleskop, e /teles'ko:p/ s teleskop
Teller, - /'telır/ r tabak
Tempel, - /'tempıl/ r tapınak
Temperament, e /tempera'ment/ canlılık, hareketlilik; yaradılış, mizaç
temperamentvoll /tempera'mentfol/ canlı, hareketli; ateşli
Temperatur, en /tempera'tu:r/ e ısı
Tempo, s /'tempo/ s tempo; hız
Tendenz, en /ten'dents/ e eğilim; akım
Tennis /'tenis/ s tenis
Tennisball, ..e /'tenisbal/ r tenis topu
Tennisplatz, ..e /'tenisplats/ r tenis kortu
Tennisschläger - /tenişşle:gır/ r tenis raketi
Tennisspieler, - /'tenisşpi:lır/ r tenisçi, tenis oyuncusu
Tenor, e /te'no:r/ r tenor
Teppich, e /'tepih/ r halı
Termin, e /ter'mi:n/ r kararlıştırılan gün, zaman; mühlet; vade
Terrasse, n /te'rası/ e taraça, asma bahçe; teras
Terrine, n /te'ri:nı/ e çorba kâsesi
Territorium, -ien /teri'to:ryum/ s ülke, bir devletin toprakları
Terror /te'ror/ r terör, yıldırma
terrorisieren /terori'zi:rın/ yıldırmak, terör uygulamak
Terrorist /tero'rist/ r terörist
Tertia, -ien /'tertsiya/ e 8. ve 9. sınıflara verilen genel ad
Test, s /test/ r test
Testament, e /testa'ment/ s vasiyetname
testen /'testın/ denemek; test uygulamak
Tetanus /'te:tanus/ r tetanos

teuer /'toyır/ pahalı, değerli; sevgili
Teufel, - /'toyfıl/ r şeytan
teuflisch /'toyfliş/ şeytanca
Text, e /tekst/ r metin, tekst; güfte
textil /teks'ti:l/ tekstil
Textilien /teks'ti:liın/ (ç.) tekstil ürünleri, mensucat
Theater, - /te'a:tır/ s tiyatro
Theaterkasse, n /te'atırkası/ e tiyatro gişesi
Theaterstück, e /te'atırştük/ s tiy. oyun
Theatervorstellung, en /tea'tırfo:rştelung/ e tiyatro gösterisi
theatralisch /teat'ra:liş/ gösterişli; yapmacık hareketli
Theke, n /'te:kı/ e tezgâh
Thema, -men /'tema/ s konu, tema
Theologe, n /teo'lo:gı/ r teolog, tanrıbilimci
Theologie /teolo'gi:/ e tanrıbilim, ilahiyat, teoloji
Theoretiker, - /teo're:tikır/ r kuramcı, nazariyatçı, teorisyen
theoretisch /teo're:tiş/ kuramsal, teorik
Theorie, n /teo'ri:/ e kuram, teori
Therapie, n /tera'pi:/ e tedavi, terapi
Thermometer, - /termo'me:tır/ s ısıölçer, termometre
Thermoflasche, n /'termoflaşı/ e termos
Thermostat, e /termo'sta:t/ r termostat
These, n /'tezı/ e sav, tez
Thron, e /tro:n/ r taht
Thronfolger, - /'tro:nfolgır/ r veliaht
Thunfisch, e /'tu:nfiş/ r orkinos, tonbalığı
ticken /'tıkın/ tik-tak etmek
tief /ti:f/ derin; pes, kalın (ses); alçak
Tief, s /ti:f/ s alçak basınç
Tiefdruck, e /'ti:fdruk/ r alçak basınç
Tiefe, n /'ti:fı/ e derinlik
tiefgekühlt /'ti:fgıkü:lt/ soğutulmuş, derin dondurulmuş
Tiefkühltruhe, n /'ti:fkü:ltru:ı/ e derin dondurucu
Tiegel, - /'ti:gıl/ r tava

Tier, e /ti:r/ s hayvan
Tierarzt, ..e /'ti:r-a:rtst/ r veteriner
Tiergarten, .. /'ti:rgartın/ r hayvanat bahçesi
tierisch /'ti:riş/ hayvanca; hayvansal
Tierkreis, e /'ti:rkrays/ r zodyak, burçlar kuşağı
Tierkunde /'ti:rkundı/ e hayvanbilim, zooloji
Tiger, - /'ti:gır/ r kaplan
tilgen /'tilgın/ silmek, çıkarmak; ödemek, sönümlemek
Tinktur, en /tink'tu:r/ e tentür
Tinte, n /'tintı/ e mürekkep
Tintenfaβ**, ..sser** /'tintınfas/ s mürekkep hokkası
Tintenfisch, e /'tintınfiş/ r mürekkepbalığı
Tintenfleck, e /'tintınflek/ r mürekkep lekesi
Tip, s /tip/ r öğüt, tavsiye
tippen /'tipın/ hafifçe dokunmak; makineyle yazı yazmak; daktilo etmek
Tippfehler,- /'tipfe:lır/ r *kd.* daktilo hatası
Tippse, n /'tipzı/ e daktilo, sekreter
tipptopp /'tiptop/ kusursuz, yetkin
Tippzettel,- /'tiptse:tıl/ r sportoto kuponu
Tisch, e /tiş/ r masa
Tischdecke, n /'tişdekı/ e masa örtüsü
Tischler, - /'tişlır/ r marangoz
tischlern /'tişlırn/ marangozluk yapmak
Tischtennis /'tiştenis/ s masa tenisi, pingpong
Titel, - /'ti:tıl/ r ünvan; başlık; ad, isim
Titelbild, er /'ti:tılbilt/ s kapak resmi
Toast, e /'toust/ r tost
toasten /'toustın/ kızartmak
toben /'to:bın/ azmak, kudurmak
tobsüchtig /'to:bzühtih/ kudurmuş, azgın
Tochter, .. /'tohtır/ e kız evlat
Tod, e /to:t/ r ölüm
Todesangst /'to:dıs-angst/ e ölüm korkusu

Todesanzeige /'to:dısantsaygı/ e ölüm ilanı
Todeskampf, ..e /'to:dıskampf/ r can çekişme
Todesstrafe, n /'to:dısştrafı/ e ölüm cezası
todkrank /'to:tkrank/ ölüm derecesinde hasta, çok hasta
tödlich /'tö:tlih/ öldürücü, ölümcül
todmüde /'to:tmüdı/ çok yorgun, aşırı derecede bitkin
todschick /'to:tşik/ *kd.* çok şık
Todsicher /'to:tzi:hır/ *kd.* çok emin
Toilette, n /tua'letı/ e tuvalet, yüznumara
Toilettenartikel /toa'letınartikıl/ *(ç.)* tuvalet eşyaları
Toilettenpapier, e /toa'letınpapi:r/ s tuvalet kâğıdı
tolerant /tolı'rant/ hoşgörülü
Toleranz /tolı'rants/ e hoşgörü
toll /tol/ çılgın, azgın; *kd.* harika, enfes
tollkühn /'tolkü:n/ atak, son derece yürekli, ölümü hiçe sayan
Tollwut /'tolvu:t/ e kuduz
Tomate, n /to'ma:tı/ e domates
Ton, e /to:n/ r kil, balçık
Ton, ..e /to:n/ r ses; ton; vurgu
Tonabnehmer,- /'to:n-apne:mır/ r pikap
Tonband, ..er /'to:nbant/ s ses bandı
Tonbandgerät, e /'to:nbantgıre:t/ teyp
tönen /'tö:nın/ çınlamak; hafifçe boyamak, ton vermek
Tonhöhe, n /'to:nhö:ı/ e ses yüksekliği
Tonikum /'to:nikum/ s kuvvet şurubu, tonik
Tonleiter /'to:nlaytır/ e *müz.* gam
Tonmeister,- /'to:nmaystır/ r tonmayster
Tonne, n /'tonı/ e ton; fıçı, varil
Tönung, en /'tö:nung/ e renk tonu; saçın hafifçe boyanması
Topf, ..e /topf/ r tencere, kap, çanak; saksı
Töpfer,- /'töpfır/ r çömlekçi, çanakçı
Tor, e /to:r/ s kapı, giriş kapısı; *sp.* kale;

gol
Tor, en /toːr/ r deli, akılsız
Torheit, en /ˈtoːrhayt/ e delilik, aptallık
Torhüter, - /ˈtoːrhüːtır/ r kaleci
töricht /ˈtöːriht/ deli, akılsız
torkeln /ˈtorkıln/ sendelemek
torpedieren /torpeˈdiːrın/ torpillemek
Torpedo, s /torˈpeːdo/ r torpido
Torte, n /ˈtortı/ e turta, tart
Tortur, en /torˈtuːr/ e eziyet, işkence
Torwart, e /ˈtoːrvart/ r kaleci
tosen /ˈtoːzın/ inlemek; gümbürdemek; coşmak
tot /toːt/ ölü, ölmüş; cansız, hareketsiz; ıssız; sönük, donuk; verimsiz
total /toˈtaːl/ bütün, tüm
totalitär /totaliˈteːr/ totaliter, bütüncül
Tote, n /ˈtoːtı/ r,e ölü (kimse)
töten /ˈtöːtın/ öldürmek
Totenbett /ˈtoːtınbet/ s ölüm döşeği
Totenfeier, n /ˈtoːtınfayır/ e cenaze töreni
Totenstille /ˈtoːtınştilı/ e ölüm sessizliği
totlachen /ˈtoːtlahın/ de. gülmekten katılmak
Toto, s /ˈtoːto/ r,s sportoto, toto
Totoschein, e /ˈtoːtoşayn/ r toto kuponu
Totschlag /ˈtoːtşlak/ r adam öldürme
totschlagen /ˈtoːtşlaːgın/ öldürmek
Tour, en /tuːr/ e tur, gezinti; turne; dön(dür)me
Tourist, en /tuˈrist/ r turist, gezgin
Touristenklasse, n /tuˈristınklasıː/ e turistik mevki
Tournee, n /turˈneː/ e turne
Trab /traːp/ r tırıs
Trabant, en /traˈbant/ r uydu
traben /ˈtraːbın/ tırısa kalkmak; acele etmek, hızlı yürümek
Tracht, en /traht/ e giysi, kostüm; ulusal giysi
trächtig /ˈtrehtih/ (hayvan) gebe
Tradition, en /traditsˈyoːn/ e gelenek
traditionell /trditsyoˈnel/ geleneksel
Tragbahre, n /ˈtraːkbaːrı/ e sedye

tragbar /ˈtraːkbaːr/ taşınır, portatif
träge /ˈtreːgı/ üşengeç, uyuntu, miskin
tragen /ˈtraːgın/ taşımak; giymek; desteklemek
Träger, - /ˈtreːgır/ r taşıyıcı; hamal; askı (sutyen, bluz vs.)
Tragfläche, n /ˈtraːkfleːhı/ e (uçak) kanat
Trägheit, en /ˈtreːkhayt/ e tembellik, uyuşukluk
Tragik /ˈtraːgik/ e facia, trajedi
tragisch /ˈtraːgiş/ acıklı, trajik
Tragödie, n /traˈgöːdiː/ e trajedi, ağlatı; facia, felaket
Trainer, - /ˈtreːnır/ r antrenör, çalıştırıcı
trainieren /treˈniːrın/ antrenman yapmak, çalışmak, çalışma yapmak
Training, s /ˈtreːning/ s antrenman, çalışma
Trainingsanzug, ..e /ˈtreːningsantsuːk/ r eşofman
Traktor, en /ˈtraktor/ r traktör
trampeln /ˈtrampıln/ tepinmek, ağır ağır yürümek
Tran, e /traːn/ r balık yağı
Träne, n /ˈtreːnı/ e gözyaşı
tränen /ˈtreːnın/ (göz) yaşarmak; damla akıtmak
Tränengasbombe, n /ˈtreːnıngaːsbombı/ e göz yaşartıcı bomba
tränken /ˈtrenkın/ su içirmek
transatlantisch /trans-atˈlantiş/ transatlantik, denizaşırı
Transformator, en /transforˈmaːtor/ r transformatör
transitiv /ˈtranzitiːf/ dilb. (eylem) geçişli
Transmission, en /transmisˈyoːn/ e transmisyon, iletim, nakil
transparent /transpaˈrent/ saydam
transpirieren /transpiˈriːrın/ terlemek
Transplantation, en /transplantatsiˈoːn/ e organ nakli
Transport, e /transˈport/ r taşıma, nakil
transportieren /transporˈtiːrın/ iletmek, nakletmek, taşımak

Trapez, e /tra'pe:ts/ s *mat.* yamuk; trapez
Traube, n /'traubı/ e (üzüm) salkım; üzüm
Traubenlese /'traubınle:zı/ e bağ bozumu
Traubensaft, ..e /'traubınzaft/ r üzüm suyu
Traubenzucker /'traubıntsukır/ r üzüm şekeri, glikoz
trauen /'trauın/ nikâh kıymak; güven beslemek
Trauer /'trauır/ e yas; tasa, kaygı
Trauerkleid, er /'trauırklayt/ s yas giysisi, matem elbisesi
trauern /'trauırn/ yas tutmak
Trauerspiel, e /'trauırşpi:l/ s trajedi, ağlatı
träufeln /'troyfıln/ damlatmak; damlamak
traulich /'traulih/ rahat, hoş
Traum, ..e /traum/ r düş, rüya
träumen /'troymın/ düş görmek
träumerisch /'troymırış/ dalgın, hayalperest, düşünceli
traurig /'traurih/ üzgün; acıklı
Traurigkeit /'traurihkayt/ e üzüntü, kader; acıklılık
Trauring, e /'trauring/ r evlenme yüzüğü, alyans
Trauschein, e /'trauşayn/ r evlenme belgesi
Trauung en /'trau:ng/ e nikâh
Trauzeuge, n /'trautsoygı/ r nikâh şahidi
treffen /'trefın/ vurmak, isabet etmek; karşılaşmak, rastlamak; de. buluşmak
Treffen /'trefın/ s buluşma; karşılaşma
treffend /'trefınt/ uygun, yerinde
Treffer,- /'trefır/ r (tam) isabet; gol
trefflich /'treflih/ mükemmel, yetkin
Treffpunkt, e /'trefpunkt/ r buluşma yeri
treiben /'traybın/ sürmek; kovmak; işletmek; yapmak, meşgul olmak
Treibhaus, ..er /'trayhaus/ s (limonluk, ser(a)

Treibstoff, e /'traypştof/ r akaryakıt
trennbar /'trenba:r/ *dilb.* ayrılabilen
trennen /'trenın/ ayırmak; de. ayrılmak
Trennung, en /'trenung/ e ayrılma, ayırma
Treppe, n /'trepı/ e merdiven
Treppengeländer,- /'trepıngılendır/ s tırabzan
Treppenhaus /'trepınhaus/ s merdiven sahanlığı
Tresor, e /'tre'zo:r/ r kasa
treten /'tre:tın/ ayak basmak; tekmelemek, tepmek; ezmek
treu /troy/ sadık, bağlı; gerçek
Treue /'troyı/ e sadakat, bağlılık
treulich /'troylih/ sadakatlı
treulos /'troylo:s/ sadakatsiz, vefasız
Treulosigkeit /'troylo:zihkayt/ e sadakatsizlik
Tribune, n /tri'bü:nı/ e tribün
Trichter,- /'trihtır/ r huni
Trick, s /trik/ r hile, düzen, dolap; hüner
Trieb, e /tri:p/ r dürtü; eğilim; sürgün, filiz
Triebkraft, ..e /'tri:pkraft/ e itme kuvveti
triefen /'tri:fın/ damlamak
triftig /'triftih/ inandırıcı; sağlam temellere dayanan
Trigonometrie /trigonometri:/ e trigonometri
Trikot, s /tri'ko:/ s fanila; *sp.* mayo
Trikot, s /tri'ko:/ s,r triko
Trikotage, n /triko'ta:jı/ e trikotaj, örme kumaş
Triller,- /'trilır/ r *müz.* tril
trillern /'trilırn/ şakımak
Trimester,- /tri'mestır/ s üç aylık zaman aralığı, çeyrek yıl
trinkbar /'trinkba:r/ içilebilir, içilir
trinken /'trinkın/ içmek
Trinker /'trinkır/ r ayyaş, içkici
Trinkgeld, er /'trinkgelt/ s bahşiş
Trinkglas, ..er /'trinkgla:s/ s kadeh, bardak
Trinkspruch, ..e /'trinkşpruh/ r toka, ka-

deh tokuşturma
Trinkwasser /'trinkvasır/ s içme suyu
Trio, s /'trio/ s triyo, üçlü
trippeln /'tripıln/ tıpış tıpış yürümek
Tripper,- /'tripır/ r belsoğukluğu
Tritt, e /trit/ r adım; tekme; ayak izi; basamak; pedal
Trittbrett, er /'tritbret/ s *oto.* marşpiye
Triumph, e /tri'umf/ r zafer, utku
triumphieren /trium'fi:rın/ yenmek, galip gelmek; çok sevinmek; bayram etmek
trocken /'trokın/ kuru; kurak, çorak
Trockenhaube, e /'trokınhaubı/ e saç kurutma makinesi
Trockenheit /'trokınhayt/ e kuruluk; susuzluk, kuraklık
trockenlegen /'trokınle:gın/ kurutmak, akaçlamak; bebeğin altını değiştirmek
Trockenmilch /'trokınmilh/ e süt tozu
trocknen /'troknın/ kurutmak; kurumak
Troddel, n /'trodıl/ e püskül
Trödel /'trö:dıl/ r pılı pırtı, ıvır zıvır
Trödelmarkt, ..e /'trö:dılmarkt/ r bitpazarı
trödeln /trö:dıln/ üşenmek
Trödler,- /'trö:dlır/ r eskici
Trog, ..e /tro:k/ r tekne; yalak
Trommel, n /'tromıl/ e davul, dümbelek; kasnak; darbuka
Trommelfell /'tromılfel/ s kulakzarı
trommeln /'tromıln/ trampet çalmak
Trommler,- /'tromlır/ r trampetçi, davulcu
Trompete, n /trom'pe:tı/ e trompet, boru
Trompeter,- /trom'petır/ r trompetçi
Tropen /tro:pın/ *(ç.)* tropikal bölge
Tropf, ..e /tropf/ r bön, alık (kimse)
tröpfeln /'tröpfıln/ damlamak
tropfen /'tropfın/ damlamak
Tropfen, r /'tropfın/ r damla
tropisch /'tropiş/ tropik(al)
Trost /tro:st/ r avuntu, teselli
trösten /'tröstın/ avutmak, teselli etmek

tröstlich /'trö:stlih/ avutucu, teselli edici
trostlos /'tro:stlo:s/ avutulamaz, teselli olunamaz; perişan
Trott, e /trot/ r tırıs, yavaş yürüyüş
Trottel,- /'trotıl/ r salak, sersem
trotten /'trotın/ tırıs gitmek, ağır yürümek
Trottoir, e /'trot'va:r/ s yaya kaldırımı, trotz /trots/ rağmen, karşın
Trotz /trots/ r inat, dik başlılık
trotzdem /'trotsde:m/ buna karşın, buna rağmen, bununla birlikte
trotzen /'trotsın/ inat etmek; direnmek
trotzig /'trotsih/ inatçı, dik başlı
Trotzkopf, ..e /'trotskopf/ r inatçı çocuk
trotzköpfig /'trotsköpfih/ inatçı
trüb /trü:p/ bulanık, donuk, soluk; (hava) kapalı, bulutlu
Trubel,- /'tru:bıl/ r hayhuy, curcuna
trüben /'trü:bın/ bulandırmak; de. bulanmak; kapanmak, bulutlanmak
Trübsal, e /trü:pza:l/ e acı, üzüntü, sıkıntı
trübselig /'trü:pzelih/ üzüntülü; acıklı
Trübsinn /'trü:pzin/ r melankoli
trübsinnig /'tru:pzinih/ melankolik
trügen /'trü:gın/ yanıltmak, aldatmak
trügerisch /'trü:gırış/ yanıltıcı, aldatıcı
Trugschluβ /'tru:kşlus/ r yanlış vargı
Truhe, n /'tru:i/ e kutu, sandık
Trümmer /'trümır/ *(ç.)* yıkıntı, enkaz; kırıntı, döküntü
Trümmerhaufen,- /'trümırhaufın/ r döküntü yığını
Trumpf, ..e /trumpf/ r koz
Trunk, ..e /trunk/ r içim; yudum
trunken /'trunkın/ sarhoş
Trunkenheit /'trunkınhayt/ e sarhoşluk
Trunksucht /'trunkzuht/ e içki tutkusu, ayyaşlık, alkolizm
trunksüchtig /'trunkzühtih/ alkolik
Trupp, s /trup/ r grup, takım, küme
Truppe, n /'trupı/ e *ask.* kıta, birlik; *tiy.* trup, kumpanya
Truthahn,..e /'tru:tha:n/ r erkek hindi
Truthenne, n /'tru:thenı/ e dişi hindi

Tscheche, n /'çehı/ r Çek
Tschechisch /'çehiş/ s Çekçe
Tschechoslowakei /çehoslova'kay/ e Çekoslovakya
Tube, n /'tu:bı/ e tüp
Tuberkulose, n /tuberku'lo:zı/ e verem, tüberküloz
Tuch, ..er /tu:h/ s bez, kumaş; (boyun) atkı; başörtü(sü); havlu
tüchtig /'tühtih/ yetenekli, becerikli
Tücke, n /'tükı/ e kötülük, sinsilik; muziplik
tückisch /'tükiş/ sinsi; muzip
Tugend, en /'tu:gınt/ e erdem, fazilet
tugendhaft /'tu:gınthaft/ erdemli
Tülle, n /'tülı/ r tül
Tulpe, n /'tulpı/ lale
tummeln /'tumıln/ de. (çocuk) sıçrayıp oynamak; acele etmek
Tumor, e /'tu:mor/ r ur, tümör
Tümpel, - /'tümpıl/ r su birikintisi, irkinti
Tumult, e /tu'mult/ r şamata, curcuna
tun /tu:n/ yapmak, etmek; koymak
Tünche, n /'tünhı/ e badana
tünchen /'tünhın/ badanalamak
Tunesien /tu'ne:ziın/ Tunus
Tunke, n /'tunkı/ e salça, sos
tunken /'tunkın/ banmak, batırmak
Tunnel, - /'tunıl/ r tünel
Tüpfel, - /'tüpfıl/ r benek, leke
tüpfeln /'tüpfıln/ lekelemek, beneklemek
tupfen /'tupfın/ hafifçe dokunmak; beneklemek, lekelemek
Tupfen, - /'tupfın/ r leke, benek
Tür, en /tü:r/ e kapı
Turbine, n /tur'bi:nı/ e türbin
Türgriff, e /'tü:rgrif/ r kapı kolu
Türke, n /'türkı/ r Türk
Türkei /tür'kay/ e Türkiye
Türkisch /'türkiş/ s Türkçe
Turm, ..e /turm/ r kule; (satranç) kale
türmen /'türmın/ üstüste yığmak; sıvışmak, tüymek
turnen /'turnın/ jimnastik yapmak
Turnen /'turnın/ s jimnastik, beden eğitimi
Turner, - /'turnır/ r jimnastikçi
Turngerät, e /'turngıre:t/ s jimnastik aygıtı
Turnhalle, n /'turnhalı/ s jimnastik salonu
Turnier, e /tur'ni:r/ s turnuva
Tusche, n /'tuşı/ e çini mürekkebi
tuscheln /'tuşıln/ fısılda(ş)mak
Tüte, n /'tütı/ e kesekâğıdı
tuten /'tu:tın/ *oto.* korna çalmak
Typ, en /tü:p/ r tip, model, biçim
Typhus /'tü:fus/ r tifo
typisch /'tü:piş/ tipik
Tyrann, en /tü'ran/ r tiran, despot
Tyrannei /türa'nay/ e despotluk
tyrannisch /tü'raniş/ despot, gaddar, zalim
tyrannisieren /türani'zi:rın/ zulmetmek, ezmek

U

U-Bahn /'u:ba:n/ e metro
übel /'ü:bıl/ kötü
Übel,- /'ü:bıl/ s kötülük, belâ; rahatsızlık, keyifsizlik
Übelkeit /'ü:bılkayt/ e mide bulantısı
übelnehmen /'ü:bılne:mın/ darılmak, gücenmek
üben /'ü:bın/ alıştırma yapmak; uygulamak
über /'ü:bır/ üstünde, üzerinde,; üstüne, üzerine; hakkında, ilişkin; -den çok
überall /ü'bır-'al/ her yerde
überanstrengen /'ü:bıranştrengın/ fazla yormak; de. çok yorulmak
Überanstrengung, en /ü:bır'anştrengung/ e sürmenaj
überarbeiten /ü:bır'arbaytın/ yeniden gözden geçirmek; de. sürmenaj olmak
überaus /ü:bır-'aus/ gayet, son derece
überbelasten /'ü:bırbılastın/ fazla (yük) yüklemek
überbieten /ü:bır'bi:tın/ daha yüksek bir fiyat önermek; üstün gelmek, geçmek
Überbleibsel,- /'ü:bırblaypsıl/ s artık, kalan
Überblick, e /'ü:bırblik/ r genel bakış, göz gezdirme
überblicken /ü:bır'blikın/ bir bakışta görmek
überbringen /ü:bır'bringın/ getirmek, götürmek, iletmek, teslim etmek
überdauern /ü:bır'dauırn/ daha uzun ömürlü olmak
überdenken /ü:bırdenkın/ üzerinde derin derin düşünmek, ince hesaplar yapmak
überdies /ü:bır'di:s/ bundan başka
Überdruck /'ü:bırdruk/ r fazla basınç
Überdruβ /'ü:bırdrus/ r bıkkınlık, usanç
überdrüssig /'ü:bırdrüsih/ bıkkın, usanmış
überdurchschnittlich /'ü:bırdurhşnitlih/ çok iyi, olağanüstü
übereifrig /'ü:bır-ayfrih/ gerektiğinden fazla çaba gösteren
übereilt /ü:bır'aylt/ aceleci; düşüncesiz
übereinander /ü:bır-ay'nandırı/ üst üste
übereinkommen /ü:bır-aynkomın/ uzlaşmak, anlaşmak, uyuşmak
Übereinkunft /ü:bır-'aynkunft/ e uzlaşma, anlaşma, uyuşma
übereinstimmen /ü:bır-aynştimın/ hemfikir olmak, katılmak; birbirini tutmak
Übereinstimmung /ü:bır-'aynştimung/ e uyuşma, bağdaşma, uygunluk
überfahren /ü:bır-ayfrıh/ karşıya geçmek; (araba) ezmek, çiğnemek; **eine Stelle-** bir yeri geçmek
Überfahrt, en /'ü:bırfa:rt/ e karşıdan karşıya geçiş

Überfall,..e /'ü:bırfal/ r baskın; soygun, saldırı
überfallen /ü:bır'falın/ baskın yapmak, basmak; saldırmak
überfällig /'ü:bırfelih/ günü geçmiş
Überfliegen /ü:bır'fli:gın/ üzerinden uçmak; (kitap) göz gezdirmek
Überfluß /'ü:bırflus/ r bolluk, fazlalık
überflüssig /'ü:bırflüsih/ gerektiğinden çok, fazla, gereksiz
überfluten /ü:bır'flutın/ su basmak
überfordern /ü:bırfordırn/ (birinden) yapabileceğinden fazlasını istemek
überführen /ü:bır'fü:rın/ suçunu kanıtlamak; taşımak, nakletmek
Überführung, en /ü:bır'fü:rung/ e piyasaya fazla mal sürme; (törenle) nakil; /'ü:bırfü:rung/ üstgeçit
überfüllen /ü:bır'fülın/ tıka basa doldurmak, taşırmak
überfüllt /ü:bır'fült/ tıka basa dolu, hıncahınç (dolu)
Übergabe /ü:bırga:bı/ e eline verme, teslim(etme); teslim (olma)
Übergang /'ü:bırgang/ r geçiş; geçit
Übergangszeit /'ü:bırgangstsayt/ e geçiş dönemi
übergeben /ü:bır'ge:bın/ eline vermek, teslim etmek; de. kusmak
übergehen /ü:bır'ge:ın/ elden (gözden) geçirmek; atlamak, unutmak; geçmek, dönüşmek
Übergewicht /'ü:bırgıviht/ s fazla ağırlık, ağırlık fazlası
übergroß /'ü:bırgro:s/ çok büyük
überhaben /'ü:bırha:bın/ kd. -den bıkmak
überhandnehmen /ü:bır'hantne:mın/ gittikçe artmak
überhaupt /b:r'haupt/ genel olarak
überheblich /ü'·bır'he:plih/ burnu büyük, kendini beğenmiş
überhitzen /ü:bır'hitsın/ fazla ısıtmak
überholen /ü:bır'ho:lın/ geride bırakmak, geçmek; elden geçirmek, rektifiye etmek
überholt /ü:bır'holt/ eski, modası geçmiş
überhören /ü:bır'hörın/ işitmemek; işitmezlikten gelmek
überirdisch /'ü:bır-irdiş/ doğaüstü
überlassen /ü:bır'lasın/ bırakmak, terk etmek
überlasten /übır'lastın/ fazla yüklemek; çok yormak
überlaufen /'ü:bırlaufın/ taşmak
überleben /ü:bır'le:bın/ (sağ) kurtulmak; daha uzun yaşamak
Überlebende(r) /ü:bır'le:bındı(r)/ r,e kurtulan, hayatta kalan
überlegen /ü:bır'le:gın/ düşünmek; daha üstün, daha kuvvetli
Überlegenheit /ü:bır'le:gınhayt/ e üstünlük
Überlegung, en /ü:bır'le:gung/ e düşünce, fikir
überliefern /ü:bır'li:fırn/ vermek, iletmek, teslim etmek
Überlieferung /ü:bır'li:fırung/ e gelenek
überlisten /ü:bır'listın/ aldatmak
übermächtig /'ü:bırmehtih/ karşı konulamaz, olağanüstü kuvvetli
Übermaß /'ü:bırma:s/ s fazlalık, aşırılık; ölçüsüzlük
übermäßig /'ü:bırme:sih/ aşırı
übermenschlich /'ü:bırmenşli:h/ insanüstü
übermitteln /ü:bır'mitıln/ yollamak, ulaştırmak, iletmek; götürmek; bildirmek
übermorgen /'ü:bırmorgın/ öbür gün
übermüdet /ü:bır'mü:dıt/ aşırı derecede yorgun, bitkin
Übermut /'ü:bırmu:t/ r taşkınlık, coşkunluk, aşırı sevinç
übermütig /'ü:bırmü:tih/ çılgınca neşeli, son derece sevinçli
übernachten /ü:bır'nahtın/ gecelemek, geceyi geçirmek
Übernachtung, en /ü:bır'nahtung/ e geceleme

Übernahme /'ü:bırna:mı/ e teslim alma; kabul etme
übernehmen /ü:bır'ne:mın/ üzerine almak, kabul etmek
überprüfen /ü:bır'prü:fın/ yoklamak, kontrol etmek, denetlemek
Überprüfung, en /ü:bır'prü:fung/ e yoklama, kontrol, denetim
überqueren /ü:bır'kve:rın/ geçmek
überragen /ü:bır'ra:gın/ daha yüksek olmak; daha üstün olmak
überraschen /ü:bır'raşın/ sürpriz yapmak, şaşırtmak
Überraschung, en /ü:bır'raşung/ e sürpriz
überreden /ü:bır're:dın/ kandırmak, inandırmak, ikna etmek
überreichen /ü:bır'rayhın/ sunmak, vermek, uzatmak
überreif /'ü:bırrayf/ çok olgun, zamanı geçmiş
Überrest, e /'ü:bırrest/ r arta kalan, artık, kalıntı
überrumpeln /ü:bır'rumpıln/ gafil avlamak
Überschallflugzeug, e /'ü:bırşalflu:ktsoyk/ s sesten hızlı uçak
Überschallgeschwindigkeit /'ü:bırşalgışvindihkayt/ e sesten hızlı hız
überschätzen /ü:bır'şetsın/ fazla değer biçmek; gözünde büyütmek
überschauen /ü:bır'şauın/ bir bakışta görmek
Überschlag /'ü:bırşla:k/ r tahmin, kestirme; sp. takla, perende
überschlagen /ü:bır'şla:gın/ tahmini hesaplamak; okumayıp geçmek; de. takla atmak; ılık
überschneiden /ü:bır'şnaydın/ de. kesişmek
überschreiben /ü:bır'şraybın/ başlık koymak; huk. devretmek
überschreiten /ü:bır'şraytın/ aşmak, geçmek
Überschrift, en /'ü:bırşrift/ e başlık

Überschuß /'ü:bırşus/ r artık, kalan, fazla
überschüssig /'ü:bırşüsih/ fazla, arta kalan, artan
überschwemmen /ü:bır'şvemın/ su basmak
Überschwemmung, en /ü:bır'şvemung/ e su baskını
Übersee /'ü:bırze:/ e denizaşırı ülkeler
überseeisch /'ü:bırze:iş/ denizaşırı
übersehen /ü:bırze:ın/ gözden kaçırmak; görmemezlikten gelmek, göz yummak
übersenden /ü:bır'zendın/ yollamak, göndermek
übersetzen /ü:bır'zetsın/ çevirmek, tercüme etmek
Übersetzer,- /ü:bır'zetsır/ r çevirmen
Übersetzung, en /ü:bır'zetsung/ e çeviri, tercüme
Übersicht, en /'übırziht/ e toplu bakış; özet
übersichtlich /'ü:bırzihtlih/ apaçık, belli
übersiedeln /ü:bır'zi:dıln/ (bir yere gidip) yerleşmek
überspringen /ü:bır'şpringın/ atlamak
überstehen /übır'şte:ın/ (tehlike, vb.) atlatmak; hayatta kalmak
übersteigen /ü:bır'ştaygın/ aşmak; tırmanmak
Überstunden /'ü:bır'ştundın/ (ç.) fazla mesai
überstürzen /ü:bır'ştürtsın/ aceleye getirmek; de. (arka arkaya) birbirini izlemek
überstürzt /ü:bır'ştürtst/ çok hızlı, aceleci, vakitsiz
übertölpeln /ü:bır'tölpıln/ aldatmak, kandırmak
übertönen /ü:bır'tö:nın/ sesiyle bastırmak
übertragbar /ü:bır'tra:kba:r/ devredilebilir
übertragen /ü:bır'tra:gın/ devretmek; yayınlamak; geçirmek, bulaştırmak

Übertragung, en /ü:bır'tra:gung/ e iletme, geçirme, nakil, aktarma
übertreffen /ü:bır'tre:fın/ geçmek, aşmak
übertreiben /übır'traybın/ abartmak, büyütmek
Übertreibung, en /übır'traybung/ e abartma, büyütme
übertreten /ü:bır'tre:tın/ karşıya geçmek; uymamak, çiğnemek
übertrieben /ü:bırtri:bın/ abartmalı, aşırı
übervölkert /ü:bır'fölkırt/ aşırı kalabalık
übervoll /ü:bırfol/ ağzına dek dolu
übervorteilen /ü:bır'fortaylın/ aldatmak; kazık atmak
überwachen /ü:bır'vahın/ beklemek, gözetmek, denetim altında bulundurmak, gözetim altında tutmak
überwältigen /ü:bır'veltigın/ yenmek, bastırmak
überwältigend /ü:bır'veltigınt/ çok etkileyici; ezici
überweisen /ü:bır'vayzın/ havale etmek (para vs.); nakletmek
Überweisung, en /ü:bır'vayzung/ e havale
überwiegen /ü:bır'vi:gın/ üstün olmak
überwiegend /ü:bırvi:gınt/ üstün olan
überwinden /ü:bır'vindın/ yenmek, üstün gelmek; aşmak; de. nefsini yenmek
überwintern /ü:bırvintırn/ kışı geçirmek
Überzahl /'ü:bırtsa:l/ e sayıca üstünlük
überzeugen /ü:bır'tsoygın/ inandırmak, kandırmak
überzeugend /ü:bırtsoygınt/ inandırıcı, ikna edici
Überzeugung, en /ü:bır'tsoygung/ e inanç, inanma, kanaat (getirme)
überziehen /ü:bır'tsi:ın/ örtmek, kaplamak; (bankadaki hesabından) fazla para çekmek
überziehen /'ü:bırtsi:ın/ giymek, üstüne bir şey almak

Überzug /'ü:bırtsu:k/ r örtü
üblich /'ü:plih/ kullanılan, alışılmış, kökleşmiş, sıradan
U-Boot, e /'u:bo:t/ s denizaltı
übrig /'ü:brih/ geri kalan, artan
übrigbleiben /'ü:brihlaybın/ arta kalmak, artmak
übrigens /'ü:brigıns/ hem (de), bir de
Übung, en /'ü:bung/ e alıştırma
Ufer,- /'u:fır/ s (deniz, ırmak) kıyı, kenar
Uhr, en /u:r/ e saat **Wieviel Uhr ist es?** Saat kaç? **um wieviel-?** saat kaçta?
Uhrarmband,.. /'u:r-armbant/ s saat kayışı
Uhrmacher,- /'u:rmahır/ r saatçi
Uhrzeiger,- /'u:rtsaygır/ r saat ibresi
Uhu, s /'u:hu/ r puhu (kuşu)
ulkig /'ulkih/ gülünç, komik
Ulme, n /'ulmı/ e karaağaç
ultra /'ultra/ ''..üstü'' ya da ''..ötesi'' anlamlarına gelen önek
Ultrakurzwellen /'ultrakurtsvelı/ (ç.) ultra kısa dalga, çok yüksek frekans
Ultraschall /'ultraşal/ r sesüstü, işitme sınırı ötesi
Ultraschallwelle, n /'ultraşalvelın/ e sesüstü dalgası
ultraviolett /'ultraviolet/ morötesi, ültraviyole
um /um/ etrafına, etrafında; sularında, -e doğru **-zehn Uhr.** saat onda - **...willen** -in uğruna **um Gottes willen!** Allah aşkına! **-zu** -mek için
umändern /'um-endırn/ değiştirmek
umarmen /um'armın/ kucaklamak, sarılmak
Umbau, ten /'umbau/ r binada yapılan değişiklik; sahneyi değiştirme
umbauen /'umbauın/ binada değişiklik yapmak; sahneyi değiştirmek
umbiegen /'umbi:gın/ bükmek, eğmek
umbinden /'umbindın/ (kravat, önlük) bağlamak
umblättern /'umbletırn/ sayfayı çevirmek

umbringen /'umbringın/ öldürmek
umdrehen /'umdre:ın/ döndürmek, çevirmek de. dönmek, arkasına bakmak
Umdrehung, en /um'dre:ung/ e dönme, devir
umfahren /'umfa:rın/ (taşıt ile) devirmek, çiğnemek, ezmek; /um'fa:rın/ (taşıt ile) çevresinde dönmek, dolanmak
umfallen /'umfalın/ yere düşmek
Umfang, ..e /'umfang/ r mat. çevre; kapsam; genişlik
umfangreich /'umfangrayh/ geniş kapsamlı
umfassen /um'fasın/ kuşatmak; kapsamak, kapsamı içine almak
umfassend /um'fasınt/ geniş, kapsamlı
umformen /'umformın/ (biçimini) değiştirmek
Umformer,- /'umformır/ r elek. transformatör, konvertisör
Umfrage, n /'umfra:gı/ e anket, soruşturma
Umgang, ..e /'umgang/ r ilişki
umgänglich /'umgenglih/ sokulgan, cana yakın
Umgangsformen /umgangsformın/ ç. görgü
Umgangssprache /'umgangsspra:hı/ e konuşma dili
umgeben /um'ge:bın/ kuşatmak, çevirmek
Umgebung, en /um'ge:bung/ e çevre, dolay
umgehen /'umge:ın/ (dedikodu) dolaşmak; kullanmak; arkadaşlık etmek, düşüp kalkmak
umgehen /um'ge:ın/ çevresinde dolaşmak; çekinmek, sakınmak
umgehend /um'ge:ınt/ olabildiğince çabuk, hemen, çok acele
umgekehrt /'umgıke:rt/ ters
umgestalten /'umgıştaltın/ biçimini değiştirmek

Umhang /'umhang/ r pelerin; atkı, şal
umher /um'he:r/ çevresine, çevresinde
umherschweifen /um'he:rşvayfın/ gezinmek, dolaşmak
umherziehen /um'he:rtsi:ın/ göçebelik etmek
umhin /um'hin/ : nicht -können -den kendini alamamak
Umkehr /'umke:r/ e dönüş
umkehren /'umke:rın/ geri dönmek; döndürmek; ters çevirmek
umkippen /'umkipın/ devirmek; devrilmek, yere düşmek; içkiyi devirmek, mideye indirmek
umkleiden /'umklaydın/ de. üstünü değişmek, giysilerini değiştirmek
Umkleiderraum, ..e /'umklaydırraum/ r soyunma odası
umkommen /'umkomın/ ölmek
Umkreis e /'umkrays/ r mat. daire çevresi; çevre, muhit
umkreisen /um'krayzın/ çevresinde dönmek
Umlauf /'umlauf/ r devir, dolaşım
Umlaufbahn, en /'umlaufba:n/ e yörünge
Umlaut /'umlaut/ r dilb. a,o,u ve au ünlülerinin üzerine konulan çift nokta (..)
umlegen /'umlegın/ giymek; yerini değiştirmek; ilgililer arasında bölüşmek; devirmek; öldürmek
umleiten /'umlaytın/ başka yöne çevirmek
Umleitung, en /'umlaytung/ e yolun başka yöne çevrilmesi
umlernen /'umlernın/ yeni bir şey öğrenmek
umliegend /'umli:gınt/ çevresinde bulunan, kuşatan
umrahmen /um'ra:mın/ çerçevelemek
umrechnen /'umrehnın/ dönüştürmek, değiştirmek
Umrechnung, en /'umrehnung/ e çevirme, tahvil

Umrechnungskurs, e /umrehnungskurs/ r döviz kuru

umringen /um'ringın/ çevresini sarmak, kuşatmak, ortasına almak

Umriβ, sse /'umris/ r taslak; silüet

umrühren /'umrü:rın/ karıştırmak, çalkalamak

Umsatz /'umzats/ r ciro, satış miktarı

umschalten /'umşaltın/ elek. cereyanı çevirmek, değiştirmek

umschauen /'umşauın/ çevresine bakınmak

Umschlag, ..e /'umşla:k/ r değişim; zarf (mektup); muhafaza; (kitap) kapak; sargı; (kitap, defter vs.) kap(lama kâğıdı)

umschlagen /'umşla:gın/ birdenbire değişmek; devirmek, yıkmak; (sayfa) çevirmek

umschreiben /um'şraybın/ yeniden yazmak; devretmek, temlik etmek; açımlamak, başka sözcüklerle açıklamak

Umschrift /'umşrift/ e dilb. çevriyazı, transkripsyon

umsehen /'umze:ın/ de. çevresine bakmak, bakınmak

umseitig /'umzaytih/ arka sayfada

Umsicht /'umziht/ e sağgörü, basiret, ihtiyat

umsichtig /'umzihtih/ sağgörülü, basiretli, ihtiyatlı

umsonst /um'zonst/ boşuna; bedava, parasız

Umstand, ..e /'umştant/ r durum, koşul **unter diesen Umständen.** bu koşullar altında **in anderen Umständen sein** gebe olmak, bebek beklemek

umständlich /'umştentlih/ karışık; çapraşık; kullanışsız, uygun olmayan

Umstandswort, ..er /'umştantsvort/ s dilb. belirteç, zarf

umsteigen /'umştaygın/ (otobüste vs.) aktarma yapmak

umstellen /'umştelın/ yerini değiştirmek, yeniden düzenlemek; de. alışmak (auf, -e)

umstimmen /'umştimın/ caydırmak, fikrini değiştirmek

umstoβen /'umşto:sın/ devirmek; bozmak, suya düşürmek

umstritten /um'ştri:tın/ kavgalı, çekişmeli, ihtilâflı

Umsturz, ..e /'umşturts/ r devirme, devrim

umstürzen /'umtürtsın/ devirmek, devrilmek

Umtausch /'umtauş/ r değişme, değiş tokuş

umtauschen /'umtauşın/ değiştirmek

umwandeln /'umvandıln/ değiştirmek, dönüştürmek

umwechseln /'umveksıln/ (para) bozmak, değiştirmek

Umweg, e /'umve:k/ r dolambaçlı yol, sapa yol

Umwelt /'umvelt/ e çevre

Umweltverschmutzung, en /'umveltferşmutsung/ e çevre kirlenmesi

umziehen /'umtsi:ın/ taşınmak; de. üstünü değişmek, giysilerini değiştirmek

Umzug, ..e /'umtsu:k/ r taşınma, göç; alay, kortej

un - /un/ olumsuzluk ve ölçüsüzlük belirten önek

unabhängig /'un-aphengih/ bağımsız

Unabhängigkeit /'un-aphengihkayt/ e bağımsızlık

unabsehbar /'un-apze:ba:r/ çok büyük; belirsiz, sonu kesin olmayan

unabsichtlich /'un-apzihtlih/ istemeden yapılan, kasıtsız

unachtsam /'un-ahtza:m/ dikkatsiz, düşüncesiz

unähnlich /'un-e:nlih/ benzemeyen

unangebracht /'un-angıbraht/ yersiz, yakışıksız

unangemessen /'un-angımesın/ uygun olmayan (düşmeyen), yakışık almayan

unangenehm /'un-angıne:m/ nahoş,

tatsız
Unannehmlichkeit, en /'unanne:mlihkayt/ e rahatsızlık, sıkıntı, tatsızlık
unanständig /'un-anştendih/ uygunsuz, yakışıksız; açık saçık; müstehcen
unappetitlich /'un-apeti:tlih/ iğrenç, tiksindirici
Unart /'un-a:rt/ e kötü alışkanlık; yaramazlık, arsızlık
unartig /'un-a:rtih/ yaramaz, arsız; nezaketsiz
unauffällig /'un'auffelih/ göze çarpmayan, gösterişsiz
unaufgefordert /'un-aufgıfordırt/ kendiliğinden
unaufhörlich /unauf'hörlih/ sürekli, aralıksız
unaufmerksam /'un-aufmerkza:m/ dikkatsiz, dalgın
Unaufmerksamkeit /'un-aufmerkza:mkayt/ e dikkatsizlik, dalgınlık
unausgeglichen /'un-ausgıglihın/ dengesiz, orantısız
unausstehlich /'un-ausşte:lih/ çekilmez, dayanılmaz, can sıkıcı
unbarmherzig /'unbarmhertsih/ acımasız, gaddar
unbeabsichtigt /'unbı-apzhtikt/ istemeden yapılan, kasıtsız
unbeachtet /'unbı-ahtıt/ farkına varılmayan, gözden kaçan
unbedeutend /'unbıdoytınt/ önemsiz
unbedingt /'unbıdingt/ kayıtsız, şartsız; kesinlikle, mutlaka
unbefangen /'unbıfangın/ tarafsız
unbefriedigend /'unbıfri:digınt/ yetersiz, doyurucu olmayan
unbefriedigt /'unbıfri:dikt/ hoşnutsuz, tatmin olmamış
unbefugt /'unbıfu:kt/ yetkisiz, işi olmayan
Unbefugten ist Zutritt untersagt. İşi olmayan giremez
unbegabt /'unbıga:pt/ yeteneksiz

unbegreiflich /'unbıgrayflih/ kavranması olanaksız, anlaşılmaz
unbegrenzt /'unbıgrentst/ sınırsız, sonsuz
unbegründet /'unbıgründıt/ asılsız, temelsiz
Unbehagen /'unbıha:gın/ s huzursuzluk, rahatsızlık
unbehaglich /'unbıha:klih/ rahatsız, huzursuz
unbeholfen /'unbıholfın/ beceriksiz, hantal
unbekannt /'unbıkant/ bilinmeyen, tanınmayan
unbekümmert /'unbıkümırt/ aldırışsız, ilgisiz
unbeliebt /'unbıli:pt/ sevilmeyen
unbemerkt /'unbımerkt/ farkedilmemiş; gizlice
unbequem /'unbıkve:m/ rahatsız, elverişsiz; can sıkıcı
unberechenbar /'unbırehınba:r/ hesaplanamayan
unberechtigt /'unbırehtiht/ yetkisiz
unberücksichtigt /'unbırükzihtih/ göz önüne alınmamış, hesaba katılmamış
unberührt /'unbırü:rt/ dokunulmamış, el sürülmemiş; namusu bozulmamış
unbeschädigt /'unbışe:diht/ zarar görmemiş, hasara uğramamış
unbeschreiblich /'unbışrayplih/ betimlenemeyen, sözcüklerle anlatılamaz, tarifsiz
unbesonnen /'unbızonın/ düşüncesiz
unbesorgt /'unbızorkt/ kayıtsız, aldırışsız
unbeständig /'unbıştendih/ kararsız, değişken
unbestechlich /'unbıştehlih/ kandırılamayan, rüşvet kabul etmeyen, dürüst
unbestimmt /'unbıştimt/ belirsiz
unbestreitbar /'unbıştraytba:r/ su götürmez, belli, inkâr edilemez
unbeteiligt /'unbıtayligt/ ilgisiz, ilgilenmeyen, katılmayan

unbetont /'unbıto:nt/ vurgusuz
unbewaffnet /'unbıvafnıt/ silahsız
unbeweglich /'unbıve:klih/ hareketsiz, sabit
unbewohnbar /'unbıvo:nba:r/ içinde oturulamayan, oturulamayacak durumda
unbewohnt /'unbıvo:nt/ boş, içinde kimse olmayan
unbewußt /'unbıvust/ bilinçsiz
Unbewußtheit /'unbıvusthayt/ e bilinçsizlik
unbrauchbar /'unbrauhba:r/ kullanılamaz, işe yaramaz
und /unt/ ve **-so weiter** vesaire, ve benzerleri
undankbar /undankba:r/ nankör
Undankbarkeit /'undankba:rkayt/ e nankörlük
undenkbar /'undenkba:r/ akla (hayale) sığmayan
undeutlich /'undoytlih/ belirsiz, karanlık, karışık
undicht /'undiht/ sızıntılı, sızdıran
Unding /'unding/ s saçmalık, anlamsızlık
undiszipliniert /'undistsiplini:rt/ disiplinsiz, terbiyesiz
undurchlässig /'undurhlesih/ (su, hava) sızdırmaz, geçirmez
undurchsichtig /'undurhzihtih/ saydamsız, opak; belirsiz, karanlık
uneben /'une:bın/ düz olmayan, engebeli, pürüzlü
unecht /'un-eht/ yapay, sahte; yapmacık, sahte
unehelich /'un-e:ılih/ evlilik dışı, gayri meşru
unehrlich /'un-e:rlih/ namussuz; hilekâr
uneinig /'un-aynih/ araları açık olan
unempfindlich /'un-empfintlih/ duygusuz, hissiz
unendlich /un'-entlih/ sonsuz
Unendlichkeit /'un-entlihkayt/ e sonsuzluk
unentbehrlich /'un-entbe:rlih/ zorunlu, gerekli
unentgeltlich /'un-entgeltlih/ parasız, bedava
unentschieden /'un-entşi:dın/ kararlaştırılmamış
unentschlossen /'un-entşlosın/ kararsız, ikircimli
unerbittlich /'un-erbitlih/ acımasız, merhametsiz, amansız
unerfahren /'un-erfa:rın/ tecrübesiz, deneyimsiz, acemi
unerfreulich /'un-erfroylih/ hoşa gitmeyen, üzücü
unerheblich /'un-erhe:plih/ önemsiz
unerhört /'un-erhö:rt/ görülmedik, duyulmadık; ayıp
unerläßlich /'un-erleslih/ çok gerekli, onsuz olunamayan
unerlaubt /'un-erlaupt/ izinsiz
unermeßlich /uner'meslih/ ölçüsüz, sınırsız
unermüdlich /'un-ermü:tlih/ yorulmaz
unersättlich /un'-erzetlih/ doymak bilmez
unerschöpflich /'un-erşöpflih/ bitmez tükenmez, sonu olmayan
unerschütterlich /'un-erşütırlih/ sarsılmaz
unerträglich /'un-ertre:klih/ dayanılmaz, çekilmez
unerwartet /'un-ervartıt/ beklenmedik, ummadık
unerwünscht /'un-ervünşt/ istenmeyen, istenilmeyen
unerzogen /'un-ertso:gın/ yaramaz, terbiyesiz, arsız
unfähig /'unfe:ih/ yeteneksiz, yetersiz
Unfähigkeit /'unfe:ihkayt/ e yeteneksizlik, yetersizlik
Unfall, ..e /'unfal/ r kaza
unfaßbar /un'fasba:r/ anlaşılmaz, akıl almaz
unfrankiert /'unfranki:rt/ pulsuz
unfrei /'unfray/ serbest olmayan
unfreiwillig /'unfrayvilih/ isteksiz, gö-

nülsüz
unfreundlich /'unfroyntlih/ nezaketsiz, soğuk; sıkıntılı
unfruchtbar /'unfruhtba:r/ verimsiz; kısır
Unfruchtbarkeit /'unfruhtba:rkayt/ **e** verimsizlik; kısırlık
Unfug /'unfu:k/ **r** yaramazlık, şeytanlık
Ungar, n /'ungar/ **r** Macar
Ungarisch /'unga:riş/ **s** Macarca
Ungarn /'ungarn/ Macaristan
ungeachtet /'ungı-ahtıt/ rağmen, karşın
ungebildet /'ungıbildıt/ kültürsüz; eğitimsiz
ungebräuchlich /'ungıbroyhlih/ kullanıl(a)mayan
ungebraucht /ungıbrauht/ kullanılmamış
ungedeckt /'ungıdekt/ örtüsüz, üstü açık; korunmasız; karşılıksız
Ungeduld /'ungıldult/ **e** sabırsızlık
ungeduldig /'ungıduldih/ sabırsız
ungeeignet /'ungı-ayknıt/ uygun olmayan, elverişsiz
ungefähr /'ungıfe:r/ yaklaşık, tahmini
ungefährlich /'ungıfe:rlih/ tehlikesiz
ungeheuer /'ungıhoyır/ çok büyük; korkunç, dehşetli
Ungeheuer,- /'ungıhoyır/ **s** canavar
ungehörig /'ungıhö:rih/ yakışıksız, uygunsuz
ungehorsam /'ungıho:rza:m/ itaatsiz, söz dinlemez
Ungehorsam /'ungıho:rza:m/ **r** itaatsizlik
ungeklärt /'ungıkle:rt/ açıklanmamış, açıklığa kavuşturulmamış, kapalı
ungeladen /'ungıla:dın/ boş, doldurulmamış; çağrılmamış
ungelegen /'ungıle:gın/ yersiz, uygunsuz
ungelernt /'ungılernt/ uzman olmayan, vasıfsız
ungemütlich /'ungımütlih/ rahatsız, huzursuz
ungenau /'ungınau/ hatalı, kesin (tam) olmayan

ungeniert /'unjeni:rt/ teklifsiz, lâubali, sırnaşık
ungenießbar /'ungıni:sba:r/ yenmez, içilmez; kd. huysuz, çekilmez
ungenügend /'ungınü:gınt/ yetersiz
ungepflegt /'ungıpfle:kt/ bakımsız
ungerade /'ungıra:dı/ (sayı) tek
ungerecht /'ungıreht/ haksız, adaletsiz
Ungerechtigkeit /'ungırehtihkayt/ **e** haksızlık, adaletsizlik
ungern /'ungern/ isteksizce, istemiyerek
ungeschehen /'ungışe:ın/ olmamış
Ungeschicklichkeit /'ungışiklihkayt/ **e** beceriksizlik, sakarlık
ungeschickt /'ungışikt/ beceriksiz, sakar
ungesetzlich /'ungızetslih/ yasadışı, yolsuz
ungestört /'ungıştö:rt/ rahatsız edilmemiş
ungestraft /'ungıştra:ft/ cezasız
Ungestüm /'ungıştü:m/ **s** atılgan, sert, şiddetli
ungesund /'ungızunt/ sağlığa zararlı; hastalıklı
ungewiß /'ungıvis/ belirsiz, şüpheli, kesin olmayan
Ungewißheit /'ungıvishayt/ **e** kesin (belli) olmama hali, belirsizlik
ungewöhnlich /'ungıvö:nlih/ alışılmamış, olağan olmayan
ungewohnt /ungıvo:nt/ alış(ıl)mamış
Ungeziefer,- /'ungıtsi:fır/ **s** zararlı böcekler, haşarat
ungezogen /'ungıtso:gın/ yaramaz; arsız, küstah, kaba
ungezwungen /'ungıtsvungın/ doğal, yapmacıksız; teklifsiz
ungläubig /'ungloybih/ dinsiz, imansız
unglaublich /'unglauplih/ inanılmaz
unglaubwürdig /'unglaupvürdih/ güvenilmez
ungleich /'unglayh/ eşit olmayan, farklı
Unglück, e /'unglük/ **s** şanssızlık, talihsizlik; felaket; facia; kaza

unglücklich /'unglüklih/ talihsiz, zavallı; üzgün, mutsuz
unglücklicherweise /'unglüklihırvayzı/ yazık ki, ne yazık, maalesef
Unglücksfall, ..e /'unglüksfal/ r kaza
ungültig /'ungülti:h/ geçersiz
Ungültigkeit /'ungültihkayt/ e geçersizlik
ungünstig /'ungünstih/ elverişsiz, uygunsuz
Unheil /'unhayl/ s felâket, belâ
unheilbar /'unhaylba:r/ iyileştirilemez; çaresiz
unheilbringend /'unhaylbringınt/ uğursuz
unheimlich /'unhaymlih/ korkutucu, tekin olmayan; *kd.* son derece, pek çok
unhöflich /'unhöflih/ nezaketsiz, kaba
unhygienisch /'unhügye:niş/ sağlığa zararlı
Uniform, en /uni'form/ e üniforma
uniformiert /unifor'mi:rt/ üniformalı; aynı biçime getirilmiş
uninteressant /'un-interesant/ ilginç olmayan, sıkıcı
universal /univer'za:l/ evrensel
Universität, en /univerzi'te:t/ e üniversite
Universum /uni'verzum/ s evren
unkenntlich /'unkentlih/ tanınmaz
Unkenntnis /'unkentnis/ e bilmezlik; bilgisizlik, cahillik
unklar /'unkla:r/ belirsiz, anlaşılmaz
unklug /'unklu:k/ akılsız
Unkosten /'unkostın/ *(ç.)* masraf(lar)
Unkraut /'unkraut/ s yabani ot
unleserlich /'unle:zırlih/ okunaksız
unlogisch /'unlo:giş/ mantıksız
unlösbar /'unlö:sba:r/ çözünmez, erimez
unlöslich /'unlö:slih/ çözünmez, erimez
Unlust /'unslust/ e hevessizlik, isteksizlik
unmäßig /'unme:sih/ ölçüsüz, aşırı
Unmenge /'unmengı/ e büyük miktar
Unmensch /'unmenş/ r canavar
unmenschlich /'unmenşlih/ insanlık dışı

unmerklich /'unmerklih/ farkedilmez
unmißverständlich /'unmisferştentlih/ yanlış anlaşılmaz, açık, belirgin
unmittelbar /'unmitılba:r/ dolaysız, doğrudan doğruya
unmöbliert /'unmöbli:rt/ mobilyasız
unmodern /'unmodern/ çağdışı, modası geçmiş
unmöglich /'unmöklih/ olanaksız
Unmöglichkeit /'unmö:klihkayt/ e olanaksızlık
unmoralisch /'unmora:liş/ ahlâksız
unmündig /'unmündih/ reşit olmayan
Unmut /'unmu:t/ r can sıkıntısı; hoşnutsuzluk
unmutig /'unmu:tih/ canı sıkılmış, bezgin; gücenmiş
unnatürlich /'unnatü:rlih/ doğal olmayan
unnötig /'unnötih/ gereksiz
unnütz /'unnüts/ yararsız, gereksiz, boşuna
unordentlich /'un-ordıntlih/ düzensiz, dağınık
Unordnung /'un-ordnung/ e düzensizlik, dağınıklık
unparteiisch /'unpartayiş/ tarafsız
Unparteilichkeit /'unpartaylihkayt/ e tarafsızlık
unpassend /'unpasınt/ uygunsuz, yersiz, yakışıksız
unpäßlich /'unpeslih/ rahatsız, keyifsiz
unpolitisch /'unpoli:tiş/ politik olmayan
unpraktisch /'unpraktiş/ pratik olmayan, kullanışsız
unproduktiv /'unproduktif/ üretken olmayan, verimsiz
unpünktlich /'unpünktlih/ vaktinde gelmeyen, dakik olmayan
unrecht /'unreht/ haksız
Unrecht /'unreht/ s haksızlık
unrechtmäßig /'unrehtme:sih/ yasadışı
unregelmäßig /'unre:gılme:sih/ düzensiz
Unregelmäßigkeit, en /'unre:gılme:sih-

kayt/ e düzensizlik
unreif /'unrayf/ ham; olgun olmayan
unrentabel /'unrenta:bıl/ kazançsız, kârlı olmayan
unrichtig /'unrihtih/ yanlış
Unruh, en /'unru:/ e zemberek
Unruhe /'unru:/ e huzursuzluk; heyecan; telaş; kaygı, tasa
unruhig /'unru:ih/ huzursuz; heyecanlı; telaşlı; kaygılı
uns /uns/ bizi, bize
unsachlich /'unzahlih/ konu dışı, ilgisiz
unsauber /'unzaubır/ kirli, pis
unschädlich /'unşe:tlih/ zararsız
unscharf /'unşarf/ flu, net olmayan
unschätzbar /'unşetsba:r/ çok değerli, paha biçilmez
unscheinbar /'unşaynba:r/ göze çarpmayan, gösterişsiz
unschlüssig /'unşlüsih/ kararsız
Unschuld /'unşult/ e suçsuzluk; bekâret, kızlık
unschuldig /'unşuldih/ suçsuz: bakire
unselbständig /'unzelpştendih/ bağımlı, muhtaç
unselig /'unze:lih/ uğursuz
unser /'unzır/ bizim
unsere (r,s) /'unzırı (r,z)/ bizimki
unseresgleichen /'unzırısglayhın/ bizim gibiler(i)
unsertwegen /'unzırtve:gın/ bizim (hatırımız) için
unserige /'unzırıgı/ bizimki
unsicher /'unzihır/ emin olmayan, güvensiz; kuşkulu
Unsicherheit /'unzihırhayt/ e emin olmama, kuşku
unsichtbar /'unzihtba:r/ görünmez
Unsinn /'unzin/ r saçmalık, anlamsızlık, zırva
unsinnig /'unzinih/ saçma, çabuk sabuk
Unsitte /'unzit/ e kötü alışkanlık
unsittlich /'unzitlih/ ahlaksız; açık saçık, müstehcen

Unsittlichkeit /'unzitlihkayt/ e ahlaka aykırılık
unsportlich /'unşportlih/ sportmenliğe yakışmayan; spora yatkınlığı olmayan
unsterblich /'unşterplih/ ölümsüz
Unsterblichkeit /'unşterplihkayt/ e ölümsüzlük
Unstimmigkeit /'unştimihkayt/ e uyumsuzluk, bağdaşmazlık, çelişki; anlaşmazlık
unsympathisch /'unzümpa:tiş/ antipatik, sevimsiz
untätig /'unte:tih/ tembel, aylak
untauglich /'untauklih/ işe yaramaz, elverişsiz
unteilbar /'untaylba:r/ bölünemez
unten /'untın/ aşağıda
unter /'untır/ altına, altında; arasına, içine; arasında, içinde
Unterabteilung, en /'untır-aptaylung/ e alt bölüm, şube, kol
Unterarm /'untır-arm/ r önkol
Unterbewußtsein /'untırbıvustzayn/ s bilinçaltı
unterbieten /untır'bi:tın/ daha aşağı fiyat teklif etmek
unterbinden /untır'bindın/ durdurmak, önlemek
unterbrechen /untır'brehın/ ara vermek; sözünü kesmek
Unterbrechung, en /untırbrehung/ e kesinti, kesilme, ara verme
unterbringen /untırbringın/ yerleştirmek, barındırmak; sığdırmak
unterdessen /untır'desın/ bu (o) arada (sırada)
Unterdruck /'untırdruk/ r alçak basınç
unterdrücken /untır'drükın/ bastırmak: ezmek, baskı yapmak
Unterdrückung, en /untır'drükung/ e baskı, zulüm
untere (r,s) /'untırı (r,z)/ aşağı, alt
untereinander /untır-ay'nandır/ alt alta; aralarında

unterentwickelt /'untır-entvikılt/ az gelişmiş
Unterernährung, en /'untırerne:rung/ e yetersiz beslenme
Unterenährung, en /'untırerne:rung/ e yetersiz beslenme
Unterführung, en /'untırfü:rung/ e altgeçit
Untergang /untırgang/ r batma, batış; çökme, yıkılış
untergeben /'untır'ge:bın/ (birinin) emri altında olan, ast
Untergebene, n /untır'ge:bını/ r,e ast, buyruk altında olan (kimse)
untergehen /'untırge:ın/ batmak; çökmek
Untergrund /'untırgrunt/ r yeraltı
Untergrundbahn /'untırgruntba:n/ e yeraltı treni, metro
unterhalb /'untırhalp/ altında, aşağısında
Unterhalt /'untırhalt/ r bakım; geçim
unterhalten /untır'haltın/ bakmak, geçimini sağlamak; eğlendirmek; de. konuşmak, sohbet etmek
Unterhaltskosten /'untırhaltskostın/ (ç.) geçim harcamaları
Unterhaltung, en /untır'haltung/ e söyleşi, sohbet; eğlence; bakım
Unterhaltungsmusik /untır'haltungsmüzi:k/ e hafif müzik
Unterhemd, en /'untırhemt/ s fanila, atlet
Unterhose, n /'untırhozı/ e külot, don
unterirdisch /'untır-irdiş/ yeraltı, toprakaltı
Unterkiefer,- /'untırki:fır/ r altçene
unterkommen /'untırkomın/ barınmak, yatacak yer bulmak
Unterkunft /'untırkunft/ e barınma; konut; konaklama
Unterlage, n /'untırla:gı/ e altlık; temel; belge
unterlassen /untırlasın/ yapmamak, savsaklamak; unutmak
unterlegen /'untırle:gın/ altına koymak /untır'legın/ yenilmiş; sayıca az
Unterlegenheit /untır'le:gınhayt/ e sayıca az olma, azınlık
Unterleib /'untırlayp/ r vücudun belden aşağısı; karın
unterliegen /untır'li:gın/ yenilmek; bağlı (yükümlü) olmak
Unterlippe, n /'untırlipı/ e altdudak
Untermieter /'untırmi:tır/ r kiracının kiracısı, pansiyoner
unternehmen /untır'ne:mın/ girişmek, el atmak
Unternehmen,- /untır'ne:mın/ s girişim; kuruluş
Unternehmer /untır'ne:mır/ r girişim sahibi, müteşebbis; işveren
Unternehmung, en /untır'ne:mung/ e girişim, teşebbüs
unternehmungslustig /untır'ne:mungslustih/ girişken, atılgan
Unteroffizier, e /'untır-ofitsi:r/ r astsubay
Unterredung, en /untır're:dung/ e görüşme, konuşma
Unterricht, e /'untırriht/ r öğretim, ders(ler)
unterrichten /untır'rihten/ ders vermek, öğretmek
Unterrichtsstunde, n /'untırrihtştundı/ e ders saati
Unterrock /'untırrok/ r iç eteklik, jüpon
untersagen /untırza:gın/ yasaklamak
unterschätzen /untır'şetsın/ küçümsemek, küçük görmek; olduğundan daha az değer vermek
unterscheiden /untır'şaydın/ ayırmak; ayırt etmek, seçmek; de. farklı olmak, ayrılmak
Unterschied, e /'untırşi:t/ r fark, ayrım
unterschiedlich /'untırşi:tlih/ farklı, değişik
unterschlagen /untır'şla:gın/ zimmetine geçirmek

unterschreiben /untır'şraybın/ imzalamak
Unterschrift, en /'untırşrift/ e imza
Unterseeboot, e /'untırze:bo:t/ s denizaltı
untersetzt /untır'zets/ tıknaz, bodur
unterste (r,s) /'untırstı (r,z)/ en alt, en aşağıdaki
unterstehen /untır'şte:ın/ emrinde bulunmak; de. kalkışmak, girişmek
unterstellen /untır'şteln/ (birinin) emrine vermek; suçlamak, üstüne atmak; varsaymak
unterstellen /'untırştıln/ garaja çekmek, park etmek
unterstreichen /untır'ştrayhın/ altını çizmek, vurgulamak
unterstützen /untır'ştütsın/ desteklemek, yardım etmek
Unterstützung, en /untır'ştütsung/ e destek, yardım
untersuchen /untır'zu:hın/ hek. muayene etmek; incelemek, araştırmak
Untersuchung, en /untır'zu:hung/ e hek. muayene; soruşturma; araştırma, inceleme
Untersuchungsausschuß /untır'zu:hungsausşus/ r inceleme kurulu
Untersuchungsrichter /untırzu:hungsrihtır/ r sorgu yargıcı
Untertan, en /'untırta:n/ r uyruk, yurttaş
Untertasse, n /'untırtası/ e fincan tabağı
untertauchen /'untırtauhın/ dalmak; ortadan kaybolmak
Unterteil, e /'untırtayl/ r alt taraf, alt bölüm (kısım)
unterteilen /untır'tayln/ bölümlere ayırmak
Untertitel /'untırtitıl/ r (film) altyazı
Unterwäsche /'untırveşı/ e iç çamaşırı
unterwegs /untırve:ks/ yolda
unterwerfen /untır'verfın/ boyunduruk altına almak, tabi kılmak; de. boyun eğmek

unterwürfig /untırvürfih/ dalkavuk, yaltakçı
unterzeichnen /'untır'tsayhnın/ imzalamak
Unterzeichnung /untırtsayhnung/ e imza(lama)
unterziehen /untır'tsi:ın/ de. üzerine almak, katlanmak
untrennbar /'untrenba:r/ ayrıl(a)maz
untreu /'untroy/ vefasız
Untreue /'untroyı/ e vefasızlık; ihanet
untröstlich /'untröstlih/ avutulamaz, teselli edilemez
Untugend /'untu:gınt/ e kötü alışkanlık, kusur
unüberlegt /'un-ü:bırle:kt/ düşüncesiz; düşünülmeden
unübersehbar /'un-ü:bırze:ba:r/ gözden kaçmaz, göze çarpan; çok büyük; sayısız
unübersichtlich /'un-ü:bırzihtlih/ bir bakışta görülemeyen, düzensiz
unumgänglich /'un-umgenglih/ kaçınılmaz; son derece gerekli
ununterbrochen /'un-untırbrohın/ kesintisiz, aralıksız
unveränderlich /'unfer-endırlih/ değiştirilemeyen, değişmez
unverantwortlich /'unfer-antvortlih/ sorumsuz
Unverantwortlichkeit /'unferantvortlihkayt/ e sorumsuzluk
unverbesserlich /'unferbesırlih/ düzel(ti-le)mez, yola gelmez
unverbindlich /'unferbintlih/ isteğe bağlı zorunlu olmayan; yükümlü kılmayan
unverdaulich /'unferdaulih/ sindirilemeyen, sindirimi güç
unverdorben /'unferdorbın/ bozulmamış
unvereinbar /unfır'aynba:r/ bağdaşmaz, uyuşamaz
unvergänglich /'unfergenglih/ ölmez, ölümsüz, ebedi
unvergeßlich /'unfergeslih/ unutulmaz

unvergleichlich /'unferglayhlih/ eşsiz
unverhofft /'unferhoft/ umulmadık
unverkennbar /'unferkenba:r/ apaçık, besbelli
unvermeidlich /'unfermaytlih/ kaçınılmaz, önüne geçilmez
unvermutet /'unfermu:tıt/ beklenmedik, ummadık
Unvernunft /'unfernunft/ e akılsızlık
unvernünftig /'unfernünftih/ akılsız, mantıksız
unveröffentlicht /'unfer-öfıntliht/ yayımlanmamış
unverschämt /'unferşe:mt/ utanmaz, arsız, küstah
Unverschämtheit /'unferşe:mthayt/ e küstahlık, arsızlık, yüzsüzlük
unversehens /'unferze:ıns/ birdenbire, ansızın
unverständlich /'unferştentlih/ anlaşılmaz, akıl ermez
unverträglich /'unfertre:klih/ geçimsiz; çekilmez, dayanılmaz
unverzeihlich /'unfertsaylih/ affedil(e)mez, hoş görül(e)mez
unverzüglich /'unfertsü:klih/ hemen, derhal
unvollendet /'unfol-endıt/ bitmemiş, tamamlanmamış
unvollkommen /'unfolkomın/ eksik, noksan, kusurlu
unvollständing /'unfoyştendih/ eksik, tamamlanmamış
unvorbereitet /'unfo:rbıraytıt/ hazırlıksız, hazırlanmamış
unvoreingenommen /'unfo:rayngıno:mın/ tarafsız
unvorhergesehen /'unfo:rhe:rgıze:ın/ beklenmedik, umulmadık
unvorsichtig /'unforzihtih/ dikkatsiz, tedbirsiz
Unvorsichtigkeit /unfo:rzihtihkayt/ e dikkatsizlik
unvorstellbar /'unfo:rştelba:r/ akla hayale sığmayan, akıl almaz
unvorteilhaft /'unfortaylhaft/ yararsız, kazanç getirmeyen; (giysi) yakışmayan
unwahr /'unva:r/ yanlış; yalan
unwahrscheinlich /'unva:rşaynlih/ muhtemel olmayan
Unwesen /'unve:zın/ s karışıklık, huzursuzluk; taşkınlık
unwesentlich /'unve:zıntlih/ önemsiz
Unwetter /'unvetır/ s fırtına, kasırga
unwichtig /'unvihtih/ önemsiz
unwiderlegbar /'unvi:dırle:kba:r/ çürütülemeyen (düşünce vs.)
unwiderruflich /unvi:dırru:flih/ geri alınamaz
unwiderstehlich /'unvi:dırşte:lih/ dayanılmaz, karşı konulmaz
Unwille /'unvilı/ r isteksizlik, hevessizlik
unwillig /'unvilih/ isteksiz; kızgın, öfkeli
unwillkürlich /'unvillkü:rlih/ istemsiz, iradedışı
unwirklich /'unvirklih/ gerçek olmayan, düşsel
unwirtlich /'unvirtlih/ konuk sevmez, konuksever olmayan
unwirtschaftlich /'unvirtşaftlih/ ekonomik olmayan
unwissend /'unvisınt/ bilgisiz, cahil
Unwissenheit /'unvisınhayt/ e bilgisizlik, cehalet
unwissenschaftlich /'unvisınşaftlih/ bilimsel olmayan
unwohl /'unvo:l/ rahatsız, keyifsiz
Unwohlsein /'unvo:lzayn/ s rahatsızlık
unwürdig /'unvürdih/ layık olmayan, hak etmeyen
unzählig /'un'tse:lih/ sayısız
unzerbrechlich /untser'brehlih/ kırılmaz
unzerreißbar /untser'raysba:r/ yırtılmaz
unzerstörbar /'untserştö:rba:r/ yıkılamaz, bozulamaz
unzertrennlich /untser'trenlih/ ayrılmaz
Unzucht /'untsuht/ e fuhuş; zorla ırza

geçme
unzüchtig /'untsühtih/ ahlaksız, açık saçık, müstehcen
unzufrieden /'untsufri:dın/ hoşnutsuz, memnun olmayan
Unzufriedenheit /'untsufri:dınhayt/ e hoşnutsuzluk, memnuniyetsizlik
unzulänglich /'untsu:lenglih/ yetersiz
unzulässig /'untsu:lesih/ caiz olmayan, yasak
unzureichend /'untsu:rayhınt/ yetersiz, eksik
unzusammenhängend /'untsuza:mınhengınt/ tutarsız
unzuverlässig /'untsu:ferlesih/ güvenilmez
üppig /'üpih/ bol, zengin, bereketli; (kadın) fıstık gibi, seksi
ur- /u:r/ "en eski, ilk" anlamında önek
uralt /'u:r-alt/ çok eski; çok yaşlı
Uraufführung, en /'u:r-auffürung/ e ilk temsil, gala
Uran /u'ra:n/ s uranyum
Ureltern /'u:r-eltırn/ (ç.) dedeler, atalar
Urenkel /'u:renkıl/ r torunun çocuğu
Urgroβeltern /'u:rgro:s-eltırn/ (ç.) büyük dede-büyük nine
Urgroβmutter,.. /'u:rgro:smutır/ e büyük nine
Urgroβvater,.. /'u:rgrosfa:tır/ r büyük dede
Urheber,- /'u:rhe:bır/ r yazar
Urin /u'ri:n/ r sidik, idrar
urinieren /uri'ni:rın/ işemek
Urkunde, n /'u:rkundı/ e belge; senet
Urlaub, e /'u:rlaup/ r tatil; izin
Urlauber,- /'u:rlaubır/ r tatilci, tatil yapan
Urne, n /'urnı/ e yakılan ölülerin küllerinin toplandığı kap; oy sandığı
Ursache, n /'u:rzahı/ e neden **Keine Ursache!** Bir şey değil!
Ursprung, ..e /'u:rşprung/ r kaynak, temel, asıl; köken
ursprünglich /'u:rşprünglih/ ilk, asıl; başlangıçta, ilkönce
Urteil, e /'urtayl/ s yargı, hüküm
urteilen /'urtaylın/ yargılamak, hüküm vermek
Urteilskraft /'urtaylskraft/ e yargı yeteneği, karar verme yeteneği
Urteilsspruch /'urtaylsspruh/ r karar, hüküm
Urwald, ..er /'u:rvalt/ r balta girmemiş orman, cengel
Urzeit, e /'u:rtsayt/ e ilk(el) çağ
usw /u:esve:/ vs, vb.
Utensillien /uten'zi:liın/ (ç.) araç ve gereçler
Utopie, n /uto'pi:/ e ütopya
utopisch /u'to:piş/ ütopik

V

Vagina /va'gi:na/ e dölyolu, vajina
Vakuum, -ua /'va:ku:m/ s vakum, havası boşaltılmış hacim
Vanille /va'nilyı/ e vanilya
variieren /vari-'i:rın/ değiştirmek
Variation, en /variats'yo:n/ e değişiklik; varyasyon
Vase, n /'va:zı/ e vazo
Vater,.. /'fa:tır/ r baba
Vaterland /'fa:tırlant/ s anayurt, vatan
väterlich /'fe:tırlih/ baba gibi
Vaterschaft /'fa:tırşaft/ e babalık
Vaterunser /fa:tır-unzır/ s Hıristiyanların bir duası
Vegetarier,- /vege'ta:riır/ r etyemez, vejetaryen
Veilchen,- /'faylhın/ s menekşe
Vektor, en /'vektor/ mat. vektör
Vene, n /'ve:nı/ e toplardamar
Ventil, e /vent'til/ s supap
Ventilator, en /venti'la:tor/ r vantilatör
verabreden /fer-apre:dın/ kararlaştırmak; de. sözleşmek, randevulaşmak
Verabredung, en /fer-apre:dung/ e sözleşme, randevu, buluşma
verabscheuen /fer'apşoyhın/ tiksinmek
verabschieden /fer-apşi:dın/ vedalaşmak, veda etmek
verachten /fer-ahtın/ hor görmek, küçümsemek

verächtlich /fer-ehtlih/ aşağılık, alçak
Verachtung /fer-ahtung/ e hor görme, aşağılama, hiçe sayma
verallgemeinern /fer-algı'maynırn/ genelleştirmek
Verallgemeinerung, en /fer-algımaynırung/ e genelleştirme
veraltet /'fer'altıt/ eskimiş, modası geçmiş
veralten /fer'altın/ eskimek
Veranda, -den /ve'randa/ e veranda, balkon
veränderlich /fer'-endırlih/ değişken, kararsız
verändern /fer'endırn/ değiştirmek; de. değişmek
Veränderung, en /fer'endırung/ e değiştirme, değişme; değişiklik
verankern /fer'-ankırn/ demirlemek, demir atmak
Veranlagung, en /fer-anla:gung/ e huy, mizaç
veranlassen /fer'anlasın/ neden olmak, yol açmak
veranschaulichen /fer-anşaulihın/ göz önüne sermek, açıklamak
veranstalten /fer'-anşştaltın/ düzenlemek, organize etmek
Veranstalter,- /fer-'anşştaltır/ r düzenleyici, organizatör

Veranstaltung, en /fer'anʂtaltung/ e organizasyon, düzenleme; *sp.* karşılaşma, maç, turnuva

verantworten /fer'-antvortın/ sorumluluğunu üstlenmek; de. kendini haklı göstermek

verantwortlich /fer'-antvortlih/ sorumlu

Verantwortlichkeit /fer'-antvortlihkayt/ e sorumluluk

Verantwortung, en /fer'-antvortung/ e sorumluluk

verantwortungslos /fer'antvortungslo:s/ sorumsuz

verarbeiten /fer-'arbaytın/ işlemek; hazmetmek

verärgern /fer'-ergırn/ canını sıkmak; kızdırmak, gücendirmek

veräußern /fer'-oysırn/ devretmek

Verb, en /verp/ s *dilb.* eylem, fiil

Verband, ..e /fer'bant/ r sargı; birlik

Verband(s)kasten,.. /fer'bant(s)kastın/ r ilkyardım çantası

Verbandstoff,e /fer'bantʂtof/ r sargı bezi

Verbandzeug, e /fer'banttsoyk/ s sargı malzemesi

verbannen /ferbanın/ sürgüne göndermek

Verbannung, en /fer'banung/ e sürgün

verbergen /fer'bergın/ gizlemek, saklamak

verbessern /ferbesırn/ düzeltmek

Verbesserung,en /ferbesırung/ e düzeltme; düzelme, iyileşme

verbeugen /fer'boygın/ de. önünde eğilmek, reverans yapmak

Verbeugung, en /ferboygung/ e eğilme, reverans

verbiegen /fer'bi:gın/ bükmek, eğmek

verbieten /ferbi:tın/ yasaklamak

verbinden /fer'bindın/ birleştirmek, bağlamak; de. birleşmek

verbindlich /fer'bintlih/ zorunlu; nazik; bağlayıcı

Verbindlichkeit, en /fer'bintlihkayt/ e zorunluluk; nezaket

Verbindung, en /fer'bindung/ e bağlantı; ilişki, ilgi

verbitten /fer'bitın/ de. yapılmamasını istemek

verblassen /fer'blasın/ sararmak, solmak; rengi atmak

verbleiben /fer'blaybın/ kalmak

verblüffen /ferblüfın/ şaşırtmak, hayrete bırakmak

verblüfft /fer'blüft/ şaşırmış, afallamış

Verblüffung, en /fer'blüfung/ e şaşkınlık, afallama

verblühen /fer'blü:ın/ solmak

verborgen /fer'borgın/ gizli, saklı

Verbot, e /fer'bo:t/ r yasak

verboten /fer'bo:tın/ yasak

Verbotsschild, er /fer'bo:tsʂilt/ s yasak işareti

Verbrauch /fer'brauh/ r tüketim

verbrauchen /fer'brauhın/ tüketmek

Verbraucher,- /fer'brauhır/ r tüketici

verbraucht /fer'brauht/ aşınmış, eskimiş

verbrechen /fer'brehın/ suç işlemek

Vebrechen,- /fer'brehın/ s suç

Verbrecher,- /ferbrehır/ r suçlu, cani

verbrecherisch /fer'brehiriʂ/ canice

verbreiten /fer'braytın/ yaymak; de. yayılmak

verbreitern /fer'braytırn/ genişletmek

verbreitet /fer'braytıt/ yaygın

verbrnennen /fer'brenın/ yakmak; yanmak

Verbrennung, en /fer'brenung/ e yakma, yakma, yanma; *hek.* yanık

verbringen /fer'bringın/ (zaman) geçirmek

verbrühen /fer'brü:ın/ haşlamak

verbünden /fer'bündın/ de. birleşmek

Verbündete, n /fer'bündıtı/ r müttefik, bağlaşık

verbürgen /fer'bürgın/ :sich - für -e kefil olmak

verbüßen /fer'bü:sın/ **eine Strafe** - ceza-

VERDACHT — VEREINZELT

sını çekmek
Verdacht, e /fer'daht/ **r** şüphe, kuşku
verdächtig /ferdehtih/ kuşkulu, şüpheli
verdammen /fer'damın/ mahkûm etmek; lanetlemek
verdammt /fer'damt/ lanetli; Allah kahretsin!
verdampfen /fer'dampfın/ buharlaşmak
verdanken /fer'dankın/ borçlu olmak
verdauen /fer'dauın/ sindirmek, hazmetmek
verdaulich /fer'daulih/ sindirimi kolay
Verdauung, / fer'dau:ng/ **e** sindirim, hazım
Verdauungsbeschwerde, n /ferdau:ngsbışve:rdı/ **e** hazımsızlık, sindirim bozukluğu
Verdeck, e /fer'dek/ **s** güverte; aracın üst kısmı (tavanı); saklambaç
verdecken /fer'dekın/ örtmek; gizlemek, saklamak
verderben /fer'derbın/ bozulmak, çürütmek; bozmak
Verderben /fer'derbın/ **s** felaket
verderbt /fer'derpt/ bozulmuş
verdeutlichen /fer'doytlihın/ açıklamak, aydınlatmak
verdeutschen /fer'doyçın/ Almancalaştırmak
verdichten /ferdihtın/ sıklaştırmak; yoğunlaştırmak
verdienen /fer'di:nın/ kazanmak; hak etmek, lâyık olmak
Verdienst, e /fer'di:nst/ **r** kazanç, kâr
Verdienst, e /fer'di:nst/ **s** liyakat, değim, yararlık
verdoppeln /fer'dopıln/ iki katına çıkarmak
verdorben /fer'dorbın/ bozulmuş; ahlaksız
verdrängen /fer'drengın/ kovmak, atmak
verdrehen /fer'dre:ın/ burkmak
verdreifachen /fer'drayfahın/ üç katına çıkarmak
verdrießlich /fer'dri:slih/ huysuz, keyifsiz, canı sıkılmış
verdrossen /fer'drosın/ asık suratlı, canı sıkılmış
Verdruß, -sse /fer'drus/ **r** can sıkıntısı, keyifsizlik; öfke, kızgınlık
verduften /fer'duftın/ buharlaştırmak
verdunkeln /ferdunkıln/ karartmak
Verdunklung, en /ferdunklung/ **e** karartma
verdünnen /ferdünın/ inceltmek; *kim.* seyreltmek; sulandırmak
verdunsten /ferdunstın/ buharlaşmak
verdursten /fer'durstın/ susuzluktan ölmek
verdutzt /fer'dutst/ şaşkın
verehren /fer-'e:rın/ saygı göstermek; tapmak
Verehrer,- /fer-'e:rır/ **r** tapan; hayran
verehrt /fer-'e:rt/ sayın; saygıdeğer, saygın
Verehrung /fer-'e:rung/ **e** saygı; tapınma
vereidigen /fer'aydigın/ yemin ettirmek
Verein, e /fer-'ayn/ **r** dernek, birlik, kurum
vereinbaren /fer-'aynbarın/ kararlaştırmak, anlaşmak
Vereinbarung, en /fer-'aynba:rung/ **e** sözleşme
vereinfachen /fer-'aynfahın/ basitleştirmek, sadeleştirmek
Vereinfachung, en /fer-'aynfahung/ **e** basitleştirme, sadeleştirme
vereinigen /fer-'aynigın/ birleştirmek; *de.* birleşmek
Vereinigten Nationen /feraynihtınnats'yo:nın/ **e** Birleşmiş Milletler
Vereinigten Staaten /fer-aynihtın şta:tın/ **e** (Amerika) Birleşik Devletler(i)
Vereinigung, en /fer-'aynigung/ **e** birlik, dernek
vereinzelt /fer-'ayntsılt/ dağınık; tek tük

vereist /fer'ayst/ buzlu
verenden /fer-'endın/ gebermek
verengen /fer-'engın/ daraltmak
vererben /fer-'erbın/ (miras olarak) bırakmak
Vererbung /fer-'erbung/ **e** kalıtım, soyaçekim
verewigen /fer-'e:vigın/ sonsuzlaştırmak
verfahren /fer'fa:rın/ davranmak, hareket etmek; de. yolunu şaşırmak
Verfahren,- /fer'fa:rın/ **s** yöntem, yordam; işlem
Verfall /fer'fal/ **r** yıkılma, çökme; yozlaşma; mühlet sonu
verfallen /fer'falın/ yozlaşmak; süresi dolmak
verfälschen /fer'felşın/ sahtesini yapmak
verfänglich /fer'fenglih/ şüpheli, kuşkulu; ayıp, ahlaka aykırı
verfärben /fer'ferbın/ de. rengi değişmek
verfassen /fer'fasın/ kaleme almak, yazmak
Verfasser,- /fer'fasır/ **r** yazar
Verfassung, en /fer'fasung/ **e** durum, koşullar; ruh hali; anayasa
verfassungswidrig /fer'fasungsvi:drih/ anayasaya aykırı
verfaulen /fer'faulın/ çürümek
verfehlen /fer'fe:lın/ kaçırmak; isabet ettirememek
verfeinern /fer'faynırn/ inceltmek, düzeltmek
verflixt /fer'flikst/ lânetli
verfluchen /fer'flu:hın/ lânet etmek, belâ okumak
verflucht /fer'flu:ht/ lânetli; allah belâsını versin!
verflüssigen /fer'flüsigın/ sıvılaştırmak
verfolgen /fer'folgın/ izlemek, peşine düşmek; sürdürmek
Verfolger,- /fer'folgır/ **r** izleyen, takipçi

Verfolgung, en /fer'folgung/ **e** takip
verfrüht /fer'frü:t/ vakitsiz, çok erken
verfügbar /fer'fü:gba:r/ elde bulunan, mevcut
verfügen /fer'fü:gın/ sahip olmak, elinde var olmak; emretmek
Verfügung, en /ferfü:gung/ **e** emir, karar **zur - stehen** (birinin) emrinde olmak **-zur - stellen** (birinin) emrine vermek
verführen /fer'fü:rın/ baştan çıkarmak, ayartmak
verführerisch /fer'fü:rıriş/ ayartıcı, baştan çıkarıcı; çekici
Verführung, en /fer'fü:rung/ **e** ayartma, baştan çıkarma
vergangen /fer'gangın/ geçmiş
Vergangenheit /fer'ganginhayt/ **e** geçmiş (zaman)
vergänglich /fer'genglih/ geçici
Vergaser /fer'ga:zır/ **r** karbüratör
vergeben /fer'ge:bın/ vermek; elden çıkarmak; affetmek
vergebens /fer'ge:bıns/ boşuna, boş yere
vergeblich /fer'ge:plih/ boşuna, boş yere; boş, yararsız
vergegenwärtigen /ferge:gın'vertigın/ canlandırmak, gözünün önüne getirmek
vergehen /fer'ge:ın/ geçip gitmek
Vergehen,- /ferge:ın/ **s** suç
vergelten /fer'geltın/ karşılıkta bulunmak, misilleme yapmak
Vergeltung, en /fergeltung/ **e** misilleme, karşılık
vergessen /fer'gesın/ unutmak
vergeßlich /fer'geslih/ unutkan
Vergeßlichkeit /fer'geslihkayt/ **e** unutkanlık
vergeuden /fer'goydın/ harcamak, har vurup harman savurmak, boş yere harcamak
vergewaltigen /fergı'valtigın/ ırzına geç-

VERGEWALTIGUNG — VERKEHREN

mek, zorla tecavüz etmek
Vergewaltigung en /fergı'valtigung/ **e** ırza tecavüz
vergewissern /fergı'visırn/ de. emin olmak, kanaat getirmek
vergießen /fer'gi:sın/ akıtmak, dökmek
vergiften /fer'giftın/ zehirlemek
Vergiftung, en /fer'giftung/ **e** zehirleme, zehirlenme
Vergißmeinnicht, e /fer'gismaynniht/ **s** unutma beni (çiçeği)
Vergleich, e /fer'glayh/ **r** karşılaştırma; huk. barışma, uzlaşma
vergleichen /fer'glayhın/ karşılaştırmak
vergnügen /fer'gnü:gın/ de. eğlenmek
Vergnügen,- /fergnü:gın/ **s** eğlence; zevk; sevinç, memnuniyet
vergnügt /fer'gnü:kt/ sevinçli, neşeli
Vergnügung, en /fergnügung/ **e** eğlence, cümbüş
vergolden /fergoldın/ altın kaplamak, yaldızlamak
vergöttern /fergötirn/ tanrılaştırmak
vergraben /fer'gra:bın/ gömmek
vergriffen /fergrifın/ mevcudu kalmamış, satılıp bitmiş
vergrößern /fer'grö:sırn/ büyütmek, genişletmek; (foto) büyültmek
Vergrößerung, en /fergrö:sırung/ **e** büyütme, genişletme; büyültme, agrandisman
Vergrößerungsglas,..er /fer'grö:sırungsgla:s/ **s** büyüteç
vergüten /fer'gü:tın/ ödemek
Vergütung en /fer'gü:tung/ **e** ödeme
verhaften /fer'haftın/ tutuklamak
Verhaftung, en /fer'haftung/ **e** tutuklama
Verhalten /fer'haltın/ **s** davranış, tutum
verhalten /fer'haltın/ de. olmak; davranmak, hareket etmek
Verhältnis, se /ferheltnis/ **s** oran; ilişki
verhältnismäßig /fer'heltnisme:sih/ oranlı, nispi; nispeten
verhandeln /fer'handıln/ görüşmek; pazarlık etmek
Verhandlung, en /fer'handlung/ **e** görüşme, pazarlık; huk. duruşma
Verhängnisvoll /fer'hengnisfol/ uğursuz
verharren /fer'harın/ kalmak, beklemek; dayatmak, üstelemek
verhärten /ferhertın/ de. katılaşmak, sertleşmek
verhaßt /fer'hast/ sevilmeyen, nefret edilen
verheerend /fer'he:rınt/ yıkıcı, korkunç; müthiş
verheilen /fer'haylın/ (yara) iyileşmek, kapanmak
verheimlichen /fer'haymlihın/ gizlemek, saklamak
verheiraten /fer'hayra:tın/ de. evlenmek
verheiratet /fer'hayra:tıt/ evli
verheißen /fer'haysın/ söz vermek
Verheißung, en /fer'haysung/ **e** söz, vaat
verhelfen /férhelfın/ yardımcı olmak, yardım etmek
verhexen /ferheksın/ büyülemek
verhindern /fer'hindırn/ engellemek, önlemek, önüne geçmek
verhöhnen /fer'hö:nın/ alay etmek
Verhör, e /fer'hö:r/ **r** sorgu
verhören /fer'hö:rın/ sorguya çekmek; de. yanlış işitmek
verhungern /fer'hungırn/ açlıktan ölmek
verhüten /ferhü:tın/ önlemek; engel olmak
Verhütung /ferhü:tung/ **e** önleme
verirren /fer-'ırın/ de. kaybolmak, yolunu yitirmek
verjagen /fer'ya:gın/ kovmak, kovalamak
verjüngen /fer'yüngın/ gençleştirmek
Verkauf, ..e /fer'kauf/ **r** satış
verkaufen /ferkaufın/ satmak
Verkäufer,- /fer'koyfır/ **r** satıcı; tezgâhtar
Verkehr /fer'ke:r/ **r** trafik; (cinsel) ilişki
verkehren /fer'ke:rın/ (taşıt) işlemek

Verkehrsampel, n /fer'ke:rs-ampıl/ e trafik lambası
Verkehrsminister,- /fer'ke:rsministır/ r Ulaştırma Bakanı
Verkehrsministerium, -ien /fer'ke:rsministe:ryum/ s Ulaştırma Bakanlığı
Verkehrsmittel,- /fer'ke:rsmitıl/ s taşıt, ulaşım aracı
Verkehrspolizei /fer'ke:rspolitsay/ e trafik polisi
Verkehrspolizist, en /fer'ke:rspolitsist/ r trafik polisi (memuru)
Verkehrsregelung, en /fer'ke:rsre:gılung/ e trafik düzenlemesi
Verkehrsschild, er /fer'ke:rssşilt/ s trafik levhası
Verkehrsstockung, en /fer'ke:rssştokung/ e trafik tıkanıklığı
Verkehrsunfall, ..e /fer'ke:rs-unfal/ r trafik kazası
Verkehrszeichen,- /ferke:rstsayhın/ s trafik işareti
verkehrt /fer'ke:rt/ ters; yanlış
verkennen /fer'kenın/ yanlış anlamak, değerini anlamamak
verklagen /fer'kla:gın/ dava açmak
verkleinern /fer'klaynırn/ küçültmek
Verkleinerung, en /fer'klaynırung/ e küçültme
verklingen /ferklingın/ yavaş yavaş sönmek
verknüpfen /fer'knüpfın/ birleştirmek, bağlamak
Verknüpfung, en /fer'knüpfung/ e bağlantı
verkohlen /fer'ko:lın/ kömürleştirmek
verkommen /fer'komın/ mahvolmak; âhlakı bozulmak; ahlaksız
verkörpern /fer'körpırn/ canlandırmak, somutlaştırmak
verkrachen /fer'krahın/ de. bozuşmak
verkrüppelt /fer'krüpılt/ topal, kötürüm, sakat
verkünden /fer'kündın/ bildirmek, duyurmak
verkündigen /fer'kündigın/ bildirmek, duyurmak
verkürzen /fer'kürtsın/ kısaltmak
Verlag, e /fer'la:k/ r yayınevi
verlangen /fer'langın/ istemek
Verlangen,- /fer'langın/ s istek
verlängern /fer'lengırn/ uzatmak
Verlängerung, en /fer'lengırung/ e uzatma
Verlängerungsschnur, ..er /fer'lengırungsşnu:r/ e uzatma kablosu
verlangsamen /fer'langza:mın/ yavaşlatmak, ağırlaştırmak
Verlaß /fer'las/ r :auf ihn ist kein - ona güven olmaz
verlassen /fer'lasın/ bırakmak, terk etmek; evden çıkmak; de. güvenmek (auf, e)
verläßlich /fer'leslih/ güvenilir
Verlauf, ..e /fer'lauf/ r gidiş, gelişme, seyir
verlaufen /fer'laufın/ geçmek, geçip gitmek; de. kaybolmak, yolunu yitirmek
verleben /fer'le:bın/ geçirmek, görmek
verlegen /fer'le:gın/ yerine koymamak, yerini değiştirmek; döşemek; ertelemek; yayımlamak; sıkılgan, utangaç
Verlegenheit, en /ferle:gınhayt/ e sıkılganlık, çekingenlik; kötü durum, sıkıntı
Verleger,- /fer'le:gır/ r yayımlayan, yayımcı
verleihen /fer'layın/ vermek; ödünç vermek
verlernen /fer'lernın/ (öğrendiğini) unutmak
verlesen /fer'lezın/ yüksek sesle okumak; de. yanlış okumak
verletzbar /fer'letsba:r/ yaralanabilir
verletzen /fer'letsın/ yaralamak; incitmek, gücenmek
verletzlich /fer'letslih/ yaralanabilir
Verletzte (r) /fer'letstı(r)/ r,e yaralı
Verletzung, en /fer'letsung/ e yaralan-

ma, yaralama, yara
verleugnen /fer'loygnın/ yadsımak, inkâr etmek
verleumden /fer'loymdın/ iftira etmek
Verleumdung, en /fer'loymdung/ e iftira
verlieben /fer'li:bın/ de. âşık olmak
verliebt /fer'li:pt/ âşık
verlieren /fer'li:rın/ kaybetmek, yitirmek
verloben /fer'lo:bın/ nişanlanmak
Verlobte, n /fer'lo:ptı/ e (kız) nişanlı
Verlobter, en /fer'lo:ptır/ (erkek) nişanlı
Verlobung, en /fer'lo:bung/ e nişan, nişanlanma
verlocken /fer'lokın/ ayartmak, kandırmak
verloren /fer'lo:rın/ kayıp, yitik
verlorengehen /fer'lo:rıngeın/ kaybolmak, yitmek
verlosen /fer'lo:zın/ kura çekmek
Verlust, e /fer'lust/ r kayıp; zarar, hasar
vermachen /fer'mahın/ miras bırakmak
Vermählung, en /fer'me:lung/ e evlenme
vermehren /fer'me:rın/ çoğaltmak, artırmak; de. çoğalmak, artmak
vermeiden /fer'maydın/ kaçınmak, sakınmak
Vermerk, e /fer'merk/ r kayıt, not
vermessen /fer'mesın/ ölçmek; kibirli; küstah
vermieten /fer'mi:tın/ kiraya vermek
vermischen /fer'mişın/ karıştırmak
vermißt /fer'mist/ kayıp
vermitteln /fermitıln/ aracı olmak, aracılık yapmak; sağlamak
Vermittler, - /fer'mitlır/ r aracı
Vermittlung, en /fer'mitlung/ e aracılık; arabuluculuk; (telefon) santral
vermögen /fer'mö:gın/ yapabilmek, sözünü geçirmek
Vermögen,- /fer'mö:gın/ s servet, varlık; yetenek, güç
vermuten /fer'mu:tın/ sanmak, tahmin etmek; kuşkulanmak

vermutlich /fermu:tlih/ olası, muhtemel; galiba, tahmine göre
Vermutung, en /fer'mu:tung/ e sanı, tahmin
vernachlässigen /fer'na:hlesigın/ savsaklamak, önem vermemek, ihmal etmek
vernehmen /fer'ne:mın/ işitmek, duymak; sorguya çekmek
verneigen /fer'naygın/ de. eğilmek, reverans yapmak
verneinen /fernaynın/ yadsımak, reddetmek; hayır demek
verneinend /fernaynınt/ olumsuz
Verneinung, en /fer'naynung/ e dilb. olumsuzluk
vernichten /fernihtın/ yok etmek, ortadan kaldırmak
Vernichtung, en /fer'nihtung/ e yok etme, yıkma
Vernunft /fernunft/ e akıl, us; anlayış
vernünftig /fer'nünftih/ e akıllı; makul, akla yatkın
veröden /fer'-ö:dın/ ıssızlaşmak
veröffentlichen /fer-'öfıntlihın/ yayımlamak, çıkarmak
Veröffentlichung, en /fer-'öfıntlihung/ e yayın
verordnen /fer'-ordnın/ emretmek; hek. ilâç yazmak
Verordnung, en /fer-'ordnung/ e emir; hek. reçete
verpachten /fer'pahtın/ kiraya vermek
verpacken /fer'pakın/ paketlemek, ambalaj yapmak
Verpackung, en /fer'pakung/ e ambalaj
verpassen /ferpasın/ kaçırmak
verpflegen /fer'pfle:gın/ bakmak, beslemek
Verpflegung /fer'pfle:gung/ e yiyecek; pansiyon
verpflichten /fer'pflihtın/ mecbur etmek, yükümlendirmek; de. üstlenmek
Verpflichtung, en /fer'pflihtung/ e yü-

küm(lülük); görev, borç
verpfuschen /fer'pfuşın/ berbat etmek, bozmak
verpönt /fer'pö:nt/ ayıp (sayılan)
verprügeln /fer'prü:gıln/ *kd.* dayak atmak
Verputz /fer'puts/ **r** sıva
verputzen /fer'putsın/ sıvamak
Verrat /fer'ra:t/ **r** gammazlık; ihanet
verraten /fer'ra:tın/ gammazlamak; ihanet etmek
Verräter,- /fer're:tır/ **r** gammaz; hain
verräterisch /fer're:tıriş/ hain, kalleş, kancık
verrechnen /fer'rehnın/ *de.* yanlış hesaplamak; hata yapmak
verregnet /fer're:gnıt/ yağmurdan bozulmuş
verreisen /fer'rayzın/ yolculuğa çıkmak
verrenken /fer'renkın/ burkmak, yerinden oynatmak
Verrenkung, en /fer'renkung/ **e** çıkık, burkulma
verrichten /fer'rihtın/ yapmak, yerine getirmek
Verrichtung, en /fer'rihtung/ **e** yapma, yerine getirme
verriegeln /fer'ri:gıln/ sürgülemek
verringern /fer'rin:gırn/ azaltmak, indirmek; *de.* azalmak, inmek
verrinnen /ferrinın/ akıp gitmek
verrosten /fer'rostın/ paslanmak
verrotten /fer'rotın/ çürümek
verrücken /fer'rükın/ yerinden oynatmak, yerini değiştirmek
verrückt /fer'rükt/ deli, çılgın
Verrückte(r) /fer'rüktı(r)/ **r,e** çılgın, deli
Verrücktheit, en /fer'rükthayt/ **e** delilik, çılgınlık
Verruf /fer'ru:f/ **r** kötü ad
verrufen /fer'ru:fın/ adı kötüye çıkmış, gözden düşmüş
Vers, e /fers/ **r** mısra, dize
versagen /fer'za:gın/ işlememek, çalışmamak; reddetmek; başaramamak
Versagen /fer'za:gın/ **s** başarısızlık
versalzen /fer'zaltsın/ fazla tuzlamak
versammeln /ferzamıln/ toplamak; birleştirmek; *de.* toplanmak
Versammlung en /fer'zamlung/ **e** toplantı
Versand /fer'zant/ **r** gönder(il)me, sevkiyat
versäumen /fer'zoymın/ yerine getirememek; savsaklamak; (fırsatı) kaçırmak
Versäumnis, se /fer'zoynmis/ **s** gelmeme, bulunmama, devamsızlık
verschaffen /fer'şafın/ sağlamak; donatmak
verschärfen /fer'şerfın/ şiddetlendirmek, yoğunlaştırmak; *de.* şiddetlenmek, yoğunlaşmak, kötüleşmek
verschenken /fer'şenkın/ bağışlamak, armağan etmek
verschicken /fer'şikın/ göndermek, yollamak
verschieben /fer'şi:bın/ ertelemek
verschieden /fer'şi:dın/ değişik, ayrı, farklı
verschiedenartig /fer'şi:dın-a:rtih/ çeşitli, türlü, çeşit çeşit
Verschiedenheit, en /fer'şi:dınhayt/ **e** değişiklik, farklılık, ayrım
verschlafen /fer'şla:fın/ uyuyarak kaçırmak; *de.* uyuyakalmak, geç uyanmak
verschlagen /fer'şla:gın/ kurnaz, açıkgöz
verschlechtern /fer'şlehtırn/ kötüleştirmek, bozmak; *de.* kötüleşmek
Verschleiß /fer'şlays/ **r** aşınma, eskime
verschleißen /fer'şlaysın/ aşındırmak, eskitmek
verschleppen /fer'şlepın/ sürükleyerek götürmek; sürüncemede bırakmak, uzatmak; (adam) kaçırmak
verschließen /fer'şli:sın/ kapamak; kilitlemek

verschlimmern /fer'şlimırn/ kötüleştirmek; de. kötüleşmek
verschlingen /fer'şlingın/ yutmak
verschlossen /fer'şlosın/ kapalı, kilitli; içine kapanık
verschlucken /fer'şlukın/ yutmak; de. genzine kaçırmak
Verschluβ, ..sse /fer'şlus/ r fermuar; kilit; topa, tıkaç
verschmähen /fer'şme:ın/ tenezzül etmemek, küçük görerek reddetmek
verschmelzen /fer'şmeltsın/ kaynaştırmak, birleştirmek
verschmutzen /fer'şmutsın/ kirletmek
verschnaufen /fer'şnaufın/ de. soluk almak, dinlenmek
verschneit /fer'şnayt/ karlı, karla kaplı
verschollen /fer'şolın/ kayıp
verschönern /fer'şö:nırn/ güzelleştirmek
verschreiben /fer'şraybın/ reçete yazmak; de. yanlış yazmak
verschroben /fer'şro:bın/ garip, tuhaf; kaçık, deli
verschulden /fer'şuldın/ suçlu olmak, nedeni olmak
verschuldet /fer'şuldıt/ borçlu
verschütten /fer'şütın/ dökmek
verschweigen /fer'şvaygın/ gizlemek, hakkında konuşmamak, hiç söz etmemek
verschwenden /fer'şvendın/ boş yere harcamak, saçıp savurmak
Verschwender,- /fer'şvendır/ r ziyankâr, müsrif, savurgan
verschwenderisch /fer'şvendıriş/ savurgan, tutumsuz
Verschwendung, en /fer'şvendung/ e boş yere harcama, israf, savurganlık
verschwiegen /fer'şvigın/ ağzı sıkı; ketum; gizli, saklı
verschwinden /fer'şvindın/ yok olmak, ortadan kaybolmak; sıvışmak
verschwommen /fer'şvomın/ bulanık, belirsiz

verschwören /fer'şvö:rın/ de. komplo hazırlamak, suikast hazırlamak
Verschwörer,- /fer'şvö:rır/ r komplocu, fesatçı
Verschwörung, en /fer'şvö:rung/ e komplo
versehen /fer'ze:ın/ donatmak; yerine getirmek; de. yanılmak, hata yapmak
Versehen /fer'ze:ın/ s hata, dikkatsizlik
versehentlich /fer'ze:ıntlih/ yanlışlıkla, dikkatsizlik yüzünden
Versehrte (r) /fer'ze:rtı(r)/ r,e sakat, özürlü kimse
versenden /fer'zendın/ göndermek, yollamak
versenken /fer'zenkın/ batırmak; daldırmak
versetzen /fer'zetsın/ yerini değiştirmek; sınıf geçirmek; rehin vermek; tokat atmak
Versetzung, en /fer'zetsung/ e sınıf geçirme; başka bir yere atama
verseuchen /fer'zoyhın/ hek. bulaştırmak
versichern /fer'zihırn/ sigorta etmek; garanti etmek, temin etmek
Versicherung, en /fer'zihırung/ e sigorta; garanti, teminat
Versicherungsgesellschaft, en /ferzihırungsgızelşaft/ e sigorta şirketi
Versicherungspolice /fer'zihırungspoli:sı/ e sigorta poliçesi
versiegeln /fer'zi:gıln/ mühürlemek
versinken /fer'zinkın/ batmak
versöhnen /fer'zö:nın/ barıştırmak, uzlaştırmak; de. barışmak, uzlaşmak
Versöhnung, en /fer'zö:nung/ e barışma
versorgen /fer'zorgın/ sağlamak, temin etmek; bakmak, geçindirmek
Versorgung /fer'zorgung/ e sağlama, temin; bakma, bakım
verspäten /fer'şpe:tın/ gecikmek, geç kalmak
verspätet /fer'şpe:tıt/ gecikmiş

Verspätung, en /fer'şpetung/ **e** gecikme, geç kalma, rötar
versperren /fer'şperın/ kapamak, tıkamak
verspotten /fer'şpotın/ alay etmek
versprechen /fer'şprehın/ söz vermek; de. konuşurken hâta yapmak
Versprechen,- /fer'şpehın/ **s** söz, vaat
verstaatlichen /fer'şta:tlihın/ devletleştirmek
Verstaatlichung, en /fer'şta:tlihung/ **e** devletleştirme
Verstand /fer'ştant/ **r** akıl, us; zihin, zekâ; anlayış
verstandesmäβ**ig** /fer'ştandısme:sih/ akla yatkın, rasyonel
verständig /fer'ştendih/ akıllı, zeki
verständigen /fer'ştendigın/ bilgi vermek, haberdar etmek de. anlaşmak, uyuşmak
Verständigung, en /fer'ştendigung/ **e** anlaşma, uzlaşma
verständlich /fer'ştentlih/ anlaşılır
Verständnis /fer'ştentnis/ **s** anlayış; duyarlık
verständnislos /fer'ştentnislo:s/ anlayışsız
verständnisvoll /fer'ştentnisfol/ anlayışlı
verstärken /fer'şterkın/ kuvvetlendirmek
Verstärker,- /fer'şterkır/ **r** yükselteç, amplifikatör
Verstärkung, en /fer'şterkung/ **e** kuvvetlendirme; takviye
verstauchen /fer'ştauhın/ :sich den fuβ - ayağını burkmak
Versteck, e /fer'ştek/ **r,s** saklanma yeri
verstecken /fer'ştekın/ saklamak, gizlemek; de. saklanmak
versteckt /fer'ştekt/ saklı, gizli
verstehen /fer'şte:ın/ anlamak, kavramak
versteigern /fer'ştaygırn/ açık arttırmaya çıkarmak
Versteigerung, en /fer'ştaygırung/ **e** tic. arttırma
verstellbar /fer'ştelba:r/ ayarlanabilir
verstellen /fer'ştelın/ yerini değiştirmek; de. numara yapmak, sahte tavır takınmak
verstimmt /fer'ştimınt/ müz. akordu bozulmuş; canı sıkılmış, gücenmiş
verstockt /fer'ştokt/ dik başlı
verstohlen /fer'şto:lın/ gizli, kaçamak
verstopfen /fer'ştopfın/ kapamak, tıkamak
verstopft /fer'ştopft/ tıkalı
Verstopfung /fer'ştopfung/ **e** tıkanıklık; hek. kabız
verstorben /fer'ştorbın/ merhum, ölü
Verstoβ**, ..e** /fer'şto:s/ **r** karşı gelme, ihlal, tecavüz
verstoβ**en** /fer'şto:sın/ kovmak, atmak; (evlatlıktan) reddetmek
verstreichen /fer'ştrayhın/ (zaman) geçmek, süresi dolmak
verstreuen /fer'ştroyın/ dağıtmak, saçmak
verstümmeln /fer'ştümıln/ sakatlamak
verstummen /fer'ştumın/ susmak; dili tutulmak; (gürültü) kesilmek
Versuch, e /fer'zu:h/ **r** deney; deneme
versuchen /fer'zu:hın/ denemek; tadına bakmak
Versuchskaninchen,- /fer'zu:hskani:nhın/ **s** deneme tahtası
versuchsweise /fer'zu:hsvayzı/ deneme yoluyla
Versuchung, en /fer'zu:hung/ **e** baştan çıkarma
versunken /fer'zunkın/ batmış
versüβ**en** /fer'zü:sın/ tatlılaştırmak
vertagen /fer'ta:gın/ ertelemek, geciktirmek
vertauschen /fer'tauşın/ değiştirmek, değiş tokuş etmek
verteidigen /fer'taydıgın/ savunmak
Verteidiger,- /fer'taydıgır/ **r** savunucu, müdafi; avukat, dava vekili

Verteidigung, en /fer'taydigung/ e savunma

Verteidigungsminister,- /fer'taydigungsministır/ r Savunma Bakanı

Verteidigungsministerium, -ien /fer'taydigungsministe:ryum/ s Savunma Bakanlığı

verteilen /fer'taylın/ bölmek, dağıtmak, paylaştırmak

Verteilung, en /fer'taylung/ e dağıtma, dağıtım

vertiefen /fer'ti:fın/ derinleştirmek; **sich -in -e** dalmak

Vertiefung, en /fer'ti:fung/ e derinlik, çukur, boşluk

vertikal /verti'ka:l/ dikey, düşey

vertilgen /fer'tilgın/ yok etmek; *kd.* yiyip bitirmek, silip süpürmek

Vertrag, ..e /fer'tra:k/ r sözleşme; antlaşma

vertragen /fer'tra:gın/ dayanmak, katlanmak de. geçinmek, araları iyi olmak

verträglich /fer'tre:klih/ katlanılabilir, dayanılabilir; geçimli, uysal

vertrauen /fer'trauın/ güvenmek

Vertrauen /fer'trauın/ s güven, inanç

vertrauenswürdig /fer'trauınsvürdih/ güvenilir

vertraulich /fer'traulih/ gizli; teklifsiz, senli benli

verträumt /fer'troymt/ dalgın; kuytu, sessiz

vertraut /fer'traut/ sıkı fıkı, içli dışlı

vertreiben /fer'traybın/ kovmak, atmak; *ask.* püskürtmek; *tic.* satmak, sürmek

vertreten /fer'tre:tın/ temsil etmek, savunmak

Vertreter,- /fer'tre:tır/ r temsilci; acenta

Vertretung, en /fer'tre:tung/ e temsilcilik; acentelik

vertrocknen /fer'troknın/ kurumak

vertrösten /fer'tröstın/ oyalamak, atlatmak

vertun /fer'tu:n/ boş yere harcamak, savurmak

çıp savurmak

vertuschen /fer'tuşın/ örtbas etmek, örtmek

verunglücken /fer'-unglükın/ kaza geçirmek

verunreinigen /fer'-unraynigın/ kirletmek

veruntreuen /fer'untroyın/ zimmetine geçirmek

verursachen /fer'-u:rzahın/ neden olmak, yol açmak

verurteilen /fer'urtaylın/ mahkûm etmek, hüküm giydirmek

Verurteilung, en /fer'urtaylung/ e mahkûmiyet

vervielfältigen /fer'fi:lfeltigın/ çoğaltmak, kopyalarını çıkarmak

Vervielfältigung, en /fer'fi:lfeltigung/ e çoğaltma, teksir

vervollkommnen /fer'folkomnın/ yetkinleştirmek, mükemmelleştirmek

Vervollkommnung, en /fer'folkomnung/ e yetkinleştirme, mükemmelleştirme

vervollständigen /fer'folştendigın/ tamamlamak, bütünlemek

verwahren /fer'va:rın/ saklamak; de. karşı çıkmak, itiraz etmek

verwahrlost /fer'va:rlo:st/ bakımsız

verwaist /fer'vayst/ yetim, öksüz; ıssız, boş, tenha

verwalten /fer'valtın/ yönetmek

Verwalter,- /fer'valtır/ r yönetici

Verwaltung, en /fer'valtung/ e yönetim

Verwaltungsbezirk, e /fer'valtungsbıtsirk/ r yönetim bölgesi

verwandeln /fer'vandıln/ değiştirmek, dönüştürmek; de. değişmek, dönüşmek

Verwandlung, en /fer'vandlung/ e değişim, dönüşüm

verwandt /fer'vant/ hısım, akraba

Verwandte, n /fer'vantı/ r,e hısım, akraba

Verwandtschaft, en /fer'vantşaft/ e

akrabalık, hısımlık
verwarnen /fer'varnın/ uyarmak, ikaz etmek
Verwarnung, en /fer'varnung/ e uyarı, ikaz
verwechseln /fer'veksıln/ karıştırmak; - benzetmek **(mit, -e)**
Verwechslung, en /fer'vekslung/ e karıştırma; yanlışlık
verwegen /fer've:gın/ atılgan, cüretli
verweigern /fer'vaygırn/ kabul etmemek, reddetmek
verweilen /fer'vaylın/ durmak, kalmak
Verweis, e /fer'vays/ r azar, paylama; işaret
verweisen /fer'vayzın/ sürgüne yollamak; uyarmak; kovmak
Verweisung, en /fer'vayzung/ e sürgün; kovma
verwelken /fer'velkın/ sararmak, solmak
verwendbar /fer'ventba:r/ kullanılabilir
verwenden /fer'vendın/ kullanmak; (zaman, çaba) harcamak
Verwendung /fer'vendung/ e kullanış, kullanım
verwerfen /fer'verfın/ kabul etmemek, tanımamak, reddetmek
verwerflich /fer'verflih/ çirkin, kötü
verwerten /fer'vertın/ yararlanmak, değerlendirmek
verwesen /fer've:zın/ çürümek, bozulmak
Verwesung, en /fer've:zung/ e çürüme, bozulma
verwickeln /fer'vikıln/ dolaştırmak, karıştırmak; de. karışmak, dolaşmak
verwickelt /fer'vikılt/ karışık, dolaşık
verwirklichen /fer'virklihın/ gerçekleştirmek; de. gerçekleşmek
Verwirklichung, en /fer'virklihung/ e gerçekleşme, gerçekleştirme
verwirren /fer'virın/ karıştırmak; şaşırtmak
Verwirrung, en /fer'virung/ e karışıklık; şaşkınlık
verwitwet /fer'vitvıt/ dul
verwöhnen /fer'vö:nın/ şımartmak, yüz vermek
verwöhnt /fer'vö:nt/ şımarık, nazlı
verworfen /fer'vorfın/ alçak, iğrenç
verworren /fer'vorın/ darmadağınık, karmakarışık, belirsiz
verwunden /fer'vundın/ yaralamak
verwundern /fer'vundırn/ de. şaşırmak, hayret etmek
Verwunderung, en /fer'vundırung/ e şaşkınlık, hayret
Verwundete, n /fer'vundıtı/ r,e yaralı
Verwundung, en /fer'vundung/ e yara
verwünschen /fer'vünşın/ lanetlemek
verwüsten /fer'vü:stın/ yakıp yıkmak, kırıp geçirmek, tahrip etmek
verzählen /fer'tse:lın/ yanlış saymak
verzehren /fer'tse:rın/ yiyip bitirmek
verzeichnen /fer'tsayhnın/ not etmek, kaydetmek, yazmak
Verzeichnis, se /fer'tsayhnis/ s liste, dizelge
verzeihen /fer'tsayın/ affetmek, hoş görmek, bağışlamak
verzeihlich /fer'tsaylih/ affedilebilir, hoş görülebilir
Verzeihung, en /fer'tsayung/ e af, hoş görme; affedersiniz!
verzerren /fer'tserın/ biçimini bozmak
Verzicht, e /fer'tsiht/ r vazgeçme
verzichten /fer'tsihtın/ vazgeçmek
verzieren /fer'tsi:rın/ süslemek
Verzierung, en /fer'tsi:rung/ e süs
verzinsen /fer'tsinzın/ faizini ödemek
verzögern /fer'tsö:gırn/ geciktirmek, uzatmak
Verzögerung, en /fer'tsö:gırung/ e gecikme, uzama
verzollen /fer'tsolın/ gümrük ödemek, **haben Sie etwas zu-?** gümrüğe tabi eşyanız var mı?
Verzug, ..e /fer'tsu:k/ r gecikme

verzweifeln /fer'tsvayfıln/ umutsuzluğa düşmek
verzweifelt /fer'tsvayfılt/ umutsuz, çaresiz, umarsız
Verzweiflung, /fer'tsvayflung/ umutsuzluk
verzweigen /fer'tsvaygın/ de. dallanmak
Verzweigung, en /fer'tsvaygung/ e dallanma
verzwickt /fer'tsvikt/ *kd.* karışık, pürüzlü, arapsaçı gibi
Veto, e /'ve:to/ s veto
Vetter, n /'fetır/ r kuzen
Vibration, en /vibrats'yo:n/ e titreşim
vibrieren /vib'ri:rın/ titreşmek
Videoband, ..er /videobant/ s video bant, video teyp bandı
Videokassette, n /videokasetı/ e video kaset
Videorekorder,- /videorekrekordır/ r video, video teyp
Vieh /fi:/ s sığır, davar
Viehzucht /'fi:tsuht/ e hayvancılık
viel /fi:l/ çok; birçok
vieldeutig /'fi:ldoytih/ çokanlamlı
vielerlei /'fi:lırlay/ çeşitli
vielfach /'fi:lfah/ çok kez, birçok kere
vielfältig /'fi:lfeltih/ türlü, çeşitli
vielleicht /fi'layht/ belki
vielmals /'fi:lma:ls/ birçok kez
vielmehr /fi:l'me:r/ daha çok
vielsagend /'fi:lza:gınt/ anlamlı
vielseitig /'fi:lzaytih/ çok yönlü
vielsilbig /'fi:lzilbih/ çok heceli
vielversprechend /'fi:lferşprehınt/ çok şey vaat eden
vier /fi:r/ dört
Viereck, e /'fi:r-ek/ s *mat.* dörtgen
viereckig /'fi:r-ekih/ dört köşeli
vierhundert /'fi:rhundırt/ dörtyüz
viermal /'fi:rma:l/ dört kez
viert /fi:rt/ dördüncü
Viertaktmotor, en /'fi:rtaktmo:tor/ r dört zamanlı motor
Viertel,- /'firtıl/ s çeyrek; semt, mahalle

Vierteljahr, e /'firtılya:r/ s çeyrek yıl, üç ay
vierteljährlich /'firtılye:rlih/ üç aylık
Viertelstunde, n /'firtılştundı/ e çeyrek saat
viertens /'fi:rtıns/ dördüncü olarak
vierzehn /'firtse:n/ on dört
vierzig /'firtsih/ kırk
Villa, -len /'vila/ e villa, köşk
violett /vio'let/ mor
Violine, n /vio'li:nı/ e keman
Violoncella, -li /violon'çelo/ s *müz.* viyolonsel
Visum, -sa /'vi:zum/ s vize
Vitalität /vitali'te:t/ e canlılık
Vitamin, e /vita'mi:n/ s vitamin
Vitaminmangel /vita'mi:nmangıl/ r *hek.* vitaminsizlik, vitamin eksikliği
vize... /'vi:tsı/ "yardımcı, vekâlet eden" anlamında önek
Vizeadmiral, ..e /'vi:tsı-atmira:l/ r tümamiral
Vizekanzler,- /'vi:tsıkantslır/ r başbakan yardımcısı
Vogel,.. /'fo:gıl/ r kuş
Vogelscheuche, n /'fo:gılşoyhı/ e bostan korkuluğu
Vokabel, n /vo'ka:bıl/ e sözcük, söz
Vokabular, e /vokabu'la:r/ s sözcük dağarcığı; (kısa) sözlük
Vokal, e /vo'ka:l/ s *dilb.* ünlü, sesli harf
Volk, ..er /folk/ s halk; ulus
Völkerkunde /'fölkırkundı/ e etnoloji, budunbilim
Völkerrecht /'fölkırreht/ s devletler hukuku
Volksabstimmung, en /'folksapştimung/ e halkoylaması, referandum
Volkslied, er /'folksli:t/ s halk şarkısı
Volksrepublik, e /'folksrepubli:k/ e halk cumhuriyeti
Volksschule, n /'folksşşu:lı/ e ilkokul
Volksschullehrer,- /'folkşu:lle:rır/ r ilkokul öğretmeni

Volkssprache, n /'folkssppra:hı/ e halk dili
Volkstanz, ..e /'folkstants/ r ulusal dans, halk dansı
volkstümlich /'folkstü:mlih/ popüler
Volkswirtschaft /'folksvirtşaft/ e ekonomi, iktisat
voll /fol/ dolu
vollauf /'fol-auf/ bol bol
vollautomatisch /'vol-automa:tiş/ tam otomatik
Vollbart /'folba:rt/ r top sakal
Vollblut /'folblu:t/ s safkan
vollbringen /fol'bringın/ yerine getirmek
vollenden /fol-'endın/ bitirmek, tamamlamak
vollendet /fol-'endıt/ bitmiş; yetkin, mükemmel
vollends /fol-'ents/ büsbütün
Vollendung /fol-'endung/ e bitirme, tamamlama
Volleyball /'valibal/ r voleybol
Vollgas /'folga:s/ s :mit - tam hızla
völlig /'fölih/ tam; tümüyle, büsbütün
volljährig /'folye:rih/ ergin, reşit
vollkommen /fol'komın/ yetkin, mükemmel, kusursuz
Vollmacht /'folmaht/ e tam yetki
Vollmilch /'folmilh/ e tam yağlı süt
Vollmond /'folmo:nt/ r dolunay
Vollpension /'folpanzyo:n/ e tam pansiyon
vollständig /'folştendih/ eksiksiz, tam, bütün
vollstrecken /fol'ştrekın/ yerine getirmek
volltanken /'foltankın/ (benzin) depoyu doldurmak, ful yapmak
vollzählig /'foltse:lih/ eksiksiz
vollziehen /fol'tsi:ın/ yürütmek, yerine getirmek; de. vuku bulmak, cereyan etmek, olmak
Vollzug /'foltsu:k/ r icra, yerine getirme
Volt,- /volt/ s elek. volt
Volumen, -mina /vo:lu:mın/ s hacim, oylum

vom /fom/ **von dem**'in kısaltılmışı **vornherein** önceden
von /fon/ -den, -dan; -in, -ın; tarafından
vor /fo:r/ (-den) önce; önüne, önünde
Vorabend, e /'fo:ra:bınt/ r arife
Vorahnung, en /'fo:r-a:nung/ e önsezi
voran /fo'ran/ önde, başta
vorangehen /fo'range:ın/ önce gitmek, önce davranmak, önüne geçmek
vorankommen /fo'rankomın/ ilerlemek
Vorarbeiter,- /'fo:r-arbaytır/ r ustabaşı
voraus /fo'raus/ önde, ileride; önceden
vorausbezahlen /fo'rausbıtsa:lın/ önceden ödemek
vorausgehen /fo'rausge:ın/ önden gitmek; önce gelmek
vorausgesetzt /fo'rausgızetst/ : **-da**β olması şartıyla, yeter ki
Voraussage, n /fo'rausza:gı/ e önceden bildirme, kehanet
voraussagen /fo'rausza:gın/ önceden tahminde bulunmak
voraussehen /fo'rausze:ın/ kestirmek, tahmin etmek
voraussetzen /fo'rauszetsın/ varsaymak, farzetmek; şart koşmak
Voraussetzung, en /fo'rauszetsung/ e koşul, şart
voraussichtlich /fo'rauszihtlih/ olası, muhtemel
Vorauszahlung, en /fo'raustsa:lung/ e peşinen ödeme, avans
Vorbedacht /'fo:rbıdaht/ **:mit-** bile bile, kasten
Vorbedingung, en /'fo:rbıdingung/ e ön koşul, ilk şart
Vorbehalt, e /'forbıhalt/ r koşul, kısıtlama, kayıt
vorbei /fo:rbay/ önünden; olmuş bitmiş
vorbeifahren /fo:r'bayfa:rın/ önünden (taşıtla) geçmek
vorbeigehen /fo:r'bayge:ın/ önünden geçmek; geçip gitmek

vorbeikommen /fo:r'baykomın/ geçerken uğramak
Vorbemerkung, en /'fo:rbımerkung/ e önsöz, ön açıklama
vorbereiten /'fo:rbıraytın/ hazırlamak; de. hazırlanmak
Vorbereitung, en /'fo:rbıraytung/ e hazırlık
vorbestellen /'fo:rbıştelın/ önceden ayırtmak
Vorbestellung, en /'fo:rbıştelung/ e rezervasyon, ayırtım
vorbestraft /'fo:rbıştra:ft/ sabıkalı
vorbeugen /'fo:rboygın/ önlemek
Vorbeugend /'fo:rboygınt/ hek. önleyici, koruyucu
Vorbild /'fo:rbilt/ s örnek, model
vorbildlich /'fo:rbiltlih/ örnek niteliğinde; yetkin, mükemmel
vorbringen /'fo:rbringın/ ileri sürmek, ortaya atmak
vorder /'fordır/ ön
Vorderachse, n /'fordır-aksı/ e ön dingil
Vorderbein /'fordırbayn/ s ön bacak
Vorderfuß, ..e /'fordırfu:s/ r ön ayak
Vordergrund /'fordırgrunt/ r ön plan
vorderhand /'fo:rdırhant/ şimdilik
Vorderrad, ..er /'fordırra:t/ s ön tekerlek
Vorderseite, n /'fordırzaytı/ e ön taraf, cephe
Vordersitz, e /'fordırzits/ r ön koltuk
vordrängen /'fo:rdrengın/ ileri itmek
vordringen /'fo:rdringın/ ilerlemek; sızmak, nüfuz etmek
vordringlich /'fo:rdringlih/ ivedi, acil
vorehelich /'fo:re:ılih/ evlilik öncesi
voreilig /'fo:r-aylih/ aceleci, düşüncesiz
voreingenommen /'fo:r-aynginomın/ önyargılı
Voreingenommenheit /'fo:raynginomınhayt/ e önyargı
vorenthalten /'fo:r-enthaltın/ yoksun bırakmak (birinden) saklamak, gizlemek, hakkı olduğu halde vermemek

vorerst /'fo:r-e:rst/ her şeyden önce; şimdilik
Vorfahr, en /'fo:rfa:r/ r ata, cet
vorfahren /'fo:rfa:rın/ (taşıtla) önden gitmek; arabayı evin önüne çekmek
Vorfahrt /'fo:rfa:rt/ e geçiş hakkı
Vorfall, ..e /'fo:rfal/ r olay
vorfallen /'fo:rfalın/ vuku bulmak, olmak, cereyan etmek
vorfinden /'fo:rfindın/ bulmak
vorführen /'fo:rfü:rın/ sunmak, ortaya koymak
Vorgang, ..e /'fo:rgang/ r gidiş, gelişme, seyir; süreç
Vorgänger,- /'fo:rgengır/ r selef, öncel
vorgeben /'fo:rge:bın/ sp. avans vermek; mazeret olarak ileri sürmek
Vorgefühl, e /'fo:rgıfü:l/ s önsezi
vorgehen /'fo:rge:ın/ ilerlemek; önden gitmek; olmak
Vorgesetzte, n /'forgızetstı/ r amir, şef
vorgestern /'fo:rgestırn/ evvelsi gün
vorgreifen /'fo:rgrayfın/ önce davranmak
vorhaben /'fo:rha:bın/ niyetinde olmak
Vorhaben,- /'fo:rha:bın/ s niyet
vorhalten /'fo:rhaltın/ sitem etmek, başına kakmak; sürmek, devam etmek
vorhanden /fo:rhandın/ var, mevcut
Vorhandensein /fo:r'handınzayn/ s varoluş, mevcudiyet
Vorhang, ..e /'forhang/ r perde
Vorhängeschloß, ..sser /'fo:rhengışlos/ r asma kilit
vorher /'fo:rhe:r/ önceden, daha önce
vorherig /'fo:rhe:rih/ önceki
vorherrschen /'fo:rherşın/ egemen olmak, üstün gelmek
Vorhersage, n /fo:r'he:rza:gı/ e önceden bildirme, tahmin
vorhersagen /fo:r'he:rza:gın/ önceden bildirmek, kestirmek
vorhin /'fo:rhin/ az önce, demin

vorig /'fo:rih/ önceki; geçen
vorjährig /'fo:rye:rih/ geçen yılki
vorkommen /'fo:rkomın/ bulunmak; olmak, cereyan etmek
Vorkriegs- /'fo:rkri:ks/ savaş öncesi
Vorlage, n /'fo:rla:gı/ e model, patron: tasarı; *sp.* pas
vorlassen /'fo:rlasın/ öne gelmesine izin vermek
vorläufig /'fo:rloyfih/ geçici; şimdilik
vorlaut /'fo:rlaut/ arsız, yüzsüz
vorlegen /'fo:rle:gın/ öne koymak; sunmak
vorlesen /'fo:rle:zın/ (yüksek sesle) okumak
Vorlesung, en /'fo:rle:zung/ e (üniversite) ders
vorletzt /'fo:rletst/ sondan bir önce(ki)
Vorliebe /'fo:rli:bı/ e tercih, eğilim
vorliegen /'fo:rli:gın/ var olmak, bulunmak
vormachen /'fo:rmahın/ (birine birşeyin nasıl yapılacağını) göstermek
vormerken /'fo:rmerkın/ yer ayırtmak
Vormittag /'fo:rmita:k/ r öğleden önce, sabah
vormittags /'fo:rmita:ks/ öğleden önce, sabahları
Vormund, ..er /'fo:rmunt/ r veli; vasi
Vormundschaft /'fo:rmuntşaft/ e velayet; vesayet
vorn /forn/ önde, ileride
Vorname, n /'forna:mı/ r ad
vorne /'fornı/ önde, ileride
vornehm /'fo:rne:m/ kibar, zarif, soylu; birinci sınıf
vornehmen /'fo:rne:mın/ girişmek, ele almak; yapmak, icra etmek; de. niyetinde olmak
Vorort, e /'fo:r-ort/ r banliyö
Vorortzug, ..e /'fo:r-orttsu:k/ r banliyö treni
Vorrang /'fo:rrang/ r üstünlük, öncelik
Vorrat, ..e /'fo:rra:t/ r stok

vorrätig /'fo:rre:tih/ elde mevcut
Vorrecht, e /'fo:rreht/ s ayrıcalık
Vorrichtung, en /'fo:rrihtung/ e aygıt, düzenek, mekanizma
vorrücken /'fo:rrükın/ öne almak, öne çekmek; ilerlemek
vors /fo:rs/ vor das'ın kısaltılmışı
vorsagen /'fo:rza:gın/ sufle etmek
Vorsatz /'fo:rzats/ r niyet
vorsätzlich /'fo:rzetslih/ kasti; kasten
Vorschau /'fo:rşau/ e tanıtma filmi, gelecek program
Vorschein /'fo:rşayn/ r :zum-kommen ortaya çıkmak, görünmek
Vorschlag, ..e /'fo:rşla:g/ e öneri
vorschlagen /'fo:rşla:gın/ önermek
Vorschrift /'fo:rşrift/ e yönetmelik; yönerge
vorschriftsmäßig /'fo:rriftsme:sih/ usule uygun, gereği gibi
Vorschuß, ..e /'fo:rşus/ r avans, öndelik
vorsehen /'fo:rze:ın/ öngörmek, tasarlamak; de. dikkat etmek
Vorsicht /'fo:rziht/ e dikkat, ihtiyat, özen
vorsichtig /'fo:rzihtih/ dikkatli, sakıngan
vorsichtshalber /'fo:rzihtshalbır/ ihtiyaten, ne olur ne olmaz
Vorsilbe,n /'fo:rzilbı/ e *dilb.* önek
Vorsitz /'fo:rzits/ r başkanlık
Vorsitzende, n /'forzitsındı/ r başkan
Vorsorge /'fo:rzorgı/ e tedbir, önlem
vorsorglich /'fo:rzorklih/ her ihtimale karşı, ihtiyaten
Vorspeise, n /'fo:rşpayzı/ e çerez, meze
Vorspiel, e /'fo:rşpi:l/ s prelüd, peşrev
Vorsprung, ..e /'fo:rşprung/ r çıkıntı; avantaj, avans
Vorstadt /'fo:rştat/ e varoş, dış semt
Vorstand, ..e /'fo:rştant/ r yönetim kurulu; başkan
vorstehen /'fo:rşte:ın/ çıkıntı oluşturmak; başkanlık etmek; yönetmek
Vorsteher,- /'fo:rşte:ır/ r başkan, müdür, direktör

vorstellen /'fo:rştelın/ öne koymak; tanıştırmak; de. kendini tanıtmak
Vorstellung, en /'fo:rştelung/ e tanıtma, tanıştırma; oyun, temsil; düşünce, fikir
Vorstrafe, n /'fo:rştra:fı/ e sabıka
vorstrecken /'fo:rştrekın/ ileri uzatmak
Vorstufe /'fo:rştu:fı/ e ilk basamak; hazırlık kursu
vortäuschen /'fo:rtoyşın/ yalandan yapmak, taslamak
Vorteil, e /'fo:rtayl/ r yarar, çıkar, kazanç, avantaj
vorteilhaft /'fortaylhaft/ kârlı, avantajlı, yararlı
Vortrag, e /'fo:rtra:k/ r konferans, konuşma
vortrefflich /'fo:rtreflih/ yetkin, mükemmel
Vortrefflichkeit, en /'fo:rtreflihkayt/ e yetkinlik, mükemmellik
Vortreten /'fo:rtre:tın/ öne çıkmak; çıkıntı oluşturmak
Vortritt /'fo:rtrit/ r üstünlük, öncelik
vorüber /fo'rü:bır/ olmuş, bitmiş
vorübergehen /fo'rü:bırge:ın/ önünden geçmek
vorübergehend /fo'rübırge:ınt/ geçici, eğreti
Vorurteil, e /'fo:r-urtayl/ s önyargı
Vorvergangenheit /'fo:rfergangınhayt/ e dilb. miş'li geçmiş kipinin hikâyesi
Vorverkauf /'fo:rferkauf/ r tiy. önceden yer ayırtma
Vorwahl, en /'fo:rva:l/ e ön seçim
Vorwand, ..e /'fo:rvant/ e bahane, vesile

vorwärts /'fo:rve:rts/ ileri doğru
vorwärtsgehen /'fo:rve:rtsge:ın/ ilerlemek
vorwärtskommen /'fo:rve:rtskomın/ ilerlemek, gelişme göstermek
vorweg /fo:r'vek/ önceden
Vorwegnahme /fo:r'vekna:mı/ e zamanından önce yapılma
vorwegnehmen /fo:r'vekne:mın/ zamanından önce yapmak
vorweisen /'fo:rvayzın/ göstermek
vorwerfen /'fo:rverfın/ suçlamak, kınamak
vorwiegend /'fo:rvi:gınt/ özellikle, daha çok, genellikle
Vorwort, e /'fo:rvort/ s önsöz
Vorwurf, ..e /'fo:rvurf/ r kınama, ayıplama
vorwurfsvoll /'fo:rvurfsfol/ azarlayıcı, sitemli
Vorzeichen /'fo:rtsayhın/ belirti, alamet; mat. işaret
vorzeigen /'fo:rtsaygın/ göstermek
vorzeitig /'fo:rtsaytih/ zamanından önce, vakitsiz, erken
vorziehen /'fo:rtsi:ın/ tercih etmek, yeğlemek, üstün tutmak
Vorzug, ..e /'fo:rtsu:k/ r tercih; yarar, kazanç, avantaj
vorzüglich /'fo:rtsü:klih/ yetkin, fevkalade, mükemmel
vorzugsweise /'fo:rtsu:ksvayzı/ tercihan
vulgär /vul'ge:r/ bayağı, kaba, adi
Vulkan, e /vul'ka:n/ r volkan, yanardağ

W

Waage, n /'va:gı/ e terazi; Terazi (burcu)
waagerecht /'va:gıreh/ yatay
Waagschale, n /'va:kşa:lı/ e kefe
Wabe,n /'va:bı/ e petek
wach /vah/ uyanık
Wache, n /'vahı/ e karakol; nöbet
wachen /'vahın/ uyanık olmak; nöbet tutmak
Wachhund, en /'vahhunt/ r bekçi köpeği
wacholder,- /va'holdır/ r ardıç
Wachs, e /vaks/ s balmumu
wachsam /'vahza:m/ uyanık, dikkatli
Wachsamkeit /'vahza:mkayt/ e uyanık bulunma, dikkat(lilik)
wachsen /'vaksın/ büyümek, yetişmek, gelişmek
Wachstum /'vakstu:m/ s büyüme, gelişme
Wachtel,n /'vahtıl/ e bıldırcın
Wächter,- /'vehtır/ r bekçi
wackelig /'vakılih/ sallantılı; gevşek
Wackelkontakt, e /'vakılkontakt/ r gevşek, kontak, gevşek temas
wackeln /'vakıln/ sallanmak, sarsılmak, oynamak; gevşek olmak
wacker /'vakır/ mert, cesur, yiğit
Wade, n /va:dı/ e baldır
Wadenbein, e /'va:dınbayn/ s baldır kemiği
Waffe, n /'vafı/ e silâh

Waffel, n /'vafıl/ e gofret
Waffenstillstand /'vafınştilştant/ r mütareke, ateşkes
Wagemut /'va:gımu:t/ r cesaret, girişkenlik
wagemutig /'va:gımu:tih/ girişken, atılgan, cesur
wagen /'va:gın/ cesaret etmek; riske girmek; yeltenmek
Wagen,- /'va:gın/ r araba; vagon
Wagenführer,- /'va:gınfü:rır/ r arabacı; şoför, sürücü
Wagenheber,- /'va:gınhe:bır/ r kriko
Waggon, s /va'go:n/ r vagon
waghalsig /'va:khalzih/ gözü pek
Wagnis, se /'va:knis/ s riziko
Wahl, en /va:l/ e seçim
wahlberechtigt /'va:lbırehtiht/ seçme hakkına sahip
Wahlbezirk, e /'va:lbıtsirk/ r seçim bölgesi
wählen /'ve:lın/ seçmek; (telefon) numarayı çevirmek
Wähler,- /'ve:lır/ r seçmen
wählerisch /'ve:lıriş/ güç beğenen, titiz
Wahlfach, ..er /'va:lfah/ s seçmeli ders
Wahlkampf, ..e /'va:lkampf/ r seçim kampanyası
wahllos /'va:llo:s/ gelişigüzel, rasgele
Wahlrecht /'va:lreht/ s seçme hakkı; se-

çilme hakkı
Wahlspruch, ..e /'va:lşpruh/ **r** slogan
Wahlurne, n /'va:lurnı/ **e** oy sandığı
Wahlzettel,- /'va:ltsetıl/ **r** oy pusulası
Wahn /va:n/ **r** kuruntu
Wahnsinn /'va:nzin/ **r** delilik, çılgınlık
wahnsinnig /'va:nzinih/ çılgın, deli
wahr /va:r/ gerçek; asıl, esas **nicht wahr?** değil mi?
während /'ve:rınt/ sırasında; iken; -diği halde
wahrhaft /va:rhaft/ gerçekten dürüst
wahrhaftig /va:rhaftih/ gerçek; gerçekten, hakikaten
Wahrheit, en /'va:rhayt/ **e** gerçek
wahrnehmen /'va:rne:mın/ algılamak, duymak; farkına varmak
Wahrnehmung, en /'va:rne:mung/ **e** algı, idrak
wahrsagen /'va:rza:gın/ fal bakmak, kehanette bulunmak
Wahrsager,- /'va:rza:gır/ **r** falcı, kâhin
wahrscheinlich /va:r'şaynlih/ olası, muhtemel; galiba
Wahrscheinlichkeit, en /va:r'şaynlihkayt/ **e** olasılık, ihtimal
Währung, en /'ve:rung/ **e** para standardı, sürüm, geçerlik, kur
Waise, n /'vayzı/ **e** öksüz, yetim
Waisenhaus, ..er /'vayzınhaus/ **s** yetimhane
Wal, e /va:l/ **r** balina
Wald, ..er /valt/ **r** orman
Waldbrand, ..e /'valtbrant/ **r** orman yangını
waldig /'valdih/ ormanlık, ağaçlık
Walfisch, e /'va:lfiş/ **r** balina
Wall, ..e /val/ **r** set, bent
wallfahren /'valfa:rın/ kutsal bir yeri ziyaret etmek, hacca gitmek
Wallfahrt, en /'valfa:rt/ **e** hac
Walnuβ, ..sse /'valnus/ **e** ceviz
Walze, n /valtsı/ **e** silindir, merdane
walzen /'valtsın/ merdanelemek, silindir geçirmek
wälzen /'veltsın/ yuvarlamak, ağır ağır döndürmek
Walzer,- /'valtsır/ **r** vals
Wälzer,- /'veltsır/ **r** kd. kalın kitap
Wand, ..e /vant/ **e** duvar
Wandel,- /'vandıl/ **r** değişiklik, değişim
wandeln /'vandıln/ ağır ağır yürümek; değiştirmek; de. değişmek
Wanderer,- /'vandırır/ **r** yaya gezen; gezgin
wandern /'vandırn/ yürümek, dolaşmak, yaya gezmek
Wanderung, en /'vandırung/ **e** yürüyüş, gezinti
Wandlung, en /'vandlung/ **e** değişme, değişiklik
Wandschrank, ..e /'vantşrank/ **r** gömme dolap
Wanduhr, en /'vant-u:r/ **e** duvar saati
Wange, n /'vangı/ **e** yanak
wankelmütig /'vankılmü:tih/ kararsız, sebatsız
wanken /'vankın/ sallanmak, sendelemek; bocalamak
wann /van/ ne zaman
Wanne, n /'vanı/ **e** tekne; küvet
Wanze, n /'vantsı/ **e** tahtakurusu
Wappen, - /'vapın/ **s** arma
Ware, n /'va:rı/ **e** mal, eşya
Warenhaus, ..er /'va:rınhaus/ **s** alışveriş mağazası
Warenlager,- /'va:rınla:gır/ **s** depo
Warenprobe, n /'va:rınpro:bı/ **e** örnek, numune
Warenzeichen /'va:rıntsayhın/ **s** marka
warm /varm/ sıcak
Wärme /'vermı/ **e** sıcaklık, ısı
wärmen /'vermın/ ısıtmak
Wärmflasche, n /'vermflaşı/ **e** termofor
warmherzig /'varmhertsih/ cana yakın, sıcakkanlı, yufka yürekli
Warmwasserbereiter,- /'varmvasırbıraytır/ şofben, termosifon

warnen /'varnın/ uyarmak
Warnung, en /'varnung/ e uyarı
warten /'vartın/ beklemek
Wärter,- /'vertir/ r bekçi; bakıcı
Warteraum, ..e /'vartıraum/ r bekleme odası
Wartesaal, -säle /'vartıza:l/ r bekleme salonu
Wartezimmer,- /'vartıtsimır/ s bekleme odası
Wartung /'vartung/ e bakım
warum /va'rum/ neden, niçin
Warze, n /'vartsı/ e siğil; meme başı
was /vas/ ne
waschbar /'vaşba:r/ yıkanabilir
Waschbecken /'vaşbekın/ s lavabo
Wäsche, n /'veşı/ e çamaşır; yıkama
Wäscheklammer, n /'veşıklamır/ e çamaşır mandalı
Wäschekorb, ..e /'veşıkorp/ r çamaşır sepeti
Wäscheleine, n /'veşılaynı/ e çamaşır ipi
waschen /'vaşın/ yıkamak; de. yıkanmak
Wäscherei, en /veşı'ray/ e çamaşırhane
Wäscheschleuder,- /'veşışloydır/ r çamaşır makinesi
Wäscheschrank, ..e /'veşışrank/ r çamaşır dolabı
Waschlappen,- /'vaşlapın/ r (banyo) kese
Waschmaschine, n /'vaşmaşi:nı/ e çamaşır makinesi
Waschmittel,- /'vaşmitıl/ s deterjan, çamaşır tozu
Waschseife, n /'vaşzayfı/ e çamaşır sabunu
Wasser,.. /'vasır/ s su
Wasserball /'vasırbal/ r sutopu
Wasserbehälter,- /'vasırbıheltır/ s su deposu, sarnıç
Wasserblase, n /'vasırbla:zı/ e su kabarcığı
Wasserdampf, ..e /'vasırdampf/ r su buharı
wasserdicht /'vasırdiht/ su geçirmez
Wasserfall, ..e /'vasırfal/ r çağlayan
Wasserfarbe, n /'vasırfarbı/ e suluboya
Wasserglas, ..er /'vasırglas/ s su bardağı
Wassergraben,- /'vasırgra:bın/ r su hendeği
Wasserhahn, ..e /'vasırha:n/ r musluk
wässerig /'vesırih/ sulu
Wasserklosett, e /'vasırklozet/ s tuvalet, hela
Wasserkraftwerk, e /'vasırkraftverk/ s hidroelektrik santralı
Wasserkühlung /'vasırkü:lung/ e su ile soğutma
Wasserleitung, en /'vasırlaytung/ e su tesisatı
Wassermann, ..er /'vasırman/ r Kova (burcu)
Wassermelone, n /'vasırmılo:nı/ e karpuz
Wassermühle, n /'vasırmü:lı/ e su değirmeni
wässern /'vesırn/ sulamak; sulandırmak; ıslatmak
wasserscheu /'vasırşoy/ sudan ürken
Wasserski, er /'vasırşi:/ s su kayağı
Wasserspiegel /'vasırşpigıl/ r su düzeyi
Wassersport /'vasırport/ r su sporu
Wasserstand /'vasırştant/ r su düzeyi
Wasserstoff /'vasırştof/ r hidrojen
Wasserstoffbombe, n /'vasırştofbombı/ e hidrojen bombası
Wasserwelle, n /'vasırvelı/ e ondüle, mizampli
Wasserzähler,- /'vasırtse:lır/ r su sayacı
waten /'va:tın/ su, kar, vb. içinde yürümek
watscheln /'vaçıln/ paytak paytak yürümek
Watt /vat/ s *elek.* vat
Watte, n /'vatı/ e (hidrofil) pamuk
weben /'ve:bın/ dokumak; örmek

Weber, - /'ve:bır/ r dokumacı
Weberei, en /ve:bı'ray/ e dokumacılık; dokuma fabrikası
Webstuhl, ..e /'ve:pştu:l/ r dokuma tezgâhı
Wechsel /'veksıl/ r değişme, değişiklik; kambiyo; poliçe, bono
Wechselgeld, er /'veksılgelt/ s bozuk para
wechselhaft /'veksılhaft/ değişken
Wechseljahre /'veksılya:rı/ e (kadınların) âdetten kesilme yılları
Wechselkurs, e /'veksılkurs/ r döviz kuru
wechseln /'veksıln/ değiştirmek; değişmek; (para) bozmak
Wechselstrom /'veksılştor:m/ r elek. dalgalı akım
Wechselwirkung, en /veksılvirkung/ e karşılıklı etki, etkileşim
wecken /'vekın/ uyandırmak
Wecker, - /'vekır/ r çalar saat
wedeln /'ve:dıln/ yelpazelenmek; kuyruğunu sallamak
weder ..noch /'ve:dır noh/ ne.. ne de
Weg, e /vek/ r yol; geçit
weg /vek/ gitmiş, geçmiş
wegbleiben /'vekblaybın/ uzak kalmak; unutulmuş (atlanmış vb) olmak
wegbringen /'vebringın/ alıp götürmek
wegen /'ve:gın/ -den (-dan) dolayı, yüzünden
wegfahren /'vekfa:rın/ (taşıtla) gitmek, ayrılmak
wegfallen /'vekfalın/ (yürürlükten) kaldırmak
weggehen /'vekge:ın/ ayrılmak, çekip gitmek
wegjagen /'vekya:gın/ kovalamak, kovmak
weglassen /'veklasın/ atlamak, (yapmadan vb.) geçmek, unutmak
weglaufen /'veklaufın/ koşarak uzaklaşmak, kaçmak

wegmachen /'vekmahın/ ortadan kaldırmak
wegmüssen /'vekmüsın/ gitmesi gerekmek, gitmek zorunda olmak
wegnehmen /'vekne:mın/ alıp götürmek; elinden kapmak
wegräumen /'vekroymın/ toplayıp kaldırmak
wegschaffen /'vekşafın/ ortadan kaldırmak
wegschicken /'vekşikın/ göndermek, yollamak
Wegweiser, - /'ve:kvayzır/ r yol gösterici levha, yol işareti
wegwerfen /'vekverfın/ fırlatıp atmak
weh /ve:/ acıyan, acı veren
weh tun ağrımak, sızlamak; canını acıtmak, acı vermek; rencide etmek, incitmek
Weh /ve:/ s acı; elem, tasa
wehen /'ve:ın/ esmek; dalgalanmak
Wehmut /'ve:mu:t/ e melankoli
wehmütig /'ve:mü:tih/ melankolik
Wehr, e /ve:r/ s savak, bent
Wehrdienst /'ve:rdi:nst/ r askerlik (hizmeti)
wehren /'ve:rın/ de. kendini savunmak, korunmak
wehrlos /'ve:rlo:s/ savunmasız, korunmasız
Wehrpflicht /'ve:rpfliht/ e zorunlu askerlik hizmeti
wehrpflichtig /'ve:rpflihtih/ askerlik yapmakla yükümlü
Weib, er /vayp/ s kadın; dişi
Weibchen, - /'vayphın/ s dişi hayvan
weibisch /'vaybiş/ kadınsı, efemine
weiblich /'vayplih/ dişi; ditb. dişil
Weiblichkeit /'vayplihkayt/ e dişilik
weich /vayh/ yumuşak
Weiche, n /'vayhı/ e demiryolu makası
weichen /vayhın/ geri çekilmek; boyun eğmek
Weichheit /'vayhhayt/ e yumuşaklık

Weihling, e /'vayhling/ r çıtkırıldım
Weide, n /'vaydı/ e otlak, mera; söğüt (ağacı)
weiden /'vaydın/ otlamak
weigern /'vaygırn/ yapmamakta diretmek; reddetmek
Weigerung, en /'vaygırung/ e ret
weihen /'vayın/ (törenle) kutsamak
Weihnachten /'vaynahtın/ s Noel
Weihnachtsabend, e /'vaynahtsa:bınt/ r Noel gecesi
Weihnachtsbaum, ..e /'vaynahtsbaum/ r Noel ağacı
Weihnachtsfest /'vaynahtsfest/ s Noel bayramı
Weihnachtsgeschenk, e /'vaynahtsgışenk/ s Noel armağanı
Weihnachtsmann /'vaynahtsman/ r Noel Baba
Weihrauch /'vayrauh/ r günlük
weil /vayl/ çünkü
Weilchen /'vaylhın/ s az zaman, kısa süre
Weile, n /vaylı/ e süre, müddet
Wein, e /vayn/ r şarap; asma
Weinbau /'vaynbau/ r bağcılık
Weinbeere, n /'vaynbe:rı/ e üzüm tanesi
Weinberg, e /'vaynberk/ r bağ
Weinbrand /'vaynbrant/ r kanyak, konyak
weinen /'vaynın/ ağlamak
Weinernte /'vayn-erntı/ e bağbozumu
Weinfaβ**, ..sser** /'vaynfas/ s şarap fıçısı
Weinglas, ..er /'vayngla:s/ s şarap kadehi
Weinkeller,- /'vaynkelır/ s şarap mahzeni
Weinlese /'vaynle:zı/ e bağbozumu
Weinrebe, n /'vaynre:bı/ e asma
Weinstock, ..e /'vaynştok/ r asma kütüğü
Weintraube, n /'vayntraubı/ e üzüm
weise /'vayzı/ bilge
Weise, n /vayzı/ r biçim, tarz, suret; ezgi, melodi
weisen /'vayzın/ göstermek

Weisheit, en /'vayshayt/ e bilgelik
Weisheitszahn, ..e /'vayshaytstsa:n/ r akıldişi, yirmi yaş dişi
weismachen /'vaysmahın/ yutturmak
weiβ /vays/ beyaz, ak
Weiβ**brot, e** /'vaysbro:t/ s beyaz ekmek (buğday ekmeği)
weiβ**en** /'vaysın/ beyazlatmak, ağartmak; badanalamak
Weiβ**käse, -** /'vayske:zı/ r beyaz peynir
Weiβ**kohl** /'vaysko:l/ r lahana
Weiβ**wein, e** /'vaysvayn/ r beyaz şarap
Weisung, en /'vayzung/ e buyruk, direktif, talimat
weit /vayt/ uzak; geniş; uzun
weitaus /vayt-aus/ çok, bir hayli, epey
Weite, n /vaytı/ e uzaklık; genişlik, en
weiter /'vaytır/ daha uzak; diğer, öteki, başka
weitergeben /'vaytırge:bın/ başkalarına vermek, elden ele vermek
weitergehen /'vaytırge:ın/ devam etmek, sürmek; ilerlemek
weiterkommen /'vaytırkomın/ ilerlemek, gelişme göstermek
weiterleiten /'vaytırlaytın/ iletmek
weitermachen /'vaytırmahın/ devam etmek, sürdürmek
weitersagen /'vaytırza:gın/ başkalarına söylemek
weitgehend /'vaytge:ınt/ geniş ölçüde
weither /vayt'he:r/ :von - uzaktan
weitläufig /'vaytloyfih/ geniş kapsamlı; ayrıntılı; karmaşık
weitsichtig /'vaytzihtih/ ileriyi görür, öngörülü
Weitsprung, ..e /vaytşprung/ r uzun atlama
weitverbreitet /'vaytferbraytıt/ yaygın
Weitwinkelobjektiv, e /'vaytvinkılopyekti:f/ s geniş açılı objektif
Weizen, - /'vaytsın/ r buğday
Weizenmehl /'vaytsınme:l/ s buğday unu
welch /velh/ hangi, ne

welche /'velhı/ biraz
welcher /'velhır/ hangisi; ki o
welk /velk/ solgun, solmuş; gevşek, sarkık
welken /'velkın/ sararmak, solmak
Welle, n /velı/ e dalga; şaft, mil
Wellenbrecher, - /'velınbrehır/ r dalgakıran
Wellenlänge, n /'velınlengı/ e fiz. dalga boyu
Welt, en /velt/ e dünya, yeryüzü
Weltall /'velt-al/ s evren
Weltanschauung, en /'velt-anşau:ng/ e dünya görüşü
weltberühmt /'veltbırü:mt/ dünyaca tanınmış, dünyaca ünlü
Weltgeschichte /'veltgışihtı/ e dünya tarihi
Weltkrieg, e /'veltkri:k/ r dünya savaşı
Weltmacht, ..e /'veltmaht/ e süper devlet, büyük devlet
Weltmarkt /'veltmarkt/ r dünya piyasası
Weltmeister, - /veltmaystır/ r dünya şampiyonu
Weltmeisterschaft, en /'veltmaystırşaft/ e dünya şampiyonluğu
Weltraum /'veltraum/ r uzay
Weltreise, n /'veltrayzı/ e dünya turu
Weltrekord, e /'veltrekort/ r dünya rekoru
weltweit /'veltvayt/ dünya çapında, evrensel
wem /ve:m/ kime
wen /ve:n/ kimi
Wende, n /vendı/ e döndürme; değişiklik
Wendeltreppe, n /'vendıltrepı/ e döner merdiven
wenden /'vendın/ döndürmek, çevirmek; dönmek; tersyüz etmek; (birine) başvurmak
Wendepunkt, e /'vendıpunkt/ r dönüm noktası
wenig /'ve:nih/ az
wenigstens /'venihstıns/ en azından, hiç olmazsa
wenn /ven/ eğer; -ince, -diği zaman
wer /ve:r/ kim
werben /'verbın/ reklâm yapmak; kur yapmak; üye kaydetmek
Werbesendung, en /'verbızendung/ e reklam
Werbung, en /'verbung/ e reklâm
werden /'ve:rdın/ olmak; ye, -cek, -cak; -ilmek, -ılmak
werfen /'verfın/ fırlatmak, atmak
Werft, en /verft/ e tersane
Werk, e /verk/ s yapıt eser; iş, çalışma; mekanizma; fabrika
Werkstatt, ..en /'verkştat/ e atölye
Werkstudent, en /'verkştudent/ r hem çalışıp hem okuyan üniversite öğrencisi
Werktag, e /'verkta:k/ r iş günü, çalışma günü
werktags /'verkta:ks/ çalışma günleri(nde)
Werkzeug, e /'verktsoyk/ s takım, araç ve gereçler
wert /ve:rt/ değer, yaraşır; saygın, değerli
Wert, e /ve:rt/ r değer; fiyat
wertgegenstand, ..e /'ve:rtge:gınştant/ r değerli şey
wertlos /'ve:rtlos/ değersiz
Wertlosigkeit /'ve:rtlo:zihkayt/ e değersizlik
Wertpapier, e /'ve:rtpapi:r/ s değerli kâğıt, evrak
wertvoll /'ve:rtfol/ değerli
Wesen, - /'ve:zın/ s yaratık; varlık; huy, karakter
wesentlich /'ve:zıntlih/ önemli
weshalb /'veshalp/ neden, niçin
Wespe, n /'vespı/ e eşekarısı
wessen /'vesın/ kimin
Weste, n /vestı/ e yelek
Westen /vestın/ r batı

westlich /'vestlih/ batı
Westmacht, ..e /'vestmaht/ e batı devleti
Westwind /'vestvint/ r batı rüzgârı
weswegen /'vesve:gın/ niçin, neden
wett /vet/ eşit
Wettbewerb, e /'vetbıverp/ r yarışma
wette, n /'veti/ e bahis, iddia
wetten /'vetın/ bahse girmek
Wetter, - /'vetır/ s hava
Wetterbericht, e /'vetırbırıht/ r hava raporu
Wetterkarte, n /'vetırkartı/ e meterolojik harita
Wetterlage, n /'vetırlagı/ e hava durumu
Wettervorhersage, n /'vetırfo:rhe:rza:gı/ e hava tahmini
Wettkampf, ..e /'vetkampf/ r yarışma
Wettkämpfer, .. /'vetkempfır/ r yarışmacı
Wettlauf, ..e /'vetlauf/ r koşu yarışı
Wettschwimmen /'vetşvımın/ s yüzme yarışı
Wettstreit /'vetştrayt/ r yarışma
wetzen /'vetsın/ bilemek
wichtig /'vihtih/ önemli
Wichtigkeit /'vihtihkayt/ e önem
Wichtigtuer, - /'vihtihtu:ır/r kendini bir şey sanan, kibirli, fiyakacı
Wicke, n /'vikı/ e burçak
wickeln /'vikıln/ sarmak, dolamak; (bebeği) kundaklamak
Widder, - /'vidır/ r koç; Koç (burcu)
wider /'vi:dır/ aksi, karşı, zıt, aykırı
Widerhall /'vi:dırhal/ r yankı
widerhallen /vi:dırhalın/ yankı yapmak
widerlegen /vi:dır'le:gın/ çürütmek, yanlış olduğunu kanıtlamak
widerlich /'vi:dırlih/ iğrenç, tiksindirici
Widerrede, n /'vi:dırre:dı/ e karşı çıkma, itiraz
Widerruf /'vi:dırru:f/ r sözünden dönme; yalanlama; iptal, fesih
widerrufen /vi:dır'ru:fın/ sözünden dönmek; yalanlamak; iptal etmek, feshetmek, geri almak

widersetzen /vi:dır'zetsın/ de. karşı koymak, karşı çıkmak, itiraz etmek
widerspenstig /'vi:dırşpenstih/ inatçı, dik başlı
widerspechen /vi:dır'şprehın/ itiraz etmek, karşı çıkmak, karşı koymak; inkâr etmek, yadsımak; aykırı olmak, çelişik olmak
widersprechend /vi:dırşprehınt/ aykırı, çelişik, birbirini tutmayan
Widerspruch, ..e /'vi:dırşpruh/ r çelişki; itiraz
Widersprüchlich /'vi:dırşprühlih/ çelişkili, tutarsız
Widerstand, ..e /'vi:dırştant/ r direnç; direniş
widerstandsfähig /'vi:dırştantsfe:ih/ dayanıklı
widerstehen /vi:dır'şte:hın/ diretmek, dayatmak, direnmek
widerwärtig /'vi:dırvertih/ can sıkıcı; iğrenç, tiksindirici
Widerwille /'vi:dırvilı/ r antipati; isteksizlik; nefret
widerwillig /'vi:dırvillih/ isteksiz
widmen /'vitmın/ ithaf etmek; de. kendini -e vermek, uğraşmak
Widmung, en /'vitmung/ e ithaf
widrig /'vi:drih/ ters, aykırı, aksi
Widrigkeit, en /'vi:drihkayt/ e aykırılık, aksilik, terslik
wie /vi:/ nasıl; gibi
wieder /vı:dır/ yeniden, yine
Wiederaufbau /'vi:dır-aufbau/ r yeniden yapma; kurma
wiederaufnehmen /'vi:dıraufne:mın/ yeniden başlamak
wiederbekommen /'vi:dırbıkomın/ geri almak
wiederbringen /'vi:dırbringın/ geri getirmek
wiedererkennen /'vi:dır-erkenın/ tanımak, teşhis etmek
Wiedergabe /'vi:dırga:bı/ e röprodüksi-

wiedergeben /'vi:dırge:bın/ geri vermek;
wiedergutmachen /v:dır'gu:tmahın/ düzeltmek, telafi etmek
wiederherstellen /'vi:dırhe:rştelın/ iyileştirmek, eski durumuna getirmek
wiederholen /'vi:dır'ho:lın/ tekrarlamak, yinelemek
wiederholt /'vi:dırho:lt/ tekrar edilmiş, mükerrer
Wiederholung, en /vi:dır'ho:lung/ e tekrar, yineleme
Wiederkäuer, - /'vi:dırkoyır/ r gevişgetiren (hayvan)
Wiederkehr /'vi:dırke:r/ e dönüş
wiederkommen /'vi:dırkomın/ geri dönmek
wiedersehen /'vi:dırze:ın/ tekrar görmek
Wiedersehen /'vi:dırze:ın/,.s kavuşma
auf- allahaısmarladık; güle güle
wiederum /'vi:dırum/ yeniden, tekrar; öte yandan
Wiege, n /vi:gı/ e beşik
wiegen /'vi:gın/ sallamak; ağırlığında olmak
wiehern /'vi:ırn/ kişnemek
Wiese, n /'vi:zı/ e çayır
Wiesel, - /'vi:zıl/ s gelincik
wieso /vi'zo:/ neden, niçin
wieviel /'vi:fi:l/ kaç, ne kadar
wieweit /'vi:vayt/ ne denli
wild /vilt/ vahşi, yabani; azgın; hiddetli; kudurmuş; gaddar; ham, işlenmemiş; taranmamış
Wild /vilt/ s av hayvanı
Wildleder /'viltle:dır/ s süet, güderi
Wildnis, se /'viltnis/ e işlenmemiş toprak; ıssızlık
Wildwestfilm, e /'viltvestfilm/ r kovboy filmi
Wille (n) /vilı(n)/ r istek; irade
willenlos /'vilınlo:s/ isteksiz; iradesiz
willig /'villih/ uysal, istekli
willkommen /vil'komın/ sevilen, hoşlanı-

lan; işine gelen; kıvanç verici **—heißen** buyur etmek, "hoş geldiniz" demek
Wilkür /'vilkü:r/ e keyfi hareket, başına buyrukluk
willkürlich /'vilkü:rlih/ keyfi, isteğe bağlı
wimmeln /'vimıln/ kaynaşmak, dolu olmak (**von** ile)
wimmern /'vimırn/ inlemek
Wimper, n /'vimpır/ e kirpik
Wind, e /vint/ rüzgâr, yel
Winde, n /'vindı/ e bucurgat, çıkrık; kahkahaçiçeği, boruçiçeği
Windel, n /'vindıl/ e kundak
winden /'vindın/ sarmak, burmak, bükmek; de. kıvrılarak uzanmak; kıvranmak
windig /'vindig/ rüzgârlı
Windmühle, n /'vintmü:lı/ e yel değirmeni
Windpocken /'vintpokın/ e hek. suçiçeği
Windschutzscheibe, n /'vintşutsşaybı/ e oto. ön cam
Windstille, n /'vintştilı/ e durgunluk, rüzgârsızlık
Windstoβ, ..e /'vintşto:s/ r bora, birdenbire şiddetle esen rüzgâr
Windung, en /'vindung/ e sarım, büküm
Wink, e /vink/ r işaret; ima
Winkel, - /'vinkıl/ r mat. açı; köşe
winken /'vinkın/ el sallamak
winklig /'vinklih/ köşeli
Winter, - /'vintır/ r kış
winterlich /'vintırlih/ kış gibi
Winterschluβverkauf, ..e /'vintırşlusferkauf/ r kış sonu satışı
Wintersport /'vintırsport/ r kış sporu
winzig /'vintsih/ çok küçük, minicik
Wipfel,- /'vipfıl/ r ağacın tepesi
Wippe, n /'vipı/ e tahterevalli
wir /vi:r/ biz
Wirbel, - /'virbıl/ r omur; girdap; anafor; yaygara; gürültü patırtı
wirbeln /virbıln/ hızla dönmek; anafor yapmak

Wirbelsäule, n /'virbılzoylı/ **e** omurga, belkemiği

Wirbelsturm, ..e /'virbılşturm/ **r** siklon, tayfun, kasırga

Wirbeltier, e /'virbılti:r/ **s** omurgalılar sınıfından hayvan

wirken /'virkın/ etkilemek, etkili olmak; etkinlik göstermek, çalışmak; yapmak

wirklich /'virklih/ gerçek

Wirklichkeit, en /'virklihkayt/ **e** gerçeklik, gerçek

Wirklichkeitsform /'virklihkaytsform/ **e** *dilb.* haber kipi, bildirme kipi

wirksam /'virkza:m/ etkili

Wirksamkeit, en /'virkza:mkayt/ **e** etkililik; etkinlik

Wirkung, en /'virkung/ **e** etki

Wirkungsbereich, e /'virkungsbırayh/ **r** etki alanı

wirkungslos /'virkunglo:s/ etkisiz

wierkungsvoll /'virkungsfol/ etkili

wirr /vir/ karmakarışık; şaşkın

Wirrwarr /'virvar/ **r** karışıklık

Wirt, e /virt/ **r** ev sahibi; (erkek) otelci, lokantacı

Wirtin, nen /'virtin/ **e** ev sahibesi; (bayan) otelci, lokantacı

Wirtschaft, en /'virtşaft/ **e** ekonomi, iktisat; ev idaresi

wirtschaften /'virtşaftın/ otel, lokanta, han vb. işletmek

Wirtschaftler, - /'virtşaftlır/ **r** ekonomist

wirtschaftlich /'virtşaftlih/ ekonomik; idareli

Wirtschaftskrise, n /'virşaftskri:zı/ **e** ekonomik bunalım

Wirtschaftsminister /'virtşaftsministır/ **r** Ekonomi Bakanı

Wirtschaftministerium, -ien /'virtşaftsministe:rium/ **s** Ekonomi Bakanlığı

Wirtschaftspolitik /'virtşhaftspoliti:k/ **e** ekonomi politik

Wirtshaus, ..er /'virtshaus/ **s** meyhane, birahane; lokanta

wischen /'vişın/ silmek; ovalamak

wispern /'vispırn/ fısıldamak

Wiβbegierde /'visbıgi:rdı/ **e** öğrenme hırsı

wiβbegierig /'visbıgi:rih/ öğrenmeye hevesli, öğrenme hırsı olan

wissen /'visın/ bilmek

Wissen /'visın/ **s** bilgi

Wissenschaft, en /'visınşaft/ **e** bilim

Wissenschaftler, - /'visınşaftlır/ **r** bilim adamı, bilgin

wissenschaftlich /'visınşaftlih/ bilimsel

Wissensgebiet, e /'visıngıbi:t/ **s** öğrenim alanı

wissenswert /'visınve:rt/ öğrenmeye değer

wittern /'vitırn/ kokusunu almak; sezmek

Witterung, en /'vitırung/ **e** hava; koku; seziş

Witwe, n /'vitvı/ **e** dul kadın

Witwer, - /'vitvır/ **r** dul erkek

Witz, e /vits/ **r** espri, şaka

witzig /'vitsih/ espirili; şakacı

wo /vo:/ nerede

woanders /vo:-andırs/ başka yerde

wobei /vo:bay/ neyin yanında; ...ile birlikte...yanısıra

Woche, n /'vohı/ **e** hafta

Wochenende, n /'vahın-endı/ **s** hafta sonu

wochenlang /'vohınlang/ haftalarca

Wochenlohn, ..er /'vohınlo:n/ **r** haftalık ücret

Wochenschau /'vohınşau/ **e** aktüalite filmi

Wochentag, e /'vohınta:k/ **r** işgünü, hafta içi

wöchentlich /'vöhıntlih/ haftalık;her hafta

Wöchnerin, nen /'völınırin/ **e** loğusa

wodurch /vo:'durh/ ne ile, ne suretle

wofür /vo:'fü:r/ ne için; neye karşılık

Woge n /'vo:gı/ **e** dalga

wogegen /'vo:ge:gın/ neye karşı

wogen /'vo:gın/ dalgalanmak

woher /'vo:he:r/ nereden
wohin /'vo:hin/ nereye
wohl /vo:l/ iyi, sağlıklı; galiba; acaba; muhakkak
Wohl /vo:l/ **s** sağlık; iyilik; mutluluk
wohlauf /vo:l-'auf/ sağlıklı
Wohlbefinden /'vo:lbıfindın/ **s** refah, iyilik
Wohlbehagen /'vo:lbıha:gın/ **s** rahatlık, huzur
Wohlfahrt /'vo:lfa:rt/ **e** refah
wohlgemeint /vo:lgımaynt/ iyi niyetle söylenmiş
wohlgemerkt /'vol:gımerkt/ tabii ki
wohlhabend /'vo:lha:bınt/ varlıklı, hali vakti yerinde
wohlschmeckend /'vo:lşmekınt/ lezzetli
Wohlstand /'vo:lştant/ **r** zenginlik, refah
Wohltat, en /'vo:lta:t/ **e** iyilik, hayırlı iş
Wohltäter, - /'vo:lte:tır/ **r** iyiliksever, hayır sahibi
wohltätig /'vo:lte:tih/ hayırsever
wohlverdient /'vo:lferdi:nt/ hakkıyla kazanılan
Wohlwollen /'vo:lvolın/ **s** lütuf; iyi niyet
Wohnblock, ..e /'vo:nblok/ **r** apartman bloğu
wohnen /'vo:nın/ oturmak, ikamet etmek
wohnhaft /'vo:nhaft/ oturan, mukim
Wohnhaus, ..er /'vo:nhaus/ **s** apartman
Wohnort, e /'vo:n-ort/ **r** ikametgâh
Wohnsitz, e /'vo:nzits/ **r** konut, ikametgâh
Wohnung, en /'vo:nung/ **e** (apartman) daire
Wohnviertel, - /'vo:nfırtil/ **s** semt, yerleşim yeri
Wohnwagen, - /'vo:nva:gın/ **r** karavan
Wohnzimmer, - /'vo:ntsi:mır/ **s** oturma odası
wölben /'völbın/ de. kabarmak, kubbelenmek
Wölbung, en /'völbung/ **e** kubbe
Wolf, ..e /volf/ **r** kurt

Wolke, n /'volkı/ **e** bulut
Wolkenkratzer, - /'volkınkratsır/ **r** gökdelen
wolkig /'volkih/ bulutlu
Wolldecke., n /'voldekı/ **e** battaniye
Wolle /'volı/ **e** yün
wollen /'volın/ yün(den), yünlü
wollen /'volın/ istemek
Wollust /'vollust/ **e** kösnü, şehvet
wollüstig /'vollüstih/ kösnül, şehvetli
womit /vo:mit/ ne ile; ...ile
wonach /vo:'na:h/ neden sonra; neye göre; ...göre
woran /vo:'ran/ neyin üzerinde
worauf /vo:'rauf/ neyin üstün(d)e; üstün(d)e; bunun üzerine
woraus /vo:'raus/ nereden; neden (yapılmış)
worin /vo:'rin/ neyin içinde, nede
Wort, ..er /vort/ **s** sözcük, kelime
Wort, e /vort/ **s** söz, laf
Wörterbuch, ..er /'vörtırbu:h/ **s** sözlük
Wortführer, - /'vortfü:rır/ **r** sözcü
wortkarg /'vortkark/ suskun, sessiz
Wortlaut /'vortlaut/ **r** metin, test
wörtlich /'vörtlih/ sözcüğü sözcüğüne, harfi harfine
wortlos /'vortlo:s/ suskun, sessiz
Wortschatz /'vortşats/ **r** sözcük dağarcığı
Wortspiel, e /'vortspi:l/ **s** sözcük oyunu
Wortwechsel /'vortveksıl/ **r** ağız kavgası
worüber /vo:'rü:bır/ ne üzerine; neyin üzerinde
worum /vo:'rum/ neyin etrafına, neyin etrafında; ne hakkında
worunter /vo:'runtır/ neyin altında, neyin altına
wovon /vo:'fon/ neden
wovor /vo:'fo:r/ neden; neyin önüne, neyin önünde
wozu /vo:'tsu:/ neye, niçin
Wrack, s /vrak/ **s** gemi enkazı
wringen /'vringın/ burmak, sıkmak
Wucher /'vu:hır/ **e** tefecilik; vurgunculuk,

istifçilik
Wucherer, - /'vu:hırır/ r tefeci; vurguncu, istifçi
wuchern /'vu:hırn/ (bitki) türemek, büyük ölçüde çoğalmak; tefecilik yapmak
Wuchs, ..e /vu:ks/ r gelişme, büyüme, yetişme; endam, boy bos
Wucht, en /vuht/ e kuvvet, şiddet; basınç
wuchtig /'vuhtih/ ağır
wühlen /'vü:lın/ karıştırmak, eşelemek; karıştırarak aramak
Wulst, ..e /vu:lst/ r şişkinlik
wulstig /'vu:lstih/ şişkin, kabarık
wund /vunt/ yaralı, bereli
Wunde, n /'vundı/ e yara
Wunder, - /'vundır/ s mucize, tansık; harika
wunderbar /'vundırba:r/ harika, olağanüstü
Wunderkind, er /'vundırkint/ s harika çocuk
Wunderland, ..er /'vundırlant/ s harikalar ülkesi
wundern /'vundırn/ şaşırtmak; de. şaşırmak
wunderschön /'vundırşö:n/ çok güzel
wundervoll /vundırfol/ şahane
Wunderwelt, e /'vundırvelt/ e harikalar âlemi
Wunderwerk, e /'vundırverk/ s şahaser, başyapıt
Wundstarrkrampf /'vuntştarkrampf/ r tetanos
Wunsch, ..e /vunş/ r istek, dilek
wünschen /'vünşın/ dilemek; istemek
wünschenswert /'vünşınsve:rt/ istenen, arzu edilen
Würde, n /'vürdı/ e ağırbaşlılık; onur; görkem
Würdenträger, - /'vürdıntre:gır/ r mevki, (şan, şöhret) sahibi
würdevoll /'vürdıfol/; ağırbaşlı; haysiyetli
würdig /'vürdih/ değer, lâyık; ağırbaşlı; görkemli
würdigen /'vürdigın/ değer vermek, takdir etmek
Wurf, ..e /vurf/ r atış, atma; (hayvan) yavrular
Würfel, - /'vürfıl/ r zar; *mat.* küp
würfeln /'vurfıln/ zar atmak
Würfelspiel, e /'vurfılşpi:l/ s zar oyunu
Würfelzucker /'vürfıltsukır/ r kesmeşeker
würgen /'vurgın/ boğazlamak, boğmak
Wurm, ..er /vurm/ r kurt(çuk), solucan
Wurst, ..e /vurst/ e sucuk, salam
Würstchen, - /'vürsthın/ s sosis
Würze, n /'vurtsı/ e baharat
Wurzel, n /'vurtrsıl/ e *mat.* karekök
würzen /'vürtsın/ baharatlamak
würzig /'vürsih/ baharatlı
Wust /vu:st/ r karışıklık; büyük miktar, kalabalık
wüst /vü:st/ ıssız, boş; işlenmemiş; karmakarışık; kaba
Wüste, n /vü:stı/ e çöl
Wut /vu:t/ e hiddet, kızgınlık
wüten /'vü:tın/ hiddetlenmek, öfkelenmek
wütend /vü:tınt/ öfkeli, kudurmuş, çılgın

X

X-Beine /'iksbaynı/ *(ç.)* çarpık bacaklar
x-beliebig /iksbı'li:bih/ herhangi bir
xerokopieren /kseroko'pi:rın/ fotokopisini çekmek

X-mal /'iksma:l/ kaç defa, defalarca
X-Strahl, en /iks- ştra:l/ *f* röntgen ışını
Xylophon, e /ksülo'fon/ s *müz.* ksilofon

Y

Yankee, s /'yanki/ r Kuzey Amerikalı

Ypsilon, s /'üpsilon/ s Y harfi

Z

Zacke, n /'tsakı/ e sivri uç; diş
zackig /'tsakih/ sivri uçlu, keskin; çentikli; yiğit
zaghaft /'tsa:khaft/ çekingen, korkak, ürkek
zäh /tse:/ dayanıklı; sert, katı
zähflüssig /'tse:flüsih/ ağdalı, yapışkan
Zahl, en /tsa:l/ e sayı
Zahlbar /'tsa:lba:r/ ödenebilir
zahlen /'tsa:lın/ ödemek - **bitte!** hesap, lütfen!
zählen /'tse:lın/ saymak; - **zu** arasında sayılmak
zahlenmäßig /'tsa:lınme:sih/ sayısal, sayıca
Zähler, - /'tse:lır/ r sayaç; *mat.* pay
zahllos /'tsa:llo:s/ sayısız
zahlreich /'tsa:lrayh/ pek çok
Zahltag, e /'tsa:lta:k/ r ücret ödeme günü
Zahlung, en /tsa:lung/ e ödeme
zahlungsfähig /'tsa:lungsfe:ih/ ödeme gücü olan
Zahlungsfähigkeit, en /'tsa:lungsfe:ihkayt/ e ödeme gücü
Zahlungsfrist, en /'tsa:lungsfrist/ e ödeme süresi, vade
zahlungsunfähig /'tsa:lungs-unfe:ih/ ödeme gücü olmayan
Zahlungsunfähigkeit, en /'tsa:lungsunfe:ihkayt/ e ödeme güçsüzlüğü
Zahlwort, ..er /'tsa:lvort/ s *dilb.* sayı sıfatı
zahm /tsa:m/ evcil; uysal
zähmen /'tse:mın/ evcilleştirmek
Zahn, ..e /tsa:n/ r diş
Zahnarzt, ..e /'tsa:n-artst/ r diş hekimi
Zahnbürste, n /'tsa:nbürstı/ e diş fırçası
Zahnfleisch /'tsa:nflayş/ s dişeti
zahnlos /'tsa:nlo:s/ dişsiz
Zahnpaste, n /'tsa:npastı/ e diş macunu
Zahnrad, ..er /'tsa:nra:t/ s dişli (çark)
Zahnschmelz, e /'tsa:nşmelts/ r diş minesi
Zahnschmerzen /'tsa:nşmertsın/ *(ç.)* diş ağrısı
Zahnstocher, .. /'tsa:nştohır/ r kürdan
Zange, n /'tsangı/ e kerpeten; pens; maşa; *hek.* forseps
Zank, ..e /tsank/ r kavga
zanken /'tsankın/ kavga etmek, atışmak
zänkisch /'tsenkiş/ kavgacı, şirret
Zäpfchen /'tsepfhın/ s küçükdil; *hek.* fitil
Zapfen, - /'tsapfın/ r tıkaç, tapa; kozalak
zappeln /'tsaplıln/ rahat durmamak, yerinde duramamak
zappeln /'tsaplın/ rahat durmamak, yerinde duramamak
zart /tsa:rt/ ince, yumuşak; duygulu; zayıf; şefkatli, sevecen
zärtlich /'tse:rtlih/ müşfik, sevecen
Zärtlichkeit /'tse:rtlihkayt/ e sevecenlik,

şefkat; okşama, sevme
Zauber, - /'tsaubır/ **r** büyü, sihir
Zauberei, en /tsaubı'ray/ **e** büyücülük
Zauberer,- /'tsaubırır/ **r** büyücü, sihirbaz
zauberhaft /'tsaubırhaft/ büyüleyici
Zauberkünstler,- /'tsaubırkünstlır/ **r** hokkabaz
zaubern /'tsaubırn/ büyü yapmak
zaudern /'tsaudırn/ duraksamak, karar verememek
Zaum, ..e /tsaum/ **r** dizgin, gem
Zaun, ..e /tsaun/ **r** çit
Zebra, s /'tse:bra/ **r** zebra
Zebrastreifen, - /'tse:braştrayfın/ *(ç.)* çizgili yaya geçidi
Zeche, /'tsehı/ **e** maden ocağı; içkinin parası
Zecke, n /tsekı/ **e** kene
Zeder, n /'tse:dır/ **e** katran ağacı, sedir
Zehe, n /'tse:ı/ **e** ayak parmağı
zehn /tse:n/ on
zehnfach /'tse:nfah/ on kat(ı)
Zehnkampf /'tse:nkampf/ **r** *sp.* dekatlon
zehnmal /'tse:nma:l/ on kez
zehnte /tse:ntı/ onuncu
Zehntel, - /'tse:ntıl/ **s** onda bir
zehntens /'tse:ntıns/ onuncu olarak
zehren /'tse:rın/ kemirmek; aşındırmak
Zeichen, - /'tsayhın/ **s** işaret; sinyal; belirti
Zeichenblock, ..e /'tsayhınblok/ **r** resim kâğıdı bloku
Zeichenpapier, e /'tsayhınpapi:r/ **s** resim kâğıdı
Zeichensetzung /'tsayhınzetsung/ **e** noktalama
Zeichensprache, n /'tsayhınsprahı/ **e** işaretlerle anlaşmak
Zeichentrickfilm, e /'tsayhıntrikfilm/ **r** çizgi film
zeichnen /'tsayhnın/ resim yapmak; çizmek
Zeichner, - /'tsayhnır/ **r** ressam
technischer- teknik ressam

Zeichnung, en /'tsayhnung/ **e** resim; çizim
Zeigefinger, - /'tsaygıfingır/ **r** işaret parmağı
zeigen /'tsaygın/ göstermek; kanıtlamak, ispat ekmek; işaret etmek; de. görünmek, gözükmek; (öyle olduğu) anlaşılmak, ortaya çıkmak
Zeiger, - /'tsaygır/ **r** gösterge, ibre; yelkovan
Zeile, n /'tsaylı/ **e** satır
Zeit, en /tsayt/ **e** zaman; süre; çağ; saat
Zeitabschnitt, e /'tsayt-apşnit/ **r** devir, dönem
Zeitalter /'tsayt-altır/ **s** çağ, devir
Zeitangabe, n /'tsayt-anga:bı/ **e** tarih
zeitgemäβ /'tsaytgıme:s/ zamana uygun; çağdaş
Zeitgenosse, n /'tsaytgınosı/ **r** çağdaş
zeitig /'tsaytih/ erken
zeitlich /'tsaytlih/ zamana ilişkin
Zeitpunkt, e /'tsaytpunkt/ **r** an; zaman; tarih
Zeitraum /'tsaytraum/ **r** süre
Zeitschrift, en /'tsaytşrift/ **e** dergi
Zeitung, en /'tsaytung/ **e** gazete
Zeitunskiosk, e /'tsaytungskiosk/ **r** gazete bayii
Zeitungsverkäfer, - /'tsaytungsferkoyfır/ **r** gazete satıcısı
Zeitverschwendung /'tsaytferşvendung/ **e** zamanı boşa harcama, zaman kaybı
Zeitvertreib /'tsaytfertrayp/ **r** oyalanma, vakit geçirme
zeitweise /'tsaytvayzı/ bir süre; zaman zaman, bazen, ara sıra
Zeitwort, ..er /'tsaytvort/ **s** *dilb.* fiil, eylem
Zelle, n /'tselı/ **e** hücre; (telefon) kabin, kulübe
Zellulose /tselu'lozı/ **e** selüloz
Zelt, e /tselt/ **s** çadır
zelten /'tseltın/ çadır kurmak; kamp

yapmak
Zeltplatz, ..e /'tseltplatz/ r kamp yeri
Zement, e /tse'ment/ r çimento
zementieren /tsemen'ti:rın/ çimentolamak
zensieren /tsen'zi:rın/ sansür koymak; not vermek, değerlendirmek
Zensur, - /tsen'zu:r/ e sansür; (okul) not
Zentimeter, - /tsenti'me:tır/ s santimetre
Zentner, - /'tsentnır/ r elli kilo
zentral /tsentr'a:l/ merkezi
Zentrale, n /tsen'ra:lı/ e merkez, özek; santral
Zentralheizung /tsent'ra:lhaytsung/ e merkezi ısıtma, kalorifer
Zentralisierung, en /tsentrali'zi:rung/ e merkezileştirme
Zentrifugalkraft, ..e /tsentrifu'ga:lkraft/ e *fiz.* merkezkaç kuvvet
Zentrum, -ren /'tsentrum/ s merkez, özek
zerbrechen /tser'brehın/ kırmak; kırılmak
zerbrechlich /tser'brehlih/ kırılgan, kolayca kırılır
zerbröckeln /tser'brökıln/ ufalamak, parçalamak; ufalanmak, parçalanmak
zerdrücken /tserdrükın/ ezmek
Zeremonie, n /tseremo'ni/ e tören
Zerfall /tser'fal/ r çökme, yıkılma; *kim.* ayrışma; çözülme
zerfallen /tser'falın/ parçalanmak; dağılmak; yıkılmak, çökmek; *kim.* ayrışmak
zerfetzen /tser'fetsın/ yırtmak, parçalamak
zerfließen /tser'fli:sın/ erimek
zergehen /tser'ge:ın/ erimek
zerhacken /tser'hakın/ baltayla parçalamak
zerkleinern /tser'klaynırn/ ufalamak, küçük küçük parçalara ayırmak
zerknittern /tser'knitırn/ buruşturmak
zerkratzen /tser'kratsın/ tırmalamak
zerlegbar /tser'le:kba:r/ parçalara ayrılabilir
zerlegen /tser'legın/ parçalara ayırmak; sökmek
zerlumpt /tser'lumpt/ yırtık pırtık, lime lime, hırpani, kılıksız
zerplatzen /tser'platsın/ patlamak
zerquetschen /tser'kveçın/ ezmek, sıkıştırmak
zerreiben /tser'raybın/ toz haline getirmek
zerreißen /tser'raysın/ yırtmak, parçalamak; yırtılmak; kopmak
zerren /'tserın/ zorla çekmek, sürüklemek
zerrisen /tser'risın/ yırtılmış, parçalanmış
zerschlagen /tser'şla:gın/ vurup kırmak, parçalamak
zerschneiden /tser'şnaydın/ keserek parçalamak, doğramak
zersetzen /tser'zetsın/ ayrıştırmak; de. ayrışmak
zersplittern /tser'şplitırn/ yarmak, kırmak; yarılmak, kırılmak
zerspringen /tser'şpringın/ kırılmak, parçalanmak, patlamak
zerstäuben /tser'ştoybın/ yıkmak, yok etmek, tahrip etmek
Zerstäubung, en /tser'ştoybung/ e yıkma, yok etme, tahrip
zerstören /tser'ştö:rın/ yıkmak, yok etmek
zerstreuen /tser'ştroyın/ dağıtmak, saçmak; de. dağılmak, saçılmak; eğlenmek, oyalanmak
zerstreut /tser'ştroyt/ dalgın; dağınık
Zerstreuung /tser'ştroyung/ e eğlenme, oyalanma
zerstückeln /tser'ştükıln/ parça parça ayırmak, parçalamak
zerteilen /tser'taylın/ bölmek
zertreten /tser'tre:tın/ ayakla ezmek, çiğnemek
zertrümmern /tser'trümırn/ yıkıntı haline getirmek; paramparça etmek

zetern /'tse:tırn/ yaygara koparmak
Zettel, - /'tsetıl/ r kâğıt parçası; etiket
Zeug, e /tsoyk/ s eşya, şey; madde; kumaş
Zeuge, n /tsoygı/ r tanık
zeugen /'tsoygın/ tanıklık etmek; çocuk yapmak; döllemek
Zeugenaussage, n /'tsoygınausza:gı/ e tanık ifadesi
Zeugnis, se /'tsoyknis/ s tanıklık; tasdik belgesi; (okul) karne
Zeugung, en /'tsoygung/ e dölleme; çocuk yapma, doğurma
zeugungsfähig /'tsoygungsfe:ih/ üretken; cinsel gücü olan
Zickzack, - /'tsiktsak/ r zikzak
Ziege, n /'tsi:gı/ e keçi
Ziegel, - /'tsi:gıl/ r tuğla; kiremit
Ziegenbock, ..e /'tsi:gınbok/ r teke
ziehen /'tsi:ın/ çekmek; sonuç çıkarmak; yürümek; taşınmak
Ziehharmonika /'tsi:harmo:nika/ e akordeon
Ziel, e /tsi:l/ s amaç, erek, hedef
zielen /'tsi:lın/ nişan almak; hedef almak, kastetmek
ziellos /'tsi:llo:s/ amaçsız, gelişigüzel, rasgele
Zielscheibe, n /'tsi:lşaybı/ e hedef levhası
ziemlich /'tsi:mlih/ oldukça, epey
Zier /tsi:r/ s süs
zieren /'tsi:rın/ süslemek; de. nazlanmak
zierlich /'tsi:rlih/ ince, zarif
Ziffer, n /'tsifır/ e rakam
Zifferblatt, ..er /'tsifırblat/ s kadran
Zigarette, n /'tsigaretı/ e sigara
Zigarettenautomat, en /'tsiga'retınautoma:t/ r otomatik sigara makinesi
Zigarettenspitze, n /tsiga'retınşpitsı/ e sigara ağızlığı
Zigarre, n /'tsigarı/ e puro
Zigeuner, - /'tsi'goynır/ r Çingene
Zimmer, - /'tsimır/ s oda

Zimmerantenne, n /'tsimıranten/ e oda anteni
Zimmermädchen, - /'tsimırme:thın/ s hizmetçi kız
Zimmermann, Zimmerleute /'tsimırman/ r doğramacı, dülger
zimmern /'tsimırn/ doğramak, yontmak; biçim vermek
zimperlich /'tsimpırlih/ aşırı korkak; fazla duygulu; ürkek
Zimt, e /tsimt/ r tarçın
Zink /tsink/ s çinko
Zinke, n /'tsinkı/ e (çatal, tarak vb.) diş
Zinn /tsin/ s kalay
Zins, en /tsins/ r faiz
Zinseszins, en /'tsinzıstsıns/ r bileşik faiz, faizin faizi
Zinsfuβ**, .e** /'tsinsfu:s/ r faiz oranı
Zipfel, - /'tsipfıl/ r sivri uç; köşe
Zirkel, - /'tsırkıl/ r pergel; çevre
Zirkus, se /'tsirkus/ r sirk
zirpen /'tsirpın/ cır cır ötmek
zischeln /'tsişıln/ fısıldamak
zischen /'tsişın/ (kaz) tıslamak; (kızartma vb.) cızırdamak; (yılan) ıslık çalmak; vızıldamak
Zisterne, n /tsis'ternı/ e sarnıç
Zitat, e /tsi'ta:t/ s alıntı
Zitrone, n /tsit'ro:nı/ e limon
Zitronenlimonade, n /'tsi'tro:nınlimona:dı/ e limonata
Zitronensaft, ..e /tsit'ro:nınzaft/ e limon suyu
zittern /'tsitrın/ titremek; ürpermek
Zitze, n /'tsitsı/ e meme başı
zivil /tsi'vi:l/ sivil
Zivil /tsi'vi:l/ s sivil elbise
Zivilbevölkerung, en /tsi'vi:lbıfolkrung/ e sivil halk, siviller
Zivilisation, en /tsivilizats'yo:n/ e uygarlık
Zivilist /tsivi'list/ r sivil
Zivilrecht /tsi'vi:lreht/ s medeni hukuk
zögern /'tsö:gırn/ duraksamak, tereddüt

etmek; çekinmek; gecikmek
Zoll, ..e /tsol/ r gümrük
Zollamt, ..er /'tsol-amt/ s gümrük dairesi
Zollbeamte, n /'tsolbı-amtı/ r gümrük memuru
Zollerklärung, en /'tsolerkle:rung/ e gümrük beyannamesi
zollfrei /'tsolfray/ gümrüksüz
Zollkontrolle, n /'tsolkontrolı/ e gümrük denetimi
zollpflichtig /'tsolpflihtih/ gümrüğe tabi
Zone, n /'tsonı/ e bölge; kuşak
Zonengrenze /'tso:nıngrentsı/ e iki Almanya arasındaki sınır
Zoo /tso:/ r hayvanat bahçesi
Zoologe, n /tso:'lo:gı/ r zoolog, hayvanbilimci
Zoologie /tso:lo'gı:/ e zooloji, hayvanbilim
Zopf, ..e /tsopf/ r saç örgüsü
Zorn /tsorn/ r öfke, hiddet, kızgınlık
zornig /'tsornih/ öfkeli, kızgın
zu /tsu:/ -(y)e, -(y)a; -de, -da; için, amacıyla; fazla, çok
Zubehör, e /'tsu:bıhö:r/ s teçhizat; eklentiler
zubereiten /'tsu:bıraytın/ hazırlamak
zubinden /'tsu:bindın/ bağlamak
zubleiben /'tsu:blaybın/ kapalı kalmak, açılmamak
Zucht /tsuht/ e yetiştirme; disiplin
züchten /'tsühtın/ yetiştirmek, üretmek, büyütmek
Züchter, - /'tsühtır/ r yetiştirici
Zuchthaus, ..er /'tsuhthaus/ s tutukevi, cezaevi, hapishane
züchtig /'tsühtih/ edepli, namuslu
Züchtigkeit /'tsühtihkayt/ e edep
züchtigen /'tsühtigın/ dövmek, dersini vermek, usandırmak
zucken /'tsukın/ titremek, sarsılmak; seğirmek
Zucker, - /'tsukır/ r şeker **klarer-** toz şeker

Zuckerdose, n /'tsukırdo:zı/ e şekerlik
zuckerkrank /'tsukırkrank/ şeker hastası
Zuckerkrankheit /'tsukırkrankhayt/ e şeker hastalığı
Zuckermelone, n /'tsukırmılo:nı/ e kavun
zuckern /'tsukırn/ şeker koymak
Zuckerrohr, e /'tsukırro:r/ s şekerkamışı
Zuckerrübe, n /'tsukırrü:bı/ e şekerpancarı
zudecken /'tsu:dekın/ örtmek, kapamak
zudem /tsu:'dem/ bundan başka, üstelik
zudrehen /'tsu:dre:ın/ (musluk, vb.) kapamak
zudringlich /'tsu:dringlih/ sırnaşık, arsız, sulu
zudrücken /'tsu:drükın/ kapamak **ein Auge-** göz yummak, hoş görmek
zuerst /tsu-'e:rst/ önce; ilk olarak; herşeyden önce
Zufahrt /'tsu:fa:rt/ e (bir taşıtla bir yere) girme, giriş
Zufall, ..e /'tsu:fal/ r rastlantı
zufällig /'tsu:felih/ tesadüfen; tesadüfi
Zuflucht /'tsu:fluht/ e barınak, sığınak
Zufluβ /'tsu:flus/ r akış
zufolge /tsu'folgı/ göre, gereğince, uyarınca
zufrieden /tsu'fri:dın/ kıvançlı, memnun, hoşnut
Zufriedenheit /tsu:fri:dınhayt/ e kıvanç, memnuniyet, hoşnutluk
zufriedenstellen /tsu'fri:dınştelın/ hoşnut kılmak, memnun etmek
zufriedenstellend /tsu'fridınştelınt/ kıvanç verici
zufrieren /'tsu:fri:rın/ donmak, buz bağlamak
zufügen /'tsu:fügın/ katmak, eklemek; (acı, zarar) vermek
Zufuhr, en /'tsu:fu:r/ e tedarik, temin
zuführen /'tsu:fü:rın/ sevketmek; ithal etmek; sağlamak
Zug, ..e /tsu:k/ r tren; çekme; (hava) ce-

reyan; özellik; (sigara) fırt; yudum; alay; *ask.* takım
Zugabe /'tsu:gabı/ **e** ek, katkı, ilave
Zugang, ..e /'tsu:gang/ **r** giriş
zugänglich /'tsu:genglih/ ulaşılabilir, erişilebilir; uysal, söz dinleyen
zugeben /'tsu:gebın/ eklemek, katmak; izin vermek; itiraf etmek
zugehen /'tsu:ge:ın/ kapanmak; olmak, vuku bulmak
Zügel, - /'tsü:gıl/ **r** dizgin
zügellos /'tsü:gıllo:s/ dizginsiz; azgın; haddini bilmez
zügeln /'tsü:gıln/ dizginlemek; frenlemek
Zugeständnis, se /'tsu:gıştentnis/ **s** ödün, taviz
zugestehen /'tsu:gışte:ın/ kabul etmek; ödün vermek
zugig /'tsu:gih/ cereyanlı
zugleich /tsu'glayh/ aynı anda, birlikte
Zugluft /'tsu:gluft/ **e** hava cereyanı
zugreifen /'tsu:grayfın/ kavramak, kapmak; (yemek) almak; fırsattan yararlanmak
zugrunde /tsu'grundı/ :-**gehen** yok olmak, mahvolmak -**legen** dayandırmak, temel olarak almak -**liegen** (bir şeye) dayanmak, temelini oluşturmak, -**richten** yok etmek, mahvetmek
zugunsten /tsu'gunstın/ lehine, yararına
zugute /tsu'gu:tı/ :-**halten** hesaba katmak, göz önünde bulundurmak -**kommen** (birine) yararı dokunmak
Zugverbindung, en /'tsu:kferbindung/ **e** tren bağlantısı
Zugvogel, ..e /'tsu:kfo:gıl/ **r** göçmen kuş
Zuhälter,- /'tsu:heltır/ **r** pezevenk
Zuhause /tsu'hausı/ **s** ev
zuhören /'tsu:hö:rın/ dinlemek
Zuhörer, - /'tsu:hö:rır/ **r** dinleyici
zujubeln /'tsu:yu:bıln/ tezahürat yapmak, tezahüratla karşılamak
zuklappen /'tsu:klapın/ kapanmak; kapamak

zukleben /'tsu:kle:bın/ (zarf) kapamak
zuknöpfen /'tsu:knöpfın/ iliklemek, düğmelemek
zukommen /'tsu:komın/ yaklaşmak
Zukunft /'tsu:kunft/ **e** gelecek; *dilb.* gelecek zaman
zukünftig /'tsu:künftih/ gelecek; gelecekte
Zulage /'tsu:la:gı/ **e** zam
zulassen /'tsu:lasın/ kapalı bırakmak; izin vermek
zulässig /'tsu:lesih/ izin verilen, mubah
zuletzt /tsu'letst/ son olarak, son defa; sonunda, nihayet
zuliebe /tsu'li:bı/ hatırı için
zum tsum/ **zu dem**'in kısaltılmışı
zumachen /'tsu:mahın/ kapamak; *kd.* acele etmek
zumal /tsu'ma:l/ özellikle
zumindest /tsu'mindıst/ hiç olmazsa, en azından
zumuten /'tsu:mu:tın/ (uygunsuz bir iş yapmasını) istemek, beklemek
Zumutung, en /'tsu:mu:tung/ **e** uygunsuz istek
zunächst /tsu:ne:hst/ önce; herşeyden önce
zunähen /'tsu:ne:ın/ dikmek
Zunahme, n /'tsu:na:mı/ **e** artma, çoğalma
Zuname /'tsu:na:mı/ **r** soyadı
zünden /'tsündın/ ateşlemek, tutuşturmak
Zündholz, ..er /'tsüntholts/ **s** kibrit
Zündkerze, n /'tsüntkertsı/ **e** buji
Zündschlüssel,- /'tsüntşlüsıl/ **r** kontak anahtarı
Zündschnur, en /'tsüntşnu:r/ **e** ateşleme fitili
Zündung, en /'tsündung/ **e** ateşleme, kontak
zunehmen /'tsu:ne:mın/ çoğalmak, artmak; kilo almak, şişmanlamak
zuneigen /'tsu:naygın/ eğilim göstermek

Zuneigung, en /'tsu:naygung/ e eğilim, sempati
Zunge, n /'tsungı/ e dil
zunichte /tsu'nihtı/ **:-machen** bozmak, mahvetmek **-werden** boşa çıkmak, sonuçsuz kalmak
zunutze /tsu'nutsı/ **:sich etwas machen** bir şeyden yararlanmak
zupfen /'tsupfın/ (hafifçe) çekmek
zur /tsu:r/ **zu der**'in kısaltılmışı
zurechtfinden /tsu'rehtfındın/ de. yolunu bulmak, yönünü belirlemek
zurechtkommen /tsu'rehtkommın/ zamanında gelmek; başa çıkmak
zurechtmachen /tsu'rehtmahın/ hazırlamak; de. hazırlanmak, süslenmek, makyaj yapmak
zureden /'tsu:re:dın/ kandırmaya çalışmak; üstüne varmak
zurichten /'tsu:rihtın/ hazırlamak, tertiplemek
zürnen /'tsürnın/ darılmak
zurück /tsu'rük/ geri(ye); arkada
zurückbekommen /tsu'rükbıkomın/ geri almak
zurückbleiben /tsu'rükblaybın/ geride kalmak; gelişmemiş olmak
zurückbringen /tsu'rükbringın/ geri getirmek
zurückdrängen /tsu'rükdrengın/ geri itmek
zurückfahren /tsu'rükfa:rın/ (taşıtla) geri dönmek
zurückführen /tsu'rükfü:rın/ geri götürmek
zurückgeben /tsu'rükge:bın/ geri vermek
zurückgehen /tsu'rükge:ın/ geri dönmek; geri çekilmek; azalmak
zurückgezogen /tsu'rükgıtso:gın/ dünyadan elini eteğini çekmiş
zurückhalten /tsu'rükhaltın/ alıkoymak, durmak, tutmak; de. sakınmak, çekinmek

zurückhaltend /tsu'rükhaltınt/ sakıngan, çekingen; suskun
zurückkehren /tsu'rükke:rın/ dönmek
zurückkommen /tsu'rükkomın/ geri gelmek, geri dönmek
zurücklassen /tsu'rüklasın/ geride bırakmak
zurücklegen /tsu'rükle:gın/ katetmek, gitmek, aşmak; bir kenara koymak
zurücknehmen /tsu'rükne:mın/ geri almak
zurückrufen /tsu'rükru:fın/ geri çağırmak
zurückschicken /tsu'rükşikın/ geri göndermek
zurückschrecken /tsu'rükşrekın/ ürkmek, korkmak
zurücksezten /tsu'rükzetsın/ geri koymak; (fiyat) indirmek; ihmal etmek
zurückstellen /tsu'rükştelın/ yerine koymak; ertelemek
zurückstoβen /tsu'rükşto:sın/ geri itmek;
zurücktreten /tsu'rüktre:tın/ gerilemek, geri çekilmek; istifa etmek, çekilmek
zurückweichen /'tsurükvayhın/ gerilemek, geri çekilmek
zurückweisen /tsu'rükvayzın/ reddetmek, geri çevirmek
zurückzahlen /tsu'rüktsa:lın/ geri ödemek
zurückziehen /tsu'rüksi:ın/ geri çekmek; geri almak; de. geri çekilmek
Zuruf /'tsu:ru:f/ r seslenme
zurufen /'tsu:ru:fın/ seslenmek
Zusage, n /'tsu:za:gı/ e söz, vaat; onay, tasvip
zusagen /'tsu:za:gın/ söz vermek; bir daveti kabul etmek
zusammen /tsu'zamın/ birlikte, beraber
Zusammenarbeit, en /tsu'zamın-arbayt/ işbirliği, ortak çalışma
zusammenarbeiten /tsu'zamınarbaytın/ işbirliği yapmak, birlikte çalışmak
zusammenbrechen /tsu'zamınbrehın/ yıkılmak, mahvolmak, çökmek

zusammenbringen /tsu'zamınbrıngın/ bir araya getirmek
Zusammenbruch /tsu'zamınbru:h/ **r** çökme, yıkılma
zusammenfahren /tsu'zamınfa:rın/ çarpışmak; ürkmek
zusammenfallen /tsu'zamınfalın/ yıkılmak, çökmek; aynı zamana rastlamak
zusammenfassen /tsu'zamınfasın/ bir araya getirmek; özetini çıkarmak
Zusammenfassung, en /tsu'zamınfasung/ **e** özet
zusammenfinden, /tsu'zamınfindın/ de. buluşmak
zusammengehören /tsu'zamıngıhö:rın/ birbirine bağlı olmak, birbirini tamamlamak
zusammengesetzt /tsu'zamıngızetst/ birleşik, bileşik
Zusammenhang, ..e /tsu'zamınhang/ **r** bağlantı, ilgi; (metin) bağlam
zusammenhängen /tsu'zamınhengın/ ilişkili olmak, (birbirine) bağlı olmak, aralarında bir ilgi bulunmak
zusammenklappen /tsu'zamınklapın/ katlamak; bayılmak
zusammenkommen /tsu'zamınkomın/ bir araya gelmek, toplanmak; buluşmak
Zusammenkunft, ..e /tsu'zamınkunft/ **e** karşılaşma; buluşma
zusammenleben /tsu'zamınle:bın/ birlikte yaşamak
zusammenlegen /tsu'zamınle:gın/ bir araya koymak, toplamak
zusammennehmen /tsu'zamınne:mın/ toplamak; de. kendini toparlamak, kendini tutmak
zusammenpassen /tsu'zamınpasın/ birbirine uymak, yakışmak
zusammenprallen /tsu'zamınpralın/ çarpışmak
zusammenrücken /tsu'zamınrükın/ birbirine yaklaştırmak, sıkıştırmak

zusammenrufen /tsu'zamınru:fın/ bir araya çağırmak, toplamak
zusammenschlagen /tsu:zamınşla:gın/ dayak atmak; paramparça etmek
zusammenschrumpfen /tsu'zamınşrumpfın/ büzülmek, buruşmak
zusammensein /tsu'zamınzayn/ **s** bir arada olma, toplantı
zusammensetzen /tsu'zamınzetsın/ bir araya getirmek, birleştirmek; de. oluşmak (aus, -den)
zusammenstellen /tsu'zamınştelın/ bir araya getirmek; derlemek, düzenlemek
Zusammenstoß, ..e /tsu'zamınşt:os/ **r** çarpışma
zusammenstoßen /tsu'zamınşto:sın/ çarpışmak
zusammentreffen /tsu'zamıntrefın/ çatışmak, aynı zamana rastlamak; buluşmak; karşılaşmak
zusammenzählen /tsu'zamıntse:lın/ yekun almak, toplamak
zusammenziehen /tsu'zamıntsi:ın/ toplamak; de. büzülmek, çekmek
Zusatz, ..e /'tsu:zats/ **r** ek, ilave
zusätzlich /'tsu:zetslih/ ek
zuschauen /'tsu:şauın/ bakmak, seyretmek
Zuschauer, - /'tsu:şauır/ **r** seyirci
zuschicken /'tsu:şikın/ göndermek, yollamak
Zuschlag, ..e /'tsu:şla:k/ **r** ek ücret, ücret farkı
zuschlagen /'tsu:şla:gın/ vurmak, çarpmak
zuschließen /'tsu:şli:sın/ kilitlemek
zuschrauben /'tsu:şraubın/ vidalayarak kapamak
zuschreiben /'tsu:şraybın/ hesaba geçirmek; üzerine almak
Zuschrift /'tsu:şrift/ **e** mektup
Zuschuß /'tsu:şus/ para yardımı
zusehen /'tsu:ze:ın/ seyretmek, bakmak;

dikkat etmek
zusenden /'tsu:zendın/ göndermek, yollamak
zusetzen /'tsu:zetsın/ katmak, eklemek; sıkıştırmak, rahatsız etmek
zusichern /'tsu:zihırn/ garanti etmek, temin etmek
zuspitzen /'tsu:şpitsın/ de. ciddileşmek, kritikleşmek
zusprechen /'tsu:şprehın/ avutmak; yüreklendirmek, cesaret vermek; (hak, yetki vs.) tanımak
Zuspruch /'tsu:şpruh/ r yüreklendirme; avutma
Zustand, ..e /'tsu:ştant/ r durum
zustande /tsu'ştandı/ :-**bringen** başarmak, gerçekleştirmek -**kommen** olmak, gerçekleşmek
zuständig /'tsu:ştendih/ yetkili; ilgili
zustehen /'tsu:şte:ın/ (yapılması, gerçekleştirilmesi vb.) birinin hakkı olmak, onun görevi olmak, ait olmak
zustellen /'tsu:ştelın/ teslim etmek, vermek
zustimmen /'tsu:ştimın/ uygun görmek, onaylamak
Zustimmung, en /'tsu:ştimung/ e onay, rıza
zustoßen /'tsu:şto:sın/ başına gelmek
zutage /tsu'ta:gı/ :-**bringen** ortaya çıkarmak -**treten** ortaya çıkmak
zutaten /'tsu:ta:tın/ (ç.) içindekiler, bileşenler, malzeme
zuteilen /'tsu:taylın/ ayırmak, tahsis etmek
zutragen /zih 'tsu:tragın/ getirmek; de. olmak, cereyan etmek
zuträglich /'tsu:tre:glih/ yararlı; uygun
zutrauen /'tsu:trauın/ yapabileceğine inanmak
Zutrauen /'tsu:trauın/ s güven
zutraulich /'tsu:traulih/ güvenen; (hayvan) munis, uysal, sokulgan
zutreffen /'tsu:trefın/ doğru olmak, doğru çıkmak, isabetli olmak
zutrinken /'tsu:trinkın/ sağlığına içmek, kadeh kaldırmak
Zutritt /'tsu:trit/ r giriş
zuverlässig /'tsu:ferlesih/ güvenilir, emin
Zuverlässigkeit /'tsu:ferlesihkayt/ e güvenilirlik
Zuversicht /'tsu:ferziht/ e güven
zuviel /tsu'fi:l/ çok fazla
zuvor /tsu:fo:r/ önce, önceden
zuvorkommen /tsu'fo:rkomın/ birinden önce davranmak
zuvorkommend /tsu'fo:rkomınt/ nazik
Zuwachs /'tsu:vaks/ r büyüme, çoğalma
zuweilen /tsu'vaylın/ bazen, ara sıra, zaman zaman
zuweisen /'tsu:vayzın/ ayırmak, tahsis etmek
zuwenden /'tsu:vendın/ çevirmek, yöneltmek
zuwenig /tsu've:nih/ çok az
zuwider /tsu'vi:dır/ aykırı, zıt -**sein** aykırı olmak; tiksinti duymak
zuwinken /'tsu:vinkın/ el sallamak
zuzahlen /'tsu:tsa:lın/ ek ödeme yapmak
zuziehen /'tsu:tsi:ın/ kapamak, örtmek, çekmek; de. (hastalık, vb.) yakalanmak, tutulmak, uğramak
zuzüglich /'tsu:tsü:klih/ ek olarak
Zwang /tsvang/ r zor, cebir, şiddet; baskı; zorunluluk
zwängen /'tsvengın/ sıkıştırmak, tıkıştırmak
zwanglos /'tsvanglo:s/ teklifsiz, senli benli
zwangsläufig /'tsvangsloyfih/ gerekli, kaçınılmaz
zwangsweise /'tsangsvayzı/ zorla
zwanzig /'tsvantsih/ yirmi
zwar /tsva:r/ gerçi, her ne kadar
Zweck, e /tsvek/ r amaç, erek; niyet; hedef
Zwecke, n /'tsvekı/ e raptiye
zwecklos /'tsveklo:s/ yararsız, boş

zweckmäßig /'tsvekme:sih/ amaca uygun; kullanışlı; yararlı
zwecks /tsveks/ amacıyla, maksadıyla
zwei /tsvay/ iki
zweideutig /'tsvaydoytih/ iki anlamlı, belirsiz
zweierlei /'tsvayırlay/ iki türlü
zweifach /'tsvayfah/ iki kat, iki misli
Zweifel, - /'tsvayfıl/ **r** kuşku
zweifelhaft /'tsvayfılhaft/ kuşkulu
zweifellos /'tsvayfıllo:s/ kuşkusuz
zwefieln /'tsvayfıln/ kuşkulanmak
Zweig, e /tsvayk/ **r** dal; şube
Zweigespräch, e /'tsvi:gışpre:h/ **s** ikili konuşma, diyalog
Zweiggeschäft, e /'tsvaykgışeft/ **s** şube, kol, yan kuruluş
Zweikampf, ..e /'tsvaykampf/ **r** düello
zweimal /'tsvayma:l/ iki kez
zweimotorig /'tsvaymo:to:rih/ çift motorlu
zweisilbig /'tsvayzilbih/ iki heceli
zweisprachig /'tsvayşpra:hih/ iki dilli
zweit /tsvayt/ ikinci
zweitens /'tsvaytıns/ ikinci olarak
Zwerchfell /'tsverhfel/ **s** diyafram
Zwerg, e /tsverk/ **r** cüce
Zwetsch(g)e, n /tsveç(g)ı/ **e** erik
zwicken /'tsvikın/ çimdiklemek
Zwieback, ..e /'tsvi:bak/ **r** peksimet
Zwiebel, n /'tsvi:bıl/ **e** soğan
Zwielicht /'tsvi:liht/ **s** alacakaranlık
Zwiespalt, e /'tsvi:şpalt/ **r** anlaşmazlık, uyuşmazlık; çelişki
Zwietracht /'tsvi:traht/ **e** bozuşma, kavga
Zwilling, e /'tsvilling/ **r** ikiz; ikizler (burcu)
zwingen /'tsvingın/ zorlamak
zwingend /'tsvingınt/ zorlayıcı
zwinkern /'tsvinkırn/ göz kırpıştırmak
Zwirn, s /tsvirn/ **r** tire, iplik
zwischen /'tsvişın/ arasında, arasına
zwischendurch /tsvişın'durh/ arasından; ara sıra, bazen
Zwischenergebnis, se /'tsvişınerge:pnis/ **s** ara sonuç
Zwischenfall, ..e /'tsvişınfal/ **r** olay
Zwischenlandung, en /'tsvişınlandung/ **e** ara iniş
Zwischenraum, ..e /'tsvişınraum/ **r** ara, açıklık
Zwischenzeit /'tsvişıntsayt/ **e** ara **in der** bu arada
zwitschern /'tsviçırn/ cıvıldamak, ötmek
zwölf /tsvölf/ on iki
Zwölffingerdarm /tsvölffingırdarm/ **r** onikiparmakbağırsağı
Zyklus, -len /'tsüklus/ **r** devir; çevrim
Zylinder, - /tsü'lindır/ **r** silindir
Zypern /'tsü:pırn/ Kıbrıs
Zypresse, n /tsüp'resı/ **e** servi (ağacı)
Zyste, n /'tsüstı/ **e** hek. kist

FONO
Açık Öğretim Kurumu

Teil Zwei
TURKISCH – DEUTSCH

Bölüm İki
TÜRKÇE – ALMANCA

A

ab s Wasser
aba r Flaus, r Wollstoff
abajur r Lampenschirm
abandone *sp.* aufgegeben — **etmek** nicht mehr weiterkämpfen
abanmak sich lehnen, sich stützen
abanoz s Ebenholz
abartı e Übertreibung
abartmak übertreiben
abece s Alphabet
abecesel alphabetisch
abes albern, dumm, nutzlos; albernes Zeug
abide s Denkmal, r Gedenkstein
abla e ältere Schwester
ablak pausbäckig
abluka e Blockade, **-ya almak** blockieren, **-yı kaldırmak** die Blockade aufheben
abone r Abonnent, — **olmak** abonnieren, subskribieren
abonman s Abonnement, e Subskription, — **kartı** e Zeitkarte
abstre abstrakt
abuk sabuk unzusammenhängend, sinnlos, unüberlegt
abur cubur wirr, durcheinander
acaba ob, wohl, etwa
acar energisch, draufgängerisch; geschickt, pfiffig; stark, kräftig

acayip seltsam, sonderbar, eigenartig, merkwürdig, schnurrig **-lik** e Seltsamkeit, e Merkwürdigkeit
acele e Eile, e Hast; eilig, hastig, dringend, — **etmek** eilen, sich beeilen **Acele işe şeytan karışır.** Eile mit weile! — **ye getirmek** hetzen, überstürzen
aceleci hastig, voreilig, eilig
acemi unerfahren, ungeübt; r Anfänger (e in); r Rekrut
acemice stümperhaft
acemilik e Stümperei; s Unerfahrensein; s Rekrutentum
acente e Agentur; r Agent, r Vertreter
acentelik e Agentur, e Vertretung
acı bitter, scharf; kränkend; schrill, grell; e Bitterkeit; r Schmerz, s Weh; r Kummer, r Jammer, — **vermek** weh tun, peinigen, — **çekmek** leiden, **-sını çıkarmak** sich revanchieren
acıbakla e Lupine
acıklı traurig, kläglich, tragisch, schmerzhaft; betrübt, trübselig
acıkmak Hunger bekommen, Hunger haben, hungern
acıktırmak hungrig machen
acılanmak bitter werden
acılaşmak bitter werden
acılı betrübt, traurig
acılık e Bitterkeit, e Schärfe

acıma s Erbarmen, s Mitgefühl, s Mitleid, e Gnade
acımak schmerzen, weh tun; bedauern, Mitleid haben
acımasız erbarmungslos, unbarmherzig, skrupellos **— lık e** Erbarmungslosigkeit
acımsı bitterlich
acınacak bedauernswert, erbärmlich, jämmerlich
acınmak sich bedauern, bemitleiden, trauern
acısız schmerzlos
acıtmak weh tun
âcil eilig, dringend, **— durum s** Bedrängnis **servis r** Notdienst, r Hilfsdienst
aciz e Unfähigkeit, e Schwäche
âciz unfähig schwach, hilflos, kraftlos, **— kalmak** nicht imstande sein
acun s Universum, s Weltall, s Kosmos
acuze Hexe, alte Weib
aç hungrig; gierig, unersättlich, **— bırakmak** hungern lassen; aushungern **— kalmak** Hungrigbleiben, **— karnına** auf nüchternen Magen; **— aç kurt gibi** wie ein Wolf
açacak r Öffner
açalya e Azalee
açgözlü gierig, habgierig, habsüchtig, ungenügsam
açgözlülük e Gier, e Habsucht
açı r Winkel; **r** Standpunkt **dar —** spitzer Winkel, **dik -** rechter Winkel, **geniş -** stumpfer Winkel, **sınır — r** Grenzwinkel
açık offen, auf; klar, anschaulich, einleuchten, präzis, deutlich; öffentlich; weit; demonstrativ; nackt, unverhüllt; unbesetzt; hell; heiter; s Defizit, **— a çıkarmak** enthüllen, **— tan açığa** unverhohlen **— alın** ehrenhaft **—artırma e** Versteigerung, **— deniz** offene See, offenes Meer, **— elli** großzügig **— fikirli** vorurteilslos, **— hava** frische Luft **—**
kalpli offenherzig, **— oturum e** Podiumsdiskussion hellblau, **— saçık** unmoralisch, unanständig, unverfänglich, schlüpfrig, unzüchtig, halb nackt **— seçik** klar, deutlich, eindeutig, **— tutmak** aufhalten
açıkça offen, frei, **— göstermek** offenbaren, **— sı** ehrlich gesagt
açıkgöz schlau, pfiffig
açıkgözlük e Schlauheit
açıklama e Erklärung, e Erläuterung, e Auseinandersetzung e Aufklärung; e Deutung
açıklamak erklären, erläutern, verdeutlichen, klar machen, auseinandersetzen, deuten, veranschaulichen
açıklayıcı erläuternd
açıklık e Offenheit, e Klarheit, e Präzision; e Öffnung, r Zwischenraum r Abstand, e Entfernung; e Helligkeit; e Öffentlichkeit; e Deutlichkeit
açıksözlü freimütig
açıksözlülük e Freimütigkeit
açılış e Eröffnung; r Beginn, **— yapmak** eröffnen, **— kokteyli** Eröffnungscockteil
açılmadık nicht geöffnet
açılmak sich öffnen, aufgehen; sich aufhellen (Himmel Wetter); hell(er)werden sich often äußern; Erleichterung verspüren; sich ausdehnen, sich entfalten; sich vom Ufer entfernen; hinausschwimmen; freiwerden (Posten)
açılmamak zubleiben
açımlamak erklären, klar machen
açınım mat. e Entwicklung
açıortay mat. e Winkelhalbierende
açkı e Politur; r Schlüssel
açkılamak polieren
açlık r Hunger; e Hungersnot; e Armut, e Ärmlichkeit, **— grevi r** Hungersstreik, **— tan ölmek** verhungern
açmak öffnen, aufmachen, aufschlagen,

aufschließen, enthüllen; eröffnen; freimachen; andrehen, anmachen, einhalten; abhehen; blühen; breiten
açmaz schwierige Lage
ad r Name, r Vorname; r Ruhm, r Ruf, — **koymak (vermek)** e-n Namen geben — **takmak** Spitznamen beilegen — ı **batası** Hol ihn der Teufel! — ı **çıkmak** bekannt werden — ı **geçen** obenerwähnt — ı **üstünde** wie schon der Name sagt
ada e Insel, Katastrebezirk
adabımuaşeret r Anstand, s Manieren
adaçayı bitk. r Salbei
adak s Gelübde
adale r Muskel
adaleli muskulös
adalet e Gerechtigkeit, s Recht, e Justiz, — **Bakanı** r Justizminister, — **Bakanlığı** s Justizministerium, — **in pençesi** Arm der Gerichtigkeit — **li** gerecht — **siz** ungerecht — **sizlik** e, Ungerechtigkeit
adam r Mann, r Mensch, r Diener; Gefolgsmann — **başına** pro Kopf — **boyu** Mannslänge — **etmek** erziehen — **gibi** ordentlich, anständig — **içine çıkmak** unter Leute gehen — **öldürme** r Tötschlag, e Tötung — **sarrafı** gewiegter Menschenkenner — **sen de** ach was! wozu denn — **tutmak** sp. decken — **yerine koymak** ehrerbietung behandeln
adama e Widmung
adamak geloben, widmen
adamakıllı tüchtig, recht, ordentlich, wacker
àdamcağız guter Mann, armer Kerl
adap anständiges Benehmen
adaptasyon e Anpassung, e Übertragung
adapte angepaßt, übertragen
adaş r Namensvetter
adatavşanı s Kaninchen

aday r, Kandidat, r Bewerber
adaylık e Bewerbung, e Kandidatur — **ını koymak** kandidieren
adçekme s Los
adçekmek losen
addetmek zahlen (zu), halten(für), rechnen, ansehen, betrachten(als)
Âdem Adam
ademelması r Adamsapfel
âdemoğlu r Menschensohn
adese e Linse
adet e Zahl, e Anzahl
âdet e Gewohnheit, e Angewohnheit, e Sitte, r Brauch; e Menstruation e Monatsblutung, e Periode, — **bezi** e Monatsbinde, — **görmek** mentsruieren
âdeta bloβ, gerade; fast, beinahe, geradezu
adıl dilb. s Pronomen, s Fürwort
adım r Schritt, — **adım** schrittweise, stufenweise, Schritt für Schritt, — **atmak** schreiten — **larını açmak** eilig gehen — **başın(d)a** auf Schritt und Tritt.
adımlamak abschreiten durchmessen
adi gemein, dreckig; üblich, gewöhnlich — **adım** ohne Tritt — **hisse senedi** e Stammaktie — **iflas** einfacher Konkurs — **mektup** einfacher Brief, gewöhnlicher Brief.
âdil gerecht
adilane gerecht
adilik e Gemeinheit
adlandırmak nennen, heißen, nominieren
adli gerichtlich, — **hata** r Justizmord — **tabip** r Gerichtsarzt — **tıp** e Gerichtsmedizin, gerichtmedizinisches Institut — **yıl** s Gerichtsjahr
adliye e Justiz; s Justizgebäude — **mahkemeleri** ordentliche Gerichte — **sarayı** r Justizpalast
adrenalin s Adrenalin
adres e Adresse, e Anschrift — **rehberi** s Adreβbuch — **sahibi** s Adressat

s Adreßbuch — **sahibi** s Adressat
Adriyatik (Denizi) s Adriatisches Meer
adsız namenlos
aerodinamik aerodynamisch, — **biçim** e Stromlinienform
af e Enstchuldigung, e Verzeihung; e Begnädigung; e Entlassung — **dilemek** um Verzeihung bitten **genel** — e Generalamnestie
afacan r Schlingel, r,e Range
afallamak sprachlos bleiben
aferin! bravo! prima!
afet s Unglück
affedilebilir verzeihlich
affedilemez unverzeihlich
affetmek verzeihen, entschuldigen; begnadigen; entlassen — **Affedersiniz** entschuldigen Sie! (ich bitte um) Verziehung
Afgan afghanisch, r Afghane, e Afghanin
Afganistan s Afghanistan
Afganlı r Afghane, e Afghanin
afili angeberisch
afiş r Anschlag, s Plakat, r Aushang — **yapıştırmak** anschlagen
afiyet e Gesundheit, s Wohlbefinden, — **olsun!** Guten Appetit!
aforoz e Exkommunikation, — **etmek** exkommunizieren
Afrika Afrika — **lı** r Afrikaner (in e)
afsun r Zauber
afsunlamak zaubern, verzaubern
afyon s Opium
afyonkeş opiumsüchtig
agraf e Spange
agrandisman e Vergrößerung
agrandisör r Vergrößerungsapparat
ağ s Netz, e Schlinge, — **gözü** e Masche
ağa r Herr, r Meister, r Kommandant, r Vorstand
ağabey r ältere Bruder
ağaç r Baum, s Holz, e Stange e — **kümesi** s Spalier — **tepesi** r Wipfel, — **yaprakları** s Laub — **yaş iken eğilir**

der Baum bieght sich nur, solange er grün ist.
ağaççileği e Himbeere
ağaçkakan r Specht
ağaçlandırmak aufforsten
ağaçlık r Forst, s Wäldchen/ baumreich
ağarmak verbleichen; grauen; tagen
ağartmak bleichen
ağda s Haarentfernungsmittel, r Sirup — **kullanmak (yapıştırmak)** ein haarentfernungsmittel auftragen.
ağdalaştırmak eindicken
ağdalı zäh, dickflüssig, schwerflüssig, steif, dick
ağdalılık e Viskosität
ağı s Gift
ağıl e Hürde, e Einzäunung, s Gehege r Stall, r Pferch
ağım r Spann
ağır schwer, hard; langsam; ernst; sachte; kränkend, beleidigend; plump, schwerfällig, — **aksak** saumselig, — **basmak** wuchten, — **başlı** ernst, würdig, würdevoll, ruhig, gemessen, — **başlılık** r Ernst, e Würde, — **canlı** schwerfällig, — **ceza mahkemesi** s Schwergericht · — **davranmak** langsam handeln, schwerfällig reagieren, — **hareketli** schwerfällig, — **hastalık** schwere (ernste) Krankheit — **iş** e Schwerarbeit, — **işçi** r Schwerarbeiter, — **işiten** schwerhörig, — **işitmek** schwerhörig sein, — **kanlı** schwerfällig — **sanayi** e Schwerindustrie, — **siklet** s Schwergewicht, — **yaralı** schwerverwundet, — **yürümek** trotten
ağırlamak bewirten
ağırlaşmak sich verlangsamen
ağırlaştırmak verlangsamen, erschweren
ağırlık s Gewicht, e Schwere; e Bedeutung; r Ernst, e Besonnenheit; e Schwierigkeit; s Schwerverdaulich sein; s Lästigfallen (Geruch) — **merkezi** r Schwerpunk **üzerime** — **bastı** es-

ağıt e Trauerode
ağız r Mund, s Maul, e Schnauze; e Öffnung; e Mündung; e Mundart, **— açmak** zu reden anfangen, **— açmamak** nicht ein einziges Wort sagen **— a alınmaz** verabscheuenswert **— aramak** auf den Busch klopfen **— armonikası** e Mundharmonika, **— ından baklayı çıkarmak** mit der sprache herausracken **— dalaşı** s Wortstreit, **— dan** mündlich, oral, **— ı havada** erstaunt, **— ında gevelemek** herumreden, **— ından kaçırmak** verschnappen **— suyu** r Speichel **— şakası** s Scherzwort **— tadıyla** behaglich **— (za) alınmaz** verabscheuenswert **— ı bozuk** wüst schimpfend **— (ı) gevşek** e indiskret **— ile kuş tutmak** sehr fähig sein. **— (ı) var dili yok** er ist ein gutmütiges Schaf **— ağzını hayra aç** mußt du immer unken? **— ağzını kapamak** schweigen **— ağzının tadını bilmek** etw. zu würdigen wissen **— ını tıkamak** knebeln **— ı sıkı tutmak** verschwiegen
ağızlık e Zigarettenspitze
ağlamak weinen
ağlaşmak zusammen mit j-m weinen
ağlamaklı weinerlich, kläglich
ağrı r Schmerz, e Beschwerde **— dindirici** schmerzstillend
ağrımak schmerzen, weh tun
ağrısız schmerzlos
ağtabaka e Netzhaut
ağustos r August
ağustosböceği e Zikade
ah ach, **— çekmek** seufzen **— a gelmek** verdiente Streife erleiden
ahali s Volk, e Bevölkerung
ahbap r Freund
ahbaplık e Freundschaft
ahçı r Koch, e Köchin
ahçıbaşı r Küchenchef
ahdetmek geloben, fest versprechen
ahenk e Harmonie; e Eintracht
ahenkli harmonisch
ahenksizlik r Mißklang
aheste langsam leise
ahım şahım auffällig gekleidet; hervorstechend
ahır r Stall, e Stallung
ahit e Verpflichtung, e Zusage
ahize r Empfänger, r Hörer
ahkâm *(ç.)* Bestimmungen
ahlak e Moral, *(ç.)* Sitten **—a aykırı** unsittlich, **— a aykırılık** e Unsittlichkeit, **— ı bozulmak** verkommen, **— ını bozmak** demoralisieren, **— kuralı** s Sittengesetz, **— zabıtası** e Sittenpolizei
ahlâkdışı unmoralisch, obszön, unsittlich
ahlâki sittlich, moralisch
ahlâksız unmoralisch, unsittlich, sittenlos, unzüchtig
ahlâksızlık e Unzucht, r Laster
ahlat *bitk.* e Holzbirne
ahmak dumm, dämlich, blöd, stumpfsinnig
ahmaklık r Stumpfsinn
ahret s Jenseits, e Unterwelt **— suali sormak (b.ne)** j-m ein Loch in den Bauch fragen **— i boylamak** ins Jenseits eingehen
ahretlik s Adoptivmädchen
ahşap s Holz; hölzern
ahtapot e Krake
ahu e Gazelle
ahududu e Himbeere
ahval *(ç.)* Zustände, *(ç.)* situationen
aidat r Mitgliedsbeitrag
aile e Familie; e Frau, e Gattin, e Gemahlin **— efradı** Familienangehörige **— reisi** Familienoberhaupt **— sahibi** r Familienvater **— terbiyesi** (fig.) gute Kinderstube
ailevi familiär
ait angehörig, zugehörig; betreffend; zuständig, **— olmak** zugehören
ajan r Vertreter, r Agent

ajanda r Notiskalender, r Terminkalender
ajans s Nachrichtenbüro, s Pressebüro, e Nachrichtenagentur
ak weiß; **s** Weiß
akabinde danach
akaç s Abflußrohr
akademi e Akademie, e Hochschule; e Aktzeihnung **— k** akademisch
akar fließend, flüssig; *(ç.)* Immobilien
akarsu s Gewässer, s Rinnsal
akaryakıt s Brennöl, r Brennstoff, r Treibstoff
akasya e Akazie
akbaba r Geier
akciğer e Lunge, **— zarı** s Rippenfell
akçe s Geld
Akdeniz s Mittelmeer
akıbet s Ende, r Schluß
akıcı flüssig, fließend
akıl r Verstand, e Vernunft, r Sinn, r Geist; e Erinnerung, **— almaz** unglaublich, unvorstellbar unbegreiflich, **— danışmak (b.ne)** sich mit j-m besprechen **— etmek (b.şi)** an etw. denken **— hastası** geisteskrank, **— hastanesi** e Irrenanstalt, **— hocası** r Besserwisser **— öğretmek** e-n guten Rat erteilen **— sormak** sich erkundigen **— yaşta değil baştadır** Alter schützt vor Torheit nicht **— a yakın** plausibel **— ı başına gelmek** die Besinnung wieder erlangen **— a sığmayan** undenkbar, **— a yakın** logisch, plausibel, angemessen, einleuchtend, naheliegend, sinnig, rational, verstandesmäßig, **— ına gelmek** einfallen **— ına getirmek** zurückdenken, **— ında tutmak** (im Kopf) behalten, **— ını karıştırmak** durcheinanderbringen
akılcılık r Rationalismus, r Vernunftglaube
akıldişi r Weisheitszahn
akıllı klug, schlau, gescheit, weise, sinnig, vernünftig
akıllılık e Klugheit, e Weisheit, e Schlauheit
akılsız unklug, unvernünftig, töricht; r Tor **— lık** e Unvernunft, e Unvernünftigkeit
akım r Strom, e Strömung, **— şiddeti** e Stromstärke, **— transformatörü** r Stromwandler, **— ı kesmek** ausschalten
akın r Streifzug, e Streife, r Angriff, **— akın** haufenweise, **— etmek** strömen, zuströmen
akıntı e Strömung; r Strom; r Ausfluß; e Neigung
akış r Ablauf, r Abfluß, r Zufluß; r Gang, r Verlauf
akışkan flüssig
akıtmak einträufeln, ausgießen, vergießen, ausströmen, ablassen
akide s Dogma; r Bonbon
akik *geol.* r Achat
akis s Spiegelbild; r Nachhall, s Echo; s Gegenteil
akit r Abschluß, r Vertrag, r Kontrakt; e Trauung
akkor weißglühend
aklama r Freispruch
aklamak freisprechen, entlassen
akmak fließen, auslaufen, strömen, ausströmen, rinnen; ablaufen
akordeon s Akkordeon, e Ziehharmonika
akort r Akkord; e Eichung, **— etmek** stimmen; eichen, **— u bozulmuş** verstimmt, **— u değiştirmek** umstimmen, **— unu bozmak** verstimmen
akraba r, e Verwandte
akrabalık e Verwandtschaft
akran r Altersgenosse
akreditif r Kredit, s Akkreditiv
akrep r Skorpion; r Stundenzeiger
akrobasi e Akrobatik
akrobat r Akrobat (in e); r Kunstflieger

(in **e**)
aks e Achse
aksak lahm, verkrüppelt
aksam *(ç.)* Teile, **e** Bestandteile
aksamak hinken
aksan r Akzent, **r** Tonfall, **e** Aussprache
aksatmak lähmen
aksesuar s Zubehör
aksetmek sich spiegeln; reflektieren, zurückstrahlen; wiederhallen; umdrehen, umpolen
aksırık s Niesen
aksırmak niesen
aksi entgegengesetzt, wider, widrig; widerspenstig, eigensinnig, mürrisch, unverträglich; **s** Gegenteil, **s** Widerspiel, — **tabiatlı** launenhaft, — **takdirde** sonst, anderenfalls
aksilik s Pech, **e** Ungunst, **e** Widrigkeit, — **çıkmak** Pech haben
aksine verkehrt, im Widerspruch zu
aksiyom *mat.* **e** Axiom
aksiyon e Aktie
aksitesir e Gegenwirkung
akşam r Abend; am Abend — **etmek** den Tag zu Ende bringen — **leyin** am Abend — **olmak** Abend werden — **yediğini sabaha unutmak** überaus vergeßlich sein — **gazetesi e** Abendzeitung, **s** Abendblatt, — **üstü** gegen Abend, — **üzeri** gegen Abend, — **güneşi e** Abendsonne; **r** Lebensabend — **ları** abends, — **leyin** abends, am Abend, — **yemeği s** Abendbrot, **s** Abendessen
akşamcı r Nachtarbeiter; wer abends immer trinkt
Akşamyıldızı e Venus
akşın r Albino
aktar r Krämer
aktarma s Umsteigen; **e** Übertragung — **bileti r** Umsteiger, — **yapmak** umsteigen
aktarmak übertragen; umladen; umschütten; übernehman; überstellen, überweisen (Häftling); überprüfen; übermitteln, weiterleiten; von Hand zu Hand weiterreichen
aktarmalı mit Umsteigen
aktif aktiv, tätig; **e** Aktiva
aktör r Schauspieler
aktris e Schauspielerin
aktüalite e Aktualität, — **filmi e** Wochenschau
aktüel aktuell
akupunktur e Akupunktur
akustik akustich; **e** Akustik, **e** Schallehre
akümülatör r Akkumulator, **r** Akku
akvaryum s Aquarium
akyuvar weißes Blutkörperchen
al rot
ala bunt, gefleckt
âlâ sehr gut, ausgezeichnet, vorzüglich, erstklassig, prima
alabalık e Forelle
alabanda (innere) Bordwand; **e** Breitseite — **etmek** ausschlagen
alabildiğine unentwegt, aus Leibeskräften
alabora s Umkippen, — **etmek** zum Kentern bringen, hissen — **olmak** kentern
alaca bunt, — **karanlık s** Halbdunkel, **s** Zwielicht, **e** Dämmerung
alacak s Guthaben — **davası e** Forderungsklage — **senedi r** Schuldschein
alacaklı r Gläubiger
alacalı bunt
alafranga europäisch
alageyik r Dammhisch
alaka s Interesse; **s** Verhältnis, **e** Beziehung, **r** Zusammenhang — **göstermek** Interesse zeigen — **sı var** er ist interessiert — **sını kesmek** die Beziehungen abbrechen
alakadar interessiert; zuständig, — **etmek** interessieren; berteffen, — **olmak** sich interessieren

alakalanmak sich interessieren
alakalı interessiert; zuständig
alakasız uninteressiert; unzuständig
alamet s Zeichen, e Marke, **— i farika** e Schutzmarke, s Warenzeichen
alan r Platz; s Feld; e Fläche, *Mat.* r Flächeninhalt; r Raum; r Bereich, r Bezirk, **— ölçüsü** s Flächenmaß, **— savaşı** e Schlacht, e Feldschlacht
alarm r Alarm, **— a geçirmek** alarmieren
alaşağı etmek herunterreißen; niederzwingen
alaşım e Legierung, **— yapmak** legieren
alaturka türkisch, orientalisch
alavere s Durcheinander; s Weiterreichen (von Hand zu Hand); e Ladetreppe
alay r Festzug; s Geschwader; s Regiment; e Feier; r Spott, e Ironie, r Hohn, **— a almak** auslachen, narren, foppen, hänseln, uzen, **— etmek** spotten, verspotten, verhöhnen, sich lustig machen
alaycı spöttisch; r Spötter
alaylı ironisch, spöttisch, höhnisch, sarkastisch
albay r Oberst
albinos r Albino
albüm s Album
alçak niedrig, nieder; tief; niederträchtig, verworfen, schnöde, nichtswürdig, schofel, gemein, **— basınç** r Unterdruck, r Tiefdruck, **— gönüllü** bescheiden, demütig, unterwürfig, zurückhaltend, **— gönüllülük** e Demut, e Bescheidenheit, **— herif** r Halunke, **— sesle** leise
alçakça schmachvoll, meuchlings, **— cinayet** r Meuchelmord, **— hareket** e Schandtat, **— öldürmek** meucheln
alçaklık r Schmach, e Gemeinheit, e Niedertracht; e Niedrigkeit
alçalmak sich senken, heruntergehen, fallen, sich erniedrigen
alçaltma e Senkung
alçaltmak senken erniedrigen; demütigen
alçı r Gips **— lamak** vergipsen, eingipsen
alçıtaşı r Gipsstein
aldanmak sicn täuschen, sich irren; hereinfallen; betrogen werden
aldatıcı täuschend
aldatmak täuschen, irreführen; hereinlegen, hintergehen, überlisten, betrügen, schwindeln, übertölpeln, schümmern
aldırış e Beachtung, **— etmemek** mißachten
aldırmamak nicht beachten
aldırmazlık e Gleichgültigkeit
alelacele eilig, hastig
alelade gewöhnlich, üblich
âlem e Welt, s Universum, s Weltall; r Kreis; s Vergnügen, s Fest; e Orgie
alenen öffentlich
aleni öffentlich
alerji e Allergie **— k** allergisch
alet s Werkzeug, e Gerät; s Instrument **— li jimnastik** s Geräteturnen **— olmak (b.şe)** als Mittel dienen zu etw./ die Hand bieten (zu)
alev e Flamme, **— almak** in Flammen aufgehen, aufflammen
alevlendirmek schüren
alevlenmek flammen, aufflammen, ladern
aleyh gegen, wider; aufüber **— inde** gegen, zu Ungunsten, **— te** dagegen, **— te olmak** dagegen sein, **- tar** r Gegner, **— tarlık** e Gegnerschaft
aleykümselam Antwort auf den Gruß "selamınaleyküm."
alfabe s Alphabet
alfabetik alphabetisch
algı e Wahrnehmung, s Verständnis
algılamak wahrnehmen, begreifen
alıcı r Käufer, r Kunde; r Empfänger **— gözüyle bakmak** sich etw. genau betrachten

alık dumm, ungeschickt, verwirrt; r Tropf
alıkoymak aufhalten, behalten, beibehalten, zurückhalten; hemmen, unterschlagen
alım r Kauf; r Reiz, — **satım** r Handel
alımlı charmant, anziehend, reizend
alın s Stirn; e Front, — **akı** e Unbeschultenheit — **çatmak** die Stirn runzeln — **damarı** r Anstand — **damarı çatlamak** kein Schämgefühl besitzen — **karası** e Schande — **teri** große Mühe —**ını karışlarım** es soll sich nur einer(m) unterstehen
alındı e Quittung
alıngan empfindlich, argwöhnisch
alınmak übelnehmen; auf sich beziehen
alınyazısı s Schicksal
alıntı s Zitat, e Übernahme
alıp götürmek wegbringen, wegnehmen, abtragen, wegreißen
alışık gewöhnt, vertraut
alışılmamış ungewohnt
alışılmış gewöhnlich, üblich, gebräuchlich, regelmäßig, — **ın dışında** ungewöhnlich
alışkanlık e Gewohnheit, e Angewohnheit, — **ı bulunmak** pflegen
alışkı e Sitte, r Brauch, e Angewohnheit
alışmak sich gewöhnen, sich angewöhnen
alıştırma e Anpassung; e Übung, — **yapmak** üben, ausüben
alıştırmak gewöhnen, anpassen
alışveriş r Handel, s Geschäft; e Arbeit, s Verhältnis; e Sache — **yapmak** kaufen — **e gitmek** zum Einkaufen gehen — **ten dönmek** vom Einkaufen zurückkommen
alimallah! Gott sei mein Zeuge!
alize r Passat
alkali s Alkali
alkış r Beifall, r Applaus
alkışlamak applaudieren, zu jubeln Beifall klatschen

alkol r Alkohol, r Spiritus, — **lü içkiler** *(ç.)* Spirituosen— **ik** alkoholisch — **lü** alkoholhaltig — **süz** alkoholfrei
alkolizm r Alkoholismus, e Trunksucht
Allah Gott, — **a ısmarladık** Auf Wiedersehen, — **Allah!** Nanu! — **aşkına** um Gottes willen! — **bilir** bei Gott, vielleicht — **göstermesin** das verhüte Gott — **kısmet ederse** so Gott will! — **müstahakını versin** möge Gott dich gebührend strafen! — **rahatlık versin** schlafen Sie gut! — **rahmet eylesin** Gott gebe (ihm) (ihr) die ewige Ruhe — **versin** Gott gebe dir — **ını seversen** wenn du Gott liebst — **ın belası** Gottersgeißel — **a ısmarladık** auf Wiedersehen — **kahretsin!** Verdammt! Verflucht!
allahsız gottlos, atheistisch; r Atheist
allak bullak durcheinander, wirr
allık e Röte; s Rouge
almaç r Empfänger
almak nehmen, holen, zugreifen, mitnehmen, wegnehmen; bekommen, erhalten, kriegen; kaufen; aufnehmen; empfangen; besetzen
Alman r, e Deutsche; deutsch — **Markı** e Deutsche Mark
almanak r Almanach, s Jahrbuch
Almanca s Deutsch, auf Deutsch — **konuşan** deutschsprachig — **öğretmeni** r Deutschlehrer
Almanya Deutschland, **Batı** — Westdeutschland, e Bundesrepublik, Deutschland **Doğu** — Ostdeutschland, e Deutsche Demokratische Republik
almaş e Abwechslung
almaşık abwechselnd
Alp dağları *(ç.)* Alpen
alt s Untere, e Unterseite; unter, — **ına** darunter, — **ından** unter ... hindruch — **ından kalkmak** leisten, schaffen, überwältigen, meistern — **ını değiştirmek** trockenlegen, — **ını çizmek** unterstrei-

chen, — **alta untereinander, — bölüm** r Abschnitt, e Unterabteilung, r Unterteil — **dudak** e Unterlippe, — **etmek** besiegen, übermannen — **olmak** unterliegen, — **taraf** r Unterteil e Unterseite
altçene r Unterkiefer
alternatif e Alternative, — **akım** r Wechselstrom, — **gerilim** e Wechselspannung
altgeçit e Unterführung
altı sechs, — **aylık** sechsmonatig — **günlük** sechstägig — **saatlik** sechsstündig, — **yıllık** sechsjährig
altıgen *mat.* s Sechseck
altılı s *müz.* Sechs
altın s Gold; golden, — **kaplama** e Vergoldung, — **taç** e Goldkrone, — **kaplamak** vergolden
altıncı sechst, — **sı** sechstens
altıpatlar sechsschüssiger Revolver
altışar zusechsen, je sechs
altlık e Unterläge, r Untersatz
altmış sechzig
altmışıncı sechzigst
altsınıf e Unterklasse
altüst durcheinander, wirr, — **edilmiş** umgekehrt, — **etmek** durcheinanderbringen
altyapı e Infrastruktur
alüminyum s Aluminium
alüvyon s Schwemmland
alyans r Trauring
alyuvar s rotes Blutkörperchen
ama aber, jedoch, bloβ — **sı maması yok** da gibt es kein Aber
âmâ blind
amaç s Ziel, r Zweck, e Absicht r Plan, — **a uygun** zweckmäβig — **ına uymak** erfüllen, sachlich — **a uymayan** unzweckmäβig, — **ında olmak** meinen, beabsichtigen, — **ıyle** zwecks, um ...zu; zu
amaçlamak planen, beabsichtigen

amaçsız ziellos
amade fertig, bereit
aman! au! Gnade! um Himmels Willen!; Hilfe!; jetzt aber, doch, endlich — **dilemek,** Gnade bitten — **vermek** verzeihen
amansız erbarmungslos
amatör r Amateur, r Laie
ambalaj e Packung, e Verpackung, — **kâğıdı** s Packpapier — **yapmak** einpacken, verpacken
ambar r Schuppen, r Lagerraum, s Lagerhaus, r Speicher
ambargo s Embargo, e Sperre, e Sperrung, e Beschlagnahme
amber r Amber, e Ambra
ambulans r Krankenwagen
amca r (väterlicherseits) Onkel
amcazade r Vetter
amel e Arbeit, e Tat; r Durchfall
amele r Arbeiter
ameli praktisch; passend, geeignet
ameliyat e Operation, — **etmek** operieren — **masası** r Operationtisch — **olmak** operiert werden
ameliyathane r Operationssaal
ameliyatla operativ
Amerika Amerika, — **Birleşik Devletleri** e Vereinigten Staaten (von Amerika)
Amerikalı r Amerikaner (in **e**)
Amerikan amerikanisch
amfi s Amphitheater
amil r Faktor, e Ursache
âmin! Amen!
amip e Amöbe
amir r Chef, r Vorgesetzte; r Leiter
amiral r Admiral
amiyane gemein, vulgär
amma aber, jedoch
amme e Öffentlichkeit, e Allgemeinheit — **hukuku** s Staatsrecht
amonyak s Ammoniak
amorti amortisiert; e Amortisation
amortisman e Abschreibung

amortisör r Dämpfer, r Stoßdämpfer
ampermetre s Amperemeter, r Strommesser
ampersaat e Amperestunde
amplifikatör r Verstärker
ampul e Birne, e Glühbirne
amut s Lot, e Senkrechte / r Kopfstand, **— a kalkmak** kopfstehen
an r Augenblick, r Moment, r Zeitpunkt
ana e Mutter; Haupt-, Ur-, Grund-, Stamm-, Leit-, **— baba** ç. Eltern **— dan doğma** splitternackt, **— bileşen** r Hauptbestandteil, **— boru** s Leitungsrohr, **— cadde** e Hauptstraße, **— çizgi** r Grundriß **— düşünce** r Grundgedanke, Leitgedanke, **— gibi** mütterlich, **— fikir** r Grundgedanke, **— giriş** s Portal, r Haupteingang, **— hat** r Grundriß **— kucağı** r Mutterschoß **— kuzusu** s Mutterkindchen **— mesele** e Hauptfrage **— sermaye** s Grundkapital **— mdan emdiğim süt burnumdan geldi** Ich war in einer scheußlichen Situation **— kural** e Grundregel **— madde** r Grundstoff, **— sevgisi** e Mutterliebe, **— sütü** e Muttermilch, **— lar günü** r Muttertag
anaç alt, gewachsen, reif
anadil e Hauptsprache
anadili e Muttersprache
Anadolu Anatolien, Kleinasien
Anadolulu r Anatolier
anafor e Gegenströmung
anahtar r Schlüssel / r Schalter, *müz.* r Notenschlüssel
anakara s Festland, r Kontinent
analık e Mutterschaft / e Stiefmutter
analiz e Analyse / e Analysis, **— etmek** analysieren, zergliedern
anamal s Grundkapital **— cılık** r Kapitalismus
ananas s Ananas
anane e Tradition **— vi** traditionell
anaokulu r Kindergarten

anarşi e Anarchie **— st** r Anarchist
anarşizm r Anarchismus
anason r Anis
anatomi e Anatomie / r Körperbau **— k** anatomisch
anavatan r Vaterland
anayasa s Grundgesetz, e Verfassung, **— ya aykırı** verfassungswidrig
anayol r Hauptweg, e Hauptstraße
anayurt s Vaterland, e Heimat
ancak nur, allein / knapp, noch / jedoch / aber, bloß
ançüez e Anchovis
andaç e Erinnerung, s Andenken, s Gedenken
andırmak erinnern, ähneln
andiçmek schwören, geloben
anemi e Blutarmut, e Betäubung
anestezi e Narkose, e Betäubung
angaje engagiert **— etmek** engagieren
angut e Rostgans
anı e Erinnerung
anıklık e Fähigkeit, e Gabe
anılmak erwähnt werden
anımsamak sich erinnern an; gedenken
anırmak schreien (Esel)
anıt s Denkmal, r Gedenkstein, **— kabir** e Grabmal
anıtsal monumental
ani plötzlich; schlagartig **— den değiştirmek** umschlagen, **— den yakalamak** anfallen, **— başlangıç** r Ausbruch
aniden sofort, gleich, im Nu
anjin e Angina
anket e Umfrage, e Rundfrage
anlak e Intelligenz, r Verstand
anlam e Bedeutung, r Sinn, **— ına uygun** sinngetreu, **— ına gelmek** heißen, bedeuten, bezeichnen, besagen, **— bakımından** sinngemäß, **— çıkarmak** deuten, **— verme** e Deutung, **— vermek** deuten, unterlegen
anlamak verstehen, kapieren, begreifen,

erkennen, ersehen, übersehen, sich klar werden
anlamdaş gleichbedeutend
anlamlandırmak bedeuten, deuten
anlamlı bedeutend, bedeutungsvoll, sinnvoll, ausdrucksvoll
anlamsız sinnlos, bedeutungslos
anlamsızlık r Unsinn, e Sinnlosigkeit
anlaşılır klar, deutlich, anschaulich, demonstrativ, verständlich
anlaşılmak hervorgehen, sich herausstellen
anlaşılmaz unverständlich, unbegreiflich
anlaşma e Verständigung, s Abkommen, e Übereinkunft, e Einigung, e Abmachung, r Kompromiß, r Vertrag — **ya varmamış** uneinig
anlaşmak sich verständigen; abmachen, übereinkommen, ausmachen sich einigen, vereinbaren, beistimmen; kompromittieren
anlaşmazlık e Meinungsverschiedenheit, e Zwietracht, r Hede, r Konflikt; s Mißverständnis
anlatı e Erzählung
anlatım e Schilderung
anlatmak erzählen, schildern, berichten; klar machen, auseinandersetzen
anlayış s Verständnis, r Sinn; e Auffassung, e Denkart, e Einstellung; s Fassungsvermögen, s Auffassungsvermögen, s Begreifen, e Erkenntnis; e Einsicht; e Mentalität
anlayışlı intelligent, klug, vernünftig, verständnisvoll
anlayışsız verständnislos
anlayışsızlık e Verständnislosigkeit
anlık e Denkfähigkeit
anma e Erinnerung, s Gedenken, — **günü** r Gedenktag, — **söylevi** r Nachruf, — **töreni** e Gedenkfeier
anmak sich erinnern, denken an; erwähnen, aussprechen; gedenken
anne e Mutter; e Mama — **ciğim;** Mutti! — **ler günü** r Muttertag
anneanne e Großmutter
anofel e Malariamücke, e Anofeles
anonim anonym, — **şirket** e Aktiengesellschaft
anons e Ansage, — **etmek** ansagen
anorak e Windjacke, r Anorak
anormal abnorm, abnormal, unnormal — **lik** e Regelwidrigkeit
anot e Anode, — **akımı** r Anodenstrom — **gerilimi** e Anodenspannung
ansızın plötzlich, auf einmal, — **başgöstermek** r Ausbruch, — **çökmek** einbrechen — **gözükmek** auftauchen, — **sarsılmak** zucken
ansiklopedi s Lexikon, s Konversationslexikon e Enzyklopädie
ansiklopedik lexikalisch, — **sözlük** s Lexikon
ant r Schwur, s Eid, — **içmek** schwören
antarktik antarktisch
Antartika e Antarktis
anten e Antenne; *hayb.* r Fühler
antepfıstığı e Pistazie
antibiyotik s Antibiotikum
antidemokratik antidemokratisch
antifriz *tek. s.* Frostschutzmittel
antik antik
antika e Antiquität
antikacı r Antiquitätenhändler
antikor (ç.) Antikörper
antilop e Antilope
antimon s Antimon
antipati e Abneigung, r Widerwille, e Antipathie
antipatik unsympathisch, antipathisch
antiseptik antiseptisch
antitoksin e Gegengift, s Antitoxin
antlaşma r Vertrag, r Pakt, s Abkommen
antlaşmak sich gegenseitig verpflichten
antoloji Gedichtesammlung, e Anthologie
antre r Eingang, e Diele; r Vorraum; r Eintritt

antrenman s Training, **— yapmak** trainieren
antrenör r Trainer
antrepo s Lager, s Lagerhaus, r Zollschuppen
antropoloji e Menschenkunde, e Anthropologie
anüs r After, r Anus
aort e Aorta, e Hauptschlagader
apaçık übersichtlich, offenbar, einleuchtend, klipp und klar, unverkennbar, selbstverständlich, ausdrücklich
apandis r Blinddarm
apandisit e Blinddarmentzündung
apansızın urplötzlich
aparmak wegschleppen, forttragen
apartman e Mietwohnung, s Mietshaus, **— bloku** r Wohnblock
apar topar hastig, eilig
apaydın ganz offensichtlich
aperitif r Imbiß, r Schnellimbiß
apış r Spreizwinkel, **— arası** r Damm
apışmak ratlos dastehen
apolet e Achselklappe s Achselstück
apostrof r Apostroph, s Auslassungszeichen, r Häkchen
apse s Geschwür, r Abzeß, e Schwäre
apsis *mat.* e Abzisse
aptal dumm, doff, dämlich, stumpfsinnig; r Dummkopf, r Schafskopf r Idiot, **— herif** r Schöps
aptalca albern
aptallaşmak dumm werden
aptallık e Dummheit, r Stumpfsinn
aptes rituelle Reinigung **— almak** die rituelle Reinung vornehmen **— bozmak** den Wert der rituellen Reinigung aufheben; bestrafen **— i kaçtı** seine (ihre) rituelle Reinigung ist ungültig geworden
ar *mat* s Ar; e Scham, r Schamgefühl
ara r Abstand, r Zwischenraum; e Zwischenzeit, **— da** inzwischen, **— da bir** ab und zu, hin und wieder, **— da sıra-**
da ab und zu, hin und wieder, **— larına** zwischen **— larında** darunter, dazwischen, untereinander, **— ları açık** uneinig **— larını açmak** spreizen, **— mızda kalsın** im Vertrauen (gesagt) **— sına** zwischen, dazwischen, **— sında** zwischen, dazwischen, unter, darunter, **— sından** dadurch, hindurch, zwischendurch, **— sından geçmek** durchqueren, dringen, dazwischenkommen, **— sıra** manchmal, zuweilen, hin und wieder, ab und zu, zeitweise, zwischendurch, mitunter, bisweilen, dann und wann, **— sokak** e Querstraäe
araba r Wagen, s Auto, e Kutsche **— tekerliği** s Wagenrad **— vapuru** e Fähre
arabacı r Wagenführer, r Kutscher, r Fuhrmann
arabesk e Arabeske
Arabistan Arabien
arabulmak vermitteln
arabulucu r Vermittler
aracı r Vermittler (in e); s Medium
aracılığıyla mitteis, durch, per, vermögens, anläßlich
aracılık e Vermittlung, e Intervention, **— yapmak** vermitteln, intervenieren
araç s Mittel, s Zeug
araçsız unmittelbar, direkt
arakçı r Dieb
arakesit r Querschnitt
araklamak stehlen, klauen
aralamak halb aufmachen
aralık r Zwischenraum, r Abstand, e Spalte; e Pause; r Dezember; hambofen **— bulmak** passende Gelegenheit finden **— vermeden** pausenlos, **— lı** zeitweilig **— sız** ununterbrochen **— vermek** unterbrechen
arama e Durchsuchung, e Suche, **— ya gitmek** suchen gehen, **— yapmak** durchsuchen
aramak suchen, fahnden; durchsuchen;

fragen (nach); aufsuchen; anrufen
aranjman *müz.* **s** Arrangement
aranmak bei sich selber etwas suchen
Arap r Araber; arabisch
Arapça s Arabisch; auf arabisch
arapsabunu e Schmierseife
arapsaçı s Negerhaar; sehr verwickelt, vertackt
arasıra gelegentlich, von Zeit zu Zeit
araştırma e Forschung, **e** Suche
araştırmacı r Forscher
araştırmak forschen, erforschen, ausforschen; stöbern, nachsuchen; untersuchen
aratmak suchen lassen
arayış e Suche
araz *(ç.)* Symptome
arazi s Gelände, **s** Land, **s** Terrain; **r** Acker, **— parçası s** Terrain **— kesimi r** Geländestreifen **— vergisi e** Geländesteuer
arbede r Lärm, **r** Streit, *(ç.)* Unruhen **r** Tumult
ardı ardına hinterreinander
ardıç e Nacholder
ardıçk ;u r Drossel
ardıl folgend
ardışık aufeinander folgend
ardiye s Lager, **s** Speicher
arena e Arena
argo e Gaunersprache, **r, s** Slang; **e** Vulgärsprache
argon s Argon
arı[1] rein, pur, schier, gediegen **— su** klares Wasser
arı[2] **e** Biene, **— beyi e** Bienenkönigin **— kovanı r** Bienenkorb **— sürüsü r** Bienenschwarm
arıcı r Imker
arıcılık e Bienenzucht
arılık e Reinheit **e** Gediegenheit
arınma e Bereinigung
arıtmak bereinigen, reinigen, raffinieren

arıtılmış raffiniert
arıza e Panne, **e** Störung, **r** Defekt
arızalı beschädigt
arızasız unbeschädigt
arızi sekundär
arif r Weise
arife r Vorabend
aristokrasi e Adelherrschaft, **e** Aristokratie
aristokrat r Adlige, **r** Aristokrat
aritmetik e Arithmetik; arithmetisch, **— dizi e** arithmetische Folge, **— ortalama s** arithmetische Mittel, **— ödevi e** Rechenaufgabe **— seri e** arithmetische Reihe
Arjantin Argentinien **— li r** Argentinier
ark r Bewässerungskanal, **r** Siel
arka r Rücken, **e** Hinterseite, **— da** zurück, hinter, **— dan** hinterher, von hinten, **— sı s** Weitere, **— sına** hinter **— sına bakmak** zurückschauen, **— sında** hinter, dahinter nach, **— sından** nach, **— sından gitmek** nachgehen, nachziehen, **— sından koşmak** nacheilen, **— sını dökmek** sich umdrehen **— çantası r** Rücksack, **r** Schnappsack, **r** Ranzen, **— kapı e** Hintertür, **— koltuk s** Rücksitz, **— pencere s** Hinterfenster, **— plan r** Hintergrund, **— sayfada** umstehend, umseitig, **— taraf e** Rückseite, **s** Hinterteil, **— tekerlek s** Hinterrad **— yüz e** Rückseite
arkadaş r Freund, **r** Kamerad, **r** Geselle, **e** Freundin, **e** Kameradin, **— olmak** sich gesellen, Freunde werden
arkadaşça freundlich, freundschaftlich, kameradschaftlich
arkadaşlık e Freundschaft, **e** Kameradschaft, **— kurmak** Freundschaft schliessen
arkalamak helfen, beistehen, unterstützen

arkalık e Lehne, **e** Rückenlehne
arkeolog r Archäologe (in e),**r** Altertumsforscher (in e)
arkeoloji e Archäologie, **e** Altertumskunde **— k** archäologisch
arktik arktisch
arlanmak sich schämen
arma s Wappen
armağan s Geschenk, **— etmek** schenken, spendieren
armatör r Reeder, **r** Patron
armatörlük e Reederei
armonika e Harmonika; **s** Akkordeon
armut e Birne, **— ağacı r** Birnenbaum
Arnavut r Albaner, **r** Albanier; albanisch, **— kaldırımı s** Pflaster
Arnavutça albanische Sprache, albanisch
Arnavutluk Albanien
arozöz r Sprengwagen
arpa e Gerste, **— tanesi s** Gerstenkorn
arpacık s Gerstenkorn
arsa s Grundstück, **r** Grund
arsenik s Arsenik
arsız unartig, ungezogen, frech, indiskret, unerzogen
arsızlanmak unverschämt werden, zudringlich werden
arsızlık e Ungezogenheit, **e** Frechheit, **e** Unverschämtheit, **e** Unart
arslan r Löwe
arş Marsch!; **r** Thron; neunter Himmel; **s** Schutzdach, **s** Gitter, **s** Spalier
arşın e Elle
arşınlamak schreiten, marschieren
arşiv s Archiv, **e** Urkundensammlung
art r Hinterteil, **r** Rücken; hinter, **— arda** hintereinander, **— arda olma** e Reihenfolge, **— ı sıra gitmek** nachgehen, nachlaufen, verfolgen, **— ına düşmek** verfolgen **— düşünce r** Hintergedanke, **— niyet r** Hintergedanke
artakalan r Rest, **r** Überrest, **s** Überbleibsel, **e** Neige; restlich überschüssig

artakalmak übrigbleiben
artan übrig, überschüssig; **r** Rest
artezyen (kuyusu) r artesische Brunnen
artı plus; **s** Pluszeichen (+)
artık[1] nun, nunmehr, mehr, schon
artık[2] **r** Rest, **r** Überschuß, **s** Überbleibsel, **r** Überrest, **r** Überfluß **— başlayalım** nur wollen wir endlich mal anfangen **— yok** ist nicht mehr da
artıkgün r Schalttag
artıkyıl s Schaltjahr
artım e Zunahme
artırım e Sparsamkeit, **e** Einsparung, **— cüzdanı s** Sparbuch, **— hesabı s** Sparkonto
artırma e Steigerung, **e** Versteigerung
artırmak sparen; steigern, vermehren, erhöhen; steigern; verstärken; erweitern
artış r Aufschlag, **e** Erhöhung, **e** Vergrößerung, **e** Zunahme
artist r Künstler (in e), **r** Schauspieler (in e)
artistik künstlerisch
artistlik e Schaukunst
artmak zunehmen, steigen, sich vermehren wachsen; übrigbleiben; sich erhöhen
arya e Arie
arz[1] **e** Darlegung, **e** Darbietung; **s** Angebot, **— etmek** darbieten, darlegen, anbieten, vorzeigen, **— ve talep** Angebot und Nachfrage
arz[2] **e** Erde
arz[3] *coğr.* **e** Breite **— dairesi s** Breitengrad
arzu r Wunsch, **r** Wille(n); **e** Lust, **— etmek** wünschen, wollen, verlangen, begehren
arzuhal e Bittschrift, **s** Gesuch
arzuhalci r Straßenschreiber
arzuhalcilik e Straßenschreiberei
arzulamak wünsœhen, wollen; be-

gehren
arzulu willig, begierig
as[1] s Hermelin
as[2] s As, e Daus
asa r Stock, r Stab
asabi nervös — **leşmek** nervös werden — **yet** e Nervosität
asabiye *(ç.)* Nervenkrankheiten — **ci** r Neurologe
asal grundlegend, eigentlich, — **gaz** s Edelgas, — **maden** s Edelmetall — **sayı** *mat.*e Primzahl
asalak r Schmarotzer, r Parasit
asalaklık s Schmarotzertum
asalet r Adel
asaleten persönlich
asansör r Fahrstuhl, r Aufzug
âsap e *(ç.)* Nerven
asayiş e Sicherheit, e Ordnung
asbaşkan r Vizepräsident
asbest r Asbest
asetilen s Acetylen
aseton s Aceton
asfalt r Asphalt; asphaltiert — **edebiyatı** e Asphaltliteratur
asfaltlamak asphaltieren
asgari mindest, geringst, minimal, mindestens, — **ücret** r Mindestlohn
asık mürrisch, finster, — **suratlı** griesgrämig
asıl r Ursprung, e Herkunft; s Original, e Qouelle; e Basis, e Grundlage; wahr; maßgebend, — **hata** r Grundfehler, — **mesele** e Hauptsache, — **meşguliyet** e Hauptbeschäftigung, — **sayılar** *mat, (ç.)* Kardinalzahlen — **sorun** r Hauptpunkt, e Hauptsache, s Hauptproblem
asılı gehängt, aufgehängt, — **durmak** hängen, — **kalmak** hängenbleiben
asılmak belästigen
asılsız gegenstandslos; unbegründet
asır s Jahrhundert, — **larca** jahrhundertelang, seit Jahrhunderten
asırlık hundertjährig, e Hundertjährige (r) — **düşman** r Erbfeind
asi r Rebell, r Meuterer, r Aufrührer, r Ketzer; rebellisch, ketzerisch — **lik** e Ketzerei, r Aufstand
asil adlig
asillik r Adelstand
asilzade r Adlige
asistan r Assistent (in e), r Gehilfe, r Mitarbeiter (in **e**)
asit s Säure, — **borik** e Borsäure — **klorhidrik** e Salzsaure, — **salisilik** e Kiesesäure, — **sülfürik** e Schwefelsäure
asitleştirmek säuern
asker r Soldat — **den kaçmak** Fahnenflucht begehen, — **e çağırmak** zum Militärdienst einberufen — **e gitmek** zum Militär einrücken — **kaçağı** r Deserteur
askeri militärisch, — **hastane** s Lazarett — **hizmet** r Wehrdienst, r Militärdienst, — **hizmetle yükümlü** wehrpflichtig — **inzibat** e Militärpolizei — **komisyon** e Militärkomission — **kuvvetler** e Wehrmacht, — **mahkeme** s Militärgericht, s Kriegsgericht, — **mızıka** e Militärmusik, — **okul** e Militärschule, — **rejim** e Militärregierung — **yönetim** e Militärverwaltung, — **yükümlülük** e Wehrpflicht
askerileştirme e Militarisierung
askerileştirmek militarisieren
askerlik r Militärdienst, r Wehrdienst r Waffendienst, — **ateşesi** r Militarattache, — **görevi** e Wehrpflicht, — **hizmeti** r Militärdienst, r Wehrdienst
askı r Bügel, r Kleiderbügel, r Hosenträger, — **da** in der Schwebe — **da bırakmak** suspendieren — **da kalmak** schweben, — **ya çıkarmak** aushängen, — **kayışı** r Tragriemen, —

lı yatak e Hängematte
asla nie, niemals, keineswegs, keinesfalls, ausgeschlossen
aslan r Löwe — **ağzında olmak** (fig.) schwerzu erlangen sein — **gibi** groß und kräftig — **payı** r Löwenanteil
Aslan (burcu) r Löwe
aslanağzı s Löwenmaul
aslanpençesi e Löwenpranke
aslen eigentlich, ursprünglich
aslında allerdings, eigentlich, ohnedies, ohnehin, ohnedem
asli eigentlich, hauptsächlich
asma r Weinstock, — **yaprağı** s Weinblatt
asma: — **hat** e Seilbahn, e Schwebebahn, — **hat** r Zwischenstockwerk, — **kilit** r Vorhängeschloß, — **köprü** e Hängebrücke
asmak hängen, aufhängen, aushängen; schwärzen
aspiratör r Luftsauger, r Aspirator
aspirin s Aspirin
asri modern, neuzeitlich — **leştirmek** modernisieren — **lik** e Modernität
ast r Untergebene
astar s Futter; r Grundanstrich
astarlamak füttern
astarlı gefüttert
asteğmen r Unterleutnant
astım r Asthma, e Atemnot
astigmat hek. weitsichtig
astigmatizm e Stabsichtigkeit, Astigmatismus
astragan r Webpelz, r Astrachan
astrolog r Sterndeuter, r Astrologe
astroloji e Sterndeutung, e Astrlogie
astronom r Sternforscher, r Himmelsforscher, r Sterngucker, r Astronom
astronomi e Sternkunde, e Himmelskunde, e Astronomie
astronomik astronomisch
astronot r Astronaut
astsubay r Unteroffizier

Asya Asien
Asyalı r Asier
aş s Essen, s Gericht
aşağı r, e, s Untere, r Unterteil e Unterseite; gemein, minderwertig; nach unten, herunter, hinunter, herab, hinab, abwärts, — **da** unten, unterwärts, — **daki** nachstehend, — **dan almak** guten Willen zeigen — **sında** unterwärts, — **dan** von unten, — **ya** nach unten, herunter, hinunter, herab, hinab, — **inmek** herunterkommen, hinuntergehen, — **yukarı** ungefähr, etwa
aşağılama e beleidigen, erniedrigen
aşağılanmak sich erniedrigen, sich herabwürdigen
aşağılık e Gemeinheit, e Minderwertigkeit; gemein, minderwertig, verächtlich, — **duygusu** s Minderwertigkeitsgefühl, — **herif** r Scheißkerl, — **kompleksi** s Minderwertigkeitskomplex
aşağısamak geringschätzen, verachten
aşama r Rang, e Stufe, r Meilenstein
aşçı r Koch, e Köchin — **başı** r Küchenchef — **lık** e Kochkunst
aşevi s Speisehaus; Volksküche
aşı e Impfung; s Pfropfen, — **kâğıdı** r Impfschein, — **yapmak** impfen
aşıcı r Impfarzt
aşık r Knöchel, — **kemiği** s Sprungbein
âşık r Geliebte, r Liebhaber; r Volkssänger; verliebt, — **olmak** sich verlieben, wegsein
aşılama s Impfen; s Pfropfen
aşılamak impfen /pfropfen; anstecken; vorreden, einprägen
aşılamaz unübersteigbar
aşılı geimpft; gepfropft
aşındırmak abnutzen, zerfressen, zehren, abtreten
aşınma e Abnutzung, r Verschleiß, r Verbrauch; e Erdabtragung, e Erosion
aşınmak sich abnutzen; sich aushöhlen; sich abtragen; sich abreiben

aşırı zu viel, extrem, übermäßig — **gitmek** zu weit gehen, — **korkak** zimperlich, — **sevinç** r Übermut, — **süslü** schwülstig
aşırılık s Übermaß, s Extrem
aşırıdoyma e Übersättigung
aşırmacılık s Plagiat, r Gedankendiebstahl
aşırmak klauen, stehlen, wegnehmen; hinüberbringen, hindurchbringen
aşikâr offenbar, klar
aşina r Bekannte; vertraut
aşinalık e Bekanntschaft; e Vertrautheit
aşiret r Volksstamm, r Nomadenstamm
aşk e Liebe — **a gelmek** von Eifer und Begeisterung erfaßt werden — **ilânı e** Liebeserklärung — **mektubu** r Liebesbrief, — **yaşantısı** e Erotik
aşkın übermäßig, zu viel
aşmak überschreiten, übersteigen; befruchten
aşure Name einer suppenartigen Süßspeise
aşüfte e Dirne; e Hure
at s Pferd, s Roß, r Gaul, e Mähre; r Springer (satranç), — **a binmek** reiten, — **la gezinti** r Ritt — **arabası** r Pferdewagen — **başlığı** r Zaum, — **koşumu** s Pferdegeschirr, — **kuyruğu** r Pferdeschwanz — **yarışı** s Pferderennen
ata r Vater; r Ahn, r Urahn, r Vorfahr
ataerki s Vaterrecht, s Patriarchat
ataerkil vaterrechtlich, patriarchalisch
atak kühn, draufgängerisch, vermessen, dreist, tollkühn
atalet e Trägheit; e Faulheit — **momenti** fiz. s Trägheitsmoment
atamak ernennen, nominieren
atanma e Ernennung
atardamar e Schlagader, e Pulsader, e Arterie
atasözü s Sprichwort
ataşe r Attaché
Atatürkçülük r Kemalismus

ataist r Atheist
atelye s Atelier, e Werkstatt, s Geschäft, s Studio
ateş s Feuer; s Fieber, — **böceği (zo)** r Glühwürmchen — **e dayanıklı** feuerfest, **-e koymak** in Brand stecken — **e vermek** anfeuern — **açmak** feuern, — **almak** in Feuer geraten, losgehen, — **emri** r Schießbefehl, — **etmek** feuern, schießen, — **gibi** sehr heiß, — **kes e** Feuereinstellung — **olmayan yerden duman çıkmaz** von nichts kommt nichts — **püskürtmek** schnauben — **tuğlası** e Schamotte
ateşbalığı e Sardine
ateşböceği s Glühwürmchen
ateşçi r Heizer
ateşleme e Zündung, — **fitili e** Zündschnur
ateşlemek anstecken, anzünden; zünden; anfeuern
ateşlendirmek anfeuern, aufreizen, begeistern
ateşli lebhaft, begeistert, temperamentvoll, stürmisch, leidenschaftlich, — **silah e** Schußwaffe
ateşlilik e Leidenschaft
ateşperest r Feueranbeter
atıf s Zuschreiben
atılgan draufgängerisch, kühn, forsch, temperamentvoll, verwegen; unternehmungslustig
atılganlık e Kühnheit; e Unternehmungslust
atılım r Angiff; r Zug; r Schwung
atılmak angreifen, stürzen, zustürzen, losstürzen; ins Wort fallen
atım e Schußweite, e Wurfweite
atımcı r Bauwollschläger
atış r Schuß; r Wurf, — **a hazır** Schuß bereit, — **barakası** e Schießbude — **barutu** s Schießpulver — **menzili** s Schußweite, — **talimi** e Schießübung — **uzaklığı** e Wurfweite, — **yeri** r

Schießplatz
atışma r Wortstreit
atışmak sich streiten; aufeinander schieben
atıştırmak schlingen, hinunterschlingen
atik flink, gewandt, behende, flott
Atina Athen
atkestanesi e Roßkastanie
atkı s Halstuch, e Scharpe, r Schal
atlama r Sprung, — **sırığı** r Sprungstab, — **tahtası** s Sprungbrett
atlamak springen; überlassen, übersehen, weglassen, übergehen, überspringen, auslassen
Atlantik r Atlantik
atlas r Atlas
Atlas Okyanusu r atlantische Ozean
atlatmak überstehen, entkommen; im Stich lassen
atlet r Athlet, r Wettkämpfer (in e), r Kraftmensch
atletik athletisch
atletizm e Athletik, e Leichtathletik
atlı r Reiter
atlıkarınca s Karussell
atmaca r Sperber
atmak werfen; schleudern; stoßen; schmeißen, wegschmeißen; einwerfen; schießen; angeben, übertreiben; pulsieren
atmasyon e Angeberei
atmosfer e Atmosphäre, e Lufthülle
atmosferik atmosphärisch
atom s Atom — **ağırlığı** s Atomgewicht — **bombası** e Atombombe — **çekirdeği** r Atomkern — **enerjisi** e Atomenergie — **fiziği** e Kernphysik, — **reaktörü** r Kernreaktor
atraksiyon e Attraktion, e Anziehung, s Zugstück
atsineği e Bremse
aut sp. aus, außerhalb, s Aus, — **çıkmak,** ins Aus gehen
av e Jagd; e Jagdbeute — **aramak** auf Rub ausgehen — **eti** s Wildbret, — **hayvanı** s Wild, — **köpeği** r Jagdhund, e Rüde — **kuşu** r Sperber, Jagd-falke — **saçması** s Schrot, — **tüfeği** e Jagdflinte
avadanlık s Tischlerwerkzeug
avam r Pöbel, — **Kamarası** Unterhaus
avanak dumm, naiv, leichtgläubig
avans r Vorschuß, e Vorauszahlung; r Vorsprung, — **vermek** vorgeben
avanta r Profit; müheloser Gewinn, r Schmu; s Schweigegeld
avantacı r Schmumacher
avantaj r Vorteil, r Verdienst, r Vorsprung, r Nutzen
avantajlı vorteilhaft
avantür s Abenteuer, e Aventiure
avare müßig, trage, arbeitslos
avaz e Stimme, s Geschrei, — **avaz** mit voller Stimme
avcı r Jäger, r Schutze, — **kulübesi** e Jagdhütte, — **uçağı** s Jagdflugzeug
avize r Kronleuchter, r Lüster
avlamak jagen, fangen; hereinlegen
avlanmak jagen, auf die Jag gehen
avlu r Hof
avrat e Frau, s Weib
Avrupa Europa
Avrupai europäisch
Avrupalı r Europäer
avrupalılaşmak europäisieren
avrupalılaştırmak europäisieren
avuç e Handfläche, — **açmak** betteln, — **dolusu** eine Handvoll — **unu yalamak** das Nachsehen haben — **unun içi gibi bilmek** Bescheid wissen
avuçlamak Handvoll nehmen
avukat r Anwalt, r Rechtsanwalt, r Verteidiger, r Advokat
avukatlık e Rechtsanwaltschaft, e Advokatur
avunç r Trost
avundurmak trösten
avunmak sich trösten

avuntu r Trost
avurt e Backentasche
Avustralya Australien
Avustralyalı r Australier (e in)
Avusturya Österreich
Avusturyalı r Österreicher (e in)
avutma r Zuspruch
avutmak trösten, beschwichtigen, zusprechen
ay r Mond; r Monat, — **başı** r Monatsanfang — **başı** hek. e Monatsblutung, e Regel e Periode, e Menstruation — **batışı** r Monduntergang, — **doğuşu** r Mondaufgang — **ışığı** r Mondschein — **parçası** bildhübsch — **tutulması** e Mondfisternis — **da yılda bir** alle Jubeljahre einmal
ay au!, ach!
aya e Handfläche
ayak r Fuβ; e Pfot; r Hüf; r Ständer, — **a kalkmak** aufstehen, — **değiştirmek** den Tritt wechseln — **kirası** r Betonlohn — **a kaldırmak** aufstehen lassen — **ına kadar gelmek** sich herbemühen — **ta tedavi** hek. ambulante Behandlung — **ıyla çiğnemek** zertreten, — **lı direk** r Ständer, — **lı kupa** r Kelch, — **lı lamba** e Stehlampe, — **ta** stehend, — **ta duran** stehend, — **ta durmak** stehen, — **ta kalmak** stehenbleiben, — **atmak** treten, schreiten, — **basmak** erreichen, ankommen, eintreffen, betreten, treten, — **freni** e Fuβbremse, — **izi** e Fuβspur, r Tripper, — **parmağı** e Zehe, — **tabanı** e Sohle
ayakbağı ein Klotz am Bein
ayakkabı r Schuh
ayakkabıcı r Schuster, r Schuhhändler
ayakkabıcılık e Schustrei, e Schuhhandlung
ayaklanan r Ketzer, r Meuterer
ayaklandırmak aufwiegelen
ayaklanma r Aufstand, r Aufruhr, e Rebellion, e Revolte, r Tumult, e Meuterei, e Ketzerei
ayaklanmak rebellieren, revoltieren, meutern
ayaklık s Pedal, s Gestell, s Fuβstück, e Stelze, s Stativ
ayaktakımı r Pöbel
ayaktopu r Fuβball
ayaküstü stehend, im Stehen
ayakyolu r Abort, e Toilette, — **na gitmek** austreten
ayar e Einstellung, e Regulierung; r Eichmeister, r Eicher; r Feingehalt, — **etmek** regulieren, einstellen, abstimmen, eichen
ayarlama e Reg(e)lung, e Regulierung, e Abstimmung
ayarlamak regulieren, einstellen, abstimmen, eichen
ayarlanabilen regulierbar
ayarlı eingestellt
ayartmak verführen, anregen, aufmuntern, angeuern
ayaz trockene Winterkälte
ayçiçeği e Sonnenblume
aydın hell, licht; klar, deutlich; gebildet, intellektuell; r Intellektuelle, r Verstandesmensch
aydınlanmak sich aufklären
aydınlatıcı aufklärend; beleuchtend
aydınlatma e Beleuchtung; e Aufklärung
aydınlatmak aufklären; beleuchten, erhellen; klären, verdeutlichen
aydınlık e Helligkeit; e Klarheit; hell, licht; klar, deutlich
ayet s Gotteszeichen; r Koranvers
aygın in der Füg — **baygın** erschöpft, halb betäubt
aygır r Hengst
aygıt r Apparat, s Gerät, s Instrument
ayı r Bär
ayıbalığı r Seehund
ayık nüchtern; geweckt, umsichtig
ayıklama e Auslese
ayıklamak aussuchen, auslessen, aus-

ayılmak zu sich kommen, erwachen
ayıltmak zu sich bringen; erwecken
ayıp e Schande; r Schmach; r Mangel, r Fehler; beschämend, verpönt, schändlich, obszön, — **etmek** Ungehöriges
ayıplama e Mißbilligung
ayıplamak rügen, tadeln, mißbilligen
ayıraç s Reagenz
ayırmak trennen, separieren, losbinden, absondern, ablösen, absetzen, abtrennen, aussuchen; teilen; sichten; reservieren; zerlegen, zerspalten
ayırt etmek trennen; unterscheiden; aussuchen
ayırtmak reservieren, aufheben
ayin r Gottesdienst, r Ritus
aykırı widerspruchsvoll, wider, widrig, zuwider, gegen, entgegen, entgegengesetzt; *mat.* windschief — **davranmak** verstossen — **olmak** zuwider sein, widersprechen
aykırılık r Widerspruch, r Verstoß, e Widrigkeit
aylak arbeitslos, müßig, — **gezmek** vagabundieren
aylaklık r Müßiggang, — **etmek** vagabundieren, lungern
aylık monatlich; s Gehalt, s Monatsgehalt, — **ücret** s Monatsgehalt
aylıkçı r Monatslöhner
ayna r Spiegel, — **daki görüntü** s Spiegelbild
aynasız unangenehm; Polizist
aynen genau so, wörtlich, buchstäblich, haargenau, ebenfalls, — **böyle** nichtsdestoweniger
aynı derselbe, dieselbe, dasselbe der Gleiche, die Gleiche, das Gleiche, gleich, genauso, egal, einerlei, — **nı yapmak** nachmachen — **anda** im selben Moment zugleich, — **cinsten** gleichartig, — **görüşte** einstimmig, — **kapıya çıkmak** Jacke wie Hose sein, — **zamanda** gleichzeitig
aynılık s Gleichsein
ayraç e Klammer
ayran Erfrischungsgetränk aus Yoghurt und Wasser mit einer Prise Salz
ayrı getrennt, entfernt, abgesondert, separat; verschieden, — **cinsten** heterogen, verschiedenartig, — **tutmak** überheben
ayrıca außerdem, nebenbei, dabei, weiterhin
ayrıcalı ausgenommen
ayrıcalık s Sonderrecht, s Privileg, s Vorrecht, — **sahibi** privilegiert, — **tanımak** privilegieren
ayrık getrennt, disjunktiv
ayrıksı exzentrisch, überspannt
ayrılabilen trennbar
ayrılık e Trennung; e Verschiedenheit, e Unterschiedlichkeit; e Scheidung; e Ausnahme
ayrılış r Abschied, r Weggang
ayrılma e Trennung; e Teilung; e Scheidung; e Spaltung; r Abgang; e Abweichung
ayrılmak sich trennen; sich teilen; sich scheiden lassen; auseinandergehen; abgehen, weggehen, fortgehen; weihen abweichen, abkommen
ayrılmaz untrennbar
ayrım r Unterschied; e Unterscheidung; s Kapitel, r Abschnitt
ayrımlı unterschiedlich, verschieden, ungleich — **olmak** sich unterscheiden
ayrıntı e Einzelheit, s Nähere
ayrıntılı ausführlich, eingehend, weitläufig, umständlich
ayrışık zersetzt; verschieden
ayrışım e Zersetzung, r Zerfall
ayrışmak zerfallen sich zersetzen, sich auflösen
ayrıştırılamayan unzerlegbar
aysberg r Eisberg

aytutulması e Mondfinsternis
ayva e Quitte — **yı yemek** in Schwierigkeiten geraten
ayyaş trunksüchtig, versoffen; **r** Säufer **r** Trinker
ayyaşlık e Trunksucht
az wenig, gering, geringfügig, spärlich, unerheblich, dürftig; selten, — **beslenmiş** unterernährt, — **bulunur** selten, — **çok** mehr oder wenig, — **daha** beinahe, fast, bald, — **gelişmiş** unterentwickelt, — **gelmek** nicht ausreichen, — **kaldı** beinahe, fast, bald, — **önce** vorhin, — **zaman s** Weilchen
aza s Mitglied; *(ç.)* Glieder *(ç.)* Organe
azade frei
azalık e Mitgliedschaft
azalma e Abnahme, **r** Rückgang, **r** Schwund
azalmak abnehmen, zurückgehen, sich vermindern, schwinden, sinken
azaltmak mindern, vermindern, verringern, herabsetzen, herunterbringen; mildern, mäßigen, dämpfen; reduzieren; abbauen
azalmamış unvermindert
azamet e Pracht, **e** Würde
azametli prächtig, würdig, herrlich, majestätisch, feierlich
azami höchst, höchstens, maximal, — **ağırlık s** Höchstgewicht, — **hız e** Höchstgeschwindigkeit — **güç e** Höchstleistung — **sıcaklık e** Höchsttemperatur
azap r Qual, **e** Pein, — **çektirmek** peinigen
azar e Rüge, **r** Tadel, **e** Schelte
azar azar allmählich, nach und nach
azarlama e Rüge, **r** Tadel, **e** Schelte
azarlamak rügen, tadeln, schelten

azat e Freilassung; frei, freigelassen, — **etmek** freilassen, Freiheit geben
azdırmak reizen, aufreizen
azelya e Azalee
Azerbaycan Aserbaidschan (In der Sowjetunion)
Azeri r Aserbaidshaner (in **e**); aserbaidschanisch
azgın wild, rasend, unbändig, zügellos, toll
azgınlık e Unbändigkeit, **e** Zügellosigkeit — **yapmak** töben
azıdişi r Backenzahn
azıcık sehr wenig; ein wenig
azık r Proviant; **s** Nahrungsmittel
azılı wild, unbändig
azımsamak unterschätzen, geringschätzen
azınlık e Minderheit, **e** Minorität, **e** Unterlegenheit
azıtmak zu weit gehen
azim e Entschlossenheit, **e** Beharrlichkeit, **e** Tatkraft, **r** Nachdruck
azimli energisch, entschlossen
aziz lieb, geschätzt; heilig, sankt; **r** Heilige
azizlik e Heiligkeit; schlechter Scherz
azletmek abberufen, entlassen
azma r Bastard, **r** Mischling
azmak wild werden, toben
azman übergroß; **r** Mischling, **r** Bastard
azmetmek fest entschlossen sein
azot r Stickstoff
azotikasit e Salpetersäure
azotlu stickstoffhaltig
Azrail Name des Todesengels — **e bir can borcu olmak** am Rande des Grabes stehen, keinem Menschen etw. schuldig sein

B

baba r Vater, r Papa; r Poller, **— cığım!** Papa!, Vati **— gibi** väterlich, **— hindi** r Puter
babaanne e Großmutter
babacan väterlich, reif, zuverlässig
babalık e Vaterschaft; r Stiefvater; r Schwiegervater; r Alte
babayiğit kräftiger, mutiger Mann
baca r Schornstein, r Schlot, e Esse, **— temizleyicisi** r Schornsteinfeger
bacacı r Schornsteinfeger
bacak s Bein; r Bube, **— kadar** sehr klein, winzig
bacaksız klein, untersetzt; r Knirps
bacanak r Schwager
bacı ältere Schwester; e Schwester
badana e Tünche, **— etmek** tünchen, kalken, weißen, **— vurmak** tünchen, kalken, weißen
badanacı r Tuncher
badanalamak tünchen, weißen, kalken
badanalı getüncht
badanasız ungetüncht
bade r Wein; s Getrank
badem e Mandel, **— ezmesi** s Marzipan, **— kurabiyesi** e Makrone
bademcik e Mandel **— iltihabı** e Mandelentzündung
bademyağı s Mandelöl
badi e Ente

bagaj s Gepäck; r Gepäckraum, **— fişi** r Gepäckschein, **— kabul yeri** e Gepäckannahme, **— rafı** s Gepäcknetz, **— vagonu** r Gepäckwagen **— yeri** r Kofferraum
bağ¹ s Band, e Binde, r Verband, e Nestel
bağ² r Weinberg, r Weingarten
bağbozumu e Weinlese, e Traubenlese, e Weinernte
bağcı r Winzer
bağcılık r Weinbau
bağdaş r Türkensitz, **— kurmak** den Türkensitz einnehmen
bağdaşık zusammenhängend
bağdaşma e Harmonie, s Zusammenpassen, e Übereinstimmung
bağdaşmak harmonieren, zusammenpassen, übereinstimmen
bağıl relativ, bezüglich, verhältnismäßig
bağım e Abhängigkeit
bağımlı abhängig; angewiesen; hörig, **— kılmak** unterordnen
bağımlılık e Abhängigkeit; e Hörigkeit
bağımsız unabhängig, frei, selbständig, parteilos, ungebunden
bağımsızlık e Unabhängigkeit, e Freiheit, e Selbständigkeit
bağıntı s Verhältnis, e Relation, e Be-

ziehung
bağır e Brust
bağırıp çağırmak rüllen, johlen, plärren
bağırmak schreien, zuschreien, rufen, brüllen
bağırsak r Darm
bağış e Spende, s Opfer, e Opfergabe, e Schenkung, e Stiftung, **— ta bulunan** r Spender, **— ta bulunmak** spenden, stiften
bağışık immun **— lık** e Immunität
bağışlamak schenken, verschenken, spenden; verzeihen, entschuldigen; gewähren
bağıt r Vertrag
bağlaç e Konjunktion, s Bindewort
bağlama ein Türkisches Instrument (mit drei Doppelsaiten bespannt Gitarre); r Eisenträger; r Verbindungsbalken; r Refrain
bağlamak binden, zubinden, festbinden, befestigen, festmachen, anmachen, anschließen, knüpfen, schnüren, anknüpfen, verbinden; bannen, fesseln; klammern
bağlantı r Zusammenhang, e Verbindung r Anschluß, e Kupplung
bağlaşık verbündet
bağlı gebunden, verknüpft; abhängig, zusammenhängend; treu, unterworgen; angewiesen, **— olmak** abhängen, zusammenhängen; unterliegen
bağlılık e Abhängigkeit, r Zusammenhang, e Bedingtheit; e Treue, e Loyalität
bağnaz fanatisch
bahane r Vorwand, r Scheingrund, r Anlaß, r Deckmantel, r Ausweg, e Ausrede
bahar r Frühling, e Würze, s Spezerei
baharatçı r Gewürzhändler
baharatçılık r Gewürzhandel
baharatlamak würzen
baharatlı gewürzt, pikant, würzig

bahçe r Garten
bahçıvan r Gartner
bahis s Thema; e Erwähnung; e Wette, **— e girmek** wetten
bahriye e Marine
bahriyeli r Marineoffizier
bahsetmek erwähnen, erörtern
bahşiş s Trinkgeld
baht s Schicksal, s Glück, **— ı açık** glücklich, **— ı kara** unglücklich
bahtiyar glücklich
bakalit s Bakelit, s Kunstharz
bakan r Minister; r Vertreter, r Stellvertretende; stellvertretend **— lar kurulu** s Kabinett
bakanlık s Ministerium; e Stellvertretung, **— etmek** vertreten
bakarkör starblind
bakıcı r Pfleger, r Fürsorger; r Wärter; r Wahrsager, **— kadın** e Wärterin, e Wahrsagerin
bakım e Pflege, e Fürsorge, e Vorsorge; r Unterhalt, e Versorgung, e Verpflegung; e Wartung; e Hinsicht, r Gesichtspunkt, r Standpunkt, **— ındαn** hinsichtlich
bakımevi e Klinik
bakımlı gepflegt
bakımsız ungepflegt
bakınmak sich umsehen, sich umschauen
bakır s Kupfer
bakış r Blick, r Anblick
bakışmak sich anschauen, sich ansehen
bakire jungfräulich; e Jungfrau, e Jungfer
bakiye r Rest, r Überrest, r Saldo
bakkal r Kolonialwarenhändler, r Lebensmittelhändler, r Krämer
bakkaliye *(ç.)* Kolonialwaren
bakla e Saubohne
baklagiller *(ç.)* Hülsenfrüchte
baklava Name einer rautenförmige türkische Süßspeise

bakliyat *(ç.)* Hülsenfrüchte
bakmak schauen, anschauen, zuschauen, ansehen, anblicken, gucken, angucken, zegucken, zusehen; pflegen, verpflegen sorgen, versorgen; behandeln; bedienen, servieren
bakraç r Kupfereimer
bakteri e Bakterie, r Krankheitserreger
bakteriyolog e Bakteriologe
bakteriyoloji r Bakteriologie
bal r Honig, — **gibi** sehr süß
balarısı e Honigbiene
balast r Ballast, r Schrotter
balata e Balata
balayı r Honigmond, *(ç.)* Flitterwochen
balçık r Lehm, r Moder, r Matcsh, r Ton
baldır e Wade, r Unterschenkel, — **kemiği** s Schienbein
baldız e Schwägerin
bale s Ballett
balerin e Ballettänzerin, e Balleteuse
balgam r Schleim
balık r Fisch, — **avı** r Fischfang — **avlamak** fischen, angeln, — **kızartması** r Bratfisch, — **tutmak** angeln, fischen, — **yumurtası** r Rogen
balıkçı r Fischer; r Fischhändler
balıkçıl r Reiher
balıkçılık e Fischerei
balıketi vollschlank
balıkhane e Großfischhalle
balıksırtı s Grätenmuster
balıkyağı r Lebertran, r Waltran, r Tran
balina r Wal, r Walfisch
balistik r Ballistik; ballistisch
balkabağı r Melonenkürbis
Balkan r Balkan — **lar** *(ç.)* Balkanländer
balkon r Balkon, r Gebäudevorbau, e Veranda; r Rang (sinemada)
ballandırmak loben
balmumu s Wachs
balo r Ball
balon r Ballon, r Luftballon
balözü r Nektar

balta e Axt, s Beil, — **girmemiş orman** r Urald
baltalama e Sabotage
baltalamak sabotieren
Baltık baltisch, — **Denizi** e Ostsee
balya r Ballen
balyoz r Schellhammer, r Schmiedehammer, — **gibi** sehr schwer
bambaşka ganz anders, von Grund aus verschieden
bambu r Bambus
bamteli *müz.* dicke Baß-Saite; wunder Punkt
bamya eßbarer Eibisch (Botanik), r Okra
bana mir, — **gelince** was mich anbetrifft, — **kalırsa** meiner Ansicht nach, meinetwegen
banal banal
bandaj e Binde, r Verband, e Bandage
bandıra e Schiffsflagge
bandırmak eintauchen, eintunken
bando e Fanfare, r Musikkapelle, e Militärmusik
bandrol s Streifband, e Banderole
bank e Bank
banka e Bank, — **havalesi** e Bankanweisung
bankacı r Bankbeamte
bankacılık s Bankwesen
banker r Bankier
banket e Bankette
banknot e Banknote
banliyö r Vorort, — **treni** r Vorortzug, r Stadtbahn
banmak tunken, eintunken, eintauchen
bant s Bant, e Binde, r Streifen, s Tonband, — **a almak** aufnehmen
banyo s Bad, s Warmbad, e Bedewanne, s Badezimmer, — **almak** baden, — **yapmak** baden
bar e Bar, e Trinkstube, r Schanktisch
baraj e Sperre; r Damm, r Staudamm, s Stauwerk
baraka e Baracke, e Hütte, e Bude

barbar r Barbar; barbarisch
barbarlık e Rohheit, e Barbarei
barbunya e Barbe, **— fasulyesi** rote Bohne
bardak s Glas, s Trinkglas, **— a boşaltmak** einschenken
barem e Einstufung
berfiks s Reck
barınak r Zufluchtsort, e Zuflucht, r Schutz, Unterschlupf
barındırmak unterbringen
barınma e Unterkunft, s Unterkommen
barınmak unterkommen
barış r Frieden, **— anlaşması** r Friedensvertag, **— dönemi** e Friedenszeit **— görüşmeleri** e Friedensverhandlungen **— içinde** friedlich **— çı** friedliebend, **— ık** ausgesöhnt, versöhnt, **— ıklık** e Versöhnlichkeit **— ma** e Eintracht **— mak** sich versöhnen **— sever** friedliebend **— tırmak** versöhnen
bari wenigstens, zumindest
barikat e Barrikade, e Sperre, e Straβensperre
bariton r Bariton
bariyer e Barriere, r Schlagbaum
bariz klar, offensichtlich
barmen r Barkeeper, r Barmixer
baro e Anwaltskammer
barok s Barock
barometre s Barometer, r Luftdruckmesser
baron r Baron, r Freiherr
barut e Schieβpulver, **— gibi** bösartig **— kesilmek** sich ärgern, **— hane** e Pulverfabrik
baryum s Barium
bas r Baβ
basamak e Stufe, r Tritt; s Tribrett; r Rang; e Stelle *mat.* **— basamak** stufenförmig **— lı** stufenförmig
bası r Druck **— cı** r Drucker
basık niedrig, flach, stumpf, gedrückt
basılı gedrückt

basılış e Auflage
basım r Druck; e Druckkunst
basımcı r Drucker
basımevi e Druckerei
basın e Presse, **— konferansı** e Pressenkonferenz **— özgürlüğü** e Pressefreiheit **— raporu** s Pressebericht
basınç r Druck; r Drang, e Wucht
basınçölçer r Manometer, r Druckmesser
basil r Bazillus, r Krankheitserreger
basiret r Scharfsinn, r Scharfblick
basiretli scharfsinnig
basit einfach, primitiv, simpel, elementar
basketbol r Basketball, r Korbball
baskı r Druck, r Abzug, r Abdruck; r Zwang, r Druck, e Unterdrückung e Nötigung **— altında** unter Druck **— hatası** r Druckfehler **— provası** r Probeabzug **— yapmak** nötigen, zwangen
baskın überlegen; r Überfall, r Einfall, r Angriff **— çıkmak** stärker sein **— yapmak** einfallen, angreifen, überfallen; überraschen
baskül e Dezimalwaage
basma s Drücken; r Kattun
basmak treten; drücken, pressen; überraschen; angreifen, überfallen, einfallen; drucken; auflegen; abziehen
bastıbacak krummbeinig
bastırmak drücken, pressen; unterdrücken; stillen; löschen
baston r Spazierstock, r Stock
basur e Hämorrhoide
baş r Kopf; r Anfang; r Haupt; r Führer, r Leiter **— a çıkılmaz** unübersteigbar **— a çıkmak** zurechtkommen **— a gelmek** erleben, passieren, zustoβen **— a kakmak** vorhalten **— ı dönen** taumlig, wirbelig **— ına buyruk** selbständig, frei, unabhängig **— ından geçmek** erleiden **— ından savmak** loswerden **— ını sallamak** nicken, den Kopf schütteln **— ta** voran **— tan** vom Anfang,

von vorne, noch einmal — **tan aşağı** lauter, von kopf bis Fuβ — **tan başa** ganz und gar, durch und durch, vollständig — **tan çıkarıcı** verführerisch — **tan çıkarma** e Verführung, — e Versuchung — **tan çıkarmak** verführen, verlocken — **tan savma** oberflächlich, schludrig, mangelhaft — **ağrısı** s Kopfweh, ç. Kopfschmerzen — **ağrıtmak** belästigen — **aşağı** kopfüber — **belası** e Plage — **döndürücü** schwindlig — **başa** unter vier Augen — **dönmesi** r Schwindel, r Schwindelanfall, r Taumel, — **göstermek** auftreten, sich herausstellen, sich zeigen, — **kaldıran** r Meuterer, r Aufstand, e Ketzerei, e Rebellion, e Revolution — **kaldırmak** rebellieren, meutern, — **örtüsü** s Kopftuch, e Kopfbedeckung — **tanık** r Kronzeuge — **üstüne!** gerne — **vurma** e Anmeldung — **vurmak** sich anmelden, sich wenden — **yapıt** s Meisterstück

başabaş gleichwertig, gleichstehend
başak e Ähre, e Kornähre
Başak (burcu) e Jungfrau
başaltı zweite Klasse (Güreşte) ç. Mannschaftskajüten (Gemilerde)
başarı r Erfolg, e Leistung, — **göstermek** Erfolg haben
başarılı erfolgreich — **olamamak** miβlingen
başarısız erfolglos, fehl
başarısızlık r Miβerfolg, r Fehlschlag — **a uğramak** durchfallen — **la sonuçlanmak** scheitern
başarmak Erfolg haben, schaffen, *sich* leisten, bestehen
başbakan r Ministerpräsident, r Premierminister, r Kanzler — **yardımcısı** r Vizekanzler
başbakanlık s Ministerpräsidium, Kanzlei
başbuğ r Oberbefehlshaber
başçavuş r Feldwebel
başhekim r Oberartzt, r Chefarzt
başhemşire e Oberschwester
başıkabak Glatzköpfig
başıboş ungezähmt; bummelnd
başıbozuk unordentlich; s Zivil
başka ander, anders neu, verschieden — **biri(si)** jemand anders — **bir şey** etwas anderes — **larına söylemek** weitersagen — **sı** andere — **sefer** andermal — **türlü** anders — **yerde** anderswo, woanders, anderwärt — **yere** anderswohin — **yönde** anderwärts
başkaca auβerdem
başkalaşım e Metamorphose, e Umgestaltung, e Verwandlung
başkalaşma e Metamorphose, e Umgestaltung, e Verwandlung
başkalaşmak sich verwandeln, sich umgestalten, sich ändern
başkaldırı e Rebellion, r Aufstand, e Ketzerei
başkan r Präsident, r Vorsitzende, r Vorsteher
başkanlık s Präsidium, r Vorsitz, r Vorstand — **etmek** vorstehen
başkâtip r Bürovorsteher
başkent e Hauptstadt, e Metropole
başkomutan r Oberbefehlshaber
başkonsolos r Generalkonsul
başlamak anfangen, beginnen, begeben, darangehen, herabgehen
başlangıç r Anfang, r Beginn; e Einleitung; e Schwelle; r Ansatz — **ta** anfangs — **durumu** r Anfangszustand
başlatmak anbahnen
başlı başına für sich, einzeln
başlıca hauptsächlich
başlık s Kopfstück, e Kopfbedeckung; e Kapuze; e Haube; s Kapitell; e Überschrift, r Titel, e Rubrik — **koymak** überschreiben
başmakale r Leitartikel
başmüdür r Generaldirektor

başmüfettiş r Generalinspektor
başöğretmen r Rektor
başörtü e Kopfbedeckung, s Kopftuch
başparmak r Daumen
başpiskopos r Erzbischof
başrol e Hauptrolle
başsağlığı e Kondolenz — **dilemek** kondolieren
başsavcı r Generalstaatsanwalt
başşehir e Hauptstadt, e Metropole
başvurmak sich wenden an, sich melden
başvuru e Anfrage; e Bewerbung
başyazar r Chefredakteur
başyazı r Leitartikel
batak r Sumpf, r Morast, s Moor, r Pfuhl; unnützlich; — **arazi** r Sumpfboden
batakçı r Schwindler, r Betrüger
batakçılık e Schwindelei, r Betrug
batakhane e Spelunke
bataklık r Sumpf, r Morast, s Moor, r Pfuhl
batarya e Batterie
bateri s Schlagzeug
baterist r Schlagzeugspieler (in **e**)
batı r Western; s Abendland; westlich — **da** westlich — **sında** westlich — **âlemi** s Abendland — **Almanya** Westdeutschland, e Bundesrepublik — **Avrupa** Westeuropa, s Abendland — **dünyası** s Abendland
batık gesunken, untergegangen
batıl falsch, unrecht — **itikat** r Aberglaube
batılı r Abendländer
batın r Bauch; e Generation
batırmak senken, versenken; eintauchen, untertauchen; stechen, hineinstechen, stecken, pieken; tunken
batış s Sinken; r Untergang, e Dekadenz
batkı r Bank(i)rott
batkın bank(e)rott
batma s Sinken; r Zusammenbruch
batmak sinken, versinken, einsinken; untergehen; Bank(e)rott machen
batmış versunken
battal wertlos, ungültig; sehr groβ, — **etmek** entwerten, abschaffen
battaniye e Wolldecke
bavul r Koffer, r Reisekoffer
Bavyera Bayern
Bavyeralı r Bayer, bay(e)risch
bay r Herr
bayağı gemein, nieder, niederträchtig, pöbelhaft, schofel, schnöde, mies, schäbig, banal, nichtswürdig, vulgär, platt; gewöhnlich, üblich, normal, ordinär
bayağıkesir mat. gemeiner Bruch
bayağılaşmak gemein werden
bayağılık e Gemeinheit, e Niedertracht
bayan e Dame, e Frau, s Fräulein — **lar baylar** die Herrschaften
bayat alt, schal
bayatlamak veralten
baygın ohnmächtig, bewuβtlos
baygınlık e Ohnmacht
bayılmak in Ohnmacht fallen; begeistert sein, schwärmen für
bayıltmak betäuben, narkotisieren
bayındır kultuviert, hochgebildet
bayındırlık r Wohlstand
bayındırmak kultivieren
bayır r Abhang, r Absturz, r Anstieg, r Hang, e Neige
bayi r Verkäufer
baykuş e Eule
bayrak e Fahne, e Flagge
bayraktar r Fahnenträger
bayram r Fest, e Feiertag, — **etmek** sich sehr freuen — **tatili** e Arbeitsruhe, r Festtag, — **ınız kutlu olsun** Gesegnete Feiertage, — **dan bayrama** sehr selten — **laşmak** sich gegenseitig frohe Feiertage wünschen — **yapmak** sich sehr freuen
bayramlık s Festtagsgeschenk; for Feiertage bestimmt; s Festkleid

baytar r Tierarzt, **r** Veterinär
baz *kim.* **e** Base, **e** Lauge; **e** Basis
bazen manchmal, zuweilen, bisweilen zeitweise, zwischendurch
bâzı manch, manche, einige; ab und zu, hin und wieder
bazuka e Panzerfaust
bebe s Baby, **r** Säugling
bebek s Baby, **r** Säugling; **e** Puppe — **beklemek** ein Kind erwarten
beceri s Geschick
becerikli geschickt, gewandt, fix, gescheit — **lik e** Geschicklichkeit
beceriksiz ungeschickt, ungewandt, täppisch, steif, unbeholfen; **r** Stümper, **e** Lasche, — **ce** stümperhaft
beceriksizlik e Ungeschicklichkeit, **e** Stümperei
becermek schaffen, sich leisten, meistern; vergewaltigen
bedava umsonst, kostenlos, gratis, unentgeltlich
bedavacı r Schmarotzer
bedbaht unglücklich
bedbahtlık s Unglück
bedbin pessimistisch
beddua r Fluch, **e** Verwünschung — **etmek** fluchen, verwünschen
bedel r Preis, **r** Gegenwert, **r** Ersatz
beden r Körper, **r** Leib; **r** Rumpf, — **alıştırması e** Leibesübung, — **eğitimi e** Leibeserziehung, **e** Gymnastik
bedenen körperlich
bedeni körperlich
bedesten r Antiquitätenbasar
begonya e Begonie
beğeni r Geschmack
beğenmek gern haben, gefallen, mögen, zusagen
beğenmemek mißfallen
behemahal unbedingt, auf jeden Fall
beher je, jede, jeder, jedes
behey hey, he
bej beige, sandfarben

bek r Verteidiger
bekâr r Junggesell; unverheiratet, ledig
bekâret e Keuschheit, **e** Unschuld; **e** Unberührtheit
bekârlık s Junggesellenleben
bekçi r Wächter, **e** Wärter, **r** Hüter — **lik yapmak** bewachen — **köpeği r** Wachhund
bekleme s Warten — **odası s** Wartezimmer, **r** Warteraum — **salonu r** Wartesaal — **süresi e** Wartezeit
beklemek warten (auf), erwarten, abwarten; erhoffen; Wache halten, beaufsichtigen, bewachen; aufpassen, achtgeben; harren, verharren
beklenmedik unversehens, unvermutet, unerwartet
beklenti e Erwartung
bekletmek warten lassen
bel[1] **e** Taille, **e** Lende — **ağrısı** *(ç.)* Kreuzschmerzen — **i gelmek** kommen — **bağlamak** sich verlassen — **gevşekliği** Impotenz — **vermek** sich wölben, sich ausbuchten — **kuşağı e** Leibbinde — **i gelmek** Samen ergießen — **ini doğrultmak** wieder auf den Beinen sein
bel[2] **r** Spaten, **e** Gabel
bela e Plage, **s** Unglück, **s** Unheil, **s** Ubel, **s** Verhängnis, — **yı davet etmek** den Teufel an die Wand malen — **okumak** verfluchen — **sını bulmak** seine verdiente Strafe erhalten — **sını çekmek** für etw. büßen müssen
belâlı mühselig, unangenehm; streitsüchtig; **r** Zuhälter
Belçika Belgien
Belçikalı r Belgier (in **e**)
belde e Stadt
belediye e Stadtverwaltung, **s** Stadtamt — **başkanı r** Bürgermeister — **binası** — **dairesi s** Rathaus — **meclisi r** Stadtrat — **planlaması s**

Stadtplanung — **reisi r** Bürgermeister
beleş umsonst, gratis
beleşçi r Schmarotzer
belge s Dokument, **e** Urkunde **e** Unterlage; **r** Ausweis; **e** Zeugnis, **e** Bescheinigung
belgelemek bescheinigen; dokumentieren
belgesel dokumentarisch, urkundlich — **film r** Dokumentarfilm
belgin klar, deutlich, offen
belginlik e Klarheit, **e** Deutichkeit
belgisiz unbestimmt — **sıfat** *dilb.* **s** Unbestimmte Adjektiv — **zamir** *dilb.* **s** Unbestimmte Adverb
belirgin klar, offensichtlich
belirlemek bestimmen, festsetzen, determinieren
belirli bestimmt, fest, determiniert
belirmek erscheinen, sich zeigen, sich herausstellen, in Erscheinung treten
belirsiz unbestimmt; unklar, undeutlich, unabsehbar; — **lik e** Ungewißheit, **e** Unbestimmtheit
belirteç *dilb.* **s** Adverb
belirti s Symptom, **s** Zeichen, **s** Anzeichen, **s** Merkmal, **e** Spur, **s** Signal
belirtili bestimmt, determinativ
belirtisiz unbestimmt
belirtme e Bestimmung **e** Festsetzung, **e** Determinierung
belirtmek festsetzen, bestimmen, determinieren; ausdrücken, bemerken
belit e *mat.* Axiom
belkemiği e Wirbelsäule
belki vielleicht, vermutlich, möglicherweise, wahrscheinlich — **de** eventuell
bellek s Gedächtnis, **e** Erinnerung
bellemek[1] auswendig lernen, behalten; glauben
bellemek[2] graben
belleten s Bulletin, **r** Bericht, **e** Mitteilung
belli klar, offen, offenbar, offensichtlich; bekannt; bestimmt — **başlı** bestimmt; wichtig, hauptsächlich — **etmek** zeigen verraten, offenbaren — **olmak** sich herausstellen, sich offenbaren, sich erweisen — **olmaz** man kann nie wissen
belsoğukluğu r Tripper, **e** Gonorrhöe
bembeyaz schneeweiß, kreideweiß
bemol s *müz.* Moll
ben[1] ich — **ce** meiner Ansicht nach, meiner Meinung nach, meinetwegen — **ce hava hoş** von mir aus — **de** bei mir — **den** von mir — **i** mich — **im** meins, meiner — **im gibiler** meinesgleichen, — **im için** meinethalben, für mich — **im için fark etmek** das ist mir egal, von mir aus — **im tarafımdan** meinerseits
ben[2] **r** Leberfleck, **r** Schönheitsfleck
bencil selbstsüchtig, eigennützig, egoistisch
bencillik r Egoismus, **e** Selbstsüchtichkeit, **e** Eigennützigkeit, **e** Eigenliebe
benek r Fleck, **r** Sprenkel, **r** Tüpfel
benekli befleckt, scheckig — **at s** Schecke
beneksiz unbefleckt
benimseme e Übernahme
benimsemek übernehmen, sich aneignen
beniz e Gesichtsfarbe, **r** Teint, — **i atmak** erblassen, erbleichen
benlik s Ich, **ś** Ego, **e** Persönlichkeit, **e** Individualität
bent r Damm, **r** Staudamm, **e** Sperre, **r** Deich; **s** Wehr, **s** Schutzwehr; **r** Artikel, **r** Paragraph
benzemek ähneln, gleichen; scheinen, aussehen
benzer ähnlich, gleich, analog, entsprechend
benzeri seinesgleichen
benzerlik e Gleichheit, **e** Ahnlichkeit

Analogie
benzeş ähnlich
benzeşim e Ähnlichkeit *geo.*; e Simulation
benzemek ähneln, gleichen
benzetme e Anähnelung; r Vergleich; e Analogie
benzetmek anähneln; vergleichen; gleichstellen; nachahmen
benzin s Benzin — **almak** tanken — **deposu** s Benzinbehälter — **istasyonu** e Tankstelle — **tenekesi** r Benzinkanister
benzol s Benzol
beraat r Freispruch, — **etmek** freigesprochen werden — **ettirmek** freisprechen
beraber zusammen, — **e** Unentschieden — **e kalmak** unentschieden spielen — **inde getirmek** mitbringen
beraberlik e Solidarität, e Gemeinschaft; e Unentschiedenheit, s Remis, r Gleichstand
berbat miserabel, mies, schmutzig — **etmek** miesmachen, verschmutzen, verekeln, verderben
berber r Friseur, r Barbier
berduş r Vagabund, r Strolch
bere[1] e Hautabschürfung
bere[2] e Baskenmütze
bereket e Fruchtbarkeit; r Segen — **versin** wohl bekomm's, danke schön
bereketli fruchtbar; üppig
bereketsiz unfruchtbar — **ürün** e Mißernte
bergamot Bergamot
beri seit; diesseits, — **de** diesseits — **yanda** diesseits — **yandaki** diesseitig — **ye** her
beriki diese (-r,-s) hier
berilyum Berilium
berk hart, fest, stark
berkitmek verstärken, verhärten
Berlin Berlin

berrak klar, hell — **laşmak** sich klären — **laştırmak** klären
berraklık e Klarheit, e Helligkeit
bertaraf beseitigt — **etmek** beseitigen, ausschalten
besbelli klar, offensihtlich, unverkennbar
besi e Ernährung; e Mast
besin e Nahrung, s Nahrungsmittel, e Kost, e Ernährung, e Speise — **maddesi** s Nahrungsmittel, s Lebensmittel
besleme s Pflegemädchen, e Magd; e Nährung, e Atzung
beslemek nähren, ernähren, atzen, füttern; schöpfen; versorgen, verpflegen; ausstopfen, ausfüttern
beslenme e Ernährung
besleyici nahrhaft
besmele e Bismillah—Formel
besmelesiz *kd.* Hurenkind
beste e Komposition, e Tonschöpfung — **kâr** r Kompositioner
besteci r Komponist, r Tondichter, r Tonsetzer, r Vertoner
bestelemek komponieren, vertonen
beş fünf — **te bir s** Fünftel — **kardeş** e Ohrfeige — **kat** fünffach — **para etmez** wertlos, das taucht gar nichts — **aşağı** — **yukarı** nach einigem Feilschen
beşer r Mensch
beşeri menschlich, anthropologisch
beşeriyet e Menschheit, e Anthropologie, e Menschenskunde
beşgen *mat.* s Fünfeck
beşik e Wiege
beşinci fünfte, — **olarak** fünftens
beşiz r Fünfling
beşyüz fünfhundert
bet s Gesicht, s Anlitz — **i bereketi olmamak** rasch aufgebraucht werden — **beniz** e Gesichtsfarbe
beter schlimmer, schlechter

beti e Figur, e Form
betik s Buch
betim e Beschreibung, e Schilderung
betimleme e Beschreibung, e Schilderung
betimlemek beschreiben, schildern, darstellen
beton r Beton
bevliye ç. Harnerkrankungen; urologische Abteilung
bevliyeci r Urologe
bey r Reiche, r Vornehme, r Prominent; s As, e Daus; Herr
beyan e Erklärung, e Kundgebung, e Außerung, e Deklaration — **etmek** erklären, kundgeben, deklarieren
beyanat e Erklärung
beyanname e Veröffentlichung, e Bekanntmachung, e Deklaration
beyaz weiß; s Weiß; r, e Weiße — **peynir** r Weißkäse — **şarap** r Weißwein — **ekmek** s Weißbrot
beyazımtırak weißlich
beyazımsı weißlich
beyazlatmak weißen
beyazlık s Weiße
beyazperde e Leinwand
beyefendi r Herr
beygir s Roß, s Pferd, r Gaul
beygirgücü tek. e Pferdestärke
beyhude umsonst, vergebens, vergeblich, zwecklos
beyin s Gehirn, s Hirn — **kanaması** e Hirnblutung — **salatası** r Gehirnsalat, — **sarsıntısı** e Hirnerschütterung
beyincik s Kleinhirn
beyinsiz dumm, einfältig
beyinsizlik e Dummheit, e Einfalt
beyit s Haus; s Vers
beysbol r Baseball, r Schlagball
beyzi oval
bez[1] r Lappen, s Tuch, s Leintuch
bez[2] e Drüse
bezdirmek piesacken, quälen, peinigen, belästigen
beze e Drüse; e Drüsenanschwellung
bezek r Schmuck
bezekçi r Wandmaler
bezelye e Erbse
bezemek schmücken, zieren
bezenmek sich schmücken, sich zieren
bezgin verzweifelt, verdrossen, unmutig
bezginlik r Verdruß, e Verzweiflung
bezik s Bezique (Kartenspiel)
bezir s Leinöl
bezirgân s Kaufmann.
bezmek satt haben
bıçak s Messer — **altına yatmak** operiert werden — **kemiğe dayanmak** unerträglich sein
bıçakçı r Messerschmied
bıçaklamak erstehen
bıçkı e Spannsäge, e Schrotsäge
bıçkıcı r Sägearbeiter
bıkkın satt, überdrüssig
bıkkınlık r Überdruß
bıkmak satt haben, überdrüssig werden
bıkmış satt, überdrüssig
bıldır voriges Jahr
bıldırcın e Wachtel
bıngıldak e Fontanelle
bırakınızcılık r Liberatismus, r Freisinn
bırakmak lassen, sein lassen, loslassen, hinterlassen, vererben; sitzen lassen; weglassen, abtun; lassen, freilassen; verlassen; abgeben; zurücklassen; aufgeben; antun; anvertrauen
bıyık r Schnurrbart — **altından gülmek** schmunzeln
bızır r Kitzler, e Klitoris
biber r Pfeffer; r Paprika — **dolması** farcierte Pfefferschote — **ekmek (dökmek)** pfeffern

biberon r Schnuller
bibliyografya e Bibliographie, e Bücherkunde, s Bücherverzeichnis
biblo *(ç.)* e Nippsachen
biçare arm, bedauernswert
biçem r Stil
biçerbağlar r Bindermäher
biçerdöver r Mähdrescher
biçim e Form, e Gestalt; e Art, e Weise; e Figur — **ini bozmak** verzerren, verbiegen — **ini değiştirmek** umgestalten — **almak** gestalten — **verme** e Gestaltung — **vermek** gestalten, formen, bilden, bearbeiten, bebauen, prägen
biçimci r Formalist
biçimlendirmek formen, festalten
biçimli schick, sitzend, wohlgestaltet
biçimsel förmlich
biçimsiz unschön, häßlich
biçki r Zuschnitt
biçme r Prisma, e Kantensäule
biçmek schneiden, zuschneiden; mähen
bidon r Kanister, r Behälter
biftek s Beefsteak
bigudi r Lockenwickler
bihaber ahnungslos
bikarbonat doppeltkohlensaures Natron
bikini s Bikini
bilâhare danach, demnächst, nachher, später
bilâkis sondern; im Gegenteil
bilanço e Bilanz, r Abschluß
bilardo s Billard
bildik bekannt; r Bekannte
bildirge e Deklaration
bildiri e Bekanntmachung, e Bekanntgabe, e Mitteilung, e Proklamation, e Deklaration, s Manifest; e Anmeldung
bildirim e Bekanntmachung, e Mitteilung
bildirme e Mitteilung, e Verkündigung — **kipi** *dilb.* r Indikativ
bildirmek bekanntmachen, mitteilen bekanntgeben, ansagen, anmelden, an-geben, ankündigen aussprechen, deklarieren, melden, proklamieren schildern, verkünden, übermitteln
bile selbst, sogar, noch, schon, geschweige — **bile** absichtlich
bileme r Schliff
bilemek schleifen, wetzen
bilerek absichtlich, mit Vorbedacht
bileşen e Komponente *fiz.* r Bestandteil
bileşik zusammengesetzt; *kim.* e Verbindung — **faiz** r Zinseszins — **kesir** r komplizierte(r) Bruch
bileşim *kim.* e Zusammensetzung
bileşke e Resultierende
bileşmek sich verbinden; sich zusammensetzen
bileştirmek zusammensetzen, verbinden
bilet e Fahrkarte, r Fahrschein, e Eintrittskarte, e Einlaßkarte — **ücreti** r Fahrpreis
biletçi r Schaffner
bileyi s Schleifwerkzeug, r Schleifapparat
bileyici r Schleifer
bilezik s Armband, r Reif; s Joch; e Manschette, e Muffe
bilfiil tatsächlich; effektiv
bilge e Weise, r Gelehrte
bilgelik e Weisheit
bilgi e Kenntnis, s Wissen; e Weisheit; e Ahnung, r Bescheid, e Gewißheit; e Bekanntschaft; e Auskunft, e Information; e Angabe; e Lehre — **almak** sich orientieren, nachfragen — **edinmek** nachfragen sich informieren, sich erkundigen — **istemek** anfragen — **işlem** e Datenverarbeitung — **noksanlığı** e Bildungslücke — **sahibi** r Intellektuelle; vertrautentierung — **vermek** informieren, orientieren, aufklären, verständigen

bilgiç r Kenner
bilgili erfahren, gelehrt
bilgin r Wissenschaftler, r Gelehrte
bilgisayar r Computer, — **oyunu** s Computerspiel
bilgisiz unwissend, unerfahren; ahnungslos; ungebildet
bilgisizlik e Unkenntnis, e Unwissenheit
bilhassa besonders, insbesondere
bilim e Wissenschaft — **adamı** r Wissenschaftler — **dalı** s Fach, e Disziplin
bilimsel wissenschaftlich — **olmayan** unwissenschaftlich
bilimsizlik e Unwissenschaftlichkeit
bilinç s Bewußtsein, e Besinnung — **inde olmak** sich einer Sache bewußt sein
bilinçaltı s Unterbewußtsein
bilinçdışı außer Bewußtsein
bilinçli bewußt
bilinçsiz unbewußt, bewußtlos, besinnungslos
bilinçsizlik e Bewußtlosigkeit, e Unbewußtheit
bilinen *mat.* r Bekannte
bilinmedik *mat.* r, e Unbekannte
bilinmeyen *mat.* r, e Unbekannte
bilinmez unbekannt
bilinmezlik e Unbekanntheit
bilirkişi r Fachmann, r Sachverständige
billur s Kristall
billurlaşmak *sich* kristalisieren
bilmece s Rätsel
bilmeden unwissend
bilmek wissen; kennen; erkennen
bilmez unwissend, unerfahren, ahnungslos; ungelehrt
bilmezlik e Unwissenheit, e Ahnungslosigkeit, — **ten gelmek** ignorieren
bilmukabele ebenfalls, gleichfalls
bilumum alle, sämtliche
bilya e Murmel; e Kugel
bilyon ein tausend Million
bin tausend, — **kez** tausendmal, — **yıl**
s Jahrtausend, — **yıllık** tausendjährig — **kalıba girmek** sich dauernd ändern — **tarakta bezi var** er hat viele Eisen im Feuer — **de bir** ein Promill, ein Tausendstel — **i bir para** spottbillig, wertlos — **lerce** tausende
bina s Gebäude, r Bau, — **katı** e Etage
binaen wegen, infolge
binaenaleyh deswegen, deshalb, infolgedessen, also, demgemäß
binbaşı r Major
bindirme e Verladung, e Einschiffung
bindirmek verladen, einschiffen; aufprallen, einprallen
binek atı s Reitpferd
binici r Reiter
binicilik s Reiten, e Reitkunst, Reitsport
binlik ein Tausend Lira Banknote
binmek einsteigen, aufsteigen, besteigen
bir eins; ein, eine; e Eins, — **ağızdan** einstimmig **günün** — **inde** eines Tages — **araya gelmek** zusammenkommen — **baltaya sap olmak** eine Anstellung finden — **çift söz** ein paar Worte — **daha** noch einmal — **daha asla** nie wieder — **de** und auch — **defa** einmal — **dediğini iki etmemek** ohne Widerrede gehorchen — **deri bir kemik** ganz abgemagert — **içim su** bildhübsch **varmış bir yokmuş** es war einmal — **alay** eine Menge, sehr viel, — **arada** sehr viel, zusammen — **aşağı bir yukarı** auf und ab — **avuç** eine Handvoll, — **buçuk** anderthalb, — **çırpıda** im Nu, sehr schnell, — **hayli** weitaus, — **ihtimal** möglicherweise, — **kere** einmal, mal — **kez** einmal, mal, — **kimse** jemand, einer, — **koşu** laufend, gelaufen, — **sonraki** nächst; r, e, s Nächste, — **süre** zeitweise, — **sürü** lauter, eine Menge, — **şey** etwas, — **şey değil!** Keine Ursache! — **tane** einzig, — **yana** beiseite, — **yandan** einerseits, —

yığın viel, eine Menge, — **yıllık** einjährig, — **zaman(lar)** damals, einst
bira s Bier, — **bardağı s** Bierglas, **s** Seidel, — **fabrikası e** Brauerei, **s** Bräu, — **mayası e** Malz, — **yapmak** brauen, — **hane e** Brauerei, **s** Wirtshaus
biracı r Bierbrauer, **r** Bierhändler, **r** Bierverkäufer
birader r Bruder
biraz ein wenig, ein bißchen, etwas, — **önce** eben, alleweile
birazcık sehr wenig
birazdan bald, gleich
birbiri einander, — **ardına** nach einander, — **ardında** nacheinander, hintereinander, — **içinde** ineinander, — **üstünde** aufeinander, — **üstüne** aufeinander, — **üzerinde** aufeinander, übereinander, — **üzerine** aufeinander — **nden ayırmak** spreizen, — **nden ayrı** auseinander, — **nden voneinander**, — **nden uzaklaşmak** auseinandergehen, — **ne** zueinander — **ne bağlamak** zusammenbinden, verkoppeln, — **ne bağlı** zusammengehörig, — **ne bağlılık e** Zusammengehörigkeit, — **ne çarpmak** klappern, — **ne geçmek** sich schlingen, — **ne geçirmek** verflechten, schlingen, — **ne karşı** gegeneinander, — **ne yaklaştırmak** zusammenrücken, — **ni** sich, einander, — **ni tutmak** übereinstimmen, — **ni tutmamak** widersprechen, abweichen, — **ni tutmayan** widersprechend, — **yle** miteinander, — **yle ilişkili** zusammengehörig
bircinsten gleichartig, homogen
birçok viel, recht, mehrere, manche, etliche, — **defa** mehrmals, mehrfach, vielmals, x-mal, — **kez** mehrmals, mehrfach, vielmals, x-mal
birden auf einmal; plötzlich, — **çekme r** Ruck
birdenbire plötzlich, jäh; sprungweise

birdirbir oynamak bockspringen
birer je ein
bireşim e Synthese
bireşimli synthetisch
bireşimsel synthetisch
birey s Individuum, **s** Einzelwesen
bireyci individualistisch
bireycilik r Individualismus
bireyleştirmek individualisieren
bireylik e Individualität, **e** Persönlichkeit
bireysel individuell
bireysellik e Individualität
birhücreli einzellig; **r** Einzeller
biri jemand, einer, — **ne** jemandem, einem, — **ne takılmak** necken, — **nden beklemek** zutrauen, — **ni** jemanden, — **si** jemand
biricik einzig
birikim e Anhäufung
birikinti e Ansammlung
birikmek sich sammeln, sich ansammeln, sich häufen; sich versammeln
biriktirmek sammeln, ansammeln; anhäufen, zusammenbringen; speichern, aufspeichern; sparen, ersparen; stauen
birim e Einheit
birinci erst, — **sınıf** erstklassig
birincil primär
birkaç einige, mehrere, ein paar, etliche, — **defa** mehrmals, paarmal, mehrere Male, — **kez** mehrmals, paarmal, mehrere Male
birleşik vereinigt, vereint; zusammengesetzt, — **Amerika e** Vereinigten Staaten (von Amerika)
birleşim e Kombination; **e** Sitzung; **r** Koitus, **r** Beischlaf
birleşme e Vereinigung, **e** Einigung, **e** Zusammenkunft
birleşmek sich einigen, sich vereinigen, sich verbinden, sich gesellen
birleşmiş vereinigt, — **Milletler e** Vereinigten Nationen

birleştirme e Zusammenfassung, e Verknüpfung; e Vereinigung
birleştirmek vereinigen, verbinden, kombinieren, zusammenstellen, versammeln, zusammensetzen, verkuppeln anschließen, verknüpfen, vereinbaren
birli s As, e Daus
birlik e Einheit, e Einigkeit; r Verein, e Vereinigung, e Union; e Gemeinschaft; *müz.* e Viertelnote; *ask.* e Truppe
birlikte mit, zusammen, gemeinsam, beisammen, miteinander; zugleich, — **çalışmak** mitarbeiten, zusammenarbeiten, — **gelmek** mitkommen, — **getirmek** mitbringen, — **gitmek** mitgehen, mitfahren, zusammengehen, — **götürmek** mitnehmen, — **kullanmak** mitbenutzen, — **okumak** mitlesen, — **oturan** r Mitbewohner, — **oturmak** mitwohnen, — **oynamak** mitspielen, — **yaşamak** zusammenleben
birtakım einige
birterimli s Monom
bisiklet s Fahrrad, s Rad, — **e binmek** radfahren, — **sürücüsü** r Radfahrer, — **yarışı** s Radrennen — **yolu** r Radfahrweg
bisküvi r Keks
bit e Laus
bitap todmüde, erschöpft
bitaraf neutral, unbeteiligt, parteilos
bitevi(ye) monoton, eintönig, einförmig
bitey e Flora, e Vegetation
bitik erledigt, erschöpft; alle
bitim r Schluß, s Ende
bitimli endlich
bitimsiz unendlich, grenzlos
bitirim abgerissen *argo,* schäbig gekleidet; hübsch *argo*
bitirme e Vollendung, — **töreni** e Schußfeier
bitirmek beenden, vollenden; anfertigen; absolvieren, abschließen

bitiş r Abschluß
bitişik benachbart, anliegend, — **inde** nebenbei, — **yazmak** zusammenschreiben
bitişmek sich berühren
bitki e Pflanze, s Kraut, — **ler âlemi** e Pflanzenwelt, e Vegetation — **dikme** e Pflanzung, e Plantage, — **dikmek** - pflanzen, — **sapı** r Stengel, r Halm
bitkibilim e Botanik — **ci** r Botaniker
bitkin erschöpft, todmüde, kaputt, schlapp, flau; alle
bitkinlik e Ershöpfung
bitkisel pflanzlich, vegetarisch, — **yağ** e Margarine
bitlenmek verlaust werden; Geld bekommen *argo*
bitli verlaust
bitmek enden, zu Ende gehen, aufhören; ablaufen; ausgehen; wachsen; vernarrt sein in
bitmemiş unvollendet
bitmez unerschöpflich, endlos — **tükenmez** unendlich lang
bitpazarı r Trödelmarkt
bityeniği wunder Punkt, versteckter Mangel
biyel e Kurbelstange
biyofizik e Biophysik
biyografi e Biographie, e Lebensbeschreibung, r Lebenslauf
biyokimya e Biochemie
biyolog r Biologe
biyoloji e Biologie
biyonik bionic
biyopsi biopsi
biz wir, — **de** bei uns, — **den** von uns, — **e** uns, zu uns, — **i** uns, — **im** unser, — **im gibiler** unseresgleichen, — **im için** unseretwegen, unserethalben
bizon r Bison
bizzat persönlich, selbst
blok r Block
blokaj e Blockade, e Sperre

bloke gesperrt — **etmek** blockieren, absperren, einschließen
bloknot r Notizblok, r Schreibblok
blöf r Bluff, e Verblüffung, e Täuschung — **yapmak** bluffen
blucin ç. jeans
bluz e Bluse
boa e Boa, — **yılanı** e Boa, e Riesenschlange
bobin e Spule, — **teli** e Ankerspule
boca etmek umschütten
bocalamak wanken, schwanken
bocurgat e Winde, s Spill
bodoslama den. r Steven
bodrum r Keller — **katı** s Untergeschoß
bodur klein, kurz, stämmig
boğa r Stier, e Bulle, — **güreşi** r Stierkampf
Boğa (burcu) r Stier
boğaz e Kehle, r Rachen, r Schlund r Hals, e Schlucht, e Gurgel; coğr. e Meerenge, r Sund; r Engpaß — **ağrısı** ç. Hallsschmerzen — **derdine düşmek** Sorge um das tägliche Essen haben — **tokluğuna çalışmak** für freie Verpflegung arbeiten — **ına düşkün** auf das Essen erpicht — **ına kadar tok** dicksatt — **ını yırtmak** wie am Spieß brüllen — **yangısı (ihtibabı)** r Rachenkatarrh
Boğaziçi r Bosporus
boğazlamak würgen, erwürgen
boğmaca r Keuchhusten, r Stickhusten
boğmak würgen, erwürgen, erdrosseln ersticken; ertränken
boğucu drückend, erstickend, — **bobin** e Drosselspule
boğuk heiser, dumpf
boğulmak ertrinken; ersticken
boğum r Knoten
boğuntu r Wucher
boğuşmak ringen, kämpfen
bohça r Einschlagetuch; s Bündel
bohçalamak einschlagen
bok r Scheiße, — **herif** r Scheiäkerl, r Schuft — **püsür** Unsinn, r Quatsch, Schund
bokböceği r Mistkäfer
boklamak pfuschen, verpfuschen
bokluk e Schweinerei, r Jux
boks s Boxen, r Faustkampf, — **yapmak** boxen
boksör r Boxer, r Faustkämpfer
bol reichlich, viel; weit, — **bol vollauf** — **keseden atmak** den Mund schrecklich vollnehmen, freigebigst — **şanslar!** viel Glück!
bollaştırmak vermehren; vergrößern
bolluk e Weite; r Segen
Bolşevik r Bolschewist
Bolşeviklik r Bolschewismus
bomba e Bombe; e Granate
bombalamak bombardieren
bombardıman s Bombarderment, e Bombardierung, — **etmek** bombardieren, — **uçağı** s Bombenflugzeug
bombok mies, miserabel
bomboş ganz leer
boncuk e Perle, e Glasperle
bone e Badekappe
bonfile s Filet
bonmarşe s Warenhaus
bono r Gutschein, r Bon
bonservis s Dienstzeugnis
bor s Bor
bora r Orkan, r Sturmwind
boraks r Borax
borazan r Trompete
borazancı r Trompeter
borç e Schuld; e Verflichtung, — **a batmak** in Schulden stecken, — **harç** mit Ach und Krach — **vermek** borgen, verleihen
borçlanmak Schulden machen
borçlu schuldig, verschuldet; verpflichtet; r Schuldner, — **olmak** schulden; verdanken
borda r Bord
bordo weinrot

bordro e Lohnliste, e Gehaltsliste
bornoz r Bademantel
borsa e Börse, **— da oynamak** spekulieren
boru s Rohr, r Schlauch; s Horn, e Trompete, **— çalmak** tuten
bostan r Gemüsegarten; s Melonenfeld, **— korkuluğu** e Vogelscheuhe
bostancı r Gemüsegärtner
boş leer, leerstehend; unnutz, zwecklos; arbeitslos, müßig, unbeschäftigt; ahnungslos; frei, unbesetzt; tot, unbewohnt, verwaist, wüst, wahn; ungeladen; lose, **— ta arbeitslos — ta çalışma** r Leerlauf, **— gezen** r Müßiggänger, **— gezmek** faulenzen, **— inanç** r Aberglaube, **— lâf** e Phrase, **— oturan** r Nichtstuer, **— vakit** e Freizeit, **— vermek** sich nicht daraus machen **— yere** unnötigerweise, vergeblich
boşalma e Entladung
boşalmak sich leeren, sich entladen
boşaltım e Ausscheidung, **— aygıtı** s Ausscheidungsorgan
boşaltmak ausleeren, entleeren, leeren; ausscheiden; entladen; ausladen; schütten, ausschütten; ablassen, auslassen; evakuiren
boşamak scheiden
boşanma e Scheidung **— davası** e Ehescheidungsklage
boşanmak sich scheiden lassen
boşanmış geschieden
boşboğaz schwatzhaft
boşboğazlık e Schwatzhaftigkeit, **— etmek** schnattern
boşlamak ignorieren, nicht tragisch nehmen
boşluk e Leere, e Lücke; s Vakuum
Boşnak r Bosniak (**e** in), r Bosnier (**e** in)
boşta unbeschäftigt, arbeitslos
boşuboşuna ganz vergeblich, umsonst
boşuna umsonst, vergebens, vergeblich, unnütz

bot *den.* s Boot; r Halbstiefel.
botanik e Botanik, e Pflanzenkunde; botanisch
boy¹ r Stamm, r Nomadenstamm
boy² e Länge; e Größe, e Statur **— atmak** stark wachsen **— göstermek** zeigen, was man kann **— ölçüşmek** sich messen (mit etw) **— a çekmek** in die Höhe scheißen **— dan boya** der ganzen Länge nach **— u bosu yerinde** groß und stattlich **— u devrilsin** der Teufel soll ihn holen **— unun ölçüsünü almak** sich an etw. versuchen
boya e Farbe, r Farbstoff
boyacı r Färber, r Anstreicher, r Schuhputzer
boyalı gefärbt, gestrichen
boyama e Färbung
boyamak färben, streichen, anstreichen malen
boyanmak sich schminken
boykot r Boykott, r Streik, **— etmek** boykottieren, streiken
boylam *coğr.* e Länge
boylanmak wachsen
boynuz s Horn
boynuzlamak spießen
boynuzlu gehörnt
boyun r Hals, s Genick, r Nacken **— unu vurmak** köpfen, **— ağrısı** *(ç.)* Halsschmerzen **— eğen** unterwürfig, **— eğmek** sich unterwerfen, sich fügen **— borcu** e Ehrenpflicht **— u kıldan ince** bereit **— unu bükmek** den Kopf hängen lassen
boyuna longitudinal, längs; daurend, ununterbrochen, ständig
boyunbağı r Schlips, e Krawatte
boyunca längs, entlang; lang
boyunduruk s Joch
boyut s Format; *mat.* e Dimension
boz aschgrau
bozarmak erblassen
bozdurmak umwechseln; wechseln

bozgun e Niederlage
bozguncu defätistisch, r Defätist (in e)
bozkır e Steppe
bozmak verderben, kaputt machen, zerstören, ruinieren; brechen, abbrechen; wechseln, umwechseln; deflorieren
bozuk kaputt, verdorben, beschädigt, — **çalmak** sauer werden — **para** s Kleingeld
bozukdüzen unordentlich; aufgeregt
bozukluk r Defekt, e Störung
bozulma e Verwesung, e Verzerrung
bozulmak sich ärgern; kaputt gehen, verwesen, umschlagen
bozulmayan unzerstörbar
bozulmuş verdorben, kaputt, ramponiert
bozum e Vernichtung; e Blamage *argo*; — **etmek** blamieren *argo* — **olmak** blamiert werden *argo*
bozunma *kim.* e Zersetzung
bozunmak *kim.* sich zersetzen
bozuntu r Schrott, *(ç.)* Bruchstücke, völlige Verwirrung; s Zerrbild; über Typ
bozuşmak sich verfeinden
böbrek e Niere
böbürlenmek sich aufblähen, prahlen, prangen
böcek r Käfer, s Insekt, s Kerbtier, s Ungeziefer, — **ilacı** s Insektenmittel
böceklenmek von Insekten überfallen werden
böğür e Weiche
böğürmek schreien, brüllen
böğürtlen e Brombeere
bölen *mat.* r Teiler, r Divisor
bölge s Gebiet, r Bereich, e Region, e Zone, r Sektor, r Bezirk, s Terrain, e Gegend, s Revier, r Kreis, r Abschnitt, r Raum
bölgesel örtlich, regional
bölme e Teilung, e Verteilung; e Zwischenwand; *mat.* e Division
bölmek teilen, einteilen, verteilen, zerteilen, zerlegen; *mat.* dividieren
bölü *mat.* durch, dividiert durch
bölük e Kompanie
bölüm r Teil, e Verteilung, e Teilung; r Abschnitt, s Kapitel; e Gliederung; *mat.* e Division, r Quotient; e Partie; e Abteilung
bölümlemek unterteilen, gliedern, einteilen
bölünebilen *mat.* teilbar
bölünemez unzerlegbar
bölünen *mat.* r Dividend
bölünme e Teilung; e Spaltung
bölünmek sich spalten, sich zerlegen
bölüşmek etw mit jdm. teilen
bölüştürmek einteilen, austeilen
bön dumm, naiv; r Tropf, r Trottel, — **bön bakmak** nicht gerade geistreich dreinsehen
börek e Pastete — **çi** r Pastetenbäcker, r Pastetenverkäufer
börülce e Augenbohn
böyle so, solch, derartig — **bir şey** so etwas **bundan** — hinfort, **nereden (nereye)** —? woher (wohin) des Wegs? — **ce** so, derart, somit, also — **likle** somit, dadurch, hierdurch — **si** dergleichen, desgleichen — **sine** solch, derart
branda e Hängematte, — **bezi** s Segeltuch
branş r Zweig
bravo bravo!
Brezilya Brasilien, — **kestanesi** e Paranuβ
Brezilyalı r Brasilianer (e in)
briç s Bridge
brifing Briefing
briyantin r Haarfestiger
brom s Brom
bronş e Bronchie, r Luftröhrenast
bronşit e Bronchitis
bronz e Bronze
bronzlaşmak bronzieren
broş e Brosche
broşür e Broschüre, s Heftchen

bozkır e Steppe
bozmak verderben, kaputt machen, zerstören, ruinieren; brechen, abbrechen; wechseln, umwechseln; deflorieren
bozuk kaputt, verdorben, beschädigt, — **çalmak** sauer werden — **para s** Kleingeld
bozukdüzen unordentlich; aufgeregt
bozukluk r Defekt, e Störung
bozulma e Verwesung, e Verzerrung
bozulmak sich ärgern; kaputt gehen, verwesen, umschlagen
bozulmayan unzerstörbar
bozulmuş verdorben, kaputt, ramponiert
bozum e Vernichtung; e Blamage (Argo); — **etmek** blamieren (Argo) — **olmak** blamiert werden (Argo)
bozunma *kim.* e Zersetzung
bozunmak *kim.* sich zersetzen
bozuntu r Schrott, *ç.* e Bruchstücke; völlige Verwirrung; s Zerrbild; über Typ
bozuşmak sich verfeinden
böbrek e Niere
böbürlenmek sich aufblähen, prahlen, prangen
böcek r Käfer, s Insekt, s Kerbtier, s Ungeziefer, — **ilacı** s Insektenmittel
böceklenmek von Insekten überfallen werden
böğür e Weiche
böğürmek schreien, brüllen
böğürtlen e Brombeere
bölen *mat.* r Teiler, r Divisor
bölge s Gebiet, r Bereich, e Region, e Zone, r Sektor, r Bezirk, s Terrain, e Gegend, s Revier, r Kreis, r Abschnitt, r Raum
bölgesel örtlich, regional
bölme e Teilung, e Verteilung; e Zwischenwand; *mat.* e Division
bölmek teilen, einteilen, verteilen, zerteilen, zerlegen; *mat.* dividieren
bölü *mat.* durch, dividiert durch
bölük e Kompanie
bölüm r Teil, e Verteilung, e Teilung; r Abschnitt, s Kapitel; e Gliederung; *mat.* e Division, r Quotient; e Partie; e Abteilung
bölümlemek unterteilen, gliedern, einteilen
bölünebilen *mat.* teilbar
bölünemez unzerlegbar
bölünen *mat.* r Dividend
bölünme e Teilung; e Spaltung
bölünmek sich spalten, sich zerlegen
bölüşmek etw mit jdm. teilen
bölüştürmek einteilen, austeilen
bön dumm, naiv; r Tropf, r Trottel, — **bön bakmak** nicht gerade geistreich dreinsehen
börek e Pastete — **çi** r Pastetenbäcker, r Pastetenverkäufer
börülce e Augenbohn
böyle so, solch, derartig — **bir şey** so etwas **bundan** — hinfort, **nereden (nereye)** —? woher (wohin) des Wegs? — **ce** so, derart, somit, also — **likle** somit, dadurch, hierdurch — **si** dergleichen, desgleichen — **sine** solch, derart
branda e Hängematte, — **bezi** s Segeltuch
branş r Zweig
bravo bravo!
Brezilya Brasilien, — **kestanesi** e Paranuß
Brezilyalı r Brasilianer (e in)
briç s Bridge
brifing s Briefing
briyantin r Haarfestiger
brom s Brom
bronş e Bronchie, r Luftröhrenast
bronşit e Bronchitis
bronz e Bronze
bronzlaşmak bronzieren
broş e Brosche
broşür e Broschüre, s Heftchen
bröve s Diplom, s Zeugnis
brüksellahanası r Rosenkohl

brülör r Brenner
brüt brutto
bu der, die, das, dieser, diese, dieses, — **na göre** danach, folglich demzufolge, dementsprechend, — **na karşı** demgegenüber, dagagen, — **na karşılık** dagegen, dafür, — **na karşın** trotzdem, denoch, dessenungeachtet, nichtsdestoweniger, — **rağmen** trotzdem, dennoch, dessenungeachtet, nichtsdestoweniger, — **ndan** daraus, davon, — **ndan başka** dann, außerdem, weiter, ferner, zudem, überdies, nebenbei, — **ndan böyle** nun, nunmehr, fortan, — **ndan dolayı** deshalb, deswegen, infolgedessen, — **ndan sonra** danach, sodann, demnächst, nächstdem, anschließend, — **nlar** das, die, diese, — **nun** dessen, deren, — **nunla** damit, hiermit, — **nunla birlikte** damit, jedoch, trotzdem, obenndran, — **nun gibi** dergleichem, desgleichen, — **nun için** dafür, dazu, darum, deshalb — **nun üzerine** darauf, daraufhin, sodann, worauf, — **nun yerine** dafür, — **amaçla** dazu, — **arada** inzwischen, unterdessen, mittlerweile — **durumda** nun, unter diesen Umständen, — **kez** diesmal, — **nedenle** deshalb, deswegen, infolgedessen, daher, dadurch, aus diesem Grunde — **şekilde** so, derart, — **yana** herüber, herbei, her — **yanda** hier, diesseits, — **yılki** diesjährig, — **akşam** heute abend, — **sabah** heute morgen, — **defa** diesmal — **yüzden** daher
bucak e Winkel, e Ceke, r Kreis — **bucak** stellenweise, **yurdun her — ında** überall im ganzen Land
buçuk halb, **üçbuçuk** dreieinhalb
budak r Ast, r Zweig
budaklanmak sich komplizieren
budala dumm, einfältig

budalaca kindisch, albern
budalalık e Dummheit e Einfalt
budamak lichten, ausholzen
Budist r Budhist, — **rahip r** Bonze
Budizm r Budhismus
budun s Volk, r Volksstamm
budunbilim e Völkerkunde, e Ethnologie
budunlararası international
bugün heute, — **kü** heutig, — **lerde** heutzutage — **lük** für heute
buğday r Weizen, s Korn, — **unu s** Weizenmehl
buğu r Dunst — **lu** beschlagen
buğulamak schmoren, dünsten, dämpfen
buğulanmak sich beschlagen (Gözlük camı vs.)
buhar r Dampf, r Rauch, — **banyosu s** Dampfbad, — **basıncı s** Dampfdruck, — **çıkmak** dampfen, — **kazanı r** Dampfkessel, — **makinası e** Dampfmaschine
buharlaşmak verdampfen, verdunsten, verduften
buharlı voller Dampf
buhran e Krise; r Mangel, e Not
buhranlı kritisch
buhur r Weihrauch
buji e Zündkerze
bu kadar soviel, so sehr; so; soundsoviel
bukalemun s Chamäleon
buket r Strauß
bukle e Locke, — **yapmak** ringeln
bukleli lockig
bulak e Quelle
bulama r Brei
bulamak manschen
bulandırmak trüben
bulanık trüb, unklar
bulanıklık e Trübheit
bulanmak sich trüben
bulantı r Brechreiz, e Übelkeit
bulaşıcı ansteckend, — **hastalık e** Infek-

tionskrankheit
bulaşık beschmutzt, angesteckt; **s** Geschirr, **— bezi s** Abwaschtuch, **— yıkamak** spülen, **— makinası e** Spülmaschine
bulaşıkçı r Geschirrwäscher, **— kadın e** Spülfrau
bulaşma e Infektion, e Ansteckung
bulaşmak schmutzig werden; übertragen werden (Hastalık); sich ausdehnen (Yangın); stören, belästigen; unternehmen, anfangen
bulaştırmak anstecken; beschmutzen
buldok e Bulldogge
buldozer r Bagger
Bulgar r Bulgare; bulgarisch
Bulgaristan Bulgarien
Bulgarca s Bulgarisch
bulgu r Fund, e Erfindung
bulgur r Weizen, **— pilavı e** Weizengrütze
bulmaca s Rätsel
bulmak finden; erfinden, ermitteln; beschaffen; herausfinden
buluğ e Pubertät, e Geschlechtsreife
bulundurmak vorrätig haben
bulunmak sich befinden; vorliegen, vorkommen; vorhanden sein, da sein, anwesend sein
bulunmama s Versäumnis, e Abwesenheit
bulunmamak fehlen, abwesend sein
bulunmaz unauffindbar, nicht aufzutreiben
buluntu r Fund; **s** Findelkind
buluş r Fund, e Erfindung, r Einfall
buluşma e Verabredung, **s** Treffen, e Zusammenkunft, **s** Rendezvous **— yeri r** Treffpunkt
buluşmak sich treffen, zusammenkommen, zusammentreffen
bulut e Wolke, **— tabakası e** Wolkenschicht **— gibi sarhoş** sternhagelvoll **— tan nem kapmak** sich leicht getroffen fühlen
bulutlanmak sich bewölken
bulutlu wolkig, bewölkt
bulvar e Allee
bunak altersschwach, kindisch; **r** Idiot
bunalım e Krise
bunalmak bedrückt werden
bunaltıcı betäubend, erdrückend, schwül, dumpf
bunaltmak betäuben, erdrücken, langweilen
bunamak altersschwach werden, kindisch werden; in geistige Umnachtung fallen
bunca ziemlich viel, recht lange; die vielen
burada hier, **— ki** hiesig, **— n** von hier
buralı hiesige (r,s)
buraya her, herbei
burç[1] **r** Burgturm; **s** Sternbild
burç[2] **e** Mistel
burçak e Wicke
burgaç r Strudel
burgu r Bohrer; **r** Kokenzieher
burjuva r Bürger, r Bourgeois
burjuvaca bürgerlich
burjuvazi r Bürgerstand, e Bourgeoisie
burkmak verrenken, verdrehen
burkulma e Verrenkung, e Torsion, e Verdrillung
burkulmuş verdreht
burmak wringen, drehen, schlingen, winden
burs s Stipendium
bursiyer r Stipendiat
buruk säuerlich
burukluk e Säuerlichkeit
burulma r Drall
burun e Nase; e Landzunge, e Vorgebirge; r Bug, **— dan** nasal, **— unu çekmek** schnuppern, ducken, **— unu silmek** schneuzen, **— unu sokmak** schnüffeln, schnuppern, sich einmischen, **— boşluğu e** Nasenhöhle, —

deliği s Nasenloch, e Nüster, **— kanaması** s Nasenbluten, **— kemiği** s Nasenbein **— — a gelmek** beinahe aufeinanderprallen, **— u büyük** hochnäsig **— una girmek** (deyim) lästig werden **— unda tütmek** in der Nase stecken **— undan fitil fitil gelmek** schwer zu büßen haben. **— unun ucunu görememek** unglaublich eingebildet sein

buruşmak zusammenschrumpfen, knittern

buruşturmak knittern, runzeln, zerknittern, knutschen

buruşuk kraus, faltig, zerknittert

buruşukluk e Furche, e Falte, r Kniff

buse r Kuß, s Küßchen

but r Oberschenkel; e Keule

buyruk r Befehl, s Gebot, e Weisung, e Verfügung, **— altında** unterworfen

buyurmak befehlen; äußern; nehmen

buyur etmek wilkommen heißen

buy(u)run(uz)! Bitte!; Herein!

buz s Eis, **— gibi** eiskalt, wie Eis, **— kesilmek** zu Eis erstarren, **— kesmek** sehr frieren,

buzağı s Kalb

buzdağı r Eisberg

buzdolabı r Eisschrank, r Kühlschrank

buzhane e Eisfabrik; r Kühlraum, r Eiskeller

buzkıran r Eisbrecher (Gemi)

buzlanmak sich mit Eis bedecken; den Glanz verlieren

buzlu eisgehüllt; vereist **— cam** e Milchglasscheibe

buzul r Gletscher

bücür klein, untersetzt; r Knirps

büfe s Büffet; e Imbißstube; e Bude

büfeci r Büffetier, Staudamm

büklüm r Knick, **— büklüm** geringelt, spiralig, gelockt

bükmek abbiegen, beugen, falten, zusammenlegen, knicken, krümmen

bükük gebogen, geknickt, gefaltet, krumm

bükülmek sich beugen

büküm e Biegungsstelle, e Krümmungsstelle; e Krümmung, e Biegung; e Windung *mat, fiz.* r Drall

bülbül e Nachtigall **— gibi** lustig drauflosplaudern

bülten r Bericht, e Nachricht, s Bulletin

bünye r Bau, e Struktur, s Gebilde, s Gefüge, e Bildung

büro s Büro, **— şefi** r Amtsvorsteher

bürokrasi e Bürokratie, e Beamtenschaft

bürümek überkommen

büsbütün vollends, vollständig

büst e Büste, s Brustbild

bütçe s Budget

bütün ganz, vollständig, restlos, total, all, **— gün** den ganzen Tag

bütünleme e Nachprüfung

bütünlemek ergänzen, vervollständigen

bütünlük e Ganzheit, e Gesamtheit, e Geschlossenheit, e Integrität

büyü r Zauber, e Magie, **— yapmak** zaubern

büyücü r Zauberer, e Hexe

büyücülük e Zauberei, e Hexerei

büyük groß; weit, breit, gräumig; alt; dämlich; makro, **— boy** e Übergröß, **— dede** r Urgroßvater, **— devlet** e Großmacht **— fıçı** e Butte, **— harf** r Groß buchstabe **— kilise** r Dom, e Kathedrale, **— mağaza** r Kaufhof, s Kaufhaus, **— miktar** e Portion, e Unmenge, e Unzahl, **— Millet Meclisi** Große Türkische Nationalversammlung **— nine** e Urgroßmutter, **— şehir** e Großstadt

büyükanne e Großmutter

büyükbaba r Großvater

büyükelçi r Botschafter

büyükelçilik e Botschaft

büyüklük e Größe

büyülemek bezaubern, verhexen, ver-

zaubern, bannen
büyültme e Vergrößerung
büyültmek vergrößern; größer machen
büyülü bezaubert, verzaubert, magisch
büyüme r Wuchs, r Zuwachs, s Wachstum
büyümek wachsen; gedeihen, herantreten; schwellen
büyüteç e Lupe
büyütme e Vergrößerung; e Übertreibung
büyütmek vergrößern, erweitern; übertreiben; großziehen, erziehen; züchten; übertreiben
büzgü e Kräuselung
büzgülü gekräuselt
büzmek kräuseln
büzük gekräuselt, gefältert, zusammen gezogen; *kaba* r After; *argo* r Schneid
büzülmek schrumpfen; sich zusammenziehen; faltig werden

C

caba gratis, kostenlos; obendrein
cacık erfrischendes Gericht aus klein geschnittenen Gurken, Yoghurt, Wasser, und Salz
cadaloz e Hexe
cadde e Straße
cadı e Hexe
cahil ungebildet, unwissend, ahnungslos
cahillik e Unwissenheit, e Ahnungslosigkeit
caiz zulässig, statthaft
caka e Angeberei, **— satmak** angeben
cakacı r Angeber; r Aufschneider
cakalı hochtönend, großsprecherisch
cam s Glas, e Glasscheibe, e Fensterscheibe; gläsern, **— gibi** glasig, **— macunu r** Kitt, **— sileceği r** Scheibenwischer
cambaz r Seiltänzer, r Akrobat
cambazlık e Akrobatik
camcı r Glaser
camcılık e Glaserei
camekân s Schaufenster, e Auslage
cami e Moschee
camia e Gemeinschaft
camus r Büffel
can e Seele, **s** Gemüt, **— a yakın** warmherzig, **— ını acıtmak** weh tun, **— ını sıkmak** deprimieren, verdrießen, verstimmen, verärgern, **— ı sıkılmış** unmutig, verstimmt, **— düşmanı r** Todesfeind, **— sıkıcı** verdrießlich, lästig, unausstehlich, wiederwärtig, unbequem, toll, **— sıkıntısı r** Verdruß, r Unmut, e Verstimmung **— acısı** häftiger Schmerz **— acısıyla (havliyle)** in Todesangst **— alacak nokta** wunder Punkt **— atmak (bşe)** Feuer und Flamme sein **— çekişmek r** Todeskampf **— dostu** naher Freund **— korkusu e** Todesangst **— kulağıyla dinlemek** genau zuhören **— vermek** sterben **— dan** von Herzen **— ı yanmak** sehr leiden **— ına kıymak** umbringen, **— la başla** eifrigst
canan e Geliebte
canavar e Bestie, r Drachen, s Ungeheuer, s Untier, **— düdüğü e** Sirene
cani r Verbrecher
canice verbrecherisch
cankurtaran s Rettungsmittel, **— arabası e** Ambulanz, r Krankenwagen **— sandalı s** Rettungsboot, **— simidi r** Rettungsring, **— yeleği e** Schwimmweste
canlandıran r Darsteller
canlandırmak anregen, anspornen, aufmuntern; verkörpern; vergegenwärtigen, regenerieren; darstellen; stärken
canlanmak sich belegen

canlı lebendig; lebhaft, rege, munter, flott, schwungvoll, temperamentvoll, schmissig, belebt; dichterisch
canlılık e Vitalität, **e** Lebhaftigkeit, **s** Temperament, **r** Auftrieb
cansız tot; schwächlich
cansızlık e Schwäche
cari flieβend; laufend; gültig
cascavlak splitternackt
casus r Spion, **r** Schnüffler
casusluk e Spionage, — **yapmak** spionieren
cavlak nackt, kahl, — **ı çekmek** sterben
caydırmak abbringen, umstimmen
cayır cayır lichterloh
caymak verzichten
caz r Jazz, — **müziği e** Jazzmusik
cazbant e Jazzband, **e** Jazzkapelle
cazırdamak prasseln
cazibe r Reiz, **e** Charme; **e** Affinität; **e** Anziehung
cazibeli charmant, reizend, hinreiβend, anziehend
cazip anziehend, interessant
cebellezi s Klauen
cebir[1] **r** Zwang, **e** Gewalt
cebir[2] **e** Algebra
cebirsel algebraisch
Cebrail Gabriel (**r** Erzengel)
cebren mit Gewalt, zwangsweise
cefa e Pein, **e** Qual
cehalet e Unwissenheit, **e** Unkenntnis, **e** Ahnungslosigkeit
cehennem e Hölle — **ol** scher dich zum Teufel! — **e kadar yolun var** du hast Weg bis der Hölle
cehennemi höllisch
ceket e Jacke
cellat r Henker, **r** Scharfrichter
celp e Vorladung
celse e Sitzung
cemaat e Gemeinde
cemiyet e Gesellschaft, **e** Gemeinschaft
cemre glühende Asche; Wärmezunahme (vor Beginn des Frühlings)
cenabet e Unreinheit; schmutzig
cenap hohe Persönlichkeit, **e** Majestät — **ı Hak r** Herrgott
cenaze e Leiche, **r** Leichnam, — **alayı r** Trauerzug, **r** Leichenzug, — **arabası r** Leichenwagen, — **töreni e** Totenfeier, **e** Leichenfeier, **e** Trauerfeier, **e** Begräbnis
cendere r Kelter
Cenevre Genf
cengâver kämpferisch, kriegerisch
cenin r Embryo
cenk r Krieg, **r** Kampf
cennet s Paradies, **r** Himmel
cennetkuşu r Paradiesvogel
centilmen r Kavalier
centilmence galant
cep e Tasche, — **feneri e** Taschenlampe, — **harçlığı s** Taschengeld, — **kitabı s** Taschenbuch, — **saati e** Taschenuhr, — **sözlüğü e** Taschenwörterbuch
cephane e Munition
cephanelik s Munitionslager
cephe e Front, **e** Vorderseite; **e** Stirn, **e** Stirnseite
cepken r Kittel
cerahat r Eiter — **bağlamak, toplamak** eiterig werden, eitern
cerahatlanmak eitern
cerahatli eitrig
cereyan r Strom, **e** Strömung; **r** Verlauf, **r** Ablauf, **r** Vorgang, — **etmek** verlaufen, vorkommen, **s** Vollziehen, **s** Zutragen, passieren, stattfinden
Cermen r Germane
Cermence germanisch
cerrah r Chirurg
cerrahlık e Chirurgie
cesaret r Mut. **e** Kühnheit, **e** Tapferkeit; **r** Wagemut, **e** Verwegenheit, **e** Frechheit, — **i kırılmış** niedergeschlagen, — **ini kırmak** entmutigen, — **lendirmek**

cesaretli kühn, mutig; verwegen, frech, dreist
cesaretsiz unmutig, mutlos
ceset e Leiche, r Leichnam
cesur köhn, mutig, brav
cet r Ahn, r Urahn, r Vorfahr
cetvel s Lineal; e Skala, e Tabelle
cevaben als Antwort, in Beantwortung
cevabile Antwort, **— ziyaret** r Gegenbesuch
cevahir (ç.) Edelsteine, (ç.) Juwelen
cevap e Antwort, e Erwiderung, r Bescheid, **— vermek** antworten, erwidern
cevaplandırmak beantworten
cevapsız unbeantwortet
cevher e Substanz, e Materie, r Stoff
ceviz e Nuβ, e Walnuβ, **— ağacı** r Nuβbaum, **— kıracağı** r Nuβknacker
ceylan e Gazelle
ceza e Strafe, e Bestrafung, s Buβe, **— i ehliyet** e Strafmündigkeit, **— sını çekmek** verbüβen, büβen, sühnen, **— yı gerektiren** strafbar, **— alanı** r Strafraum, **— atışı** r Strafstoβ, r Freistoβ, **— duruşması** r Strafprozeβ, **— hukuku** s Strafrecht, **— isteği** r Strafantrag, **— mahkemesi** s Strafgericht, **— vermek** bestrafen, **— yasası** s Strafgesetz
cezaevi s Gefängnis, r Kerker
cezalandırılmak bestraft werden
cezalandırmak bestrafen, strafen, ahnden
cezalı bestraft
cezasız unbestraft
Cezayir Algerien
Cezayirli r Algerier
cezir e Wurzel, **— hareketi** e Ebbe
cezp e Anziehung, e Verlockung, r Reiz, r Anreiz, r Charme, **— etmek** anziehen, verlocken, reizen, anreizen
cezve ein Gefäβ für Kaffee kochen
ermutigen, zusprechen, **— etmek** wagen, sich getrauen, **— vermek** ermutigen, zusprechen

cılız mager, hager, schwöchlich, schmächtig durr, klapp(e)rig, **— at e** Mähre
cılızlaşmak magern, abmagern
cılk faul, stinkend
cımbız e Pinzette
cırcır e Schwatzbase
cırcırböceği e Grille
cırıldamak plärren, zirpen
cırlak knarrend, quäkend, zirpend
cırlamak zirpen, knarren
cıva s Quecksilber
cıvata e Schraube, e Steckschraube **— anahtarı** r Schraubenschlüssel
cıvık matschig
cıvıl cıvıl zwitschernd; piepend
cıvıldamak piepen, zwitschern
cıvıtmak schmerig werden; argo aufdringlich werden
cıyak cıyak jämmerlich
cıyaklamak jämmerlich schreien
cız Feuer (Kinder); Zischen, Brutzeln
cızbız gegrillt
cızır cızır zischend, brutzelnd; leicht kratzend
cızırdamak knirschen
cızırtı s Brutzeln, s Zischen
cibilliyet r Charakter, e Veranlagug
cibiliyetsiz charakterlos, gemein; geizig
cibinlik s Moskitonetz
cici hübsch, niedlich, nett
cicili bicili aufgeputzt, herausstaffiert
cidden wirklich, tatsächlich, im Ernst
ciddi ernst, ernsthaft, streng, seriös; gemessen, gravitätisch, erheblich
ciddileşmek ernst(er), kritisch(er) werden sich verschärfen; bedrohlich werden sich zuspitzen
ciddiyet r Ernst, e Strenge; e Gemessenheit
cigara e Zigarette
ciğer e Leber; e Lunge, **— ezmesi** e Leberwurst **— i beş para etmek** der ganze Kerl ist keinen roten Heller wert **—**

CİHAN   320   **CUMHURİYETÇİ**

i yanmak große Schmerzen haben
cihan e Welt
cihaz s Gerät, r Apparat
cihet e Seite, e Richtung; e Hinsicht, r Umstand
cila e Politur, r Glanz, r Lack, r Schliff
cilalamak polieren, lackieren
cilalı poliert, lackiert
cilasız unpoliert, unlackiert
cildiye e Dermatologie, *(ç.)* Hautkrankheiten
cildiyeci r Dermatologe, r Hautarzt
cilt e Haut, r Teint; r Band; r Einband, **— bakımı** e Hautpflege **— kremi** e Hautcreme
ciltçilik e Buchbinderei
ciltlemek binden
ciltli gebunden
ciltsiz ungebunden
cilve e Koketterie, **— yapmak** kokettieren
cilveleşmek liebkosen
cilveli kokett
cimnastik e Gymnastik, s Turnen, **— yapmak** turnen
cimri geizig, knauserig, knickerig, kleinlich, schmierig, schäbig, schotel; r Knauser, r Knicker
cimrileşmek geizig werden
cimrilik r Geiz, e Knauserei, e Knickerei
cin[1] r Geist, s Gespenst, r Gnom, r Dämon, **— gibi** pfiffig
cin[2] r Branntwein, r Gin
cinai kriminell
cinayet r Mord, **— işlemek** morden **— romanı** r Kriminalroman, **— zabıtası** e Kriminalpolizei
cingöz schlau, klug, pfiffig
cinnet r Wahnsinn, r Irrsinn
cins e Art, e Sorte, e Gattung; s Geschlecht, r Sexus, s Genus; rassig
cinsel sexual, sexuell, geschlechtlich, **— arzu** s Libido, e Wollust, **— birleşme** r Beischlaf, r Koitus, **— güç** e Potenz, **—** e Zeugungsfähigkeit, **— hastalık** e Geschlechtskrankheit, **— ilişki** r Geschlechtsverkehr, e Akt, **— ilişkide bulunmak** Geschlechtsverkehr haben **— organ** r Geschlechtsorgan
cinsî sexual, sexuell, geschlechtlich
cinsiyet s Sexualität, e Geschlechtlichkeit
cip r Jeep
cirit r Wurfspeer, r Speer, **— atma** s Speerwerfen
ciro r Sichtvermerk, s Giro
cisim r Körper; r Gegenstand
cisimcik s Körperchen
cisimlenmek sich verkörpern
civa s Quecksilber
civar e Gegend, e Umgebung, **— ında** bei, zu; etwa, ungefähr, gegen
civciv s Küken
civelek heiter, lebhaft
coğrafi geographisch
coğrafya e Erdkunde, e Geographie
coğrafyacı r Erdkundler r Geograph
cokey r Jockei
conta e Abdichtung
cop r Gummiknüppel
coşku e Begeisterung, e Leidenschaftlichkeit, r Enthusiasmus
coşkulu leidenschaftlich, bewegt
coşkun lebhaft, lebhaftig, begeistert, leidenschaftlich, stürmisch, lich, bewegt
coşkunluk r Schwung, r Schwarm, e Leidenschaft
coşmak sich begeistern, leidenschaftlich werden
coşturmak aufregen, aufmuntern
cömert freigebig
cömertlik e Freigebigkeit
cuma r Freitag
cumartesi r Samstag, r Sonnabend
cumhur s Volk
cumhurbaşkanı r Staatspräsident
cumhuriyet e Republik
cumhuriyetçi r Republikaner

cunta e Junta
curcuna r Trubel, r Tumult
cüce r Zwerg, r Knom
cümbür cemaat alle zusammen
cümbüş s Vergnügen, e Vergnügung
cümle r Satz; alle, ganze
cümleten alle zusammen
cüppe e Robe
cüret r Mut, s Wagnis, e Kühnheit, e Verwegenheit, e Frechheit — **etmek** wagen
cüretkâr kühn, dreist, verwegen, frech, keck, vermessen
cüretli kühn, dreist, verwegen, frech, keck, vermessen
cüruf e Schlacke
cürüm s Verbrechen, e Untat, e Missetat — **işlemek** sich ein Vergehen zu Schulden kommen lassen, — **ü meşhut halinde** auf frischer Tat
cüsse e Größe
cüsseli massig
cüzam e Lepra
cüzdan e Brieftasche, s Portefeuille, s Portemonnaie
cüzî gering

Ç

çaba e Mühe, e Bemühung, r Eifer, e Anstrengung, **— göstermek** sich bemühen, sich Mühe geben, **— harcamak** streben, sich bemühen, sich anstrengen
çabalama s Streben, e Bemühung
çabalamak streben, bestreben, sich anstrengen
çabucak rasch, prompt
çabuk schnell, rasch, geschwind, behende, rapid, **— çabuk** schnellenstens, ganz rasch **— kırılan** spröde **— kızan** reizbar, **— olmak** sich beeilen
çabuklaştırmak beschleunigen
çabukluk e Schnelligkeit, e Eile
çaçabalığı e Sprotte
çaçaron geschwätzig
çadır s Zelt, **— kurmak** zelten
çağ e Zeit, r Zeitpunkt; r Lebensabschnitt; e Periode, r Geschichtsabschnitt
çağanoz e Krabbe
çağcıl modern, neuzeitlich, zeitgemäß
çağdaş zeitgenössisch; r Zeitgenosse
çağdaşlaşma e Modernisierung
çağdaşlaştırmak modernisieren
çağdışı unmodern, unzeitgemäß, veraltet
çağıldamak rieseln, rauschen
çağırmak rufen, aufrufen; einladen; versammeln
çağırtkan r Lockvogel
çağla grünes Obst
çağlamak brausen; strömen
çağlayan r Wasserfall, e Kaskade
çağrı e Einladung, e Forderung, e Aufforderung
çağrılı eingeladen
çağrışım e Assoziation, **— yapmak** assoziieren
çakal r Schakal
çakı s Taschenmesser
çakıl r Kies, r Kieselstein
çakır graublau
çakırkeyif angeheitert
çakışmak sich ineinander festhaken; aufeinander schlagen
çakmak[1] s Feuerzeug
çakmak[2] einschlagen; ansteichen; kapieren, merken; sitzenbleiben; dahinterkommen; verstehen von
çakmaktaşı r Feuerstein, r Zündstein
çakozlamak *argo* verstehen
çalakalem dauernd schreiben
çalar saat r Wecker, e Schlaguhr
çalçene r Schwätzer; geschwätzig
çalgı s Musikinstrument
çalgıcı r Musikant
çalı r Busch, s Gebüsch, s Gestrüpp, s Dickicht, e Staude, r Strauch

çalıfasulyesi e Buschbohne
çalık scherf, krumm
çalıkuşu r Zaunkönig
çalılık r Busch, s Gebüsch, s Gestrüpp, s Dickicht, e Staude, r Strauch
çalım e Prahlerei, — **satmak** prahlen
çalımlı prahlerisch, aufgeblasen
çalışan tätig, geschäftig
çalışkan fleißig, emsig, tätig
çalışkanlık r Fleiß, e Strebsamkeit, e Emsigkeit
çalışma e Tätigkeit, e Arbeit, s Training, — **izni** e Arbeitserlaubnis, — **koşulları** e Arbeitsbedingungen — **odası** s Arbeitszimmer — **ücreti** r Arbeitslohn — **saati** e Arbeitsstunde
çalışmak arbeiten, tätig sein, wirken, funktionieren, bestreben
çalışmamak versagen, stillstehen
çalıştırıcı r Trainer
çalıştırmak antreiben, beschäftigen, betätigen
çalkalamak spülen, abspülen, ausspülen, rühren, schütteln
çalkalanmak schwabbeln
çalkantı e Erchütterung
çalma s Stehlen; gestohlen
çalmak stehlen, klauen, rauben; lauten, schellen; spielen
çam e Tanne, e Fichte, e Fohre, e Lärche, — **ağacı** e Tanne, e Kiefer, — **devirmek** sich blamieren, — **kerestesi** s Tahnenholz
çamaşır e Wasche, — **değiştirmek** die Wäsche wechseln — **dolabı** r Wäscheschrank, — **günü** r Waschtag, — **ipi** e Wäscheleine, — **kazanı** r Waschkessel, — **leğeni** s Waschbecken, — **makinesi** e Waschmaschine, r Wäscheschleuder, — **sabunu** e Waschseife, — **sepeti** r Wäschekorb
çamaşırcı kadın e Waschfrau
çamaşırhane e Wäscherei
çamfıstığı e Pinlennuß
çamsakızı s Fichtenharz — **gibi** zudringlich, lästig — **çoban armağanı** was ein armer Schäfer schenken kann, ist nur ein stückhen Fichtenharz
çamur r Matsch, r Schlamm, r Pfuhl, r Dreck, — **atmak** verleumden
çamurlamak beschmutzen; verleumden
çamurlu schlammig, matschig, lehmig, morastig
çamurluk s Schutzblech, r Kotflügel
çan e Glocke, — **çalmak** läuten, — **kulesi** r Glockenturm, r Kirchturm
çanak r Tropf, r Napf, e Schale, e Schüssel — **çömlek** irdenes Geschirr — **yalamak** kriechen — **yalayıcı** r Schmarotzer, r Speichellecker
çanakçı r Töpfer
çanaksı schallenförmig
Çanakkale Boğazı e ç. Dardanellen
çanta e Tasche, e Mappe — **da keklik** schon für eine Sache gewonnen
çap r Durchmesser; s Kaliber
çapa e Hacke; r Anker
çapak e Augenbutter; r Grat
çapaklı spröde
çapalamak aufhacken
çapanoğlu e Unannehmlichkeit
çaparı Angel mit mehreren Haken
çapkın r Schürzenjäger
çapkınca sinnlich
çapraşık kompliziert, unklar
çapraz kreuzförmig, — **bulmaca** s Kreuzworträtsel
çaprazlama kreuzweise, — **sorgu** s Kreuzverhör
çapul e Plünderung
çapulcu r Plünderer
çar r Zar
çarçabuk schnell, rasch
çarçur e Vergeudung, — **etmek** vergeuden
çardak e Laube
çare s Mittel, r Ausweg, s Schutzmittel, e Lösung, — **aramak** auf Abhilfe sin-

çaresiz aussichtslos, hilflos
çaresizlik e Aussichtslosigkeit, e Hilflosigkeit, s Bedrängnis
nen, **bundan başka — yok** weiter läßt sich nichts tun **— olarak** als Abhilfe
çarık e Opanke, bäuerliches Schuhwerk
çarice e Zarn
çark s Rad
çarkçı r Maschinist; r Scherenschleifer
çarlık s Zarentum
çarmıh s Kreuz **— a germe e** Kreuzigung, **— a germek** kreuzigen, **— a gerilme e** Kreuzigung
çarpan *mat.* r Faktor
çarpı *mat.* s Malzeichen
çarpıcı auffallend
çarpık krumm, verwachsen, **— bacaklar** *(ç.)* X-beine **— bacaklı** krummbeinig
çarpılma e Verzerrung
çarpılmak s Verzerren
çarpılmış besessen
çarpım s Produkt
çarpıntı s Herzklopfen
çarpışma r Zusammenstoß; r Krampf
çarpışmak zusammenstoßen; kämpfen
çarpıtmak krümmen
çarpma r Stoß, r Puff, r Anprall; *mat.* e Multiplikation
çarpmak stoßen, prallen, anprallen, anstoßen,; klopfen, pochen, pulsieren; *mat.* multiplizieren
çarşaf s Bettuch
çarşamba r Mittwoch
çarşı r Markt, r Basar, **— ya çıkmak** auf den Markt gehen
çatal e Gabel; e Gabelung; gebelförmig **— bıçak s** Eßbesteck
çatallanmak sich gabeln
çatallaşmak sich komplizieren
çatı s Gerüst, r Spant, s Dach, **— deliği e** Luke, **— katı e** Mansarde, **— tepesi r** Glebel
çatık gerunzelt; finster
çatırdamak knattern, knacken. krachen, prasseln
çatırtı s Geknatter, s Geprassel
çatışma r Konflikt, r Widerspruch
çatışmak sich widersprechen; streiten
çatlak rissig, spröde; r Riß, e Ritze, e Scharte, s Leck, r Schlitz, r Spalt, e Spalte
çatlama e Spaltung, e Zerspaltung
çatlamak platzen, zerplatzen, zerspringen, bersten
çatlatmak spalten, schlitzen
çatmak tadeln, rügen
çavdar r Roggen, **— ekmeği s** Schwarzbrot
çavuş r Unteroffizier, r Feldwebel
çay[1] **r** Tee, **— fincanı e** Teetasse, **— ibriği r** Teekessel, **— kaşığı r** Teelöffel, **— takımı s** Teegeschirr
çay[2] *coğr.* r Bach
çaydanlık e Teekanne
çayevi s Teehaus, e Teestube
çaylak e Weihe, e Gebelweihe
çayır e Wiese, s Gras, e Weide
çehre e Miene, s Gesicht; e Aussicht
çek r Scheck, e Bankanweisung, **— defteri s** Scheckbuch
Çek r Tscheche; tschechisch
Çekçe s Tscheshisch
çekecek r Schuhanzieher, r Stiefelknecht
çekememek beneiden
çeki s Gewicht; e Art, e Weise, e Ordnung
çekici reizend, verlockend, hinreißend, verführerisch, entzückend, anziehend
çekicilik r Reiz, r Charme; e Anziehung; e Affinität
çekiç r Hammer, **— atma s** Hammerwerfen, **— le dövmek** schmieden, **— le vurmak** hämmern
çekidüzen e Ordnung, **— vermek** aufräumen, ordnen
çekilir erträglich
çekiliş e Ziehung

çekilme r Rücktritt; r Rückzug
çekilmek zurücktreten, wegtreten, scheiden; aufgeben; weichen, zurückweichen
çekilmez unausstehlich, unerträglich
çekim e Anziehung, *fiz.* e Gravitation; *dilb.* e Konjugation; e Verfilmung, **Film — i** Aufnahme **— eki** *dilb.* e Flexionsendung **— yapmak** konjugieren, deklinieren
çekimser unschlüssig, **— kalmak** sich die Stimme enthalten
çekingen bagn(e), zag, zaghaft, verschämt, veriegen
çekingenlik e Hemmung, e Schüchternheit, **e** Scheu
çekinik rezessiv, verdeckt, überdeckt
çekinmek sich genieren, sich zurückhalten, sich zurückziehen, ausweichen
çekip gitmek weggehen, wegfahren, abhauen
çekip koparmak losreißen
çekirdek r Kern; r Stamm, **— li meyve** r Steinobst
çekirge e Heuschrecke, r Grashüpfer
çekişme r Wortstreit, r Zank; e Stritigkeit, r Konflikt
çekişmek debattieren, zanken; losen; (gegenseitig) ziehen
çekişmeli spannend (Oyun)
çekiştirmek auseinanderziehen; aufeinanderhetzen (İnsanları)
çekme r Zug; e Schublade, s Fach, s Schubfach; e Anziehung **— kuvveti** e Anziehungskraft, e Zugkraft, **— halatı** s Zugseil
çekmece s Fach, s Schubfach, e Schublade
çek/mek ziehen, anziehen, heranziehen, hinziehen; locken, verlocken, reizen, hinreißen; *dilb.* konjugieren, deklinieren; ködern, zücken; abheben; abberufen; erdulden, aushalten, erleiden **— ip çevirmek** ordentlich leiten, **— ip çe-**

kiştirmek durchhecheln **— ip çıkarmak** ausrotten, **— ip gitmek** weggehen, ohne sich zu verabschieden
Çekoslavakya e Tchechoslowakei
çekül s Lot, s Senkblei
çelebi gebildet, erfahren
çelenk r Kranz; s Gewinde
çelik r Stahl **— fabrikası** s Stahlwerk, **— sac** s Stahlblech, **— yapı** r Stahlbau
çelimsizlik schwächlich, schmächtig, mager
çelişik widersprechend, unstimmig
çelişiklik r Widerspruch, e Unstimmigkeit
çelişki r Widerspruch, e Unstimmigkeit, r Zwiespalt
çelişkili widerspruchsvoll, gegensätzlich
çelişme r Widerspruch, e Unstimmigkeit
çelişmek widersprechen
çello s Cello
çelmek parieren
çeltik r Reis
çember r Reif, r Reifen, r Kreis, r Ring
çemberlemek umkreisen, einkreisen
çemen r Kreuzkümmel
çene s Kinn, r Kiefer, **— çalmak** schwatzen, **— kemiği** r Kiefer **— yarışı** s Palaver **— ye kuvvet** durch die Kraft seiner Worte
çenebaz geschwätzig
çengel r Haken
çengellemek anhaken, einhaken
çengelliiğne e Sicherheitsnadel
çengi e Tanzerin und Musikantin
çentik e Scharte, e Kerbe, **— açmak** kerben
çentikli zackig, schartig
çentmek einkerben
çepeçevre ringsum, ringsherum, rundherum
çerçeve r Rahmen, s Gestell, e Fassung
çerçevelemek einrahmen, umrahmen
çerçi r Hausierer
çerçöp r Müll

çerez e Vorspeise, s Vorgericht, r Leckerbissen, s Dessert
çeşit e Sorte, r Art, e Mannigfaltigkeit, — **çeşit** allerlei, vielerlei, mancherlei
çeşitli allerlei, vielerlei, verschiedenartig, mannigfach, mannigfaltig
çeşitlilik e Mannigfaltigkeit, e Vielfältigkeit, e Verschiedenheit, e Abart
çeşme r Brunnen, — **suyu** s Brunnenwasser
çeşni r Geschmack — **ci** r Geschmacker
çeşnilik s Gewürz, e Würze
çete e Bande, e Rotte, — **savaşı** r Partisanenkrieg
çeteci r Partisan
çetin schwer, schwierig, hart
çetrefil verworren
çevik flink, behend, hurtig, gewandt, regsam, rüstig
çeviklik e Flinkheit, e Behendigkeit, e Hurtigkeit, e Gewandtheit, e Regsamkeit, e Rüstigkeit
çevirgeç r Umschalter
çeviri e Übersetzung
çevirmek wenden, drehen, umdrehen, kehren, umkehren, abwenden, wegwenden, zuwenden, lenken, umschlagen; übersetzen
çevirmen r Übersetzer, r Dolmetscher
çevre r Umfang mat. e Peripherie; mat. e Umwelt, e Umgebung; e Kontur; r Bereich, r Bezirk; r Kreis, r Zirkel, — **de** herum, — **kirliliği** e Umweltverschmutzung — **sinde** um, umher, herum, rings, — **sinde dolaşmak** umgehen, — **sinde dönmek** umlaufen, umfahren, umkreisen, — **sine** um, herum, — **sine bakmak** sich umsehen, — **sine bakınmak** sich umschauen, — **sini sarmak** umschließen, umringen, umlagern
çevrebilim e Ökologie, — **ci** e Ökologe
çevrelemek einkreisen, umkreisen, umklammern, kreisen, säumen
çevren r Horizont
çevrim e Phase, s Stadium, e Periode
çevrimsel periodisch
çevrinti r Wirbel
çeyiz e Aussteuer
çeyrek s Viertel, — **saat** e Viertelstunde, — **yıl** s Vierteljahr, s Trimester
çıban e Schwäre, s Geschwür — **başı** r Eiterkopf
çığ e Lawine
çığır e Bahn, e Methode, e Richtung — **açmak** bahnbrechend wirken
çığırtkan r Lockvogel
çığlık s Geschrei, — **atmak** jammern
çıkagelmek plötzlich auftauchen
çıkar r Nutzen, r Vorteil, r Gewinn
çıkarcı selbstüchtig
çıkarcılık e Selbstsucht
çıkarma e Landung, e Ausschiffung; mat. e Subtraktion
çıkarmak ausziehen, ausbringen, austreten, ausstoßen, abmachen, absetzen, abtun; abziehen, mat. subtrahieren; ableiten, herleiten; herausgeben; entlassen
çıkartma s Abziehbild
çıkık verrenkt; e Verrenkung
çıkıntı r Vorsprung, e Erhöhung, — **oluşturmak** vorstehen, vorragen
çıkıntılı erhaben, — **olmak** herausragen, hervorragen
çıkış r Ausgang, r Ausweg, — **noktası** r Ausgangspunkt
çıkışmak zurechtweisen, tadeln
çıkıt e Mündung
çıkma e Randbemerkung; s Giebelfenster
çıkmak ausgehen, hinausgehen, herauskommen, fortgehen, abgehen, vorspringen, sich herauswölben; besteigen
çıkmaz sokak e Sackgasse
çıkrık e Winde; s Spinnrad; e Haspel
çılbır Speise aus Eiern

çıldırmak verrückt werden
çılgın wahnsinnig, verrückt, toll; **r** Irre
çılgınlık r Irsinn, **r** Wahnsinn, **e** Verrücktheit, **r** Triller
çıma s Anlegetau; **s** Schlepptau
çın s Klingen, **s** Hallen, **s** Dörhnen, — **çın ötmek** laut klingen
çınar e Platane
çıngar r Krach, **r** Lärm
çıngırak e Schelle, **e** Klingel
çıngıraklı yılan e Klapperschlange
çıngırdamak läuten, ertönen
çınlamak e hallen; klingen
çıplak nackt, entblößt, bloß, unverhüllt, blank, bar, kahl, — **ayak** barfuß — **vücut r** Akt
çıplaklık e Nacktheit, **e** Blöße
çıra r Kien
çırak r Lehrling, — **lık devresi e** Lehrzeit, — **lık yılları** *(ç.)* Lehrjahre
çırılçıplak splitternackt
çırpı e Rute, **e** Gerte
çırpınmak zappeln
çırpmak schütteln, spülen
çıt s Knacken, **s** Knistern — **yok** es ist mäuschenstill
çıta e Leiste, **e** Lattle
çıtçıt r Druckknopf
çıtı pıtı zierlich, niedlich, nett
çıtır pıtır lustig, munter
çıtırdamak knistern, knacken
çıtkırıldım r Weichling
çıtlatmak knacken lassen; in ein Geheimnis einweihen
çıyan r Skolopender
çızıktırmak hinkritzeln, hinhauen
çiçek e Blume, **e** Blüte; *(ç.)* Pocken*c* **açmak** blühen, aufblühen, — **e** Pocke, — **buketi r** Blumenstrau, **tarhı s** Blumenbeet — **i burnunda** ganz neu — **gibi** nett, fein; geschmackvoll gekleidet — **tarhı s** Blumenbeet
çiçekçi r Blumenverkäufer (in **e**)
çiçeklik e Blumenvase

çiçektozu r Blütenstaub, **r** Pollen, **r** Pollen
çiftsayı e Doppelzahl
çift s Paar; **r** Pflug; *mat.* gerade — **çift** paarweise, **bir** — **söz** ein paarweises Wort, — **koşmak** Tiere vor den Pflug spannen — **motörlü** zweimotorig, — **sürmek** pflügen
çiftçi r Bauer
çiftlik e Landwirtschaft
çifte doppelt
çiftelemek ausschlagen
çiftlemek paaren
çiftleşme e Paarung, **e** Brunst, — **zamanı e** Brunstzeit
çiftleşmek sich paaren
çiftleştirmek paaren
çiftlik r Bauernhof
çigan r Zigeuner, — **müziği e** Zigeunermusik
çiğ roh, ungekocht; unreif; grell, — **besin e** Rohkost
çiğdem r Krokus
çiğit r Kern
çiğnemek kauen; treten; überfahren; *mec.* überschreiten
çiklet r Kaugummi
çikolata e Schokolade, — **lı şekerleme e** Praline
çil (zoo) s Haselhun, — **yavrusu gibi dağılmak** auseinanderstieben
çil e Sommersprosse
çile e Mühsal, **e** Anstrengung, **e** Strapaze, **e** Bedrängnis; **r** Strang — **çekmek** sich kasteien, sich abhärmen, — **den çıkarmak** in Wut versetzen — **den çıkmak** die Beherrschung verlieren
çilek e Erdbeere, — **li dondurma s** Erdbeereis, — **kompostosu s** Erdbeerkompott
çilekeş r Ordensnovize; **r** Vielgeplagter
çilingir r Schlosser
çim r Rasen
çimdik s Kneifen

çimdiklemek kneifen, zwicken
çimen s Gras
çimenlik e Grünanlage
çimento r Zement
çimentolamak zementieren, einzementieren
Çin China; chinesisch
çinakop r Blaufisch
Çince s Chinesisch
Çingene r Zigeuner, e Zigeunerin
çingene frech; geizig
çingenelik e Habsucht, e Habgier, e Frechheit
çini e Majolika, e Keramik, e Fayence, **— mürekkebi** e Tusche
çinko s Zink
Çinli r Chinese
çipura e Geißbrasse
çiriş r Kleister
çirkef s Schmutzwasser; ekelhaft, widerwärtig
çirkin häßlich, unangenehm, greulich, unerhört, verwerflich, garstig, abscheulich
çirkinlik e Häßlichkeit
çiroz e Makrele
çiselemek sprühen, nieseln
çisenti s Nieseln
çiş e Pisse, r Harn, **— etmek** pissen, harnen, urinieren
çit r Zaun, e Hecke, s Gehege, e Hürde
çitilemek reiben
çitlembik r Zürgel
çivi e Nagel, r Stift, e Krampe, r Splint, **— yazısı** e Keilschrift **— çakmak** Nägel einschlagen **— dişi** r Milchzahn, **— gibi** gesund und munter
çivilemek nageln, annageln
çivit s Waschblau, s Bläuel
çiy r Tau
çizelge e Tafel, e Tabelle
çizge e Graphik, s Schaubild
çizgi e Linie, r Strich, **— çizgi** schraffiert, strichliert, strichweise
çizgili liniiert, gestrichelt
çizgisiz unliniert
çizik e Schramme; gestrichelt
çiziktirmek hinkritzeln
çizim e Zeichnung, e Konstruktion
çizme r Stiefel, **— ökçesi** r Stiefelabsatz
çizmek zeichnen, konstruieren; durchstreichen, wegstreichen, ausstreichen, abstreichen
çoban r Schäfer, r Hirt, **— köpeği** r Schäferhund, r Wolfhund **— matı** s Schäfermatt
çobanyıldızı r Morgenstern, e Venus
çocuk s Kind, **— aldırmak** abtreiben, **— arabası** r Kinderwagen, **— bahçesi** r Kinderspielplatz **— bezi** e Windel **— doktoru** r Kinderarzt, **— düşürme** e Fehlgeburt **— felci** e Kinderlähmung, **— odası** s Kinderzimmer, **— oyuncağı** s Kinderspiel, e Kleinigkeit, **— yapma** e Zeugung **— yapmak** zeugen **— yuvası** s Kinderheim **— tan al haberi!** Kinder sprechen die Wahrheit **— zammı** s Kindergeld
çocukbilim e Pädologie
çocukça kindisch, albern, blöd; knabenhaft
çocukluk e Kindheit; e Kinderei
çocuksu kindisch; kindlich
çoğalma e Vermehrung, r Zuwachs
çoğalmak sich vermehren, zunehmen, steigen, schwellen; sich fortpflanzen
çoğaltma e Steigerung, e Verfältigung
çoğaltmak vermehren, steigern, erhöhen, verfielfältigen
çoğu größtenteils; meistens, oft
çoğul dilb. r Plural, e Mehrzahl
çoğunluk e Mehrheit, e Majorität
çok sehr, viel, reichlich, weitaus, überaus, tüchtig, gar, gerade, riesig, rechtschaffen, **—** acele umgehend, hastig, **— anlamlı** vieldeutig, dehnbar, mehrdeutig **— anlamlılık** e Dehnbarkeit, **— büyük** riesig, gewaltig, enorm, unab-

sehbar, übergroß, ungeheuer, unübersehbar — **fazla** sehr viel, zuviel, — **güzel** bildschön, prima, entzückend, herrlich, — **hasta** todkrank, — **heceli** mehrsilbig, vielsilbig, — **hızlı** überstürzt, — **iyi** hervorragend, vortrefflich, erstklassig, brillant, prima — **renkli** bunt, vielfarbig, — **sesli** vielstimmig, mehrstimmig, — **yakında** bald, nahebei — **yorgun** todmüde, — **yönlü** vielseitig

çokeşlilik e Polygamie, e Vielehe
çokgen s Polygon, s Vieleck
çokhücreli mehrzellig
çokkarılı polygam
çokkocalı polyandrisch
çokluk e Menge, e Fülle
çoktan schon — **beri** seit Jahr und Tag
çoktandır seit langer Zeit
çoktanrıcı r Heide, r Polytheist
çoktanrıcılık r Polytheismus
çokterimli s Polynom
çolak verkrüppelt
çoluk çocuk mit Kind und Kegel; junges Gemüse
çomak r Knüttel, e Keule
çomar großer Hirtenhund, Schaf ohne Hörner
çopur entstellendes Gesichtsmal, wilder Tiere
çorak dürr, unfruchtbar
çoraklık e Unfruchtbarkeit
çorap e Socke, e Strumpf — **örmek** Strümpfe stricken — **şişi** e Stricknadel
çorba e Suppe, — **kâsesi** e Suppenschüssel, e Terrine, — **kaşığı** r Suppenlöffel — **içmek** Suppe essen — **da tuzu bulunmak** auch einen kleinen Beitrag geliefert haben — **ya dönmek** sich heillos verwirren
çökelek r Niederschlag
çökertmek senken
çökme r Zusammenbruch, r Zerfall, r Einsturz; e Depression

çökmek sinken; einfallen, einstürzen, zerfallen, zugrundegehen, verfallen; zusammenfallen, zusammenstürzen, zusammenbrechen; krachen, untergehen
çöküntü e Senke; r Verfall, r Zusammenbruch
çöküş r Ruin, r Untergang, e Dekadenz, e Niederlage
çöl e Wüste
çömelmek hocken, kauern
çömlek r Topf
çömlekçi r Töpfer
çöp r Müll, r Kehricht, e Spreu, s Brack, — **arabası** r Müllwagen — **kovası** r Mülleimer, — **sepeti** r Papierkorb — **tenekesi** r Mülleimer
çöpçatan r Heiratsvermittler
çöpçatanlık e Heiratsvermittlung
çöpçü r Straßenkehrer; r Müllkutscher
çöplük r Kehrichthaufen; r Mülleimer
çörek s Gebäck; e Scheibe
çöreklenmek sich zusammenringeln
çöreotu e Jungfer im Grünen, r Schwarzkümmel
çözelti e Lösung
çözgü e Kette
çözmek lösen, auflösen, losbinden
çözülmek auseinandergehen; sich auflösen, aufgehen
çözüm e Lösung, e Auflösung
çözümleme e Analyse, e Auflösung, e Zerlegung
çözümlemek analysieren, auflösen, zerlegen, zergliedern
çözümsel analytisch, zerlegend
çözünmek sich auflösen
çözüşmek auseinandergehen
çubuk r Stab, r Stock, e Stange, e Gerte
çuha s Tuch, r Wollstoff
çuhaçiçeği r Primel
çukur s Loch, e Grube, e Vertiefung, r Schacht; tief, hohl
çukurlaşmak vertiefen

çukurluk e Senke, e Mulde, e Vertiefung
çul e Tierdecke
çullanmak sich stürzen
çulluk e Schnepfe
çulpan r Morgenstern, e Venus
çuval r Sack, — **a koymak** sacken, — **bezi** r Drell
çuvaldız e Packnadel
çuvallamak durchfallen, miβlingen
çük s Schwänzchen
çünkü denn, weil, da
çürük faul, morsch, schwach, verwesen, — **tahtaya basmak** in die Falle gehen
çürüklük e Fäulnis; e Brüchigkeit; e Untauglichkeit
çürüme e Verwesung, r Moder
çürümek verderben, verfaulen, modern, abfaulen
çürümüş verfault
çürütmek widerlegen
çürütülebilir widerlegbar
çürütülemeyen unwiderlegbar, unwiderleglich
çüş (Ruf des Eseltreibers) Halt, Ouha

D

da auch, ebenfalls; aber, indessen; und
dadanmak sich einfinden
dadı e Kinderfrau, **e** Amme
dağ¹ **r** Berg — **adamı r** Bauerntölpel — **eteği r** Fuß des Berges — **faresi s** Murmeltier '— **lara taşlara** möge es uns fernbleiben
dağ² **s** Brandmal
dağarcık r Ledersack
dağcı r Bergsteiger, (in **e**), **r** Alpinist
dağcılık s Bergsteigen
dağılım e Verteilung
dağılış r Verfall, **r** Zerfall
dağılma r Zerfall, **e** Auflösung
dağılmak zerfallen, sich auflösen sich ausbreiten, sich verteilen
dağınık vereinzelt, zerstreut; unordentlich; wirr
dağınıklık e Unordnung; **e** Zerstreuung
dağıtıcı r Briefträger, **r** Zeitungsverkäufer
dağıtım e Verteilung, **e** Ausgabe
dağıtmak verteilen, austeilen, ausgeben, einteilen; ausschenken; spenden; zerstreuen; zertrümmern
dağkeçisi e Gemse
dağlamak brandmarken
dağlık gebirgig
daha noch, desto, umso, mehr, erst, schon, — **az** minder, — **çok** mehr, über, vielmehr, — **fazla** mehr, umsomehr, — **hoş** lieber, — **iyi** besser, über, — **kötü** schlechter, schlimmer — **küçük** minder — **önce** früher, eher, zuvor, davor, — **sonra** später, nachher, hinterher
dahi auch, selbst, sogar
dâhi s Genie
dahil inbegriffen, einbegriffen, einschließlich, — **etmek** einschließen, — **olmak** dazugehören
dahili inner, innerlich
dahiliye *(ç.)* innere Krankheiten; Abteilung für innere Krankheiten
dahiliyeci Arzt für innere Krankheiten
daima immer, stets
daimi ständig, dauernd
dair über, bezüglich, hinsichtlich
daire *mat.* **r** Kreis; **s** Amt, **s** Büro; **e** Wohnung, — **amiri r** Amtsvorsteher, — **kesmesi r** Kreisausschnitt — **yayı r** Kreisbogen
dairesel kreisförmig, — **yörünge e** Kreisbahn
dakik pünktlich; fein, präzis
dakika e Minute — **larca** minutenlang
dakiklik e Pünktlichkeit; **e** Präzision
daktilo s Maschinenschreiben; **e** Schreibmaschine — **etmek** mit der Maschine schreiben — **ile yazmak** mit

der Maschine schreiben
daktiloskopi r Fingerabdruckverfahren
dal r Ast, r Zweig; e Abteilung — **budak salmak** Zweige und Triebe ansetzen — **gibi** zart und schwach — **dan — a atlamak** von einem Thema auf das andere kommen — **dan — a konan** vonkelmütig
dalak e Milz
dalamak beißen; stechen
dalaş r Streit, s Gefecht
dalaşmak sich beißen; sich zanken
dalavere r Schwindel
dalavereci r Schwindler
dalaverecilik e Schwindelei
daldırmak tauchen, eintauchen, versenken
dalga e Welle, e Woge; r Schwindel, — **boyu** e Wellanlänge — **geçmek** sich lustig machen über; faulenzen — **cı** zerstreut, wankelmütig
dalgakıran r Wellenbrecher, e Mole
dalgalandırmak kräuseln
dalgalanma e Kräuselung, e Wallung, — **devinimi** e Wellenbewegung, — **hareketi** e Wellenbewegung
dalgalanmak flattern, wallen, wogen
dalgalı wellig, bewegt; wellenförmig, — **akım** r Wechselstrom
dalgıç r Taucher, — **giysisi** r Taucheranzug
dalgın zerstreut, verträumt, versunken, geistesabwesend
dalgınlık e Zerstreutheit, e Abwesenheit
dalkavuk r Schmeichler
dalkavukluk e Schmeichelei, — **etmek** schmeicheln
dallanmak sich verzweigen
dallı verzweigt, verästelt
dalmak tauchen, untertauchen; sich vertiefen; einnicken; *mec.* schlafen
dalmış versunken
dalyan s Fischernetz

dalyarak *kaba* r Tölpel, r Dummkopf
dam[1] e Dame
dam[2] s Dach; r Stall; s Gefängnis
dama s Damenspiel, e Dame
damacana r Glasballon
damak r Gaumen
damalı kariert
damar e Ader — **ına basmak** jdm. auf die Hühneraugen treten — **sertliği** e Arterienverkalkung
damarlı adrig, aderig
damat r Bräutigam; r Schwiegersohn
damatlık s Bräutigamskleid (Elbise)
damga r Stempel, e Siegel, — **pulu** e Stempelmarke
damgalamak stempeln, siegeln
damgalanmak schlecht angeschrieben sein
damgalı gestempelt
damgasız ungestempelt
damıtık destilliert
damıtma e Destillation
damıtmak destillieren
damız r Stall
damızlık s Ferment, — **hayvan** s Zuchttier
damla r Tropfen, — **damla** tropfenweise
damlalık e Tropfflasche, s Tropfglas
damlamak tropfen, rinnen, sickern
damlatmak tropfen, träufeln
damping s Damping
dan aus, von
dana s Kalb, — **eti** s Kalbfleisch — **kızartması** r Kalbsbraten
dangalak dumm, einfältig
danışık e Abmachung, s Übereinkommen
danışıklı abgekartet
danışma e Auskunft, e Beratung, e Information
danışmak konsultieren; verhandeln
danışman r Ratgeber, r Berater (in e)
danıştay r Staatsrat
Danimarka Dänemark

Danimarkalı r Däne, e Dänin
daniska best
dank etmek (kafasına) langsam verstehen
dans r Tanz, **— a kaldırmak** zun Tanz auffordern, **— etmek** tanzen, **— müziği** e Tanzmusik, **— okulu** e Tanzschule, **— orkestrası** e Tanzkapelle
dansör r Tänzer
dansöz e Tänzerin
dantel e Häkelspitze
dar eng, schmal, **— boğaz** e Klause, **— gelirli** minderbemittelt **— görüşlü** kleinlich, engherzig, **— kafalı** engstirnig, spießbürgerlich
dara e Tara
darağacı r Galgen
daralmak eng(er)werden; knapp werden, sich drängen
daraltmak enger machen, verengern
darbe r Schlag, r Hieb; r Schicksalsschlag; r Stoß; r Putsch
darbetmek schlagen; prägen (Para); multiplizieren
darbuka e Handtrommel
dargın böse
dargınlık r Ärger
darı e Hirse **— sı başınıza** möge Ihnen das gleiche Glück beschieden sein
darılmak übelnehmen, zürnen
darlık e Enge; e Not, e Klemme, e Patsche, e Trübsal; e Knappheit
darmadağın(ık) verworren, wirr, durcheinander
darphane e Münze, e Geldprägestätte
darülaceze s Altersheim
dava huk. r Prozeß, e Verhandlung; e Sache, e These, e Forderung, **— etmek** anklagen, verklagen
davacı r Kläger
davalı r Angeklagte
davar s Vieh
davavekili r Rechtsvertreter
davet e Einladung, e Aufforderung **— etmek** einladen, auffordern, herausfordern
davetiye e Einladungskarte; e Vorladung
davetli geladener Gast
davetsiz ungeladener Gast
davlumbaz r Radkasten
davranış s Verhalten, s Benehmer, e Behandlung, s Betragen, e Haltung, **— ta bulunmak** sich benehmen, handeln
davranmak behandeln, verhalten, sich benehmen, umgehen, verfahren
davul e Trommel, e Pauke, **— çalmak** pauken **— zurna** dröhnende Dorfmusik **— un sesi uzaktan hoş gelir** die große Trommel klingt nur von weitem schön
davulcu r Pauker
dayak (ç.) Prügel **— atmak** prügeln, verprügeln **— yemek** Prügel beziehen
dayalı gelehnt, angelehnt, gestüzt
dayamak lehnen, anlehnen, stützen, stemmen; einrichten
dayanak r Halt, e Stütze, e Spreize, **— noktası** r Stützpunkt
dayandırmak stemmen; anknüpfen zugrunde legen, gründen
dayanıklı fest, solid(e), standfest, beständig, dauerhaft, widerstandsfähig
dayanılabilir verträglich
dayanıklılık e Dauer, e Festigkeit
dayanıksız unhaltbar; ohne Widerstandskraft
dayanılır erträglich
dayanılmaz unerträglich, unverträglich, unausstehlich, allzu
dayanışma e Solidarität, s Zusammengehörigkeitsgefühl, r Zusammenhalt, **— içinde** solidarisch
dayanma e Ausdauer
dayanmak lehnen, sich lehnen, sich stützen, beruhen, sich berufen (auf), sich beziehen; halten, aushalten; ertragen, vertragen, dulden, erdulden;

DAYATMAK   334   **DEĞİŞMEK**

standhalten, widerstehen, sich stemmen; pochen
dayatmak verharren, beharren
dayı r Onkel
dayıoğlu r Vetter, e Kusine
dazlak kahlköpfig
debdebe r Aufwand
debelenmek zeppeln, strampeln
debriyaj *tek.* e Kupplung
dede r Großvater; r Ahn, r Vorfahr, — **nin dedesi** r Urahn
dedektif r Dedektiv
dedikodu s Gerücht, r Klatsch, — **yapmak** klatschen
dedikoducu schwatzhaft, klatschsüchtig
dedikoduculuk e Schwatzhaftigkeit, e Klatschtigkeit
defa s Mal, — **larca** mehrmals, öfters, **bir** — einmal, **bir** — **daha** noch einmal **bu** — diesmal, **üç** — dreimal
defetmek verjagen, vertreiben, stoßen
defile r Modenschau
defin e Beerdigung, e Bestattung, s Begräbnis
define r Schatz, — **arayıcısı** r Schatzgräber, — **ci** r Schatzgräber
deflasyon r Deflation
defne r Lorbeer
defnetmek beerdigen, begraben, bestatten
defo r Defekt
defol! fort mit dir!
defolmak abhauen
deformasyon e Deformation, e Formänderung
deforme deformiert
defter s Heft; s Verzeichnis, s Register, — **e geçirmek** registrieren, — **i kapamak** *mec.* nichts mehr zu tun haben wollen mit — **tutma** e Buchführung — **açmak** Listen auslegen — **tutmak** Listen führen
defterdar r Finanzdirektor
defterdarlık s Finanzamt

değer wert, würdig; r Wert; r Preis, — **ini yükseltmek** aufwerten, veredeln, — **biçilmez** unschätzbar, — **biçme** e Taxe, e Schätzung, — **biçmek** schätzen, — **vermek** würdigen, achten
değerlendirmek bewerten, auswerten, zensieren
değerli wertvoll, kostbar, teuer; edel, traut, schätzenswert, tüchtig, — **eşya** e Wertsache, — **kâğıt** s Wertpapier, — **mektup** r Wertbrief — **paket** s Wertpaket, — **taş** r Edelstein, s Kleinod, s Juwel
değerlik e *kim.* Wertigkeit e Valenz
değersiz wertlos, nichtig, eitel, nichtsnützig, — **şey** r Schund
değersizlik e Wertlosigkeit, e Nichtigkeit
değil nicht; geschweige, — **mi?** nicht wahr?
değin bis
değinmek anknüpfen
değirmen e Mühle, — **dolabı** s Mühlenrad — **taşı** r Mühlenstein
değirmenci r Müller
değirmi rund, quadratisch
değiş r Tausch, r Austausch — **etmek (tokuş etmek)** etwas gegen etwas anderes austauschen
değişik verschieden, anders
değişiklik e Verschiedenheit; e Änderung, e Veränderung, r Wandel, e Wandlung, r Wechsel; e Variation, — **yapmak** verändern, reformieren
değişim e Verwandlung, e Umwandlung, e Modifikation, r Umschlag
değişken veränderlich, unbeständig, unstet; *mat.* s, e Veränderliche
değişme e Wandlung, r Wandel, e Abwechslung, r Wechsel
değişmek s Ändern, s Verändern; austauschen, umwechseln
değiştirme e Veränderung; r Tausch, r Umtausch
değiştirmek verändern, umändern, ab-

DEĞİŞTOKUŞ 335 **DEMİRHANE**

ändern, ändern; tauschen, umtauschen, vertauschen, verwechseln, wechseln, umwechseln, wandeln, umwandeln, verwandeln, variieren, modulieren, modifizieren; verfälschen; umschalten

değiş tokuş r Wechsel, e Abwechslung — **etmek** tauschen

değme e Berührung, r Kontakt

değmek[1] berühren; erreichen,

değmek[2] sich lohnen, wert sein

değnek r Stock, r Knüttel, r Knoppel, r Stab, r Prügel, e Stange, r Schlegel, e Gerte

deha s Genie

dehliz e Galerie

dehşet r Greuel, s Grauen, s Grausen, s Entsetzen, e Abscheu, — **e kapılmak** sich entsetzen — **verici** schauderhaft, schrecklich

dehşetli ungeheuer, entsetzlich, grausig gruselig, verheerend, schrecklich, furchtbar

dejenere entartet, degeneriert

dek bis

dekalitre r, s Dekaliter

dekametre r, s Dekameter

dekan r Dekan

dekanlık s Dekanat

dekar s Dekar

deklanşör r Auslöser

dekolte s Dekolleté, ausgeschnitten; dekolletiert

dekont r Kontoabzug, r Rechnungsauszug

dekor r Dekor, e Dekoration, e Verzierung, e Ausschmückung, e Ausstattung, s Bühnenbild

dekoratif dekorativ

dekoratör r Innenarchitekt

delalet e Führung, e Vermittlung, — **etmek** führen, anleiten; bezeichnen, darlegen; vermitteln

delegasyon e Mission, e Abordnung

delege r, e Delegierte, r Gesandte

delgi r Bohrer, e Bohrmaschine

deli verrückt, wahnsinnig, irrsinnig, närrisch, töricht, verschroben; r Tor, r Narr, r Irre; — **etmek** verrückt machen; in Wut bringen — **divane** vollkommen verrückt — **dolu** unbesonnen — **duman** launisch, wunderlich — **olmak** verrückt werden, wahnsinnig werden

delice wie verrückt, — **sine sevmek** anbeten

delik s Loch, e Öffnung, e Lücke; r Einwurf; s Gefängnis; löcherig, — **açmak** stemmen — **deşik** ganz durchlöchert

delikanlı r Jugendliche

delikanlılık e Jugend

delil r Beweis, r Nachweis, r Ausweis

delilik r Torheit, r Wahnsinn, r Irsinn, e Verrücktheit

delirmek wahnsinnig werden

delişmen verwöhnt

delmek bohren, durchbohren, lochen, durchlochen, spießen

delta s Delta, s Schwemmland

dem s Getränk

demagog r Demogog

demeç e Aussage, e Erklärung — **vermek** eine Erklärung abgeben

demek sagen; heißen, nennen, — **ki** also, mithin, nämlich, — **istemek** meinen, besagen

deme yahu! was du nicht sagst!

dememek keine Bedeutung beimessen

demet s Büschel, r Stoß r Strauß

demin eben, soeben, vorhin, gleich

demir s Eisen; r Anker; eisern, — **almak** lichten — **atmak** Anker werfen — **leblebi** ein harter Brocken — **kalem** s Stemmeisen, — **saç** s Eisenblech, — **gibi** eisern — **perde** eiserner Vorhang — **e vurmak** in Ketten legen

demirbaş s Inventar

demirci r Eisenschmied

demirhane r Schmied

demiryolu e Eisenbahn, s Gleis
demlemek ziehen lassen
demli stark
demokrasi e Demokratie, e Volksherrschaft
demokrat r Demokrat, demokratisch, **sosyal —** sozialdemokratisch
demokratik demokratisch
denden (ç.) Gänsefüschen
denek e Versuchsperson, s Versuchsobjekt, s Versuchstier
denektaşı r Profstein
deneme e Probe, r Versuch, **— süresi** e Probezeit, **— tahtası** s Versuchskaninchen, **— yoluyla** versuchsweise
denemek probieren, ausprobieren, prüfen, testen, suchen, versuchen
denet e Kontrolle, e Überwachung
denetçi r Kontrollbeamte, r Prüfer
denetim e Kontrolle, e Aufsicht, e Überwachung, e Überprüfung
denetlemek überwachen, kontrollieren, überprüfen
deney r Versuch, s Experiment; e Erfahrung **— yapmak** experimentieren
deneyim e Erfahrung
deneysel experimentell
denge s Gleichgewicht
dengelemek ausgleichen, kompensieren
dengeli stabil; nüchtern
dengesiz unstabil, zerrissen
denilen sogenannt
deniz s Meer, e See, **— girmek** baden, **— aslanı** r Seelöwe, **— banyosu** s Seebad, **— kazası** r Schiffbruch, **— kıyısı** r Strand, **— kızı** e Seekuh, Seejungfer, e Nixe **— kuvveti** e Seemacht, **— mili** e Seemeile, **— motoru** s Motorboot, **— seviyesi** e Meereshöhe, **— subayı** r Marineoffizier, **— ticareti** r Seehandel, **— trafiği** r Seeverkehr, **— tutması** e Seekrankheit, **— tutmuş** seekrank, **— ulaşımı** r Seeverkehr, **—**
yılanı e Seeschlange, **— yıldızı** r Seestern, **— yolculuğu** e Schiffahrt, e Seefahrt, **— yosunu** r Tang, **— yüzeyi** r Meeresspiegel
denizaltı s Unterseeboot, s U-Boot, **— kablosu** r Unterseekabel
denizanası e Qualle
denizaşırı e Transatlantisch, überseeisch, **— ülkeler** (ç.) Überseeländer
denizci e Seemann, r Matrose
denk[1] r Ballen
denk[2] gleich; passend
denklem e Gleichung
denkleştirmek ausgleichen; ins Gleichgewicht bringen
denli[1] so, derart
denli[2] ordentlich, taktvoll
densiz taktlos
deodran r De(s)odorant
depar r Abfahrtslauf, r Start
depo s Lager, s Depot, r Speicher, r Tank, **— etmek** speichern, aufspeichern
depozito s Deposit, s Pfand
deprem s Erdbeben
depremölçer r Erdbebenmesser
depremyazar r Seismograph
depresyon e Depression, e Niedergeschlagenheit
depreşmek wieder auftreten
derbeder schlampig, liederlich
derbederlik e Schlampigkeit, e Liederlichkeit
derbent r Gebirgsübergang, r Engpaß
dere s Bach **— yi görmeden paçaları sıvama!** man soll das Fell des Bären nicht verkaufen, ehe man ihn erlegt hat
derebeyi r Fürst
derece s Grad; e Stufe, r Rang, r Staffel, **— derece** stufenweise, allmählich
derecelemek ernterlen, klassifizieren
derecelendirmek einteilen, stäffeln; zensieren
dereotu r Dill
dergi e Zeitschrift, s Magazin, e Illustrier-

te
derhal sofort, gleich, unverzüglich, alsbald, sogleich, stracks
deri e Haut, s Fell, s Leder, e Decke, e Pelle, **bir — bir kemik olmak** nur noch Haut und Knochen sein **— si soyulmak** sich häuten, **— sini yüzmek** abziehen, **— eşya** e Lederware, **— yüzmek** schinden
derin tief, vertieft **— düşünmek** sich den Kopf zergrübeln **— saygılarımı sunarım** mit vorzüglicher Hochachtungs
derinleşmek sich vertiefen
derinleştirmek vertiefen
derinlik e Vertiefung, e Tiefe, **— i ölçmek** peilen
derişik konzentriert
derleme e Sammlung
derlemek sammeln; aufräumen
derli toplu ordentlich
derman s Medikament; s Heilmittel; e Kraft
dermansız müde, flau
dermansızlık e Kraftlosigkeit
dermek aufräumen
dernek r Verein, e Gesellschaft
ders r Unterricht,; e Stunde, s Lehrfach, e Disziplin; e Schularbeit, e Hausaufgabe, **— lerin kesilmesi** r Schulschluß, **— kitabı** s Lehrbuch, s Schulbuch, **— programı** r Stundenplan, **— saati** e Unterrichtsstunde, **— ücreti** s Stundengeld, **— vermek** unterrichten; mec. jdm. eine Lektion erteilen, **— yılı** s Schuljahr **— dershane** s Klassenzimmer, e Klasse
derslik s Klassenzimmer, e Klasse
dert r Kummer, r Schmerz, s Leiden, s Leid, e Mühsal, **— ortaklığı** s Mitgefühl **— yanmak** sein Herz ausschütten
dertlenmek sich härmen
dertli kränklich, grämlich
derviş r Bettelmönch, r Derwisch

derya s Meer
desen e Zeichung, s Muster
desimetre r, s Dezimeter
desinatör r Konstruktionszeichner (**e in**)
despot r Tyrann, r Despot
destan e Erzählung, s Epos **dillere — olmak** zum allgemeinen Stadt Gespräch werden
deste s Bund, s Bundel, r Stoß
destek e Stütze, r Stützbalken, r Ständer, s Statif, r Spreize; e Nachhilfe, e Unterstützung, **— olmak** jdm. unter die Arme griefen
desteklemek stützen,spreizen; unterstützen
desteksiz ohne Stütze; schutzlos
destroyer r Zerstörer
destur e Erlaubnis; Vorsicht!
deşarj e Entladung
deşmek aufstechen
detay s Detail **— lı** detailliert
deterjan r Reinigungsmittel
dev r Riese, r Gigant, **— gibi** gigantisch, riesig, riesengroß, kolossal
deva s Heilmittel
devalüasyon e Geldentwertung
devam e Fortsetzung, e Dauer; e Anwesenheit; weiter **— etmek** dauern, fortgehen, fortsetzen, fortfahren, weitergehen, weitermachen
devamı s Weitere
devamlı dauernd, ständig, fest, stetig, ununterbrochen, **— oturan** seßhaft
devamsızlık s Versäumnis
deve s Kamel
devekuşu r Strauß
deveran r Kreislauf
devim e Bewegung
devimbilim e Kinematik
devindirmek bewegen
devingen beweglich
devinim e Bewegung
devinimsiz regungslos
devinme e Bewegung

devir¹ r Zeitabschnitt, s Zeitalter, e Periode, e Epoche, e Phase
devir² r Umgang, r Umlauf, e Umdrehung, e Runde, e Zirkulation, r Zyklus, e Rotation, **— sayısı** e Drehzahl
devirme r Umsturz
devirmek umstürzen, umschlagen, umstoßen, umlegen, umfahren, kippen, umkippen
devlet r Staat, **— çe** staatlich, **— adamı** r Staatsmann, **— bakanı** r Staatsminister, **— bankası** e Staatsbank, **— başkanı** r Staatspräsident, **— dairesi** s Staatsamt, **— hazinesi** e Staatskasse, **— hizmeti** r Staatsdients, **— işi** e Staatsangelegenheit, **— kuvveti** e Staatsgewalt, **— memuru** r Staatsbeamte, **— sırrı** s Staatsgeheimnis, **— şekli** s Staatsform, **— şurası** r Staatsrat, **— yönetimi** e Staatsverwaltung, **— ler hukuku** s Völkerrecht
devletleştirme e Verstaatlichung
devletleştirmek verstaatlichen
devre r Zeitabschnitt, e Periode, e Phase; r Stromkreis; e Halbzeit, **— yi açmak** einschalten, **— yi kapamak** ausschalten, **— şeması** e Schaltung
devretmek übergeben, veräußern
devrik gestürzt
devrilmek stürzen, umstürzen, kippen, umkippen, umklappen
devrim e Revolution; r Umsturz **— yapmak** umstürzen, revolutionieren
devrimci r Revolutionär
devriye e Streife, **— polisi** r Streifenpolizist
devşirmek pflücken
deyim e Redewendung, e Redensart, r Ausdruck
deyiş r Still; r Ausdruck
dezavantaj r Nachteil
dezavantajlı nachteilig
dezenfekte desinfiziert, **— etmek** desinfizieren
dırdır e Schwätzerei, **— etmek** schwatzen
dış auswärtig, außen; s Äußere **— ına çıkarmak** ausschließen, **— ında bırakmak** ausschließen, ausschalten, **— işleri Bakanı** r Außenminister **— dünya** e Umwelt, **— ticaret** r Außenhandel, **— ülke** s Ausland
dışalım r Import, e Einfuhr
dışalımcı r Importeur, r Einfuhrkaufmann
dışarı hinaus, heraus, raus, **— da** draußen, im Ausland **— dan** von Außen; vom Ausland, **— ya** hinaus, heraus, raus, **— çıkmak** rausgehen, hinausgehen, herauskommen, heraustreten
dışbükey konvex, erhaben
dışında außerhalb; abgesehen von, bis auf
dışkı r Mist, r Kot, r Dreck, r Schiß
dışsatım r Export, e Ausfuhr
dışsatımcı r Ausfuhrkaufmann, r Exporteur
dıştan von außen
didaktik didaktisch, lehrhaft; e Didaktik, e Unterrichtslehre
didiklemek zausen, zerfetzen
didinmek sich abmühen
dielektrik s Dielektrikum; dielektrisch
diferansiyel s Differential, s Ausgleichsgetriebe; *mat.* s Differential **— denklem** e Differentialgleichung
difteri e Diphterie
diftong *dilb.* r Diphthong
difüzyon e Verbreitung, e Sendung
diğer ander, **— taraftan** andererseits
dik steil, schroff; steif; *mat.* senkrecht, recht **— açılı** rechwinklig, **— kafalı** starrsinnig, trotzköpfig, starrköpfig, verstockt, widerspenstig, **— üçgen** s rechtwinklige Dreieck
dikdörtgen s Rechteck, **— biçiminde** rechteckig
diken r Dorn, r Stachel

dikenli stachelig, — **çit** r Stacheldraht, — **tel** r Stacheldraht
dikey senkrecht, lotrecht
dikili aufgepflanzt; genäht
dikilitaş r Obelisk
dikilmek stehen; sich versteifen
dikiş e Naht, — **dikmek** nähen — **iğnesi** e Nähtnadel, — **ipliği** s Nähmaschine, — **makinesi** e Nähmaschine — **yeri** e Näht
dikişsiz nahtlos
dikit r Stalagmit
dikiz s Schauen, — **aynası** r Rückspiegel — **etmek** *kaba* beobachten
dikizlemek schauen
dikkat e Vorsicht, e Umsicht; e Aufmerksamkeit; e Obacht, e Sorgfalt; Achtung! Vorsicht! — **e değer** beträchtlich — **in dağılması** e Ablenkung, — **ini çekmek** hinweisen, — **le** sorgfältig, — **etmek** aufpassen, achtgeben, vorsehen, zusehen; merken, beachten
dikkatli aufmerksam, vorsichtig, sorgfältig umsichtig, wachsam, behutsam, — **ce** gründlich
dikkatsiz unaufmerksam, unachtsam, unvorsichtig
dikkatsizlik e Unaufmerksamkeit, e Unvorsichtigkeit
diklenmek trotzen
dikme e Senkrechte, s Lot, e Vertikale
dikmek[1] hinstellen, errichten, aufrichten
dikmek[2] nähen, zunähen
dikta r Diktatfrieden, e Diktatur
diktatör r Diktator, r Gewaltmensch
diktatörlük e Diktatur, e Gewaltherrschaft, e Autokratie
dikte s Diktat, — **etmek** diktieren
dil e Zunge; e Sprache, *(ç.) tek.* Worte,e Ausdrucksweise, e Zapfen, e Welle — **e ilişkin** sprachlich, — **i tutulmak** verstummen, stocken — **dalaşı** scharfer Wortwechsel — **dersi** r Sprachunterricht, — **devrimi** e Sprachreform, — **okulu** e Sprachschule — **Tarih Coğrafya Fakültesi** Philosophische Fakultät der Universität — **e kolay** leicht gesagt, — **e vermek** ausplaudern, — **i uzun** s Lästermaul, — **inde tüy bitmek** sich den Mund füsselig reden, — **inin altında bakla olmak** er hat noch etwas auf dem Herzen, — **lerde dolaşmak** in aller Munde sein — **uzmanı** r Sprachwissenschaftler, r Sprachforscher
dilbalığı e Scholle, e Seezunge
dilber schön, reizend
dilbilgisi e Sprachlehre, e Grammatik, — **bakımından** grammatisch, grammatikalisch, — **kuralı** e Sprachregel, — **yanlışı** r Sprachfehler
dilbilim e Sprachwissenschaft
dilbilimci r Sprachwissenschaftler (in e)
dilbilimsel sprachwissenschaftlich
dilek r Wunsch
dilekçe e Gesuch, e Bittschrift, s Ansuchen, — **sahibi** r Bittsteller
dilemek wünschen, erbitten, wollen
dilenci r Bettler
dilencilik e Bettelei
dilenmek betteln
dilim e Scheibe, e Schnitte, r Abschnitt
dilmaç r Dolmetscher
dilsiz stumm
dimağ s Gehirn, s Hirn
dimdik kerzengerade, stramm sich
din r Religion, religiöse Vorschriften, r Glaube — **i bütün** fromm, **hay** — **ine yandığım** hei, der verflixte Kerl!
dinamik e Dynamik, e Bewegunslehre; dynamisch, triebkräftig
dinamit s Dynamit
dinamo r Dynamo, r Stromerzeuger
dinamometre r Kraftmesser, e Federwaage
dinç rüstig, rege, frisch
dindar religiös, fromm, gläubig
dindarlık e Religiosität, e Frömmigkeit

dindirmek stillen; lindern
dingil e Achse
dini religiös, geistlich
dinlemek zuhören, horchen, lauschen
dinlendirici entspannend
dinlenme e Rast **e** Entspannung, **e** Ruhe; **r** Aufenthalt
dinlenmeden ruhelos
dinlenmek ruhen, sich ausruhen, sich entspannen
dinleti s Koṅzert
dinleyici r Zuhörer, **— ler s** Publikum
dinmek aufhören
dinsel religiös
dinsiz religionslos; **r, e** Heide
dinsizlik s Heidentum
dip r Grund, **r** Boden
dipçik r Gewehrkolben
dipdiri lebending
diploma s Diplom, **e** Urkunde, **s** Zeugnis
diplomasi e Diplomatie, **e** Staatskunst
diplomat r Diplomat, **r** Staatsmann
diplomatik diplomatisch
dipnot e Fußnote, **e** Anmerkung
dipsiz bodenlos
dirayet e Fähigkeit, **e** Begabung, **s** Vorgefühl
direk r Pfahl, **r** Pfosten, **r** Pfeiler, **r** Mast, **r** Balken, **e** Stange
direksiyon s Steuerrad, **s** Lenkrad
direkt direkt; **e** Gerade (Boks)
direktif r Befehl, **e** Weisung, **e** Anweisung, **r** Auftrag
direktör r Direktor, **r** Leiter, **r** Vorsteher
direktörlük s Direktorat, **r** Vorstand
direnç r Widerstand
direniş r Widerstand
direnmek widerstehen, trotzen, standhalten, sich stemmen, sich wehren, widerstreben
diretmek bestehen, trotzen
diri lebendig
dirlik e Lebendigkeit
dirilmek genesen, gesunden; wieder lebendig werden
dirlik e Ruhe, **e** Gemütlichkeit
dirsek r Knick, **e** Biegung; **e** Elle, **— çevirmek** jemanden links liegen lassen **— çürütmek** sich die Ellenbogen durchwetzen, eifrig studieren **— kemiği e** Elle
disiplin e Disziplin, **e** Zucht; wissen
disiplinli diszipliniert
disiplinsiz undiszipliniert
disk e Scheibe, **e** Wurfscheibe, **r** Diskus, **— atma s** Diskuswerfen
diskalifiye disqualifiziert, **— etmek** ausschalten, disqualifizieren
diskotek e Diskothek
dispanser e Klinik
distribütör r Verteiler
diş r Zahn; **e** Zacke, **e** Zinke, **e** Spitze; **e** Zehe (sarmısak); einzelne Gewürznelke; **r** Zähnungsstrich; **s** Gewinde, **— ağrısı r** Zahnschmerz, **— bakımı e** Zahngflege, **— bilemek** (birine) tödlichen Haβ hegen, **— çıkarmak** zahnen; Zahn (Zähne) ziehen lassen, **— doldurmak** Zähne plombieren, **— geçirmek** mit den Zähnen packen, **— hekimi r** Zahnarzt, **e** Zahnärztin, **— kökü e** Zahnwursel, **— macunu e** Zahnpaste, **— siniri r** Zahnnerv **— fırçası e** Zahnbürste **— e dokunur** genieβar, mundgerecht, **— inden tırnağından artırmak** sich et. vom Munde absparen
dişçi r Zahnarzt
dişeti s Zahnsfleisch
dişi weiblich; **s** Weib, **s** Weibchen, **— domuz e** Sau, **— hindi e** Truthenne, **e** Pute, **— kopça e** Öse
dişilik e Weiblichkeit
dişli gezähnt, **— çark s** Zahnrad
dişsiz zahnlos
divan s Sofa, **e** Couch
divane verrückt, wahnsinnig
divanıharp s Kriegsgericht
diyabet e Zuckerkrankheit

diyafram s Diaphragma, e Blende
diyagram s Diagramm, s Schaubild
diyagonal diagonal
diyalekt r Dialekt, e Mundart
diyalektik e Dialektik
diyalog s Dialog, s Zwiegespräch
diyanet e Religion; e Religiosität
diyapazon e Stimmgabel
diye weil, da, damit — **biri** ein gewisser
diyelim ki... angenommen, vorausgesetzt
diyet e Diät
diyez s *müz.* Kreuz
diyoptri e Dioptrie
diz s Knie, — **lerine kapanmak** niederfallen, — **çökmek** niederknien, — **eklemi** s Kniegelenk — **boyu** kniehoch, tief — **e gelmek** kniefällig bitten — **ini dövmek** bitter bereuen — **inin bağı çözüldü** die Knie begannen ihm zu schlottern
dizanteri e Ruhr, e Dysenterie
dizel r Dieselmotor
dizge s System
dizgesel systematisch
dizgi e Setzerei, — **makinesi** e Setzmaschine
dizgici r Setzer, r Schriftsetzer
dizgin r Zügel — **ler elinde olmak** die Hosen anhaben
dizginlemek zügeln
dizginsiz zügellos
dizi e Reihe; e Rütte
dizili geordnet, aufgereiht
dizilmek antreten, sich anreihen
dizin e Liste, e Tabelle
dizkapağı e Kniescheibe, s Knie
dizmek ordnen, aufreihen; setzen
doçent r Dozent
dogma s Dogma, r Glaubenssatz
dogmatik dogmatisch, lehrhaft
doğa e Natur, — **ya uygun** naturgetreu, — **bilgini** r Naturforscher, r Naturwissenschaftler — **kuralı** s Naturgesetz,
— **olayı** e Naturerscheinung, — **tarihi** e Naturgeschichte
doğacı r Naturalist
doğacılık r Naturalismus
doğal natürlich, ungezwungen, — **bilim** e Naturwissenschaft, — **büyüklükte** lebensgroß, — **olmayan** unnatürlich
doğallaştırmak naturalisieren
doğallık e Natürlichkeit
doğan r Falke, r Habicht
doğaüstü übernatürlich, überirdisch, wunderbar
doğmak geboren werden; aufgehen; entstehen
doğramacı r Zimmermann
doğramacılık e Zimmerei
doğramak zimmern; zerschneiden, zerteilen
doğru gerade, geradeaus; richtig, recht, wahr; korrekt, exakt, zutreffend; **e** Wahrheit; *mat.* e Gerade — **dan** geradezu, direkt, unmittelbar, — **dan doğruya** geradezu, direkt, unmittelbar, — **çıkmak** eintreffen, zutreffen — **olmak** stimmen, zutreffen
doğruca geradeswegs
doğrulamak bestätigen, billigen
doğrulmak sich aufrichten; (wieder) gerade werden
doğrultmak aufrichten
doğrultu e Richtung
doğruluk e Richtigkeit, e Wahrheit
doğu r Osten, — **(sun)da** östlich, — **Almanya** Ostdeutschland, — **bloku** r Ostblock, — **bloku ülkeleri** *(ç.)* Ostblockstaaten
doğum e Geburt, e Entbindung — **günü** r Geburtstag, — **kontrolü** e Geburtenregelung, e Geburtenkontrolle, — **yeri** r Geburtsort, — **yılı** s Geburtsjahr
doğumevi e Entbindungsanstalt
doğurgan gebärfähig
doğurganlık e Gebärfähigkeit
doğurma e Zeugung

doğurmak gebären, auslösen
doğurtmak entbinden
doğuş e Geburt; r Aufgang — **tan** angeboren
dok s Dock
doksan neunzig
doktor r Arzt, e Ärztin, r Doktor
doktora e Doktorarbeit; s Doktorat
doktrin e Doktrin, r Lehrsatz
doku s Gewebe
dokuma s Gewebe, — **fabrikası** e Weberei, — **tezgâhı** r Webstuhl
dokumacı r Weber
dokumacılık e Weberei
dokumak weben
dokunaklı rührend, ausdrucksvoll, pathetisch
dokunmak berühren, anfassen, greifen; rühren; streifen; betreffen
dokunulmazlık e Immunität, e Untastbarkeit
dokuz neun
doküman s Dokument, e Urkunde
dolama s Geschwür
dolamak wickeln, einwickeln, aufwickeln; einkreisen
dolambaç r Windung, e Kurve
dolambaçlı unübersichtlich, — **yol** r Umweg
dolambaçsız stracks
dolandırıcı r Gauner, r Schwindler
dolandırıcılık r Schwindel, — **yapmak** schwindeln
dolandırmak herumführen; schwindeln, betrügen
dolanmak umgeben, umfahren, umkreisen
dolap r Schrank; e List
dolar r Dollar
dolaşık kompliziert; gewunden
dolaşım r Kreislauf, r Umlauf, e Zirkulation
dolaşmak spazierengehen, schweifen, umherschweifen, streifen, wandern

dolaştırmak führen, herumführen; verwickeln, durcheinanderbringen
dolay e Gegend, e Umgebung, e Nähe; r Bezirk, e Umgegend — **herum**, um, — **ında** um, in der Nähe, nahe
dolayı hinsichtlich; weil, da, infolge, — **sıyla** angesichts, auf Grund, demzufolge
dolaylı mittelbar, indirekt
dolaysız unmittelbar, direkt
doldurmak füllen, auffüllen, ausfüllen, stopfen, ausstopfen; laden, aufladen; spicken; vollgießen; plombieren
dolgu e Plombe; e Füllung, — **yapmak** plombieren
dolgun voll; prall; drall
dolma farcierte Speise
dolmak sich füllen; ablaufen
dolmakalem r Füllfederhalter, r Füller
dolmuş gefüllt, besetzt; s Sammeltaxi (kleineres Verkehrsmittel, das nur vollbesetzt abfährt)
dolu¹ r Hagel, — **fırtınası** r Hagelschauer, — **yağmak** hageln
dolu² voll, gefüllt; besetzt; geladen
doludizgin mit verhängtem Zügel, in höchster Eile
dolunay r Vollmond
domates e Tomate
domino s Domino
domuz s Schwein, — **derisi** e Schwarte, — **eti** s Schweinefleisch, — **kızartması** r Schweinebraten, — **yağı** r Speck, — **yavrusu** s Ferkel
don¹ e Unterhose, r Schlüpfer, r Slip
don² r Frost
donakalmak erstarren
donanım s Takelwerk; e Rüstung
donanma e Flotte
donatım e Rüstugn, e Ausrüstung, e Ausstattung, e Einrichtung
donatmak ausrüsten, ausstatten, einrichten, versehen, garnieren, verschaffen, staffieren

dondurma s Eis, s Speiseeis
dondurmak einfrieren, sperren
dondurulmuş eingefroren, gesperrt, — **et e** Sülze
donma s Gefrieren, s Erstarren, — **noktası r** Gefrierpunkt
donmak erfrieren, gefrieren, erstarren
donmuş gefroren, starr
donuk blaß, trüb, matt, düster
donuklaşmak erstarren
donukluk e Starrheit
doru braun
doruk r Gipfel, **e** Spitze
dosdoğru geradeaus, strack, schnurgerade
dost r Freund, — **olmak** sich befreunden
dostça freundlich, freundschaftlich, kameradschaftlich
dostluk e Freundschaft, **e** Kameradschaft, — **kurmak** sich anfreunden, sich befreunden, — **maçı s** Freundschaftsspiel
dosya e Mappe, **e** Sammelmappe, — **kâğıdı s** Schreibpapier
dosyalamak einheften
doyma e Sättigung
doymak satt werden, — **bilmez** unersättlich, ungenügsam
doymamış ungesättigt, unbefriedigt
doymuş satt, gesättigt
doyum e Genügsamkeit, **e** Bescheidenheit, **e** Befriedigung, **e** Sättigung
doyurmak sättigen, stillen, befriedigen
doyurucu befriedigend; satt machend
doz e Dosis
dökme r Guß; gegossen, – **çelik r** Gußstahl, — **demir s** Gußeisen, **s** Schmiedeeisen
dökmek gießen, ausgießen, schütten, auschütten, ausschenken
dökülmek ausfallen; ausströmen; münden
döküm r Guß

dökümcü r Schmelzer, **r** Gießer
döküntü s Geröll, **e** Spreu, **e** Trümmer, (*ç.*) Wrack, — **araba s** Vehikel, — **yığını r** Trümmerhaufen
döl e Nachkommenschaft
döllenmek befruchten, zeugen
döllenme e Befruchtung, **s** Empfängnis
dölüt s Embrio, **e** Leibesfrucht
dölyatağı e Gebärmutter, **r** Uterus
dölyolu e Scheide, **e** Vagina
döndürmek drehen, wirbeln, wenden, rollen, umdrehen, abdrehen, umkehren
dönek wankelmütig
dönem r Zeitabschnitt, **e** Periode, **e** Epoche, **e** Phase
dönemeç e Biegung, **e** Krümmung, **e** Kurve, **e** Serpentine, **e** Schleife, **e** Kehre
dönence r Wendekreis
döner sich drehend, Dreh — **kapı e** Drehtür, — **kebap** Hammel, Spießbraten, — **koltuk r** Drehsessel
döngü r Kreis
dönme e Rotation **e** Drehung, **e** Umdrehung, **e** Runde, **e** Tour, **r** Umgang, **r** Drall, — **noktası r** Drehpunk
dönmek rotieren, kreisen, rollen, umlaufen; zurückkehren; sich umdrehen
dönüm e Wende, — **noktası r** Wendepunkt
dönüş e Rückkehr, **e** Rückgang, **e** Rückfahrt, **e** Wiederkehr, **e** Heimfahrt, — **yolu r** Heimweg
dönüşlü *dilb.* reflexiv
dönüşmek übergehen, sich verwandeln
dönüştürmek verwandeln, umrechnen
dönüşüm e Verwandlung, **e** Umwandlung
dördül r Quadrant
dört vier, — **kat** vierfach, — **katı** vierstöckig, — **kenarlı** vierseitig, — **kez** viermal, — **köşeli** viereckig, — **yüz** vierhundert — **başı mamur** in jeder

Hinsicht vom Glück gesegnet — **elle sarılmak** an. et was mit großem Eifer beginnen — **gözle beklemek** ungeduldiger warten
dörtgen s Viereck, — **eşkenar e** Raute, **r** Rhombus
dörtlü s Quartett
dörtlük e *müz.* Viertelnote
dörtnal r Galopp, — **gitmek** galoppieren
dörtyol e Kreuzung — **ağzı e** Kreuzung; **r** Scheideweg
dörtyüzlü *mat.* **s** Tetraeder, **s** Vierflach
döşek s Bett
döşeli eingerichtet, mobliert
döşeme r Fußboden, **e** Diele
döşemek einrichten, möblieren
döviz e Devise; **r** Wahlspruch, **s** Motto
dövme e Tätowierung, — **yapmak** tätowieren
dövmek schlagen, prügeln
dövüş r Kampf
dövüşken kämpferisch
dövüşmek sich schlagen, sich prügeln
drahoma e Mitgift
dram s Drama; **s** Unglück, **e** Katastrophe
dramatik dramatisch; aufregend
dua s Gebet, **e** Fürbitte, — **etmek** betten
duba r Ponton
dublaj e Synchronisierung, — **yapmak** synchronisieren
duble verdoppelt; dubliert; synchronisiert; **e** Vorbande (Bilardo); **s** Dublee
dudak e Lippe, — **boyası r** Lippenstift — **bükmek** das Gesicht verziehen, weinerlich tun
duka r Herzog
dul verwitwet; **r** Witwer, **e** Witwe
duman r Rauch, **r** Qualm **r** Dampf, **r** Dunst, — **bulutu e** Rauchwolke, — **çıkmak** rauchen, — **zehirlenmesi e** Rauchvergiftung — **attırmak** dauernd unter der Knute halten — **a boğmak** vernebeln, einnebeln — **ı üstünde** ganz frisch
dumanlı rauchig, dunstig
durağan starr, fix; normal
durak e Haltestelle; **e** Pause
duraklamak stocken, zögern; stehenbleiben
duraksama r Skrupel, **e** Zögerung
duraksamak zögern, zaudern, säumen
durdurmak halten, stoppen, stillen, stillegen, einstellen, abstellen; sistieren; parieren
durgun still, stillstehend, ruhig, regungslos
durgunlaşmak stocken
durgunlaştırmak stagnieren
durgunluk e Stille, **r** Stillstand, **e** Ruhe, **e** Stockung, **e** Stagnation
durma r Halt, **r** Aufenthalt, **r** Stillstand
durmadan fortwährend, unentwegt
durmak halten, anhalten, innehalten, aufhören; stehen; stocken; stillstehen; verweilen
durmaksızın fortwährend, unaufhörlich
duru rein, klar
duruk statisch; **r** Stator
durulamak spülen, abspülen
durulanmak *sich* klären
duruluk e Reinheit, **e** Klarheit
durum r Zustand, **r** Umstand, **r** Stand, **e** Lage, **e** Position, **e** Haltung, **e** Stellung, **r** Fall, **e** Situation; **e** Verfassung, — **a göre** jeweilig
duruş e Haltung, **e** Stellung; **e** Pose
duruşma r Prozeß, **e** Verhandlung
duş e Dusche, **e** Brause, — **almak** brausen, duschen
dut e Maulbeere — **yemiş bülbüle dönmek** nichts zu erwidern wissen
duvak r Schleier, **r** Brautschleier
duvar e Wand, — **e** Mauer, — **duyurusu s** Plakat, — **gibi** stocktaub, — **hücresi e** Nische, — **kağıdı e** Tapete, — **örmek** mauern, — **saati e** Wanduhr, — **tablosu s** Wandgemälde

DUVARCI — DÜŞMANLIK

duvarcı r Maurer
duy e Tülle
duyarga r Fühler
duyarlı sensibel
duyarlık e Empfindlichkeit, e Sensibilität
duygu s Gefühl, e Empfindung, s Gemüt, **— larına kapılmamak** sich beherrschen, **— sunu yitirmek** absterben
duygulu empfindlich, sentimental, zart, sinnig, seelenvoll
duygululuk e Sensibilität
duygusal sentimental
duygusallık e Sentimentalität
duygusuz gefühllos, herzlos, unempfindlich, abgestorben
duygusuzlaşmak erstarren
duygusuzluk e Gefühllosigkeit
duymak hören, verspüren, merken; fühlen; empfinden; spüren
duyu r Sinn, **— organı** r Sinnesorgan
duyum e Empfindung
duyumsal sinnlich
duyurmak ankündigen, verkündigen, bekanntmachen, proklamieren, deklarieren
duyuru e Ankündigung, e Anmeldung, e Ansage, e Bekanntmachung, e Anzeige, e Reklame, e Proklamation e Deklaration
düdük e Pfeife, **— lü tencere** r Schnellkochtopf **— öttürmek** pfeifen
düello s Duell
düğme r Knopf
düğmelemek knöpfen, zuknöpfen
düğüm r Knoten
düğümlemek verknoten, schlingen
düğün e Hochzeit **— bayram etmek** lärmend feiern
dük r Herzog
dükkân r Laden, s Geschäft
dülger r Zimmermann
dümbelek e Trommel
dümdüz schnurgerade

dümen s Steuer
dümenci r Steuermann
dün gestern **— bir bugün iki** ganz neu **— değil evvelki gün** vorgestern **— gibi** so wie gestern
dünkü gestrig
dünür (ç.) Eltern der Brautleute
dünya e Welt, e Erde, **— ca tanınmış** weltberühmt, weltbekannt, **— da** nie-keineswegs, **— edebiyatı** e Weltliteratur **— kadar** sehr viel, **— piyasası** r Weltmarkt, **— rekoru** r Weltrekord **— görüşü** e Weltanschauung, **— savaşı** r Weltkrieg **— şampiyonluğu** e Weltmeisterschaft, **— şampiyonu** r Weltmeister, **— tarihi** e Weltgeschichte, **— yolculuğu** e Weltreise, **— yurttaşı** r Weltbürger, **— başına yıkılmak** sehr bekümmert werden, **— evine girmek** heiraten, **— yıkılsa** überhaupt nicht
dünyevi irdisch
düpedüz offen; einfach
dürbün s Fernglas
dürtmek puffen, anspornen
dürtü r Trieb
dürüst ehrlich, aufrecht, gerecht, treulich, sittsam, rechtschaffen, redlich
dürüstlük e Ehrlichkeit, e Gerechtigkeit, e Wahrhaftigkeit
düstur r Hauptgesetz, e Hauptregel, r Grundsatz,; e Formel *mat, kim.*
düş r Traum, **— ler âlemi** e Traumwelt, **— görmek** träumen, **— kırıklığı** e Enttäuschung, **— kurmak** phantasieren
düşes e Herzogin
düşey senkrecht, lotrecht
düşkün gefallen, gesunken, heruntergekommen, verdorben; süchtig
düşkünlük e Dekadenz; e Sucht
düşlemek träumen
düşman r Feind, **— ca** feindlich, **— olmak** sich verfeinden
düşmanlık e Feindschaft, e Feinde, e Zwietracht

düşme r Fall, r Sturz, r Rückgang
düşmek fallen, hinfallen, stürzen, hinuntergehen, sinken, abstürzen, abfallen
düşsel phantastisch, unwirklich
düşük gesunken; gestürzt; niedrig, nieder, gemein; e Frühgeburt, **— değerde** minderwertig
düşünce r Gedanke, e Meinung, e Gesinnung, e Ansicht; s Bedenken; e Stellungnahme, **— sinde olmak** denken, meinen **— ye dalmak** sinnen, **— alışverişi** r Meinungsaustausch **— özgürlüğü** e Denkfreiheit, e Gedankenfreiheit, gang **— tembeli** denkfaul
düşünceli nachdenklich, bedenklich, trüb, taktvoll
düşüncesiz unbesonnen, leichtfertig, leichtsinnig, taktlos
düşüncesizlik e Leichtfertigkeit, r Leichtsinn, e Taktlosigkeit
düşünme e Überlegung
düşünmeden unüberlegt, unbedacht
düşünmek denken, überlegen, nachdenken, gedenken, meinen, bedenken, besinnen, knobeln
düşünüp taşınmak reiflich überlegen
düşünür r Philosoph, r Denker
düşünüş e Denkart, e Einstellung, e Mentalität
düşünme r Umsturz
düşürmek stürzen, umstürzen, herunterbringen, senken
düşüş r Sturz, r Fall, r Absturz
düz eben, platt, flach; schlicht, einfach
düzayak ebenerdig
düzelmek sich bessern
düzeltici r Korrektor, r Berichtiger
düzeltme e Berichtigung, e Verbesserung, e Korrektur
düzeltmek berichtigen, verbessern, korrigieren, wiedergutmachen, verfeinern; aufräumen
düzeltmen r Berichtiger
düzen e Ordnung, e Regelung, e Gliederung, e Anordnung
düzenbaz r Schwindler, r Betrüger
düzence e Disziplin
düzenek r Plan, r Entwurf
düzenleme e Regelung, e Gliederung; e Veranstaltung, e Organisation
düzenlemek ordnen, gliedern, regeln, zurechtbringen; einrichten; organisieren, veranstalten
düzenli ordentlich, übersichtlich, geordnet, zurecht, regelmäßig
düzenlilik e Ordentlichkeit, e Übersichtlichkeit
düzensiz unordentlich, ungeordnet, unübersichtlich, unregelmäßig, schlampig
düzensizlik e Unordnung, e Unregelmäßigkeit
düzey e Stufe, s Niveau, r Stand
düzgü r Grundsatz
düzgün ordentlich; gleichmäßig; glatt
düzine s Dutzend
düzlem e Ebene, **— geometri** e Planimetrie
düzleştirmek ebnen, glätten
düzlük e Glätte; e Ebene
düzme verfälscht, gefälscht
düzmek fälschen, verfälschen
düztaban r Plattfuß
düzyazı e Prossa

E

ebat *(ç.)* Dimensionen
ebe e Hebamme; **r** Haschemann
ebedi ewig, unvergänglich
ebediyen ewig, auf immer
ebediyet e Ewigkeit
ebegümeci e Melve
ebe(m)kuşağı r Regenbogen
ebeveyn *(ç.)* Eltern
ebleh dumm, schwachsinnig, einfältig
ebonit r Hartgummi
ecdat *(ç.)* Ahnen
ece e Königin
ecel e Todesstunde — **teri dökmek** Todesängste ausstehen — **ine susamak** sehenden Auges in sein Verderben rennen
ecnebi r Ausländer, **r, e** Fremde; auswärtig, ausländisch, — **ülke s** Ausland
ecza e Droge
eczacı r Apotheker
eczane e Apotheke
eda e Haltung, **s** Benehmen, **s** Miene, **e** Arroganz
edalı reizend, charmant, arrogant
edat e Präposition **s** Verhältniswort
edebi e Literarisch, — **yapıt e** Dichtung
edebiyat e Literatur
edep r Anstand, **e** Züchtigkeit, — **yeri r** Scham
edepli sittsam

edepsiz unzüchtig, unanständig, ungezogen, frech
edepsizlik e Unzucht, **e** Unanständigkeit, **e** Frechheit
edevat *(ç.)* Werkzeuge *(ç.)* Geräte
edilgen passiv
edinmek anehmen, erwerben sich verschaffen
editör r Herausgeber
efe schneidiger junger Kerl; **r** Freischärler
efekt r Effekt
efektif effektiv
efendi r Herr; gebildet, — **m?** Wie? Wiebitte?; Ja!
efkâr *(ç.)* Gedanken, *(ç.)* Meinungen; **r** Kummer, **e** Sorge — **dağıtmak** seine sorgen (im Alkohol) ertränken
efkârlı traurig, besorgt
eflâtun lila
efsane e Märchen, **s** Sage, **e** Fabel, **e** Legende, **e** Mythe
efsanevi märchenhaft, sagenhaft, tabelhaft, mythisch
efsun r Zauber
Ege Denizi s Agäische Meer
egemen herrschend, — **olmak** beherrschen
egemenlik e Herrschaft, **e** Gewalt — **sürmek** herrschen

egoist selbstsüchtig, egoistisch, eigennützig
egoistlik e Selbstsucht, **r** Selbstsucht, **r** Egoismus, **r** Eigennutz
egzama s Ekzem, **e** Flechte, **r** Ausschlag
egzersiz e Übung
egzistansializm r Existentialismus
egzotik exotisch
egzoz r Auspuff, — **borusu s** Auspuffrohr
eğe e Feile
eğelemek feilen
eğer wenn, falls, im Falle
eğik schief, schräg
eğiklik e Neigung; **e** Deklination
eğilim e Neigung, **e** Zuneigung, **e** Tendenz, **r** Trieb; **e** Abweichung; **e** Strömung, — **göstermek** zuneigen
eğilimli geneigt
eğilme e Neigung, **e** Krümmung; **e** Inklination
eğilmek sich beugen, sich bücken; sich verbeugen
eğim e Steigung, **r** Anstieg
eğirmek spinnen
eğitbilim e Pädagogik, **e** Erziehungslehre
eğitici r Erzieher (in **e**); bildend, erziehend
eğitim e Erziehung, **e** Ausbildung; **e** Zucht
eğitimci r Erzieher, **r** Pädagoge
eğitimli belehrend, lehrhaft; erzogen, gezüchtet
eğitmek erziehen; züchten
eğitmen r Erzieher (in **e**)
eğitsel pädagogisch
eğlence s Vergnügen, **e** Vergnügung, **r** Spaß, **e** Unterhaltung, — **yeri r** Rummelplatz
eğlenceli fröhlich, scherzhaft, amüsant, drollig, vergnüglich
eğlendirici drollig, schnurrig, spaßhaft
eğlendirmek unterhalten, belustigen, amüsieren, vergnügen
eğlenmek sich vergnügen, sich unterhalten, sich belustigen; verspotten, uzen
eğlenti s Vergnügen
eğmek biegen, beugen, krümmen, umbiegen
eğreltiotu r Farn
eğreti provisorich; geliehen, geborgt
eğri *mat.* **r** Bogen; schief, schräg
eğrilik e Krümmung; **e** Biegung
eğrilmek sich beugen, sich krümmen; sich werfen
eğriltmek verkrümmen, verbiegen
eh! na ja!
ehemmiyet e Wichtigkeit, **e** Bedeutung
ehemmiyetli wichtig, erheblich
ehemmiyetsiz unwichtig, unbedeutend
ehil e Gemeinschaft; kompetent
ehli zahm, gezähmt
ehliyet e Fähigkeit, **e** Begabung
ehliyetli fähig, begabt
ehliyetname r Führerschein
ehliyetsiz unfähig, unbegabt
ejder(ha) r Drache
ek r Zusatz, **e** Zugabe, **e** Ergänzung, **r** Nachtrag, **e** Beilage, — **ders s** Nebenfach, — **kazanç r** Nebengewinn, — **olarak** hinzu, dazu nachträglich, zusätzlich, beiliegend — **ücret r** Zuschlag
ekâbir *(ç.)* Vornehmen, **e** Prominenten
ekili besät, angebaut
ekim e Bestellung; **r** Oktober (ay)
ekin e Saat, **s** Getreide; **e** Kultur
ekinsel kulturell
ekip e Mannschaft, **r** Trupp
eklem s Gelenk
eklemek zugeben, zufügen, hinzufügen
eklenti r Zusatz, **r** Anschluß
ekmek[1] säen; streuen, ausstreuen
ekmek[2] **s** Brot, — **dilimi e** Brotschnitte, **e** Brotscheibe — **kapısı e** Verdienstmöglichkeit — **ufağı** *(ç.)* Brotkrümel — **ine yağ sürmek** Wasser auf jemandes

ekmekçi r Bäcker, r Brotverkäufer
ekol e Schule
ekonomi e Wirtschaft,; e Ökonomie; e Sparsamkeit, — **Bakanı** r Wirtschaftsminister, — **Bakanlığı** e Wirtschaftsministerium, — **politik** e Staatswirtschaft, e Wirtschaftspolitik
ekonomik wirtschaftlich, ökonomisch — **bunalım** e Wirtschaftskrise — **savaş** r Wirtschaftskrieg
ekonomist r Wirtschaftler
ekran r Schirm, r Bildschirm; r Filmleinwand
eksantrik exzentrisch
eksen e Achse
ekseriya oft, öfters häufig
ekseriyet e Mehrheit, e Majorität
eksi minus; s Minuszeichen
eksik mangelhaft, dürftig, unzureichend, unvollkommen, lückenhaft, — **olmak** fehlen, mangeln — **etmemek** es nicht fehlen lassen — **olmayın!** Ich danke euch (Ihnen) recht herzlich! — **olsun!** darauf kann man gerne verzichten — **ini tamamlamak** Fehlendes ergänzen
eksiklik s Fehlen, r Mangel
eksiksiz vollständig, vollzählig, lückenlos
eksilmek sich vermindern, sich verringern
eksiltme e Submission
eksiltmek vermindern, verringern
ekskavatör r Bagger
eksper r Sachverständige, r Fachmann
ekspres r Schnellzug, r D-Zug, r Eilzug
ekspresyonizm r Expressionismus
ekstra prim, ausgezeichnet
ekşi sauer — **surat** mürrisches Gesicht
ekşimek sauer werden
ekvator r Äquator

el[1] e Hand; e Patsche; r Stich, — **de etmek** bekommen, kriegen, erreichen, erhalten, erzielen, erringen, erlangen, erlösen, beschaffen, — **den çıkarmak** weggeben, vergeben, — **den geçirmek** übergehen, — **e almak** durchnehmen, — **e geçirmek** schnappen, — **inde tutmak** innehaben, — **ine geçmek** zukommen, — **ine vermek** übergeben, — **inden gelmemek** außerstande sein, — **le çalışmak** hantieren, — **le dokunmak** tasten, — **le yönetmek** handhaben, — **altında** greifbar, — **bombası** e Handgranate,— **çabukluğu** e Handfertigkeit, — **çantası** r Handkoffer, e Handtasche — **çekmek** ablessen von, — **çırpmak** klatschen, — **degmemiş** unberührt — **eşyası** s Handgepäck, — **freni** e öpme r Handkuß, — **sallamak** (mit der Hand) winken — **sıkışma** r Händedruck — **sürmek** anfassen, — **sürmemek** stehenlassen, liegenlassen, — **yatıklığı** e Handschrift — **altından** versteckt, heimlich, — **açmak** betteln, — **arabası** r Handwagen, — **den düşme** r Gelegenheitskauf — **e vermek** dingfest machen, — **i açık** freigebig, — **i ayağı tutmak** im Vollbesitz seiner Kräfte sein —**inden tutmak** jdm. aufhelfen, — **yazısı** e Handschrift
el[2] r Fremde; s Volk; s Land
ela gelblich, hellbraun
elâlem andere Leute
elastik elastisch
elbet(te) gewiß, freilich, sicherlich, zweifellos
elbirliği e Zusammenarbeit
elbise s Kleid, r Anzug, — **askısı** e Kleiderbügel, — **dolabı** r Kleiderschrank, — **fırçası** e Kleiderbürste
elçi r Botschafter; e Gesandte (r r)
elçilik e Botschaft

eldiven r Handschuh
elebaşı r Anführer; r Rädelsführer
elek s Sieb, **— ten geçirmek** sichten
elektrik e Elektrizität, **— li matkap** e Bohrmaschine, **— düğmesi** r Lichtschalter, r Druckknopf **— mühendisi** r Elektroingenieur **— mühendisliği** e Elektrotechnik, **— sayacı** r Stromzähler, **— sarfiyatı** r Stromverbrauch, **— süpürgesi** r Staubsauger
elektrikçi r Elektriker
elektrikli elektrisch; mit Elektrizität augestattet
elektriksel elektrisch
elektrolit r Elektrolyt
elektrolitik elektrolytisch
elektroliz e Elektrolyse
elektromanyetik elektromagnetisch
elektromanyetizma r Elektromagnetismus
elektromıknatıs r Elektromagnet
elektron s Elektron, **— tübü** e Elektronenröhre
elektronik elektronisch; e Elektronik
elektrot e Elektrode
elem r Gram, r Kummer, r Schmerz
eleman s Element; e Kraft
elemek ausschalten, aussondern, auslesen; aussieben
element s Element, r Grundstoff
eleştiri e Kritik
eleştirici r Kritiker
eleştirmek kritisieren
eleştirmen r Kritiker
elips e Elipse
elişi e Handarbeit, e Manufaktur
elit auserlesen
ellemek tasten, berühren, anfassen
elli fünfzig, **— kilo** r Zentner
elma r Apfel
elmacık kemiği r Backenknochen, e Jochbein
elmas r Diamant
elti e Schwägerin

elveda! ade!
elverişli passend, tauglich, angemessen, geeignet, günstig, **— olmak** taugen
elverişsiz ungeeignet, unangemessen, ungünstig
elvermek ausreichen, genügen; passen entsprechen
elyaf *(ç.)* Fasern
elzem dringlich, nötig
emanet s Anvertrauen; e Aufbewahrung **— etmek** übergeben
emanetçi r Konsignatar, r Spediteur
emare s Zeichen, s Anzeichen
embriyon r Keim, e Leibesfrucht, r Embryo
emek e Mühe, r Fleiß, e Arbeit
emekçi r Arbeiter
emeklemek auf allen vieren kriechen
emekli pensioniert; r Pensionär **— aylığı** s Ruhengehalt, e Rente, **— olmak** in den Ruhestand treten **— ye ayırmak** pensionieren
emeklilik r Ruhestand
emeksiz leicht, mühelos
emektar verdient
emel r Wunsch, r Wille
emin sicher, zuverlässig, gewiß, **— olmak** sich vergewissern
emir r Befehl, r Auftrag, e Weisung, s Gebot, e Verfügung, e Verordnung, **— altında** untergeben, **— kipi** *dilb.* s Imperativ **— eri** e Ordonnaz **— e amade** bereitstehend verfügbar **— vermek** befehlen
emisyon e Sendung (Radyo); e Emmission; e Ausgabe
emlak *(ç.)* Immobilien
emmek saugen, einsaugen absorbieren
emniyet e Sicherheit; s Vertrauen, r Verlaß, e Zuversicht, **— etmek** vertrauen, sich verlassen, anvertrauen, **— kemeri** r Sicherheitsgurt **— müdürü** r Polizeipräsident

emniyetli sicher; zuverlässig
emniyetsiz unsicher; unzuverlässig
emperyalist r Imperialist
emperyalizm r Imperialismus
emprime gedruckt
emretmek befehlen, auffordern
emsal *(ç.)* Entsprechenden, s Beispiel
emsalsiz beispiellos, vortrefflich
emtia *(ç.)* Waren
emzik r Lutscher, r Schnuller
emzirmek säugen, stillen
en e Breite, e Weite; Partikel zur Bildung des Superlatives, — **az** minimal, mindest, mindestens, — **azından** zumindest, — **başta** obenan, — **çok** höchstens, meist, maximal, — **düşük** mindest, — **fazla** höchstens, meist, maximal, — **geç** spätestens, — **iyi** best, — **küçük** minimal, — **son** letzt, — **sonunda**, zuletzt, schließlich, — **yakın** nächst
enayi r Narr; narr, dumm
enayilik e Dummheit, e Torheit
encümen r Ausschuß e Kommission
endam e Gestalt, e Statur, r Körperbau, e Figur
endeks Index
ender selten, rar
endişe e Angst, e Sorge, — **etmek** besorgen, befürchten
endişeli besorgt
Endonezya s Indonesien
endüstri e Industrie, — **bölgesi** s Industriegebiet
endüstrileşmek industrialisieren
endüstriyel industriell
enerji s Energie, e Tatkraft
enerjik energisch
enfarktüs r Herzinfarkt
enfeksiyon e Infektion
enfes wunderbar, großartig
enfiye r Schnupftabak
enflasyon e Inflation, s Überangebot e Geldentwertung

enformasyon e Information
engebe e Unebenheit sich
engebeli uneben
engebesiz eben
engel s Hindernis — **olmak** behindern
engellemek hindern, behindern
engerek e Natter
engin weit, ausgedehnt
enginar e Artischocke
enikonu ordentlich, gehörig, tüchtig
enine transversal, quer
enişte r Schwager
enjeksiyon e Injektion
enkaz *(ç.)* Trümmer, *(ç.)* Ruinen
enlem e Breite, — **dairesi** r Breitengrad
enli breit, weit
ense r Nacken, — **kökü** s Genick
ensiz schmal
enstantene e Momentaufnahme
enstitü e Institut
enstrüman s Instrument
entari s Gewand, s Kleid
entellektüel intellektuell
enteresan interessant
enternasyonal international
entrika e Intrige
enüstünlük *dilb.* r Superlativ
epey ziemlich
epik episch
er[1] früh, — **geç** früher oder später
er[2] r Soldat — **at** *(ç.)* Soldaten
erbap r Sachverständige
erbaş r Unteroffizier
erdem e Tugent — **li** tugendhaft
erek r Zweck, s Ziel, e Absicht
ergen erwachsen, reif
ergenlik e Geschlechtsreife, e Pubertät
ergimek schmelzen
ergin reif, erwachsen
ergitmek schmelzen
erguvan r Judasbaum
erguvani purpurrot
erik e Pflaume
eril *dilb.* männlich

erim e Reichweite, e Schußweite
erimek schmelzen, sich lösen, sich auflösen; sich abnutzen
erişmek erreichen, erlangen, gelangen
erişte *(ç.)* Teigwaren
eritmek schmelzen, verschmelzen
eriyik *kim.* e Lösung
erk e Fähigkeit, e Macht
erkân *(ç.)* Beamten
erke e Energie
erkek r Mann; — **evlat** r Sohn — **kardeş** r Bruder
erkeklik e Mannhaftigkeit
erken früh, vorzeitig, zu früh
ermek erreichen, gelangen; reifen
Ermeni r Armenier; armenisch
Ermenice s Armenisch
Ermenistan Armenien
erotik erotic
erotizm erotismus
ertelemek verschieben, zurückstellen, aufschieben
ertesi nächst, — **gün** nächster Tag, — **yıl** nächstes Jahr
erzak *(ç.)* Nahrungsmittel, e Verpflegung
es e *müz.* Pause
esans e Essensz
esaret e Gefangenschaft, e Sklaverei
esas r Grund, e Basis, s Fundament; e Ursache; e Hauptsache
esasen im Grunde, an sich
esaslı grundlegend, eigentlich
esef s Bedauern, — **etmek** bedauern
esen gesund
esenlik e Gesundheit, s Wohlbefinden
eser s Werk
esin e Inspiration, e Anregung
esinlenmek inspirieren, anregen
esir r Kriegsgefangene; r Sklave, — **almak** gefangennehmen
esirgemek schützen, behüten; verweigern; mißgönnen
eski alt, veraltet; abgenutzt, — **püskü** r Kram, — **den** früher — **çağ** s Altertum
— **hamam** — **tas** es hat sich nichts verändert — **toprak** alt, aber noch rüstig — **si gibi** wie früher
eskici r Trödler, r Altwarenhändler
eskileşmek veralten
eskimek veralten
eskimo r Eskimo
eskiz e Vorarbeit, e Probe
eskrim s Fechten
esmek wehen, blasen
esmer dunkel, schwarz, braun
esna r Zwischenzeit, — **sında** während
esnaf r Handwerker, r Kleinhändler
esnek elastisch
esneklik e Elastizität
esnemek gähnen; nachgeben
espri r Geist, r Witz, r Scharfsinn
esprili witzig, geistreich
esrar *(ç.)* Geheimnisse; r Haschisch, r Rauschgift
esrarengiz geheimnisvoll, mysteriös
esrarkeş r Haschischraucher
estağfurullah bitte, bitte sehr
estetik ästhetisch; e Ästhetik
eş r Mann, r Gemahl, r Gatte; e Frau, e Gemahlin, e Gattin
eşanlamlı gleichbedeutend — **sözcük** s Synonym
eşarp e Schärpe, s Kopftuch
eşcinsel homosexuell
eşdeğerli gleichwertig
eşek r Esel — **herif!** stupider Kerl! — **şakası** großer handgreiflicher Scherz — **sudan gelinceye kadar dövmek** jdm. eine ordentliche Tracht Prügel verpassen
eşekarısı e Wespe
eşelemek wühlen
eşey s Geschlecht
eşeysel geschlechtlich
eşgüdüm e Koordination
eşik e Schwelle
eşit gleich
eşitlik e Gleichheit

eşkenar *mat.* gleichseitig
eşlik e Begleitung, — **etmek** begleiten
eşmek wühlen
eşofman r Trainingsanzug
eşref günstig
eşsiz beispiellos
eşya *(ç.)* Sachen, r Gegenstand
eşzamanlı gleichzeitig
et s Fleisch, — **kafalı** dumm, beschränkt — **suyu** e Fleischbrühe
etajer s Bücherregal
etçil fleischfressend
etek r Rock — **dolusu** sehr reichlich — **öpmek** demütig betteln — **leri tutuşmak** in Bestürzung geraten — **leri zil çalıyor** er ist außer sich vor Freude
eteklik r Rock
eter Äther
Eti r Hettiter
etiket s Etikett; e Etikette
etken s Faktor, e Ursache
etki e Wirkung; r Eindruck
etkilemek einwirken, wirken, bewirken, beeindrucken
etkileyici eindrucksvoll, beeindruckend
etkili wirksam, beeindrucksvoll
etkin fähig, tätig
etkinlik e Fähigkeit, e Tätigkeit
etkisiz wirkungslos; ungültig
etli fleischig
etmek machen, tun; ergeben, ausmachen
etmen s Faktor, e Ursache
etobur fleischfressend
etraf e Gegend, e Umgebung, — **ına** um, herum, — **ında** um, herum, — **ını çevirmek** umringen, umkreisen
etraflı ausführlich, eingehen
etraflıca ausführlich, eingehend
etüt e Studie, e Untersuchung, — **etmek** durchstudieren, untersuchen
Etyopya Äthiopien
ev s Haus, s Heim, e Wohnung, — **kadını** e Hausfrau, — **sahibi** r Hausbesitzer — **bark s** Heim, s Haus — **açmak** Familie gründen — **bark sahibi** r Familienvater — **tutmak** ein Haus (Wohnung) mieten
evcil gezähmt, zahm, häuslich
evcilleştirmek zähmen
evcimen häuslich
evermek verheiraten
evet ja, jawohl
evetlemek bejahen
evham r Wahn, r Verdacht, — **lı** argwöhnicsh
evirmek umändern
evlat s Kind, — **edinmek** adoptieren
evlatlık s Adoptivkind
evlendirmek verheiraten
evlenme e Heirat, e Eheschließung
evlenmek heiraten, sich verheiraten
evli verheiratet
evlilik e Ehe
evliya r Heilige
evrak *(ç.)* Akten
evre e Phase, s Stadium
evren s Weltall, s Universum
evrensel universell
evsaf e Eigenschaften
evvel erst, zuerst, zunächst, früher, vorher, eher
evvelâ zuerst, zunächst, vor allem
evvelce vorher, früher
eyalet e Provinz, s Land
eyer r Sattel
eyerlemek satteln
eylem e Aktion; *dilb.* s Verb, s Zeitwort
eylemek machen, tun
eylemsiz träge, faul; passiv
eylemsizlik e *fiz.* Trägheit
eylül r September
eytişim e Dialektik
eyvah! ach! oh weh!
eyvallah danke!; auf Wiedersehen!
eza e Qual, e Pein
ezan r Gebetsruf
ezber s Auswendigkönnen

ezbere auswendig, aus dem Gedächtnis
ezberlemek auswendig lernen; sich einprägen
ezel e Ewigkeit
ezeli ewig
ezgi e Melodie
ezici überwältigend
ezik zerdrückt

eziyet e Qual, e Pein, e Plage, — **etmek** quälen, peinigen, plagen
eziyetli qualvoll, mühselig
ezkaza zufällig
ezme s Mus
ezmek drücken, zerdrücken, zerquetschen, zertrefen; überfahren

F

faal tätig, aktiv
faaliyet e Tätigkeit, **e** Aktivität
fabrika e Fabrik
fabrikasyon e Fabrikation, fabrikat
fabrikatör r Fabrikant
facia s Unglück, **e** Katastrophe
faça s Gesicht ; **e** Kleidung
fahiş extrem, übermäßig — **fiyat r** Wucherpreis
fahişe e Hure, **e** Dirne, **e** Prostituierte
fahişelik e Prostitution
fahri r Ehren, **r** Honaran
faiz r Zins, — **fiyatı r** Zinsfuß, — **in — i r** Zinseszins
fail r Täter; **s** dilb. Subjekt; aktivtätig
fak e Falle — **a basmak** hereinfallen — **a bastırmak** hereinlegen
fakat aber, jedoch
fakir arm — **fukara** die Armen
fakirhane s Armenheim
fakirlik e Armut
faktör r Faktor
fakülte e Fakultät
fal e Wahrsagung, — **bakmak** wahrsagen
falaka e Bastonnade
falan so und so
falcı r Wahrsager (**e** in)
falcılık e Wahrsagerei
falso r Mißton müz.; **r** Fehler

familya e Familie
fanatik fanatisch
fani vergänglich, sterblich
fanila s Unterhemd
fantastik phantastisch
fantezi e Einbildung, **e** Phantasie
fanus e Lampenglocke
far r Scheinwerfer
faraş r Müllschaufel
faraza beispielsweise, angenommen
farazi hypothetisch
fare e Maus, **e** Ratte, — **kapanı e** Mausefalle
fark r Unterschied, **e** Differenz, — **etmek** sich unterscheiden; merken wahrnehmen — **gözetmemek** alles in einen Topf werfen — **etmez** das ist egal — **ına varmak** merken
farklı verschieden, unterschiedlich
farksız ähnlich, gleich, unterschiedslos
Farsça s Persisch
farz e Annahme, **e** Voraussetzung — **edelim ki** gesetzt den Fall — **etmek** annehmen
Fas Marokko
fasafiso r dummes Geschwätz
fasıl r Abschnitt, **s** Kapitel; **r** Akt
fasıla e Pause, **e** Unterbrechung **r** Zwischenraum
fasulye e Bohne

faşing Fasching
faşist r Faschist
faşizm r Faschismus
fatih r Eroberer
fatura e Rechnung, e Qittung
favori *(ç.)* Koteletten; r Favorit
fayans e Fliese, e Fayence
fayda r Nutzen, r Vorteil, r Gewinn
faydalanmak profitieren; benützen, verwenden
faydalı nützlich, vorteilhaft
faydasız unnütz, nutzlos
fayton e Kutsche
faz e Phase
fazilet e Tugend
faziletli tugendhaft
fazla viel, zu viel, mehr
fazlalaşmak sich vermehren
fazlalık r Überschuß, r Rest, s Überbleibsel
feci tragisch, katastrophal
feda s Opfer, — **etmek** opfern — **kâr** opferbereit — **kârlık** e Opferbereitschaft
federal vereinigt, gebunden, — **Almanya** e Bundesrepublik Deutschland, — **Almanya Başbakanı** r Bundeskanzler — **Almanya Devlet Başkanı** r Bundespräsident — **Almanya Devlet Demiryolları** e Bundesbahn, — **Almanya Posta İdaresi** e Bundespost, — **Almanya Hükümeti** e Bundesregierung
federasyon r Bundesstaat; r Sportbund *sp.*
federe eingenössich; föderiert (Sport)
felaket s Unglück, s Unheil
felç e Lähmung
felek s Schicksal; s Weltall — **ten gece çalmak** eine lustige Zeit verbringen
Felemenk Holland, *(ç.)* Niederlande
Felemenkçe holländisch
Felsefe e Philosophie, — **yapmak** philosophieren
felsefeci r Philosoph
felsefi philosophisch

feminist Feminist
feminizm feminismus
fen e Technik, e Naturwissenschaft
fena schlecht, schlimm, böse, übel — **değil** nicht schlecht
fenalaşmak sich verschlechtern sich verschlimmern
fenalık e Übelheit, s Unbehagen
fener e Laterne, e Lampe; r Leuchtturm
fenni technisch; naturwissenschaftlich
feragat r Verzicht, — **etmek** verzichten
ferah wohl, weit
ferahlamak sich wohler fühlen; geräumiger werden; bequemer leben können
ferahlık e Geräumigkeit, e Erleichterung
ferdi individuell, persönlich
feribot e Fähre
ferman e Verordnung, r Erlaß
fermuar r Reißverschluß
fert s Individuum
feryat r Aufschrei, r Jammer, — **etmek** jammern, schreien
fes r Fes
fesat r Aufruhr; s Komplott
fesatçı r Unruhestifter
feshetmek aufheben, abschaffen
fesih e Aufhebung, e Abschaffung
festival s Festspiele, s Festival
fethetmek erobern
fetih e Eroberung
fetva r Spruch, s Urteil
feveran e Erregung; r Ausbruch
fevkalade außerordentlich, ausgezeichnet, tadellos
feza r Weltraum
fıçı s Faß — **birası** Bier vom Faß
fıkırdamak kokettieren
fıkra r Artikel; e Anekdote; r Witz
fındık e Haselnuß
fındıkkıran r Nußknacker
Fırat r Euphrat
fırça e Bürste; r Pinsel
fırçalamak bürsten
fırıldak r Kreisel r Trick

fırın r Backofen; e Bäckerei; r Herd
fırıncı r Bäcker
fırınlamak backen; abdarren (Teknik)
fırlak herausragend
fırlamak auffliegen; herausragen; steigen
fırlatmak werfen, schleudern
fırsat e Gelegenheit, r Anlaß — bu — jetzt oder nie
fırsatçı r Opportunist
fırsatçılık r Opportunismus
fırtına s Gewitter, r Sturm
fısıldamak flüstern
fısıltı s Geflüster, s Rascheln
fıskiye r Springbrunnen
fıstık e Pistazie
fışkı r Mist, r Dünger
fışkılamak misten, düngen
fışkırmak hervorsprudeln
fıtık r Bruch
fidan r Sproß, r Spößling
fide r Pflänzing
fidye s Lösegeld
figür e Figur, e Gestalt
figüran r Statist
fihrist s Inhaltsverzeichnis
fiil e Handlung, e Tat; *dilb.* s Verb
fiilen praktisch, persönlich
fikir r Gedanke, e Meinung, e Ansicht, e Idee — **edinmek** sich ein geistiges Bild machen; **sabit** — fixe Idee
fikri geistlich, gedanklich
fikstür fixtur
fil r Elefant
filan der un der; und ähnliches
filarmoni s Philharmonie, — **orkestrası** s Philharmonieorchester
filarmonik philharmonisch
fildişi s Elfenbein
file s Netz
fileto s Filet
filika e Schaluppe
filinta r Karabiner
Filistin Palastina

Filistinli e Palastinensa
filiz r Sproß, r Spößling
filizlenmek Triebe ansetzen
film r Film, — **e almak** filmen, — **çekmek** filmen
filo e Flotte
filolog r Philologe
filoloji e Philologie
filotilla e Flotille
filozof r Philosoph, r Denker
filtre s Filter
Fin r Finne; finnisch
final e Finale, e Endrunde
finanse finanziert, — **etmek** finanzieren
finansman e Finanzierung
fincan e Tasse — **tabağı** e Untertasse
fingirdek kokett
fingirdemek kokettieren
finiş s Ende, r Schluß
Finlandiya s Finnland
Finlandiyalı r Finne, e Finnin
fino r Schoßhund
firar e Flucht, — **etmek** fliehen, entfliehen
firari r Flüchtling
firavun r Pharao
fire r Schwund, s Dekalo
firkete e Haarnadel
firma e Firma
fiske s Schnippen, — **atmak** schnippen, schnipsen
fiskos s Getuschel
fisto s Feston
fiş r Stecker; e Spielmarke
fişek e Patrone
fişeklik e Patronentasche
fit einverstanden, — **olmak** einverstanden sein
fitil r Docht, e Zündschnur, — **vermek** aufhetzen — **gibi sarhoş** total betrunken
fitillemek anzünden
fitlemek aufhetzen
fitne r Aufruhr — **ci** r Unruhestifter

fitnelemek aufhetzen
fiyaka e Angeberei, **— satmak** angeben
fiyasko r Mißerfolg, **e** Pleite
fiyat r Preis
fiyort r Fjord
fizik e Physik **— çi r** Physiker
fizikötesi metaphysisch; **e** Metaphysik
fiziksel physikalisch
fizyoloji e Physiologie
flama e Fähnchen
flaş s Blitzlicht
floresan fluoreszierend **— lamba e** Neonröhre
florin r Gulden
flört r Flirt, **— etmek** flirten
flu unscharf
flüt e Flöte
flütist r Flötist
fobi e Angstneurose
fok r Seehund
folklor (ç.) Volksspiele, **e** Folklore
folluk s Legenest
fon r Grund, r Hintergrund; **r** Fonds
fonetik e Phonetik; phonetisch
fonksiyon e Funktion
form e Form; **s** Formular **— dan düşmek** aus der Übung kommen, **— unda olmak** in Form sein
forma e Form; **r** Druckbogen; **e** Sportkleidung
formalite e Formalität, **e** Förmlichkeit
formasyon e Formation
formüle e Formel
formüle formuliert, **— etmek** formulieren
formüler s Formular
fors e Kraft; **r** Druck; **r** Einfluß
forslu einflußreich
forum Forum
forvet r Stürmer
fosfor r Phosphor
fosil e Versteinerung, **s** Fossil
foseptik e Senkgrube
foto s Photo, **— muhabiri r** Photoreporter
fotoğraf s Lichtbild, **— çekmek** photographieren, aufnehmen, **— makinesi r** Fotoapparat, **e** Fotomaschine
fotoğrafçı r Photograph
fotoğrafçılık e Photographie
fotojenik photogen
fotokopi e Photokopie
fotoroman e Foto-Geschichte
foya e Metallfolie; mec. falscher Schein **— sı meydana çıkmak** sich entpuppen als
fötr weicher Filz
frak r Frack
fraksiyon e Fraktion
Fransa Frankreich
Fransız r Franzose; französisch
Fransızca s Französisch
frekans e Frequenz, **e** Schwingungszahl
fren e Bremse, **— yapmak** bremsen
frengi e Syphilis
frenküzümü e Johannisbeere
frenlemek bremsen
freze r Fräser, **— etmek** fräsen
frikik r Freistoß
friksiyon e Abreibung, **e** Friktion
fuar e Messe
fuhuş e Prostitution
fukara (ç.) Armen; arm
fukaralık e Armut
fular s Foular, **s** Halstuch
fulya s Narzisse
funda s Gestrüpp
furya s Übermaß
futbol r Fußball, **— maçı s** Fußballspiel, **— takımı s** Fußballmannschaft
futbolcu r Fußballspieler
fuzuli überflüssig
füme geräuchert
fütur r Unmut, **r** Überdruß
füze e Rakete

G

gabardin r Gabardine
gaddar grausam
gaddarlık e Grausamkeit
gaf r Mißgriff
gafil unachtsam, — **avlamak** überrumpeln
gaflet e Unachtsamkeit
gaga r Schnabel
gagalamak picken
gaile e Mühsal, e Sorge
gaip s Jenseits
gala e Gala
galebe r Sieg, e Überlegenheit, — **çalmak** siegen
galeri e Galerie
galeta runder flacher Zwieback
galeyan e Erregung
galiba vielleicht, wahrscheinlich, offenbar
galibiyet r Sieg
galip siegreich; r Sieger, — **gelmek** besiegen
gam *müz.* r Tonleiter; e Bedrängnis, sorge — **lı** betrübt
gammaz r Verräter, r Anzeiger
gammazlamak verraten, anzeigen
gamsız kummerlos, sorgenlos
gamze verstohlener Blick, s Grübchen
gangaster r Gangster, r Verbrecher
gani reich, reichlich

ganimet e Beute
gar r Hauptbahnhof
garaj e Garage
garanti e Garantie, — **etmek** garantieren — **lemek** garantieren
garantili garantiert
garantör r Garant
garez r Haß, r Hintergedanke, r Groll, — **beslemek** Groll hegen
gardırop e Garderope; r Kleiderschrank
gardiyan r Gefängniswärter
gargara s Gurgeln, — **yapmak** gurgeln
garip seltsam, eigenartig, sonderbar; arm, bedauernswert — **lik e** Merkwürdigkeit; e Verlassenheit
garipsemek befremdlich finden
garnitür e Garnitur; e Ausrüstung; s Besteck
garnizon e Garnison
garp r Westen; s Abendland
garson r Kellner, r Ober
garsoniye e Bedienungsgeld
garsoniyer s Junggesellenhaus
gaspetmek entreißen
gâvur christlich; ungläubig; eigensinnig; unbarmherzig
gaye s Ziel, r Zweck, e Absicht
gayet überaus, sehr
gayret r Eifer, e Anstrengung, — **etmek** sich bemühen, sich anstrengen — **ver-**

mek ermutigen
gayretli eifrig, energisch, aktiv
gaz s Gas; s Petroleum — **halinde** gasförmig — **vermek** Gas geben
gazal e Gazelle
gazap r Zorn, r Grimm
gazel s Liebesgedicht
gazete e Zeitung
gazeteci r Journalist; r Zeitungsverkäufer
gazetecilik r Journalismus
gazino s Kasino
gazlamak Gas geben; fliehen
gazoz e Brauselimonade; e Limonade
gebe schwanger, — **bırakmak** zeugen, schwägern — **kalmak** schwanger werden — **lik** e Schwangerschaft
gebermek verenden
gebertmek töten
gece e Nacht; nachts, — **leyin** in der Nacht, nachts, — **gündüz** Tag und Nacht, — **yarısı** e Mitternacht; mitternachts
gecekondu über Nacht gebautes Haus
gecelemek übernachten
gecelik s Nachthemd
gecikme e Verspätung; e Verzögerung
gecikmek sich verspäten, sich verzögern
geciktirmek verzögern, verschieben, aufschieben; aufhalten
geç spät, zu spät — **kalmak** sich verspäten
geçen vorig, letzt, — **gün** neulich, — **lerde** neulich, vor kurzem
geçerli gültig — **lik** e Gültigkeit
geçersiz ungültig
geçici vorübergehend
geçim r Unterhalt — **siz** unverträglich
geçindirmek versorgen
geçinmek auskommen
geçirmek überstehen; verbringen; benötigen
geçişli dilb. transitiv

geçişsiz dilb. intransitiv
geçiştirmek überstehen; sich hinweghelfen
geçit r Durchgang, r Paβ; r Vorbeimarsch, — **resmi** e Parade
geçkin überreif
geçme r Ablauf
geçmek hindurchgehen; vorbeikommen, vorbeifahren; übergehen; ablaufen
geçmiş vergangen, — **zaman** dilb. e Vergangenheit
gedik e Bresche, e Scharte, e Lücke
gedikli schartig; dauernd, ständig
geğirmek rülpsen, aufstoβen
gelecek kommend, zukünftig; e Zukunft — **te** in Zukunft — **zaman** s Futur, — **kez** nächstes Mal
gelenek e Tradition — **sel** traditionell
gelgit (ç.) Gezeiten
gelin e Braut — **alayı** r Brautzug — **gibi süzülmek** einherstolzieren, — **teli** s Lametta
gelincik hayb. s Wiesel; bitb. r Mohn
gelinlik s Brautkleid (Elbise); r Brautstand
gelir r Einkunft; s Einkommen
gelişigüzel beliebig
gelişim s Entwicklung
gelişme s Wachstum
gelişmek wachsen, gedeihen sich entwickeln
gelmek kommen, ankommen, herkommen
gem r Zaum — **i azıya almak** (Pferd) durchgehen, ungebärdig sein
gemi s Schiff
gemici r Seemann, r Matrose
gencecik sehr jung
genç jung, jugendlich; r Junge
gençlik e Jugend
gene auch, schon, wieder — **de** dennoch, trotzdem
genel allgemein, — **grev** r Generallstreik — **müdür** r Generaldirektor — **sekre-**

ter r Generalsekretär
genelev s Bordell
genelge r Erlaß, s Rundschreiben
genelkurmay großer Generalstab
genelleştirme e Verallgemeinerung
genelleştirmek verallgemeinern
genellikle im allgemeinen; meistens
general r General
genetik e Genetik
geniş breit, weit; umfangreich; *mat.* stumpf; *mec.* bequem, sorgenfrei
genişletmek sich verbreiten, sich erweitern, sich ausdehnen
genişlik e Breite, e Weite
geniz r Nasenrachenraum
genleşmek sich ausdehnen
genlik e *fiz.* Amplitude
gensoru e Interpellation
geometri e Geometrie
geometrik geometrisch
gerçek wirklich, tatsächlich, wahr, echt, richtig; e Wirklichkeit, e Realität, e Wahrheit
gerçekçi r Realist
gerçekçilik r Realismus
gerçekleşmek sich verwirklichen
gerçekleştirmek verwirklichen
gerçeküstücü r Surrealist
gerçeküstücülük r Surrealismus
gerçekten wahrhaftig, tatsächlich
gerçi obwohl, obschon, obgleich, zwar
gerdan s Doppelkinn
gerdanlık e Halskette
gerdek s Brautgemach
gereç s Material
gerek nötig, notwendig, erforderlich
gerekçe r Grund, r Anlaß
gerekçesiz grundlos
gerekli nötig, notwendig, erforderlich
gereklilik e Notwendigkeit
gerekmek nötig sein
gereksinme e Notwendigkeit, s Bedürfnis, r Bedarf
gereksinmek brauchen, bedürfen, benötigen
gergedan r Nashorn
gergef r Strickrahmen
gergin gespannt
geri zurück, rückwärts, nach hinten — **almak** zurücknehmen — **gitmek** zurückkehren — **kafalı** rückständig — **kalmak** zurückbleiben — **sin** — **ye** rückwärts, zurück — **dönmek** zurückkommen, zurückkehren, — **vermek** zurückgeben — **vites** r Rückwärtsgang
gerici rückständig
gerilmek zurückweichen
gerilim e Spannung
gerilla e Guerilla
gerinmek sich recken, sich strecken
germek spannen, ausstrecken, ausbreiten
getirmek bringen, herbringen, mitbringen
gevelemek herumreden
geveze schwatzhaft; r Schwätzer
gevezelik e Schwatzhaftigkeit
gevişgetirenler (ç.) Wiederkäuer
geviş getirmek wiederkäuen
gevrek knusperig
gevşek locker, lose, schlaff
gevşeklik e Lockerheit
gevşemek sich lockern, nachgeben
gevşetmek lockern
geyik r Hirsch
gezdirmek führen, herumführen, umherführen
gezegen r Planet
gezgin umherziehend
gezi r Ausflug, r Spaziergang, e Spazierfahrt, e Reise
gezici umherziehend
gezinti r Spaziergang, e Spazierfahrt, — **yapmak** spazierengehen, spazierenfahren
gezmek umhergehen, herumgehen; spazierengehen
gıcık r Hustenreiz

gıcırdamak knierschen, quietschen
gıcır gıcır knirschend, quietschend, sehr neu
gıda e Nahrung
gıdaklamak gackern
gıdıklamak kitzeln
gına e Sättigung, **— gelmek** genug haben, satt bekommen
gıpta r Wetteifer, **— etmek** beneiden
gırtlak r Kehlkopf
gırtlaklamak erwürgen
gıyaben in Abwesenheit
gıyap e Abwesenheit
gibi wie, gleich, ähnlich; alsob
gider *(ç.)* Ausgaben, *(ç.)* Unkosten
giderayak im letzten Augenblick
giderek allmählich, mit der Zeit
gidermek beseitigen, beheben
gidiş e Hinfahrt; s Benehmen, s Verhalten, **— dönüş** e Hin-und Rückfahrt **— dönüş bileti** e Rückfahrkarte
girdap r Strudel, r Wirbel
girgin aufdringlich, unternehmungslustig
girift e Einbuchtung
giriş r Eingang,; r Zugang, e Zufahrt; r Antritt; e Einführung
girişim e Unternehmung, s Unternehmen; e Interferenz *fiz.*
girişken unternehmungslustig
girişmek unternehmen; beginnen, anfangen
Girit Kreta
girmek hineingehen, eintreten
gişe r Schalter
gitar e Gitarre
gitarist r Gitarrenspieler
gitgide allmählich, mit der Zeit
gitmek gehen, weggehen, fortgehen; abfahren, wegfahren
gittikçe allmählich, mit der Zeit
giydirmek ankleiden
giyecek e Bekleidung
giyim e Kleidung
giyinmek sich anziehen, sich ankleiden

giymek anziehen, tragen
giyotin e Guillotine
giysi s Kleid
giz s Geheimnis
gizem s Geheimnis
gizemli geheimnisvoll
gizlemek verstecken; verbergen, verheimlichen
gizlenmek sich verstecken, sich verbergen
gizlice heimlich
gizlilik s Geheimnis
gocuk r Hirtenmantel
gol s Tor **— atmak** Tor schießen **— yemek** ein Tor geschossen bekommen
golf s Golf
golfstrim r Golfstrom
gonca e Knospe
gondol e Gondel
gong r Gong
goril r Gorilla
gotik gotisch; Gotik
göbek r Nabel; e Generation r Anker **— atmak** einen Bauchtans aufführen **— bağlamak** einen Bauch bekommen
göbekli beleibt
göç e Wanderung; r Umzug, **— etmek** umziehen
göçebe r Nomade
göçebelik s Nomadentum
göçmek umziehen, ausziehen, wegziehen; sterben, umkommen
göçmen r Einwanderer, r Auswanderer, **— kuş** r Zugvogel
göğüs e Brust, r Busen **— darlığı** e Asthma, **— geçirmek** seufzen, stühnen, **— germek** sich in die Brust werfen **— ü kabarmak** von Stolz geschwelt sein
göğüslük e Schürze
gök r Himmel, **— gürlemesi** r Donner
gökbilim e Astronomie
gökdelen r Wolkenkratzer
gökkuşağı r Regenbogen
göktaşı s Meteor

gökyüzü r Himmel, s Firmament
göl r See
gölge r Schatten
gölgeli schattig
gömlek s Hemd; e Generation; r Grad, e Stufe
gömmek begraben, bestatten, beerdigen; einsenken, versenken
gömü r Schatz
gömülü begraben, bestattet; eingesenkt, versenkt
gönder e Stange
gönderen r Absender
göndermek senden, absenden, schicken, zuschicken
gönül s Herz, e Seele — **acısı** r Liebeskummer — **almak** erfreuen, — **bağı** r Herzensbund — **kırmak** kränken, — **ü (gözü) tok** genügsam —**ünce** wunschgemäß
gönüllü freiwillig; r Freiwillige
gönye s Dreieck, s Zeichendreieck
göre nach, gemäß, angesichts; relativ
görece relativ, verhältnismäßig
görecelik e Relativität
görenek e Tradition, r Brauch
görev e Aufgabe, e Pflicht, r Auftrag
görevlendirmek beauftragen
görevli r Beauftragte
görgü e Erfahrung; s (gute) Benehmen
görgülü anständig, nett
görkem e Pracht, r Prunk
görkemli prächtig, prunkvoll
görmek sehen, erblicken; erkennen; erleiden; verrichten, leisten
görsel visuell
görücü e Brautschauerin
görülmedik unerhört
görümce e Schwagerin
görünmek sich zeigen, erscheinen, aussehen
görünmez unsichtbar
görüntü *fiz.* s Bild
görünüm e Aussicht; s Aussehen
görünüş e Erscheinung; r Anblick, e Ansicht; s Aussehen
görüş r Blick, r Anblick; e Ansicht, e Anschauung, e Auffassung, e Meinung; e Ahnung, — **açısı** r Sehwinkel
görüşme e Unterredung, e Besprechung
görüşmek besprechen; sich treffen, sich unterhalten; sich sehen
gösterge r Zeiger
gösteri e Vorführung, e Aufführung; e Demonstration, — **yapmak** vorführen; demonstrieren
gösteriş r Bluff; r Reiz, r Charme
gösterişli protzig, pompos; statlich
gösterişsiz schlicht demütig
göstermek zeigen; beweisen, nachweisen
göstermelik s Musterstück, e Probesendung
göt r Arsch
götürmek wegbringen, fortbringen, hinbringen, wegtragen, forttragen, hintragen; wegführen, fortführen
götürü pauschal
gövde r Rumpf; r Stamm, r Stengel
gövdesel körperlich
göz s Auge; s Loch, e Öffnung; e Öse; s Fach, s Schließfach, s Schubfach, e Schublade; e Masche, — **de olmak** gefallen, — **den çıkarmak** opfern, rechnen *mit.* — **den geçirmek** durchsehen — **e almak** erwägen, riskieren, — **e batmak** stören, — **e çarpmak** auffallen, — **ü açık** schlaupfiffig, — **ü tok** bescheiden, genügsam, — **ünü kapamak** sterben — **açıp kapayıncaya dek** im Nu, — **almak** blenden, — **dikmek** begehren, — **gezdirmek** durchschauen, — **kapağı** s Augenlid, — **kararı** s Augenmaß, — **kırpmak** zwinkern, — **önünde tutmak** beachten, — **yummak** ein Auge zudrücken — **ü yolda kalmak** sehnsüchtig erwarten — **ü yüksekler-**

de olmak zu hoch hinaus wollen — **ünü dört açmak** Mund und Nase aufreißen — **ünün yaşına bakmamak** kein Mitleid haben
gözaltı e Internierung, **— na almak** internieren
gözbebeği e Pupille
gözcü r Beobachter, **r** Aufseher
gözcülük e Beobachtung, **e** Aufsicht **— etmek** beobachten, aufsehen
gözdağı e Drohung, **— vermek** drohen, bedrohen
gözde r Favorit
göze biy. **e** Zelle
gözenek e Pore **— li** porös
gözetleme e Beobachtung
gözetlemek beobachten
gözetmek aufpassen; berücksichtigen
gözlem e Betrachtung
gözlemci r Beobachter sp.
gözlemek warten; beobachten
gözlemevi e Sternwarte, **s** Observatorium
gözlük e Brille, **— camı s** Brillenglas
gözlükçü r Optiker
göztaşı s Kupfersulfat
gözükmek sichtbar werden
gözüpek mütig
gözyaşı e Träne
grafik s Schaubild; graphisch
grafoloji e Graphologie, **e** Handschriftdeutung
gram s Gramm
gramofon s Grammophon
gramer e Grammatik
granat r Granat; **e** Granate
grandük r Großherzog
grandüşes e Großherzogin
gravür e Gravur
Grek r Grieche
Grekçe griechisch
grekoromen sp. griechisch-römisch
gres (yağı) s Schmieröl
grev r Streik, **— yapmak** streiken
greyfrut e Pampelmuse
gri grau
grip e Grippe
grup e Gruppe
gruplandırmak gruppieren
guatr r Kropf
gudde e Drüse
guguk r Kuckuck
gurbet s Ausland
guruldamak knurren
gurup r Sonnenuntergang
gurur r Stolz **— lu** stolz; hochmütig
gusül rituelle Ganzwaschung
gübre r Dung, **r** Dünger
gübrelemek düngen
gücendirmek kränken
gücenmek übelnehmen
güç[1] schwer, schwierig, mühsam
güç[2] **e** Kraft; **e** Fähigkeit, **e** Tatkraft; **e** Gewalt, **e** Macht
güçlenmek sich verstärken
güçleştirmek erschweren
güçlü stark, kräftig; fähig; gewaltig
güçlük e Schwierigkeit
güçsüz schwach, kraftlos
güderi s Wildleder
güfte r Text, **s** Libretto
güğüm e Wasserkanne
güherçile r Salpeter
gül e Rose
güldürmek aufheitern; unterhalten, belustigen
güldürü e Komödie
güle güle Auf Wiedersehen
güler yüzlü freundlich, lächelnd
gülle e Kugel, **— atma s** Kugelstoßen
gülmece s Auslachen
gülmek lachen
gülümsemek lächeln
gülünç komisch, lächerlich
gülünçleşmek lustigwerden
gülüş s Lachen
gümbürdemek donnern
gümbürtü s Gedonner

gümrük r Zoll, — **ten muaf** zollfrei
gümrükçü r Zollbeamte
gümrüklemek verzollen
gümrüklü verzollt, zollpflichtig
gümrüksüz unverzollt
gümüş s Silber; silbern
gümüşi silbergrau
gümüşlemek versilbern
gümüş versilbert, silbern
gün r Tag, — **doğuşu** r Sonnenaufgang, e Morgendämmerung, — **geçtikçe** allmählich, mit der Zeit — **görmüş** lebenserfahren — **tutulması** e Sonnenfinsternis — **ü** — **üne** am festgesetzten Tag — **ünü** — **etmek** seinen Tag froh verbringen — **lerce** tagelang, — **ün birinde** eines Tages
günah e Sünde, — **işlemek** sündigen
günahkâr r Sünder
günahsız unschuldig
günaşırı jeden zweiten Tag
günaydın guten Morgen
güncel aktuell, zeitnahe
güncellik e Aktualität
gündelik r Tagelohn
gündelikçi r Tageslöhner — **kadın** e Putzfrau
gündem e Tagesordnung
gündoğusu r Osten; r Ostwind
gündüz r Tag
gündüzün tagsüber, bei Tag
güneş e Sonne, — **banyosu** s Sonnenbad, — **batışı** r Sonnenuntergang, — **çarpması** r Sonnenstich, — **doğuşu** r Sonnenaufgang
güneşlenmek sich sonnen
güneşli sonnig
güneşlik r Sonnenschutz
güney r Süden; südlich, — **inde** südlich, — **batı** r Südwesten, — **doğu** r Südosten
günlük täglich, — **güneşlik** strahlend, zeitung
güpegündüz am hellichten Tag

gür üppig, stark
gürbüz gesund, kräftig
Gürcistan Georgien
Gürcü r Georgier; georgisch
güreş s Ringen, r Ringkampf — **çi** r Ringer — **mek** ringen
gürgen e Buche; e Erle
gürlemek donnern
güruh e Gesellschaft
gürültü s Geräusch, r Lärm, r Krach, s Getöse, — **etmek** lärmen
gürültücü lärmend
gürültülü laut
gürültüsüz ruhig, still, leise
gürz e Schlachtkeule
gütmek hüten; verfolgen; leiten
güve e Molte
güveç r Schmortopf
güven s Vertrauen, r Verlaß
güvence e Sicherheit
güvenilir gewissenhaft, glaubwürdig, seriös
güvenlik e Sicherheit, — **konseyi** r Sicherheitsrat
güvenmek vertrauen, anvertrauen, sich verlassen
güvenoyu s Vertrauensvotum
güvensizlik s Mißtrauen
güvercin e Taube
güverte s Deck
güvey r Brautigam
güvez dunkelrot
güz r Herbst
güzel schön, hübsch, nett, lieblich, gut, angenehmen, — **sanatlar** schöne Künste
güzelleşmek sich verschönern
güzelleştirmek verschönern
güzellik e Schönheit, e Lieblichkeit, — **kraliçesi** Schönheits Königin
güzergâh e Strecke, e Linie
güzide erlesen, auserwählt, hervorragend
güzün im Herbst

H

habbe s Korn **— li** körnig
haber e Nachricht, **e** Mitteilung, **e** Meldung, **e** Anmeldung; **e** Ahnung **— almak** hören, Nachricht erhalten **— vermek** benachrichtigen, mitteilen
haberci r Bote
haberdar benachrichtigt informiert, unterrichtet, **— etmek** benachrichtigen, informieren
haberleşme e Korrespondenz
haberleşmek korrespondieren
haberli angemeldet
habersiz ahnungslos; unangemeldet
Habeşistan Äthiopien
Habeş(i) r Äthiopier (in **e**)
habire dauern, unaufhörlich, ständig
habis böse, bösartiq, schlecht, **r** Schuft
hac e Wallfahrt, **e** Pilgerfahrt **— ca gitmek** pilgern
hacet s Bedürfnis, **e** Notwendigkeit, **— yeri e** Toilette, **r** Abort
hacı r Pilger
hacim s Volumen, **r** Rauminhalt; **r** Umfang
hacimsel räumlich
hacimsellik e Räumlichkeit
haciz e Pfändung, **— koymak** pfänden
hacizli gepfändet
haczetmek pfänden
haç s Kreuz

Haçlı Seferi r Kreuzzug
had e Grenze, **e** Stufe, **r** Grad, **s** Maß **— safhaya girmek** in ein akutes Stadium treten
hadde e Walzmaschine
haddelemek walzen
hademe r Bürodiener (in **e**), **r** Amtsdiener (in **e**)
hadım r Eunuch, **r** Kästrat, **— etmek** kastieren
hadise r Vorfall, **s** Ereignis, **r** Vorgang
hafıza s Gedächtnis, **e** Erinnerung
hafif leicht; leichtsinnig **— müzik e** Unterhaltungsmusik, **— siklet s** Leichtgewicht
hafiflemek nachlassen, sich verringern
hafifleştirmek erleichtern, mildern abschwächen
hafifletici mildernd
hafifletmek erleichtern, mildern, abschwächen
hafifmeşrep leichtsinnig, leichtfertig
hafiye r Geheimpolizist, **r** Spitzel
hafriyat e Ausgrabung
hafriyatçı r Ausgräber
hafta e Woche, **— larca** wochenlang, **— başı r** Wochenanfang, **— sonu s** Wochenende
haftalık wöchentlich; **r** Wochenlohn, **— gazete s** Wochenblatt, **— dergi e** Wo-

chenzeitschrift
haftaym *sp.* e Halbzeit
haham r Rabbiner
hain verräterisch; r Verräter — **lik** e Boshaftigkeit; r Verrat
haiz besitzend, — **olmak** besitzen
hak[1] s Recht, — **kı olmak** recht haben, — **vermek** rechtgeben — **iddia etmek** Anspruch erheben (auf) — **yemek** usurpieren — **kını almak** seinen gebührenden Anteil bekommen
hak[2] s Gravieren
Hak Gott
hakan r Herrscher, r Khan
hakaret e Beleidigung, — **etmek** beleidigen
hakem r Schiedsrichter, — **kararı** r Schiedsspruch
hakikat e Wahrheit, e Wirklichkeit, e Realität
hakikaten wirklich, tatsächlich
hakikatli aufrichtig, treu
hakikatsiz treulos
hakiki echt, wahr, wirklich
hakim r Herrscher; r Richter; herrschend, überlegen
hakimiyet e Herrschaft, e Souveränität
hakir niedrig, niederträchtig, verächtlich, — **görmek** verechten
hakkaniyet s Recht, e Gerechtigkeit
hakketmek gravieren
hakkında über
haklamak besiegen
haklı recht; berechtigt, — **olmak** recht haben
haksız unrecht; ungerecht — **yere** zu Unrecht
haksızlık e Ungerechtikeit — **etmek** jdm. unrecht tun
hal r Zustand, e Lage; s Verhalten; *dilb.* r Fall, r Kasus; e Kraft; e Markthalle; e Lösung — **çaresi s** Mittel
hala e Tante
hâlâ noch, immer noch

halâskâr r Retter, r Befreler
halat s Tau
halayık e Sklavin
halbuki jedoch, indessen tatsächlich, aber
halef r Nachfolger
halel e Lücke; r Schaden, r Nachteil, — **getirmek** schaden, stören beeinträchtigen
halen augenblicklich, gegenwärtig
halhal (Fuβ) r Knöchel-reif
halı r Teppich
halıcı r Teppichhändler
halıcılık r Teppichhandel
haliç r Meerbusen
Haliç Goldenes Horn
halife r Kalif — **lik s** kalifat
halihazırda augenblicklich, gegenwärtig
halim ruhig, verträglich
halis echt, rein — **muhlis** waschecht
halk s Volk, e Bevölkerung, e Leute, s Publikum
halka r Ring
halkalamak aufrollen
halkbilim e Volkskunde
halkçı demokratisch; r Demokrat
halkoylaması e Volksabstimmung
halkoyu r Volksentscheid
hallaç r Baumwollschläger
halletmek lösen; beseitigen
halsiz kraftlos, schwach
halt e Unverschämtheit — **yemek** anstellen
halter e Hantel; s Gewichtheben
halterci r Gewichtheber
ham unreif; roh, unbearbeitet; untraniert, — **çelik** r Rohstahl
hamak e Hängematte
hamal r Lastträger
hamaliye r Trägerlohn
hamallık e Fronarbeit
hamam s Bad
hamamböceği e Köchenschabe
hamarat fink, fleiβig, tüchtig

hamamböceği e Köchenschabe
hamarat fink, fleißig, tüchtig
hamburger Hamburger
hamil r Träger, r Inhaber
hamile schwanger, — **bırakmak** zeugen, schwängern
haminne e Großmutter
hamiyet r Eifer
hamiyetli eifrig
hamle r Zug; r Angriff; r Schwung, r Elan
hammadde s Rohmaterial
hamsi e Sardelle
hamur r Teig, — **işi** e Mehlspeise
han[1] s Gasthaus, e Herberge
han[2] r Herrscher, r Khan
hançer r Dolch
hançere r Kehlkopf
hançerlemek erdolchen
hane s Haus, e Wohnung; s Feld
hangar r Schuppen, e Halle
hangi welch
hanım e Frau, e Dame; e Ehefrau e Gattin — **efendi** e Dame — **evladı** s Muttersöhnchen
hanımeli s Geißblatt
hani wo?
hantal plump, schwerfällig
hap e Pille
hapis s Einsperren; s Gefängnis — **cezası** e Gefängnisstrafe — **giymek** Gefängnis bekommen — **yatmak** im Gefängnis sitzen — **hane kaçkını** r Galgenstrick, r Vagabund
hapishane s Gefängnis, r Kerker
hapsetmek einsperren
hapşırmak niesen
hara s Gestüt
harabe e Ruine
haraç e Kopfsteuer — **mezat satmak** versteigern — **yemek** kostenfrei leben
haram verboten, unerlaubt
harami r Räuber
harap zerstört, verwüstet, verheert — **etmek** zerstören, ruinieren

hararet e Wärme, e Temperatur, s Fieber
hararetli begeistert, lebhaft
harbi echt, unverfälscht, ehrlich
harcamak ausgeben; verbrauchen; beseitigen
harcıalem üblich, trival
harcırah s Tagegeld
harç r Mörtel; e Zutat
harçlık s Taschengeld
hardal r Senf
harekât e Operation
hareket e Bewegung; e Abfahrt, e Abreise, r Abflug; e Aktion, e Akt, — **etmek** sich bewegen; abfahren, abreisen, abfliegen; sich benehmen, handeln, — **ettirmek** bewegen, — **e geçmek** sich in Bewegung setzen; in Aktio treten
hareketli beweglich; lebhaft
hareketsiz bewegungslos, still
harem s Frauengemach
harf r Buchstabe
harici äußerlich
hariciye (ç.) auswärtige Angelegenheiten (ç.); äußere Erkrankungen
hariç außgenommen, abgesehen, — **tutmak** absehen
harika wunderbar, ausgezeichnet
harikulâde wunderbar, ausgezeichnet, beispiellos
haris gierig, habgierig; leidenschaftlich
harita e Landkarte
harman s Dreschen; e Mischung, — **dövmek** dreschen, — **etmek** dreschen, mischen, — **makinesi** e Dreschmaschine
harmanlamak dreschen; mischen
harmoni e Harmonie
harp r Krieg; *müz.* e Harfe — **malülü** r Kriegsbeschändigte
has eigentümlich; echt, rein
hasar e Ernte, — **etmek** ernten
hasbıhal e Unterhaltung

haset r Neid
hasıl olmak entstehen, zustandekommen
hasılat s Erzeugnis, e Produktion
hasım r Gegner
hasır e Strohmatte, — **altı etmek** verbögen
hasis knauserig, geizig
haslet e Eigenschaft
hasret e Sehnsucht, — **çekmek** sich sehnen
hasretmek widmen
hassa e Eigenschaft; e Garde
hassas empfindlich, sensibel
hassasiyet e Empfindlichkeit, e Sensibilität
hasta krank; r Kranke, r Patient
hastabakıcı r Krankenpfleger, e Krankenschwester
hastalanmak erkranken
hastalık e Krankheit
hastalıklı kränklich; abnorm
hastane s Krankenhaus — **ye yatırmak** (ins Krankenhaus) einliefern, einweisen
haşarat s Ungeziefer, (ç.) Insekten
haşarı wild, zügellos
haşhaş r Haschisch, r Mohn
haşin streng, scharf, heftig, rauh
haşiye e Randbemerkung
haşlamak kochen, sieden; schalten
haşmetli prächtig, majästetisch
hat e Linie, e Strecke
hata r Fehler; r Versehen, r Irrtum — **yapmak** sich irren
hatalı fehlerhaft, irrtümlich
hatasız fehlerlos
hatır s Gedächtnis, e Erinnerung; e Achtung, s Ansehen, — **a gelmek** einfallen, — **da kalmak** behalten — **ı sayılır** beachtlich; angesehen — **sormak** die üblichen Höflichkeitsfragen stellen
hatıra s Gedenken, s Andenken, — **defteri** s Tagebuch
hatırlamak sich erinnern, sich entsinnen
hatırlatmak erinnern
hatırlı geehrt, geachtet, angesehen
hatim s Beenden, Gesamtvorlesung des Korans
hatip r Redner
hatta sogar, selbst
hattat r Schriftkünstler
hatun e Frau, e Ehefrau, e Gattin
hava e Luft; s Wetter; e Melodie; e Laune, e Lust, e Stimmung, — **alanı** r Flugplatz, — **akımı** r Luftzug, — **durumu** e Wetterlage — **haritası** e Wetterkarte, — **limanı** r Flughafen, — **trafiği** r Luftverkehr — **atmak** imponieren — **almak** Luft schöpfen — **cereyanı** r Luftzug — **fişeği** e Rakete — **geçirmez** Luftdicht — **ya uçurmak** in die Luft jagen
havacı r Flieger
havacılık s Flugwesen
havadar luftig
havadis e Nachricht
havagazı s Leuchtgas
havai leichtsinnig, — **hat** e Drahtseilbahn
havaküre e Atmosphäre
havalanmak aufsteigen, starten
havale e Anweisung, e Überweisung — **etmek** überweisen, übertragen
havalı luftig; leichtsinnig
havali e Umgebung; e Gegend
havan r Mörser, — **da su dövmek** sich vergeblich bemühen
havari r Apostel
havasız luftleer
havayolu e Fluglinie; r Luftweg, e Luftlinie
havlamak bellen
havlu s Handtuch
havra e Synagoge
havsala s Fassungsvermögen, e Verständnis
havuç e Mohrrübe
havuz r Teich; s Schwimmbecken

Havva Eva
havyar r Kaviar
havza s Gebiet
haya e Hode
hayal e Phantasie, r Traum, e Vorstellung, e Einbildung; s Spiegelbild, **— etmek** sich einbilden, träumen, phantasieren **— kırıklığı** e Enttäuschung **— kurmak** Phantasieschloss erbauen
hayalet s Phantom, s Gespenst
hayali utopisch, imaginär
hayalperest r Träumer
hayat s Leben, **— arkadaşı** r Lebensgefährte, e Lebensgefährtin, **— standardı** s Lebensniveau, **— sürmek** leben **— memat meselesi** lebenswichtige Angelegenheit **— pahalılığı** e Teuerung
hayati lebenswichtig
haydi los .
haydut r Räuber
hayır[1] nein
hayır[2] e Wohltat **— işlemek** gutes tun **— ola (hayrola)** wieso denn? **— alamet** gutes Omen
hayırlı gut, glückbringend
hayırsever wohltätig
hayırsız unselig; nichtsnützig
haykırmak schreien
haylaz ungezogen, faul
haylazlık e Faulheit, **— etmek** faulenzen
hayli sehr, viel, recht viel, recht, ziemlicht üchtig
hayran bezaubert, entzückt, begeistert, **— bırakmak** bezaubern, entzücken, **— olmak** bewundern
hayranlık e Bewunderung
hayrat e Stiftung
hayret s Staunen, s Erstaunen, **— etmek** staunen sich wundern, **— verici** erstaunlich
haysiyet e Selbstachtung, e Würde **— divanı** s Ehrengericht
haysiyetli ehrenwert, würdig
hayvan s Tier

hayvanat (ç.) Tiere **— bahçesi** r Zoo
hayvanca brutal, tierisch
hayvancılık e Viehzucht
hayvani tierisch
haz e Lust, r Genuß, e Freude, s Vergnügen, **— duymak** genießen
hazım e Verdauung, **— ı güç** schwerverdaulich
hazımlı weitherzig, großzügig, geduldig
hazımsız unduldsam, kleinlich denkend
hazımsızlık (ç.) Verdauungsbeschwerden
hazır bereit, fertig; anwesend, **— bulunmak** anwesend sein
hazırcevap schlagfertig
hazırlamak vorbereiten, bereiten, bereitstellen, bereithalten, bereitmachen, anrichten
hazırlanmak sich vorbereiten; sich fertigmachen; sich einstellen auf
hazırlık e Vorbereitung; e Bereitschaft **— sınıfı** e Vorbereitungsklasse
hazırlıklı vorbereitet
hazırlıksız unvorbereitet
hazin traurig, rührend
hazine r Schatz
haziran r Juni
hazmetmek verdauen; hinnehmen
hazne r Speicher, r Behälter
haznedar r Schatzmeister
heba e Verschwendung
hece e Silbe
hedef s Ziel, r Zweck, e Absicht **— tahtası** e Zielscheibe
hediye s Geschenk, e Gabe, **— etmek** schenken **— lik** als Geschenk geeignet **— lik eşya** r Geschenkartikel
hekim r Arzt
hektolitre s Hektoliter
helâ r Abort
helal erlaubt, **— etmek** schenken, gewähren
helaleşmek sich verabschieden
hele besonders, gerade, erst, recht

helezon e Spirale
helezoni spiralförmig
helikopter r Hubschrauber
helva türkischer Honig
hem und, außerdem, schon, —...— sowohl... als auch
hemen sofort, sogleich, gleich, alsbald; beinahe, fast
hemencecik bald, gleich, sofort
hemfikir gleichgesinnt
hemoroit e Hämorrhoiden ç.
hemşehri r Landsmann
hemşire e Schwester; e Krankenschwester
hendek r Graben, e Grube
hentbol r Handball
henüz gerade, eben, schon; noch, bisjetzt
hep all, ganz, insgesamt; immer, stets
hepsi alle, alles; s Ganze
hepten vollständig, vollkommen, ganz und gar
her jede, jeder, jedes — **gün** täglich — **günkü** alltäglich, — **halde** wahrscheinlich, jedenfalls, — **hangi** irgend — **hangi bir** irgendein, — **hangi bir şey** irgendetwas, — **hangi bir yerde** irgendwo, — **hangi bir yerden** irgendwoher, — **hangi bir yere** irgendwohin, — **hangi bir zaman** irgendwann, — hangi bir şekilde irgendwie, — **nasılsa** wie dem auch sei, — **ne kadar** zwar, — **şey** alles, — **tarafta** überall — **yanda** überall, — **zaman** immer, stets
hercai s Stiefmütterchen
hergele r Gauner
herif r Kerl; r Bursche
herkes jeder, jedermann
hesabi rechnerisch; sparsam
hesap e Rechnung, e Abrechnung, e Berechnung — **bakiyesi** r Saldo — **cüzdanı** s Kontogegenbuch — **çıkarmak** den Saldo ziehen — **a geçirmek** buchen, — **a katmak** in Rechnung stellen — **cetveli** r Rechenstab, r Rechenschieber, — **görmek** abrechnen, — **makinesi** e Rechenmaschine, — **yapmak** rechnen, berechnen
hesaplamak rechnen, berechnen, zusammenrechnen; planen
hesaplı erwartet; überlegt, geplant; sparsam
hesapsız unüberlegt, riskant; verschwenderisch
hevenk e Girlande, s Gehänge
heves e Lust, e Neigung, s Interesse, — **etmek** sich interessieren
heveslenmek sich interessieren
hevesli interessiert
heybe große Doppeltasche; e Eselstasche
heybet e Würde — **li** würdevoll
heyecan e Aufregung; e Begeisterung
heyecanlandırmak aufregen
heyecanlanmak sich aufregen
heyecanlı aufgeregt; begeistert; spannend
heyelan r Erdrutsch
heyet r Ausschuß, e Kommission
heykel e Statue, e Plastik
heykeltraş r Bildhauer
hezimet e Niederlage
hıçkırmak schlucken, schluchzen
hımbıl träge; ungeschickt
hıncahınç gestopft
hınç r Zorn, e Rachsucht, — **ını almak** sich rächen
hınzır widerlich
hır r Zank, r Streit, — **çıkarmak** Streit anfangen
hırçın erregbar
hırdavat r Krimskrams
hırıldamak röcheln, rasseln; knurren
Hıristiyan r Christ; christlich
Hıristiyanlık s Christentum
hırka e Strickjacke
hırlamak murren, brummen, knurren
hırpalamak beschädige; foltern

hırpani zerlumpt
hırs e Gier, e Begierde; e Wut, r Zorn
hırsız r Dieb, r Einbrecher
hırsızlık r Diebstahl, r Einbruch
hırslanmak ehrgeizig werden; neidisch werden
hırslı gierig; wütend, zornig
hışım r Zorn, e Wut
hışırdamak rascheln; rauschen
hıyanet r Verrat
hıyar e Gurke; ungeschliffen
hız e Geschwindigkeit
hızlandırmak beschleunigen
hızlanmak sich beschleunigen
hızlı schnell, rasch, geschwind; heftig, kräftig
hızölçer r Geschwindigkeitsmesser
hibe s Geschenk, e Spende, **— etmek** schenken, spenden
hiciv e Satire
hicret e Einwanderung, e Auswanderung
hicvetmek verspotten
hiç überhaupt, gar; je; nichts, **— değilse** mindestens, zumindest, **— kimse** niemand, keiner, **— olmazsa** mindestens, zumindest, wenigstens
hiçbir kein, **— şey** nichts, **— yerde** nirgends, **— zaman** nie, niemals
hiddet r Zorn, e Wut, r Arger
hiddetlenmek sich aufregen, in Wut geraten
hiddetli zornig, wütend, ärgerlich
hidroelektrik santral s Wasserkraftwerk
hidrofil pamuk e Verbandswatte
hidrojen r Wasserstoff, **— bombası** e Wasserstoffbombe
hidrolik hydraulisch
hijyen e Hygiene **— ik** hygienisch
hikâye e Geschichte, e Erzählung **— etmek** berichten, erzählen
hikayeci r Geschichtenerzähler (**e** in); r Novellenschriftsteller (**e** in)
hikmet e Weisheit; r Sinn, r Zweck

hilafet s Kalifat
hilal r Halbmond
hile e List, r Betrug, r Trick **— yapmak** einen Trick anwenden
hileci r Betrüger, r Schwindler
hilekar r Betrüger; hinterlistig
hileli verfälscht
hilesiz unverfälscht, tricklos
hilkat e Schöpfung, **— garibesi** s Naturwunder
himaye r Schutz, e Obhut, e Fürsorge, **— etmek** schützen, beschützen
himayesiz schutzlos
hindi r Truthahn, e Pute
Hindistan Indien
hindistancevizi e Kokonuβ
Hint indisch, **— Okyanusu** Indischer Ozean
Hintli r Inder
hintyağı s Rizinusöl
hipermetrop weitsichtig
hipertansiyon e Hypotension
hipnotize hypnotisiert **— etmek** hypnotisieren
hipnotizma e Hypnose
hipnoz e Hypnose
hipodrom Hippodrome
hipotenüs e Hypotenuse
hipotez e Hypothese
his s Gefühl, e Empfindung; r Sinn
hisar e Burg, e Festung
hisli empfindlich, gefühlsvoll
hisse r Anteil; e Aktie
hissedar r Aktionär
hissetmek fühlen, empfinden, wahrnehmen; merken, ahnen
hissi sentimental
histeri e Hysterie **— k** hysterisch
hitabet e Rethorik
hitap e Anrede, **— etmek** anreden, ansprechen
Hitit r Hettiter; hettitisch
hiyerarşi e Hierarchie
hiza e Reihe

hizip e Partei, **e** Gruppe
hizmet r Dienst, **— etmek** dienen, helfen
hizmetçi r Diener, **s** Dienstmädchen
hobi s Hobby, **s** Steckenpferd
hoca r Geistliche; **r** Lehrer
hohlamak anhauchen
hokka s Tintenfaß
hokkabaz r Zauberkünstler
hol e Diele, **r** Flur
Hollanda Holland, *(ç.)* Niederlande
Hollandalı r Holländer (in **e**), holländisch
homoseksüel Homosexuell
homurdanmak murren, knurren
homurtu s Gemurmel
hoparlör r Lautsprecher
hoplamak hüpfen
hoppa leichtsinnig
hor minderwertig, verächtlich, **— görmek** verachten, geringschätzen
horlamak schnarrchen
hormon s Hormon, **r** Drüsenstoff
horoz r Hahn
horozlanmak sich aufpflanzen
hortlak s Gespenst
hortum r Schlauch; **r** Rüssel
horultu s Schnarrchen
hostes e Stewardeß
hoş angenehm, lieblich, hübsch; bequem **— bulduk** formalhafte Antwort auf **'hoş geldiniz'**, **— geldiniz** herzlich willkommen
hoşaf s Kompott
hoşbeş e Unterhaltung
hoşça angenehm
hoşgörü e Toleranz **— lü** tolerant
hoşlanmak gefallen, gern haben, mögen
hoşnut befriedigt, zufrieden, **— etmek** befriedigen, zufriedenstellen
hovarda r Playboy, **r** Schürzenjäger
hoyrat unachtsam; ungeschickt
hörgüç r Höcker
hububat s Getreide
hudut e Grenze, **s** Grenzgebiet
hudutsuz grenzlos, unbeschränkt

hukuk s Recht, **— fakültesi e** Juristische Fakultät
hukukçu r Jurist
hukuki juristisch
hulâsa e Zusammenfassung
humma s Fieber
hummalı fieberhaft
Hun r Hunne
hunhar blutgierig
huni r Trichter
hurafe r Aberglaube
hurda r Schrott
hurdacı r Altwarenhändler
hurdahaş etmek zerschlagen, zerbrechen
huri e Huri
hurma e Dattel
hurufat *(ç.)* Drucktypen
husumet e Feindschaft, **e** Feindseligkeit
husus e Sache, **e** Angelegenheit, **s** Thema **— unda** über
hususi speziell; privat, persönlich
hususiyle besonders
hususiyet e Eigenschaft
husye e Hode
huşu e Verbeugung
huy e Naturanlage, **r** Charakter **— edinmek** sich angewöhnen
huysuz launisch, mürrisch, unverträglich
huzur e Ruhe, **s** Gemüt, **e** Behaglichkeit; **e** Anwesenheit, **e** Gegenwart
huzurlu ruhig, gemütlich, behaglich **— luk e** Beunruhigung
huzursuz unruhig, ungemütlich, unbehaglich **— luk e** Beunruhigung
hücre e Zelle
hücum r Angriff, **r** Anfall, **— etmek** angreifen, anfallen, losstürmen
hücumbot s Sturmboot
hükmen nominell
hükmetmek herrschen, regieren
hüküm s Urteil, **e** Entscheidung; **e** Herrschaft, **e** Gewalt, **e** Macht; **e** Gültigkeit, **— sürmek** herrschen, **— vermek**

entscheiden
hükümdar r Herrscher, **r** Monarch
hükümet e Regierung, — **darbesi r** Putsch, — **etmek** herrschen, regieren
hükümlü verurteilt
hükümran souverän
hükümranlık e Souveranität, **e** Herrschaft
hükümsüz ungültig
hümanist r Humanist; humanistisch
hümanizma r Humanismus
hüner r Kunstgriff
hünerli geschickt, begabt, talentiert

hür frei
hürmet e Achtung, **r** Respekt, — **etmek** achten, respektieren
hürmetkâr ehrerbietig
hürmetli respektvoll
hürmetsiz respektlos
hürriyet e Freiheit
hüsnüniyet e Aufrichtigkeit
hüviyet e Identität, — **cüzdanı r** Personalausweis
hüzün e Traurigkeit — **lenmek** traurig werden — **lü** betrübt, traurig, wehmütig

I

ıhlamur e Linde
ıkınmak stöhnen
ılıca e Quelle, s Heilbad
ılık lauwarm
ılıklaşmak lauwarm werden
ılım e Mäßigung
ılıman mild
ılımlı mäßig, maßvoll
ırak weit, fern
Irak r Irak
ıraksak *mat.* divergend
ıraksamak *mat.* divergieren
ırgalamak rütteln; beachten, berücksichtigen
ırgat r Bauarbeiter
ırk e Rasse
ırkçılık e Rassenlehre
ırmak r Fluß, r Strom
ırz e Ehre, **— ına geçmek** vergewaltigen
ısı e Wärme
ısınmak sich erhitzen; warm werden; *mec.* sich erwärmen
ısırgan r Brennessel
ısırık r Biß
ısırmak beißen, abbeißen
ısıtmak wärmen, erwärmen
ıska geçmek verfehlen
ıskarmoz e Dolle; r Spant; r Pfeilhecht
ıskarta r Abfall, **— ya çıkarmak** abfegen
ıskonto r Rabatt, s Skonto, r Abzug, e Ermäßigung, **— yapmak** diskontieren, absetzen, abziehen
ıslah e Besserung, e Verbesserung, e Reform, e Neugestaltung, **— etmek** bessern, verbessern, reformieren
ıslahat *(c.)* Reformen
ıslahevi e Besserungsanstalt
ıslak teucht, naß
ıslaklık e Feuchtigkeit, e Nasse
ıslanmak naß werden
ıslatmak anfeuchten
ıslık r Pfiff, **— çalmak** pfeifen
ıslıklamak auspfeifen
ısmarlama auf Bestellung
ısmarlamak bestellen
ıspanak r Spinat
ısrar s Beharren, s Bestehen, **— etmek** beharren, bestehen
ıssız leer, öde, einsam
ıstakoz r Hummer
ıstampa r Stempelkissen
ıstavroz s Kreuz, **— çıkarmak** sich bekreuzigen
ıstırap r Schmerz, s Pein, e Qual **— çekmek** leiden, **— vermek** quälen, schmerzen, peinigen
ıstıraplı schmerzlich, traurig
ışık s Licht, **— vermek** leuchten, **— yılı** s Lichtjahr
ışıklandırma e Beleuchtung

ışıklandırmak beleuchten
ışıklı beleuchtet
ışıl ışıl leuchtend, glänzend
ışıldak r Scheinwerfer
ışıldamak leuchten, glänzen
ışıltı s Funkeln, s Blitzen
ışıma e Radiation, e Ausstrahlung
ışımak ausstrahlen

ışın r Lichtstrahl, r Strahl
ıtır r Duft, s Aroma
ıtırlı duftend, aromatisch
ıtriyat e Parfümerie
ıvır zıvır r Plunder
ızbandut vierschrötiger Kerl, **— gibi** riesenhaft
ızgara s Gitter; r Grill

i

iade e Rückgabe, **— etmek** zurückgeben, zurückschicken
iadeli mit Rückschein
iane e Hilfe, **e** Unterstützung
iaşe e Ernährung, **r** Lebensunterhalt, **e** Verpflegung, **— etmek** verpflegen
ibadet e Andacht, **e** Anbetung, **— etmek** anbeten
ibadethane r Tembel, **s** Gotteshaus
ibare r Ausdruck, **e** Formulierung
ibaret bestehend, **— olmak** bestehen
ibibik r Wiedehopf
ibik r Kamm
iblis r Teufel, **r** Satan
ibne schwul; **r** Schwulter
ibra e Entlastung; **e** Entbindung **— etmek** erlassen
İbrani r Hebräer; hebräisch
İbranice s Hebräisch
ibraz e Vorweisung, **— etmek** vorweisen, vorlegen
ibre r Zeiger
ibret s Beispiel, **e** Lehre, **— almak** Lehre ziehen
ibrik e Wasserkanne, **e** Kanne
ibrişim r Seidenzwirn
icabet e Folgeleistung, **— etmek** annehmen
icap e Notwendigkeit; **e** Bejahung; **e** Anfoderung, **— ederse** nötigenfalls, gegebenenfalls **— etmek** nötig sein
icar e Miete
icat e Erfindung, **— etmek** erfinden
icbar r Zwang, **— etmek** zwingen
icra e Ausführung, **e** Durchführung **— etmek** ausführen, durchführen, vollziehen, **— memuru r** Gerichtsvollzieher
icraat *(ç.)* Taten, *(ç.)* Arbeiten
iç e Innere, **— i dışı bir** gerecht, ehrlich, aufrichtig, **— i sıkılmak** sich langweilen, **— inden** heimlich, **— inden pazarlıklı** hinterhältig, **— ine çekmek** einatmen, einsaugen, **— ine doğmak** ahnen, **— ini çekmek** seufzen, **— ini dökmek** jdm. sein Herz ausschütten **— açmak** aufheitern, **— Anadolu** Mittelanatolien, **— çamaşırı e** Unterwäsche, **— içe** ineinander, **— kanama r** Bluterguβ, **— lastik r** Schlauch
içbükey konkav, hohl
içecek s Getränk
içeri s Innere; inner; hinein, herein, **— de** drin, innen, **— de olmak** drin sein; im Gefängnis sitzen **— sinde** innen **— sine** hinein
içerik r Inhalt
içerlemek übelnehmen
içermek enthalten, einschließen
içgüdü r Instinkt, **r** Naturtrieb
içgüdüsel instinktiv

içim r Schluck
içimli wohlschmeckend
için für, um, zwecks, halber, da, weil, denn, damit
için için verstohlen, innerlich
içinde in; innerhalb; unter; innen
içindekiler s Inhaltsverzeichnis
içirmek tränken
içişleri e Inneren, Angelenheiten, — **Bakanı** r Innenminister, — **Bakanlığı** s Innenministerium
içki s Getränk, — **yasağı** r Alkoholverbot — **içmek** Alkohol trinken — **ye düşkün** dem Trunk ergeben — **li** r Getrunkene
içlenmek sich grämen
içli empfindlich, — **dışlı** vertraut, intim
içme e Heilquelle, — **suyu** s Trinkwasser
içmek trinken; essen; rauchen
içmimar r Dekorator
içsel innig
içten herzlich, ehrlich
içtenlik e Herzlichkeit, e Offenheit
içtima e Versammlung, — **etmek** sich versammeln
içtimai sozial, gesellschaftlich
içtüzük e Hausvorschrift
içyüz wahres Gesicht, eigentlicher Sinn
idam e Hinrichtung, — **cezası** e Todesstrafe, — **etmek** hinrichten, — **kararı** s Todesurteil
idame e Aufrechterhaltung, — **etmek** aufrechterhalten
idare e Verwaltung, e Leitung; e Sparsamkeit, — **amiri** r Vorgesetzte, — **etmek** verwalten, leiten, führen, steuern; genügen, reichen, — **heyeti** r Vorstand
idareci r Leiter, r Führer
idarecilik s Verwaltungswesen
idarehane s Verwaltungsbüro
idareli sparsam, wirtschaftlich
idari administrativ
iddia e Behauptung; e Anklage, e Beschuldigung, — **etmek** behaupten; beanspruchen
iddialı umstritten; anspruchsvoll
iddianame e Anklageschrift
iddiasız bescheiden, schlicht
ideal s Ideal; ideal
idealist r Idealist
idealizm r Idealismus
ideoloji e Ideologie
idman e Übung, e Sportübung, s Turnen, — **yapmak** turnen, üben
idmanlı geübt, trainiert
idrak e Wahrnehmung, s Verständnis, e Einsicht, s Auffassungsvermögen, — **etmek** wahrnehmen; verstehen, begreifen, einsehen
idrar r Harn, r Urin
ifa e Ausführung, — **etmek** ausführen, erfüllen
ifade e Aussage, e Erklärung; r Ausdruck mat. — **etmek** ausdrücken; aussagen, erklären, besagen
iffet e Keuschheit
iffetli keusch, unberührt
iflah e Errettung, — **etmek** erretten, erlösen
iflas r Bankrott, r Konkurs, — **etmek** bankrott machen
ifrat s Übermaß, — **derecede** im Übermaß
ifraz e Ausscheidung, e Absonderung, — **etmek** ausscheiden, absondern
ifrit r Teufel, r Dämon
ifşa r Verrat, e Enthüllung, — **etmek** verraten, enthüllen
iftar Ende eines Fastentages
iftihar r Stolz, — **etmek** stolz sein
iftira e Verleumdung, — **etmek** verleumden
iğ r Spindel
iğde e Ölweide
iğdiş kastriert
iğfal e Verführung — **etmek** verführen
iğne e Nadel; e Injektion, — **deliği** s Na-

delöhr
iğnelemek annadeln
iğneleyici spöttisch, satirisch
iğrenç ekelhaft, abscheulich, widerlich, abstoβend
iğrendirmek anekeln
iğrenmek sich ekeln
iğri krumm, schief
ihale e Ausschreibung, **— etmek** vergeben
ihanet r Verrat, **— etmek** verraten
ihbar e Anzeige; e Benachrichtigung, **— etmek** benachrichtigen, mitteilen; anzeigen
ihlal e Verletzung, **— etmek** verletzen
ihmal e Vernachlässigung, **— etmek** vernachlässigen
ihmalkâr nachlässig
ihracat r Export, e Ausfuhr, **— yapmak** exportieren **— çı** r Exporteur
ihraç r Export; Ausschlieβen, **— etmek** ausführen, exportieren; ausschlieβen
ihsan e Wohltat, **— etmek** gewähren
ihtar e Mahnung, e Ermahnung, e Warnung, e Verwarnung, **— etmek** mahnen, ermahnen, warnen, verwarnen
ihtilaf e Meinungsverschiedenheit; r Streit, e Streitigkeit, r Konflikt
ihtilaflı strittig, umstritten
ihtilal r Aufstand, r Aufruhr, e Revolution, e Revolte, e Rebellion **— yapmak** revoltieren, rebellieren
ihtilalci r Rebell, r Revolutionär
ihtimal e Wahrscheinlichkeit
ihtimam e Sorge, e Sorgfalt, **— göstermek** sorgen, pflegen
ihtimamsız nachlässig
ihtiras r Eifer, e Begeisterung, e Gier, r Ehrgeiz
ihtisas e Sachkenntnis; fachwissenschaftliche Ausbildung
ihtişam r Prunk, e Pracht
ihtişamlı prunkvoll, prächtig
ihtiva etmek enthalten, einschlieβen

ihtiyaç s Bedürfnis, r Bedarf; e Not, e Armut, **— ı olmak** benötigen, bedürfen, brauchen
ihtiyar alt; r Alte, r Greis
ihtiyari freiwillig
ihtiyarlamak altern, alt werden
ihtiyarlık s Alter
ihtiyat e Vorsicht; e Reserve
ihtiyaten vorsichtshalber
ihtiyatlı vorsichtig, umsichtig
ihya e Belebung, **— etmek** beleben
ika s Tun, **— etmek** tun, machen
ikame e Aufstellung, **— etmek** aufstellen, hinstellen
ikamet r Aufenthalt, s Wohnen, **— etmek** wohnen
ikametgâh e Wohnung
ikaz e Warnung, **— etmek** warnen
ikbal e Gunst
iki zwei; e Zwei, **— de bir** immerfort, **— katı** doppelt, **— nokta üst üste** r Doppelpunkt, **— zamanlı motor** r Zweitaktmotor
ikilem s Dilemma
ikilemek verdoppeln, verzweifachen
ikinci zweit, **— olarak** zweitens
ikindi r Nachmittag
ikişer je zwei
ikiterimli s Binom *mat.*
ikiyüzlü doppelseitig, heuchlerisch **— lük** e Zweischneidigkeit; e Zweiseitigkeit **— lük etmek** heucheln
ikiz r Zwilling
ikizkenar gleichschenklig
İkizler (burcu) *(ç.)* Zwillinge
iklim s Klima
ikmal e Vollendung, e Vervollständigung, **— sınavı** e Nachprüfung
ikna e Überredung, e Überzeugung **— itmek** überreden, überzeugen
ikram e Bewirtung, **— etmek** bewirten, schenken
ikramiye e Gratifikation; r Treffer
iksir s Elixier

iktibas e Übernahme, — **etmek** übernehmen
iktidar e Macht, e Fähigkeit, e Vermögen; e Potenz — ı **ele geçirmek** ans Ruder kommen — **a gelmek** an die Macht kommen — **da olmak** an der Macht sein
iktidarlı fähig, mächtig; potent
iktidarsız impotent
iktisadi wirtschaftlich, ekonomisch
iktisap e Erwerbung
iktisat e Wirtschaft, e Ekonomie; e Sparsamkeit
iktisatçı r Wirtschaftler (**e** in)
il e Provinz
ilaç e Arznei, e Medizin, e Medikament, s Heilmittel
ilah e Gottheit, r Gott — **e Göttin**
ilahi e Gebetshymne; göttlich
ilahiyat e Theologie
ilahlaştırmak vergöttern
ilan e Bekanntmachung, e Anzeige, e Reklame, — **etmek** bekanntmachen, anzeigen
ilave r Zusatz, e Beilage, e Zugabe, — **etmek** zugaben, beilegen, hinzufügen
ilçe r Landkreis
ile mit, samt; zusammen mit
ilelebet ewig
ilenç r Fluch
ilenmek verfluchen
ileri nach vorne, vorwärts
ileride vorne; in Zukunft
ilerigelen prominent
ilerleme r Fortschritt
ilerlemek fortschreiten
iletim e Leitung
iletişim e Kommunikation
iletken r Leiter
iletki r Winkelmesser
iletmek leiten; weiterleiten
ilga e Abschaftung, — **etmek** abschaffen, auflösen, beseitigen
ilgeç dilb. e Präposition, e Partikel

ilgi e Relation, r Zusammenhang; s Interesse; e Affinität kim. — **göstermek** sich interressieren
ilgilendirmek interessieren; betreffen
ilgilenmek Interesse haben, sich interessieren
ilgili interessiert; zuständig; betreffend
ilginç interessant
ilgisiz uninteressiert — **lik** e Interesselosigkeit; e Gleichgültigkeit
ilham e Inspiration, e Anregung, — **vermek** inspirieren, anregen
ilik s Mark; s Knopfloch
iliklemek zuknöpfen
ilim e Wissenschaft, — **adamı** r Wissenschaftler
ilişik anliegend; betreffend
ilişki e Beziehung, s Verhältnis, r Zusammenhang
ilişkili zusammenhängend
ilişkin entsprechend, betreffend
ilişmek hängenbleiben; erwähnen
ilk erst; primar
ilkbahar r Frühling, s Frühjahr
ilkçağ s Altertum
ilke s Prinzip, r Grundsatz
ilkel primitiv
ilkin anfangs, zuerst, zunächst
ilkokul e Volksschule, e Grundschule
ilköğrenim e Grundausbildung
ilköğretim s Volksschulwesen
ilkönce zuerst
illet e Krankheit
ilmek e Schlínge
ilmi wissenschaftlich
ilmik e Schlinge
ilmühaber s Personalpapier
iltica e Zuflucht, — **etmek** flüchten
iltifat e Liebenswürdigkeit, s Kompliment
iltihap e Entzündung
iltimas r Vorzug, — **göstermek** vorziehen
iltimaslı bevorzugt, privilegiert
im s Zeichen

ima e Andeutung, — **etmek** andeuten
imaj s Bild
imal e Herstellung, — **etmek** herstellen, fabrizieren
imalat e Produktion
imalatçı r Hersteller
imalathane e Werkstätte
imam r Imam
iman r Glaube, — **etmek** glauben, — **sahibi** gläubig
imansız ungläubig
imar e Bebauung, — **etmek** bebauen, aufbauen, ausbauen
imaret e Armenküche
imbik r Destillationsapparat
imdat e Hilfe
imece e Gemeinschaftsarbeit
imge r Traum, s Traumbild
imgelemek träumen, sich einbilden
imha e Vernichtung, — **etmek** vernichten, ausrotten, verheeren
imkân e Möglichkeit
imkânsız unmöglich
imkânsızlık e Unmöglichkeit
imla e Rechtschreibung; s Diktat, — **hatası** r Rechtschreibefehler
imparator r Kaiser
imparatoriçe e Kaiserin
imparatorluk s Kaiserreich
imrenmek begehren, verlangen
imtihan e Prüfung, — **etmek** prüfen
imtiyaz s Vorrecht, s Privileg
imtiyazlı privilegiert
imza e Unterschrift, — **atmak** unterschreiben, unterzeichnen
imzalamak unterschreiben, unterzeichen
in e Höhle
inadına erst recht
inan r Glaube
inanç r Glaube; s Vertrauen
inançlı gläubig
inandırıcı überzeugend
inandırmak glauben lassen; überzeugen, überreden
inanmak glauben; anvertrauen
inat r Eigensinn — **etmek** trotzig sein; bestehen auf
inatçı eigensinnig — **lık** e Hartnäckkeit, e Starrköpfigkeit
inayet e Güte, e Gnade, e Gunst
ince dünn, schmal, schlank; zart, zärtlich; fein, höflich, liebenswürdig; geistreich, feinfühlig, — **eleyip sık dokumak** pedantisch genau vorgehen; genau prüfen, — **fikirli** intelligent — **den — ye** genauestens
incebağırsak r Dünndarm
inceleme e Untersuchung, e Studie, e Forschung
incelemek untersuchen, prüfen; studieren; abhandeln
incelik s Schlanksein; e Freundlichkeit; e Feinheit
incelmek sich verdünnen; sich verfeinern
inci e Perle
İncil neues Testament
incinmek übelnehmen
incir e Feige
incitmek verstauchen; kränken
inç inch
indeks r Index
indirgemek reduzieren
indirim e Ermäßigung, r Abzug, s Skonto, — **yapmak** ermäßigen, abziehen
indirmek herunternehmen, herunterholen, herunterbringen, heruntertragen; absetzen; vermindern, erniedrigen; abziehen, ermäßigen
inek e Kuh
ineklemek *argo* ochsen
infaz e Ausführung, r Vollzug, e Vollstreckung, — **etmek** ausführen, vollziehen, vollstrecken
infilak e Explosion, r Knall, — **etmek** explodieren
İngiliz r Engländer; englisch, — **anahtarı** r Engländer (Teknik)
İngilizce s Englisch

İngiltere England
inhisar s Monopol, e Beschränkung
inildemek seufzen, ächzen, stöhnen
inilti r Seufzer
inisiyatif inisiative
iniş r Abhang, s Gefälle
inkâr s Leugen, — **etmek** leugnen, bestreiten
inkılap e Umwälzung, e Revolution
inkılapçı r Revolutionär
inkıta e Unterbrechung, e Stockung
inkişaf e Entwicklung, — **etmek** sich entwickeln
inlemek seufzen, stöhnen, ächzen, wimmern
inme e Ebbe; r Schlaganfall
inmek herunterkommen, hinuntergehen, aussteigen; landen; sinken, fallen
insaf e Mäßigung, e Einsicht, e Mitleid — **etmek** gerecht und billig denken, — **a getirmek** zur Einsicht bringen
insaflı menschlich, mitleidig
insafsız gewissenlos, erbarmungslos
insan r Mensch
insanbilim e Menschenkunde, e Anthropologie
insanca menschlich
insancıl menschlich
insani menschlich, human
insaniyet e Menschlichkeit
insaniyetsiz unmenschlich
insanlık e Menschheit, e Humanität
insanüstü übermenschlich
inşa r Bau, e Konstruktion, — **etmek** bauen, erbauen, errichten
inşaat e Bauarbeiten
inşaatçı r Bauarbeiter
inşallah hoffentlich
intiba r Eindruck, e Wirkung
intibak e Anpassung, e Umstellung — **etmek** sich anpassen, sich umstellen
intihar r Selbstmord, — **etmek** Selbstmord begehen
intikal r Übergang; e Übertragung; s Verstehen, — **etmek** verstehen
intikam e Rache — **almak** sich rächen an
intizam e Ordnung; e Regelmäßigkeit
intizar e Erwartung
inzibat e Disziplin; e Polizei
inziva s Einsiedelerleben, — **ya çekilmek** einsiedeln, sich isolieren
ip e Schnur, r Strick, s Seil, e Leine, — **cambazı** r Seiltänzer, e Seiltänzerin — **merdiven** e Strickleiter, — **in ucunu kaçırmak** sich verheddern, — **e çekmek** aufknüpfen, — **e sapa gelmez** abern, ungereimt, — **le çekmek** herbeisehnen
ipek e Seide
ipekböceği e Seidenraupe
iplik r Faden, r Zwirn, s Garn
ipnotize etmek hypnotisieren
ipnoz e Hypnose, r Zwangsschlaf
ipotek s Hypothek
iptal e Entwertung, e Abschaffung, — **etmek** entwerten, annulieren; abschaften, ausschalten
iptidai primitiv
ipucu r Anhalt, r Anhaltspunk
irade r Wille
iradedışı unbewußt
iradeli willensstark; gewolltvorsätzlich
iradesiz willenlos; unwillkürlich untersuchung
İran Iran, Persien
İranlı r Iranier, r Perser
irat (ç.) Einkünfte, r Gewinn
irdeleme genaue Untersuchung
irdelemek eingehend prüfen
irfan s Wissen, e Kenntnis; e Bildung
iri groß, dick, riesig
irileşmek sich vergrößern
irin r Eiter — **lenmek** eitern
iris e Iris
irkilmek sich ansammeln; erschrecken; zurückfahren
İrlanda s Irland; irisch

irmik r Gries
irs e Erbschaft, e Vererbung
irsi erblich — **yet** e Vererbung
irtibat r Zusammenhang, e Verbindung, e Anschluß — **kurmak** Beziehungen anknüpfen
irtica e Fortschrittsfendlichkeit
irticai reaktionär
irtical e Improvisation
irticalen improvisatorisch, — **söylemek** improvisieren
irtifa e Höhe
is r Ruß
İsa Jesus
isabet s Treffen, r Treffer, — **etmek** treffen — **li** treffend
ise hingegen; wenn
ishal e Diarrhöe, r Durchfall
isim r Name; *dilb.* s Substantiv
isimlendirmek nennen, benennen, heißen
iskambil s Kartenspiel, — **kâğıdı** e Spielkarte
iskân e Ansiedlung, — **etmek** ansiedeln
İskandinav skandinavisch
İskandinavya Skandinavien
iskarpin r Halbschuh
iskele e Landungsbrücke; s Baugerüst
iskelet s Skelett, s Knochengerüst
iskemle r Stuhl
iskete e Kohlmeise
İskoç r Schotte; schottisch
İskoçya Schottland
iskorpit r Drachenkopf
islâm r Islam; islamisch
islim r Dampf
ismen dem Namen nach
isnat s Zuschreiben, e Beimessung, — **etmek** zuschreiben, beimessen
İspanya Spanien
İspanyol r Spanier; spanisch
İspanyolca s Spanisch
ispat r Beweis *mat.*, — **etmek** beweisen, nachweisen

ispatlamak beweisen
ispinoz r Buchfink
ispirto r Spiritus
israf e Verschwendung, e Vergeudung, — **etmek** verschwenden, vergeuden
İsrail Israel
İsrailli r Israeli; İsraelisch
istasyon e Station, r Bahnhof
istatistik e Statistik; statistisch
istavrit e Bastardmakrele
istek r Wunsch, r Wille; r Anspruch, e Forderung, e Anforderung — **lik** e Bereitschaft
isteksiz unwillig; lustlos
istem r Wunsch, s Verlangen
isteklendirmek ermuntern, anregen
istekli willig — **lik** e Bereitschaft
istemek wollen, wünschen, verlangen; fordern, anfordern
isteri e Hysterie — **k** hysterisch
istiap r Rauminhalt, s Volumen, — **haddi** e Tragfähigkeit
istibdat r Absolutismus
istida s Gesuch, r Antrag
istidat s Talent, e Fähigkeit, e Begabung, — **sahibi** begabt, talentiert
istif e Aufstapelung, — **etmek** aufstapeln
istifa e Abdankung, r Rücktritt, — **etmek** abdanken
istifade r Gewinn, r Nutzen, — **etmek** Nutzen ziehen
istifçilik e Spekulation
istifrağ s Übergeben, — **etmek** sich übergeben
istihbarat e Nachrichten, e Auskunft
istihdam etmek anstellen, betrauen
istihkak r Verdienst, r Anspruch, s Recht
istihkam s Festungswerk, r Pionier
istihsal e Produktion, — **etmek** produzieren, erzeugen, herstellen
istikamet e Richtung
istikbal e Zukunft
istiklal e Unabhängigkeit

istikrar e Stabilität, — **bulmak** sich stabilisieren
istikraz e Anleihe
istila e Invasion, r Einfall, e Besetzung, — **etmek** einfallen, besetzen
istim r Dampf
istimlak e Enteignung, — **etmek** enteignen
istinaden auf Grund
istinat e Stützung, — **etmek** sich stützen, — **noktası** r Stützpunkt
istirahat e Ruhe, e Erholung, — **etmek** ruhen, rasten, sich ausruhen
istirham e Bitte, — **etmek** bitten
istiridye e Auster
istismar e Ausnutzung; e Ausbeutung, — **etmek** ausnutzen; ausbeuten
istisna e Ausnahme
istişare e Beratschlagung, — **etmek** beraten
İsveç Schweden; schwedisch
İsveçli r Schwede
İsviçre e Schweiz
İsviçreli r Schweizer
isyan r Aufruhr, r Aufstand, e Rebellion, — **etmek** rebellieren
iş e Arbeit, e Aufgabe, e Beschäftigung, — **arkadaşı** r Mitarbeiter (e in), — **başı** r Arbeitsbeginn, — **birliği** e Zusammenarbeit, — **bulma** e Arbeitsvermittlung, — **görmek** verrichten, leisten, — **gücü** e Arbeitskraft, — **hayatı** s Geschäftsleben — **ine gelmek** jdm. zustatten kommen –**inin eri** tüchtiger Arbeiter — **— ten geçti** jetzt ist es zu spät, — **in içinde — var es** steckt etwas dahinter — **sahibi** r Geschäftsmann — **i olmak** zutun haben
işadamı r Geschäftsmann
işaret s Zeichen; s Merkmal, e Marke, s Signal, — **etmek** hinweisen, andeuten, kennzeichnen
işaretlemek kennzeichnen, markieren
işbu vorliegend

işçi r Arbeiter, r Angestellte
işemek urinieren, pissen
işgal e Aneignung; e Besetzung, — **etmek** beschäftigen; besetzen; aneigen
işgüzar r Wichtigtuer
işitmek hören, vernehmen
işkembe *(ç.)* Kaldaunen
işkence e Qual, e Pein, e Folter, — **yapmak** quälen, peinigen, foltern
işkil r Zweifel, r Argwohn
işkillenmek zweifeln, verzweifeln
işlek flüssig; lebhaft, belebt
işlem *mat.* e Rechenaufgabe; s Verfahren
işleme e Abhandlung; e Verarbeitung, e Bearbeitung
işlemek bearbeiten, verarbeiten; sticken; begehen; laufen, gehen, funktionieren, arbeiten
işletme e Bertrieb, e Verwaltung
işletmeci r Betriebswirtschaftler
işletmecilik e Betriebswirtschaft
işletmek betreiben; antreiben, anlassen
işlev e Funktion
isporta s Traggestell — **malı** minderwertige Ware
işsiz arbeitslos
işsizlik e Arbeitslosigkeit
iştah r Appetit
iştahsızlık e Appetitlosigkeit
işte da, eben
iştigal e Beschäftigung, e Tätigkeit, — **etmek** sich beschäftigen, sich betätigen
iştirak e Beteiligung, e Teilnahme, — **etmek** teilnehmen, sich beteiligen
işve e Koketterie
işveren r Arbeitgeber, r Unternehmer
it r Hund
itaat r Gehorsam, — **etmek** gehorchen
itaatkâr gehorsam
itaatli gehorsam
italik kursiv
İtalya İtalien

italyan r Italiener; italienisch
italyanca s Italienisch
itelemek abstoßen
itfaiye e Feuerwehr
ithaf e Widmung, — **etmek** widmen
ithal r Import, e Einfuhr, — **etmek** importieren, einführen
ithalat r Import
ithalatçı r Importhändler, r Importeur
itham e Beschuldigung, — **etmek** beschuldigen
itibar s Ansehen, e Achtung, — **etmek** schätzen, achten
itibaren ab
itibarlı geschätzt, geachtet, angesehen
itidal e Fassung, e Mäßigkeit
itikat r Glaube
itilaf e Einigkeit
itimat s Vertrauen, — **etmek** vertrauen, — **mektubu** s Beglaubigungsschreiben
itimatsızlık s Mißtrauen
itina e Sorgfalt
itinalı sorgfältig
itiraf s Geständnis, s Bekenntnis, — **etmek** gestehen, eingestehen, zugestehen, zugeben
itiraz r Einwand, r Einspruch, r Protest, — **etmek** Einwand erheben, protestieren
itirazsız unbestreitbar
itişmek sich stoßen, sich balgen
itiyat e. Gewohnheit, e Angewohnheit
itmek schieben, rücken
ittifak e Übereinstimmung, e Übereinkunft; s Bündnis, e Allianz, e Eintracht, — **etmek** übereinstimmen, übereinkommen; sich verbünden, sich vereinigen
ittihat e Vereinigung, r Bund
ivedi eilig; e Eile
ivedilik s Eile, e Dringlichkeit
ivme e Beschleunigung
ivmek sich beschleunigen

iye r Besitzer
iyelik s Besitz, — **zamiri** s *dilb.* Possesivpronomen
iyi gut; schön; gesund, — **akşamlar!** guten Abend — **geceler!** gute Nacht! — **günler!** guten Tag!; schönnen Tag noch (Abschiedsgruß) — **etmek** heilen, — **olmak** genesen — **kötü** gut und schlecht — **yolculuklar!** gute Fahrt — **den — ye** ganz und gar, ordentlich, tüchtig, — **ce** recht nett, ganz ordentlich, — **cene** ordentlich, recht
iyileşmek sich bessern; genesen
iyileştirmek bessern; heilen
iyilik e Güte, e Wohltat; e Qualität
iyimser optimistisch; r Optimist
iyimserlik r Optimismus
iyot s Jod
iz e Spur
izafi relativ, verhältnismäßig
izafiyet e Relativität
izah e Erklärung, e Erläuterung, — **etmek** erklären, erläutern
izahat e Erklärung, e Erläuterung, — **vermek** erläutern
izale e Beseitigung, e Entfernung, — **etmek** beseitigen, entfernen
izan e Vernunft
izci r Pfadfolger
izdiham s Gedränge
izdüşüm e Prejektion
izdüşürmek projizieren
izin e Erlaubnis, e Genehmigung, r Urlaub, — **vermek** erlauben, genehmigen, gestatten
izinli beurlaubt
izinsiz ungestattet, ungenehmigt unerlaubt
izlemek folgen; verfolgen
izlenim r Eindruck
izlenimcilik r Impressionismus
izmarit r Zigarettenstummel; e Schnauzenbrasse
izolasyon e Isolation, e Isolierung

izole isoliert, — **etmek** isolieren
izoterm e Isoterm

izzet e Ehre
izzetinefis e Selbstachtung

J

jaguar r Jaguar
jale r Tau
jaluzi e Jalousie
jambon r Schinken
jandarma e Gendarmerie; **r** Gendarm
jant e Felge
Japon r Japaner; japanisch
Japonca s Japanisch
Japonya Japan
jartiyer r Strumpfhalter
jelatin e Gelatine
jeneratör r Generator, **r** Energieerzeuger
jeodezi e Geodäsie
jeofizik e Geophysik
jeoloji e Geologie
jest e Geste, **e** Gebärde, — **yapmak** gestikulieren
jet e Düse, — **uçağı s** Düsenflugzeug
jeton e Münze
jigolo r Eintänzer; junger Liebhaber
jilet e Rasierklinge
jimnastik e Gymnastik, **e** Körperschulung
joker Joker
jokey Jockey
jöle s Gelee
judo r Judosport
judocu r Judosportler (**e** in)
jurnal s Journal
jübile s Jubiläum
jüpiter r Jupiter
jüri *(ç.)* Geschworene; **e** Jury — **üyesi e** Geschworene (**r r**), **r** Schöffe, **e** Schöffin

K

kaba grob, roh; gemein, vulgär, — **et** s Gesäß — **saba** roh und ungebildet — **sını almak** zurrechtfeilen, abhobeln
kabadayı r Fiegel
kabahat e Schuld — **bende** es ist meine Schuld — **bulmak** bekritteln
kabahatli schuldig
kabak r Kürbis, — **dolması** farcierter Kürbis — **gibi** kahl, ungehaart — **tadı vermek** langweilig werden
kabakulak r Mumps
kabalık e Grobheit
kaban kleiner Mantel
kabarcık e Schwellung; e Blase
kabare s Kabarett
kabarık geschwollen
kabarma e Flut
kabarmak anschwellen; sich aufblähen
kabartı e Schwellung, e Wölbung
kabartma s Relief
kabartmak blähen; (saç) toupieren; auflocken, aufschütteln
kabataslak r Rohenwurf
Kâbe e Kaaba
kabız e Verstopfung
kabızlık e Konstipation
kabile r Stamm
kabiliyet e Begabung, s Talent, e Fähigkeit — **li** talentiert
kabiliyetsiz unfähig, unbegabt

kabin e Kabine
kabine s Kabinett, s Ministerrat; e Kabine
kabir s Grab, e Grabstätte
kablo s Kabel
kabotaj e Küstenschiffahrt, e Kabotage
kabristan r Friedhof
kabuk e Schale, e Hülse; e Kruste, — **bağlamak** eine Kruste bilden, — **soymak** schälen
kabul e Annahme; e Aufnahme; r Empfang, — **etmek** annehmen; aufnehmen; empfangen, anerkennen, — **resmi (töreni)** offizieller Empfag, feierlicher Empfang
kabullenmek annehmen; empfangen; aufnehmen; anerkennen; akzeptieren
kaburga e Rippe; r Brustkorb
kâbus r Alptraum, r Alpdruck
kabza r Griff, r Kolbenhals
kabzımal r Zwischenhändler
kaç wieviel? — **defa** wie oft? — **para** wie teuer? — **yaşında** wie alt?
kaçak r Flüchtling; r Ausreißer; s Ausfließen, flüchtig — **çı** r Schmuggler
kaçamak e Ausflucht; r Seitensprung
kaçık verrückt
kaçıncı wievielt
kaçınılmaz unvermeidlich
kaçınmak meiden, scheuen

kaçırma e Entführung
kaçırmak entführen; vertreiben; verpassen, versaumen; den Verstand verlieren
kaçışmak auseinanderstieben, auseinanderlaufen
kaçkın r Flüchtling
kaçma s Fliehen
kaçmak fliehen, entweichen, entkommen
kadar bis; wie; soviel, soweit
kadastro r, s Kataster
kadavra s Kadaver
kadeh s Trinkglas
kademe e Stufe; stufenweise
kademeli gegliedert, gestaffelt
kader s Schicksal
kadercilik r Fatalismus
kadı r Richter
kadın e Frau, s Weib, — **berberi** r Damenfriseur, — **doktoru** r Damenschneider — **terzisi** r Damenschneider
kadınsı weiblich, weibisch
kadırga e Galeere
kadife r Samt
kadir[1] r Wert
kadir[2] fähig, imstande
kadran s Zifferblatt; s Quadrant
kadro e Mannschaft; e Belegschaft, r Lehrkörper
kadrolaşmak festgesetzt werden, zum Rahmen werden
kafa r Kopf; r Verstand, e Klugheit, — **sporu** r Denksport, — **tutmak** sich widersetzen — — **ya vermek** die Köpfe, zusammenstecken, — **oyunu** s Geduldspiel, s Puzzlespiel, — **patlatmak** sich den Kopf zerbrechen — **sı almamak** nicht begreifen können — **sını taştan taşa vurmak** bitter bereuen
kafadar gleichgesinnt
kafalı klug, schlau
kafasız dumm, beschränkt
kafatası r Schädel

kafein s Koffein
kafes r Käfig; s Gitter
kafeterya s Kaffeehaus, s Café
kâfi genug, hinreichend, — **gelmek** genügen, hinreichen
kafile e Karawane, r Konvoi, r Trupp
kâfir r Ungläubige
kafiye r Reim
Kafkasya r Kaukasus
kaftan r Überwurf
kâgir steinern
kağıt s Papier, r Zettel, — **para** e Papiergeld, — **sepeti** r Papierkorb — **oynamak** Karten spielen, — **çı** r Papierwaren Händler
kağnı r Ochsenkarren
kâh manchmal
kahır e Gewalt, r Zwang; r Gram, r Schmerz
kâhin r Wahrsager (e in)
Kahire Kairo
kahkaha s Gelächter, — **atmak** in schallendes Gelächter ausbrechen
kahpe e Dirne, e Hure; r Schurke, r Schuft
kahraman r Held
kahramanlık e Heldentat
kahretmek erdrücken; quälen; verwünschen, verfluchen
kahrolmak sich sehr grämen
kahvaltı s Frühstück
kahve r Kaffee; s Café — **çekmek** Kaffee mahlen — **değirmeni** e Kaffeemühle — **ikram etmek** Kaffee vorsetzen — **takımı** s Kaffeeservice
kahvehane s Café
kahverengi braun
kâhya r Hausmeister
kaide e Grundlage, e Basis, s Fundament; r Sockel; e Regel; e Grundzahl, e Basis
kâinat s Weltall, s Universum, r Kosmos
kaka schlecht, häßlich; r Dreck
kakao r Kakao

kakmak schlagen, einschlagen; einrammen; punzieren
kaktüs r Kaktus, e Kaktee
kâkül e Locke
kala um ... vor
kalabalık s Gedränge, e Menschenmenge
kalafat e Kalfaterung; e Tünche, r Firnis
kalafatçı r Kalfaterer
kalamar r Kalmar
kalan r Rest
kalantor r Geldprotz
kalas r Balken; s Brett
kalay s Zinn
kalaylamak verzinnen
kalbur s Sieb, — **dan geçirmek** durchsieben
kalburüstü prominent
kalça e Hüfte, s Backen
kaldıraç r Hebel
kaldırım r Gehsteig, r Bürgersteig, — **taşı** r Pflasterstein
kaldırmak heben, aufheben, emporheben; wegschaffen, wegrücken; abräumen, abstellen; abschaffen, entfernen, beseitigen; wecken; aufrufen
kale e Burg, e Festung; r Turm; s Tor
kaleci r Torwart, r Tormann
kalem r Stift, e Feder; r Meißel — **açmak** spitzen — **arkadaşı** r Brieffreund — **i kuvvetli** ausfezeichneter Schriftsteller — **odası** s Sekretariat
kalemtıraş r Bleistiftspitzer
kalender nachlässig
kalfa r Geselle
kalıcı bleibend
kalın dick, sark, — **kafalı** beschränkt, dumm — **lık** e Dicke
kalınbağırsak r Dickdarm
kalıntı r Rest, s Überbleibsel
kalıp e Matrize, e Pressform; s Muster, s Modell
kalıt e Erbschaft

kalıtım e Vererbung
kalıtsal erblich
kalibre s Kaliber
kalifiye gelernt
kalite e Qualität — **li** hochwertig, — **siz** minderwertig
kalkan r Schild; r Steinbutt, — **bezi** e Schilddrüse
kalker r Kalkstein
kalkık emporstehend, hochstehend, aufrecht
kalkınma r Aufstieg
kalkınmak sich entwickeln
kalkış e Abfahrt, r Abflug
kalkışmak sich unterfangen
kalkınmak aufstehen, sich erheben, sich entwickeln; abfahren, abfliegen
kalleş unzuverlässig, treulos
kalkmak aufstehen, sich erheben
kalmak bleiben, zurückbleiben, wohnen, abflauen, nicht weiter fahren, übrigbleiben; sich aufhalten; sitzenbleiben (sınıfta)
kalori e Kalori
kalorifer e Zentralheizung; r Heizkörper
kalp[1] s Herz, — **ağrısı** r Herzschmerz — **çarpıntısı** s Herzklopfen, — **krizi** r Herzanfall
kalp[2] gefälscht
kalpazan r Fälscher
kaltak e Hure, e Dirne
kama r Dolch; r Keil
kamara e Kabine, e Kajüte
kamarot r Schiffssteward
kamaşmak geblendet werden, stumpf werden
kambiyo r Devisenhandel
kambur bucklig; r Buckel
kamburlaşmak sich herauswölben
kamçı e Peitsche — **lamak** peitschen; anregen, anspornen
kamera r Photoapparat, e Kamera
kameriye e Gartenlaube
kamış s Rohr; r Penis

kamp s Lager — **kurmak** lagern — **yapmak** kampieren
kampanya e Kampagne
kamping s Camping
kamu e Öffentlichkeit, e Allgemeinheit
kamuoyu öffenliche Meinung
kamuflaj e Tarnung
kamusal gemeinschaftlich, staatlich, allgemein, öffentlich
kamuoyu öffentliche, Meinung
kamuflaj e Tarnung
kamyon r Lastwagen
kamyonet s Lastauto
kan s Blut; e Rasse, r Stamm, **— davası** e Blutrache, **— ı kaynamak** toben, tollen **— ağlamak** bitterlich weinen **— bankası** e Blutbank, e Blutspenderzentrale **— dolaşımı** r Kreislauf **— grubu** e Blutgruppe **— istemek** Kopf verlagen, **— kusmak** Blut spucken, sich abplagen **— ının son damlasına kadar** bis zum letzten Blutstropfen **— ından olmak** angeboren sein
kanaat e Genügsamkeit, e Bescheidenheit; e Meinung, e Ansicht, **— etmek** sich begnügen, **— getirmek** sich überzeugen
kanaatkâr genügsam, bescheiden
Kanada s Kanada
Kanadalı r Kanadier (in e)
kanal r Kanal, r Abluß
kanalizasyon e Kanalisation
kanamak bluten
kanarya r Kanarienvogel
kanat r Flügel
kanca r Haken, **— yı takmak** den Haken auswerfen, *mec.* nicht in Ruhe lassen
kancık weiblich; unzuverlässig, treulos
kandırmak verführen, überreden
kandil e Fibrin
kanepe s Sofa
kangal e Rolle; e Schlinge
kangren r Brand
kanguru s Känguruh

kanı e Meinung, e Ansicht
kanıksamak überdrüssig werden; nicht mehr beeindruckt werden
kanıt r Beweis
kanıtlamak beweisen
kanlı blutig
kanmak sich überzeugen lassen
kanser r Krebs
kansız blutlos; blutarm **— lık** e Blutarmut; *mec.* e Gemeinheit
kantar e Waage
kantin e Kantine
kanun s Gesetz, gesetzliches Recht, s Gesetzbuch, r Militärpolizei
kanunen gesetzlich
kanuni gesetzlich, gesetzmäßig, legal
kanunsuz ungesetzlich; gesetzlos
kanyak r Weinbrand
kaos s Chaos
kap s Gefäß, r Topf, e Schüssel; r Behälter; r Deckel
kapak r Deckel, e Klappe
kapaklanmak stolpern, hinfallen
kapalı geschlossen, zugedeckt **— çarşı** großer Bazaar **— kutu** r Heimlichtuer
kapamak schließen, zumachen, zudecken, zuschließen; zukleben; ausschalten, abdrehen, abstellen; absperren
kapan e Falle
kapanmak sich schließen; hinfallen
kaparo e Anzahlung **— vermek** anzahlen
kapasite e Kapazität
kapı e Tür, s Tor, e Pforte, **— açmak** eine Tür öffnen **— baca açık** ungeschützt **— — dolaşmak** überall anfragen **— kolu** r Türgriff, **— yı vurmak** anklopfen **— dışarı etmek** wegjagen, fortjagen
kapıcı r Pförtner
kapılmak sich verleiten, lassen
kapış: - - gitmek im Nu verkauft werden
kapışmak stürzen, sich abknutschen

kapital s Kapital — **ist** r Kapitalist — **izm** r Kapitalismus
kapitone gepolstert
kapitülasyon s Fremdenprivileg
kapkaranlık stockdunkel
kaplama e Deckschicht, r Belag
kaplamak bedecken, überziehen
kaplan r Tiger
kaplı gebunden
kaplıca e Heilquelle, s Heilbad
kaplumbağa e Schildkröte
kapmak greifen, packen; wegreißen, entreißen
kapris e Laune — **li** launenhaft
kapsam r Umfang, r Inhalt — **lı** umfangreich, umfassend
kapsamak enthalten, einschließen
kapsül e Abdampfschale, e Kapsel, s Samengehäuse, e Kapsel, e Oblate
kaptan r Kapitän; r Mannschaftsführer
kaput r Militärmantel; s Kondon, s Präservativ
kar r Schnee — **fırtınası** r Schneesturm, — **tutmak** liegenbleiben — **yağmak** schneien
kâr r Gewinn, r Nutzen, — **etmek** gewinnen, verdienen, prolitieren, — **haddi** e Gewinnspanne
kara[1] s Land, s Kontinent, — **ya çıkmak** landen, — **ya oturmak** stranden
kara[2] schwarz — **gün dostu** Freund in der Not — **günler** schlechte Zeit
karaağaç e Ulme
karabatak r Kormoran
karabiber r Pfeffer
karabina r Karabina
karaborsa r Schwarzhandel, schwarzer Markt — **cı** r Schwarzhändler
karabulut r Regenwolke
karaca s Reh
karaciğer e Leber
Karadeniz schwarzes Meer
karahumma r Typhus
karakalem e Bleistiftzeichnung

karakol e Streife, e Wache, r Posten; e Polizeiwache
karakter r Charakter — **istik** charakteristisch; e Charakteristik
karaktersiz charakterlos
karalama r Entwurf, — **defteri** s Schmierheft, — **kâğıdı** r Schmierzettel
karalamak schwärzen; verschreiben; ausstreichen; entwerfen; hinschmieren; verleumden
karaltı s Phantom
karambol e Karambolage
karamela e Karamelle
karamsar r Pessimist; pessimistisch
karamsarlık r Pessimismus
karanfil e Nelke
karanlık dunkel, finster; ungeklärt; e Dunkelheit, e Finsternis
karantina e Quarantäne
karar r Entschluß, r Beschluß, e Entscheidung; s Urteil, — **vermek** beschließen, sich entschließen; verurteilen
karargâh s Quartier
kararlaştırmak bestimmen, festsetzen, beschließen, abmachen
kararlı entschieden; stationär, stabil — **lık** e Stabilität
kararmak dunkel werden
kararsız unbeständig, unregelmäßig; labil; unschlüssig
kararsızlık e Unschlüssigkeit
karartma e Verdunkelung
karartmak schwärzen; verdunkeln
karasevda e Hypochondrie
karasinek e Stubenfliege
karasuları e Territorialgewässer
karatahta e Schultafel
karatavuk e Amsel
karavan r Campingbus, Wohnmobil
karavana e Eßschüssel
karayel r Nordwestwind
karayolu e Straße; r Landweg — **ları haritası** e Straßenkarte

karbon r Kohlenstoff, **— kâğıdı** s Kohlepapier, s Durchschlagspapier
karbonat s Karbonat
karbüratör r Vergaser
kardeş r Bruder, e Schwester; ç. Geschwister **— çe** brüderlich
kardinal r Kardinal
kare s Quadrat *mat.* **— sini almak** ins Quadrat erheben
karekök e Quadratwurzel
kareli kariert, quadratförmig
karga r Rabe, e Krähe
kargaburnu e Rundzange
kargaşa r Wirrwarr, s Chaos; r Aufstand, r Aufruhr, e Revolte
kargaşalık r Wirrwarr, s Chaos; r Aufstand, r Aufruhr, e Revolte
kargo e Fracht
karı e Frau, e Gattin, e Gemahlin; s Frauenzimmer, **— koca** s Ehepaar
karın r Bauch; s Unterleib, **— ağrısı** r Bauchschmerz, **— nı acıkmak** Hunger bekommen **— ı aç** hungrig **— ağrımak** Leibschmerzen haben, **— nı tok olmak** satt sein, **— nı tok sırtı pek** wohlhabend
karınca e Ameise
karıncalanmak kribbeln
karıncık r Vorhof
karış e Handspanne
karışık gemischt, vermischt; unordentlich durcheinander; verworren; unklar, unübersichtlich, unverständlich
karışıklık r Wirrwarr, s Durcheinander; e,r Unruhe, r Aufruhr
karışım e Mischung, s Gemenge, s Gemisch
karışmak sich mischen, sich vermischen, sich einmischen; sich verwirren
karıştırıcı r Mixer
karıştırmak mischen, vermischen; durchblättern; rühren, umrühren
karides e Garnele
karikatür e Karikatur

karikatürize etmek karikieren
karlı verschneit
kârlı einträglich, gewinnbringend
kariyer e Laufbahn, e Karriere
karma gemischt
karmakarışık wirr, durcheinander; verworren
karmaşık kompliziert, komplex
karnabahar r Blumenkohl
karnaval r Karneval
karne s Schulzeugnis; e Karte
karo s Karo
karoseri e Karosserie
karpuz e Wassermelone
karşı entgegengesetzt, gegen, entgegen; zuwider, **— çıkmak** sich widersetzen, sich einwenden, **— karşıya** gegeneinander, **— koymak** widerstehen, **— dan karşıya geçmek** überqueren
karşılama s Entgegenkommen
karşılamak entgegenkommen, entgegengehen, abholen; halten; decken
karşılaşma e Begegnung, s Treffen; s Spiel
karşılaşmak sich treffen, begegnen
karşılaştırma r Vergleich
karşılaştırmak vergleichen
karşılık e Antwort; e Deckung, s Aquivalenz; s Entgelt; r Preis
karşılıklı gegenseitig; wechselseitig
karşın obwohl, obschon, trotz
karşısav e Antithese
karşıt entgegengesetzt; s Gegenteil
kart[1] trocken, alt, welk
kart[2] e Karte
kartal r Adler
kartografi e Kartographie
karton e Pappe, r Karton
kartoteks e Kartothek, r Zettelkasten
kartpostal e Postkarte, e Ansichtskarte
kartvizit e Visitenkarte
karyola s Bettgestell
kas r Muskel

kasa e Kasse; **r** Geldschrank
kasaba s Städtchen
kasap r Metzger, r Schlachter
kasaplık e Metzgerei
kasatura s Bajonett
kasdoku s Muskelgewebe
kâse r Napf, e Schale, e Schüssel
kaset e Casette
kasık e Leisten
kasılmak sich zusammenziehen; *mec.* arrogant auftreten
kasım r November
kasımpatı e Chrysantheme
kasıntı r Prahlhans
kasırga r Wirbelsturm
kasıt e Absicht, r Zweck, s Ziel
kasıtlı absichtlich
kasiyer r Kassiérer (in e)
kaskatı stocksteif
kasket e Mütze
kasmak kürzer machen; enger schallen; *mec.* unter Druck halten
kasnak r Reifen; r Strickrahmen
kasten absichtlich
kastetmek beabsichtigen; meinen
kasti beabsichtigt
kasvet e Langeweile, — e Bedrückung, innere Unruhe
kaş e Augenbraue — **çatmak** grollen — **yapayım derken göz çıkarmak** etw. verschlimmbessern — **la göz arasında** im Handumdrehen — **larını çatmak** die Stirn runzeln
kaşağı r Pferdestriegel
kaşağılamak striegeln
kaşalot r Pottwal
kaşarlanmak sich abtragen
kaşarlanmış alt, veraltet, gerissen
kaşe s Siegel
kaşık r Löffel — **düşmanı** e Ehefrau
kaşıkçıkuşu r Pelikan
kaşımak kratzen
kaşınmak jucken; sich jucken, sich kratzen
kaşıntı s Jucken
kâşif r Entdecker
kaşkol s Halstuch
kat[1] Stockwerk, e Etage; e Schicht — — schichtenweise
kat[2] s Mal; s Vielfache
katakulli e Lüge, r Betrug
katalizör *kim.* r Katalysator
katalog r Katalog
katar r Zug, e Kolonne
katarak r Star
katedral e Kathedrale
kategori e Kategorie
katetmek zurücklegen
katı hart; steif; scharf — **yürekli** hartherzig
katık e Zukost
katılaşmak hart werden; erstarren
katılmak sich anschließen, teilnehmen, beteiligen
katır s Maultier, r Maulesel
katırtırnağı r Ginster
katışık untermischt
kati endgültig, entschieden, absolut
katil[1] r Mord
katil[2] r Mörder
kâtip r Sekretär
katiyen absolut, bestimmt; strengstens; durchaus nicht
katkı e Beifügung, e Hinzufügung; e Beilage, e Zugabe
katlamak zusammenfalten, zusammenlegen
katlanmak sich mit etwas abfinden; dulden; durchmachen
katletmek morden, ermorden
katliam s Massaker
katma hinzugefügt, zusätzlich — **değer vergisi, KDV** e Mehrwertsteuer, MWS
katmak beifügen, hinzufügen
katman e Schicht
katmanlaşmak sich ablagern
katmer e Vielblättrigkeit — **li** vielblättrig; mehrfach, gesteigert

katolik katholisch; r Katholik
katot e Kathode
katran r Teer
katsayı *mat.* s Koeffizient, e Vorzahl
kauçuk r Kautschuk
kav r Zunder; e Schlangenhaut
kavak e Pappel
kaval e Hirtenflöte
kavalye r Kavalier; r Partner
kavanoz s Einmachglas
kavga r Streit, r Zank, e Auseinandersetzung; r Kampf, — **etmek** streiten, zanken
kavgacı streitsüchtig
kavgalı verfeindet
kavim s Volk
kavis r Kreisbogen, e Krümmung
kavram r Begriff
kavramak packen, ergreifen; begreifen, erfassen, auffassen, kapieren
kavramsal begreiflich
kavrayış s Auflassungsvermögen, e Einsicht
kavruk geröstet
kavşak e Kreuzung
kavuk r Turban
kavun e Zuckermelone
kavuniçi orange
kavurma geröstet, gebraten
kavurmak rösten, braten
kavuşmak wiedersehen, treffen, erreichen
kaya r Fels, r Felsen
kayak r Ski, — **yapmak** Ski laufen
kayakçı r Skiläufer
kayakçılık s Skilaufen
kayalık felsig
kayatuzu s Steinsalz
kaybetmek verlieren
kaybolmak verlorengehen, verschwinden
kaydetmek einschreiben, eintragen, registrieren; notieren; aufnehmen
kaydolmak sich anmelden; sich ein— schreiben; belegen
kaygan glatt
kaygı e Sorge
kaygılanmak sich sorgen
kaygılı besorgt
kaygısız unbesorgt
kaygısızlık e Sorglosigkeit
kayık s Boot
kayıkhane s Bootshaus
kayın[1] r Schwager
kayın[2] *bitk.* e Buche, e Birke
kayınbirader r Schwager (Bruder des Ehenpartners)
kayınpeder r Schwiegervater
kayınvalide e Schwiegermutter
kayıp verloren; r Verlust
kayırmak sich einsetzen; protegieren
kayısı e Aprikose
kayış r Riemen, r Treibriemen, r Gurt
kayıt e Einschreibung, r Eintrag, e Registierung, e Buchung, e Aufzeichnung; e Beschränkung; e Berücksichtigung
kayıtlı eingeschrieben, eingetragen, registriert; vorsichtig
kayıtsız sorglos, unbekümmert, gleichgültig
kayıtsızlık e Sorglosigkeit, e Gleichgültigkeit
kaymak[1] rutschen, ausrutschen, abrutschen, wegrutschen; gleiten, abgleiten
kaymak[2] r Rahm, e Sahne
kaymakam r Landrat
kaynaç r Geiser
kaynak e Quelle; r Ursprung; e Schweißung, — **yeri** e Schweißstelle
kaynakça e Bibliographie
kaynakçı r Schweißer
kaynama s Sieden, — **noktası** r Siedepunkt
kaynamak kochen, sieden
kaynana e Schwiegermutter
kaynarca e Quell
kaynaşmak wimmeln

kaynata r Schwiegervater
kaypak unzuverlässig
kaz e Gans
kaza r Unfall, — **sigortası** e Unfallversicherung, — **yeri** e Unglücksstelle
kazak r Pullover, r Pulli
kazan r Kessel
kazanç r Gewinn, r Verdienst, r Nutzen, e Ausbeute
kazançlı gewinnbringend, rentabel
kazanmak gewinnen; verdienen; erbeuten; siegen
kazara durch Zufall
kazazede verunglückt, schiffbrüchig
kazıbilim e Arkeologie
kazıbilimci r Arkeolog (e in)
kazık r Pfahl, r Pfosten, r Pflock, — **atmak** hereinlegen — **yemek** hereinfallen
kazıklamak hereinlegen
kazıklanmak hereinfallen
kazımak kratzen, abkratzen, auskratzen, abschaben, abstreichen
kazma e Hacke
kazmak ausgraben; einschneiden, gravieren, schnitzen
kebap s Rostfleisch
keçe r Filz — **li kalem** r Filzstift
keçi e Ziege — **leri kaçırmak** nicht recht bei Trost sein
keçiboynuzu s Johannisbrot
keçiyolu r Steg
keder r Kummer, s Leid, r Gramm, e Trübsal — **lenmek** sich betrüben — **li** betrübt, traurig; betrüblich
kedi e Katze, r Kater
kef r Schaum
kefal e Meeräsche
kefalet e Bürgschaft
kefaret e Buße, — **yapmak** büßen
kefe e Waagschale
kefen s Leichentuch
kefil r Bürge — **olmak** bürgen
kehanet e Weissagung, e Prophezeihung, — **etmek** wahrsagen, weissagen, prophezeien
kek r Kuchen
keke stotternd
kekelemek stottern
kekeme r Stotterer
kekik r Thymian
keklik s Rebhuhn
kel kahl; r Glatzkopf
kelebek r Schmetterling
kelek unreif
kelepçe e Handfessel; e Schelle
kelepir r Gelegenheitskauf
kelime s Wort, — **hazinesi** r Wortschatz, — **oyunu** s Wortspiel
kelle r Kopf
kellifelli imponierend
keklik e Glatze
kem übel, schlecht, böse
kemal e Volkommenheit
Kemalist r Kemalist
kemalizm r Kemalismus
keman e Geige, e Violine, — **yayı** r Geigenbogen
kemancı r Geigenspieler
kement s Lasso
kemer r Gürtel; e Arkade; r Aquadukt, — **kayışı** r Leibriemen, — **tokası** e Gürtelschnalle
kemik r Knochen, — **atmak** einen Knochen vorwerfen — **gibi** knochentrocken **hastalığı** e Rachitis, — **kırığı** r Knochenbruch, — **doku** s Knochengewebe
kemirgen s Nagetier
kemirmek nagen, abnagen, durchnagen, abfressen
kemiyet e Quantität
kenar r Rand, r Saum; r Schenkel *mat.*; e Kande *mat.* — **mahalle** abgelegenes Viertel, — **a çekilmek** zurückziehen
kenarortay e Seitenhalbierende *mat.*
kendi selbst, selber; eigen, — **başına** selbst, allein, — **halinde** zurückhaltend

— **kendine** selbst, selber, selbständig, — **bildiğini okumak** seinen eigenen Weggehen, — **kuyusunu — si kazmak** sich selber sein Grab graben, — **inden geçmek** das Bewußtsein verlieren, — **ne gelmek** zu sich kommen; vernünftig werden — **ni kaptırmak** in die Zwickmühle geraten, — **ni zorlamak** sich überanstrengen
kendiliğinden von selbst, selbständig
kendir r Hanf
kene e Zecke; r Kornwurm
kenef r Abort
kenet e Krampe
kenetlemek befestigen, verklammern, verkrampen
kenevir r Hanf
kent e Stadt
Kenya Kenia
kepaze lächerlich; schamlos, verächtlich — **lik** e Schamlosigkeit
kepçe s Schöpfkelle, r Schöpflöffel
kepek e Kleie; r Schuppen
kepenk r Rolladen
keramet e Wundertat
kerata r Schuhanzieher
kere s Mal
kereste s Holz; dumm, ungeschliffen
kereviz e Sellerie
kerhane s Bordell
keriz e Kloake
kerkenez r Schmutzgeier
kerpeten e Beißzange
kerpiç r Luftziegel
kerte s Kerbzeichen; r Grad, e Stufe
kertenkele e Eidechse
kertik e Kerbe; e Scharte
kertmek kerben
kervan e Karawane
kervansaray e Karawanserei
kesat e Stagnation — **gitmek** stagnieren — **lık** e Stagnation
kese r Beutel, — **kâğıdı** e Tüte
kesenek e Steuerpachtung

keser s Beil
kesici schneiden, — **diş** r Schneidezahn
kesif dicht, konzentriert, intensiv
kesik r Schnitt; e Schnittwunde; geschnitten; unterbrochen
kesiksiz ununterbrochen
kesim r Abschnitt, r Sektor
kesin fest, endgültig, entscheidend — **lik** e Sicherheit — **likle** entschieden; streng; nie und nimmer
kesinti e Unterbrechung, e Stockung; r Abzug — **siz** steuerfrei
kesir mat. r Bruch
kesişmek sich schneiden
kesit r Schnitt, r Durchschnitt
keski r Meißel, s Stemmeisen
keskin scharf — **nişancı** r Scharfschütze
kesmek schneiden, abschneiden, durchschneiden; fällen, hacken; abstellen; abbrechen, unterbrechen
kesmeşeker r Würfelzucker
kestane e Kastanie
kestirme abrupt
keşfetmek entdecken; herausbekommen
keşif e Entdeckung; r Kostenvoranschlag
keşiş r Mönch
keşişleme r Südostwind
keşke wenn doch..., wäre doch...., hätte doch...
keşmekeş s Durcheinander, r Wirrwarr
keten s Leinen; leinen, linnen
ket vurmak beeinträchtigen, erschweren
ketum verschwiegen
kevgir r Schaumlöffel
keyfi willkürlich, beliebig
keyfiyet e Qualität; r Sachverhalt
keyif e Stimmung, s Wohlbehagen; e Gröhlichkeit; r Rausch; e Wilkür, — **çatmak** fröhliche Stunden genießen, — **i yerinde** gut aufgelegt — **sürmek** eine schöne Zeit durchmachen, —

gelmek in Stimmung kommen
keyifli fröhlich; beschwipst
keyifsiz verstimmt
kez s Mal
keza ebenfalls, gleichfalls, auch
kezzap e Salpetersäure
Kıbrıs Zypern
Kıbrıslı r Zypriot (e in)
kıç s Hinterteil; s Gesäß, r Hintern
kıdem s Dienstalter
kıdemli von höherem Dienstalter
kıkırdak r Knorpel
kıkırdamak kichern
kıl s Haar, e Borste
kılavuz r Führer; r Reiseführer
kılcal kapillar
kılçık e Gräte
kılıbık r Pantoffelheld
kılıç r Säbel, r Schwert, r Degen, — **balığı** r Schwertfisch
kılıf e Hülle, r Überzug, r Mantel
kılık e Kleidung — **sız** zerlumpt
kıllanmak sich behaaren
kıllı behaart, haarig
kımıldamak sich bewegen, sich regen
kımıldanmak sich bewegen, sich rühren
kımıldatmak bewegen, rühren
kın e Scheide
kına e Henna
kınakına e Chinarinde
kınamak tadeln, rügen
kınap e Schnur, r Bindfaden
kıpırdamak sich bewegen, sich rühren
kıpırdatmak bewegen, rühren
kıpkırmızı puterrot
kır[1] grau
kır[2] e Wiese, s Feld
kıraathane s Café
kırağı r Reif
kırat s Karat
kırbaç e Peitsche
kırbaçlamak peitschen
kırçıl graumeliert
kırgın gekränkt, verletzt; böse

kırgınlık s Gekränktsein
kırıcı zerbrecherisch
kırık gebrochen, zerbrochen, zerschlagen, kaputt; r Bruch, — **dökük** r Trödel
kırıklık s Unwohlsein
kırılacak zerbrechlich
kırılgan empfindlich, reizbar
kırılmak übelnehmen, sich gekränktfühlen; gebrochen werden *fiz.*; umkommen
Kırım Krim
kırıntı s Krümchen
kırışık faltig, runzelig
kırışmak faltig werden
kırıtkan kokett
kırıtmak kokettieren
kırk vierzig
kırkayak r Taussendfüßler
kırkmak beschneiden; scheren
kırlangıç e Schwalbe
kırlangıçbalığı r Knurrhahn
kırma e Quetschfalte
kırmak brechen, zerbrechen, zerschlagen, zerschmettern, zertrümmern; hacken, spalten; falten, knicken; kränken
kırmızı rot
kırmızımsı rötlich
kırpıntı r Schnitzel
kırpmak scheren; stutzen
kırsal ländlich
kırtasiye *(ç.)* Schreibwaren
kırtasiyeci r Schreibwarenhändler
kırtasiyecilik r Schreibwarenhandel; e Bürokratie
kısa kurz, — **boylu** untersetzt, — **devre** r Kurzschluß, — **kesmek** schnell beenden, — **kollu** kurzärmelig — **ca** kurz und gut, kurz gesagt — **lık** e Kürze
kısalmak sich verkürzen
kısaltma e Abhürzung
kısaltmak abkürzen, verkürzen
kısas e Vergeltung
kısık heiser

kısılmak sich zusammenziehen
kısım r Teil, s Stück; e Abteilung
kısıntı e Einschränkung
kısır unfruchtbar, steril
kısırlaştırmak sterilisieren
kısıt e Entmündung
kısıtlamak entmündigen; begrenzen, beschränken
kısıtlı entmündigt; begrenzt, beschränkt
kıskaç e Drahtzange
kıskanç eifersüchtig; neidisch
kıskançlık e Eifersucht; r Neid
kıskanmak beneiden; neiden
kısmak vermindern, herabsetzen; dämpfen; leise(r), stellen
kısmen teilweise, teils
kısmet s Schicksal, s **— aramak** sein Glück versuchen, **— li** glücklich
kısmi teilweise, partiell
kısrak e Stute
kıssa e Geschichte, e Erzählung
kıstak e Landenge
kıstas s Kriterium
kıstırmak quietschen
kış r Winter **— ı geçirmek** überwintern **— uykusu** r Winterschlaf
kışın im Winter
kışkırtıcı r Hetzer, r Aufwiegler
kışkırtmak aufhetzen, aufwiegeln, anfeuern
kışla e Kaserne
kıt wenig, knapp, ungenügend, **— kanaat geçinmek** kummerlich durchfretten
kıta r Kontinent; e Truppe; e Strophe
kıtıpiyos wertlos, gemein
kıtır kıtır knusperig
kıtlaşmak sich verknappen
kıtlık r Mangel; e Hungersnot, e Armut
kıvam r Grad
kıvanç r Stolz
kıvılcım r Funke
kıvırcık lockig, **— salata** e Endivie
kıvırmak kräuseln; falzen; drehen
kıvrak geschickt, flink
kıvranmak sich schlängeln; sich krümmen
kıvrık gekräuselt
kıvrılmak sich kräuseln; abbiegen
kıvrım e Falte
kıyafet e Kleidung
kıyak schön, prima
kıyamet e Auferstehung; s Durcheinander
kıyas r Vergleich, **— ıya** bis aufs Blut, **— lamak** vergleichen
kıyı s Ufer, e Küste
kıyma s Hackfleisch
kıymak hacken, zerhacken; zugrunderichten
kıymet r Wert; s Ansehen, e Achtung
kıymetlendirmek auswerten
kıymetli wertvoll, kostbar
kıymetsiz wertlos
kıymık r Splitter
kız s Mädchen; e Tochter; e Jungfrau, **— evlat** e Tochter, **— gibi** tadellos, prima, **— öğrenci** e Schülerin **— arkadaş** e Freundin **— kardeş** e Schwester **— kurusu** alte Jungfer, **— lisesi** s Mädchengymnasium
kızak r Schlitten, **— kaymak** Schlitten fahren
kızamık e Masern ç.
kızamıkçık e Röteln ç.
kızarmak sich röten; erröten
kızartma r Braten
kızartmak braten
kızdırmak ärgern; anheizen
kızgın heiβ; wütend, ärgerlich **— lık** r Arger; s Glühend-sein
kızıl rot; r Scharlach
kızılaltı infrarot
Kızılay roter Halbmond
kızılcık e Kornelkirsche
Kızıldeniz rotes Meer
kızılderili r Indianer
Kızılhaç rotes Kreuz

kızlık e Jungfräulichkeit
kızmak sich erbitzen; sich ärgern
kibar vornehmen
kibarca vornehmlich
kibarlık e Vornehmheit
kibir e Hochmut, r Stolz
kibirli hochmütig, stolz
kibrit s Streichholz, — **kutusu** e Streichholzschachtel
kifayet e Begnügung; e Fähigkeit — **etmek** ausreichen, hinreichen, genügen; sich begnügen
kifayetsiz ungenügend
kil r Ton
kiler r Keller
kilim r Wandteppich
kilise e Kirche
kilit s Schloß
kilitlemek zuschließen, abschließen, anschließen, verschließen
kilitli zugeschlossen
kilo s Kilo, s Kilogramm, — **almak** zunehmen — **vermek** abnehmen
kilogram s Kilogramm
kilometre s Kilometer
kim wer? — **e** wem? — **de** bei wem? — **den** von wem? — **i** wen? — **in** wessen? — **isi** manche (r,s)
kimlik e Identität, — **kartı** r Personalauswels
kimono r Kimono
kimse jemand; niemand
kimsesiz alleinstehend
kimya e Chemie
kimyager r Chemiker
kimyasal chemisch
kimyevi chemisch
kimyon r Kümmel
kin r Haß — **beslemek (gütmek)** einen Goll gegen jdn hegen
kinaye e Andeutung
kinin s Chinin
kip *dilb.* e Form
kir r Schmutz, r Dreck

kira e Miete — **ya vermek** vermieten
kiracı r Mieter
kiralamak vermieten
kiralık zu wermieten
kiraz e Kirsche
kireç r Kalk — **gibi olmak** kreidebleich werden, — **kuyusu** e Kalkgrube
kiremit r Ziegel
kiriş e Saite; e Sehne; Balken, — **i kırmak** ausreißen
kirlenmek schmutzig werden
kirletmek beschmutzen
kirli unsauber, schmutzig
kirpi r Igel
kirpik e Wimper
kist e Zyste
kişi e Person, r Mensch
kişilik e Persönlichkeit
kişisel persönlich
kişnemek wiehern
kitabe e Inschrift
kitabevi e Buchhandlung
kitap s Buch
kitapçı r Buchhändler; e Buchhandlung
kitaplık e Bibliothek; r Bücherschrank s Bücherregal
kitapsız gottlos
kitle e Menge
klakson e Hupe, — **çalmak** hupen
klas prima
klasik klassisch
klasör r Schnellhefter
klavye e Klaviatur, e Tastatur
klik e Clicque
klinik e Klinik, klinisch
klişe s Klischee, r Druckstock
klor s Chlor — **lamak** chloren
koalisyon e Koalition
kobay s Köder
kobra (yılanı) e Brilenschlange
koca e Gatte, r Mann, r Ehemann; groß
kocakarı e Alte
kocaman riesig
koç r Schafbock, r Widder

Koç (burcu) r Widder
koçan r Strunk
kod e Kode
kodaman prominent
kof hohl; leer, wertlos
koğuş r Krankensaal; e Gefängniszelle
kok r Koks
kokain s Kokain
kokarca r Iltis
koklamak riechen (an)
kokmak riechen; stinken
kokteyl r Cocktail
koku r Geruch, r Duft; r Gestank
kokulu riechend; duftend; stinkend
kol r Arm; r Armel; r Griff; e Kolonne, — **düğmesi** r Manschettenknopf, — **saati** e Armbanduhr — **kola** Arm im Arm — **başı** r Gruppenleiter
kola e Stärke — **lamak** stärken
kolan r Gurt
kolay leicht, einfach — — ganz einfach — **ına bakmak** etw. möglich machen
kolayca leicht
kolaylamak erleichtern
kolaylaşmak leicht(er) werden
kolaylaştırmak erleichtern
kolaylık e Erleichterung
kolcu r Kontrollbeamte
kolej private höhere Schule
koleksiyon e Sammlung, — **yapmak** sammeln — **cu** r Sammler
kolektif s Kollektiv
kolera e Cholera
koli s Postpaket
kollamak warten, lauern, spähen
kolluk e Manschette
koloni e Kolonie
kolonya s Kölnischwasser
kolordu s Armeekorps
koltuk r Sessel, r Armstuhl, r Lehnstuhl; e Stelle, r Posten, — **değneği** e Krücke — **ları kebarmak** stolz werden
kolye e Kollier
koma e Bewuβtlosigkeit, e Agonie

komak setzen, stellen, legen, ansetzen, anstellen, aufsetzen
komandit kommandit, — **şirketi** e Kommanditgesellschaft
komando s Kommando
kombina s Kombinat
kombinasyon e Kombination sp.
kombine kombiniert
kombinezon e Kombination
komedi e Komödie
komi r Träger
komik komisch — **lik** e Komik
komiser r Kommissar
komisyon e Kommission, r Ausschuβ
komisyoncu r Makler, r Vermittler
komite s Komitee, r Ausschuβ
komodin e Kommode
kompartıman s Abteil
kompas e Meβkluppe
kompleks r Komplex
kompliman s Kompliment
komplo s Komplott — **kurmak** sich verschwören — **cu** r Verschwörer
komposto s Kompott
kompozisyon müz. e Komposition; r Aufsatz
kompozitör r Komponist (e in), r Tondichter (e in)
kompres e Kompresse
kompresör r Kompressor, r Verdichter
komprime e Tablette, e Pille
komşu r Nachbar; benachbart
komşuluk e Nachbarschaft
komut r Befehl, — **vermek** befehlen
komuta s Kommando
komutan r Kommandant
komünist r Kommunist; kommunistisch
komünizm r Kommunismus
komütatör r Wechselschalter
konak s Palast; e Herberge
konaklama r Aufenthalt
konaklamak sich aufhalten
konçerto s Konzert
kondansatör r Kondensator

kondisyon e Kondition *sp.*
kondüktör r Schaffner
konfederasyon r Bund
konfeksiyon e Fertigkleidung, e Konfektion
konferans r Vortrag, — **vermek** vortragen
konferansçı r Vortraggeber
konfor r Komfort
kongre r Kongreß,; r Parteitag
koni r Kegel
konik kegelförmig
konjonktür e Konjunktur
konkordato s Konkordat
konmak sich setzen, sich niederlassen; landen
konsantre e Konzentration, — **olmak** konzentrieren
konsepsiyon s Empfängnis, e Konzeption
konser s Konzert
konservatuar s Konservatorium
konserve e Konserve, e Dauerware
konsey r Rat
konsol e Konsole
konsolos r Konsul
konsolosluk s Konsulat
konsomasyon r Verzehr
konsomatris e Animierdame
konsültasyon e Konsultation
konşimento s Konnosement, r Seefrachtbrief
kont r Graf
kontak r Kontakt, r Anschluß; r Kurzschluß
kontes e Gräfin
kontluk e Grafschaft
kontr kontra
kontrat r Vertag, r Kontrakt
kontratak *sp.* konter, — **yapmak** kontern
kontrfile s Rückenstück
kontrol e Kontrolle, e Prüfung, — **etmek** kontrollieren

kontrolcu r Kontrolleur
kontrplak s Sperrholz
konu s Thema, r Stoff
konuk r Gast
konuklamak bewirten
konuksever gastfreundlich
konum e Lage, r Zustand
konuşkan redelig
konuşma s Gespräch, e Rede
konuşmacı r Sprecher
konuşmak sprechen, reden, sich unterhalten; besprechen
konut s Haus
konvoy s Geleit
kooperatif e Kooperative
koparmak abreißen, wegreißen, losreißen, zerreißen, reißen; ablösen, abbrechen
kopça s Heftel
kopmak abreißen, reißen, abbrechen, ablösen
kopuk abgerissen, losgerissen, abgeborharzt
kopya e Kopie, e Abschrift; r Abdruck, s Abbild, — **etmek** kopieren, abschreiben
kor e Glut
koramiral r Konteradmiral
kordele s Band, e Kordel; e Haarschleife
kordon e Schnur; e Kabel
Kore Korea
Koreli r Koreaner
koridor r Flur, r Koridor
korkak ängstlich, furchtsam, feige
korkmak sich fürchten, befürchten
korku e Angst, e Furcht, r Schreck, e Abscheu
korkuluk e Vogelscheuche
korkunç furchtbar, schrecklich
korkusuz unerschrocken
korkutmak erschrecken, aufschrecken, abschrecken
korna e Hupe, — **çalmak** hupen
korner e Ecke

korniş e Gardinenleiste
korno s Horn
koro r Chor
korsan r Seeräuber
korse s Korsett
kort r Tennisplatz
kortej r Festzug, r Trauerzug
koru s Wäldchen
korucu r Waldhüter
koruma r Schutz, e Schonung
korumak schützen, schonen; aufbewahren
korunma r Schutz
korunmak sich schützen
koruyucu schützend; r Schutzherr
kosinüs r Kosinus
koskoca reisengroß
kostüm s Kostüm
koşmak laufen, rennen, eilen
koşu s Rennen **— cu r** Läufer
koşul e Voraussetzung
koşum s Pferdegeschirr
koşuşmak laufen, zuströmen
koşut parallel
kota e Quote
kotra r Kutter, e Yacht
kova r Eimer **— burcu r** Wassermann
kovalamak verfolgen
kovan r Bienenstock; e Hülse, e Buchse; e Kartusche
kovboy r Cowboy
kovmak verjagen, fortjagen, vertreiben
kovuk e Höhle
kovuşturma e Verfolgung
kovuşturmak verfolgen
koy e Meeresbucht
koymak setzen, stellen, legen, ansetzen, aufsetzen, aufstellen, anstellen
koyu dunkel; dick; stark
koyulaşmak dickflüssig werden
koyun¹ s Schaf, r Hammel; r Bock
koyun² e Brust, r Busen
koyuvermek freilassen, loslassen
koz r Trumpf
koza r Kokon

kozalak r Kokon; e Zypressennuß
kozmetik e Kosmetik, e Schönheitspflege; kosmetisch
kozmonot r Astronaut
kozmopolit r Kosmopolit, r Weltbürger
kozmos r Kosmos
köfte e Bulette, r Klops
köhne alt, abgenutzt, abgebraucht; veraltet, altmodisch
kök e Wurzel; r Ursprung, e Herkunft, **— ünü kurutmak** ausrotten **— salmak** festwachsen, **— boya r** Krapp
köken r Ursprung, e Herkunft
kökleşmek sich einwurzeln
köklü fundiert
köknar e Tanne
kökten radikal
köktencilik r Radikalismus
köle r Sklave
kölelik e Sklaverei
kömür e Kohle
kömürcü r Kohler
kömürleşmek sich verkohlen
kömürlük r Kohlenkeller
köpek r Hund, **— balığı r** Hai
köpekdişi r Eckzahn
köpoğlu r Schurke, r Schuft
köprü e Brücke
köprücükkemiği s Schüsselbein
köpük r Schaum
köpürmek schäumen
kör blind; stumpf; trüb; ausgetrocknet, **— etmek** blenden **— düğüm** fester Knoten **— etmek** blinden **— olası!** Verflucht!, verdammt! **— talih** Mißgeschick, **— ü — üne** blindlings
körbağırsak r Blinddarm
körebe e Blindekuh
körelmek verkümmern
körfez r Golf, r Meerbusen
körlük e Blindheit
körpe frisch; jung
körük r Faltenbalg
körüklemek schüren

kös kös schwerfällig
köse dünner Bart
kösele s Sohlenleder
kösnü e Wollust — **I** sinnlich
kösnülük e Sinnlichkeit
köstebek r Maulwurf
köstek e Fußfessel; e Kette
kösteklemek behindern
köşe e Ecke; r Winkel — **başı** e Straßenecke — **bucak** alle Ecken und Winkel — **yi dönmek** um die Ecke biegen; *mec.* die Treppe hochfallen
köşegen e Diagonale
köşebent s Winkeleisen
köşeli eckig
köşk e Villa
kötek s Prügel — **atmak** prügeln
kötü schlecht, schlimm, übel, arg, abscheulich, — **huy** üble Angewohnheit — **kadın** e Dirne, — **muamele** schlechte Behandlung, — **yola sapmak** zur Dirne werden
kötülemek schlechtmachen
kötüleşmek sich verschlechtern, sich verschlimmern
kötüleştirmek verschlechtern, verschlimmen
kötülük e Bosheit
kötümser pessimistisch; r Pessimist
kötümserlik r Pessimismus
kötürüm lahm; verkrüppelt
köy s Dorf — **lü** r Bauer
kral r König — **cı** royalistisch; r Royalist
kraliçe e Königin
kraliyet s Königtum
krallık s Königreich
kramp r Krampf
krampon e Lederstolle
krank e Kurbel
krater r Krater
kravat e Krawatte, r Schlips
kreasyon e Schöpfung
kredi r Kredit — **ile satış** r Verkauf auf Ziel — **kartı** e Kreditkarte

krem e Creme, r Krem
krema e Sahne, r Rahm
Kremlin r Kreml
krep r Krepp
kreş r Kinderhort; r Kindergarten
kriko r Wagenheber
kristal r Kristall
kriter s Kriterium
kritik kritisch; e Kritik
kriz e Krise, r Anfall
kroki s Kroki, e Skizze, r Abriß
krom chromiert; s Chrom
kronik kronisch
kronoloji e Zeittafel
kronometre e Stoppuhr
kros r Waldlauf
kroşe r Haken
kruvaze zweireihig
kruvazör r Kreuzer
kuaför r Damenfriseur
kubbe e Kuppel, s Gewölbe
kucak r Schoß
kucaklamak umarmen
kudret e Macht, e Kraft
kudretli mächtig, kräftig, stark; fähig, begabt
kudretsiz machtlos, kraftlos; unfähig, unbegabt
kudurmak wild werden
kuduz e Tollwut
Kudüs Jerusalem
kuğu r Schwan
kukla e Puppe, e Marionette, — **tiyatrosu** s Marionettentheater
kul r Knecht, r Diener, r Sklave; e Dienerin, e Sklavin; r Mensch
kulaç e Klafter, — **atmak** kraulen
kulak s Ohr; s Gehör, — **kepçesi** e ohrmuschel, — **zarı** s Trommelfeil — **kesilmek** ganz Ohr sein — **asmak** Gehör schenken, — **asmamak** nicht reagieren, — **kiri** s Ohrenschmalz, — **misafiri olmak** mitgehören — **ı delik** hellhörig — **larını dikmek** die Ohren

KULAKÇIK   405   **KURTARIŞ**

spitzen, — **tan dolma** gehörmässig erworben
kulakçık e Krammer
kulaklık r Kopfhörer; r Hörer
kulampara r Päderast
kule r Turm
kulis e Kulisse
kullanılmış gebraucht; verbraucht; getragen
kullanım e Verwendung
kullanış r Gebrauch, e Verwendung
kullanışlı handlich, gebräuchlich, praktisch
kullanışsız unhandlich, ungebräuchlich, unpraktisch
kullanmak gebrauchen, verwenden, benutzen, anwenden
kulp r Henkel, r Griff
kuluçka e Burt, — **ya yatmak** brüten
kulunç e Darmkolik
kulübe e Hütte
kulüp r Klub, s Klubhaus
kulvar r Gang
kum r Sand, — **banyosu** s Sandbad, — **yığını** r Sandhaufen
kuma zweite Frau
kumanda s Kommando, — **etmek** kommandieren
kumandan r Kommandant
kumanya s Reiseproviant
kumar s Glücksspiel
kumarbaz r Hasardspieler
kumarhane r Spielsaal
kumaş r Stoff
kumbara r Sparbüchse; e Granate
kumpanya e Kompanie, e Gesellschaft
kumral dunkelblond
kumru e Turteltaube
kumsal sandig
kumtaşı r Sandstein
kundak e Windel; e Brandfackel
kundakçı r Brandstifter
kundaklamak in Brand stecken
kundura r Schuh — **cı** r Schuhmacher

kunduz r Biber
kupa r Pokal, r Becher, — **maçı** s Pokalspiel
kupkuru knockentrocken
kupon r Kupon
kupür r Zeitungsausschnitt
kur e Hofmacherei; tic. Kurs, — **yapmak** den Hof machen
kura s Los, — **çekmek** losen
kurabiye e Makrone
kurak trocken — **lık** e Trockenheit
kural e Regel
kuraldışı regelwidrig
kuram e Theorie — **sal** theoretisch
Kuran r Koran
kurbağa r Frosch, e Kröte
kurbağalama (yüzme) s Brustschwimmen
kurban s Opfer — **bayramı** r Opferfest — **lık** r Opfer.
kurcalamak herumarbeiten
kurdele s Band, e Kordel
kurdeşen e Nesselsucht
kurgu e Montage
kuriye r Kurier
kurmak aufstellen, aufschlagen, errichten; montieren, aufmontieren; decken; aufziehen; einstellen
kurmay r Generalstab
kurna s Marmorbecken
kurnaz schlau, pffifig
kurnazlık e Schlauheit
kuron e Krone
kurs r Kurs
kursak r Kropf; r Magen; e Blasse; e Membran
kurşun s Blei; e Kugel, — **kalem** r Bleistift, — **yarası** e Schußwunde
kurşuni bleigrau
kurşunlamak verbleien, schießen
kurt r Wolf, — **köpeği** r Wolfshund, — **gibi aç** Hunger wie ein Wolf — **sürüsü** s Wolfsrudel
kurtarış e Parade

kurtarmak retten
kurtçuk e Larve, e Raupe
kurtlu madig
kurtulmak sich retten, sich befreien, loswerden
kurtuluş e Befreiung
kuru trocken, dürr; mager — **gürültü** blinder Lärm — **temizleme** r Sattdampf, — **kafa** r Totenschädel, — **sıkı** blinder Schuß, — **fasulye** e Bohne
kurucu r Gründer, r Begründer
kurul r Ausschuß, e Kommission
kurulamak trocknen, abrtrocknen, ablöschen
kurultay r Kongreß
kurum e Institution
kurumak eintrocknen, vertrocknen
kurumlu hochmütig, prahlerisch
kuruntu e Illusion, r Wahn
kurutmak trocken, abtrocknen, vertrocknen, eintrocknen
kurye r Kurier, e Eilbote
kusmak sich erbrechen
kusur e Fehler, r Mangel; e Schuld; r Rest
kusurlu fehlerhaft
kusursuz fehlerlos, fehlerfrei
kuş r Vogel
kuşak r Gürtel; e Generation
kuşanmak sich ankleiden
kuşatma e Umfassung, e Umlagerung, e Belagerung
kuşatmak umlagern, umgeben, umringen
kuşet e Liegestatt
kuşkonmaz r Spargel
kuşku e Angst, e Sorge, r Argwohn
kuşkulandırmak unruhig machen; argwöhnisch machen
kuşkulanmak Verdacht schöpfen
kuşkusuz ohne Argwohn; zweifellos **hiç** — ohne jeden Zweifel
kuşpalazı e Diphterie
kuştüyü e Daune

kuşüzümü (ç.) Korinthen
kutlamak gratulieren, beglückwünschen; feiern
kutlu glücklich, gesegnet
kutsal heilig, göttlich
kutu e Schachtel
kutup r Pol, — **yıldızı** r Polarstern
kuvvet e Kraft; e Macht, e Gewalt; e Potenz mat. — **ilacı** s Stärkungsmittel, — **macunu** s Aphrodisiakum
kuvvetlendirmek kräftigen, stärken, verstärken
kuvvetlenmek erstärken
kuvvetli stark, kräftig; heftig
kuvvetsiz schwach, kraftlos
kuyruk r Schwanz, r Schweif; e Schlange, — **ta durmak** in der Schlange stehen — **unu kısmak** den Schwanz einziehn, — **acısı** r Groll, e Rachsucht
kuyrukluyıldız r Komet
kuytu windgeschützt, versteckt
kuyu r Brunnen, e Grube
kuyumcu r Goldschmied, r Juwelier
kuzen r Vetter, r Cousin
kuzey r Norden; nördlich, — **batı** r Nordwesten, — **doğu** r Nordosten
kuzgun r Kolkrabe
kuzin e Cousine, e Base
kuzu s Lamm
kübik kubisch
küçücük winzig
küçük klein; jung, — **dil** s Zäpfchen
Küçükayı kleiner Bär
küçüklük e Kleinheit; e Kindheit
küçülmek sich verkleinern
küçültmek verkleinern
küçümsemek unterschätzen; verachten
küf r Schimmel
küfe r Tragkorb, e Kiepe
küfretmek schimpfen, fluchen
küfür r Schimpf, r Flunch, e Verwünschung, — **etmek** schimpfen, fluchen
küheylan s Vollblutpferd
kükremek brüllen

kükürt r Schwefel
kül e Asche, — **gibi** blaß, bleich — **tablası** r Aschenbecher
külâh e Mütze, e Kopfbedeckung; e Geschützhaube; e Geschoßklappe
külbastı s Rostfleich, s Grillfleisch
külçe r Metallklumpen
külfet e Mühe, e Anstrengung
külfetli mühevoll, anstrengend
külhan r Heizraum
külhanbeyi r Raufbold
külliyet e Gesamtheit
külot r Schlüpfer, r Slip, e Unterhose — **lu çorap** e Strumpfhose
külrengi aschgrau
kültür e Kultur, e Bildung, e Ausbildung
kültürel kulturell
kültürlü gebildet
kültürsüz ungebildet
külüstür altmodisch, ramponiert
küme e Gruppe, e Schar, r Haufen; sp. e Mannschaft
kümebulut e Haufenwolke
kümelenmek sich gruppieren
kümes r Geflügelstall — **hayvanları** Geflügeln
künk s Abflußrohr
künye r Beiname; e Personalien ç.
küp[1] mat. r Würfel
küp[2] s Tongefäß — **lere binmek** in die Luft gehen
küpe r Ohrring
küpeçiçeği e Funchsia
küpeşte e Geländer, e Reelingleiste
kür e Kur
kürdan r Zahnstocher
küre e Kugel
kürecik s Kügelchen
kürek e Schaufel; r Spaten; s Ruder
küremek schaufeln
küresel kugelförmig
kürk r Pelz — **manto** r Pelzmantel
kürkçü r Pelzwarenhändler
kürsü s Pult; s Lehrpult
Kürt r Kurde; kurdisch
kürtaj e Abtreibung
küs böse
küskün böse, schmollend
küsmek grollen, schmollen
küspe r Treber, e Trester
küstah frech, unverschämt
küstahlık e Frechheit
küstümotu e Mimose
küsur r Bruchteil
küt stumpf
kütle e Masse; r Block
kütük r Holzkotz; r Weinstock; s Register
kütüphane e Bibliothek, e Bücherei
kütürdemek krachen
küvet e Badewanne; s Waschbecken

L

labirent s Labyrinth
laborant r Laborant
laboratuvar s Laboratorium
lacivert dunkelblau
laf s Wort, **e** Rede, **e** Plauderei — **atmak** gemütlich, plaudern — **bolluğu r** Wortschwall — **etmek** plaudern, — **aramızda** unter uns gesagt — **söyledi balkabağı!** Unsinn! dummes Geschwätz
laflamak sich unterhalten, plaudern
lağım e Kloake, **r** Abfluß
lağvetmek abschaffen, beseitigen
lahana r Kohl
lahmacun eine art türkische Pizza mit Hackfleisch
lahza r Augenblick, **r** Moment
laik laizistisch
laiklik r Laizismus
lakap r Spitzname
lakayt gleichgültig
lakaytlık e Gleichgültigkeit
lakırdı s Wort, **s** Gespräch, — **etmek** sich unterhalten, plaudern
lakin aber, indessen, jedoch
laklak s Geklapper
lale e Tulpe
lamba e Lampe, **e** Ampel; **e** Röhre
lanet r Fluch, **e** Verwünschung
lanetlemek verfluchen, verdammen
lanetli verflucht, verdammt
lapa r Brei
lastik r Gummi; **r** Reifen, **r** Schlauch
latarna e Drehorgel
latife r Scherz, **r** Spaß, **r** Witz
Latin lateinisch, **s** Latein
Latince lateinisch
laubali unbekümmert, respektlos
lav e Lava
lavabo s Waschbecken
lavanta r Lavendel
layık wert, würdig, — **olmak** verdienen
lazım nötig, notwendig, erforderlich
leblebi e Kichererbse (geröstete)
leğen s Becken, **s** Waschbecken
Leh r Pole
Lehçe s Polnisch
lehçe r Dialekt, **e** Mundart
lehim s Lötzinn
lehimlemek löten
leke r Fleck; **r** Klecks
lekelemek beflecken, beschmutzen
lekeli beschmutzt, gefleckt
lenf e Lymphe
lenger r Anker
lens Linse
leopar r Leopard
leş s Aas
levazım *(ç.)* Utensilien
levha e Tafel, **s** Plakat, **s** Schild

leylak r Flieder
leylek r Storch
lezzet r Geschmack
lezzetli schmackhaft, lecker
liberal liberal
liberalizm r Liberalismus
libre s Pfund
Libya Libyen
lider r Führer
lif e Faser
lig e Liga
likit flüssig
likör r Likör
liman r Hafen
lime schmaler Streifen, — — zerrissen, zerfetzt
limit s Limit
Limited Şirket e Gesellschaft
limon e Zitrone
limonata r Zitronensaft
limoni launisch
limonluk e Plantage
linç s Lynchen, — **etmek** lynchen
linyit e Braunkohle
lira s Pfund
lirik e Lyrik; lyrisch
lisan e Sprache
lisans e Lizenz
lise s Gymnasium, e Oberschule, — **müdürü** r Oberstudiendirektor
liste e Liste, s Verzeichnis
literatür e Literatur
litre s, r Liter
liyakat e Würdigkeit
liyakatli würdig
Lizbon Lissabon
loca e Loge

lodos r Südwestwind
logaritma r Logarithmus
logaritmik logarithmisch
loğusa e Wöchnerin
loğusalık s Wochenbett
lojik e Logik; logisch
lojistik s Unterbringungswesen
lojman e Wohnung, s Heim
lokal s Lokal; örtlich
lokanta s Restaurant
lokavt e Aussperrung
lokma r Bissen
lokomotif e Lokomotive
lokum s Lokum (türk. Süßspeise)
lombar e Pfortluke
lonca e Innung, e Zunft
Londra London
losyon e Lotion
loş halbdunkel
lotarya e Lotterie
lumbago r Hexenschuß
lunapark r Rummelplatz
Lübnan r Libanon
lüfer r Blaufisch
lügat s Wörterbuch
lügatça s Wörterverzeichnis
lüks Luxus; luxeriös
Lüksemburg Luxemburg
lületaşı r Meerschaum
lüpçü r Profitmacher
lütfen Bitte!
lütfetmek bitten
lütuf e Huld, e Güte, e Gnade
lüzum e Notwendigkeit, s Bedürfnis
lüzumlu nötig, notwendig, erforderlich
lüzumsuz unnötig, überflüssig

M

maada außerdem, überdies
maalesef leider
maarif s Unterrichtswesen
maaş s Gehalt
mabet s Tempel
Macar r Ungar; ungarisch
Macarca s Ungarisch
Macaristan Ungarn
macera s Abenteuer
maceralı abenteuerlich
maceraperest r Abenteurer
macun e Paste
macunlamak einkitten, verkitten
maç r Wettkampf
maça s Pik,; **r** Gußkern
madalya e Medaille, **r** Orden
madde r Stoff, **e** Materie, **e** Substanz; **r** Artikel
maddeci r Materialist
maddecilik r Materialismus
maddesel materiell
maddeten materiell
maddi materiell
madem da, weil
maden s Mineral; **s** Erz; **s** Metall
madenci r Bergmann
madeni metallisch
madensel metallisch
madensuyu s Mineralwasser
mafiş nicht vorhanden

mafsal s Gelenk
magazin e Zeitschrift, **e** Illustrierte
mağara e Höhle
mağaza s Geschäft, **r** Laden
mağdur benachteiligt
mağduriyet e Benachteiligung
mağlubiyet e Niederlage
mağlup besiegt, **— etmek** besiegen **— olmak** unterliegen
mağrur stolz, hochmütig
mahal r Ort, **e** Stelle
mahalle s Stadtviertel
maharet e Geschicklichkeit, **e** Gewandtheit
mahcubiyet e Beschämung, **e** Blamage
mahcup beschämt, blamiert; schüchtern **— etmek** in Verlegenheit bringen; **— olmak** sich blamie; in Verlegenheit kommen
mahfaza s Gehäuse
mahfuz vorbehalten
mahiyet s Wesen, **e** Art, **e** Natur, **r** Charakter
mahkeme s Gericht; **r** Gerichtshof
mahkûm verurteilt; **r** Sträfling, **— etmek** verurteilen
mahkûmiyet e Strafzeit, **e** Vorstrafe
mahluk s Geschöpf, **e** Kreatur
mahmur schlaftrunken, übernächtig, schmachtend

mahmuz r Sporn
mahpus gefangen, eingesperrt
mahrem geheim, intim
mahremiyet e Intimität
mahrum entblößt — **iyet** r Mangel
mahsul s Erzeugnis, e Produktion, e Ernte, r Ertrag
mahsur belagert, eingeschlossen; eingeengt; umgeben
mahsus bestimmt; absichtlich
mahşeri riesig, ungeheuer
mahvetmek vernichten
mahzen r Keller
mahzun traurig, betrübt
mahzur r Einwand; s Hindernis — **lu** nachteilig
maiyet s Gefolge
majeste e Majestät
majör s Dur, e Durtonart
makale r Artikel
makam s Amt, e Dienststelle
makara e Winde, e Spule, e Rolle
makarna (ç.) Nudeln
makas e Schere; e Weiche
makat s Gesäß
makbul angenommen; beliebt, geschätzt
makbuz e Quittung
maket s Modell
maki r Maki
makine e Maschine — **dairesi** s Maschinenhaus — **mühendisi** r Maschineningenieur — **cı** r Maschinenbauer
makineli mit Maschine(n); maschinell bedient — **tabanca** e Maschinenpistole — **tüfek** s Maschinengewehr
makineleştirmek mechanisieren
makinist r Machinist
maksat e Absicht, s Ziel, r Zweck
maksatlı absichtlich
maksatsız unabsichtlich
maksimum s Maximum, r Manifest
makul vernünftig
makyaj e Schminke, — **yapmak** sich schminken
mal e Ware, s Gut, s Vermögen, s Eigentum, s Erzeugnis — **canın yongasıdır** Besitz ist ein Stück Leben — **canlısı** habgierig — **etm.** erstehen, erwerben, kaufen — **müdürü** r Finanzdirektor, — **mülk** s Hab und s Gut — **olmak** kosten, zu stehen — **sahibi** r (e) Eigentümer (in e) — **ın gözü** prima Qualität
mala e Maurerkelle
malak s Büffelkalb
malarya e Malaria
mali finanziell, — **yıl** s Finanzjahr
malik besitzend; r Inhaber, r Besitzer
malikâne e Liegenschaft
maliye s Finanzwesen, — **Bakanı** r Finanzminister, — **Bakanlığı** s Finanzministerium
maliyet (ç.) Gestehungskosten
malt s Malz
Malta Malta, — **eriği** e Wollmispel
malul verkrüppelt, verletzt
malum bekannt
malumat e Auskunft, e Kenntnis, e Mitteilung, — **vermek** benachrichtigen
malzeme s Material
mama s Essen, r Mehlbrei für Kinder
mamafih jedoch
mamul erzeugt, produziert; s Produkt
mamur angebaut, kultiviert
mana r Sinn, e Bedeutung — **lı** sinnvoll — **sız** sinnlos
manastır s Kloster
manav r Obsthändler, r Gemüsehändler
mancınık r Katapult
manda[1] r Büffel
manda[2] s Mandat
mandal r Riegel, e Klinke
mandalina e Mandarine
mandıra e Hürde
mandolin e Mandoline
manen gefühlsmäßig, seelisch; dem Sinn nach
manevi geistig, innerlich

maneviyat e Stimmung, e Kampfmoral
manevra s Manöver, e Taktik
manga e Korporalschaft
mangal s Kohlenbecken
manganez s Mangan
mani e Sucht, e Besessenheit
mâni e Hindernis, — **olmak** hindern, verhindern, absperren, abhalten
mânia s Hindernis, e Sperre; e Hürde
manifatura e Manifaktur
manifesto s Manifest
manikür e Maniküre — **yapmak** maniküren
manita r,e Geliebte
manivela r Hebel
mankafa einfältig, beschränkt
manken s Mannequin
manolya e Magnolie
manometre r Druckmesser
Manş Denizi r Armelkanal
manşet e Manschette; e Schlagzeile
manşon r Muff
mantar r Pilz; r Körk
mantı e Fleischpastate
mantık e Logik — **i,** — **sal** logisch — **sız** unlogisch
manto r Damenmantel
manyak wahnsinnig, töricht
manyetik magnetisch
manyetizma r Magnetismus
manyeto r Zünder
manzara r Ausblick, e Aussicht; e Landschaft
manzume e Verdichtung, s System, e Lehre, e Theorie
marangoz r Schreiner, r Tischler
marangozhane e Schreinerei, e Tischlerei
maraz e Krankheit
marazi krankhaft, pathologisch
mareşal r Generalfeldmarschall
margarin e Margarine
marifet e Geschicklichkeit, s Kunststück
marifetli geschickt

marizlemek verprügeln
marj r Rand
Mark e Mark
marka e Marke, s Zeichen
market r Supermarket
Marksist r Marxist
Marksizm r Marxismus
marmelat e Marmelade
maroken s Saffianleder
marş r Marsch; e Nationalhymne
marşandiz r Güterzug
Mart s März
martaval e Lüge — **okumak** lügen
martı e Möwe
marul r Gartensalat, r Lattich
maruz ausgesetzt
maruzat e Darlegung
masa r Tisch
masaj e Massage, — **yapmak** massieren
masal s Märchen — **anlatmak** Märchen erzählen
masatenisi s Tischtennis
maskara r Narr — **ya çevirmek** lächerlich machen
maske e Maske — **sini düşürmek** entlarven
maskeli maskiert — **balo** r Maskenball
maskot s Maskotchen
masmavi sehr blau
mason r Freimaurer, — **locası** e Freimaurerloge
masör r Masseur
masöz e Masseuse
masraf e Ausgabe, *(ç.)* Unkosten *ç.* Spesen — **etmek** (Geld) ausgeben — **görmek** Unkosten haben — **kapısı** r Anlaβ, r Zwang — **ı kısmak** die Ausgaben einschränken
masraflı teuer, kostspielig
mastar *dilb.* r Infinitiv e Quelle; e Meβkluppe
mastürbasyon e Masturbation
masum unschuldig, harmlos

masumiyet e Unschuld, e Harmlosigkeit
masura e Spule
maşa e Feuerzange; e Klammer; e Pinzette
maşallah großartig, wunderbar
maşrapa r Wasserbecher
mat matt, glanzlos; s Matt, — **etmek** mattsetzen
matara e Feldflasche
matbaa e Druckerei
matbaacı r Druckereibesitzer; r Drucker
matbu gedruckt — **a** e Drucksache
matbuat e Presse
matem e Trauer — **marşı** r Trauermarsch — **tutmak** trauern, in Trauer sein — **e boğmak** in Trauer versetzen
matematik e Mathematik
matematikçi r Mathematiker
matematiksel mathematisch
materyal s Material, materiell
materyalist r Materialist
materyalizm r Materialismus
matine e Tagesvorstellung
matkap r Bohrer, e Bohrmaschine
matmazel s Fräulein
matrah r Steuerwert
matris e Matrize; *mat.* e Matrix
maun s Mahagoni
maval faustdicke Lüge — **okumak** lügen
mavi blau
mavimsi bläulich
mavna r Schleppkahn, r Leichter
mavzer r Revolver, s Mausergewehr
maya e Hefe, *kim.* r Sauerteig, s Ferment
mayasıl s Ekzem
maydanoz e Petersilie
mayestro r Dirigent
mayhoş süßsauer
mayın e Mine — **barajı** e Minensperre, — **dökmek** Minen legen, — **tarayıcısı** r Minensucher, s Minensuchboot
mayıs r Mai
mayısböceği r Maikäfer

mayi e Flüssigkeit
maymun r Affe — **iştahlı** launenhaft, wankelmütig
maymuncuk r Dietrich
mayo r Badeanzug, e Badehose
maytap e Rakete r Feuerwerkskörper
mayonez e Mayonnaise
mazbut fest; ordentlich
mazeret e Entschuldigung
mazeretli entschuldigt
mazeretsiz unentschuldigt
mazgal e Schießscharte
mazı r Lebensbaum e Thuja
mazi e Vergangenheit
mazlum unterdrückt
meblağ r Betrag, e Summe
mebus r Abgeordnete
mecal e Kraft
mecalsiz kraftlos
mecaz e Metapher — **i** bildlich, figürlich
mecbur gezwungen, genötigt, — **etmek** zwingen, nötigen, — **olmak** müssen
mecburen gezwungenermaßen
mecburi gezwungen, obligatorisch
mecburiyet r Zwang, e Nötigung
meclis e Gesellschaft, s Rat, e Versammlung, e Sitzung
mecmua e Zeitschrift, e Illustrierte
meç r Degen, r Dolch
meçhul unbekannt; unsicher
meddah r Lobredner
medeni zivilisiert
medenileştirmek zivilisieren
medeniyet e Zivilisation
medeniyetsiz unzivilisiert
medet r Beistand, e Hilfe, e Unterstützung
medyum r Schuldner; verpflichtet
mefhum r Begriff
mefruşat *(ç.)* Möbel
meğer jedoch
mehtap r Mondschein, e Vollmondzeit
mekân r Ort, r Raum
mekanik mechanisch; e Mechanik

mekanizma r Mechanismus
mekik s Schiffchen
mektep e Schule
mektup r Brief
mektuplaşma e Korrespondenz
mektuplaşmak korrespondieren
melankoli e Melancholie, e Schwermut
melankolik melancholisch, schwermütig
melek r Engel
meleke e Fähigkeit
melemek blöken; meckern
melez r Mischling
melike e Königin
melodi e Melodie
meltem e Brise, sanfter Wind
memba e Quelle
meme e Brust; s Euter; e Düse — **başı** e Brustwarze, — **vermek** säugen, stillen
memeliler (ç.) Säugetiere
memleket s Land, e Heimat
memleketli r Landsmann
memnun zufrieden, — **etmek** erfreuen, zufriedenstellen
memnuniyet e Zufriedenheit, e Freude, e Genugtuung, — **verici** zufriedenstellend, befriedigend — **le** gern, mit Vernügen
memorandum e Note
memur r Beamte, r Angestellte, — **iyet** s Amt
menajer r Verwalter, r Leiter
menderes r Mäander
mendil s Taschentuch
mendirek geschützter Hafen
menekşe s Velichen
menenjit e Meningitis
menetmek verbieten
menfaat r Vorteil, r Nutzen
menfaatperest selbstsüchtig
menfi negativ
mengene r Schraubstock
meni r Samen, s Sperma
menkıbe e Heldentat; e Legende

menkul tragbar, beweglich, bewegliches Gut, getragen — **kıymetler borsası** unbeweglichse Gut **gayri** — **borsası** e Effektenbörse **gayri** — unbewegliches Gut
mensucat (ç.) Textilwaren
mensup angehörig
menşe r Ursprung
menteşe e Türangel
menzil s Ziel; e Reichweite
mera e Weide
merak e Neugier; e Lust, e Neigung, — **etmek** sich sorgenmachen
meraklı neugierig, interessiert
meraklanmak sich sorgen machen
meram r Zweck, e Absicht — **ını anlatmak** sich verstündigen
merasim e Feier
mercan e Koralle
mercanadası e Koralleninsel
mercek e Linse
merci e Dienststelle
mercimek e Linse — **ği fırına vermek** eine Liebelei miteinander haben
merdane s Walze
merdiven s Treppe, e Leiter, — **basamağı** e Treppenstufe, — **boşluğu** s Treppenhaus
merhaba Guten Tag!
merhabalaşmak sich begrüβen
merhale e Station, e Phase
merhamet s Mitleid, s Erbarmen, — **etm.** Mittleid haben — **hissi** mittleidige Regung — **e gelmek** sich erbarmen
merhametli barmherzig
merhametsiz unbarmherzig, erbarmungslos
merhem e Salbe
merhum verstorben
Merih r Mars
merkep r Esel
merkez s Zentrum, r Mittelpunkt, e Zentrale; e Hauptstadt — **üssü** r Herd — **noktası** r Schwerpunkt

merkezci zentrisch
merkezileştirmek konzentrieren
merkezkaç zentrifugal, **— kuvvet** e Zentrifugalkraft
mermer r Marmor
mermi s Geschoß, e Granate
merserize merzerisiert
mersin e Myrthe
mersiye e Trauerode
mert wacker, ehrlich
mertebe r Grand, r Rang, e Stufe
mesafe e Entfernung, e Strecke
mesai e Arbeit, e Mühe, *(ç.)* Bemühungen
mesaj e Botschaft
mesane e Harnblase
mesela zum Beispiel (z.B.), beispielsweise
mesele s Problem, e Sache, e Angelegenheit
mesken e Wohnung
meskûn bewohnt
meslek r Beruf **— i** beruflich
meslektaş r Kollege
mesnet e Stütze
mest berauscht, **— etmek** berauschen
mesul verantwortlich
mesuliyet e Verantwortung, e Verantwortlichkeit, e Haftung **— li** verantwortlich, verantwortungsvoll
meşakkat e Strapaze
meşale e Fackel
meşe e Eiche
meşgale e Beschäftigung
meşgul beschäftigt, **— etmek** beschäftigen, **— olmak** beschäftigt sein
meşguliyet e Beschäftigung
meşhur berühmt, bekannt
meşru gesetzlich, legal
meşrutiyet e Gesetzmäßigkeit, e Legalität
meşrubat *(ç.)* Getränke
meşum ominös
met e Flut, **— ve cezir** e Gezeiten
meta e Ware

metanet e Haltbarkeit, e Festigkeit
metazori mit Gewalt, gewaltsam
metelik e Münze, r Wert **— e kurşun atmak** blank sein, pleite sein **— vermemek** keinen Wert beimessen
meteor r Meteor
meteoroloji e Meteorologie
methetmek loben
metin r Text; haltbar, fest
metot e Methode
metre s, r Meter **— kare** r Quadratmeter **— küp** s,r Kubikmeter
metres e Geliebte, e Maitresse
metro r U-Bahn (Unterbahn)
metropol *(ç.)* Metropole *(ç.)* Hauptstädte
mevcudiyet e Existenz, e Anwesenheit
mevcut anwesend, vorhanden
mevduat e Bankeinlage
mevki r Ort, r Platz, e Stelle; e Lage, e Stellung; e Klasse
mevlâ Gott
mevsim e Jahreszeit; e Saison
mevzi r Ort, e Stelle
mevzu e Thema
mevzuat *(ç.)* Bestimmungen, *(ç.)* Vorschriften
meyanköku e Süßholzwurzel
meydan r Platz; s Feld, **— dayağı** öffentliche Auspeitschung **— muharebesi** e Schlacht **— a gelmek** entstehen, zu Standekommen **— a çıkmak** sich herausstellen **— a vurmak** enthüllen, aufdecken
meyhane e Kneipe, e Schenke
meyil e Neigung, r Anstieg, e Steigung; s Gefalle; *fiz.* e Inkination
meymenetsiz häßlich, widerlich
meyve e Frucht, s Obst **— suyu** r Saft
mezar s Grab **— cı** r Totengräber **— lık** r Friedhof
mezat e Versteigerung
mezbaha s Schlachthaus
meze r Imbiß, r Kleinimbiß

mezhep e Konfession
meziyet r Vorzug, e Eigenschaft
mezun beurlaubt; fähig; r Absolvent, **— olmak** absolvieren
mezuniyet r Urlaub; e Fähigkeit
mezura s Bandmaß
mıh r Nadel
mıhlamak annageln, festnageln
mıknatıs r Magnet
mıknatıslamak magnetisieren
mıncıklamak zerknittern, zerletzen
mıntıka s Gebiet, e Zone, r Bezirk, r Sektor
mırıldamak murren, schnurren
mırıldanmak murmeln; (ein Lied) summeln
mısır r Mais, **— yağı** s Mais-öl
Mısır Ägypten
mısra r Halbvers
mışıl mışıl friedlich, sanft und selig (beim schlafen)
mıymıntı träge
mızıka e Kapelle; e Militärmusik
mızıkçı r Spielverderber
mızıkçılık e Spielverderberei
mızrak e Lanze
mızrap r Schlagring
mi *müz.* e Mi
miço r Schiffsjunge
mide r Magen, **— ağrısı** *(ç.)* Magenschmerzen **— bozukluğu** e Magenverstimmung **— iltihabı** e Gastritis **— si almamak** nicht vertragen können **— si bozulmak** sich den Magen verderben **— si bulanmak** Brechreiz empfinden **— ye oturmak** im Magen stehenbleiben
midilli s Pony
midye e Miesmuschel
miğfer r Helm
mihenk r Prüfstein
mihmandar r Touristenführer
mihnet e Not, s Unglück
mihrace r Maharadscha

mihrak r Brennpunkt *fiz.* r Fokus
mihrap e Gebetsnische
mihver e Achse
mika r Glimmer
mikro mikro
mikrobik mikrobic
mikrobilgisayar r Mikrocomputer
mikrobiyoloji e Mikrobiologie
mikrofilm r Mikrofilm
mikrofon s Mikrophon
mikrop e Mikrobe, r Krankheitserreger
mikroskop s Mikroskop, s Vergrößerungsgerät
mikser r Mixer
miktar e Anzahl, e Menge
mikyas r Maßstab
mil e Achse, e Welle; e Meile
miligram s Miligram
milimetre s, r Millimeter
millet e Nation, s Volk, **— meclisi** e Nationalversammlung
milletlerarası international
milletvekili r Abgeordnete
milli national, **— maç** s Nationalspiel, **— takım** e Nationalmannschaft
millileştirmek nationalisieren
milliyet e Nationalität
milliyetçi r Nationalist
milliyetçilik r Nationalismus
milyar e Milliarde
milyarder r Milliardär (in e)
milyon e Million
milyoner r Millionär (in e)
mimar r Architekt (in e)
mimari e Architektur
mimari architektonisch
mimarlık e Architektur
mimik e Mimik
minare s Minarette
minder r Sitzkissen, e Matratze; e Matte
mine r Schmelz, e Glasur; r Zahnschmelz
mini Mini **— etek** r Minirock
minibüs r Omnibus

minicik winzig
minimum s Minimum, s Mindestmaß
minnet e Erweisung; e Dankesschuld
minnettar dankbar
minnettarlık e Dankbarkeit
minör *müz.* s Moll
minyatür e Miniaturausgabe
miraç e Himmelfahrt
minyon niedlich
miras s Erbe, e Erbshaft
mirasçı r Erbe, e Erbin
mis r Moschus, r Bisam — **gibi** wunderbar
misafir r Gast, **— odası** r Salon **— etmek** jdn. als Gast einnehmen, **— gibi durmak** nicht bequem sitzen
misafirperver gastfreundlich
misal s Beispiel
misil s Gleiche(s); *mat.* s Mehrfache(s)
misilleme e Vergeltung
misket e Murmel, e Kugel
miskin träge, schlafmützig
mistik e Mystick, mystisch
misyon e Mission
misyoner r Missionär
mit r Mythos, e Mythe
miting e Versammlung, e Demonstration **— ci** r Demonstrant **— yapmak** demonstration
mitoloji e Mythologie
mitolojik mytisch
mitralyöz s Maschinengewehr
miyar *kim.* s Reagens
miyavlamak miauen
miyop kurzsichtig
mizaç e Veranlagung, s Temperament
mizah r Humor **— dergisi** e Illustrierte
mizahi humoristisch
mizansen e Inszenierung
mobilya *(ç.)* Möbel
mobilyacı r Möbelhändler
mobilyalı möbliert
moda e Mode, **— sı geçmiş** unmodern, veraltet, **renkler** *(ç.)* Modefarben **—**

düşkünü r Modenarr, r Geck **— olmak** in Mode sein
model s Modell
modern modern
modernleştirmek modernisieren
modülasyon e Modulation
Moğol r Mongole
Moğalistan e Mongolei
mola e Rast, e Pause, **— vermek** rasten, ausruhen
molekül s Molekül
moloz r Schutt; wertlos
moment *fiz.* r Moment
monarşi e Monarchie
monitör r Monitor
monopol s Monopol
monoton monoton, eintönig, ermüdend
monotonluk e Eintönigkeit, e Monotonie
montaj e Montage
monte etmek montieren, aufbauen
mor violett
moral e Verfassung **— i bozuk** deprimiert
morarmak violett werden, blaue Flecken bekommen
morfin s Morphium
morg e Leichenschauhalle
mors e Morse **— alfabesi** e Morsealphabet, **— cihazı** r Morseapparat
mort gestorben, **— u çekmek** sterben
moruk *argo* r Alte
Moskova Moskau
mostra e Muster, e Probe
motel s Motel
motif s Motiv
motive etmek motivieren
motopomp e Motorpompe
motor r Motor; s Motorboot
motorlu motorisiert, **— araç** s Kraftfahrzeug
motosiklet s Motorrad
motosikletçi r Motorradfahrer
mozaik s Mosaik
möble *(ç.)* Möbel

muaf befreit; immun
muafiyet e Befreiung; **e** Immunität
muamele e Behandlung, **s** Verhalten; **r** Verkehr; *(ç.)* Formalitäten — **etmek** behandeln
muammalı rätselhaft
muaşeret r Umgang
muavin r Stellvertreter, **r** Gehilfe
muayene e Untersuchung, **e** Überprüfung
muayenehane ärztliches Untersuchungszimmer
muayyen fest, bestimmt
muazzam groß, riesig
mucibince gemäß, zufolge
mucip r Grund, **s** Motiv — **olmak** veranlassen, verursachen, hervorrufen
mucit r Erfinder
mucize s Wunder
mucizevi wunderbar
muço r Schiffsjunge
muğlak kompliziert, verwickelt
muhabbet e Liebe
muhabbetkuşu r Wellensittich
muhaberat e Korrespondenz
muhabere r Nachrichtenverkehr
muhabir r Korrespondent
muhafaza r Schutz; **e** Aufbewahrung, — **etmek** schützen, bewahren
muhafazakâr konservativ
muhafız e Wärter, **r** Wächter
muhakeme e Gerichtsverhandlung; **e** Überlegung, **e** Erwägung; — **etmek** beurteilen, überlegen; urteilen
muhakkak sicher, gewiß, fest, bestimmt
muhalefet r Widerstand, **e** Opposition, — **etmek** widerstehen; opponieren — **partisi e** Oppositionspartei
muhallebi r Reismehlpudding
muhalif gegnerisch; **r** Gegner
muharebe e Schlacht, — **alanı s** Schlachtfeld
muharip r Frontkämpfer
muharrik beweglich

muhasara e Belagerung, — **etmek** belagern
muhasebe e Abrechnung; **e** Buchführung
muhasebeci r Buchführer, **r** Buchhalter
muhatap angeredet; **r (e)** Angeredete
muhayyile e Phantasie, **s** Einbildungsvermögen
muhbir r Berichterstatter; **r** Spion, **r** Agent
muhit e Umgebung, **r** Kreis
muhrip r Zerstörer
muhtaç bedürftig, angewiesen, — **olmak** bedürfen, brauchen
muhtar autonom, selbständig
muhtariyet e Autonomie
muhtelif gemischt
muhtemel möglich; wahrscheinlich
muhterem verehrt, geschätzt
muhteşem prächtig, prunkvoll
muhteva r Inhalt
muhteviyat r Inhalt
muhtıra s Memorandum, **e** Note
mukabele e Erwiderung; **e** Vergeltung, — **etmek** erwidern, entgegnen; ergelten
mukabil entgegengesetzt; entsprechend, **buna** — dementsprechend, demgegenüber
mukadderat s Schicksal, **s** Geschick
mukaddes heilig
mukaddesat e Heiligtümer
mukavele r Vertrag, **s** Abkommen
mukavelename s Vertragsurkunde
mukavemet r Widerstand, — **etmek** widerstehen; aushalten
mukavva e Pappe, **r** Karton
mukayese r Vergleich — **etmek** vergleichen
muktedir fähig, imstande, — **olmak** können, imstande sein
mum e Kerze, — **ışığı s** Kerzenlicht
mumya e Mumie
mumyalamak mumifizieren

mundar schmutzig
munis sympathisch, nett
muntazam regelmäßig, ordentlich; gleichförmig, *fiz.* gleichmäßig
muntazaman regelmäßig
muntazar erwartet
murakebe e Kontrolle, **— etmek** kontrollieren
murakıp r Kontrolleur, **r** Prüfer
murat s Ziel, **r** Zweck, **e** Absicht
murdar schmutzig
Musa Moses
musahhih r Korrektor
musallat olmak belästigen, stören
Musevi jüdisch; **r** Jude
musibet s Unglück
musiki e Musik
muska r Talisman
musluk r Hahn
muslukçu r Installateur, **r** Klempner
Muson r Monsun
mustarip leidend
muşamba s Linoleum
muşmula e Mispel
muşta r Faustschlag
mut s Glück
mutaassıp fanatisch
mutabakat e Übereinstimmung, **— etmek** übereinstimmen
mutabık einig, **— kalmak** sich einigen
mutat gewohnt, üblich
muteber angesehen; gültig, **— olmak** gelten
mutedil mäßig
mutemet r Vertrauensmann, **r** Bevollmächtigte
mutena sorgfältig
mutfak e Küche
mutlak absolut
mutlaka unbedingt, auf jeden Fall
mutlakiyet r Absolutismus
mutlu glücklich
mutluluk s Glück
mutsuz unglücklich

mutsuzluk e Unglücklichkeit
muvafakat e Übereinstimmung; **e** Zustimmung, **— etmek** zustimmen
muvaffak erfolgreich, **— olmak** gelingen **— olmamak** mißlingen
muvaffakiyet r Erfolg
muvaffakiyetli erfolgreich
muvaffakiyetsiz erfolglos; ungelungen
muvakkat vorläufig, provisorisch, vorübergehend
muvazene s Gleichgewicht
muvazeneli ausgeglichen
muvazenesiz unausgeglichen
muvazzaf aktiv
muz e Banane
muzaffer siegreich
muzır schädlich
muzip r Quälgeist
mübadele r Tausch, **r** Austausch, **— etmek** tauschen, austauschen
mübadeleli abwechselnd
mubalağa e Übertreibung, **— etmek** übertreiben
mübalağalı übertrieben
mübarek gesegnet
mübaşir r Gerichtsdiener
mücadele r Kampf, **e** Auseinandersetzung, **— etmek** kämpfen
mücadeleci r Kämpfer
mücahit r Kämpfer
mücbir zwingend
mücellit r Buchbinder
mücellithane e Buchbinderei
mücerrit r Nichtleiter, **r** Isolator
mücevher s Juwel, **s** Kleinod
mücevherci r Juwelier
müdafaa e Verteidigung, **e** Abwehr, **— etmek** verteidigen
müdafasız unverteidigt
müdafi r Verteidiger
müdahale e Einmischung; **r** Eingriff, **— etmek** sich einmischen, eingreifen
müdavim stetig, beständig
müddet e Zeitspanne, **e** Dauer, **e** Frist

müddetli befristet
müddetsiz unbefristet
müderris r Lehrer; r Professor
müdire e Direktorin
müdür r Direktor, **— yardımcısı** r Direktorstellvertreter, **genel —** r Generaldirektor
müdüriyet e Direktion; s Direktorat
müebbet lebenslänglich
müessese e Institution, e Einrichtung
müeesif bedauerlich
müessir wirksam; *kim.* aktiv
müessis r Gründer, r Begründer
müeyyide e Bekräftigung; e Sanktionierung
müfettiş r Inspektor
müflis zahlungsunfähig bankrott
müfredat r Lehrplan
müfreze e Abteilung
müfrit übertrieben; extrem, radikal
müftü r Mufti
mühendis r Ingenieur
mühim wichtig, bedeutend; bedenklich; erheblich; beachtlich
mühimmat r Kriegsbedarf
mühlet e Frist **— vermek** (Frist) setzen
mühür e Siegel; r Stempel, **— basmak** segelnd, versiegeln; abstempeln
mühürdar r Privatsekretär, r Siegelbewahrer
mühürlemek siegeln, versiegeln; abstempeln
müjde gute Nachricht
mükâfat e Belohnung, r Preis, e Prämie, e Auszeichnung, **— vermek** belohnen, auszeichnen
mükâfatlandırmak belohnen; auszeichnen
mükellef verpflichtet; großartig, prächtig; r Verpflichtete
mükellefiyet e Verpflichtung
mükemmel hervorragend, prima, ausgezeichnet, vorzüglich
mükemmeliyet e Vorzüglichkeit, e Vortrefflichkeit
mükerrer wiederholt, mehrmalig
mülakat e Besprechung, e Unterredung
mülayim gutmütig, mäßig
mülk r Grundbesitz; s Territorium
mülki zivil, administrativ; territorial
mülkiyet r Besitz, s Eigentum, **— zamiri** *dilb.* s Possessivpronomen
mülteci r Emigrant
mümbit fruchtbar
mümessil r Vertreter, r Repräsentant
mümeyyiz r Mitprüfer
mümin gläubig; e Gläubige (r r)
mümkün möglich, **— kılmak** ermöglichen, **— mertebe** möglichst **— se** womöglich
mümtaz hochstehend
münakaşa r Streit, e Debatte, r Wortstreit, e Diskussion, **— etmek** debattieren, diskutieren; streiten
münakaşalı umstritten
münasebet e Beziehung, s Verhältnis, r Verkehr; e Verbindung, r Zusammenhang
münasebetsiz unangebracht; albern, frech, respektlos
münasip geeignet, passend, angemessen
münavebe e Abwechslung
münavebeli abwechselnd
münazara e Diskussion
müneccim r Astrologe
münevver gebildet, aufgeklärt; r Intellektuelle
münhal frei, offen
Münih München
münzevi abgesondert; r Einsiedler
müphem undeutlich, unklar
müptelâ süchtig, befallen
müptezel reichlich; banal
müracaat e Anfrage, e Information **— etmek** sich wenden an; sich bewerben um
mürdümeriği r Zwetschge

mürebbi r Erzieher
mürebbiye e Erzieherin
müreffeh bequem; wohlhabend
mürekkep[1] zusammengesetzt
mürekkep[2] e Tinte, — **hokkası** r Tintenfaβ, — **lekesi** r Tintenfleck
mürettebat e Besatzung
mürettip r Setzer, — **hatası** r Druckfehler
mürettiphane e Setzerei
mürteci r Fortschrittsfeind, r Reaktionär
mürüvvet e Güte; e Freigebigkeit; e Freude
müsaade e Erlaubnis, e Genehmigung, — **etmek** erlauben, genehmigen, gestatten — **nizle!** gestatten Sie!
müsabaka r Wettbewerb, r Wettkampf
müsabık r Wettkämpfer, r Konkurrent
müsademe r Zusammenstoβ, r Zusammenprall, r Stoβ, r Schlag
müsadere e Beschlagnahme, — **etmek** beschlagnahmen
müsait geeignet, günstig
müsamaha e Toleranz, — **göstermek** Toleranz zeigen
müsamahakâr tolerant
müsamere r Unterhaltungsabend
müsavi gleich
müsekkin beruhigend, schmerzstillend; s Beruhigungsmittel, schmerzstillendes Mittel
müshil s Abführmittel
Müslüman r Mohammedaner
Müslümanlık r Islam
müspet positiv
müsrif verschwenderisch
müsriflik e Verschwendung
müstahak verdient, — **olmak** verdienen
müstahdem r, (e) Angestellte
müstahkem befestigt
müstahsil r Produzent, r Erzeuger, r Hersteller
müstahzar s Präparat
müstakbel zukünftig

müstakil unabhängig, selbständig
müstebit despotisch; r Despot
müstehcen unsittlich, obszön
müsterih ruhig, beruhigt — **olmak** sich beruhigen
müstesna ausgenommen
müsvedde s Manuskript
müşahade e Wahrnehmung, e Feststellung, — **etmek** wahrnehmen, feststellen
müşavere e Beratung, e Unterredung, e Besprechung, — **etmek** besprechen
müşavir r Berater
müşerref geehrt
müşfik zärtlich, liebevoll
müşkül schwierig, schwer; heikel; e Schwierigkeit
müşkülat e Schwierigkeit
müşkülpesent anspruchsvoll, wählerisch
müştemilat s Nebengebäude
müşterek gemeinsam, kollektiv
müştereken gemeinsam
müşteri r Kunde; r Gast
mütalaa e Meinung; e Bemerkung; r Kommentar — **etmek** lesen, eingehend prüfen
mütareke r Waffenstillstand
müteahhit r Lieferant
müteakiben gleich danach
müteakip folgend
mütecaviz aggressiv; r Angreifer
müteessif bedauernd, betrübt
müteessir beeinfluβt, beeindruckt; betrübt, traurig, gerührt, — **etmek** beeinflussen, beeindrucken; betrüben, rühren
müteferrik getrennt; verschieden
mütehassıs r Spezialist, r Sachverständige, r Fachmann, r Experte
mütehassis beeindruckt, bewegt
mütekabil wechselseitig, entsprechend
mütekâmli fortgeschritten, vollkommen
mütemadi dauernd

mütemadiyen ununterbrochen, pausenlos, dauernd
mütercim r Übersetzer (in e)
mütereddit unschlüssig
müteselsil aufeinanderfolgend, ununterbrochen — **alacaklılar** *(ç.)* Solidargläubiger, — **borçlular** *(ç.)* Solidarschuldner
müteşebbis unternehmungslustig; r Unternehmer
müteşekkil zusammengesetzt, gebildet, bestehend
müteşekkir dankbar
mütevazi bescheiden
mütevelli r Verwalter
mütevellit hervorgerufen
müthiş verbündet; r Verbündete
müttefik verbündet, alliert; r Verbündeter, r Allierter
müvekkil r Klient (in e)
müvezzi r Verteiler, r Zeitungsverkäufer
müzakere e Besprechung; s Abhören, — **etmek** besprechen
müzayede e Versteigerung
müze s Museum
müzik e Musik
müzikal s Musical
müzikhol s Variéte (Theater)
müziksever r Musikfreund
müzisyen r Musiker
müzmin chronisch; dauernd

N

na hier!, schau!, da
naaş e Leiche, r Leichnam
nabız r Puls, r Pulsschlag, **— ına bakmak** Puls fühlen **— ına göre şerbet vermek** jdm. um den Bart gehen
nacak e Axt, s Beil
naçar genötigt
naçiz bescheiden
nadas s Umpflügen
nadide selten, rar
nadir selten, rar
nadiren selten, rar
nafaka *(ç.)* Unterhaltskosten
nafile vergeblich, unnütz
naftalin s Naphtalin
nağme e Melodie
nahiye r Bezirk, e Region
nahoş unangenehm
nail erreichend, **— olmak** erreichen, erlagen
naip r Stellvertreter; r Rechtsverweser
naiplik e Stellvertretung; e Rechtsverweserschaft
nakarat r Refrain
nakavt r Knockout, **— etmek** knockout schlagen
nakden bar
nakış e Wandmalerei; e Stickerei
nakil r Transport, e Beförderung; Übertragung

nakit s Geld
nakkaş r Wandmaler
naklen in Übertragung
nakletmek transportieren, befördern; übertragen; versetzen; weitererzählen; leiten
nakliyat r Transport, e Überlieferung
nakliye r Transport; e Spedition **— ci** r Transporter r Speditioner
nal s Hufeisen **— ları dikmek** *argo* abkratzen
nalbant r Hufschmied
nalbur r Eisenwarenhändler
nalın r Stelzenschuh
nallamak beschlagen
nam r Name, r Ruf **— kazanmak** berühmt werden **— ına** im Namen **— ı diğer** alias
namağlûp unbesiegt
namahrem fremd
namaz rituelles Gebet **— kılmak** das rituelle Gebet verrichten
name s Schreiben, r Brief
namert feige
namlı berühmt
namlu e Gewehrlauf
namus e Ehre, **— sözü** s Ehrenwort
namuslu ehrlich, anständig
namussuz ehrlos, unanständig **— luk** e Unehere

namüsait ungünstig, ungeeignet
namzet r Kandidat, (in e) r Bewerber
namzetlik e Kandidatur, e Bewerbung
nane e Pfefferminze — **şekeri** s Pfefferminz
nanemolla r Trottel
nanik lange Nase — **yapmak** jmdm. eine lange Nase machen
nankör undankbar
nankörlük e Undankbarkeit
nar r Granatapfel
nara s Geschrei, s Gebrüll, — **atmak** laut schreien
narenciye *(ç.)* Zitrusfrüchte
nargile e Wasserpfeife
narh r Höchstpreis
narin fein, zierlich
narkotik narkotisch, betäubend
narkoz e Narkose, s Betäubungsmittel
nasıl wie, — **olsa** wie dem auch sei — **sınız?** Wie geht es Ihnen?
nasılsa wie dem auch sei
nasır s Hühnerauge
nasihat r Rat, r Ratschlag
nasip r Los, s Geschick, — **olmak** zufeil werden
natüralist r Naturalist
natüralizm r Naturalismus
natürel natürlich
natürmort s Stilleben
navlun *(ç.)* Seefrachtgebühren
naylon s Nylon
naz sich-Bittenlassen — **etmek** sich bitten lassen
nazar r Blick — **boncuğu** blaue Perle — **değmek** (böser Blick) treffen, — **ında** nach seiner Ansicht, — **ıyla bakmak** betrachten, ansehen als.., — **ı dikkat** e Aufmerksamkeit
nazaran nach, gemäß; im Hinblick auf
nazari theoretisch
nazariye e Theorie
nazarlık r Talisman
nazım e Poesie
nazır hinausgehend

nazi r Nazi, **Nazizm** r Nazismus
nazik fein, zart; höflich
nazire r Gegenschlag
nazlanmak sich bitten lassen
nazlı verwöhnt; zart, empfindlich
ne was? — **de olsa** immerhin — **diye?** wozu?, zu welchem Zweck? — **ile?** womit? — **mümkün!** ganz unmöglich! — **me lâzım?** was geht das mich an? — **münasebet!** ganz ausgeschlossen! — **olur ne olmaz!** auf alle Fälle! — **var — yok?** Wie geht's? Wie steht's? — **zaman?** wann?
nebat e Pflanze
nebati pflanzlich
nebülöz r Nebel
nece in welcher Sprache?
neci in welcher Weise tätig
nedamet e Reue
neden r Grund; e Ursache, warum? wieso? weshalb?
nedeniyle aufgrund, auf Grund von
nedensel kausal
nedensellik e Kausalität
nedime e Hofdame
nefer r Soldat
nefes r Atem, r Hauch, — **almak** atmen, — **borusu** e Luftröhre, — **vermek** ausatmen — **darlığı** *(ç.)* Atembeschwerden, — ganz außer Atem, — **tüketmek** sich den Mund fusselig reden, — **i kokmak** aus dem Mund riechen, — **i tutuldu** der Atem stockte ihm
nefessiz atemlos
nefis s Ich
nefis vorzüglich, köstlich, wunderbar
nefret r Abscheu, r Widerwillen, — **etmek** verabscheuen, — **uyandırıcı** ekelhaft, abscheulich
neft s Naphta
negatif negativ; s Negativ
nehir r Fluß, r Strom, — **kolu** r Flußarm, — **yatağı** s Flußbett
nekahet e Genessung

nekes geizig, knauserig
nem e Feuchtigkeit — **li** feucht
nemrut grausam, unbarmherzig
Neptün r Neptün
nere welcher Ort?
nerede wo?
nereden woher?
neredeyse beinah(e), fast; jeden Augenblick
nereli woher stammend?
nereye wohin?
nergis e Ringelblume
nesil e Generation
nesir e Prosa
nesne s Ding, **s** Objekt
nesnel objektiv — **lik e** Sachlichkeit
neşe e Heiterkeit, **e** Fröhlichkeit
neşelenmek in gute Laune kommen, heiter werden
neşeli heiter, froh fröhlich; amüsant
neşesiz verstimmt, unfroh
neşir e Herausgabe, **e** Veröffentlichung; **e** Sendung
neşretmek herausgeben, veröffentlichen; senden
neşriyat e Veröffentlichung, **e** Publikation
neşter e Lanzette
net klar, deutlich; netto; **s** Netz
netekim tatsächlich
netice s Ergebnis, **s** Resultat, **e** Folge; **r** Schluß
neticelendirmek abschließen
neticelenmek enden
neticesiz ergebnislos
nevale r Proviant
nevi e Art
nevroz e Neurose
ney e Rohrflöte
neye wozu? warum? wieso? weshalb?
neyzen r Rohrflötenbläser
nezaket e Feinheit, **e** Zärtlichkeit, **e** Höflichkeit; **r** Ernst
nezaketen aus Höflichkeit

nezaketli höflich
nezaketsiz unhöflich
nezaret e Aufsicht; **s** Ministerium, — **etmek** beaufsichtigen, überwachen
nezih sauber; vornehm, anständig
nezle r Schnupfen — **olmak** Snupfen bekommen
nıkris e Gicht
nışadır r Salmiak
nice wie; viele — **olur?** Wie wird es werden, — — sehr viele
nicel quantitativ
nicelik e Quantität
niçin warum? weshalb? wieso?
nida r Ausruf, — **işareti s** Ausrufezeichen
nifak e Zwietracht, **e** Uneinigkeit
nihai endgültig, entscheidend
nihayet s Ende, **r** Schluß; endlich, schließlich, — **bulmak** enden, zu Ende gehen, — **vermek** beenden, schließen
nihayetlendirmek beenden, schließen
nihayetlenmek enden, aufhören
nihayetsiz endlos, unendlich
nihilist r Nihilist, nihilistisch, verneinend
nihilizm r Nihilismus
Nijerya Nigeria
nikâh e Eheschließung, **e** Trauung — **altına almak** heiraten — **altında** verheiratet — **bağlamak** die Ehe eingehen — **düşmek** gesetzlich erlaubt sein (Heirat) — **kıydırmak** sich trauen lassen, — **kıymak** die Trauung vollziehen
nikâhlı getraut, ehelich
nikâhsız außerehelich
nikel s Nickel
nikelaj e Vernickelung
nikotin s Nikotin
nilüfer e Seerose, **e** Wasserlilie
nimbus e Regenwolke
nimet r Segen
nine e Großmutter
nisan r April

nispet s Verhältnis, e Proportion — **etm. in Beziehung setzen**, vergleichen, — **kabul etmek** vergleichbar sein
nispeten im Verhältnis, relativ, verhältnismäßig
nispi proportional; relativ
nişan s Zeichen, s Merkmal, e Spur, s Mal; e Verlobung; r Orden, s Abzeichen, — **yüzüğü** r Verlobungsring — **etmek** markieren, — **merasimi** e Verlobungsfeier, — **vermek** einen Orden verleihen, — **yapmak** sich verloben, — **ı atmak (bozmak)** die Verlobung auflösen
nişancı r Schütze
nişangâh e Zielscheibe
nişanlanma e Verlobung
nişanlanmak sich Verlobung
nişanlı verlobt; r Verlobte (e in)
nişanlılık e Verlobung
nişasta e Stärke
nitekim wahrhaftig, ja, so
nitel qualitativ
nitelemek beschreiben, charakterisieren, kennzeichnen, qualifizieren
nitelik e Eigenschaft, e Qualität
nitrat s Nitrat
nitrogliserin Nitroglyserin
niyaz s Flehen
niye warum? weshalb? wieso?
niyet e Absicht, — **etmek** beabsichtigen, planen
niyetlenmek beabsichtigen, planen
nizam e Ordnung; e Vorschrift
nizami vorschriftsmäßig
nizamname e Vorschrift
nizamsız ungeordnet, unordentlich
Noel e Weihnachten — **ağacı** r Weihnachtsbaum — **baba** r Weihnachtsmann
nohut e Kichererbse
noksan fehlend, fehlerhaft, mangelhaft, unvollkommen, unvollendet
noksanlık e Unvollständigkeit, e Unvollkommenheit
noksansız vollkommen, tadellos, fehlerfrei
nokta r Punkt
noktalama e Zeichensetzung, e Interpunktion, — **işareti** s Satzzeichen
noktalamak punktieren
noktalı punktiert, — **virgül** r Strichpunkt, s Semikolon
norm e Norm
normal normal
normalleşmek sich normalisieren
normalleştirmek normalisieren
Norveç Norwegen
Norveçli r Norweger (e in)
not e Notiz; e Note, e Zensur; e Anmerkung, e Aufzeichnung, — **almak** sich Notizen, machen; eine Note bekommen, — **defteri** s Notizbuch, — **etmek** notieren, aufschreiben, — **vermek** benoten, zensieren
nota e Note *müz.*; e Note
noter r Notar — **lik** s Notariat
notlandırmak benoten, bewerten, zensieren
nöbet e Wache, e Aufsicht, r Anfall, — **beklemek** Wache stehen, — **tutmak** Aufsicht halten, Wache stehen
nöbetçi r Posten, e Wache, e Schildwache, r Aufseher
nöbetleşe abwechselnd
nörolog r Neurologe, r Nervenarzt (e in)
nöroloji e Neurologie
nötr neutral
nötrleşmek sich neutralisieren
nötrleştirmek neutralisieren
nötron s Neutron
Nuh Noah
numara e Nummer; e Note, e Zensur; r Scherz, r Spaß; r Schwindel, e Lüge — **yapmak** so tun, als ob
numaralamak numerieren
numaralı numeriert
numune s Muster, e Probe, s Abbild

nur s Licht, e Helligkeit
nutuk e Rede, — **atmak** (Rede) halten
nü r Akt, s Aktbild
nüans e Nuance, e Abstufung, e Tönung
nüfus e Bevölkerung, — **cüzdanı** r Personalausweis, — **kütüğü** r Personenstandsregister, — **sayımı** e Volkszählung — **azlığı** geringe Bevölkerungszahl, — **dairesi** s Einwohnermeldeamt, — **a kaydetmek** ins Melderegister eintragen, — **artması** e Bevölkerungszunahme — **azalması** e Bevölkerungsabnahme
nüfuz s Durchdringen; e *kim.* Osmose e Diffusion; r Einfluβ, s Ansehen, — **sahibi** einfluβreich, angesehen, — **yürütmek** sich durchsetzen
nüfuzlu einfluβreich, angesehen
nükleer nuklear, atomar — **enerji** e Kernenergie — **reaktör** r Kernreaktor — **silah** e Atomwaffe, e Kernwaffe
nüksetmek wieder auftreten
nükte r Witz — **yapmak** einen Witz machen
nükteci witzig, geistreich
nümayiş e Demonstration
nüsha s Exemplar; e Ausgabe; e Abschrift, r Abzug, r Abdruck
nüve r Nukleus, r Kern
nüzul *hek.* r Schlaganfall — **inmek** einen Schlagenfall bekommen

O

o er, sie,; jener, jene, jenes; der, die, das dort — **gün** genannter Tag — **gün bugün** seit jener Zeit, seither — **halde** also, demnach, — **saat** jene Stunde, — **sırada** gerade in diesem Augenblick, — **vakit** dann, damals, in diesem Falle
oba s Nomandenzelt
obje r Gegenstand, s Objekt
objektif objektiv; s Objektiv fot.
obua e Oboe
obur gefräßig; r Vielfraß
oburluk e Gefräßigkeit
obüs e Granate
ocak r Herd, r Kamin, e Esse; s Bergwerk; (ayı) r Januar
ocakçı r Schornsteinfeger
oda s Zimmer, e Stube, e Kammel — **hapsi** r Stubenarrest — **müziği** e Kammermusik — **takımı** Mobiliar eines Zimmers
odacı r Bürodiener
odak r Brennpunkt, r Fokus
odun s Holz, s Brennholz
ofis s Alt, s Büro
ofsayt s Abseits
ofset s Offset — **makinası** e Offsetdruckmaschine — **baskı** r Offsetdruck
oğlak r Zicklein, r Steinbock
oğlan r Junge, r Knabe
oğlancı r Päderast

oğul r Sohn
oh ei!, ach! — **çekmek** schadenfroh sein, — **demek** sich ausruhen, — **olsun** das geschieht ihm recht
oha oha! das geht nicht
oje r Nagellack
ok r Pfeil, r Stachel
okaliptüs r Eukalyptus
oklava s Nudelholz
oklu stachelig, — **kirpi** s Stachelschwein
oksijen r Sauerstoff — **tüpü** e Sauerstoff, e Sauerflasche, — **maskesi** r Sauerstoffmask
oksitlemek oxidieren
okşamak streicheln, liebkosen
oktav e Oktave
okul e Schule
okuma s Lesen, — **kitabı** s Lesebuch — **salonu** r Lesesaal
okumak lesen; vorlesen; studieren
okumuş gebildet
okunaklı lesbar, leserlich
okunaksız unlesbar, undeutlich
okur r Leser
okuryazar wer lesen und schreiben kann
okutmak unterrichten; durchnehmen, behandeln
okutman r Lektor
okuyucu r Leser (e in)

okyanus r Ozean
olabilir möglich
olabilirlik e Möglichkeit
olağan üblich, gewöhnlich, normal
olağanüstü außerordentlich, außergewöhnlich
olamaz unmöglich
olanak e Möglichkeit — **lı** möglich
olanaksız unmöglich — **lık** e Unmöglichkeit
olanca das ganze, alles vorhandene
olarak als
olası wahrscheinlich
olasılık e Wahrscheinlichkeit
olay s Geschehnis, s Ereignis, r Vorgang, r Vorfall, r Akt
oldu okey, fertig
oldu bitti vollendete Tatsache
oldukça ziemlich, eigenermaßen
olgu r Vorfall, s Ereignis
olguculuk r Positivismus
olgun reif
olgunlaşmak heranreifen, reif werden
olgunluk e Reife, — **sınavı** e Reifeprüfung
olimpik olympisch
olimpiyat e Olympiade, — **oyunları** e Olympischen Spiele
olmadık ungewöhnlich
olmak sein; werden; geschehen, stattfinden, sich ereignen, sich befinden, entstehen
olup bitmek sich ereignen
olsa olsa höchstens
olmamak ausbleiben
olmamış unreif
olmuş geschehen; reif; wahr
olta e Angel
oluk e Rinne, e Rille, e Nute
olumlu positiv
olumsuz negativ
olumsuzluk *dilb.* e Negation
olur möglich — **olmaz** irgendein
oluş e Entstehung

oluşmak entstehen sich bilden
oluşturmak bilden, schaffen
oluşum e Entstehung
omlet s Omelett
omnibüs r Omnibus
omur r Wirbel
omurga e Wirbelsäule
omurgalılar *(ç.)* Wirbeltiere
omirilik s Rückenmark
omuz e Schulter, e Achsel
omuzluk s Achselstück
on zehn, — **bin** zehn Tausend, — **bir** elf, — **iki** zwölf
ona ihm, ihr
onamak befürworten, genehmigen; bestätigen, anerkennen
onarım e Reparatur
onarmak ausbessern, reparieren; wiedergutmachen
onat ordentlich, sorgfältig
onay e Bestätigung; e Ratifizierung, e ratifikation
onaylamak bestätigen, ratifizieren
onaylı bestätigt
onaysız unbestätigt
onbaşı r Gefreite
onda s Zehntel, — **üç** drei Zehntel — **lık** zehnprozentige Vergütung, e Zehntengabe, dezimal, — **lık kesir** r Dezimalbruch
ondan von ihm, von ihr; davon; deshalb — **sonra** dann — **sonraki** folgend
onikiparmakbağırsağı r Zwölffingerdarm
onlar sie — **a** ihnen
onmak genesen
onu ihn, es, sie
onun sein(e), ihr(e) — **için** seinetwegen, ihretwegen; dafür — **yüzünden** seinetwegen, ihretwegen
onur e Ehre — **lu** würdig, geschatzt
opera e Oper, — **binası** s Opernhaus
operasyon e Operation
operatör r Chirurg

operet e Operette
optik aptisch; e Optik
optimist r Optimist; optimistisch
optimizm r Optimismus
optimum optimum
opus s Opus
ora jener ort, jene Stelle — **da** dort, da — **da burada** hier und da — **daki** dortig — **dan** daher, dorther
orak e Sichel
oralı von jener Gegend — **olmamak** kein Interesse zeigen
oramiral r Generaladmiral
oran s Verhältnis, s Proportion
orangutan r Orang-Utan
oranlamak proportionieren
oranlı proportioniert
oransız unproportioniert
orantı e Proportion
oratoryo s Oratorium
ordino s Indessament
ordonat s Wehrmaterial, s Material, e Versorgung
ordövr s Horst'oevre
ordu e Armee, s Heer
ordubozan e Krampfader
orduevi s Offizierkasino
ordugâh s Zeltlager
org e Orgel
organ s Organ, s Glied
organik organisch
organizasyon e Organisation, e Veranstaltung
organizatör r Organisator
organizma r Organismus
organize organisiert, — **etmek** organisieren
orgazm r Orgasmus
orgeneral r Obergeneral
orijin s Origin, r Ursprung
orijinal s Original; original, originell
orkestra s Orchester
orkide s Orchidee
orkinos r Thunfisch
orman r Wald, r Forst — **cı** r Förster — **cılık** e Forstwirtshaft, e Forstswissenschaft
ormanlık s Waldgebiet
orospu e Dirne, e Hure, e Nutte, — **çocuğu** s Hurenkind
orostopolluk r Schwindel
orsa e Luv — **lamak** luven
orta e Mitte, r Mittelpunkt, e Zentrum; mittelmäβig, — **boy** e Mittelgröβe, s Mittelgewicht — **derece** genügend, — **direk** r Groβmast, — **haf** r Mittelläufer — **işi** e Hausarbeit, — **da** in der Mitte — **dan kaybolmak** auβer Sicht kommen, — **dan kalkmak** verschwinden, — **ya atmak** aufbringen, — **ya dökmek** auskramen
ortaç *dilb.* s Partizip
ortaçağ s Mittelalter
Ortadoğu naher Osten
ortak gemeinsam; r Teilhaber — **Pazar** Gemeinsamer Markt
ortaklaşa gemeinsam
ortaklık e Teilhaberschaft
ortalama r Durchschnitt
ortalamak halbieren; *sp.* zur Mitte geben
ortalık s Mittel, s Medium — **ağardı** der Tag ist angebrochen — **karardı** es ist dunkel geworden — **karıştı** es geht alles drunter und drüber — **ı dağıtmak** alles in Unordnung bringen
ortam s Mittel, s Medium
ortanca e Hortensie
ortaokul e Realschule, e Mittelschule
ortaöğrenim e Gymnasialbildung
Ortodoks orthodox
ortopedi e Orthopädie
oruç s Fasten, — **tutmak** fasten
oryantal orientalisch
Osmanlı osmanisch; r Osmane, — **İmparatorluğu** osmanischer Reich
Osmanlıca s Osmanisch
osurmak furzen
osuruk r Furz

ot s Kraut
otel s Hotel — **ci** r Hotelbesitzer
otlak e Weide — **çı** r Schmarotzer
otlamak grasen, weiden
oto s Auto
otoban r Autobahn
otobiyografi e Autobiographie
otobüs r Autobus, r Omnibus
otokrasi e Autokratie
otokrat r Autokrat
otokritik e Selbstkritik
otomat r Automat
otomatik automatisch
otomobil s Auto, r Wagen
otopark r Parkplatz
otopsi e Autopsie
otorite e Autorität — **r** Autoritär
otostop r Autostopp — **yapmak** per Anhalter fahren
otostopçu r Anhalter, r Autostopper (in e)
otoyol e Autobahn
oturak r Nachttopf
oturaklı solide, stabil
oturma e Wohnung, — **izni** e Aufenthaltserlaubnis — **odası** s Wohnzimmer
oturmak sitzen; sich setzen; wohnen; sich niederschlagen
oturum e Sitzung
otuz dreißig
ova e Ebene

oval oval
ovalamak reiben, zerreiben
ovmak reiben, abreiben
oy e Stimme
oya e Zierspitze
oyalamak beschäftigen; aufhalten
oyalanmak sich beschäftigen
oylamak abstimmen
oylum s Volumen
oyma e Schnitzarbeit — **cı** r Holzschnitzer — **cılık** e Schnitzerei
oymak ausgraben, aushöhlen, ausstechen, ausstanzen
oynak beweglich; geschmeidig; launenhaft; kokett, — **yeri** s Gelenk
oynamak spielen, sich bewegen
oynaşmak miteinander spielen, einen Liebschaft unterhalten
oysa indessen, aber jedoch
oysaki jedoch
oyuk hohl; s Loch
oyun s Spiel; e Vorstellung, s Theaterstück, — **etmek** betrügen, — **kâğıdı** e Spielkarte
oyunbozan r Spielverderber
oyunbozanlık e Spielverderberei
oyuncak s Spielzeug
oyuncakçı r Spielwarenhändler
oyuncu r Spieler; r Schauspieler (in e)
ozan r Dichter
ozon s Ozon

Ö

öbek r Haufen, — — haufenweise
öbür andere, jene, — **dünya** s Jenseits, — **gün** übermorgen, — **hafta** übernächste Woche — **kü** r,e,s andere
öcü böser Mann
öç e Rache, — **almak** sich rächen
öd e Galle, — **kesesi** e Gallenblase — **ü kopmak** zu Tode erschrecken
ödeme e Zahlung
ödemek zahlen, bezahlen, auszahlen
ödemeli per Nachnahme
ödenti r Mitgliedsbeitrag
ödeşmek miteinander abrechnen
ödev e Pflicht, e Aufgabe
ödlek ängstlich, feige
ödül r Preis, e Belohnung, e Auszeichnung — **kazanmak** einen Preis bekommen
ödüllendirmek preisen, loben, auszeichnen
ödüllü preisgekrönt
ödün e Entschädigung, s Zugeständnis, — **vermek** entschädigen, zugestehen
ödünç geliehen, — **almak** borgen, ausleihen, — **vermek** borgen, leihen
ödünlemek zugestehen, entschädigen
öfke r Ärger, r Zorn, e Wut
öfkelendirmek ärgern, erzürnen
öfkelenmek sich ärgern
öfkeli ärgerlich, zornig, wütend

öğe s Element
öğle r Mittag, — **üzeri** gegen Mittag, — **yemeği** s Mittagessen — **den önce** r Vormittag,; am Vormittag, — **den sonra** r Nachmittag; am Nachmittag, — **den sonraları** nachmittags, — **yin** mittags, am Mittag
öğmek loben
öğrenci r Schüler (in e), r Student (in e)
öğrenim s Studium, e Bildung, e Ausbildung
öğrenmek lernen; erfahren; sich erkundigen
öğretici lehrhaft, didaktisch
öğretim r Unterricht, — **yılı** s Schuljahr
öğretmek lehren, beibringen, unterrichten
öğretmen r Lehrer, (in e)
öğün s Gericht, s Mahl
öğünmek stolz sein, prahlen
öğürmek würgen
öğüt r Rat, r Ratschlag, — **vermek** raten
öğütlemek raten
öğütmek mahlen, zermahlen
ökçe e Ferse; r Absatz
ökse r Vogelleim
ökseotu e Mistel
öksürmek husten
öksürük s Husten
öksüz e Waise

öküz r Ochse
ölçek r Maßstab
ölçmek messen, abmessen, ausmessen
ölçü s Maß, — **birimi** e Maßeinheit — **almak** Maß nehmen — **vermek** sich einen Anzug anmessen lassen
ölçülü gemessen, ausgemessen, vermessen; maßvoll
ölçüm e Messung; s Meßergebnis
ölçümlemek messen
ölçüsüz maßlos, unmäßig; zügellos
ölçüsüzlük e Maßlosigkeit
ölçüt s Kriterium
öldürmek töten, umbringen, ermorden, totschlagen, erschießen
öldürücü tödlich
ölgün ermattet, welk
ölmek sterben, umkommen
ölmez unsterblich
ölmüş tot, verstorben, abgestorben
ölü tot; r (e) Tote
ölüm r Tod, — **döşeği** s Sterbebett, s Totenbett, — **tehlikesi** e Lebensgefahr — **kalım savaşı** Kampf auf Leben und Tod
ölümcül todlich
ölümlü sterblich
ölümsüz unsterblich
ömür s Leben — **sürmek** ein angenehmes Leben führen
ön vorder, — **de** voraus, davor, — **ünde** davor, voraus — **plana geçmek** in den Vordergrund treten — **yüz** e Vorderseite, — **e bakmak** zu Boden blicken, — **ümde** vor mir — **üne bak** schau vor dich!
önce zuvor, vorher; zuerst, zunächst
önceden anfangs, zuerst, zunächst
önceki ehemalige, frühere; vorhergehende, vorige
öncel r Vorfahr
önceleri früher, damals
öncelik s Vorangehen, e Priorität
öncü r Vorkämpfer
öncülük e Führerschaft
öndelik r Vorschuß
önder r Führer, r Anführer
önderlik e Führerschaft
önek dilb. e Vorsilbe, s Präfix
önem e Wichtigkeit, e Bedeutung — **vermek** (Bedeutung) beimessen; auf etwas Vert legen
önemli wichtig, bedeutend, erheblich
önemsemek (Bedeutung) beimessen
önemsiz unwichtig, unbedeuten, alleins
öneri r Vorschlag
önerme e Aussage — **k** vorschlagen
öngörmek vorsehen
öngörü e Vorsicht — **lü** vorsichtig
önkol r Unterarm
önlem e Maßnahme, — **almak** Maßnahme(n) treffen
önlemek hüten, verhüten, verhindern, hindern
önleyici hütend, verhütend, prävensiv
önlük e Schürze
önseçim e Vorwahl
önsezi s Vorgefühl
önsöz s Vorwort
önyargı s Vorurteil
öpmek küssen
öpücük r Kuß, s Küßchen
öpüşmek e sich küssen
ördek e Ente
örf r Brauch, e Sitte
örfi idare r Ausnahmezustand
örgen s Organ
örgü s Geflecht, r Strick, — **şişi** e Stricknadel
örgüt e Organisation
örgütçü r Organisator
örgütçülük e Organisationsfähigkeit
örgütlenmek sich organisieren
örme e Strickerei
örmek stricken, flechten
örneğin zum Beispiel, beispielsweise
örnek s Beispiel, s Muster, e Probe — **almak** sich ein Muster annehmen, —

ini almak ein Muster abzeichnen
örnekseme e Analogie
örs r Amboβ
örselemek ruinieren
örtbas etmek vertuschen
örtmek decken, bedecken, zudecken; schlieβen, zumachen
örtü e Decke
örtünmek sich zudecken; sich bedecken; sich hüllen
örümcek e Spinne
öte jenseits, jenseitig, **— de** drüben **— den beri** schon immer
öteberi Verschiedenes
öteki r, e, s andere
ötmek zwitschern; krähen; ertönen
öttürmek pfeifen
övgü s Lob
övmek loben, preisen
övünç r Ruhm
övünmek prahlen
öykü e Geschichte
öykücü r Geschichtenschreiber, **r** Geschichtenerzähler
öykünme e Nachahmung
öykünmek nachahmen
öyle so, derart, solch **— ise** in diesem Falle, wenn es so ist. **— mi?** tatsächlich?, so? **— ya!** natürlich
öylece so
öylesine solch, derart
öz s Ich; **r** Kern, **e** Substanz; echt, rein
özdek e Materie, **r** Stoff
özdekçi r Materialist
özdekçilik r Materialismus
özden herzlich, innig
özdeş identisch
özdeşlik e Identität
özdevinim Automatism
özdeyiş r Leitspruch
özdirenç spezifischer Widerstand

özek s Zentrum, **r** Mittelpunkt
özel privat, **— okul e** Privatschule
özeleştiri e Selbstkritik
özellik e Eigenschaft, **e** Besonderheit
özellikle besonders
özen e Sorgfalt, **e** Acht **— göstermek** sich Mühe geben
özenci r Amateur
özenli sorgfältig
özenmek sorgfalt verwenden; nachnahmen wollen
özensiz oberflächlich
özenti e Neigung, **e** Nachahmung
özerk autonom, selbständig
özerklik e Autonomie, **e** Selbständigkeit
özet e Zusammenfassung
özetlemek zusammenfassen
özge anders, verschieden; fremd
özgeçmiş e Autobiographie
özgü eigen
özgül spezifisch
özgün original
özgür frei
özgürlük e Freiheit
özindükleme e Eigeninduktivität *fiz.*
özlem e Sehnsucht
özlemek sich sehnen
özleyiş e Sehnsucht
özlü markig, voll
özne *dilb.* **s** Subjekt
öznel subjektiv **— lik e** Subjektivität
özsevi e Selbstachtung
özsu r Saft
özümleme e Assimilation
özümlemek assimilieren
özür e Entschuldigung, **— dilemek** sich entschuldigen
özürlü entschuldigt; mangelhaft
özürsüz unentschuldigt
özveri e Opferbereitschaft
özverili opferbereit

P

pabuç r Schuh — **bırakmak** sich einschüchtern lassen — **u dama atılmak** die Rolle ausspielen
paça s Hosebein
paçavra r Lappen, r Lumpen
padişah r Sultan
paha r Wert, r Preis
pahalanmak sich verteuern
pahalı teuer, kostspielig
pahalılaşmak sich verteuern
pahalılık e Teuerung
pak rein, sauber
paket s Paket, — **yapmak** einpacken
paketlemek verpacken, einpacken
Pakistan Pakistan
paklamak säubern, reinigen
pakt s Abkommen, r Vertrag
pala s Krummschwert, r Pallasch
palabıyık mit Schnauzbart
palamut r Bonito
palan r Sattelkissen
palanga r Flaschenzug
palas r Schloß, r Palast
palas pandıras Hals über Kopf
palaska s Koppel
palavra s Palaver, — **atmak** angeben, lügen — **cı** r Angeber
palazlanmak heranwachsen
palet e Palette
palmiye e Palme

palto r Mantel
palyaço r Clown
pamuk e Baumwolle; e Watte
Panama Panama
panayır e Messe
pancar e Rübe, — **şekeri** r Rubenzucker — **kesilmiş** einen roten Kopf bekommen
pandomima e Pantomime
panik e Panik, e Verwirrung
panjur r Rolladen
pano s Spruchband
panorama s Panorama, r Rundblick
pansiyon e Pension, s Fremdenheim
pansuman r Verband
panter r Panther, r Leopard
pantolon e Hose, — **askısı** r Hosenträger
panzehir s Gegengift
panzer r Panzer
papa r Papst
papağan e Papagei
papalık s Papsttum
papara e Brotsuppe; r Tadel
papatya e Kamille
papaz r Geistliche, r Priester, r Pfarrer; r König
papel s Geld
para s Geld, — **çantası** e Brieftasche, — **çekmek** Geld abheben, — **yatırmak**

Geld einzahlen, Geld anlegen, — **basmak** Hartgeld prägen — **bozmak** Geld wechseln — **canlısı** geldhabgierig — **dökmek** viel Geld aufwenden, spottbillig, — **yemek** Geld vergeuden, — **sını vermek** bezahlen
parabol e Parabel
paradi e Parade
paradoks paradox
parafe paraphiert, — **etmek** paraphieren
paragraf s Paragraph; **r** Absatz
paralamak zerreißen
paralel parallel; **e** Parallele
paralı wohlhabend; kostenpflichtig, entgeltlich
paramparça zerfetzt, — **etmek** zerfetzen
parantez e Klammer, — **açmak** Klammer aufmachen, — **kapamak** Klammer zumachen
parasal finanziell
parasız kostenlos, gratis; pleite
paraşüt r Fallschirm
paraşütçü r Fallschirmjäger
paratoner r Blitzableiter
paravana r Wandschirm
parazit r Schmarotzer, **r** Parasit; **r** Krankheitserreger; **s** Nebengeräusch
parça s Stück, **r** Teil; **r** Abschnitt — **mal (ç.)** Stückgüter — **kumaş r** Stoffrest, — — stückweise
parçalamak zerstückeln, zerkleinern, zerreißen, zerbrechen
parçalanmak (in Stücke) brechen; splittern; zerbröckeln
pardon! Verzeihung! Entschuldigung! Pardon!
pardesü r Regenmantel
pare s Stück
parfüm s Parfüm — **eri e** Parfümerie
parıldamak glänzen, leuchten
parıltı r Glanz
park r Park; **s** Parken, — **yapmak** parken

parke s Parkett; **s** Pflaster
parkur e Bahn, **e** Rennstrecke
parlak glänzend, leuchtend
parlamak glänzen, leuchten
parlamenter r Parlamenter
parlamento s Parlament
parmak r Finger; **e** Zehe, — **izi r** Fingerabdruck — **emmek** am Finger lutschen — **hesabı** Rechnen an den Fingern — **ısırmak** staunen, — **kadar** spannenlang, — **kadar çocuk r** Knirps, — **kaldırmak** den Finger heben
parmaklık r Zaun, **s** Gitter
parola e Losung, **s** Schlagwort
pars r Leopard
parsel e Parzelle
parşömen s Pergament
parti e Partie; **e** Partei
partili r Parteimitglied
partisyon e Partitur
partizan r Parteimitglied; **r** Partisar
pas r Rost; **r** Zungenbelag; *sp.* Zuspielen — **vermek** *sp.* weitergeben
pasaj r Durchgang
pasak r Schmutz
pasaklı schmutzig; liederlich
pasaport r Paß, **r** Reisepaß
pasif passiv
paskalya Ostern
paslanmaz nicht rostend, rostfrei
paslanmak verrosten
paso r Freifahrtschein; **r** Schulausweis
paspas e Fußmatte
pasta r Kuchen; **e** Pasta
pastane e Konditorei
pastırma s Dörrfleisch
pastil e Pastille
paşa r Pascha, **r** General
patak (ç.) Prügel
patates e Kartoffel
patavatsız taktlos
paten r Schlittschuh; **r** Rollschuh, — **yapmak** Rollschuh laufen
patent s Patent

patırtı r Lärm, r Krach
patik r Babyschuh
patika r Pfad
patinaj s Eislaufen; s Schleudern
patiska r Linon
patlak geplatzt, — **vermek** ausbrechen
patlama e Explosion
patlamak explodieren, platzen, aufplatzen, knallen
patlayıcı explosiv
patlıcan e Aubergine, e Eierfrucht
patrik r Patriarch
patron r Arbeitgeber; s Schnittmuster
pavyon r Pavillon; s Nachtlokal
pay r Anteil; mat. r Zähler — **etmek** verteilen, — **biçmek** einen Anteil festsetzen, — **etmek** verteilen — **ını almak** seinen Teil abbekommen, **ağzının — ını vermek** antworten
payda mat. r Nenner
paydaş r Teilhaber
paydos r Arbeitsschluß, r Feierabend, — **etmek** Feierabend machen
paye r Rang, e Würde
paylamak rügen, tadeln
paylaşmak verteilen
paytak krummbeinig
pazar r Markt, r Basar; **(günü)** r Sonntag, — **yeri** r Marktplatz
pazarlık s Feilschen, s Verhandeln, — **etmek** feilschen, verhandeln
pazartesi r Montag
pazen r,s Biber
pazı bitk. r Mangold; r Oberarmmuskel
peçe r Schleier
peçete e Serviette
pedagog r Pädagoge
pedagoloji e Pädagogik
pedal s Pedal
peder r Vater
pederşahi patriarchalisch
pedikür e Fußpflege
pehlivan r Ringkämpfer
pejmürde zerlumpt, erbärmlich

pek hart, streng; sehr
pekâlâ gut, schön, in Ordnung
peki gut, schön, in Ordnung
pekiştirmek bestätigen, bekräftigen
pekitmek bestätigen, bekräftigen
pekiyi sehr gut
peklik e Festigkeit; e Verstopfung
pekmez r Traubensaft
peksimet r Zwieback
pelerin e Pelerine
pelesenk r Balsam
pelikan r Pelikan
pelin e Wermutpflanze
pelit e Knoppereiche
pelte e Gallertmasse
peltek lispelnd — **konuşmak** lispeln
pelteklik s Lispeln
pelür r Plüsch
pembe rosa
penaltı r Elfmeter
pencere s Fenster
pençe e Tatze, e Klaue, e Kralle
penguen r Pinguin
penis r Penis
penisilin s Penizillin
pens e Pinzette
perakende im Einzelverkauf — **ci** r Einzelhändler — **cilik** r Einzelhandel, r Kleinhandel
perçem s Haarbüschel
perçin r Niet
perçinlemek nieten, vernieten
perdah e Politur — **lamak** polieren
perde r Vorhang; r Aufzug, r Akt
perdelemek zudecken
perende r Salto, — **atmak** einen Purzelbaum schlagen
pergel r Zirkel
perhiz e Diät, — **yapmak** Diät halten
peri e Fee, r Elf
perişan zerstreut, durcheinander
periyodik periodisch
perma(nant) e Dauerwelle
permi e Erlaubnis, e Genehmigung

peron r Bahnsteig
personel s Personal
perspektif e Perspektive
perşembe r Donnerstag
Peru Peru
peruk(a) e Perücke
pervane r Propeller
pervasız respektlos, unbekümmert
pervaz s Gesims, r Karnies
pes tief — **dedirtmek** niederringen besiegen, — **demek** sich geschlagen geben, — **etmek** aufgeben
pesek r Zahnbelag
pespaye gemein, niederträchtig
pestil dünne Fladen aus Frucht — **ini çıkarmak** zerquestschen
peş r Zwickel — **i sıra** dicht hinterdrein — **ine düşmek** hinter jdm. herlaufen — **ini bırakmak** jdm. in Ruhe lassen
peşin im Voraus, bar, vorher, — **almak** bar kaufen — **cevap** voreilige Antwort, — **hüküm** s Vorurteil, — **söylemek** voraussagen
peşkeş çekmek preisgeben
peşkir s Handtuch
peştamal r Badeschurz
petek e Wabe
petrol s Petroleum, s Erdöl
pey e Anzahlung, — **sürmek** bieten
peyda olmak auftauchen sich zeigen
peyderpey allmählich, Stück für Stück
peygamber r Prophet
peyk r Satellit, r Trabant
peyke e Sitzbank
peynir r Käse
pezevenk r Kuppler
pezevenklik e Kuppelei
pıhtı s Blutgerinnsel
pıhtılaşmak gerinnen
pılı pırtı r Trödel
pınar e Quelle
pırasa r Lauch
pırıldamak leuchten, glänzen strahlen
pırıltı r Schimmer

pırlanta r Brillant
pısırık r Schlappschwanz
piç r Basstard — **kurusu** du Schlingel!
pide s Fladenbrot
pijama r Schlafanzug
pikap r Plattenspieler; r Lieferwagen
pike[1] r Pikee
pike[2] r Sturzflug
piknik s Picknick
pil e Batterie
pilav r Pilau, r Pilaw
piliç s Hühnchen
pilot r Flugzeugführer
pingpong r Tischtennis
pinti knauserig, geizig
pipo e Pfeife
piramit e Pyramide
pire r Floh — **gibi** flink, hurtig — **yi deve yapmak** aus einer Mücke einen Elefanten machen
pirinç bitk. r Reis; s Messing
pirzola s Kotellett
pis schmutzig, unsauber — **kokmak** stinken, widerlich riechen — **koku** r Gestank, — **lakırdı** r Nimmersatt
pisboğaz r Vielfraß
pisi e Scholle
piskopos r Bischof
pislemek beschmutzen
pislenmek schmutzig werden
pisletmek beschmieren, beschmutzen
pislik r Schmutz
pist e Piste, e Rennbahn
piston r Kolben
pişik e Hautentzündung
pişirmek kochen, backen
pişkin gekocht; abgebrüht
pişman bereuend, — **olmak** bereuen
pişmanlık e Reue
pişmek kochen
piyade r Fußgänger; r Bauer
piyango e Lotterie — **bileti** s Lotterielos — **çekilişi** e Ziehung
piyanist r Klavierspieler (e in)

piyano s Klavier, **kuyruklu —** r Flügel
piyasa r Bummel; r Markt **—** etm. promenieren, **— sı yükseldi** die Preise sind angezogen **— da yok** nicht zu bekommen, **— ya çıkarmak** auf den Markt bringen
piyaz e Zwiebelbeilage
piyes s Theaterstück
piyon r Bauer
plaj r Badestrand
plak e Schallplatte
plaka s Schild; s Nummernschild
plan r Plan, r Entwurf **— kurmak** Pläne schmieden
planlamak planen, entwerfen
planlı geplant
planör s Segelflugzeug
planya r Langhobel
plastik r Kunststoff
platform e Plattform
Platin s Platin
plato e Hochebene
plise s Plissee, plissiert
plazma Plasma
poğaça e Mürbteigpastate
pohpohlamak schmeicheln
poker r Poker, **— oynamak** pokern, Poker spielen
pokerci r Pokerspieler (in e)
polarma e Polarisation
polarmak polarisieren
poliçe r Wechsel
polis e Polizei; r Polizist
polisçe polizeilich
politik politisch
politika e Politik
politikacı r Politiker
Polonya Polen
Polonyalı r Pole
pomat e Salbe
pompa e Pumpe
pompalamak pumpen
popo s Gesäß, Popo
popüler volkstümlich, leichtfaßlich, populär
pornografi e Pornographie
porselen s Porzellan
porsiyon e Portion, portionsweise
porsuk r Dachs
portakal e Orange, e Apfelsine
portatif tragbar
Portekiz Portugal
Portekizce portugiessisch
Portekizli r Portugiese
portföy e Brieftasche, s Portefeuille
portmanto r Garderobenständer
portre s Porträt
posa e Trebe, e Trester
posbıyık schnauzbärtig
post s Fell **— elden gitmek** umgebracht, getötet werden **— kavgası** e Jägerei, **— u sermek** keinen Abgang finden
posta e Post, s Postamt, **— havalesi** e Postanweisung, **— kartı** e Postkarte, **— etmek** abführen, wegbringen **— paketi** s Postpaket, **— ücreti** (ç.) Postgebühren **— pulu** (ç.) Briefmarken
postacı r Briefträger
postalamak abführen, wegbringen, abschicken
postane e Post
postrestant Postlagernd
pot e Falte
pota r Schmelzstiegel; r Korb
potansiyel s Potential; potentiell
potasyum s Kalium
potin r Stiefel
poyraz r Nordostwind
poz e Pose, e Haltung; e Zeitaufnahme **— vermek** belichten
pozisyon e Position, e Lage, e Stellung; r Beruf
pozitif positiv, bejahend, zutreffend
pozometre r Belichtungsmesser
pörsük welk
pörsümek zusammenschrumpfen
pösteki s Schaffell
pratik praktisch; e Praxis

pratisyen r Praktischer (e in) — hekim praktischer Arzt
prens r Prinz — **ses** e Prinzessin
prensip s Prinzip, r Grundsatz
prestij e Prestige, s Ansehen
prezervatif s Präservativ
prim e Prämie
priz e Steckdose
problem s Problem — **çözmek** Problem lösen (rechnen)
prodüktör r Erzeuger, r Hersteller
profesör r Professor
profesyonel berufsmäßig, professional
profil s Profil, e Seitenansicht
program s Programm
programlamak programmieren
programlı programmiert
proje r Plan, r Entwurf
projeksiyon e Projektion
projektör r Scheinwerfer
prolog r Prolog (e in)
propaganda e Propaganda — **yapmak** propagieren
protein s Eiweiß
Protestan r Protestant, protestantisch
Protestanlık r Protestantismus
protesto r Protest, r Einspruch — **etmek** protestieren
protokol s Protokoll, e Niederschrift
prova e Probe
provokasyon e Provokation
provokatör r Provokateur

psikanaliz e Psychoanalyse
psikolog r Psychologe (e in)
psikoloji e Psychologie
psikopat r Psychopath
puan r Punkt
puding r Pudding
pudra r Puder
pudraşekeri r Puderzucker
puflamak schnauben, pusten, blasen
puhu(kuşu) r Uhu
pul e Briefmarke; e Schuppe, — **koleksiyonu** e Briefmarkensammlung
pullamak frankieren
pulluk r Pflug
punto r Punkt
puro e Zigarre, s Zigarillo
pus r Nebel — **lu** diesig, trüb(e)
pusu e Lauer, — **kurmak** lauern
pusula r Kompaß; e Notiz
put e Götze — **gibi** stieren Blickes — **kesilmek** zur Mumie erstarren
putperest r Götzendiener
putrel r Balkenträger
püflemek ausblasen
püre s Püree, r Brei
pürüz s Hindernis, e Unannehmlichkeit
pürüzlü rauh, uneben; fehlerhaft
pürüzsüz glatt, eben; fehlerfrei, tadellos
püskül e Franse
püskürmek spritzen
püskürtmek spritzen; zurückwerfen
pütür pütür ganz rauh

R

Rab Gott, **r** Herr
rabıta e Beziehung, **s** Verhältnis/ **r** Zusammenhang
rabıtalı ordentlich; zusammenhängend; anständig
racon r Brauch, **r** Usus, **e** Ordnung
radar s Radar
radde r Grad, **e** Stufe
radikal radikal
radyasyon e Radiation, **e** Ausstrahlung
radyatör r Kühler; **r** Heizkörper
radyo s Radio, **r** Rundfunk; **s** Rundfunkgerät, **— yayını e** Rundfunksendung
rodyaaktif radioaktiv
radyoaktivite e Radioaktivität
radyografi e Radiographie
radyoloji e Radiologie
radyoterapi e Radioterapie
radyum Radium
raf s Regal
rafadan weichgekocht
rafine raffiniert
rafineri e Raffinerie
rağbet s Verlangen, **e** Nachfrage, **— etmek** wünschen, verlangen **— görmek** beliebt sein **— ten düşmek** unbeliebt werden
rağmen trotz, obwohl, obschon
rahat gemütlich, behaglich, bequem, **— etmek** sich ausruhen **— bırakmak** in Ruhe lassen, zufriedenlassen
rahatlamak sich wohler fühlen, Erleichterung verspüren
rahatlık e Ruhe, **e** Bequemlichkeit
rahatsız unbequem, **— etmek** stören, belästigen
rahatsızlanmak erkranken, krank werden
rahibe e Nonne
rahim e Gebärmutter, **r** Uterus
rahip r Mönch, **r** Priester
rahmet e Gnade; **r** Regen
rahmetli verstorben
rakam e Ziffer
raket r Schläger
rakı r Raki, **r** Anisbranntwein
rakibe e Rivalin
rakip r Rivale, **r** Nebenbuhler, **r** Gegner
ramazan r Fastenmonat
rampa e Steigung
randevu e Verabredung **— almak** sich anmelden **— evi** geheimes Bordell
randevulaşmak sich verabreden
randıman e Leistung, **r** Ertrag
randımanlı ertragreich
ranza e Koje
rapor r Bericht, **— etmek** berichten
raptetmek anheften
raptiye e Klammer; **r** Reißnagel
rasat e Beobachtung

rasathane e Sternwarte
rasgele beliebig
rast gelmek glücken; treffen; zufallen
raslamak treffen, begegnen
rastlantı r Zufall
rastık e Augenbrauenschminke
rasyonel rational, wirtschaftlich
rasyonalleştirmek rationalisieren
raunt e Runde
ray s Gleis, e Schiene **— dan çıkmak** entgleisen
rayiç r Kurs
rayiha r Duft
razı zufrieden; einverstanden, eingewilligt, **— olmak** einwilligen, billigen
reaksiyon e Reaktion
reaktör r Reaktor
realist r Realist
realizm r Realismus
reçel e Konfitüre, e Marmalade
reçete s Rezept
reçine s Harz
redaksiyon e Redaktion, e Schriftleitung
reddetmek ablehnen, verweigern
refah r Wohlstand
refakat s Geleit, e Begleitung, **— etmek** begleiten
referandum e Volksstimmung
referans e Referenz, s Zeugnis
refleks r Reflex, e Reizreaktion
reform e Reform, e Umgestaltung
regülatör r Regler
rehavet e Erschlaffung
rehber r Führer
rehberlik e Führung, **— etmek** führen
rehin r Pfand
rehine e Geisel
reis r Vorsitzende, r Chef
reisicumhur r Staatspräsident
reislik s Präsidium, r Vorstand
reji e Regie
rejim e Staatsform, s Regime
rejisör r Regisseur
rekabet e Rivilität, e Konkurrenz, **— etmek** konkurrieren
reklam e Reklame, e Werbung
reklamcılık e Reklamation
rekolte e Ernte, r Ertrag, **— almak** ernten
rekor r Rekord, **— kırmak** einen Rekord brechen
rektör r Rektör
rencide gekränkt, verletzt, **— etmek** kränken, verletzen
rençper r Landarbeiter, r Bauer
rende r Hobel; s Reibeisen
rendelemek hobeln
rengârenk bunt
renk e Farbe **— körlüğü** totale Farbenblindheit, **— —** farbig, bunt **— vermemek** sich etw. nicht anmerken lassen, **— i atmak** verblassen, verschießen
renklendirmek färben
renkli farbig, **— film** r Farbfilm, **— televizyon** s Farbfernsehen
renksiz farblos; blaß, bleich
resepsiyon r Empfang
reseptör r Empfänger
resim s Bild, e Zeichnung, s Lichtbild, s Gemälde, e Aufnahme, s Abbild, **— çekmek** aufnehmen, photographieren, **— yapmak** zeichnen, malen
resimlemek illustieren
resimli illustriert
resmen offiziell
resmetmek zeichnen; beschreiben
resmi offiziell, amtlich, **— yet** e Förmlichkeit; s Offiziellsein
ressam r Maler; r Zeicher
restoran s Restaurant
restore e Restauration, e Wiederherstellung, **— etmek** restaurieren
reşit mündig
ret e Ablehnung, e Verweigerung, e Absage
revaç e Marktgängigkeit
reverans e Reverenz, e Verbeugung
revir s Revire

revizyon e Revision, **e** Nachprüfung
revolver r Revolver, **e** Schußwaffe
revü e Revue
rey e Stimme
reyon e Abteilung
rezalet r Skandal
reze e Angel
rezervasyon e Buchung, **e** Vorbestellung
rezil gemein, niederträchtig — **etmek** blamieren, bloßstellen; in Verruf bringen — **olmak** sich blamieren; bloßgestellt werden
rezillik e Gemeinheit
rezistans r Widerstand
rezonans e Resonanz
rıhtım r Kai
rıza e Einwilligung, — **göstermek** einwilligen
riayet e Rücksichtnahme, **e** Beachtung, — **etmek** berücksichtigen, beachten
rica e Bitte, — **etmek** bitten — **ederim** Bitte!
ricat r Rückzug, — **etmek** sich zurückziehen
rimel e Wimpernschminke
risk s Risiko
ritim r Rhythmus
rivayet s Gerücht
riya e Heuchelei, — **kâr** heuchlerisch
riziko s Risiko, **s** Wagnis — **lu** riskant, gewagt
robot r Roboter
roket e Rakete
rol e Rolle, — **oynamak** eine Rolle spielen
Roma Rom — **lı r** Römer (in **e**)
roman r Roman
romantik romantisch; **e** Romantik
romantizm e Romantik
Romanya Rumänien
romatizma r Rheuma, **r** Rheumatismus
Romen römisch, — **rakamları** römische Zahlen

rota e Route
rozet e Rosette
rölyef r Relief
römork r Anhänger
römorkör r Schlepper
röntgen s Röntgenbild
röportaj e Reportage — **yapmak** interviewen; Bericht erstatten
rötar e Verspätung, — **yapmak** sich verspäten
rövanş e Revanche, — **yapmak** sich revanchieren
rugan r Lack
ruh e Seele, **r** Geist — **hekimliği e** Psychiatrie — **unu teslim etmek** seinen Geist aufgeben, sterben
ruhani seelisch
ruhbilim e Psychologie
ruhbilimsel psychologisch
ruhi seelisch
ruhsal seelisch
ruhsat e Genehmigung, **e** Erlaubnis
ruhsatlı erlaubt, genehmigt
ruhsatsız ungenehmigt
ruhsuz stumpf, träge, energielos
ruj r Lippenstift
rulman s Kugellager
rulo e Rolle
Rum r Grieche
Rumca r Griechisch
Ruman r Rumäne (**e** in); rumänisch
Rumence s Rumänisch
rumuz e Chiffre
Rus r Russe; russisch
Rusça s Russisch
Rusya Rußland
rutubet e Feuchtigkeit
rutubetli feucht
rüküş lächerlich
rüsum (ç.) Gebühren
rüşt e Volljährigkeit, **e** Mündigkeit — **ünü ispat etmek** seine Fähigkeiten beweisen
rüşvet e Bestechung, — **vermek** bes-

stechen
rütbe r Grad, **r** Rang, **e** Stellung

rüya r Traum, — **görmek** träumen
rüzgâr r Wind — **lı** windig — **sız** windstill

S

saadet s Glück
saat e Uhr; e Stunde; r Zähler — **kaç** wie spät ist es? wieviel Uhr ist es? — **kaçta** um wieviel Uhr — **10 da** um 10 Uhr, — **i kurmak** die Uhr aufziehen
saatçi r Uhrmacher
saatlerce stundenlang
sabah r Morgen, r Vormittag; morgens, vormittags — **akşam** zu jeder Tageszeit, — **kahvaltısı** s Frühstück — **olm.** anbrechen, — — ganz früh am Morgen — **a karşı** gegen Morgen
sabahlamak übernachten
sabahları morgens
sabahleyin morgens
sabahlık s Morgenkleid
saban r Pflug, r Holzpflug
sabıka e Vorstrafe — **lı** vorbestraft
sabır e Geduld — **lı** geduldig — **sız** ungeduldig
sabırsızlanmak ungeduldig werden
sabırsızlık e Ungeduld
sabit fest; beständig; *mat.* konstant
sabite e Konstante
sabotaj e Sabotage
sabotajcı r Saboteur
sabote sabotiert, — **etmek** sabotieren
sabretmek sich gedulden
sabun e Seife, — **köpüğü** e Seifenblase
sabunlamak einseifen, abseifen

sabunluk e Seifenschale
sac s Eisenblech
saç s Haar — **bağı** s Haarband, — **boyası** s Haarfärbemittel, — **dibi** r Haarboden, — **örgüsü** r Zopf, — — **a, baş başa** sich in die Haare geraten, — **larını süpürge etmek** aufopferungsvoll arbeiten
saçak e Franse; s Vordach
saçkıran r Haarausfall
saçma r Unsinn; unsinnig; r Schrot — **sapan** unsinnig
saçmak streuen, bestreuen, ausstreuen; verbreiten
saçmalamak dummes Zeug reden, spinnen
sadaka s Almosen, — **istemek** betteln
sadakat e Treue, e Ergebenheit
sadakatli treu
sadakatsizlik e Treulosigkeit, e Untreue
sade einfach, schlicht; nur, bloß
sadeleştirmek vereinfachen
sadet s Thema
sadeyağ e Kochbutter
sadık treu, ergeben
sadist r Sadist, sadistisch
sadizm r Sadismus
sadrazam r Großwesir
saf echt, rein; naiv, einfältig; e Reihe
safa e Freude

saffet e Reinheit
safha e Phase, e Stadium
safi rein, netto
safkan reinrassig; s Vollblut
safra e Galle, **— kesesi** e Gallenblase
safran r Safran
safsata s Sophisma
sağ¹ recht, rechts, **— a** nach rechts **— da** rechts **— dan** von rechts **— dan gidiniz!** rechts gehen! **— dan soldan** von überallher
sağ² lebendig; gesund, heil **— kalmak** am Leben bleiben, **— ol!** danke schön, **— salim** gesund und wohlbehalten
sağaçık r Rechtsauβen
sağanak r Wolkenbruch, **— yağmak** in Strömen gieβen
sağcı r Rechtsorientierte
sağduyu gesunder Menschenverstand
sağır taub
sağlam gesund, kräftig; solide **— a bağlamak** verankern; auf Nummer sicher gehen
sağlama e Probe
sağlamak erfüllen
sağlamlaştırmak befestigen, bekräftigen; sichern
sağlamlık e Festigkeit, e Stabilität; e Gesundheit
sağlık e Gesundheit, s Wohlbefinden **— işleri s** Gesundheitswesen **— olsun!** Hauptsache, du bist gesund! **— raporu s** Gesundheitsattest
sağlıklı gesund
sağlıksız ungesund
sağmak melken
sağmal Milch gebend, **— inek** e Milchkuh, melkende Kuh
sağrı e Kruppe
saha r Bereich; *fiz.* Feld; *sp.* Spielplatz
sahaf r Antiquar
sahan e Metallschüssel
sahanlık r Treppenabsatz
sahi wirklich, echt, wahr **— mi?** wirklich?
sahiden echt; tatsächlich, wahrhaftig

sahil e Küste, s Ufer
sahip r Besitzer, r Eigentümer **— olmak** besitzen
sahne e Bühne; e Szene, r Auftritt, **— ye koymak** inszenieren
sahra e Wüste
sahte falsch, gefälscht
sahtekâr r Fälscher
sair ander
saka r Wasserträger
sakal r Bart **— bırakmak** sich einen Bart stehen lassen, **— lı** bärtig
sakar e Blesse
sakat verkrüppelt; beschädigt; r Fehler, r Mangel
sakatlamak beschädigen; verstümmeln
sakınca r Nachteil **— lı** nachteilhaft
sakıngan vorsichtig
sakınmak sich hüten; schützen
sakız s Harz
sakin ruhig, still
sakinleşmek sich beruhigen
sakinleştirmek beruhigen
saklamak verbergen, aufbewahren, verstecken
saklanmak sich verbergen
saklı aufbewahrt, versteckt
saksafon s Saxophon
saksağan r Elster
saksı r Blumentopf
sal s Floβ
salacak e Totenbahre
salahiyet e Berechtigung, e Zuständigkeit **— li** berechtigt
salak dumm, beschränkt **— lık** e Dummheit **— lık etmek** sich dumm anstellen
salam e Salami
salamura e Salzbrühe
salata r Salat
salatalık e Gurke
salça e Tomatensauce
saldırgan aggressiv
saldırı r Angriff
saldırmak anfallen, angreifen
salgı e Sekretion

salgın epidemisch; e Epidemie, e Seuche
salı r Dienstag
salık e Empfehlung, **— vermek** empfehlen
salıncak e Schaukel
salınım e Oszillation, e Schwingung
salınmak schwingen, oszillieren
salıvermek loslassen, freilassen
salim unversehrt, gesund; einwandfrei
salkım e Dolde
sallamak schaukeln, schütteln, rütteln, schwenken, schwingen
sallanmak sich schwenken, wackeln
sallapati unüberlegt, schludrig
salma r Zipfel
salmak loslassen, freilassen
salmastra e Seising
salon r Saal, e Halle
salpa lose, schlaff
salt absolut; nur, bloä; rein
saltanat e Regierung, e Herrschaft, s Sultant, e Monarchie **— sürmek** regieren
saltık absolut
salvo e Salve
salya r Speichel
salyangoz e Schnecke
saman s Stroh **— altından su yürütmek** insgeheim Ränke schmieden, **— gibi** wie Stroh, geschmacklos, **— rengi** strohgelb, **— sapı** r Strohhalm
samanlık e Scheune
samanyolu e Milchstraße
samimi herzlich, aufrichtig, vertraut
samimiyet e Aufrichtigkeit
samur r Zobel **— kürk** r Zobelpelz
samyeli r Samum
san r Rauf
sana dir, zu dir **— ne?** Was geht es dich?
sanat e Kunst, s Handwerk, **— eseri** s Kunstwerk, **— okulu** e Gewerbeschule, **— sahibi** r Handwerker
sanatçı r Künstler (e in)

sanatkâr r Künstler (e in)
sanatsal künstlerisch
sanayi e Industrie
sanayileşmek sich industrialisieren
sanayileştirmek industrialisieren
sancak e Flagge
sancaktar r Flaggenträger
sancı r Schmerz
sandal den. s Boot, r Kahn; s Sandelholz
sandalye r Stuhl; r Posten
sandık e Kiste, r Kasten
sandviç s Sandwich
sanı r Verdacht, e Vermutung
sanık r Angeklagte
saniye e Sekunde
sanki als ob, als wenn
sanlı bekannt, berühmt
sanmak glauben, meinen, denken
sanrı e Sinnestäuschung
sansar r Marder
sansasyon e Sensation
sansasyonel sensationell
sansür e Zensur **— etmek** zensieren
santim r, s Zentimeter
santimetre s Zentimeter
santra e Mitte
santrafor r Mittelstürmer
santrahaf r Mittelläufer
santral e Zentrale; s Werk
santrifüj zentrifugal; e Zentrifuge
sap r Stengel, r Sitel, r Halm **— ına kadar** hervorragend
sapa abgelegen
sapan r Schleuder
sapasağlam herngesund; völlig unversehrt
sapık abnorm; verrückt
sapıklık e Abart; s Verrücktheit
sapıtmak verrückt werden
saplamak stechen, hineinstechen, hineinbohren
saplantı fixe Idee
sapmak abbiegen, einbiegen; abweichen

sapsarı leichenblaß
saptamak feststellen, festsetzen; anmachen
saptırmak ablenken
sara e Epilepsie
saraç r Sattler
sararmak erblassen, erbleichen
saray s Schloß
sardalye e Sardine
sardunya e Pelargonie
sarf r Verbrauch, e Ausgabe
sarfetmek verbrauchen, ausgeben
sarfınazar etmek verzichten
sarfiyat r Verbrauch; e Ausgaben
sargı e Binde, e Verband
sarhoş betrunken, blau — **etmek** betrunken machen; *mec.* berauschen — **olmak** betrunken werden
sarı gelb; s Gelb
sarık r Turban
sarılı eingewickelt, verbunden
sarılık e Gelbsucht
sarılmak sich winden; sich einhüllen; umarmen
sarımsı gelblich
sarımtırak gelblich
sarışın blond, hellblond
sarih klar, deutlich, ausdrücklich
sarkaç r Pendel
sarkık hängend
sarkıntılık e Belästigung, — **etmek** belästigen
sarkıt s Stalaktit
sarkıtmak hängen
sarkmak hängen, hinunterhängen, herunterhängen; hinauslehnen
sarmak umhüllen; aufwickeln, umwickeln; einschließen; einpacken
sarmaş in der Füg, — **dolaş** umarmig, — **dolaş etmek** sich umarmen, intim befreundet sein
sarmaşık s Efeu
sarmısak r Knoblauch
sarnıç e Zisterne

sarp steil
sarraf r Geldwechsler
sarsak taperig
sarsılmak heben; wunken, schwanken
sarsıntı s Rütteln, s Schütteln; e Erschütterung
sarsmak schütteln, rütteln; erschüttern
sataşmak angreifen; belästigen, störer
sathi oberflächlich
satıcı r Verkäufer (e in)
satıh e Fläche, e Oberfläche
satılık verkäuflich
satılmış verkauft
satın almak kaufen
satır e Reihe, e Zeile, e Linie; s Hackmesser
satırbaşı r Absatz
satış r Verkauf
satmak verkaufen
satranç s Schach, — **tahtası** s Schachbrett, — **turnuvası** s Schachturnier
Satürn r Saturn
sauna e Sauna, s Heißluftbad
sav e These
savana e Savanne
savaş r Krieg; r Kampf
savaşçı r Kämpfer
savaşmak kämpfen
savcı r Staatsanwalt
savmak fortjagen
savruk fahrig, zerstreut
savsak nachlässig
savsaklamak vernachlässigen, absehen
savulmak aus dem Wege gehen
savunma e Verteidigung
savunmak verteidigen, sich verteidigen
savurgan r Verschwendung; verschwenderisch — **lık** e Verschwendung, e Vergeudung
savurmak schleudern; ausstoßen
savuşmak fliehen, sich davonmachen
sayaç r Zähler, r Messer
saydam durchsichtig
sayesinde dank

sayfa e Seite, **— yı çevirmek** umblättern
sayfiye s Landhaus, **r** Sommeraufenthalt
saygı e Achtung, **e** Hochachtung, **e** Rücksichtnahme, **r** Respekt **— göstermek** achten, respektieren
saygıdeğer achtbar, ehrbar
saygılı respektvoll; rücksichtsvoll
saygın ehrenwert
saygısız respektlos; rücksichtslos
saygısızca rücksichtslos; respektlos
saygısızlık e Respektlosigkeit; **e** Rücksichtslosigkeit
sayı e Zahl, **e** Nummer, **e** Anzahl
sayıca zahlenmäßig
sayıklamak beim Schlafen sprechen
sayım e Zählung
sayın geehrt, verehrt
sayısal numerisch, zahlenmäßig
sayısız zahllos
saymak zählen, abzählen, aufzählen; anrechnen, berücksichtigen; achten
sayman r Buchhalter
saymanlık e Buchhaltung
sayrı krank **— lık e** Krankheit
saz s Rohr, **s** Schilf
sazan r Karpfen
seans e Vorführung, **e** Aufführung
sebat e Ausdauer, **e** Beharrlichkeit, **— etmek** beharren **— kâr** beharrlich
sebebiyet e Ursache, **r** Anlaß, **— vermek** verursachen, veranlassen
sebep r Grund, **e** Ursache
sebepsiz grundlos
sebze s Gemüse
seccade r Gebetsteppich
seçenek e Alternative, **e** Entscheidung
seçim e Wahl, **— çevresi r** Wahlkreis
seçkin ausgewählt
seçmek wählen, auswählen
seçmen r Wähler (**e** in)
seçmenlik e Wählerschaft
seda e Stimme
sedef s Perlmutter
sedir e Polsterbank; *bitk.* **e** Zeder
sedye e Tragbahre
sefa e Vergnügen **— geldiniz** herzlich Willkommen **— sürmek** das Leben genießen
sefahat e Ausschweifung
sefalet e Not, **e** Armut, **s** Elend **— çekmek** in Armut und Not Leben
sefaret e Botschaft
sefer e Reise, **e** Fahrt; **s** Mal
seferber mobilisiert, **— etmek** mobilisieren **— lik e** Mobilisation
sefertası e Essenträger
sefil bedauernswert; gemein, nieder
seğirmek zucken
seher e Morgendämmerung
sehpa r Ständer; **r** Dreifuß, **s** Stativ; **r** Galgen
sek herb; **r** Sekt
sekiz acht; **e** Acht
sekmek hüpfen
sekreter r Sekretär (**e** in)
sekreterlik s Sektaraiat
seks s Geschlecht, **r** Sex
seksek Himmel und Höhle
seksen achtzig
seksoloji e Sexualität, **e** Geschlechtlichkeit
seksüel sexuall
sekte r Schlag; **e** Unterbrechung; **e** Behinderung, **— ye uğratmak** unterbrechen
sektör r Sektor
sel r Gießbach
selam r Gruß, **— vermek** grüßen, begrüßen **— etmek** grüßen lassen, **— söylemek** Grüße bestellen, **— ı kesmek** (b.ni) jdn. nicht mehr grüßen
selamet e Sicherheit
selamlamak grüßen, begrüßen
selamlaşmak sich begrüßen
Selanik Saloniki
sele r Fahrradsattel
self r Vorgänger
selektör r Wähler

selfservis selbst-service
selim gesund, rein
seloteyp r Tesafilm
selvi e Zypresse
sema r Himmel
semafor r Semaphor
semaver r Samowar
sembol s Symbol, s Sinnbild
sembolik symbolisch
semender r Salamander
semer r Sattel
semere e Frucht; r Ertrag, r Gewinn — **sini görmek** ernten
seminer s Seminar
semirtmek nähren, kräftigen; mästen
semiz feist, fett, gemästet
semizotu r Portulak
sempati e Sympathie, e Zuneigung — **zan** sympatisierend
sempatik sympathisch, liebenswürdig, angenehm
semt e Gegend
sen du — **ce** nach deiner Ansicht — **de** bei dir — **den** von dir
senaryo s Szenarium; s Drehbuch
senato r Senat
senatör r Senator
sendelemek stolpern; taumeln
sendika e Gewerkschaft
sene s Jahr — **lik** jährlich
Senegal Senegal
senelerce jahrelang
senet r Gutschein — **vermek** Brief und Siegel geben
senfoni e Symphonie
senfonik symphonisch
seni dich
senin deiner, deins
seninki r,e,s Deinige
senlibenli intim, vertraut
sentetik synthetisch
sentez e Synthese
sepet r Korb
sepetlemek fortjagen, verjagen

ser r Kopf, r Haupt, r Führer, r Leiter
seramik e Keramik
serap Fata Morgana
serbest frei, unabhängig, — **bırakmak** freilassen, loslassen — **borsa e** Kulisse, — **bölge e** Freizone, — **döviz** frei Devisen, — **piyasa r** Freihandel
serbestlik e Freiheit, e Unabhängigkeit
serçe r Spatz, r Sperling
serçeparmak der kleine Finger
serdümen r Steuermann
seren e Rahe, e Spiere
serenat e Serenade
sergi e Ausstellung
sergilemek ausstellen
seri e Serie, e Reihe; schnell, geschwind
serilmek sich hinstrecken
serin kühl
serinkanlı kaltblütig
serinkanlılık e Kaltblütigkeit
serinlemek sich erfrischen, sich erquicken
serinletmek erfrischen, erquicken
serinlik e Kühle
serkeş eigensinnig, rebellisch
sermaye s Kapital
sermayedar r Kapitalist
sermek ausbreiten; liegenlassen
serpilmek sich entwickeln
serpinti r Sprühregen
serpiştirmek nieseln; in kleinen Flocken fallen
serpmek streuen, ausstreuen
sersem betäubt; beschränkt
serseri r Vagabund, r Strolch
sert hart; stark, schwer; streng; steif
sertifika s Zeugnis
sertleşmek sich versteifen, sich verhärten
sertleştirmek versteifen, verhärten
sertlik e Härte
serum s Serum
serüven s Abenteuer
serüvenci r abenteurer

servet s Vermögen
servetli reich
servis r Dienst; e Bedienung; r Aufschlag; s Gedeck, **— yapmak** bedienen
serzeniş r Vorwurf, r Tadel
ses e Stimme, r Schall, r Ton, r Laut, r Klang, **— çıkarmak** tönen, klingen, **— hızı** e Schallgeschwindigkeit **— düşmesi** r Ausfall, **— etmek** laut rufen, **— işareti** s Schnallzeichen, **— vermek** antworten, **— ini kısmak** seine Stimme dämpfen **— seda yok** es ist kein Laut zu hören, **— ini kesmek** nicht weiter reden
sesbilgisi e Phonetik
sesbilim e Phonologie
seslendirmek spielen, eine Tonaufnahme machen
seslenmek rufen; erklingen
sesli laut, **— harf** r Vokal
sessiz stumm; still, leise, **— harf** r Konsonant
sessizlik e Ruhe
set r Damm, r Deich, e Sperre; r Satz; r Szenenaufbau; *müz.* Anlage
sevap r Verdienst **— kazanmak** gutes tun, fromme Taten verrichten
sevda e Liebe, e Leidenschaft
sevdalanmak sich verlieben
sevdalı verliebt
sevecen gutherzig, gutmütig
sevecenlik e Gutmütigkeit
seve seve mit Freuden, gerne
sevgi e Liebe
sevgili geliebt, lieb; r (e) Geliebte
sevi e Liebe
sevici e Lesbianerin
sevilen beliebt
sevimli liebswert, sympathisch
sevimsiz unsympathisch
sevinç e Freude
sevinçli froh, fröhlich
sevindirmek erfreuen
sevinmek sich freuen

sevişmek sich lieben
seviye s Niveau, r Rang, e Stufe, r Stand
sevk s Absenden; s Verleiten **— etmek** hinführen; absenden
sevketmek absenden; wegbringen, abführen; bewegen, verleiten
sevkiyat e Sendung, e Transport
sevmek lieben
seve seve mit Freuden, gerne
seyahat e Reise, **— e çıkmak** abreisen **— acentası** e Reiseagentur **— bürosu** s Reisebüro **— çeki** r Reisescheck **— etmek** reisen
seyahatname e Reisebeschreibung
seyir r Verlauf; s Zusehen
seyirci r Zuschauer
seyis r Stallknecht
Seylan Ceylon
seyrek selten, rar; spärlich
seyrekleşmek sich verringern
seyreltmek verringern
seyretmek ansehen, anschauen, zuschauen, betrachten; fahren
seyyah r Reisende, r Tourist
seyyar wandernd, umherziehend, **— satıcı** r Hausierer
sezeryan r Kaiserschnitt
sezgi e Ahnung, s Vorgefühl
sezinlemek ahnen
sezmek ahnen
sezon e Saison
sfenks e Sphynks
sıcak warm, heiß; freundlich, liebevoll; e Wärme, e Hitze **— dalgası** e Hitzewelle, **— a dayanıklı** wärmebeständig, **— ı sıcağına** unverzüglich
sıcakkanlı warmblütig; warmherzig
sıcaklık e Wärme, e Hitze; e Temperatur
sıcaklıkölçer s Thermometer
sıçan e Maus, e Ratte
sıçanotu s Rattengift
sıçmak scheißen
sıçramak springen, hüpfen
sıçratmak bespritzen

sıfat e. Eigenschaft; r Titel; *dilb.* s Adjektiv, s Eigenschaftswort
sıfır null; e Null; s Nichts
sığ seicht
sığa e Kapazität
sığınak r Unterschlupf
sığınmak sich flüchten
sığır s Rind — **eti** s Rindfleisch
sığırcık r Star
sığmak hineinpassen
sıhhat e Gesundheit; e Richtigkeit, e Genauigkeit, e Präzision — **inize** auf ıhr Wohl — **ler olsun** wohl bekomm's
sıhhatli gesund; richtig; genau, exat, präzis
sıhhi hygienisch, gesund
sıhhiye s Gesundheitsamt
sık eng, dicht, — **sık** oft, öfters
sıkı eng; fest; scharf; streng, heftig, — **fıkı** vertraut, intim
sıkıcı langweilig; bedrückend; lästig
sıkılgan schüchter, befangen
sıkılmak sich langweilen; sich genieren
sıkınmak sich anstrengen
sıkıntı e Langeweile; r Drang, e Not — **çekmek** Not leiden, in Not sein
sıkıntılı bedrückend; langweilig
sıkışık zusammengepreßt; bedrängt, knapp; dringend
sıkışmak zusammenrücken
sıkıştırmak zusammenpressen, abdichten, verdichten; einklemmen
sıkıyönetim r Ausnahmezustand
sıklet s Gewicht
sıkmak zusammendrücken, zusammenpressen; auspressen; langweilen, bedrücken; spritzen
sıla Wiederzusammen kommen — **hasreti** s Heimen — **çekmek** sich sehnen
sınai gewerblich, handwerklich
sınamak prüfen
sınav e Prüfung
sınıf e Klasse; s Klassenzimmer — **ta kalmak** sitzenbleiben
sınıflandırmak klassifizieren, gliedern
sınır e Grenze — **dışı etmek** ins Ausland abschieben
sınırlamak begrenzen, beschränken
sınırlandırmak begrenzen
sınırlı begrenzt, beschränkt
sınırsız unbegrenzt, unbeschränkt
sıpa s Eselfüllen
sır s Geheimnis; e Glasur; r Spiegelbelag — **küpü** verschwiegen, — **ortağı** r Mitwisser (in e), — **ra kadem basmak** auf geheimnisvolle Weise verschwinden
sıra e Reihe; e Reihenfolge, — **beklemek** Schlange stehen, — **yla** der Reihe nach — **bizim** wir sind an der Reihe! — **malı** e Ramschware, — **numarası** laufende Nummer, — **sı değil** zeitlich unangebracht, — **sına koymak** ordnen, regeln
sıradağ s Gebirge
sıralamak ordnen; aufstellen
sırça r Bergkristal
sırdaş r Mitwisser (in e)
sırf nur, rein, bloß
sırık e Stange; r Stab, — **la atlama** r Stabsprung
sırılsıklam klatschnaß
sırım r Lederriemen
sırıtmak grinsen, feixen
sırma r Goldfaden, r Silberfaden
sırnaşık aufdringlich
sırnaşmak belästigen
sırsıklam klatschnaß
sırt r Rücken — **üstü** auf dem Rücken liegend — **çevirmek** jdm. den Rücken kehren — **ı yere gelmek** unterliegen — **ından geçinmek** auf jemandes Kosten leben
sırtlan e Hyäne
sıska mager, dürr
sıtma e Malaria
sıtmalı malariakrank

SIVA 453 **SİNEK**

sıva r Verputz, r Mauerbewurf, r Mörtelanwurf — **cı** r Maurer — **lamak** verputzen
sıvalı verputzt
sıvamak verputzen; aufkrempeln
sıvazlamak streichen
sıvı flüssig; e Flüssigkeit
sıvışmak sich davonmachen, fliehen
sıyırmak abschürfen; entfernen; auswischen; abtrennen
sıyrık e Schramme, r Riß
sızdırmak durchlassen
sızı r Schmerz
sızıntı s Rinnsal; s Leck; s Einsickern
sızlamak schmerzen, weh tun; klagen
sızlanmak klagen, sich beschweren
sızmak sickern, rinnen, hindurchdringen; eindringen
sicil s Register, — **e kaydetmek** registrieren
Sicilya Sizilien
sicim e Schnur
sidik r Harn, r Urin, — **torbası** e Harnblase, — **yolu** e Harnröhre
sifon e Rohrleitung
siftah erstes Verkauf an einem Tag
sigara e Zigarette, — **tablası** r Aschenbecher — **içmek** rauchen — **içilmez!** Rauchen verboten!
sigorta e Versicherung; — **olmak** sich versichern, — **cı** r Versicherungsagent — **şirketi** e Versicherungsgesellschaft
sigortalamak versichern
sigortalı versichert; gesichert
siğil e Warze
sihir r Zauber; e Magie
sihirbaz r Zauberer
sihirli verzaubert, bezaubert
sik *kaba* r Schwanz
sikişmek *kaba* ficken
silah e Waffe — **arkadaşı** r Waffengefährte, — **başına** r Alarm — **a sarılmak** zu den Waffen greifen, — **ları bırakmak** militärisch abrüsten, die Waffen niederlegen, — **şör** r Recke, r Ritter
silahhane s Waffenarsenal
silahlandırmak bewaffnen
silahlanma e Bewaffnung; e Rüstung — **yarışı** s Wettrüsten
silahlanmak sich bewaffnen
silahsızlanma e Waffenabrüstung
silecek r Wischer, s Wischtuch
silgi r Radiergummi; s Waschlappen
silindir r Zylinder
silinti e Streichung
silis e Kieselerde
silistre e Pfeife
silkelemek schütteln, ausschütteln
silkinmek abschütteln, sich schütteln
silkmek schütteln, ausschütteln, abschütteln
sille e Ohrfeige
silmek wischen, wegwischen, abwischen, auswichen, putzen, abstreichen
silo r Silo
silsile e Reihe, e Kette
siluet e Silhouette, r Schattenriß
sim e Zeichen; s Signal
sima s Gesicht, s Antlitz
simetri e Symmetrie — **ik** symmetrisch
simge s Symbol
simgesel symbolisch
simit r Brezel
simsar r Makler, r Vermittler
simsiyah rabenschwarz
simya e Alchemie
simyager r Alchimist
sinagog e Synagoge
sincap e Eichhörnchen
sindirim e Verdauung — **bozukluğu** *(ç.)* Verdauungsstörungen
sindirmek verdauen
sine r Busen, e Brust — **ye çekmek** schweigend ertragen
sinek e Fliege; s Kreuz, — **avlamak** faulenzen, sich langweilen — **kaydı traş olmak** sehr sorgfältig rasieren, — **siklet** (Boxen) s Fliegengewicht

sinema s Kino
sini e Kupferplatte
sinir r Nerv, **— savaşı** r Nervenkrieg **— hastası** r Neurotiker **— krizi** r Nervenzusammenbruch, e Nervenkrize **— küpü** s Neverbündel **— sistemi** s Nervensystem **— ine dokunmak** jdm. auf die Nerven gehen
sinirbilim e Neurologie
sinirlenmek sich ärgern
sinirli nervös **— lik** e Nervosität
sinmek sich ducken, sich niederkauern
sinsi heimtückisch, hinterlistig
sinüs r Sinus
sinüzit e Stirnhöhlenvereiterung
sinyal s Signal
sipariş e Bestellung, r Auftrag, **— vermek** bestellen
siper e Deckung, r Schutz
sirayet e Fortpflanzung, e Ausbreitung
sirk r Zirkus
sirke r Essig
sirküler s Rundschreiben
sis r Nebel **— li** neblig
sismograf r Seismograph
sistem s System, e Methode
sistematik systematisch
sistemli systematisch
sistit e Blasenentzündung
site e Siedlungsstadt
sitem r Vorwurf **— li** vorwurfsvoll
sivil zivil; r Bürger
sivilce r Pickel
sivri spitz; scharf **— akıllı** scharfsinnig
sivrilmek spitz(er) werden; sich verjüngen; herausragen, sich hervortun
sivriltmek spitzen
sivrisinek e Stechmücke, r Moskito
siyah schwarz **— ımsı** schwärzlich
siyasal politisch
siyaset e Politik **— çi** r Politiker
siyasi politisch
siyatik e Ischias
siyek e Harnröhre

siz ihr; Sie
size euch, zu euch; Ihnen, zu Ihnen
sizi euch; Sie
sizin euer; Ihr **— ki r,e,s** Eure
skandal r Skandal
slayt e Diapositiv, s Dia
slogan s Schlagwort
smokin e Smoking
soba r Ofen
soda s Soda
sofa e Diele, e Halle
sofra r Tisch, **— başında** am Tisch, **— yı kurmak** den Tisch decken, **— takımı** s Ess-Service, **— yı kaldırmak** den Tisch abräumen
sofu fromm
soğan e Zwiebel
soğuk kalt, kühl, **— algınlığı** e Erkältung **— almak** sich erkälten **— damga** r Präge-Stempel
soğukkanlı kaltblütig
soğukluk e Kälte
soğumak kalt werden; abkühlen
soğurmak saugen, aufsaugen, absorbieren
soğutmak erkälten, abkühlen
soğutucu r Kühler
sohbet e Plauderei, s Gespräch, e Unterhaltung, **— etmek** plaudern, sich unterhalten
sokak e Gasse, **— kapısı** e Haustür **— a düşmek** zur Dirne werden
soket e Sockel
sokmak stecken, hineinstecken, einstecken; eintauchen; hineinlassen, hereinlassen; beißen
sokulgan zutraulich
sokulmak sich einschleichen; sich anschmiegen
sol[1] links; linke Seite **— da sıfır** gänzlich unbedeutender Mensch
sol[2] *müz.* s G; **— anahtarı** r Violinschlüssel
solaçık r Linksaußen

solak linkshändig
solbek linker Verteidiger
solcu r Linksorientierte
solgun bleich, blaß, welk, verwelkt
solhaf linker Läufer
soliç linker Innenstürmer
solist r Solist
sollamak links überholen
solmak erbleichen, verwelken
solo r Solo
solucan r Regenwurm, r Spulwurm
soluk¹ bleich, blaß, welk
soluk² r Atem, r Hauch, — **almak** atmen, — **borusu** e Luftröhre, — **soluğa** keuchend, außer Atem — **vermek** ausatmen
solumak keuchen
solungaç e Kieme
solunum e Atmung
solüsyon e Lösung
som massiv
som (balığı) r Lachs, r Salm
somun e Mutter
somurtkan mürrisch
somurtmak mürrisch dreinschauen
somut konkret
somya e Matratze
son s Ende, r Schluß, r Abschluß; letz, neuest, — **derece** äußerst, überaus, — **vermek** beenden — **a ermek** zu Ende gehen — **unu getirmek** zu Ende führen
sonbahar r Herbst
sonda e Sonde
sondaj e Sondierung, — **yapmak** sondieren
sondalamak sondieren
sonek *dilb.* e Nachsilbe, s Suffix
sonra dann, später, nachher; nach; nachdem
sonsuz unendlich; unermeßlich; endlos — **luk** e Unendlichkeit; e Ewigkeit
sonuç s Ergebnis, Folge; s Resultat — **çıkarmak** entnehmen, schließen, ziehen — **landırmak** beenden — **lanmak** enden mit; beendet werden — **suz** ergebnislos
sonuncu letzt
sopa r Knüppel, r Knüttel, e Stockhiebe, *(ç.)* Prügel — **atmak** verprügeln, prügeln
sorgu s Verhör, e Vernehmung, — **ya çekmek** verhören, vernehmen
sorguç r Federbusch
sormak fragen, befragen, anfragen, nachfragen
soru e Frage, e Anfrage — **işareti** s Fragezeichen — **sormak** eine Frage stellen
sorum e Verantwortung
sorumlu verantwortlich
sorumluluk e Verantwortlichkeit
sorumsuz unverantwortlich
sorumsuzluk e Unverantwortlickeit
sorun s Problem, e Angelegenheit, e Problematik
soruşturma e Untersuchung
soruşturmak herumfragen
sos e Sauce
sosis s Würstchen
sosyal sozial, gesellschaftlich
sosyalist r Sozialist
sosyalizm r Sozialismus
sosyalleştirmek sozialisieren
sosyete e Gesellschaft
sosyolog r Soziologe
sosyoloji e Soziologie
sote gedünstet
Sovyet r Sowjet, — **Rusya** Sowjetrußland — **Sosyalist Cumhuriyetleri Birliği** Union der Sozialistischen Sowjetrepubliken (UdSSR)
soy r Stamm, e Generation, e Herkunft, e Abstammung; e Rasse — **sop** e Abstammung
soyaçekim e Vererbung; e Erbschaft, s Erbe
soyadı r Familienname
soygun r Raub, e Plünderei
soyguncu r Räuber, r Plünderer

soylu adlig
soyluluk r Adel, e Adligkeit
soymak abschälen; entkleiden, ausziehen; ausrauben, ausplündern
soysuz gemein, minderwertig
soysuzlaşmak entarten, ausarten, degenerieren
soytarı r Hanswurst, r Clown
soyunmak sich ausziehen, sich entkleiden
soyut abstrakt
soyutlama e Absonderung, e Isolierung
soyutlamak absondern, isolieren
söğüt e Weide
sökmek herausreißen, wegreißen, auseinandernehmen, abmontieren; lösen, ablösen
sökük s Loch, r Riß
sömestr s Halbjahr
sömürge e Kolonie
sömürgeci r Kolonist
sömürgecilik e Kolonisierung
sömürmek ausbeuten
sömürü e Ausbeutung
söndürmek löschen, auslöchen, ablöschen; ausmachen, abdrehen
sönmek erlöschen, verlöschen, ausgehen
sönük erloschen; matt, farblos
sövgü r Flunch, e Verwünschung
sövmek fluchen, verwünschen
sövüp saymak wie ein Rohrspatz schimpfen (über)
söylemek sagen; bestellen
söylenmek murren
söylenti s Gerücht
söyleşi e Unterhaltung
söyleşmek sich unterhalten, plaudern
söylev e Rede
söz s Wort, — **etmek** reden, sprechen, — **vermek** versprechen, — **ünde durmak** sein Wort halten, — **anlamak** mit sich redenlassen — **aramızda** unter uns gesagt, — **den dönmek** wortbrüchig werden — **birliği e** Verabredung — **geçirmek** sich durchsetzen, — **işitmek** Vorwürfe bekommen — **ü yabana atmak** nicht beachten, — **ün gelişi** gedanklicher Zusammenhang — **ünü kesmek** sich unterbrechen; unterbrechen — **ünü esirgememek** kein Blatt vor den Mund nehmen — **ünü dinletmek** sich durchsetzen
sözcü r Sprecher
sözcük s Wort
sözde angeblich
sözdizimi e Satzlehre
sözgelimi zum Beispiel, beispielsweise
sözgelişi zum Beispiel, belspielsweise
sözleşme s Abkommen
sözleşmek abschließen, abmachen
sözlük s Wörterbuch
spiker r Sprecher
spiral e Spirale
spor r Sport, — **yapmak** Sport treiben
sporcu r Sportler (e in)
sportif sportlich
sportoto s Toto
stadyum s Stadion
staj s Praktikum, — **yapmak** praktizieren
stajyer r Praktikant
standart r Standard, s Maß
statik statistisch
statü s Statut
statüko r Status quo
steno steno
stereo stereo
sterilize steril, — **etmek** sterilisieren
stil r Stil
stok r Vorrat, — **yapmak** aufspeichern
stokçu r Spekulant
stratejik strategisch
stüdyo s Studio, s Atelier
su s Wasser; r Nebenfluß; r Staft, — **aygırı** s Nilpferd, — **baskını** e Überschwemmung, — **birikintisi** e Lache — **çiçeği** Varizellen, (ç.) Windpocken. — **dökmek** Wasser ausgießen; pissen —

gibi fließend, wie aus der Pistole geschossen, — **götürmez** unwiderleglich — **içinde** mindestens, unbedingt — **yüreğine — serpmek** beruhigen, trösten, — **dan ucuz** spottbillig — **yuna gitmek** sich nach jemandes Launen richten, — **yunun — yu** eine Verdünnte Auflage
sual e Frage
sualtı s Unterwasser
subay r Offizier
sucuk e Wurst — **gibi** patschnaß
suç e Schuld, s Vergehen, — **işlemek** eine Schuld begehen, vergehen — **ortağı** r Komplize, r Helfershelfer
suçlamak anklagen
suçlu schuldig; r Täter
suçsuz unschuldig
suçüstü auf frischer Tat
Sudan r Sudan
suflör r Souffleur
suiistimal r Mißbrauch, — **etmek** mißbrauchen, ausnützen
suikast r Attentat
suikastçı r Attentäter
sukut r Fall, r Sturz; r Zusammenbruch, — **u hayal** e Enttäuschung
sulak sumpfig, morastig
sulama e Bewässerung
sulamak bewässern
sulandırmak verdünnen
sulanmak wässerig werden; anzubändeln versuchen
sulh r Frieden, — **hakimi** r Amtsrichter
sultan r Sultan, r Herrscher
sultanlık s Sultanat
sulu wässerig, dünnflüssig
suluboya e Wasserfarbe
sumak r Sumach
sumen e Schreibunterlage
sungur r Falke
suni künstlich, — **ipek** e Kunstseide
sunmak reichen, überreichen, anbieten, bieten

sunturlu wüst, schlimm
sunu s Angebot
sunucu r Sprecher (in e) r Ansager (in e)
supap s Ventil
sur e Stadtmauer
surat s Gesicht, s Antiltz — **asmak** finster dreinschauend — **ı asık** brummig, mürrisch — **ından düşen bin parça** er ist die Brummigkeit in Person
suratsız mürrisch, verdrießlich
suret e Form, e Gestalt; s Abbild, e Kopie, r Abdruck, r Abzug, e Abschrift — **çıkarmak** sich eine Abschrift machen
Suriye Syrien
sus! still! Ruhe! — **payı** s Schweigegeld
susak durstig; r Trinkbecher
susam r Sesam
susamak Durst bekommen
susamuru r Fischotter
suskun schweigsam
susmak schweigen
susta e Stellvorrichtung
susuzluk r Wassermangel
sutaşı e Besatzstickerei
sutopu s Wasserball
sutyen r Büstenhalter
suyolu r Wasserweg, r Kanal
suyosunu e Alge
suyuk e Körperflüssigkeit
sübjektif subjektiv
sükûn e Ruhe, e Stille
sükûnet e Ruhe, e Stille, e Gelassenheit, — **le** ruhig, gelassen
sükût s Schweigen, e Stille
sülale r Stammbaum, e Dynastie
sülfat s Sulfat
sülük r Blutegel
sülün r Fasan
sümbül e Hyazinthe
sümkürmek sich schneuzen
sümsük trottelhaft
sümük r Schleim
sümükdoku e Schleimhaut
sümüklü schleimig

sünepe schlampig, nachlässig
sünger r Schwamm
süngertaşı r Bimsstein
süngü s Bajonett
sünnet e Beschneidung, **— etmek** beschneiden **— düğünü** e Bescheidungsfeier **— çi** r Beschneider
sünnetli beschnitten
sünnetsiz nicht beschnitten
süper sagenhaft, klasse
süpermarket r Supermarkt
süprüntü r Kehricht, r Abfall
süpürge r Besen
süpürmek fegen, auskehren, ausfegen
sürahi e Wasserkaraffe
sürat e Schnelligkeit, e Geschwindigkeit
süratlendirmek beschleunigen
süratlenmek sich beschleunigen
süratli schnell, geschwind
sürçmek straucheln, stolpern; sich versprechen
süre e Frist; e Zeitdauer, e Zeitspanne
süredurum e Beharrung
sürek e Dauer; schnell, rasch **— avı** e Treibjagd
sürekli andauernd; dauerhaft; fortwährend, anhaltend
süreklilik s Kontinuität
süreksiz unstetig; kurze Zeit dauernd; diskontinuierlich
süresince durch, entlang
sürgü r Riegel
sürgülemek zuriegeln, verriegeln
sürgün r Trieb, r Schößling; e Verbannung, **— etmek** verbannen
sürme e Augenliderschminke; r Riegel; e Schublade, **— kapı** e Schiebetür
sürmek schieben, hinschieben, vorschieben, zuschieben; dauern, andauern
sürmelemek abriegeln, verriegeln, zuriegeln
sürmenaj e Überlastung
sürpriz e Überraschung **— yapmak** Überraschung bereiten, jdn. überraschen
sürprizli überraschend
sürrealist r Surrealist
sürrealizm r Surrealismus
sürtmek reiben
sürtük r Herumtreiber (in e)
sürtünme e Reibung
sürtünmek kriechen; berühren
sürü e Herde; e Schar, r Schwarm; e Menge, e Masse **— den ayrılmak** sich von der Herde trennen
sürücü r Fahrer
sürüklemek schleppen, mitschleppen
sürüm r Absatz, e Marktgängigkeit
sürünceme e Verschleppung **— de bırakmak** auf die lange Bank schieben
sürüngen s Reptil, s Kriechtier
sürünmek kriechen
süs r Schmuck, s Zier, e Verzierung
süslemek schmücken, ausschmücken, verzieren
süslenmek sich schmücken
süslü geschmückt, verziert
süspansiyon e Federung
süt e Milch, **— çocuğu** r Säugling **— vermek** stillen, säugen **— dökmüş kedi gibi** kleinlaut **— gibi** schneeweiß, **— kuzusu** Lämmchen, **— tozu** s Milchpulver **— vermek** stillen, säugen **— ten kesilmiş** entwöhnt **— ü bozuk** von schlechtem Charakter
sütana e Amme
sütanne e Amme
sütbeyaz schneeweiß
sütçü r Milchmann
sütdişi r Milchzahn
süthane e Molkerei
sütlaç r Milchreis
sütliman ruhig, still
sütlü Milch enthaltend, mit Milch
sütsüz ohne Milch
sütun e Säule; e Spalte
süvari r Reiter; r Kapitän
süveter r Sweater

Süveyş Suez
süzgeç s Sieb, r Seiher, r Filter
süzgün schmachtend

süzmek sieben, durchsieben, filtrieren; mustern
süzülmek dahinziehen; schweben

Ş

şablon e Schablone
şadırvan r Moscheebrunnen
şad olmak froh und glücklich sein
şafak e Morgendämmerung — **sökmek** es dämmert, der Morgen kommt herauf, — **vakti** früher Morgen
şaft e Welle
şah r Schah; r König
şahadet s Zeugnis, — **etmek** bezeugen
şahadetname s Zeugnis
şahane herrlich, großartig, wunderbar
şahdamarı e Hauptschlagader
şaheser s Meisterwerk
şahıs e Person
şahin r Mäusebussard
şahit r Zeuge
şahitlik e Zeugenschaft, — **etmek** bezeugen
şahlanmak sich aufbäumen
şahsen persönlich
şahsi persönlich — **yet** e Persönlichkeit
şair r Dichter
şairane dichterisch
şaka r Scherz, r Spaß, — **etmek** Spaß machen, scherzen — **bir yana** Scherz beiseite — **etmek** scherzen, — **götürmez** eine ernste Angelegenheit — **dan kaka oldu** aus Scherz ist Ernst geworden, — **maka derken** unmerklich, — **sı yok** hart, ernst, unerbittlich

şakacı r Spaßmacher
şakak e Schläfe
şakalaşmak (miteinander) scherzen
şakımak singen
şakırdamak klirren; klappern
şaklaban r Hanswurst
şaklamak knallen; klatschen
şakrak lustig, fröhlich
şakşak e Narrenpritsche
şal r Schal
şalgam e Steckrübe
şalter r Schalter
şalvar weitgearbeitete Hose
şamandıra e Boje
şamar e Ohrfeige, — **oğlanı** r Prügelknabe
şamata r Lärm, r Krach, s Getöse — **yapmak** lärmen
şamdan r Leuchter
şamfıstığı e Pistazie
şampanya r Champagner
şampiyon r Meister
şampiyona e Meisterschaft
şampuan e Shampoo
şan r Ruhm, r Ruf, e Ehre
şangırdamak klappern, klirren
şanlı ruhmreich
şans s Glück, e Chance — **ı olmak** Glück haben
şanslı glücklich

şanssız unglücklich
şantaj e Erpressung **— yapmak** erpressen
şantajcı r Erpresser (**e** in)
şantiye r Bauhof
şanzıman s Getriebe
şap r Alaun
şapır şapır laut schmatzend
şapırdamak schmatzen
şapka r Hut, e Mütze
şaplamak klatschen, knallen
şapşal abgerissen
şarampol r Schanzpfahl
şarap r Wein
şarapnel s Schrapnell
şarbon r Milzbrand
şarıldamak sprudeln
şarj e Ladung, **— etmek** aufladen
şarjör e Ladevorrichtung
şark r Osten
şarkı r Gesang; s Lied, **— söylemek** singen
şarkıcı r Sänger, (**e** in)
şarküteri s Delikateβgeschäft
şart e Bedingung **— koşmak** eine Bedingung stellen **— name** s Pflichtenheft
şartlı bedingt
şaryo r Schlitten
şasi s Gerüst, s Gestell, s Chassis
şaşakalmak aus allen Wolken fallen, ganz verblüfft sein
şaşı schiel, **— bakmak** schielen
şaşırmak sich wundern, staunen
şaşırtıcı überraschend; verblüffend
şaşırtmak wundern, täuschen
şaşkın verwirrt; erstaunt **— a dönmek** völlig den Kopf verlieren
şaşkınlık s Staunen, Verwirrung
şaşmak sich wundern, staunen
şato s Schloβ
şayan wert, würdig
şayet wenn, falls
şayia s Gerücht
şebboy e Levkoje

şebek r Pavian
şebeke s Netz
şebnem r Tau
şecere r Stammbaum
şef r Führer **— garson** r Ober
şeffaf dürchsichtig
şefkat e Güte, s Mitleid
şefkatli gütig
şeftali r Pfirsich
şehir e Stadt, **— meclisi** r Stadtrat
şehirli r Stadtbauer
şehit r Blutzeuge
şehvani sinnlich, wollüstig
şehvet e Sinnlichkeit, e Wollust
şehvetli sinnlich, lüstern
şehzade r Prinz
şeker r Zucker, **— hastalığı** e Zuckerkrankheit, r Diabetes **— bayramı** s Zuckerfest **— gibi** wunderschön **— im** mein Liebling
şekerkamışı s Zuckerrohr
şekerleme e Zuckerware
şekerli süβ
şekersiz süβlos
şekerpancarı e Zuckerrübe
şekil e Form, e Gestalt; e Figur, e Abbildung
şekilci r Formalist
şekilcilik r Formalismus, e Förmlichkeit
şekilsiz formlos
şeklen der Form nach
şelale r Wasserfall, e Kaskade
şema s Schema
şematik schematisch
şempanze r Schimpanse
şemsiye r Regenschirm, r Sonnenschirm
şen fröhlich, heiter, munter, lustig
şenlendirmek aufmuntern, aufheitern, erfreuen
şenlenmek aufleben
şenlik e Feier, e Festlichkeit
şer s Böse, s Übel
şerbet s Scherbett

şerbetçiotu r Hopfen
şeref e Ehre, e Würde, — e! Prosit! — **tribünü** e Ehrentribüne — **vermek** Ehre machen
şerefe r Umgang (am Minarett)
şereflendirmek ehren
şerefli ehrenvoll
şeriat s Religionsgesetz (islamisches)
şerif r Sheriff
şerit s Band, s Streifen
şevk e List, e Liebe, e Eifer, e Begeisterung — **le** mit Lust un Liebe — **li** eifrig — **lendirmek** ermuntern, ermutigen
şey e Sache, s Ding, e Angelegenheit, r Gegenstand
şeyh r Scheich
şeytan r Teufel, r Satan — **gibi** verschlagen, raffiniert — **kulağına kurşun** unberufen — **tüyü** e Fähigkeit, — **a uymak** sich verführen lassen — **ın ayağını kırmak** einer Versuchung nicht unterliegen
şeytanca teuflisch
şeytanlık e Teufelei
şezlong r Liegestuhl
şık¹ schick, elegant, fein
şık² e Alternative
şıkırdamak klappern, klirren
şıllık e Dirne
şımarık verwöhnt
şımarmak verwöhnt werden; anmaßend auftreten; (Kind) frech werden
şımartmak verwöhnen
şıngırdamak klappern, klirren
şıp diye sofort, sogleich
şıpıdık s Pantoffel
şıpsevdi wer sich schnell verliebt
şıra r Traubenmost
şırfıntı e Dirne, e Hure
şırıldamak rieseln
şırınga e Injektionsspritze
şiddet e Heftigkeit, e Strenge, e Wucht; e Stärke, e Intensität, — **ini artırmak** an Heftigkeit zunehmen

şiddetlenmek sich verstärken, sich verschärfen
şiddetli heftig, streng, scharf; stark, intensiv
şifa e Heilung, e Genesung, — **bulmak** genesen; geheilt werden — **vermek** heilen
şifahi mündlich
şifalı heilsam, bekömmlich
şifre e Chiffre
şifreli chiffriert
şiir s Gedicht
şikayet e Klage, e Beschwerde; r Antrag, — **etmek** sich beklagen, sich beschweren; anklagen
şikâyetçi r Ankläger
şikâyetname e Beschwerdeschrift
şike vorher abgekarteter Scheinkampf (Sport)
şilem r Schlemm
şilep r Frachtdampfer
Şili Chile
şilin r Schilling
şilte e Matratze
şimdi jetzt, sofort, sogleich; gerade, eben — **den** schon jetzt, nunmehr — **den tezi yok** unverzüglich — **lerde** in die heutigen Zeit — **ye kadar** bis jetzt
şimdiki jetzig, aktuell, gegenwärtig, augenblicklich
şimdilik für jetzt
şimendifer e Eisenbahn, r Zug
şimşek r Blitz, — **çakmak** blitzen
şimşir r Buchsbaum
şirin lieb, nett
şirket e Gesellschaft, e Firma
şirret unverträglich, launisch
şirürji e Chirurgie
şirürjik chirurgisch
şist r Schiefer
şiş¹ r Spieß; s Stricknadel
şiş² geschwollen
şişe e Flasche
şişirmek aufblasen; übertreiben

şişkin geschwollen
şişkinlik e Schwellung, e Geschwulst
şişko feist, fett, dick
şişman dick, fett, feist
şişmanlamak dick werden, zunehmen
şişmek anschwellen
şive e Sprechweise, r Stil, e Akzent
şizofreni e Schizophrenie
şofben r Warmwasserbereiter
şoför r Fahrer, r Chauffeur
şok r Schock
şoke schockiert, **— etmek** schockieren
şort (ç.) Shorts
şose e Landstraße
şoset e Herrensocke
şov show
şoven r Chauvinist, r Überpatriot
şovenist r Chauvinist; chauvenistisch
şovenizm r Chauvinismus
şöhret r Ruf, r Ruhm
şöhretli berühmt
şölen s Bankett
şömine r Kamin
şövale e Staffelei
şövalye r Ritter
şöyle so, solch, derart, **— böyle** leidlich **— dursun** geschweige denn **— ki** derart, das heißt
şu jener, jene, jenes **— anda** in diesem Augenblick; momentan **— günlerde** in dieser Zeit **— halde** also **— var ki** aber, jedoch, indessen **— ndan bundan** über alles mögliche **— şekilde** folgendermaßen
şua r Strahl
şubat r Februar
şube e Abteilung, e Sektion
şuh lustig, munter, schelmisch
şule e Flamme
şunlar diese
şûra r Rat
şura dieser Ort, diese Gegend **— m acıyor** hier tut es mir weh
şurada dort, da
şuraya dahin, dorthin; hierhin, hierher
şurayı diesen ort
şurup r Fruchtsaft
şut r Schuß, **— çekmek** schießen
şuur s Bewußtsein
şuurlu bewußt
şuursuz unbewußt, bewußtlos
şükran e Dankbarkeit
şükretmek danken, lobpreisen
şükür r Dank, e Lobpreisung
şüphe r Zweifel; r Verdacht, **— etmek** zweifeln **— götürmez** unbezweifelbar **— yok!** zweifellos, sicherlich **— ye düşmek** zu zweifeln beginnen (an)
şüpheci skeptisch; mißtrauisch
şüphelenmek zweifeln
şüpheli zweifelhaft; verdächtig
şüphesiz gewiß, natürlich

T

ta, dort (Intensitätspartikel) — **eskiden beri** schon seit alter Zeit, — **kendisi** er selbst, — **ki** damit
taahhüt e Übernahme, e Verpflichtung, — **etmek** übernehmen sich verpflichten
taahhütlü eingeschrieben
taahhütname s Verpflichtungsschreiben
taammüden absichtlich
taarruz r Angriff; e Vergewaltigung, — **etmek** angreifen
taassup r Fanatismus
tabak[1] **r** Teller
tabak[2] **r** Gerber
tabaka e Schicht; **e** Klasse; **r** Bogen
taban e Sohle; **r** Sockel; **e** Grundlinie, — — **a zıt** diametrial entgegengesetzt — **tepmek** einen weiten Weg zu Fuß gehen — **a kuvvet** zu Fuß
tabanca e Pistole
tabansız ängstlich, feige
tabanvay zu Fuß
tabela s Schild
tabetmek drucken, auflegen
tabı r Druck, e Auflage
tabi[1] **r** Drucker, **r** Verleger, **r** Herausgeber
tabi[2] abhängig, — **kılmak** unterwerfen — **olmak** abhängig sein von; sich unterwerfen

tabiat e Natur; e Naturanlage, **r** Charakter — **a aykırı** widernatürlich
tabiatüstü übernatürlich
tabii natürlich; selbstverständlich
tabiilik e Natürlichkeit
tabiiyet e Staatsangehörigkeit
tabip r Arzt, (e in)
tabir r Ausdruck; e Deutung — **i caiz ise** wenn man so sagen darf, — **etm.** nennen, bezeichnen
tabla s Tablett; **r** Aschenbecher
tablet e Tablette, e Pastille
tablo s Gemälde
tabur s Bataillon
tabure r Schemel
tabut r Sarg
tabya e Schanze
tacir r Kaufmann
taciz e Belästigung, e Störung — **etmek** belästigen, stören
taç e Krone — **giymek** gekrönt werden
tadım r Geschmack
tadımlık e Kostprobe
tadil e Änderung, e Abänderung, — **etmek** ändern, abändern
tafsilat (ç.) Einzahlungen
tahakkuk e Verifizierung, e Realisierung e Verwirklichung, — **etmek** sich verwirklichen
tahakküm e Gewaltherrschaft

tahammül e Ausdauer, e Geduld, — **etmek** aushalten, ertragen, erdulden
taharet e Reinheit, e Sauberkeit
tahavvül e Wandlung; e Umwandlung
tahayyül e Phantasie, e Illusion, — **etmek** sich einbilden, träumen
tahdit e Begrenzung; e Einschränkung, — **etmek** begrenzen; einschränken
tahıl s Getreide
tahin s Sesamöl
tahkik e Nachforschung, e Untersuchung, — **etmek** nachforschen, untersuchen
tahkikat e Untersuchung
tahkim e Befestigung, — **etmek** befestigen
tahkimat e Befestigung
tahkir s Beschimpfen, e Beleidigung
tahlil e Analyse, — **etmek** analysieren
tahliye s Ausleeren; s Ausräumen; e Freilassung, — **etmek** leeren, ausleeren; ausräumen; freilassen, entlassen
tahmin e Vermutung, e Schätzung, — **etmek** vermuten, schätzen, raten
tahminen schätzungsweise
tahmini ungefähr, annähernd
tahribat e Zerstörungen — **yapmak** Zerstörungen vornehmen
tahrif s Entstellen, e Abänderung, — **etmek** abändern, falschen
tahrik r Antrieb; e Stimulation, — **etmek** in Bewegung setzen, antreiben; erregen, stimulieren
tahrip e Zerstörung, — **etmek** zerstören, ruinieren
tahrir s Schreiben; r. Aufsatz
tahriş e Reizung, — **etmek** reizen
tahsil e Ausbildung; e Einkassierung, — **etmek** einkassieren, — **görmek** studieren
tahsilat *(ç.)* Einzahlungen
tahsildar r Steuereinnehmer
tahsis e Zuweisung, — **etmek** zuteilen, bestimmen, zuweisen

taht r Thron — **a çıkmak (oturmak)** den Thron besteigen, — **tan feragat** r Thronverzicht, — **tan indirmek** entthronen, absetzen
tahta s Brett; s Holz — **çivi** r Holznagel, — **kurdu** r Holzwurm, — **perde** spanische Wand — **sı eksik** nicht ganz bei Trost
tahtakurusu e Wanze
tahterevalli e Brettschaukel, e Wippe
tahvil e Umwandlung, — **etmek** umändern, abändern, umwandeln, verwandeln
tak r Bogen
takaddüm s Vorangehen
takas e Verrechnung
takat e Kraft, e Leistung — **ı kalmamak** keine Kraft mehr haben, — **i kesilmek** ganz erschöpft sein
takatsiz kraftlos, erschöpft
takdim s Vorstellung, — **etmek** vorstellen
takdir e Schätzung, — **etmek** schätzen, abschätzen; würdigen, anerkennen
takdirname s Anerkennungsschreiben
takdis e Heiligung, e Segnen
takı s Schmuckstück; *dilb.* Suffix des Kasus
takılmak hänseln, necken; sich hängen
takım e Mannschaft; s Geschirr, s Besteck; e Gruppe, e Truppe — **taklavat** alles Zubehör, alles Werkzeug und Gerät
takımada r Archipel
takımyıldız s Sternbild
takınmak sich anstecken; annehmen, zeigen
takıntı s Beiwerk, überflüssiges Drum und Dran
takırdamak klappern, knattern
takip e Verfolgung, — **etmek** verfolgen
takke s Käpchen
takla e Rolle, — **atmak** rollen
taklit e Nachahmung, — **etmek** nachah-

takma falsch, unecht, **— ad** s Pseudonym, **— diş** r Stiftzahn, **— göz** s Glasauge **— saç** e Perücke

takmak hängen, aufhängen, anhängen, befestigen; einsetzen; aufsetzen; anlegen, anstecken; montieren **— takıştırmak** fein herausputzen

takmamak keine Rücksicht nehmen

takoz r Holzklotz; r Hemmkeil

takriben ungefähr, etwa

takribi annähernd

takrir r Vortrag, e Darlegung

taksi s Taxi **— tutmak** Taxi nehmen

taksim e Teilung; **— etmek** teilen, einteilen, aufteilen

taksimat e Einteilung

taksimetre s (r) Taximeter

taksirat e Verfehlung, e Unterlassung

taksit e Rate **— le** ratenweise, auf Ratenzahlung **— çilik** s Abzahlungssystem

taktik e Taktik; taktisch

takunya r Stelzenschuh

takvim r Kalender

takviye e Verstärkung, **— etmek** bestärken, verstärken, bekräftigen

talaş (ç.) Späne, (ç.) Abfälle

talebe r Schüler, e Schülerin, r Student, e Studentin

talep s Verlangen, e Forderung, r Anspruch, **— etmek** verlangen, fordern, beanspruchen

tali folgend; sekundär

talih s Glück, s Schicksal

talihli glücklich

talihsiz unglücklich

talihsizlik s Unglück, s Mißgeschick

talim e Übung, **— yapmak** üben

talimat e Anordnung, e Bestimmung, e Anweisung **— vermek** anordnen

talimatname amtliche Bestimmungen

talip r Bewerber

tam ganz, voll; genau, gerade, **— vak**tinde rechtzeitig **— ı — ına** haargenau, **— tertip** vollständig **— pansiyon e** Vollpension **— tersi** gerade umgekehrt

tamah e Gier, e Habsucht

tamahkâr habgierig, gierig

tamam fertig; aus; ganz **— mı?** fertig?, stimmt es?

tamamen vollständig, restlos

tamamiyle gänzlich, restlos, vollständig

tamamlamak vervollständigen, vervollkommen, vollenden; absolvieren

tamim e Verbreitung; e Förderung; e Anweisung, **— etmek** verbreiten; fördern

tamir e Reparatur, e Ausbesserung, **— etmek** reparieren, ausbessern, **— at e** Reparation

tamirci r Reparateur

tamirhane e Reparaturwerkstatt

tamlama e Fügung

tampon r Tampon; r Puffer; e Stoßstange; r Pessar, **— devlet r** Pufferstaat

tamsayı ganze Zahl

tamtakır vollkommen leer

tamu e Hölle

tan e Morgendämmerung **— ağarıyor** es dämmert

tane s Stück; s Korn, **— —** Stück für Stück

tanecik s Körperchen

tanelemek auskörnen

tangır tangır (tungur) hallend, schallend, dumpf dröhnend

tango r Tango

tanıdık r Bekannte

tanık r Zeuge

tanıklık e Zeugenschaft, **— etmek** bezeugen

tanım e Definition

tanımak kennen; erkennen; kennenlernen; anerkennen

tanımlamak beschreiben, darstellen; definieren

tanınmak bekannt werden

tanınmış bekannt, berühmt

tanış r Bekannte
tanışıklık e Bekanntschaft
tanışmak sich kennenlernen
tanıştırmak bekanntmachen, vorstellen
tanıt r Zeuge, s Dokument, r Beweis
tanıtlamak beweisen
tanıtmak bekanntmachen
tanjant r Tangens
tank r Panzer
tanrı r Gott, e Gottheit, r Herr **— dan rahmet dileriz** Gott sei ihm gnädig!
tanrıbilim e Theologie
tanrıça e Göttin
tanrılaştırmak vergöttlichen
tanrısal göttlich
tanrısız gottlos, atheistisch; r Atheist
tanrıcılık r Atheismus, e Gottlosigkeit
tansık s Wunder
tansiyon r Blutdruck; e Spannung **— düşüklüğü** e Hypotonie **— yüksekliği** e Hypertonie **— ölçme aleti** r Blutdruckmesser
tantana r Prunk, e Pracht
tantanalı prunkvoll, prächtig
tanzim e Ordnung; e Ausrichtung, **— etmek** ordnen, regeln; aufstellen; ausrichten
tanzimat (ç.) Reforms
tapa r Stöpsel, r Pfropfen; r Dübel
tapınak r Tempel
tapınmak anbeten, verehren
tapmak anbeten, verehren
tapon minderwertig
tapu r Grundbuchsauszug
taraça e Terasse; e Erdstufe
taraf e Seite, e Richtung; s Gebiet; e Partei, **— ından** seitens
tarafgir parteiisch
tarafsız neutral, unparteiisch
tarafsızlık e Neutralität
taraftar r Anhänger, r Parteigänger
tarak r Kamm; e Klemme; r Harke, e Egge
taraklamak harken; ausbaggern
taralı gekämmt; schraffiert, strichliert
tarama s Exzerpt, r Auszug
taramak kämmen; exzerpieren; harken; schraffieren, strichlieren
taranmak sich kämmen
taraz e Ausfasserung
tarçın r Zimt
tarh s Blumenbeet
tarım e Landwirtschaft
tarımcı r Landwirtschaftler
tarımsal landwirtschaftlich
tarif e Erklärung; e Definition, **— etmek** erklären, beschreiben; definieren
tarife r Tarif; r Fahrplan
tarih e Geschichte; s Datum **— atmak** das Datum hinschreiben
tarihçi r Historiker; r Geschichtslehrer (in e)
tarihi geschichtlich, historisch
tarihli datiert
tarihöncesi e Vorgeschichte, e Prähistorie; vorgeschichtlich, prähistorisch
tarikat r Orden
tarla r Acker, s Feld, **— faresi** e Feldmaus, **— kuşu** e Feldlerche
tartaklamak stoßen, drangsalieren
tartı e Waage; e Erwägung
tartışma e Diskussion, e Auseinandersetzung
tartışmak diskutieren, debattieren
tartmak wiegen, abwiegen, auswiegen; erwägen
tarz e Art, e Form, r Modus, r Weg
tarziye e Enstschuldigung
tas e Schale **— ı tarağı toplamak** sein Bündel schnüren
tasa r Kummer, r Gram, e Sorge, **— etmek** sich sorgen, sich grämen
tasalanmak sich sorgen, sich grämen
tasalı besorgt, **— tasasız** unbesorgt
tasarı r Plan, r Entwurf
tasarım e Vorstellung
tasarlamak planen, entwerfen; beabsichtigen

tasarruf e Verfügungsgewalt, e Einsparung, e Sparsamkeit, — **etmek** verfügen; sparen, einsparen, — **hakkı** s Verfügungsrecht
tasarruflu sparsam
tasavvuf e Mystik
tasavvur e Vorstellung, — **etmek** sich vorstellen; planen, beabsichtigen
tasdik e Bestätigung; e Ratifikation, — **etmek** bestätigen, beglaubigen; ratifizieren
tasdikli bestätigt, beglaubigt; ratifiziert
tasdikname e Bescheinung
tasfiye e Reinigung; e Entlassung; e Beseitigung, — **etmek** reinigen, rafinieren; entlassen; beseitigen
tashih e Berichtigung, e Korrektur, — **etmek** berichtigen, korrigieren, verbessern
taslak r Entwurf, e Skizze, — **yapmak** skizzieren
taslamak sich aufspielen
tasma s Halsband
tasnif e Klassifikation, — **etmek** klassifizieren, gliedern
tastamam ganz und gar, restlos
tasvip e Billigung, e Genehmigung, — **etmek** billigen, genehmigen
tasvir e Beschreibung, e Schilderung, e Darstellung, — **etmek** beschreiben, schildern, darstellen
taş r Stein, — **basması** r Steindruck, — **gibi** steinhart — **bebek** e Puppe — **çatlasa** unbedingt, — **gibi** steinhart — **kesilmek** steinhart werden, — **kömürü** e Steinkohle, — **üstünde** — **bırakmamak** alles dem Erdboden gleichmachen, — **a tutmak** mit Steinwürfen verfolgen
taşak *kaba* e Hode, r Hoden
taşıl e Versteinerung, s Fossil
taşım s Aufwallen
taşımak tragen, bringen, befördern, transportieren
taşınmak umziehen, verziehen
taşıt s Fahrzeug
taşıyıcı r Träger
taşkın übermäßig; begeistert, erregt; frech
taşkınlık e Begeisterung; e Frechheit
taşlama e Satire, e Spottschrift
taşma e Überschwemmung; r Überlauf
taşmak überschwemmen, überfließen, überlaufen
taşra e Provinz
taşralı r Provinzler
taşyürekli hartherzig
tat r Geschmack; r Genuß, r Reiz — **ı tuzu yok** geschmacklos — **ına bakmak** schmecken — **ına varmak** auf den Geschmack kommen — **ında bırakmak** das richtige Maß innehalten, — **ını çıkarmak** in vollen Zügen genießen — **ını kaçırmak** das richtige Maß nicht innehalten
tatarcık e Gnitze, e Pappatacifliege
tatbik e Anwendung, — **etmek** anwenden, durchführen
tatbikat e Anwendung, e Durchführung; e Übung
tatil *(ç.)* Ferien, Urlaub, — **etmek** schließen
tatlandırmak würzen
tatlı süß; angenehm, sympathisch; lieblich, mild, sanft; e Süßspeise — **dil** freundliche Worte — **kaşığı** r Dessertlöffel — **su** s Süßwasser, — — **konuşmak** sich gemütlich unterhalten, — **ya bağlamak** auf gütlichem Wege regeln
tatlılık e Süße; e Süßigkeit; e Lieblichkeit
tatmak kosten, probieren
tatmin e Befriedigung, — **etmek** befriedigen, zufriedenstellen
tatsız geschmacklos; unangenehm
tatsızlık Geschmacklosigkeit; e Unangenehmlichkeit
tav r Wärmegrad; e Feistheit
tava e Pfanne

tavan e Zimmerdecke; r Scheitelpunkt — **arası** e Mansarde
tavır s Verhalten, s Benehmen
taviz s Zugeständnis, — **vermek** zugestehen
tavla¹ r Pferdestall
tavla² s Tricktrack
tavlamak den richtigen Feuchtigkeitsgrad geben; verführen; betrügen
tavsamak einschlafen
tavsiye e Empfehlung, r Rat, — **etmek** empfehlen, raten
tavşan r Hase, — **uykusu** r Halbschlaf — **yürekli** r Hasenfuß
tavuk s Huhn, e Henne, — **kümesi** r Hühnerstall, — **suyu** e Hühnerbrühe
tavukkarası e Nachtblindheit
tavus r Pfau
tay s Fohlen
tayf s Spektrum
tayfa r Matrose
tayfun r Wirbelsturm
tayın e Ration
tayin e Bestimmung, e Festsetzung; e Determinierung; e Ernennung, — **etmek** bestimmen, festsetzen, ausmachen; determinieren; ernennen
tayyör s Kostüm
taze frisch; jung — **biber** e Pfefferschote — **fasulye** grüne Bohnen
tazı r Wildhund
taziye e Kondolation
tazmin s Entschädigen, — **etmek** entschädigen
tazminat e Entschädigung — **vermek** entschädigen, ersetzen
tazyik r Druck; r Zwang, e Bedrückung, — **etmek** bedrängen; bedrücken
teamül e Sitte, r Brauch
teati r Austausch
tebaa r, e Staatsangehörige
tebdil e Veränderung, — **etmek** verändern, wechseln
teberru e Spende, e Schenkung, — **etmek** spenden, schenken
tebessüm s Lächeln, — **etmek** lächeln
tebeşir e Kreide
tebligat e Bekanntmachung, e Anzeige
tebliğ e Bekanntmachung, e Anzeige, — **etmek** bekanntmachen
tebrik r Glückwunsch, e Gratulation, — **etmek** beglückwünschen, gratulieren
tecavüz s Überschreiten; e Maßlosigkeit; r Angriff, r Einfall; r Überfall; e Vergewaltigung, — **etmek** überschreiten; angreifen, einfallen; überfallen; vergewaltigen
tecelli s Phänomen, — **etmek** sich ereignen, sich offenbaren
tecil r Aufschub, — **etmek** aufschieben verschieben
tecrit e Isolierung; e Absonderung, — **etmek** isolieren, absondern
tecrübe r Versuch, e Probe; e Erfahrung, — **etmek** versuchen, probieren, prüfen
tecrübeli erfahren
tecrübesiz unerfahren
teçhiz e Ausrüstung, e Ausstattung — **etmek** ausrüsten ausstatten, versehen
teçhizat e Ausrüstung, e Ausstattung; e Bewaffnung
tedarik e Anschaffung, e Beschaffung, — **etmek** beschaffen, sich anschaffen
tedavi e Behandlung, e Kur, — **etmek** behandeln, kurieren, heilen
tedavül r Verkehr, e Währung — **e çıkarmak** in Umlauf setzen, ausgeben
tedbir e Maßnahme, e Maßregel, — **almak** Maßnahmen treffen
tedbirli umsichtig, vorsorglich
tedbirsiz unvorsichtig — **sizlik** e Unvorsichtigkeit
tedhiş r Terror
tedhişçi r Terrorist
tedhişçilik r Terror, e Terrorisierung
tedirgin beunruhigt, erschreckt, — **etmek** beunruhigen

tediye e Zahlung, e Bezahlung, — **etmek** zahlen, auszahlen, bezahlen
tedricen stufenweise, allmählich
tedrisat r Unterricht
teessüf s Bedauern
teessür r Schmerz, s Betrübnis
tef s Tamburin
tefeci r Wucherer
tefecilik r Wucher
tefekkür s Nachdenken, — **etmek** denken, nachdenken, überlegen
teferruat e Einzelheiten
tefsir r Kommentar; e Deutung, — **etmek** deuten; kommentieren
teftiş e Inspektion, — **etmek** besichtigen, inspizieren
teğet e Tangente
teğmen r Leutnant
tehdit e Drohung, e Bedrohung, — **etmek** drohen, bedrohen
tehir r Aufschub, e Verschiebung, — **etmek** aufschieben, verschieben, zurückstellen
tehlike e Gefahr, — **işareti** s Notsignal, — **ye koymak** gefährden — **hali** r Notfall, — **de** in Gefahr — **ye atmak** riskieren, aufs Spiel setzen, — **ye atılmak** sich einer Gefahr aussetzen, — **ye düşmek** gefährdet werden — **ye sokmak** in Gefahr bringen
tehlikeli gefährlich
tehlikesiz ungefährlich, gefahrlos
tek einzeln; einzig; ungerade — **başına** alleine — **taraflı** einseitig — **yataklı oda** s Einbettzimmer — **tük** spärlich; vereinzelt
tekaüt e Pensionierung, — **etmek** pensionieren,— **olmak** pensioniert werden
tekdir r Verweis, r Tadel, — **etmek** tadeln
tekdüze monoton, eintönig
teke r Ziegenbock
tekel s Monopol
teker s Rad

tekerlek s Rad
tekerleme witzige Erwiderung, dichterischer Wettbewerb
tekerlemek rollen, herausplatzen
tekerlenmek rollen, abkratzen
tekeşlilik e Monogamie
tekil singulär; r Singular
tekin menschenleer
tekir grauschwarz; r Irbis
tekke s Kloster
teklif r Vorschlag; s Angebot; r Antrag, — **etmek** vorschlagen; anbieten; beantragen
teklifli förmlich, konventionell
teklifsiz ungezwungen; ungeniert
tekme r Fußtritt, — **atmak** treten
tekmelemek treten
tekmil r Abschluß, e Vollendung; all, sämtlich, ganz, volständig
tekne r Trog, e Mulde; e Schiffsrumpf
teknik e Technik; technisch — **okul** s Technikum — **terim** e Fachbezeichnung
tekniker r Techniker
teknisyen r Techniker
teknoloji e Technologie
tekrar e Wiederholung, — **etmek** wiederholen
tekrarlamak wiederholen
tekrarlanmak sich wiederholen
teksif s Verdichten, — **etmek** verdichten, konzentrieren
teksir e Vervielfältigung, e Pause, — **etmek** vervielfältigen, pausen — **makinası** r Vervielfältigungsapparat, — **kâğıdı** s Durchschlagpapier
tekstil (ç.) Textilien
tektanrıcı r Monotheist
tektanrıcılık r Monotheismus
tekzip r Vorwurf, — **etmek** dementieren
tel r Draht; e Saite; s Kabel — **şehriye** (ç.) Fadennudeln
tela e Roßhaareinlage
telaffuz e Aussprache, — **etmek** aus-

telafi e Ausgleichung, — **etmek** nachholen, ausgleichen, ersetzen

telakki e Annahme; e Auffassung, e Anschauug, — **etmek** annehmen; auffassen, ansehen, betrachten

telaş e Hast, e Aufregung, — **etmek** in Aufregung geraten — **a vermek** beunruhigen — **lanmak** sich beunruhigen; in Aufregung geraten, — **lı** bestärzt, aufgeregt — **sız** ruhig

telef r Verlust; e Verschwendung — **etmek** vernichten, zerstören — **olmak** zugrunde gehen

teleferik e Seilbahn

telefon r Fernsprecher, s Telefon, — **etmek** telefonieren, anrufen, — **kulübesi** e Fernsprechzelle — **rehberi** s Telefonbuch

telekomünikasyon e Fernverbindung

teleks s Telex, s Fernschreiben

telem e Furche, e Rille, e Falte

telemetre r Entfernungsmesser

teleobjektif s Teleobjektiv

telepati e Telepathie

teleskop s Fernrohr, s Teleskop

televizör r Fernsehapparat

televizyon s Fernsehen, **renkli** — s Farbfernsehen — **izlemek** fernsehen

telgraf e Telegraphie; s Telegramm, — **çekmek** telegraphieren

telif r Ausgleich; e Abfassung, — **hakkı** s Urheberrecht

telkin e Suggestion; s Einprägen, — **etmek** suggerieren; einprägen

tellak r Badediener

tellendirmek schmauchen, gemütlich rauchen

telsiz drahtlos, — **ci** r Funker

telve r Kaffeesatz

temas e Berührung, — **etmek** sich berühren, berühren

temaşa e Betrachtung

tembellik e Faulheit, e Trägheit — **etmek** faulenzen

tembih r Reiz, r Antrieb, — **etmek** anregen, stimulieren

temel s Fundament; e Grundlage, — **atmak** den Grundstein legen — **direk** r Stützpfeiler, — **tutmak** sich festsetzen, — **inden** von Grund auf — **düşünce** r Hauptgedanke, — **taşı** r Grundstein, — **den** von Grund auf

temelli fundiert; ständig

temelsiz unbegründet

temenni r Wunsch, — **etmek** wünschen

temin e Versicherung, e Beteuerung, — **etmek** beteuern, versichern

teminat e Garantie, — **lı** garantiert, verbürgt

temiz sauber, rein, — **e çekmek** ins Reine schreiben, — **e çıkarmak** sich entlasten, — **pak** sauber und anständig

temizlemek säubern, reinigen, putzen, abwischen; beseitigen

temizlik e Sauberkeit, — **işçisi** r Straβ — **çi kadın** e Putzfrau

temkin e Besonnenheit, r Ernst

temkinli besonnen, ernst

temmuz r Juli

tempo s Tempo; e Geschwindigkeit

temsil e Repräsentation; e Aufführung; s Theaterstück — **etmek** repräsentieren, vertreten; aufführen

temsilci r Vertreter

temyiz huk. Berufung, e Revision

ten r Körper, r Leib

tencere r Kochtopf, s Geschirr

teneffüs e Atmung **(nefes)**, e Pause **(okul)** — **etmek** atmen

teneke e Leichenwaschung

tenezzül s Fallen, **etmek** fallen sich verringern

tenha einsam, öde, nicht voll

tenis s Tennis

tenkit e Kritik, — **etmek** kritisieren

tenkitçi r Kriter

tente s Sonnendach

tentür e Tinktur

tentürdiyot e Jodtinktur
tenya r Bandwurm
tenzil e Herabsetzung
tenzilat r Rabatt, e Ermäßigung — **yapmak** (Preis) nachlassen
tenzilatlı ermäßigt, herabgesetzt
teorem r Satz
teori e Theorie
teorik theoretisch
teorisyen r Theoretiker
tepe r Gipfel; r Wipfel; r Hügel; e Spitze, r Scheitelpunkt, — **taklak** kopfüber — **den bakmak** mit verächtlichem Blick mustern, — **den tırnağa** vom Scheitel bis zur Sohle, — **si atmak** sehr zornig werden — **sine çıkmak (birisinin)** frech werden
tepeleme voll
tepelemek durchprügeln
tepeüstü kopfüber
tepinmek trampeln, strampeln
tepki e Reaktion — **göstermek** reagieren
tepkimek reagieren
tepme r Fußtritt
tepmek treten; ausschlagen
tepsi s Tablett
ter r Schweiß — **dökmek** Schweiß vergießen, — **içinde kalmak** ganz in Schweiß gebadet sein — **ini soğutmak** sich im Kühlen ausruhen
teras e Terrasse
terazi e Waage
Terazi (burcu) e Waage
terbiye e Erziehung, e Bildung, e Ausbildung, — **etmek** erziehen, ausbilden; züchtigen — **görmek** eine gute Erziehung genießen — **sini bozmak** sich ungehörig benehmen — **sini vermek** scharf zurechtweisen, häftig tadeln
terbiyeli anständig, artig, wohlerzogen
terbiyesiz ungezogen, frech, unartig
terbiyesizlik e Frechheit
tercih r Vorzug, — **etmek** vorziehen, bevorzugen
tercihan vorzugsweise
tercüman r Dolmetscher
tercüme e Übersetzung, — **etmek** übersetzen
tere e Kresse
tereddüt s Zögern, s Zaudern, e Unschlüssigkeit, — **etmek** zögern, zaudern
terementi s Terpentin
tereotu r Dill
teres r Kuppler
tereyağ e Butter
terfi e Beförderung; e Versetzung, — **etmek** befördert werden
terhis e Entlassung, — **etmek** entlassen
terim r Ausdruck; *mat.* s Glied; r Begriff
terk s Verlassen, — **etmek** verlassen; hinterlassen, abgeben; aufgeben
terkip e Zusammensetzung; e Synthese
terlemek schwitzen
terli Schweiß gebadet
terlik r Hausschuh
termal s Thermalbad, s Warmquellenbad
termik Thermik
terminal r Hauptbahnhof
terminoloji e Terminologie
termodinamik e Thermodynamik
termometre s Thermometer
termos e Thermosflasche
termosifon r Thermasiphon
ters umgekehrt; verkehrt, entgegen gesetzt; e Rückseite; s Gegenteil — **anlamak** verkehrt verstehen — **gitmek** schiefgehen — **tarafından kalkmış** mit dem linken Bein zuerst aufgestanden — **yüz etmek** das Oberste zu unterst kehren, — **ine** im Gegenteil
terslemek grob anfahren
terslik s Verkehrstein; e Gegensätzlichkeit; e Unfreundlichkeit
tersane e Werft
tertibat *(ç.)* Anlagen, *(ç.)* Einrichtungen

tertip e Ordnung; e Veranstaltung, e Organisation; e Gliederung — **etmek** ordnen, veranstalten, organisieren; einfädeln

tertiplemek ordnen; veranstalten, organisieren; gliedern

tertipli ordentlich; organisiert

terzi r Schneider (in e)

terzihane e Schneiderwerkstatt

tesadüf r Zufall, — **etmek** treffen; fallen

tesadüfen zufällig

tesadüfi zufällig

tescil e Registrierung, e Eintragung, — **etmek** registrieren, eintragen

teselli r Trost, — **etmek** trösten

tesir e Wirkung; r Eindruck; r Einfluß, — **etmek** beeindrücken; s Bewirken; beeinflussen

tesirli eindrucksvoll; einflußreich

tesis e Gründung, e Begründung, — **etmek** gründen, begründen; einrichten, errichten

tesisat e Einrichtung; e Anlage

tesisatçı r Installateur

teskere e Tragbahre

teskin e Beruhigung, — **etmek** beruhigen

teslim e Auslieferung; s Eingeständnis; e Kapitulation, — **almak** übernehmen, abnehmen — **etmek** übergeben, ausliefern; anvertrauen; zugeben, eingestehen, — **olmak** kapitulieren sich ergeben, sich hingeben

tespih e Gebetskette, — **çekmek** die Gebetskette durch die Finger gleiten lassen

tespihböceği e Kellerassel

tespit e Feststellung, e Feststellung; s Befestigen — **etmek** feststellen; festlegen; befestigen

test r Test

testere e Säge

testerebalığı r Sägefisch

testi r Tonkrug

tesviye e Nivellierung; e Reinigung, — **etmek** einebnen, nivelieren

tesviyeci r Dreher

teşbih r Vergleich

teşebbüs r Versuch, e Unternehmung; e Initiative, — **etmek** versuchen, unternehmen

teşekkül e Entstehung; r Aufbau; e Organisation, — **etmek** sich bilden, sich formen, entstehen

teşekkür r Dank, — **etmek** danken, sich bedanken **(çok) — ederim** danke (sehr)!

teşerrüf e Ehrung

teşhir e Ausstellung, — **etmek** ausstellen

teşhis e Identifizierung; e Diagnose, — **etmek** identifizieren; diagnostizieren

teşkil e Bildung; e Formation, — **etmek** bilden, formen

teşkilat e Organisation

teşkilatlandırmak organisieren

teşrif e Ehrerweisung, — **etmek** ehren

teşrifat s Zeremoniell

teşvik e Anregung, r Antrieb, — **etmek** anregen, anfeuern; fördern

tetanos r Starrkrampf

tetik r Drücker — **te bulunmak** in Bereitschaft sein, — **davranmak** rasch handeln — **te olmak** auf der Hut sein

tetkik e Prüfen; e Besichtigung; e Studie, e Untersuchung, — **etmek** prüfen; studieren, untersuchen

tetkikat e Untersuchung

tevazu e Bescheidenheit

tevcih s Richten, — **etmek** richten, wenden

tevdi e Übergabe, — **etmek** übergeben; anvertrauen

teveccüh e Gunst, — **etmek** sich wenden, sich richten, sich begeben

tevekkül e Ergebung

tevkif e Verhaftung, e Festnahme, — **etmek** verhaften, festnehmen

tevrat Altes Testament — **ve İncil e** Bibel
tevsik e Verifizierung, — **etmek** verifizieren, bestätigen
tevzi s Verteilen, — **etmek** verteilen, austeilen, zuteilen, ausgeben, austragen
tevziat e Verteilung, e Austeilung
teyakkuz e Wachsamkeit
teyel e Heftnaht
teyellemek heften, anheften
teyit e Bestätigung, e Bekräftigung, — **etmek** bestätigen, bekräftigen
teyp s Band; s Tonbandgerät
teyze e Tante
tez[1] schnell, rasch, geschwind — **canlı** temperamentvoll — **elden** rasch
tez[2] **e** These
tezahür e Erscheinung, — **etmek** sich zeigen, sich herausstellen
tezahürat e Demonstration
tezahüratçı r Demonstrant
tezat r Widerspruch
tezek r Mist
tezgâh r Ladentisch, e Theke
tezgâhtar r Verkäufer (in e)
tezkere e Bescheinigung, r Ausweis — **sini eline verme** jdm. den Laufpaß geben, — **ci r** Reservist
tıbbi medizinisch, ärztlich
tıbbiye medizinische Fakultät
tığ e Stricknadel
tıka basa gestopft
tıkaç r Stöpsel; r Dübel
tıkamak zustöpseln, zustopfen, verstopfen
tıkanıklık r Stau; (ç.) Atembeschwerden; e Stockung
tıkanmak sich verstopfen
tıkınmak hinunterschlingen
tıkırdamak kloppern, klopfen
tıkırında gitmek gut vonstatten gehen
tıkışmak sich hineindrängen
tıkıştırmak hineinstopfen

tıklım tıklım gestopft, gesteckt
tıknaz klein und dick
tıknefes kurzatmig
tıksırık halbunterdrücktes niesen
tılsım r Talisman
tımar r Ackerbau; **e** Pferdepflege — **etmek** pflegen; bestellen
tımarhane s Irrenanstalt
tıngırdamak klirren, klingen
tınlamak klingen, tönen
tınmak reagieren, **tınmamak** nicht reagieren, nicht ausplaudern
tıp e Medizin
tıpa r Stöpsel
tıpatıp haargenau
tıpkı genau so
tıpkıbasım s Faksimile
tırabzan s Geländer
tıraş s Rasieren, — **bıçağı e** Rasierklinge, — **sabunu e** Rasierseife, — **takımı s** Rasierzeug
tıraşlı rasiert, abgehabelt
tıraşsız unrasiert
tırıs r Trab, — **gitmek** traben
tırmalamak kratzen, zerkratzen
tırmanmak hinaufklettern, aufsteigen
tırmık e Kratzwunde; e Harke, e Egge
tırmıklamak kratzen; harken, rechen, eggen
tırnak r Fingernagel; e Klaue; e Kralle; — **işareti s** Anführungszeichen, s Gänsefüßchen — **boyası r** Nagellack, — **larını yemek** an den Fingernägeln kauen, — **kesmek** sich die Nägel schneiden
tırnaklamak zerkratzen
tırpan e Sense
tırtıklamak zerrupfen
tırtıl e Raupe
ticaret r Handel — **odası e** Handelskammer — **sicili s** Handelsregister
ticarethane s Geschäft
ticari geschäftlich
tifo r Typhus

tiftik e Angoraziege
tifüs r Flecktyphus
tik r Tick
tiksindirici abscheulich
tiksindirmek ekeln
tiksinti r Ekel
tilki r Fuchs
tim e Mannschaft
timsah s Krokodil
timsal s Symbol, s Sinnbild
tin e Seele **— sel** seelisch
tip r Schneesturm
tipi r Schneesturm
tipik typisch
tiraj e Auflage
tirbuşon r Korkenzieher
tire[1] **r** Faden, **r** Zwirn
tire[2] **r** Bindestrich
tiroit e Schilddrüse
tir tir titremek wie Espenlaub zittern
tiryaki leidenschaftlicher Raucher oder Kaffeetrinker
titiz anspruchsvoll; sorgfältig
titizlik e Sorgfalt; **e** Pedanterie
titrek zitternd
titremek zittern
titreşim s Schwingung
titreşmek schwingen
tiyatro s Theater
tiyatrocu r Theaterspieler (in **e**)
tiz hoch
tohum r Samen; **s** Sperma **— ekmek** säen
tohumlamak befruchten
tok satt; kräftig, laut
toka[1] **e** Schnalle
toka[2] **r** Händedruck **— laşmak** sich die Hand drücken
tokat e Ohrfeige, **— atmak** ohrfeigen
tokatlamak ohrfeigen
tokgözlü genügsam **— lük e** Genügsamkeit
tokmak r Holzhammer, **r** Holzschlege; **r** Türklopfer

tokuşmak zusammenprallen
tolerans e Toleranz, **— lı** tolerant
tomar e Rolle, **e** Papierrolle
tombalak rundlich
tombul rundlich, dick
tomruk r Baumklotz
tomurcuk e Knospe
tomurcuklanmak knospen
ton[1] **e** Tonne
ton[2] *müz.* **r** Ton; **e** Tönung
tonbalığı r Thunfisch
tonga e List, **r** Schwindel, **— ya düşmek** hereinfallen
tonik s Tonikum
tonoz s Gewölbe
top r Ball; **e** Kanone; **r** Ballen; **e** Gesamtheit **— oynamak** Ball spielen **— a tutmak** beschießen, **— u atmak** Bankrott machen, **— u — u** insgesamt, alles in allem
topaç r Kreisel
topak r Klumpen, **r** Ballen
topal lahm
topallamak hinken, lahmen
toparlak rund
toparlamak zusammenraffen, zusammenpacken; aufräumen
toparlanmak sich zusammennehmen; wieder auf die Beine kommen
topçu r Artillerist
tophane e Geschützgießerei
toplam e Summe
toplama *mat.* **e** Addition; **e** Sammlung **— kampı s** Konzentrationslager
toplamak *mat.* addieren, zusammenzählen; sammeln; aufräumen; versammeln; einsammeln
toplanma e Versammlung
toplanmak sich versammeln; sich ansammeln
toplantı e Versammlung, **e** Tagung
toplardamar e Vene
toplu aufgeräumt; versammelt, kollektiv
topluiğne e Stecknadel

topluluk e Gemeinschaft
toplum e Gesellschaft, e Gemeinschaft
toplumbilim e Soziologie
toplumbilimci r Soziologe, e Soziologin
toplumsal gesellschaftlich, sozial
topoğrafya e Topographie
toprak e Erde, r Boden, s Land
toptan en gros, alle zusammen
toptancı r Großhändler
toptancılık r Großhandel
topuk e Ferse; r Schuhabsatz
toput r Bodensatz
topuz e Keule
topyekûn gesamt, total
torba r Sack, r Beutel; e Zyste
torik r Bonito
torna e Drehbank, — **etmek** drechseln, drehen
tornacı r Drechsler
tornavida r Schraubenzieher
tornistan e Rückwärtsfahrt, — **etmek** rückwärtsfahren
Toros r Taurus
torpido r Torpedo
torpil e Mine
torpillemek torpedieren
tortop kugelrund
tortu r Bodensatz, r Senkstoff; s Sediment, e Ablagerung
torun r Enkel, (in e)
tos r Stoß
tosbağa e Schildkröte
toslamak anfahren, streifen
tost Toast, — **ekmeği** s Toastbrot — **makinası** r Toaster — **yapmak** toasten
tosun r Ochse
toy unerfahren
toynak r Huf
toz r Staub; s Pulver, — **almak** Staub wischen, abstauben, — **bezi** s Staubtuch, — **şeker** r Kristallzucker — **koparmak** Staub aufwirfeln — **silkmek** durchbleuen, — **toprak** r Argwohn, r Verdacht, — **u dumana katmak** Staubwolken aufwirbeln
tozlanmak einstauben, verstauben
tozlu staubig
tozluk e Gemasche
tozutmak Staub aufwirfeln
töhmet r Verdacht, s Vergehen
tökezlemek stolpern, straucheln
töre Sitte und Brauch
tören e Feier — **sel** e Feierlich
törpü e Feile, e Raspel — **lemek** feilen
tövbe s Bußgelöbnis — **etmek** abschwören — **kâr** reuig
trafik r Verkehr — **ışığı** e Verkehrslampe — **işareti** s Verkehrszeichen — **polisi** r Verkehrspolizist
trahom s Trachom
trajedi e Tragedie
trajik tragisch
traktör r Traktor
Trakya Thrazien
trampa r Tausch — **etmek** ein-austauschen
trampet e Trommel
tramplen s Sprungbett
tramvay e Straßenbahn, e Bergbahn
transatlantik r Ozeandampfer
transit r Transit
trapez s Trapez, s Schaukelreck
travers e Eisenbahnschwelle
tren r Zug
treyler r Anhänger
tribün e Tribüne
trilyon s Trillion
troleybüs r Obus
trombon e Posaune
trompet e Trompete
tropika e Tropen — **l** tropisch
tröst r Trust
tufan e Sintflut
tugay e Brigade
tuğ r Helmbusch
tuğamiral r Brigadeadmiral
tuğgeneral r Brigadegeneral
tuğla r Ziegel

tuhaf sonderbar, komisch **— lık e** Merkwürdigkeit
tuhafiye e Kurzwaren **— ci r** Kurzwarenhändler
tuluat s Improvisierte, **s** Schauspiel
tulum r Dudelsack, **e** Arbeitertracht; **e** Strampelhose
tulumba e Pumpe, **e** Feuerspritze
tumturak r Schwulst
tumturaklı hochtrabend
Tuna e Donau
tunç e Bronze
tur e Rundfahrt, **e** Tour **— atmak** rundfahren
turfanda s Frühobst, **s** Frühgemüse
turist r Tourist **— rehberi r** Fremdenführer (in **e**) **— vizesi** Touristen Visum **— tik** touristisch
turizm r Fremdenverkehr **— acentesi e** Fremdenagentur, **s** Reisebüro
turna r Kranich **— yı gözünden vurmak** ins Schwarze treffen
turne e Tournee
turnike s Drehkreuz, **e** Drehsperre
turnuva s Turnier
turp s Radieschen **— gibi** gesund wie der Fisch im Wasser
turşu s Essiggemüse **— gibi** sehr ermattet, todmüde
turuncu orange
turunç e Pomeranze
tuş e Taste; sp. Niederwurf auf beide Schultern
tutacak e Pinzette
tutam e Handvoll, **e** Faustvoll
tutanak s Protokoll
tutar e Menge, **e** Summe, **r** Betrag
tutarlı folgerichtig, konsequent **— lık e** Konsequenz
tutarsız inkonsequent, widersprechend **— lık e** Inkonsequenz
tutkal r Leim
tutkallamak leimen
tutku e Leidenschaft, **e** Sucht

tutkun süchtig; entzückt, begeistert
tutmak greifen, ergreifen; packen, fassen; halten, festhalten, ansehen; stimmen, richtig sein; liegenbleiben
tutsak r Gefangene
tutsaklık e Gefangenschaft
tutturmak beharren, bestehen
tutucu konservativ
tutuculuk r Konservatismus
tutuk behindert; gehemmt, scheu, schüchtern, befangen
tutuklamak verhaften, gefangennehmen
tutuklu festgenommen, verhaftet
tutukluk e Hemmung
tutukluluk e Festnahme, **e** Haft
tutulmak sich verlieben; geraten, kommen
tutum s Verhalten, **s** Benehmen; **e** Sparsamkeit **— lu** sparsam **— suz** verschwenderisch
tutunmak sich halten; sich festhalten
tutuşmak sich halten; anfangen, beginnen, unternehmen; sich entzünden
tutuşturmak anstecken, anzünden
tuvalet e Toilette, **— kâğıdı s** Klosettpapier, **s** Toilettenpapier, **s masası s** Toilettentisch **— e gitmek** austreten
tuz s Salz **— biber ekmek** Salz in eine offene Wunde streuen, **— buz olmak** in tausend Stücke zerschlagen werden, **— ekmek** salzen, **— u kuru** behäbig, wohlversorgt
tuzak e Falle, **e** Schlinge, **— a düşmek** hereinfallen **— kurmak** jdm. eine Falle stellen
tuzla e Saline, **r** Salzgarten
tuzlamak salzen, einsalzen
tuzlu salzig, versalzen; teuer
tuzluluk r Salzgehalt
tuzruhu e Salzsäure
tuzsuz ungesalzen
tüberküloz e Tuberkulose
tüccar r Kaufmann
tüfek s Gewehr

tükenmek sich erschöpfen, aufhören
tükenmez unaufhörlich, — **kalem** r Kugelschreiber
tüketici r Verbraucher
tüketim r Verbrauch, r Konsum
tüketmek verbrauchen
tükürmek spucken, ausspucken, speien, ausspeien
tükürük r Speichel, — **bezi** e Speicheldrüse, — **hokkası** r Spucknapf
tül r Tül
tülbent r Musselin
tüm vollständig, ganz; all, alle; e Gesamtheit, s Ganze
tümamiral r Vizeadmiral
tümce r Satz
tümdengelim e Deduktion
tümen e Division
tümevarım e Induktion
tümgeneral r Generalmajor
tümleç *dilb.* e Ergänzung, s Objekt
tümlemek ergänzen, vervollständigen
tümör e Schwellung
tümsek e Erhebung
tünaydın Guten Abend!
tünek e Hühnerstange
tüneklemek sich setzen, nisten
tünel r Tunnel
tünemek sich setzen, nisten
tüp e Röhre, e Ampulle, s Reagenzglas — **bebek** Retortenbaby
tür e Art
türbe s Mausoleum

türedi e Emporkömmling
türemek auftauchen
türetmek herleiten, ableiten
türev e Ableitung
Türk r Türke, e Türkin; türkisch
Türkçe s Türkisch; auf türkisch
Türkiye e Türkei, — **Cumhuriyeti** e Turkische Rebuplik
Türkçülük r Turkismus
Türkmen r Turkmene, e Turkmenin
Türkmenistan Turkmenistan
Türkolog r Turkologe, e Turkologin
türkoloji e Turkologie
türkü s Volkslied, — **söylemek** singen
türlü verschieden, verschiedenartig
tütmek rauchen; dampfen
tütsü e Räucherung
tütsülemek täuchern
tütsülenmiş geräuchert
tüttürmek rauchen
tütün r Tabak, — **içmek** rauchen
tütüncü r Tabakhändler
tüy e Feder, — **dökmek** sich mausern, — **sıklet** s Federgewicht — **gibi** federleicht, — **ler ürpertici** haarsträubend, grausig — **leri diken diken olmak** eine Gänsehaut bekommen; jdm. die Haare zu Berge stehen — **lenmek** Federn bekommen

tüylü gefedert
tüymek entkommen, fliehen
tüysüz ungefedert
tüze e Gerechtigkeit
tüzük e Vorschrift

U

ucube e Merkwürdigkeit
ucuz billig — **kurtulmak** mit einem blauen Auge davonkommen — **luk e** Billigkeit
ucuzlamak heruntergehen, sich senken
ucuzlatmak verbilligen
ucuzluk e Billigkeit
uç e Spitze, **s** Ende — **unu kaçırmak** den Faden verlieren — **u bucağı belli olmamak** nicht recht wissen, wo man beginnen soll — **suz bucaksız** grenzenlos, endlos
uçak s Flugzeug, — **gemisi r** Flugzeugträger — **bileti r** Flugschein — **kaçırma e** Flugzeugentführung — **la** mit dem Flugzeug; mit Luftpost
uçan fliegend
uçandaire fliegende Untertasse
uçarı r Schürzenwäger
uçkur e Gürtelschnur
uçmak fliegen
uçucu flüchtig
uçuk verblaßt; **r** Bläschenausschlag
uçurmak fliegen lassen, aufsteigen lassen
uçurtma r Drachen
uçurum r Abgrund, **r** Absturz, **r** Abhang
uçuş r Flug
uçuşmak umherfliegen
ud e Laute — **i r** Lautenspieler

ufacık winzig
ufak klein — **tefek** klein und schmächtig — **çapta** in Miniaturausgabe, — **para s** Kleingeld
ufaklık e Kleinheit; **s** Kleingeld
ufalamak zerkleinern, zerbröckeln
ufalanmak zerbröckeln
ufalmak sich verkleinern
uflamak ächen, stöhnen
ufuk r Horizont
uğrak häufig besuchter Ort
uğramak vorbeikommen
uğraş e Beschäftigung
uğraşı e Beschäftigung
uğraşmak sich beschäftigen
uğraştırmak beschäftigen
uğuldamak sausen, brausen, brummen
uğultu s Brausen; **s** Dröhnen
uğur gutes Anzeichen, gute Vorbedeutung — **lu** glückbringend — **suz** unselig, ominös
ukala r Alleswisser
ulema e Verschleifung
ulamak ansetzen, anhängen
ulan he!, Mensch!
ulaşım r Verkehr — **aracı s** Verkehrsmittel
ulaşmak gelangen, erlangen, ankommen, erreichen
ulaştırma e Übermittelung — **Bakanlığı**

ulu hoch, erhaben
ululuk e Größe, **e** Erhabenheit
ulumak heulen
uluorta ungeniert
ulus e Nation — **al** national
ulusallaştırmak nationalisieren
uluslararası international
ulvi hoch, erhaben
ummadık unerwartet, unvermutet
ummak hoffen, erhoffen
ummum allgemein; **e** Öffentlichkeit
umumi allgemein; öffentlich, — **efkâr** öffentliche Meinung
umumiyet e Gesamtheit, **e** Allgemeinheit
umur *(ç.)* Sachen, *(ç.)* Angelegenheiten — **unda olmamak** sich nicht kümmern
umursamak sich kümmern
umut e Hoffnung
umutlu hoffnungsvoll
umutsuz hoffnungslos
umutsuzluk e Hoffnungslosigkeit
un s Mehl — **çuvalı r** Mehlsack, — **ufak** staubfein — **umu eleyip eleğini duvara astım** das habe ich schon getan
unlu mehlig; Mehl enthaltend
unsur s Element, **s** Faktor
unutkan vergeßlich
unutkanlık e Vergeßlichkeit
unutmabeni s Vergißmeinnicht
unutmak vergessen
unutulmak in Vergessenheit geraten
unutulmaz unvergeßlich
unvan r Titel
ur e Schwellung, **e** Geschwulst
uranyum s Uran
urgan r Strick
us r Verstand
usanç r Überdruß — **getirmek** einer Sache überdrüssig werden, leit werden
usandırıcı verdrießlich; aufdringlich, lästig
usanmak überdrüssig werden
usare r Saft
usçu r Rationalist
usçuluk r Rationalismus
uskumru e Makrele
uskur e Schraube
uslamlamak urteilen
uslu artig, brav — **durmak** artig sein, — — **oturmak** sich ruhig verhalten
usta r Meister
ustabaşı r Werkmeister
ustalık e Meisterschaft; **e** Kunst; **e** Kunsfertigkeit
ustura s Rasiermesser
usul e Methode, **e** System; *müz.* **r** Takt
usulca(cık) unauffällig; vorsichtig, heimlich
usulen ordnungsgemäß
usulsüz vorschriftswidrig
uşak r Diener, **r** Knecht
ut *müz.* **e** Laute
utanç e Scham, **e** Scheu
utangaç scheu, schüchtern
utanmak sich schämen
utanmaz unverschämt, frech
utanmazlık e Unverschämtheit, **e** Frechheit
uyak r Reim
uyandırmak wecken, aufwecken; hervorrufen
uyanık wach; wachsam — **lık s** Wachsein; **e** Achtsamkeit, **e** Umsicht
uyanmak erwachen, aufwachen
uyarı e Mahnung, **e** Warnung
uyarıcı nervenanregend, **s** Reizmittel, **s** Stimulans
uyarlamak anpassen; bearbeiten
uyarma e Anregung, **r** Antrieb, **r** Reiz; **e** Warnung, **e** Ermahnung
uyarmak anregen, antreiben, reizen; warnen, ermahnen
uydu r Trabant
uydurma improvisiert; oberflächlich gemacht
uydurmak improvisieren; anpassen

uydurmasyon r Schwindel
uygar zivilisiert — **laşmak** zivilisiert werden — **laştırmak** zivilisieren — **lık e** Zivilisation
uygulama e Anwendung, — **noktası r** Angriffspunkt *fiz.*
uygulamak anwenden
uygun passend, geeignet; angemessen, angebracht; anständig, ordentlich — **düşmek** passen, entsprechen, — **görmek** passend finden
uygunluk e Angemessenheit; e Anständigkeit
uygunsuz unpassend, ungehörig
uyku r Schlaf, — **ilacı s** Schlafmittel, — **ya dalmak** einschlafen — **gözünden akıyor** die Augen fallen ihm zu, — **kestirmek** ein Nickerchen machen — **sersemliği e** Schlaftrunkenheit, — **su başına vurmak** Schlaf bekommen
uykucu e Schlafmütze
uykulu schläfrig, schlaftrunken
uykusuz schlaflos — **luk e** Schlaflosigkeit
uyluk r Oberschenkel
uymak stimmen, passen, entsprechen; sich anpassen, richten, folgen, sich fügen
uyruk r Staatsangehörige
uyrukluk e Staatsangehörigkeit
uysal ruhig, nachgiebig, fügsam — **lık e** Sanftmut, **e** Nachgiebigkeit
uyuklamak dösen; einnicken
uyum e Harmonie — **sağlamak** sich anpassen
uyumak schlafen
uyumlu harmonisch
uyumsuzluk e Disharmonie
uyurgezer r Schlafwandler
uyuşmak sich vertragen, sich einigen
uyuşturmak betäuben
uyuşturucu betäubend; r Beruhigungsmittel — **madde e** Droge, **s** Rauschgift
uyuşuk steif, klamm; träge

uyuşukluk e Steifheit; **e** Trägheit
uyutmak einschläfern; schlafengehen; *mec.* lange weilen
uyuyakalmak einschlafen; sich verschlafen
uyutucu narkotisch
uyuz e Krätze, **e** Räude
uz gut, geeignet; geschickt, gewandt; richtig
uzaduyum e Telepathie
uzak weit, fern; **e** Ferne, — **durmak** fernstehen — **tutmak** abhalten — **ta** in der Ferne — **tan** aus der Ferne; von weiten; von weither, — **düşmek** weit voneinander entfernt sein — **tan akraba** entfernter Verwandter, — **tan — a** nur oberflächlich, von weither, — **lık e** Entfernung
uzakdoğu ferner Osten
uzaklaşmak sich entfernen; *mec.* Abstand nehmen von
uzaklaştırmak entfernen; abwenden
uzamak sich ausdehnen
uzanmak sich strecken, sich lang hinlegen
uzantı e Verlägerung
uzatma e Dehnung — **işareti r** Zirkumflex
uzatmak verlängern, dehnen, ausstrecken
uzay r Weltraum, — **gemisi s** Weltraumschiff
uzayadamı r Kosmonaut
uzgörür weitblickend
uziletişim Kommunikation, **e** Fernverbindung
uzlaşma e Verständigung, **e** Versöhnung
uzlaşmak sich verständigen, versöhnen
uzlaştırmak schlichten, vereinen, versöhnen
uzluk e Geschicklichkeit
uzman r Fachmann, **r** Sachverständige, **r** Experte

uzun lang, umständlich, — **atlama** r Weitsprung, — **boylu** groβgewachsen, — **ömürlü** langlebig
uzunçalar e Langspielplatte
uzunluk e Länge
uzuv s Glied, s Organ
uzyazar r Fernschreiber

Ü

ücra abgelegen
ücret r Lohn, e Gage, s Honorar
ücretli gebührenpflichtig; r Lohnempfänger
ücretsiz gebührenfrei; kostenlos
üç drei; e Drei — **aşağı beş yukarı** ungefähr, etwa, — **beş** ein paar, einige — **boyutlu film** flastischer Film
üçer je drei
üçgen s Dreieck
üçkâğıt r Betruck, r Schwindel — **çı** r Betrüger, r Schwindler
üçlü e *müz.* Terz
üçüncü dritt, — **olarak** drittens
üçüz r Drilling
üçüzleme e Trilogie
üflemek blasen, pusten
üfürmek anblasen, anpusten, anhauchen
üfürükçü r Wunderdoktor
üleşmek sich austeilen
üleştirmek austeilen, verteilen
ülke s Land
ülkü s Ideal
ülkücü r Idealist
ülkücülük r Idealismus
ülser s Geschwür, s Ulkus
ültimatom s Ultimatum
ümit e Hoffnung, e Erwartung, e Vermutung, — **etmek** hoffen, erhoffen, erwarten, vermuten — **beslemek** Hoffnung hegen, — **vermek jmdm.** Hoffnung machen, — **e kapılmak** Hoffnung schöpfen, — **ini kesmek** die Hoffnung auf etw. aufgeben
ümitli hoffnungsvoll
ümitsiz hoffnunglos, verzweifelt
ümitsizlik e Hoffnungslosigkeit, e Verzweiflung — **e kapılmak** verzagen
ümmet e Religionsgemeinschaft
ün e Stimme, r Klang; r Ruf, r Ruhm, s Ansehen — **salmak** überall berühmt werden
üniforma e Uniform
ünite e Einheit
üniversite e Universität, — **öğrencisi** r Student (in **e**)
ünlem e Ausrufung, — **işareti** s Ausrufezeichen
ünlü berühmt, angesehen; *dilb.* s Vokal
ünsüz *dilb.* r Konsonant
Ürdün Erdün
üre r Harnstoff
ürem r Zins
üreme e Fortpflanzung
üremek sich fortpflanzen
üreteç e Spannungsquelle
üretici r Erzeuger, r Produzent, r Hsteller
üretim e Erzeugung, e Produktior

üretken zeugungsfähig
üretkenlik e Zeugungsfähigkeit
üretmek fortpflanzen; erzeugen, produzieren
ürkek scheu, schüchtern, zurückhaltend
ürkeklik e Scheu, e Schüchternheit, e Zurückhaltung
ürkmek scheuen
ürküntü e Panik
ürkütmek stutzen, beschneiden
ürpermek sich sträuben; schaudern
ürperti s Schaudern, e Abscheu
ürtiker s Nesselfieber
ürün s Erzeugnis, s Produkt, e Ernte, e Ausbeute
üryan nackt, bloß
üs e Grundlage, e Basis; r Exponent; r Stützpunkt
üsçavuş r Unterfeldwebel
üslup r Stil
üst e Oberseite; ober; r Rest, — **dudak** e Oberlippe, — **kol** r Oberarm, — **taraf** s Weitere — **e çıkmak** scheinbar schuldlos sein — **ü kapalı** unausgesprochen, — **ü kalsın** Behalten Sie den Rest! der Rest ist für Sie! — **ümde para yok!** Ich habe kein Geld bei mir, — **ünden geçmek** vergewaltigen — **ünü değiştirmek** sich umziehen, sich umkleiden
üstat r Meister
üsteğmen r Oberleutnant
üstelemek hinzukommen; erneut auftreten; bestehen auf
üstelik obendrein, noch dazu
üstgeçit e Überführung
üstlenmek übernehmen
üstün überlegen, überragend — **gelmek** übertreffen; die Oberhand gewinnen; vorherrschen
üstünde über, auf
üstüne über, auf, — **almak** anziehen; übernehmen, — **atmak** jdm. etwas in die Schuhe schieben — **üstlük** obendrein — **basmak** das Richtige treffen (mit) — **toz kondurmamak** nichts auf etwas kommen lassen — **varmak** drängen
üstesinden gelmek zustandebringen
üstünkörü flüchtig, oberflächlich
üstünlük e Überlegenheit; e Oberhand; e Priorität
üstüpü e Putzwalle, s Werg
üşengeç zu schlaff
üşenmek zu schlaff sein
üşenmeden unverdrossen
üşümek frieren
üşüyorum mir ist kalt
üşüşmek zusammenströmen
üşütmek sich erhälten
ütopik utopisch
ütopya e Utopie
ütü s Bügeleisen
ütülemek bügeln, ausbügeln, aufbügeln
ütülü gebügelt
üvey stief-, — **anne** e Stiefmutter, — **baba** r Stiefvater, **(erkek) kardeş** r Stiefbruder — **(kız) kardeş** e Stiefschwester — **kız** e Stieftochter, — **oğul** r Stiefsohn
üye s Mitglied r Angehörige
üyelik e Mitgliedschaft
üzengi r Steigbügel
üzere damit, um... zu; wobei, wovon
üzerinde über, hinsichtlich, zu
üzerine über, **bunun** — daraufhin
üzgün traurig, betrübt
üzmek bekümmern, verdrießen
üzücü bedauerlich, verdrießlich
üzülmek bedauern; traurig sein; beklagen
üzüm e Traube, e Weintraube
üzüntü e Sorge, r Kummer
üzüntülü betrübt, traurig
üzüntüsüz ohne Betrübnis, sorgenlos

V

vaat etmek versprechen
vaaz e Predigt — **vermek** predigen
vacip vorgeschrieben, unerläßlich
vade e Frist, **r** Verfalltag — **si gelmek** fällig werden
vadeli befristet — **satış r** Terminverkauf, — **kredi** kurzfristiger Kredit
vadesiz unbefristet
vadi s Tal
vaftiz e Taufe, — **babası r** Taufpate, — **etmek** taufen
vagon r Wagen **yataklı** — **r** Schlafwagen
vaha e Oase
vahamet r Ernst
vahim ernst, kritisch
vahimleşmek sich verschärfen
vahiy e Eingebung
vahşi wild; brutal, grausam
vaiz r Prediger
vaka s Geschehnis, **s** Erlebnis, **s** Ereignis
vakar r Ernst, **e** Würde
vakfetmek vermachen, stiften, widmen, weihen
vakıf e Stiftung
vâkif vertraut
vakit e Zeit, — **daraldı** die Zeit drängt, — **öldürmek** die Zeit totschlagen, — **geçirmek** sich beschäftigen, — **kazanmak** Zeit gewinnen, Zeit sparen, — **i gelmek** heran kommen, **hali — yerinde** recht wohlhabend, — **harcamak** verschwerden
vakitli pünktlich, rechtzeitig
vakitsiz frühzeitig; ungelegen
vaktiyle damals, einst
vakum s Vakuum
vakur ernst, würdig, gemessen
vale r Bube
valf s Ventil; **e** Röhre
vali r Gouverneur
valide e Mutter
valiz e Reisetasche, **r** Reisekoffer
vallahi bei Gott!, fürwahr, wahrhäftig
vals r Walzer
vampir r Vampir
vana s Ventil
vanilye e Vanille
vantilatör r Ventilator
vantuz r Schröpfkopf
vapur r Dampfer, — **yolculuğu e** Schiffahrt
var anwesend, vorhanden; es gibt, — **olmak** existieren, bestehen — **etmek** schaffen, hervorbringen — **kuvvetiyle** mit aller Kraft — **mı bana yan bakan!** Will jetzt noch einer was? — **ol bra** danke schön — **ı yoğu** sein ganzes ſ sitztum
vardiya e Schicht

varış e Ankunft
varil s Faβ
varis e Krampfader
vâris r Erbe
varlık s Sein, **e** Existenz; **s** Wesen, **s** Geschöpf, **e** Kreatur; **s** Vermögen, **r** Reichtum
varlıklı reich, wohlhabend
varlıksız ohne Besitztum, **r** Habenichts
varmak gelangen, ankommen, erreichen
varoluş e Existenz
varoluşçuluk r Existentialismus
varoş e Vorstadt, **r** Vorort
varsayım e Annahme, **e** Hypothese
varsaymak annehmen, voraussetzen
varyant e Variante, **e** Umleitungsstrecke (Eisenbahn)
varyete e Schau
vasat e Mitte; **r** Durchschnitt; **s** Mittel
vasati durchschnittlich
vasıf e Eigenschaft, **e** Qualität; **r** Charakter, **s** Merkmal
vasıta s Mittel, **— sıyla** mittels, durch
vasıtalı mittelbar, indirekt
vasıtasız unmittelbar, direkt
vasiyet s Testament **— name s** Testament
vaşak r Luchs
vatan s Vaterland, **e** Heimat
vatandaş r Landsmann
vatandaşlık e Staatsbürgerschaft
vatani vaterländisch
vatanperver patriotisch; **r** Patriot
vatansız heimatlos
vatman r Straßenbahnführer
vazetmek predigen
vazgeçmek verzichten
vazife e Pflicht, **e** Aufgabe, **r** Dienst; **s** Amt, **r** Posten
vazifelendirmek beauftragen
vazifeli zuständig
vazifeşinas pflichtgetreu
vaziyet e Lage, **e** Situation, **r** Zustand
vazo e Vase

ve und, **— saire** und so weiter (usw)
veba e Pest
vebal e Strafe
vecibe e Pflicht, **e** Verpflichtung
vecit e Extase
vecize s Proverb; **e** Devise, **r** Leitspruch
veda r Abschied, **— etmek** sich verabschieden, **— töreni e** Abschiedsfeier
vedalaşmak sich verabschieden
vefa e Treue, **e** Loyalität **— lı** treu, loyal **— sız** treulos, untreu
vefat r Tod, **— etmek** verscheiden
vehim e Illusion, **e** Täuschung
vehimli hypochondrisch
vekâlet e Vertretung, **r** Auftrag, **e** Vollmacht; **s** Ministerium, **— etmek** vertreten
vekâleten vertretungsweise
vekâletname e Vollmacht
vekil r Vertreter; **r** Anwalt; **r** Minister
vektör *mat.* **r** Vektor
velayet e Vormundschaft
velet s Kind
velhasıl kurz, mit einem Wort
veli r Vormund; **r** Erziehungsberechtigte
veliaht r Kronpriz, **r** Thronfolger
velvele r Lärm, **s** Getöse
veranda e Veranda
veraset e Erbschaft; **e** Vererbung
verecek e Schuld **— li r** Schuldner
verem e Tuberkulose
veresiye auf Kredit
verev schräg, diagonal
vergi e Steuer; **e** Gabe, **e** Naturanlage, **— yükümlülüğü e** Steuerpflicht, **— yükümlüsü** steuerpflichtig **— tahsil etmek** Steuern einziehen **— tahsildarı r** Steuer beamter **— ye tabi** steuerpflichtig
verici r Sender
verim r Ertrag
verimli fruchtbar, produktiv
verimlilik e Produktivität
verimsiz unfruchtbar; nicht einträglich;

nicht leistungsfähig
vermek geben, abgeben; liefern; abliefern; schenken; ergeben
vermut r Wermut
vernik r Lack, r Firnis
verniklemek lackieren
vesait *(ç.)* Mittel
vesika e Urkunde, s Dokument — **lık fotoğraf** s Lichtbild, s Paßbild
vesile r Anlaß, e Gelegenheit
vestiyer e Garderobe
vesvese r Zweifel, r Argwohn
vesveseli argwöhnisch
veteriner r Tierarzt, e Tierärztin
veto s Veto — **etmek** ein Veto einlegen
veya oder
vezin s Versmaß
vezir r Wesir
vezne e Kasse
veznedar r Kassierer, e Kassiererin
vıcık vıcık klebrig
vınlamak sausen, summen
vır vır schwirrend, surrend — **etmek** schwirren, surren
vız sst! brr! — **gelmek** jdm. einem völlig gleichgültig sein
vızıldamak summen
vızıltı s Summen
vicdan s Gewissen, — **azabı** r Gewissensbiß
vicdanlı gewissenhaft
vicdansız gewissenlos
vida e Schraube
vidalamak schrauben, festschrauben, anschrauben
video Video
Vietnam Vieatnam
vilayet e Stadt, e Provinz
villa e Villa
vinç r Kran
viraj e Kurve
viran verfallen
virane e Ruine
virgül s Komma

virtüöz r Virtuose
virüs r Virus, r Krankheitserreger
viski r Whisky
vişne e Sauerkirsche
vitamin s Vitamin — **li** vitaminreich
vites r Gang — **değiştirmek** umschalten — **kolu** r Schalthebel — **takmak** einen Gang einschalten
vitrin s Schaufenster
viyadük r Viadukt
viyak viyak quäkend
viyola e Bratsche, e Viola
viyolon e Geige, e Violine
viyolonsel s Cello
vize s Visum
vizite r Besuch, r Arztbesuch
vizon r Nerz
vizör r Sucher
volan s Lenkrad
vole r Flugball
voleybol r Handball
volkan r Vulkan
voltaj e Spannung
voltmetre s Voltmeter
votka r Wodka
vuku bulmak geschehen, sich ereignen, stattfinden, sich abspielen, vorfallen
vukuat *(ç.)* Ereignisse
vurdumduymaz gleichgültig; dumm, beschränkt
vurgu e Betonung, r Akzent
vurgulamak betonen, akzentuieren
vurgulu betont
vurgun e Beute; r Warenwucher, e Preisspekulation — **cu** r Wücherer — **culuk** e Preisspekulation
vurgusuz unbetont
vurmak schlagen; stoßen; treffen; schießen, erschießen, töten; klopfen, pochen
vurulmak sich verlieben
vuruş r Schlag; *sp.* r Schuß
vuruşmak einander, schlagen; miteinder kampfen

vücut r Körper, r Leib, — **a gelmek** zustandekommen, entstehen— **a getirmek** schaffen, erzeugen, zustandebringen

vücutça körperlich
vücutlu korpulent

Y

ya ja, okey, natürlich
yaban e Wildnis, e Öde; wild; fremd; r Fremde, r Fremding, — **arısı** e Wespe, — **domuzu** s Wildschwein
yabancı fremd; r Fremde, r Ausländer, — **dil** e Fremdsprache — **işçi** r Gastarbeiter — **sözcük** s Fremdwort
yabancılaşmak sich verfremden
yabancılaştırmak verfremden
yabani wild
yabansı seltsam, merkwürdig, eigenartig
yad e Erinnerung, — **etmek sich erinnern, gedenken**
yadırgamak ungewohnt empfinden
yadigar s Andenken
yadsımak leugnen, ableugnen
yafta s Etikett
yağ s Fett; s Öl; e Schmiere — **bağlamak** eine Fettsicht bilden — **çekmek** argo jdm. um den Bart gehen — **bezi** e Talgdrüse, — **ıyla kavrulmak** bescheiden leben — **olmak** fettig werden
yağcı r Schmeichler
yağcılık e Schmeichelei, — **yapmak** schmeicheln
yağdanlık e Ölkanne
yağdoku s Fettgewebe
yağış r Niederschlag; e Niederschlagsmenge — **lı** regnerisch — **sız** niederschlagsfrei; regenlos
yağız schwarzbraun
yağlamak schmieren, ölen; schmeicheln
yağlanmak ansetzen; fettig werden, ölig werden
yağlı fettig, ölig, eingefettet
yağlıboya e Ölfarbe
yağma e Plünderung, — **etmek** plündern, ausplündern
yağmacı r Plünderer
yağmacılık e Plünderung
yağmak regnen, schneien, hageln
yağmur r Regen, — **yağıyor** es regnet — **yağmak** regnen
yağmurlu regnerisch
yağmurluk r Regenmantel
yağsız fettlos
yahni gedünstetes Regout
yahu he!, denn!, doch!, nur!
Yahudi r Jude; Judisch
yahut oder
yaka r Kragen, — **paça** gewaltsam — **sını sıyırmak** mit heiler Haut davonkommen, — **yı ele vermek** gefaßt werden
yakacak r Brennstoff
yakalamak packen, ergreifen, fassen; verhaften, festnehmen; ertappen
yakamoz s Meerleuchten
yakarış e Bitte, e Flehen
yakarmak bitten, anflehen

yakı s Ätzmittel, s Pflaster
yakıcı brennend, beissend
yakın nahe, nah, naheliegend, nahestehend, — **da** bald, — **larda** in der Nähe
Yakındoğu r Nahost
yakınlaşmak herankommen
yakınlık e Nähe; e Verwandtschaft
yakınma e Klage
yakınmak klagen, sich beklagen
yakınsak konvergent
yakınsamak konvergieren
yakışık e Schicklichkeit, — **almak** sich ziemen, sich gehören, — **almaz** ungehörig
yakışıklı gut aussehend
yakışmak passen
yakıt r Brennstoff
yaklaşık ungefähr, rund, — **olarak** annähernd
yaklaşım e Näherung, e Annäherung
yaklaşmak sich nähern, herankommen
yaklaştırmak nähern
yakmak brennen, verbrennen, anstecken, anmachen, andrehen, anschalten
yakut r Rubin
yalak r Trog
yalamak lecken, ablecken, auslecken
yalan e Lüge, — **söylemek** lügen — **cı çıkarmak** lügen ausstreuen — **dolan** Lug und Trug, — **ını çıkarmak** lügen strafen, — **cının mumu yatsıya kadar yanar** Lügen haben kurze Beine
yalancı r Lügner
yalandan nicht im Ernst; nur zum Schein; oberflächlich
yalanlamak ableugnen
yalanmak sich lecken
yalvaç r Prophet
yalaza e Flamme
yalçın steil, schroff
yaldız r Goldstaub — **lamak** vergolden — **lı** vergoldet
yalı r Strand; e Strandvilla

yalım e Flamme
yalın einfach, rein, nackt, bloß
yalınayak barfuß
yalıtkan r Isolator
yalıtmak isolieren, absondern
yalnız nur, bloß, lediglich; allein, einsam
yalnızlık e Einsamkeit
yalpalamak schlingeln; torkeln
yaltakçı r Speichellecker
yaltaklanmak schmeicheln
yalvarmak flehen, anflehen
yama r Flicken, — **vurmak** einen Flicken aufsetzen
yamaç e Seite, r Abhang, r Absturz
yamak r Gehilfe, r Helfer
yamalamak flicken, ausflicken
yamamak flicken, ausflicken
yaman wunderbar, fabelhaft
yampiri schief, krumm
yamuk mat. s Trapez
yamyam r Menschenfresser
yan e Seite, e Flanke; seitlich — **ı başında** an, nebenbei — **daki** nebenliegend, nebenstehend, — **dan görünüş** e Seitenansicht, — **ına** an, neben — **ında** an, neben, bei — **bakmak** mit scheelen Blicken betrachten, — **basmak** einen Lapsus begehen — **hakem** r Linienrichter — **sokak** e Nebenstraße — — **bakmak** mißgünstigen Blickes betrachten, — **dan çarklı** r Raddampfer
yanak e Backe, e Wange
yanal seitlich, — **yüzey** e Seitenfläche
yanardağ r Vulkan
yanardöner schillernd
yanaşmak sich nähern, herankommen
yandaş r Anhänger
yangı e Entzündung
yangılanmak sich entzünden
yangın r Brand, — **merdiveni** e Feuerleiter — **sigortası** r Feuerversicherung
yanık verbrannt, angebrannt; e Brandwunde

yanılgı r Irrtum, r Fehler
yanılma r Irrtum
yanılmak sich irren
yanılsama e Sinnestäuschung
yanıltmak täuschen
yanıt e Antwort, e Erwiderung
yanıtlamak beantworten, erwidern
yani das heißt, nämlich
yankesici r Taschendieb
yankı s Echo, r Widerhall
yankılanmak widerhallen
yanlış r Fehler, r Irrtum, falsch, fehlerhaft — **kapıyı çalmak** sich an die falsche Adresse wenden, — **yere** fälschlich — **anlamak** mißverstehen
yanlışlık r Irrtum, r Fehler — **yapmak** einen Fehler begehen — **la** versehentlich, aus Versehen
yanmak brennen, abbrennen, verbrennen, angehen, anbrennen
yansı e Spiegelung e Reflexion
yansıma e Reflexion, e Spiegelung
yansıtmak reflektieren, spiegeln
yansız neutral — **lık e** Neutralität
yantümce r Nebensatz
yanyana aneinander, nebeneinander
yapağı e Frühjahrswolle
yapay unecht
yapayalnız mutterseelenallein, alleine
yapı r Bau, r Aufbau, e Struktur, e Konstruktion — **cı** konstruktiv
yapım e Fertigung; e Herstellung; e Fabrikation — **cı** r Produzent
yapışık angeklebt, zusammengeklebt
yapışkan klebrig
yapışmak kleben, haften
yapıştırmak kleben, ankleben, aufkleben, festkleben
yapıt s Werk
yapma künstlich; gekünstelt
yapmacık gespielt, gekünstelt
yapmak machen, tun; schaffen herstellen; verursachen
yaprak s Blatt

yaptırım e Gesetzeskraft
yar r Abgrund
yâr e Geliebte
yara e Wunde — **bere içinde** ganz zerschunden — **izi** e Narbe, — **kabuğu** r Wundschorf — **yı sarmak** die Wunde verbinden — **yı deşmek** eine kaum vernarbte Wunde wieder aufreißen
yaradılış e Naturanlage, s Temperament
yaralamak verletzen, verwunden
yaralanmak verletzt werden
yaralı verwundet, verletzt
yaramak sich lohnen
yaramaz unartig, ungezogen — **lık e** Ungezogenheit; **e** Unbrauchbarkeit
yarar r Nutzen, r Vorteil
yararlanmak Nutzen ziehen
yararlı nützlich, vorteilhaft
yararsız nutzlos, unvorteilhaft
yarasa e Fledermaus
yaraşmak sich ziemen, sich gehören
yaratıcı schöpferisch, kreativ — **lık e** Kreativität, e Produktivität
yaratık s Geschöpf, e Kreatur
yaratmak schaffen, erschaffen, hervorbringen, verursachen
yarbay r Oberstleutnant
yarda s Yard
yardakçı r Helfershelfer
yardım e Hilfe, r Beistand, e Unterstützung, — **etmek** helfen, beistehen, unterstützen
yardımcı r Helfer, r Gehilfe, — **fiil** dilb. s Hilfsverb
yardımlaşmak sich helfen, zusammenarbeiten
yardımsever hilfstbereitschaft
yaren r Freund, r Kamerad
yarenlik e Freundschaft, e Kameradschaft
yargı s Urteil, — **vermek** urteilen, beurteilen
yargıcı r Schiedsrichter
yargıç r Richter

yargılamak urteilen, verurteilen
yargıtay s Berufungsgericht
yarı e Hälfte — **— ya** ungefähr die Hälfte — **yolda kalmak** auf halbem Wege stehenbleiben, **— da bırakmak** abbrechen, **— da kalmak** mittendrin abgebrochen werden
yarıçap r Radius, r Halbmesser
yarık gespalten; r Schlitz, r Riß
yarılamak zur Hälfte beenden
yarılmak durchlmechen; reißen; zersplittern
yarıküre e Halbkugel
yarım halb, **— daire** Halbkreis — **yamalak** unzureichend **— gün** halber Tag **— pansiyon** e Halbpansion
yarımada e Halbinsel
yarımküre e Hemisphäre, e Halbkugel
yarımlamak halbieren
yarın morgen; e Zukunft **— sabah** morgen früh, **— öbür gün** demnächst **— öğleyin** morgen mittog **— akşam** morgen abend
yarınki morgig
yarısaydam halbdurchsichtig
yarış r Wettkampf, s Wettspiel **— çı** r Rennfahrer r Konkurrent
yarışma e Konkurrenz, Rivalität; r Vettkampf; *sp.* wettbewerb **— cı** r Teilnehmer
yarışmak wettkämpfen; konkurrieren
yarıyıl s Halbjahr
yarmak spalten, aufspalten, zerspalten, aufschlitzen
yas e Trauer **— tutmak** Trauer trogen
yasa s Gesetz
yasadışı illegal, ungesetzlich
yasak s Verbot; verboten, untersagt **— etmek** verbieten, untersagen
yasaklamak verbieten, untersagen
yasal gesetzlich
yasama e Gesetzgebung
yasemin r Jasmin
yaslamak anlehnen

yaslanmak sich anlehnen
yassı platt
yastık s Kissen
yaş[1] s Alter **— haddi** e Altergränze, **— ına başına bakmadan** ohne Rücksicht auf sein Alter **— ınız kaç?** Wie alt sind Sie? **— ım 25** Ich bin 25 Jahre alt
yaş[2] e Träne; feucht, naß, **— akıtmak** Tränen vergießen
yaşam s Leben
yaşamak leben
yaşantı s Leben
yaşarmak feucht werden
yaşatmak leben lassen, erwecken, zumleben bringen
yaşayış e Lebensart
yaşıt gleichaltrig; r Altersgenosse
yaşlanmak alt werden, altern
yaşlı alt **— lık** s Alter
yaşmak r Kopfschleier
yat e Jacht
yatak s Bett; s Lage, **— çarşafı** s Bettuch, **— odası** s Schlafzimmer, **— örtüsü** e Bettdecke, **— takımı** e Bettzeug **— a düşmek** zu Bett liegen müssen **— a girmek** sich schlafenlegen, **— lı vagon** r Schlafwagen
yatakhane r Schlafsaal
yatalak bettlägerig
yatay waagerecht, horizontal
yatık horizantal, umlege
yatırım e Anlage, e Investierung, **— yapmak** investieren, anlegen; einzahlen
yatırmak legen; einzahlen; investieren, anlegen
yatışmak sich legen, sich beruhigen, nachlassen
yatıştırmak beruhigen, besänftigen, beschwichtigen
yatkın geschickt, gewandt **— lık** e Neigung; e Geschicklichkeit
yatmak sich hinlegen, schlafen
yatsı Zeit nach Sonnenuntergang
yavan fade, geschmacklos

yavaş langsam; leise, — **yavaş** allmählich, nach und nach, mit der Zeit
yavaşlamak sich verlangsamen
yavaşlık e Langsamkeit
yaver r Helfer, **r** Gehilfe
yavru s Junge
yavşak e Laus, **e** Wanze
yavuklu r, e Verlobte
yavuz energisch
yay r Bogen; **e** Feder
yaya r Fußgänger, — **kaldırımı r** Gehsteig, **r** Bürgersteig — **n** zu Fuß
yaygara e Geschrei — **cı r** Schreihals
yaygı s Tuch, **e** Decke
yaygın verbreitet, geläufig; ausgedehnt
yaygınlaşmak allgemein üblich werden
yayık[1] **s** Butterfaß
yayık[2] ausgebreitet
yayılmak sich verbreiten, sich ausbreiten
yayın e Publikation; **e** Sendung, **e** Übertragung, — **yapmak** veröffentlichen; senden
yayınevi r Verlag
yayınlamak veröffentlichen, drucken
yayla e Hochebene
yaylı gefedert — **çalgı s** Streichinstrument
yaymak ausbreiten; verbreiten
yayvan flach
yaz r Sommer — **kış** im Sommer wie im Winter — **saati e** Sommerzeit, — **tarifesi r** Sommerfahrplan
yazar r Schriftsteller, **r** Autor
yazgı s Schicksal
yazı e Schrift; **s** Schreiben; **r** Artikel, **r** Aufsatz, — **dili e** Schriftsprache, — **kâğıdı s** Schreibpapier, — **makinesi e** Schreibmaschine, — **masası r** Schreibtisch, — **yazmak** schreiben — **tura atmak** durch Münzwurf losen
yazıcı r Schreiber
yazıhane s Büro
yazık schade

yazılı geschrieben, aufgeschrieben, eingeschrieben; beschriftet; schriftlich
yazım e Rechtschreibung
yazın[1] im Sommer
yazın[2] **e** Literatur — **sal** literarisch
yazışma e Korrespondenz
yazışmak korrespondieren
yazıt e Inschrift
yazlık für sommer bestimmt, Sommer; **e** Sommerwohnung
yazma r Druckkattun
yazmak schreiben, aufschreiben niederschreiben; einschreiben
yedek e Reserve, **r** Ersatz, — **parça r** Ersatzteil, **s** Reservestück, — **subay r** Reserveoffizier
yedi sieben; **e** Sieben
yedirmek ätzen
yegâne einzig
yeğ besser, — **tutmak** vorziehen, bevorzugen
yeğen r Neffe, **e** Nichte
yeğlemek vorziehen, bevorzugen
yeğni leicht
yeis e Verzweiflung, **e** Hoffnungslosigkeit
yeknesak monoton, eintönig
yekûn e Summe
yel r Wind; **e** Darmblähung — **değirmeni e** Windmühle
yele e Mähne
yelek e Weste
yelken r Segel, — **bezi s** Segeltuch — **leri suya indirmek** klein beigeben
yelkenli s Segelschiff, **s** Segelboot
yelkovan r Stundenzeiger
yellemek anblasen; fächeln
yellenmek furzen
yelpaze r Fächer
yeltenmek wagen; sich anmaßen
yem e Futter; **r** Köder
yemek[1] **s** Essen, **e** Speise, **s** Gericht, **s** Mahl; **s** Gastmahl — **masası r** Eßtisch, — **odası s** Speisezimmer, — **pişirmek**

kochen, — **yemek** essen
yemek² essen, fressen; zerfressen
yemekhane r Speisesaal
yemeni s Kopftuch; **r** Halbschuh
yemin r Schwur, **r** Eid, — **etmek** schwören
yemiş s Obst, **e** Frucht
yemlik e Krippe, **e** Raufe
yen r Armel
yenge e Schwägerin
yengeç r Krebs
Yengeç (burcu) r Krebs
yeni neu; frisch
yenibahar s Piment
Yeniçeri r Janitschar
yeniden von neuem, von vorne, noch einmal
yenik besiegt, unterlegen
yenilemek erneuern
yenilgi e Niederlage
yenilik e Neuheit; **e** Neuerung, **e** Reform
yenilmek unterliegen
yenmek besiegen, schlagen
yepyeni ganzneu, nagelneu
yer r Ort, **r** Platz, **e** Stelle; **r** Raum; **r** Boden, **e** Erde, **s** Land; **r** Posten, — **açmak** Platz machen, — **sarsıntısı s** Erdbeben — **e düşmek** fallen, hinfallen, — **inde** passend, richtig; angebracht — **inde durmak** stehenbleiben, — **inden ayrılmak** sich entfernen, weggehen, — **ine getirmek** erfüllen, — **ine koymak** halten, betrachten, ansehen — **bulmak** Platz finden, — **tutmak** Platz nehmen, — **vermek** Anlaß geben, — **yarılıp içine girmiş** es war, als hätte ihn der Erdboden verschlungen, — — — an verschiedenen Orten, — **den bitme** klein, **r** Emporkömmling, — **den göğe kadar** voll und ganz, — **e bakan yürek yakan** Heimlichteuer — **e sermek** auf dem Boden ausbreiten, — **i öpmek** hinfallen — **in kulağı var** die Wände haben Ohren, — **ine getirmek** erfüllen — **le bir etm.** dem Erdboden gleich machen, — **lerde sürünmek** auf dem Boden schleifen
yeraltı unterirdisch, — **kaynakları** (ç.) Bodenschätze
yerbilim e Geologie — **sel** geologisch
yerçekimi e Erdanziehung, — **kuvveti e** Erdanziehungskraft, **e** Schwerkraft
yerel örtlich
yerelması e Topinambur
yerfıstığı e Erdnuß
yergi e Satire
yerinmek bedauern
yerkabuğu e Erdrinde
yerküre e Erdkugel
yerleşim s Siedeln — **bölgesi e** Siedlung
yerleşmek sich ansiedeln
yerleştirmek ansiedeln; aufstellen, hinstellen, anbringen
yerli einheimisch — **malı** einheimische Ware, — **yerinde** jeder an dem ihm zukommenden Platz
yermek herabsetzen
yermerkezli geozentrisch
yersarsıntısı s Erdbeben
yersiz unangebracht, unpassend
yeryüzü e Erde; **e** Erdoberfläche
yeşermek grün werden, ergrünen
yeşil grün
yetenek e Fähigkeit, **s** Talent, **e** Begabung — **li** fähig, talentiert, begabt — **siz** unfähig, unbegabt
yeter genügend, ausreichend; es reicht! Schluß! — **li** genügend, ausreichend; befähigt — **lik e** Fähigkeit; **e** Qualifikation; **e** Zuständigkeit, — **siz** unfähig; ungenügend, zulänglich — **sizlik e** Unfähigkeit
yetim e Waise, **s** Waisenkind
yetimhane s Waisenhaus
yetinmek sich abfinden, sich begnügen
yetişkin erwachsen, herangewachsen ausgewachsen

yetişmiş reif; erwachsen, herangewachsen; ausgebildet
yetişmek einholen; erreichen; hinreichen, hinlagen; genügen; wachsen, heranwachsen
yetiştirmek züchten; erzeugen; ausbilden; dressieren
yetki e Berechtigung, e Zuständigkeit
yetkili zuständig
yetkin vollkommen, vorzüglich
yetkinlik e Vollkommenheit
yetkisiz unzuständig
yetmek genügen, ausreichen; erreichen, gelangen
yetmiş siebzig
yevmiye r Tagelohn
yığılı angehäuft
yığılmak sich drängen, sich stauen
yığın r Haufen
yığınak r Sammelplatz
yığışmak sich anhäufen
yığmak anhäufen, aufhäufen, aufstapeln
yıkamak waschen; entwickeln
yıkanmak sich waschen
yıkıcı zerstörend; destruktiv
yıkık eingestürzt, gestürzt
yıkılış r Zusammenbruch, r Zerfall
yıkılmak zusammenbrechen, zusammenstürzen
yıkım r Zusammenbruch; e Katastrophe
yıkıntı r Abbruch; r Trümmerhaufen
yıkmak abreißen, niederreißen, umwerfen, stürzen, umstürzen, abbrechen
yıl s Jahr
yılan e Schlange
yılanbalığı r Aal
yılancık e Wundrose, s Erysipel
yılankavi gewunden
yılbaşı s Neujahr
yıldırım r Blitz, — **gibi** blitzschnell
yıldırımsavar r Blitzableiter
yıldırmak erschrecken, abschrecken
yıldız r Stern, — **ı parlak** vom Glück begünstigt

yıldönümü r Jahrestag
yılgı s Entsetzen
yılgın eingeschüchtert, entsetzt
yıllanmak veralten
yıllık jährlich; s Jahrbuch
yılmak eingeschüchtert werden; entmutigt werden
yılmaz unerschrocken
yıpranmak sich abnutzen, sich abtragen, sich abwetzen
yıpratıcı abnützend
yıpratmak abnutzen, abtragen, abwetzen
yırtıcı reißend, — **hayvan** s Raubtier
yırtık zerrissen; r Riß, — **pırtık** abgerissen, zerlumpt
yırtınmak sich zerreißen
yırtmaç r Schlitz
yırtmak zerreißen
yiğit mutig, tapfer
yiğitlik r Mut, e Tapferkeit
yine wieder, schon wieder
yinelemek wiederholen
yirmi zwanzig
yitik verloren
yitirmek verlieren
yitmek verlorengehen, verschwinden
yiv e Rille, e Nut, s Schraubengewinde
yiyecek s Nahrungsmittel
yobaz fanatisch; r Fanatiker
yoğun dicht, konzentriert
yoğunluk e Dichte, e Konzentration, s Artgewicht, e Wichte, s Spezifische Gewicht
yoğurmak kneten
yoğurt r Joghurt
yok abwesend; es fehlt, es gibt nicht — **canım** ach woher!, aber nein! — **denecek kadar az** so gut wie nichts — **deve!** das geht ja auf keine Kuhhaut — **etmek** verschwinden lassen, — **pahasına** spottbillig, — **tan var etmek** schaffen, hervorbringen
yoklama e Prüfung, e Musterung

yoklamak mustern, prüfen, tasten, abtasten, betasten; suchen, durchsuchen, untersuchen
yokluk s Fehlen, **r** Mangel; **e** Armut
yoksa etwa, wohl; sonst; oder
yoksul arm, ärmlich
yoksulluk e Armut
yoksun versagt
yokuş e Steigung, **r** Anstieg, **r** Abhang, **— aşağı** bergab, **— yukarı** bergauf
yol r Weg; **e** Bahn; **s** Mittel, **r** Ausweg; **s** System, **e** Methode, **— vermek** durchlassen; entlassen, **— a çıkmak** aufbrechen, **— a gelmek** sich bessern, **— unu kaybetmek** sich verlaufen, **— unu şaşırmak** sich verirren **— açmak** einen Weg bahnen, **— arkadaşı r** Reisegefährte, **— harcırahı e** Reiseentschädigung, **— yordam** Regeln, **— unuz açık olsun** gute Reise, **— una koymak** in Ordnung bringen
yolcu r Reisende, **r** Passagier, **r** Fahrgast
yolculuk e Reise, **e** Fahrt
yoldaş r Genosse, **e** Genossin
yollamak senden, versenden, absenden, schicken, abschicken
yollanmak sich auf den Weg machen
yolluk r Reiseproviant
yolmak rupfen, ausrupfen, ausraufen
yolsuzluk e Veruntreuung
yonca r Klee
yonga s Späne
yontmak behauen, glätten, abglätten; spitzen; zuschnitzen; stutzen
yordam e Flinkheit, **e** Geschicklichkeit, **e** Gewandtheit
yorgan e Steppdecke
yorgun müde, ermattet **— argın** erschöpft, todmüde **— luk e** Müdigkeit, **e** Ermüdung
yormak¹ ermüden
yormak² deuten
yortu r Feiertag, **s** Fest

yorucu anstrengend
yorulmak ermüden
yorum r Kommentar, **e** Interpretation
yorumcu r Interpret
yorumlamak kommentieren, interpretieren
yosma hübsch, lieblich, kokett; **s** Frauenzimmer
yosun s Moos, **r** Tang
yoz unberührt, wild
yozlaşmak ausarten, verfallen
yön e Seite, **e** Richtung
yönelmek sich richten, sich wenden
yöneltmek richten, wenden, zuwenden
yönerge e Bestimmung, **e** Instruktion
yönetici r Leiter
yönetim e Leitung, **e** Verwaltung
yöneltmek leiten, verwalten
yönetmelik e Bestimmung
yönetmen r Direktor
yönetmenlik s Direktorat
yönlü gerichtet
yöntem e Methode, **s** System
yöntembilim e Methodik
yöntemli methodisch, systematisch
yöre e Gegend, **r** Kreis
yöresel örtlich, lokal
yörünge e Bahn
yudum r Schluck
yufka r Blätterteig, **— yürekli** weichherzig
Yugoslav r Jugoslawe; jugoslawisch
Yugoslavya Jugoslawien
yuhalamak Schmährufe ausstoβen
yuhalanmak verhöhnen
yukarı obere(r,s); hoch; nach oben; oberer Teil **— da** oben **— da adı geçen** obengenannt **— daki** obige(r,s) **— dan** von oben **— dan bakmak** von oben herab ansehen **— sı** oberer Teil **— sında** oberhalb **— ya** herauf, rauf; hinauf, nach oben
yulaf r Hafer
yular r Halfter

yumak s Knäuel
yummak schließen, zumachen
yumru e Beule, e Wurzelknolle
yumruk e Faust, r Faustschlag
yumurcak r Bengel
yumurta s Ei; e Hode, **— akı** s Eiweiß, **— sarısı** s Eigelb, s Eidotter
yumurtalık r Eierstock
yumurtlamak Eier legen
yumuşak weich; ruhig; angenehm **— lık** e Milde; e Weichheit; e Nachgiebigkeit
yumuşamak sich beruhigen; weich werden
yumuşatıcı r Weichspüler; mildernd
yumuşatmak weich machen; lindern, mildern
Yunan griechisch
Yunanca s Griechisch
Yunanistan Griechenland
Yunanlı r Grieche, e Griechin
yunmak sich waschen
yunusbalığı r Delphin
yurt s Land, s Vaterland, e Heimat; s Heim **— dışı** s Ausland
yurtlandırmak ansiedeln
yurtlanmak sich niederlassen
yurtsever patriotisch; r Patriot
yurtseverlik r Patriotismus
yurtsuz heimatlos
yurttaş r Landsmann
yurttaşlık e Staatsbürgerschaft, **— bilgisi** e Staatsbürgerkunde
yusyumru kugelrund
yusyuvarlak kugelrund
yutak r Schlund
yutkunmak schlucken
yutmak schlucken, hinunterschlucken verschlingen; hinnehmen
yutturmak jdm. etwas weismachen
yuva s Nest, r Horst; s Heim, e Wohnung; r Kindergarten, **— kurmak** nisten **— sını yapmak** es jdm. tüchtig geben, **— sını yıkmak** jds. Ehe zerstören

yuvar s Blutkörperchen
yuvarlak rund, kreisförmig
yuvarlamak rollen, aufrollen, zusammenrollen; hinunterschlingen
yuvarlanmak sich herumwälzen; hinunterrollen
yüce hoch, erhaben
yük e Last; e Fracht; e Ladung, **— asansörü** r Lastenaufzug, **— katarı** r Güterzug, **— vagonu** r Güterwagen
yüklem dilb. s Prädikat
yükleme e Verladung, e Aufladung
yüklemek verladen, aufladen; belasten, beladen; zuschreiben, beimessen
yüklenmek übernehmen
yüklü beladen, aufgeladen, belastet
yüksek hoch; laut, kräftig, **— atlama** r Hochsprung, **— mühendis** r Diplomingenieur, **— öğrenim** s Studium, **— öğrenim yapmak** studieren, **— sesle** laut **— ten atmak** großtun angeben
yükseklik e Höhe; e Anhöhe; e Größe
yükseliş r Aufstieg; e Erhöhung
yükselmek sich erheben, aufsteigen; emporkommen; wachsen, ansteigen, steigen
yükselteç r Verstärker
yükseltmek erhöhen; steigern; erheben; verstärken
yüksük r Fingerhut
yüküm e Verpflichtung
yükümlü verpflichtet
yükümlülük e Verpflichtung
yün e Wolle **— lü** wollen
yürek s Herz; r Mut **— çarpıntısı** s Herzklopfen **— yarası** großer Kummer, **— i ağzına gelmek** erschrocken, **— i geniş** unbekümmert, **— ine dert olmak** sich sehr bedrückt fühlen **— ine inmek** einem Herzschlag erliegen, **— ini dağlamak** einen zutiefst rühren
yüreklendirmek ermutigen
yüreklenmek Mut fassen
yürekli beherzt, mutig

yüreksiz mutlos, furchtsam
yürekten herzlich; nach bestem Wissen und Gewissen
yürümek gehen, laufen
yürürlük e Gültigkeit
yürütmek ausführen, durchführen, vollstrecken; klauen
yürüyüş r Gang; **r** Marsch
yüz[1] hundert
yüz[2] **s** Gesicht, **s** Antlizt; **e** Oberfläche, **e** Vorderseite; **e** Seite, **— çevirmek** sich abwenden, **— vermek** verwöhnen **— e gülmek** katzenfreundlich sein **— ü ak alnı pek** mit untadeligem Ruf **— ünden düşen bin parça olur** er macht ein Gesicht wie vierzehn Tage Regenwetter, **— üne bakılmaz** wie die Nacht, **— üne gözüne bulaştırmak** verkorksen, **— ünü buruşturmak** mürrisch drein schauen
yüzbaşı r Hauptmann
yüzde s Prozent
yüzdelik r Prozentsatz
yüzey e Fläche, **e** Oberfläche
yüzeysel oberflächlich
yüzgeç e Flosse
yüzkarası e Schande
yüzleşmek konfrontiert werden
yüzleştirmek gegenüberstellen; konfrontieren
yüzme s Schwimmen **— havuzu s** Schwiminbad, **s** Schwimmbecken
yüzmek[1] abhäuten
yüzmek[2] schwimmen **— yüzmeye gitmek** schwimmen gehen
yüznumara e Toilette, **r** Abort
yüzölçümü r Flächeninhalt
yüzsüz ungeniert **— lük e** Unverschämheit, **e** Frechheit
yüzücü r Schwimmer, **e** Schwimmerin
yüzük r Ring **— takmak** einen Ring anstecken
yüzünden wegen
yüzüstü unvollendet, halbfertig
yüzyıl s Jahrhundert, **— larca** jahrhundertelang

Z

zabıt s Protokoll, — **tutmak** Protokoll führen
zabıta e Polizei
zaç s Vitriol
zade r Sohn, **e** Tochter
zafer r Sieg, **r** Triumph
zafiyet e Schwäche, **e** Kraftlosigkeit
zahir klar, deutlich; offenbar, anscheinend
zahire s Getreide
zahiri scheinbar
zahmet e Mühe, **e** Anstrengung, — **çekmek** sich abplagen, — **etmek** sich bemühen — **e değmek** der Mühe wert sein — **li** mühsam, mühselig — **siz** mühelos
Zaire Kongo
zakkum r Oleander
zalim grausam, tyrannisch
zam r Zuschlag, **e** Preiserhöhung
zaman e Zeit, — **zaman** ab und zu — **ında** pünktlich
zamanaşımı e Verjährung — **na uğramak** verjähren
zamane damalige Zeit
zamansız vorzeitig
zambak e Lilie
Zambiya Sambia
zamir *dilb.* **s** Pronomen, **s** Fürwort
zamk r Klebstoff
zampara r Schürzenjäger
zan e Vermutung, **r** Verdacht
zanaat s Handwerk
zanaatkâr r Handwerker
zangırdamak klappern, zittern
zanlı verdächtig
zannetmek glauben, denken, meinen, annehmen, vermuten
zapt gewaltsame Wegnahme; **e** Beherrschung; **e** Protokellierung — **etmek** besetzen; beherrschen; protokollieren
zaptiye e Polizei
zar[1] **r** Würfel, — **atmak** würfeln
zar[2] **s** Häutchen, **s** Membran
zarafet e Eleganz, **e** Vornehmlichkeit
zarar r Schaden, **r** Verlust, — **vermek** schaden, schädigen
zararlı schädlich
zararsız unschädlich, harmlos
zarf r Umschlag; **e** Hülle, **r** Bezug; *dilb.* **s** Umstandswort, **s** Adverb
zarfında innerhalb, binnen
zarif fein, vornehm, elegant
zaruret r Zwang, **e** Notwendigkeit
zaruri nötig, notwendig, erforderlich, unentbehrlich, unvermeidlich, zwangsläufig
zat e Person, **e** Persönlichkeit
zaten sowieso, schon
zatürree e Lungenentzündung

zavallı arm, armselig, bedauerswert, hilflos

zayıf schwach, mager, kränklich; schlank, **— düşmek** abmagern

zayıflamak abmagern

zayıflatmak schwächen, abschwächen

zayıflık e Schwäche, e Magerkeit, e Kraftlosigkeit

zayi r Verlust, **— olmak** verlorengehen

zayiat e Verluste

zebani r Höllenwärter

zebella baumlang, riesengroß

zebra s Zebra

zebun schwach

Zebur r Psalter

zedelemek beschädigen, schädigen; zerschlagen

zehir s Gift

zehirlemek vergiften

zehirlenme e Vergiftung **— k** vergiftet werden

zehirli giftig

zekâ e Intelligenz

zekât e Almosensteuer

zeki intelligent, schlau, scharfsinnig

zelzele s Erdbeben

zemberek e Unruh

zembil r Flechtkorb

zemin r Boden, r Grund, e Basis, **— katı** s Erdgeschoß

zencefil r Ingwer

zenci r Neger

zengin reich; reichlich

zenginleşmek reich(er) werden; sich bereichern

zenginleştirmek bereichern

zeplin r Zeppelin

zerdali e wilde Aprikose

zerk e Injektion

zerketmek injizieren, einspritzen

zerre s Körperchen, **— kadar** keineswegs, durchaus nicht

zerzevat s Gemüse

zevk r Geschmack; r Genuß s Vergnügen, **— almak** genießen **— sahibi olmak** Geschmack haben **— vermek** Spaß machen

zevklenmek sich lustig machen

zevkli amüsant, vergnüglich

zevksiz geschmacklos

zevzek fader Schwätzer

zeytin e Olive **— yağı** s Olivenöl

zıbarmak verenden; endlich schlafen

zıkkım s Gift

zılgıt e Schelte, r Tadel

zımba r Locher, e Stanze

zımbalamak lochen, durchlochen, stanzen

zımnen indirekt

zımpara r Schmirgel, **— kâğıdı** s Schmirgelpapier

zımparalamak schmirgeln

zındık r Parse, r Ketser

zıpçıktı r Eindringling

zıpır verrückt, närrisch

zıpkın e Harpune

zıplamak springen, hüpfen

zıpzıp e Murmel

zırh r Panzer, e Rüstung

zırdeli vollkommen übergeschnappt

zırıldamak schnarren, rasseln, schnattern

zırıltı s Geschnatter

zırlamak schnarren, rasseln, schnattern

zırnık s Aurupigment, s Operment, **— bile vermem** nicht einen roten Heller gebe ich

zırva r Quatsch

zırvalamak quatschen

zırzop verrückt

zıt entgegengesetzt; zuwider; s Gegenteil

zıvana e Hülse **— dan çıkarmak** jdn. aus dem Häuschen bringen **— dan çıkmak** außer Rand und Band sein; aus der Haut fahren

zifaf gecesi e Hochzeitsnacht

zifir s Nikotin

zifiri rabenschwarz — **karanlık e** Finsternis; stackfinster
zift r Teer
zihin r Geist, **s** Gedächtnis — **açmak** den geistigen Horizont erweitern, — **de kalmak** im Gedächtnis haften bleiben, — **i dağılmak** abgelenkt werden, — **inden geçmek** in den Sinn kommen
zihni geistlich
zihniyet e Mentalität, **e** Auffassung, **e** Denkart
zikzak r Zickzack
zil e Glocke, **r** Klingel, **e** Schelle, — **çalmak** klingeln, schellen — **gibi sarhoş** sternhagelvoll — **takıp oynamak** vor Freude ganz aus dem Häuschen geraten, — **zurna** sinnlos betrunken
zimmet s Soll, **s** Debet — **ine geçirmek** (Geld) unterschlagen
zina r Ehebruch — **işlemek** die Ehe brechen
zincir e Kette — **e vurmak** fesseln
zincirleme kettenförmig, kettenartig
zindan s Gefängnis, **r** Kerker — **gibi** stockfinster
zinde rüstig
zira denn, weil, da
ziraat e Landwirtschaft
zirai landwirtschaftlich
zirve r Gipfel, **e** Spitze; **r** Wipfel — **toplantısı e** Gipfelkonferenz
ziya s Licht
ziyade mehr — **siyle** äußert, ausnehmend
ziyadeleşmek sich vermehren, zunehmen
ziyafet s Gastmahl
ziyaret r Besuch, — **etmek** besuchen
ziyaretçi r Gast, **r** Besucher
ziynet r Schmuck, **e** Zier
zom betrunken

zonklamak schmerzen
zooloji e Zoologie, **e** Tierkunde
zor schwer, schwierig, anstrengend, — **bela** mit Mühe und Not, — **la gezwun** genermaßen, — **la** mit Gewalt; schwer; gezwungenermaßen — **la güzellik olmaz** Schönheit läßt sich nicht erzwingen — **un ne?** Wo drückt dich der Schuh? Was ist denn los mit dir?
zoraki gezwungen
zorba brutal; despotisch
zorbalık e Brutalität, **e** Gewalttat
zorlamak nötigen, zwingen, erzwingen; anstrengen, beanspruchen
zorlaşmak sich erschweren
zorlaştırmak erschweren
zorlu stark, heftig
zorluk e Schwierigkeit, **e** Mühe, **e** Anstrengung, — **çıkarmak** Schwierigkeiten bereiten
zorunda genötigt, gezwungen — **olmak (kalmak)** müssen
zorunlu notwendig, dringend, zwangsläufig, — **olmak** müssen
zorunluluk s Notwendigkeit, **e** Zwangsläufigkeit
zuhur s Erscheinen, **s** Auftreten
zulmet e Finsternis
zulmetmek Gewalt antun, grausam behandeln
zulüm e Gewalttat, **e** Grausamkeit, **e** Unterdrückung
zurna e Oboe
züccaciye e Glaswaren
züğürt pleite
zührevi venerisch, — **hastalık e** Geschlechtskrankheit
zülüf e Locke
zümre e Klasse, **e** Gruppe
zümrüt r Smaragd
züppe r Geck; geckenhaft
zürafa e Giraffe
zürriyet e Nachkommenschaft

DÜZENSİZ EYLEMLER

Infinitiv	Präsens 2 und 3 Person Singular	Präteritum	Perfekt
aufschrecken*	schrickst auf, schrickt auf	schrak oder schreckte auf	aufgeschreckt
ausbedingen	bedingst aus, bedingt aus	bedang oder bedingte aus	ausbedungen
backen	bäckst, bäckt	backte oder buk	gebacken
befehlen	befiehlst, befiehlt	befahl	befohlen
beginnen	beginnst, beginnt	begann	begonnen
beissen	beisst, beisst	biss	gebissen
bergen	birgst, birgt	barg	geborgen
bersten*	birst, birst	barst	geborsten
bescheissen*	bescheisst, bescheisst	bescheiss	beschissen
bewegen	bewegst, bewegt	bewog	bewogen
biegen	biegst, biegt	bog	gebogen
bieten	bietest, bietet	bot	geboten
binden	bindest, bindet	band	gebunden
bitten	bittest, bittet	bat	gebeten
blasen	bläst, bläst	blies	geblasen
bleiben*	bleibst, bleibt	blieb	geblieben
braten	brätst, brät	briet	gebraten
brechen*	brichst, bricht	brach	gebrochen
brennen	brennst, brennt	brannte	gebrannt
bringen	bringst, bringt	brachte	gebracht
denken	denkst, denkt	dachte	gedacht
dreschen	drisch(e)st, drischt	drasch	gedroschen
dringen*	dringst, dringt	drang	gedrungen
dürfen	darfst, darf	durfte	gedurft
empfehlen	empfiehlst, empfiehlt	empfahl	empfohlen
erbleichen*	erbleichst, erbleicht	erbleichte	erblichen
erlöschen*	erlischst, erlischt	erlosch	erloschen
erschrecken*	erschrickst, erschrickt	erschrak	erschrocken
essen	isst, isst	ass	gegessen
fahren*	fährst, fährt	fuhr	gefahren
fallen*	fällst, fällt	fiel	gefallen
fangen	fängst, fängt	fing	gefangen
fechten	fichtst, ficht	focht	gefochten
finden	findest, findet	fand	gefunden
flechten	flichst, flicht	flocht	geflochten
fliegen*	fliegst, fliegt	flog	geflogen
fliehen*	fliehst, flieht	floh	geflohen
fliessen*	fliesst, fliesst	floss	geflossen
fressen	frisst, frisst	frass	gefressen
frieren	frierst, friert	fror	gefroren
gären*	gärst, gärt	gor	gegoren
gebären	gebierst, gebiert	gebar	geboren
geben	gibst, gibt	gab	gegeben
gedeihen*	gedeihst, gedeiht	gedieh	gediehen
gehen*	gehst, geht	ging	gegangen
gelingen*	— —, gelingt	gelang	gelungen

Infinitiv	Präsens 2 und 3 Person Singular	Präteritum	Perfekt
gelten	giltst, gilt	galt	gegolten
genesen*	gene(se)st, genest	genas	genesen
geniessen	geniesst, geniesst	genoss	genossen
geraten*	geräst, gerät	geriet	geraten
geschehen*	— —, geschieht	geschah	geschehen
gewinnen	gewinnst, gewinnt	gewann	gewonnen
giessen	giesst, giesst	goss	gegossen
gleichen	gleichst, gleicht	glich	geglichen
gleiten*	gleitest, gleitet	glitt	geglitten
glimmen	glimmst, glimmt	glomm	geglommen
graben	gräbst, gräbt	grub	gegraben
greifen	greifst, greift	griff	gegriffen
haben	hast, hat	hatte	gehabt
halten	hältst, hält	hielt	gehalten
hängen	hängst, hängt	hing	gehangen
hauen	haust, haut	hieb	gehauen
heben	hebst, hebt	hob	gehoben
heissen	heisst, heisst	hiess	geheissen
helfen	hilfst, hilft	half	geholfen
kennen	kennst, kennt	kannte	gekannt
klimmen	klimmst, klimmt	klomm	geklommen
klingen	klingst, klingt	klang	geklungen
kneifen	kneifst, kneift	kniff	gekniffen
kommen*	kommst, kommt	kam	gekommen
können	kannst, kann	konnte	gekonnt
kriechen*	kriechst, kriecht	kroch	gekrochen
laden	lädst, lädt	lud	geladen
lassen	lässt, lässt	liess	gelassen
laufen*	läufst, läuft	lief	gelaufen
leiden	leidest, leidet	litt	gelitten
leihen	leihst, leiht	lieh	geliehen
lesen	liest, liest	las	gelesen
liegen*	liegst, liegt	lag	gelegen
lügen	lügst, lügt	log	gelogen
mahlen	mahlst, mahlt	mahlte	gemahlen
melden	meldest, medet	mied	gemieden
melken	milkst, milkt	molk	gemolken
messen	misst, misst	mass	gemessen
misslingen*	— —, misslingt	misslang	misslungen
mögen	magst, mag	mochte	gemocht
müssen	musst, muss	musste	gemusst
nehmen	nimmst, nimmt	nahm	genommen
nennen	nennst, nennt	nannte	genannt
pfeifen	pfeifst, pfeift	pfiff	gepfiffen
preisen	preist, preist	pries	gepriesen
quellen*	quillst, quillt	quoll	gequollen
raten	rätst, rät	riet	geraten
reiben	reibst, reibt	rieb	gerieben
reissen*	reisst, reisst	riss	gerissen
reiten*	reitest, reitet	ritt	geritten

rennen*	rennst, rennt	rannte	gerannt
riechen	riechst, riecht	roch	gerochen
ringen	ringst, ringt	rang	gerungen
rinnen*	rinnst, rinnt	rann	geronnen
rufen	rufst, ruft	rief	gerufen
salzen	salzt, salzt	salzte	gesalzen
saufen	säufst, säuft	soff	gesoffen
saugen	saugst, saugt	sog	gesogen
schaffen	schaffst, schafft	schuf	geschaffen
schallen	schallst, schallt	school	geschollen
scheiden*	scheidest, scheidet	schied	geschieden
scheinen	scheinst, scheint	schien	geschienen
schelten	schiltst, schilt	schalt	gescholten
scheren	scherst, schert	schor	geschoren
schieben	schiebst, schiebt	schob	geschoben
schiessen	schiesst, schiesst	schoss	geschossen
schinden	schindest, schindet	schund	geschunden
schlafen	schläfst, schläft	schlief	geschlafen
schlagen	schlägst, schlägt	schlug	geschlagen
schleichen*	schleichst, schleicht	schlich	geschlichen
schleifen	schleifst, schleift	schliff	geschliffen
schliessen	schliesst, schliesst	schloss	geschlossen
schlingen	schlingst, schlingt	schlang	geschlungen
schmeissen	schmeisst, schmeisst	schmiss	geschmissen
schmeizen*	schmilzt, schmilzt	schmolz	geschmolzen
schneiden	schneidest, schneidet	schnitt	geschnitten
schreiben	schreibst, schreibt	schrieb	geschrieben
schreien	schreist, schreit	schrie	geschrie(e)n
schreiten	schreitest, schreitet	schritt	geschritten
schweigen	schweigst, schweigt	schwieg	geschwiegen
schwellen*	schwillst, schwillt	schwoll	geschwollen
schwimmen*	schwimmst, schwimmt	shwamm	geschwommen
schwinden*	schwindest, schwindet	schwand	geschwunden
schwingen	schwingst, schwingt	schwan	geschwungen
schwören	schwörst, schwört	schwur	geschworen
sehen	siehst, sieht	sah	gesehen
sein	bist, ist	war	gewesen
senden	sendest, sendet	sandte	gesandt
singen	singst, singt	sang	gesungen
sinken*	sinkst, sinkt	sank	gesunken
sinnen	sinnst, sinnt	sann	gesonnen
sitzen*	sitzt, sitzt	sass	gesessen
sollen	sollst, soll	sollte	gesollt
speien	speist, speit	spie	gespie(e)n
spinnen	spinnst, spinnt	spann	gesponnen
sprechen	sprichst, spricht	sprach	gesprochen
spriessen*	spriesst, spriesst	spross	gesprossen
springen*	springst, springt	sprang	gesprungen
stechen	stichtst, sticht	stach	gestochen
stecken	steckst, steckt	steckte oder stak	gesteckt
stehen	stehst, steht	stand	gestanden
stehlen	stiehlst, stiehlt	stahl	gestohlen

steigen*	steigst, steigt	stieg	gestiegen
sterben*	stirbst, stirbt	starb	gestorben
stinken	stinkst, stinkt	stank	gestunken
stossen	stösst, stösst	stiess	gestossen
streichen	streichst, streicht	strich	gestrichen
streiten*	streitest, streitet	stritt	gestritten
tragen	trägst, trägt	trug	getragen
treffen	triffst, trifft	traf	getroffen
treiben*	treibst, treibt	trieb	getrieben
treten*	trittst, tritt	trat	getreten
trinken	trinkst, trinkt	trank	getrunken
trügen	trügst, trügt	trog	getrogen
tun	tust, tut	tat	getan
verderben	verdirbst, verdirbt	verdarb	verdorben
verdriessen	verdriesst, verdriesst	verdross	verdrossen
vergessen	vergisst, vergisst	vergass	vergessen
verlieren	verlierst, verliert	verlor	verloren
verschleissen	verschleisst, verschleisst	verschliss	verschlissen
wachsen*	wächst, wächst	wuchs	gewachsen
wägen	wägst, wägt	wog	gewogen
waschen	wäschst, wäscht	wusch	gewaschen
weben	webst, webt	wob	gewoben
weichen*	weichst, weicht	wich	gewichen
weisen	weist, weist	wies	gewiesen
wenden	wendest, wendet	wandte	gewandt
werben	wirbst, wirbt	warb	geworben
werden*	wirst, wird	wurde	geworden
werfen	wirfst, wirft	warf	geworfen
wiegen	wiegst, wiegt	wog	gewogen
winden	windest, windet	wand	gewunden
wissen	weisst, weiss	wusste	gewusst
wollen	willst, will	wollte	gewollt
wringen	wringst, wringt	wrang	gewrungen
zeihen	zeihst, zeiht	zieh	geziehen
ziehen*	ziehst, zieht	zog	gezogen
zwingen	zwingst, zwingt	zwang	gezwungen

* Perfekt mit "sein"

ÜLKELER	İNSANLAR	DİLLERİ
Agypten	r **Agypter** (in, e)	**Arabisch**
Mısır	Mısırlı	
Albanien	r **Albanier** (in, e)	**Albanisch**
Arnavutluk	Arnavut	
Algerien	r **Algerier** (in, e)	**Arabisch, Französisch**
Amerika	r **Amerikaner** (in, e)	**Englisch**
Amerika	Amerikalı	
Arabien	r **Araber**	**Arabisch**
Arabisitan	Arap	
Argentinien	r **Argentinier** (in, e)	**Spanisch**
Arjantin	Arjantinli	
Athiopien	r **Athiopier** (in, e)	**Amharisch**
Etiyopya	Etiyopyalı	
Australien	r **Australier** (in, e)	**Englisch**
Avusturalya	Avusturalyalı	
Belgien	r **Belgier** (in, e)	**Hollandisch-Französisch**
Belçika	Belçikalı	
Bolivien	r **Bolivianer** (in, e)	**Spanisch**
Bolivya	Bolivyalı	
Brasilien	r **Brasilianer** (in, e)	**Portugiesisch**
Brezilya	Brezilyalı	
Bulgarien	r **Bulgare**, e **Bulgarin**	**Bulgarisch**
Bulgaristan	Bulgar	
Chile	r **Chilene**, e **Chilenin**	**Spanisch**
Şili	Şilili	
China	r **Chinese**, e **Chinesin**	**Chinesisch**
Çin	Çinli	
Dänemark	r **Däne**, e **Dänin**	**Dänisch**
Danimarka	Danimarkalı	
Deutschland	e,r **Deutsche** (r)	**Deutsch**
Almanya	Alman	
England	r **Engländer** (in, e)	**Englisch**
İngiltere	İngiliz	
Finnland	r **Finne**, e **Finnin**	**Finnisch**
Finlandiya	Fin	
Frankreich	r **Franzose**, e **Französin**	**Französisch**
Fransa	Fransız	
Griechenland	r **Grieche**, e **Griechin**	**Griechisch**
Yunanistan	Yunan	

Holland	r **Holländer** (in, e)	**Holländisch**
Hollanda	Hollandalı	
Indien	r **Inder** (in, e)	**Indisch, Englisch**
Hindistan	Hindu	
Indonesien	r **Indonesier** (in, e)	**Indonesisch**
Endonezya	Endonezyalı	
Irak	r **Iraker** (in,e)	**Arabisch**
Irak	Iraklı	
Iran (der)	r **Iraner** (in, e)	**Persisch**
İran	İranlı	
Irland	r **Ire**, e **Irin**	**Englisch**
İrlanda	İrlandalı	
Island	r **Isländer** (in, e)	**Isländisch**
İzlanda	İzlandalı	
Libanon	r **Libanese,e Libanesin**	**Arabisch**
Lübnan	Lübnanlı	
Libyen	r **Libyer** (in, e)	**Arabisch**
Libya	Libyalı	
Luxemburg	r **Luxemburger** (in, e)	**Deutsch, Französisch**
Lüksemburg	Lüksemburglu	
Morokko	r **Morokkaner** (in, e)	**Arabisch**
Marokko	Morakkolu	
Niederlande	r **Niederländer** (in, e)	Felemenkisch
Hollanda	Hollandalı	
Norwegen	r **Norweger** (in, e)	**Norwegisch**
Norveç	Norveçli	
Österreich	r **Österreicher** (in, e)	**Deutsch**
Avusturya	Avusturyalı	
Palästina	r **Palästinenser** (in, e)	**Arabisch**
Filistin	Filistinli	
Polen	r**Pole**, e **Polin**	**Polnisch**
Polonya	Polonyalı	
Portugal	r **Portugaise**, e **Portugiesin**	**Portigiesisch**
Portekiz	Portekiz	
Rhodesien	r **Rhodesier** (in, e)	**Rhodesisch**
Rodezya	Rodezyalı	
Rumänien	r **Rumäne**, e **Rumänin**	**Rumanisch**
Romanya	Romen	
Russland	r **Russe**, e **Russin**	**Russisch**
Rusya	Rus	
Schottland	r **Schotte**, e **Schottin**	**Englisch**
skoçya	İskoç	

Schweden	r **Schwede**, e Schwedin	**Schwedisch**
İsveç	İsveçli	
Schweiz (die)	r **Schweizer** (in, e)	Deutsch Englisch, Italienisch
İsviçre	İsviçreli	
Sizilien	r **Sizilianer** (in, e)	**Englisch, Französisch**
Sicilya	Sicilyalı	
Sowjetunion	r **Sowjetbürger** (in, e)	**Russisch**
Sovyetler Birliği	Sovyet	
Spanien	r **Spanier** (in, e)	**Spanisch**
İspanya	İspanyol	
Syrien	r **Syrer** (in, e)	Arabisch
Suriye	Suriyeli	
Tschechos-	r **Tscheche**, e Tschechin	**Tschechisch, Slowakisch**
lowakei (die)	r **Tschechoslawake**, e	
	Tschechoslawakin	
Çekoslovakya	Çekoslovak	
Tunesien	r **Tunesier** (in, e)	**Arabisch**
Tunus	Tunuslu	
Türkei (die)	r **Türke, e Türkin**	**Türkisch**
Türkiye	Türk	
Ungarn	r **Ungar** (in, e)	**Ungarisch**
Macaristan	Macar	
Zypern	r **Zyprer** (in, e)	**Türkisch, Griechisch**
Kıbrıs	Kıbrıslı	